미국의 지성, 통합을 말하다

미국학총서 VIII

미국의 지성, 통합을 말하다

펴낸곳 서울대학교출판문화원
펴낸이 오연천
지은이 이형대

초판 1쇄 발행 2012년 1월 20일
초판 2쇄 발행 2012년 7월 18일
출판등록 제15-3호

주소 서울 관악구 관악로 1 우편번호 151-742
대표전화 02-880-5252 **팩스** 02-888-4148
마케팅팀(주문상담) 02-889-4424, 02-880-7995
이메일 snubook@snu.ac.kr
홈페이지 www.snupress.com
영문 홈페이지 eng.snupress.com

ISBN 978-89-521-1254-5 94300
978-89-521-1106-7 (세트)

미국학총서 Ⅷ

American Intellectuals and the Search for Unity

Orestes A. Brownson   Henry George   William Graham Sumner

William James

미국의 지성, 통합을 말하다

이형대 지음

John Dewey   Reinhold Niebuhr   Arthur M. Schlesinger, Jr.

Walter Lippmann   Martin Luther King, Jr.   Christopher Lasch

서울대학교출판문화원

American Intellectuals and the Search for Unity

Hyung-Dae Lee

Seoul National University Press

책을 펴내며

이 책은 서울대학교 미국학연구소의 '미국학 총서 논저 지원사업'의 후원으로 완성되었다. 필자의 원고를 여러 차례 심사하며 조언해 주신 심사위원들을 비롯하여, 언제나 격려를 아끼지 않았던 배영수 교수님과 연구소 소장 정상준 교수님, 그리고 출판을 맡아 준 서울대학교출판문화원에 먼저 감사를 드린다.

아울러 서울대학교 미국학연구소 내의 미국사 세미나 회원들 모두에게도 감사를 드린다. 이 세미나에서 이들은 필자의 최종 원고를 읽고 냉철한 비판과 건설적인 제안을 해 주었다. 배영수 교수님의 지도로 오랫동안 진행되어 온 이 세미나는 필자의 생각이 단련된 곳이기도 하다. 특히 최근 몇 년 동안 함께 탐독하고 토론했던 존 번연(John Bunyan)의 *Pilgrim's Progress* (1678), 조너선 에드워즈(Jonathan Edwards)의 *The Sermons of Jonathan Edwards: A Reader* (1722-1751), 벤저민 프랭클린(Benjamin Franklin)의 *The Autobiography of Benjamin Franklin* (1771-1790), 토머스 제퍼슨(Thomas Jefferson)의 *Notes on the State of Virginia* (1781), 알렉산더 해밀턴(Alexander Hamilton), 제임스 매디슨(James Madison)과 존 제이(John Jay)의 *Federalist Papers* (1788), 워싱턴 어빙(Washington

Irving)의 *Rip Van Winkle* 및 *The Legend of Sleepy Hollow* (1820), 제임스 페니모어 쿠퍼(James Fenimore Cooper)의 *The Last of the Mohicans: A Narrative of 1757* (1826), 알렉시 드 토크빌(Alexis de Tocqueville)의 *Democracy in America* (1835), 너대니얼 호손(Nathaniel Hawthorne)의 *The Scarlet Letter* (1850), 헨리 데이비드 소로(Henry David Thoreau)의 *Civil Disobedience* (1849) 및 *Walden* (1854), 마크 트웨인(Mark Twain)의 *Adventures of Huckleberry Finn* (1885), 허먼 멜빌(Herman Melville)의 *Billy Budd* (1886-1891), 헨리 애덤스(Henry Adams)의 *The Education of Henry Adams* (1907), 윌리엄 제임스(William James)의 *Pragmatism: A New Name for Some Old Ways of Thinking* (1907) 등은 미국의 지성과 사상을 이해하는 데 더없이 좋은 저술들이었다.

이러한 저술들이 본 연구의 사상적 수원의 역할을 한 것은 말할 나위도 없다. 이 여러 원전(原典)의 저자들은 지적 예언자들로서 현재 우리가 안고 있는 인간의 문제를 정확히 지적하였고, 도덕과 윤리의 붕괴로 인한 사회의 분열과 정신적 표류에 대해 주저 없이 설파하였다. 사물의 합리적 질서와 인간의 이성적인 기능이 거부되는 시대를 살고 있는 우리에게 이들의 정신세계는 우리가 무엇을 망각하고 있으며, 무엇을 상실한 채 살아가고 있는지를 일깨워 주었다. 필자는 이들의 저작들을 통해 혼돈, 대립, 냉소로 가득 찬 이 시대를 어떻게 살아야 할지를 고뇌하였다.

극단과 분열의 시대에 지식인의 사회적 책임과 역할은 무엇인가? 이 문제는 현대 지성의 강을 건넜던 미국 지식인들, 특히 이 책에서 다룬 10명의 저자들(Orestes A. Brownson, Henry George, William Graham Sumner, William James, John Dewey, Reinhold Niebuhr, Arthur M. Schlesinger, Jr.,

Walter Lippmann, Martin Luther King, Jr., Christopher Lasch)이 늘 스스로에게 던졌던 질문이다. 필자는 본 연구를 수행하면서 그들과 같은 처지와 심정으로 그들의 지성과 사상의 세계를 탐구하였다. 그들이 모색했던 지적 과제는 균형과 조화에 기초한 인간과 사회의 통합을 이루는 것이었다. 이것을 위해 그들은 사상의 주류에 도전하는 용기를 발휘했고, 언제나 문명과 사회의 진보에 대한 성찰을 게을리하지 않았다. 이들의 창조적 지성과 반성적 태도는 필자에게 지적 시류를 거스르면서도 인간과 사회의 '원칙과 존엄'에 대한 확신과 의지를 표명할 수 있는 동력을 제공해 주었다.

마지막으로 학문 활동을 하며 여러 면에서 도움을 받았던 이주영 교수님과, 매년 한국을 방문하여 청년들과 지식인들의 영적 각성을 이끌고 있는 오하이오 주 콜럼버스 한인교회의 이근상 목사님에게도 깊은 감사를 드린다. 이 책의 출간으로 그동안 기도와 인내로 기다려 준 가족들에게 조금이나마 보답하게 되어 기쁘다.

2011년 11월

이형대

차 례

책을 펴내며 · v

프롤로그 1

1. 남북전쟁 이후 통합정신의 형성 15
오레스티스 A. 브라운슨과 『아메리카 공화국』(1866)

생애와 사상 · 20

생애와 사상의 원천 · 20
자유사상에서 급진주의 사상으로 · 23
권위와 질서에 기초한 사회진보 추구 · 27
가톨릭으로의 개종과 사회통합 추구 · 31
보수주의 정치이론에 나타난 통합사상 · 35

『아메리카 공화국』(1866) · 39

정부의 본질에 대한 이해 · 44
연방헌법과 미국에 대한 신학적 해석 · 48
미국 민주주의에 대한 신학적 해석 · 51
미국의 운명과 통합을 위하여 · 54

미국 지성사에서의 위치와 유산 · 59

2. 사회제도 개혁에 의한 사회통합 추구 67
헨리 조지와 『진보와 빈곤』(1879)

생애와 사상 · 71

생애와 사상의 원천 · 71

개혁 정신과 정치 · 75

토지개혁 정신의 원천 · 78

보수주의 지성계에 대한 반항 · 81

문명의 진보와 통합의 추구 · 84

『진보와 빈곤』(1879) · 88

물질적 진보와 빈곤의 모순관계 · 94

빈곤의 근원적인 해결책으로 토지개혁 제시 · 99

정치경제학을 넘어 통합사상으로 · 102

개인들의 창조적 통합에 의한 문명의 진보 추구 · 106

미국 지성사에서의 위치와 유산 · 111

3. 전통과 제도에 의한 유기적 사회통합 추구 119
윌리엄 그레이엄 섬너와 『사회계급들 간의 상호 협력』(1883)

생애와 사상 · 124

생애와 사상의 원천 · 124

유럽 사상과 과학의 수용 · 126
자연주의적 진화로부터 국민적 통합 추구 · 129
'민습'을 통한 도덕적 가치기준의 추구 · 134
보수적 정치경제학과 사회과학에 의한 사회통합 추구 · 140

『사회계급들 간의 상호 협력』(1883) · 146

자연주의 사상에서 개인의 위치 · 151
자연주의 사상에서 자유의 개념 · 155
자연주의 사상에서 자본의 개념 · 160
자연주의 사상에 나타난 보수주의와 통합정신 · 166

미국 지성사에서의 위치와 유산 · 170

4. 프래그머티즘에 의한 전체와 부분들의 역동적 통합 추구 177

윌리엄 제임스와 『심리학 원리』(1890)

생애와 사상 · 182

생애와 사상의 원천 · 182
스펜서의 정신개념에 대한 도전과 현대 정신의 이해 · 186
개인과 세계의 역동적 관계에 의한 통합 추구 · 189
개인의 다양한 경험에 의한 통합 추구 · 192
중도의 철학에 의한 인간과 세계의 통합 추구 · 195

『심리학 원리』(1890) · 197

습관과 정신의 문제, 그리고 정신과 물질의 관계 · 205
사고의 흐름과 세계 · 214
자유의지에 의한 인간 정신의 확대 · 219
정신 · 경험 · 진리 · 224

미국 지성사에서의 위치와 유산 · 230

5. 전통과 진보의 융합에 의한 사회통합 추구 239
존 듀이와 『민주주의와 교육』(1916)

생애와 사상 · 243

생애와 사상의 원천 · 243
공통 경험에 의한 통합 추구 · 248
미국 정신의 새로운 종합 추구 · 253
공통 신념에 의한 국민의 통합 추구 · 257
미국의 창조적 · 협력적 자기실현에 의한 통합 추구 · 261

『민주주의와 교육』(1916) · 265

새로운 민주주의 이상에 의한 다원론적 사회의 통합 추구 · 270
서양 지성사의 강을 넘어 사회통합 추구 · 274
경험의 새로운 의미에 의한 개인과 세계의 통합 추구 · 281
문명의 진보와 과학적 지성에 의한 사회통합 추구 · 288

미국 지성사에서의 위치와 유산 · 294

6. 문명과 종교의 융화에 의한 유기적 사회통합 추구 303
라인홀드 니버와 『도덕적 인간과 비도덕적 사회』(1932)

생애와 사상 · 308

생애와 사상의 원천 · 308
문명과 종교의 융화 추구 · 312
사회윤리의 새로운 기반에 의한 유기적 통합 추구 · 315
민주주의의 확고한 개념적 기반에 의한 사회통합 추구 · 320
신앙과 역사를 통한 미국의 의미 추구 · 324

『도덕적 인간과 비도덕적 사회』(1932) · 328

인간 사회의 통합을 위한 전제 · 332
국제 문제의 도덕적 해결에 대한 비판과 반성 · 339

계급의 본질에 대한 이해와 사회정의 추구 · 344
문명의 비극을 넘어 문명의 통합 추구 · 354

미국 지성사에서의 위치와 유산 · 359

7. 전체주의의 위협으로부터 자유사회의 통합 추구 367
아서 M. 슐레진저 2세와 『역동적 중심』(1949)

생애와 사상 · 371

생애와 사상의 원천 · 371
자유민주주의의 역동적 기반에 의한 사회통합 추구 · 375
정치의 역동성에 의한 진보와 보수의 통합 추구 · 379
자유주의 전통의 회복에 의한 사회통합 추구 · 383
*E Pluribus Unum*의 정신에 의한 국민통합 추구 · 389

『역동적 중심』(1949) · 393

산업화와 역사의 딜레마 · 398
우파와 좌파의 실패 · 402
자유사회와 전체주의의 도전 · 408
역동적 중심의 회복에 의한 사회통합 추구 · 412

미국 지성사에서의 위치와 유산 · 417

8. 전통적 가치관에 의한 사회통합 추구 423
월터 리프먼과 『공공의 철학』(1955)

생애와 사상 · 428

생애와 사상의 원천 · 428
인간적 정치에 의한 사회통합 추구 · 434
과학적 · 민주적 정신에 의한 다원적 사회의 통합 추구 · 438
현대 문명의 역사성과 창조성에 의한 사회통합 추구 · 442

전통적 자유주의 가치관에 의한 사회통합 추구 · 445

『공공의 철학』(1955) · 449

서양의 위기와 대중의 한계에 대한 인식 · 454
유기적 국민과 공동체에 의한 통합사회 추구 · 458
현대 세계에서 공공의 철학과 자연법의 의미 · 462
다원적 세계에서 전통과 역사에 의한 통합사회 추구 · 467

미국 지성사에서의 위치와 유산 · 471

9. 흑백의 분열과 갈등을 넘어 통합사회 추구 479
마틴 루서 킹 2세와 『왜 우리는 기다릴 수 없는가』(1964)

생애와 사상 · 483

생애와 사상의 원천 · 483
통합사회를 위한 사회복음과 성직자의 역할 · 487
마르크스주의와 자본주의에 대한 비판적 이해 · 491
비폭력주의에 의한 흑백의 화해와 상호 인격의 회복 · 496
통합사상의 철학적 의미 · 500

『왜 우리는 기다릴 수 없는가』(1964) · 505

흑인혁명에서 나타난 통합정신 · 509
비폭력 직접행동에 의한 버밍햄의 인종통합 추구 · 515
버밍햄 옥중서신에 나타난 통합정신 · 520
인종통합에 의한 미국 민주주의의 완성 · 529

미국 지성사에서의 위치와 유산 · 535

10. 진보에 대한 반성과 민중정신에 의한 사회통합 추구 ······· 543
크리스토퍼 래쉬와 『엘리트의 반란과 민주주의의 배반』(1995)

생애와 사상 · 548

생애와 사상의 원천 · 548
현대 자유주의에 대한 비판과 통합사회 추구 · 551
나르시시즘의 문화와 전통적 개인주의 정신의 위기 · 558
문명의 진보에 대한 성찰과 통합사회 추구 · 562
포스트모던 지성과 미국 지성계의 분열 · 567

『엘리트의 반란과 민주주의의 배반』(1995) · 570

엘리트의 반란과 사회의 분열 · 575
공동체 의식과 민중정신에 의한 통합사회 추구 · 579
인문학의 위기와 도덕의 붕괴 · 585
진보의 허영과 어두운 영혼의 밤 · 590

미국 지성사에서의 위치와 유산 · 594

에필로그 ·· 601

참고문헌 · 607
찾아보기 · 619

프롤로그

이 책의 목적은 1865년부터 현재까지 출판된 미국 지식인들의 대표적인 원전(原典)을 통해 미국 지성사를 고찰하는 것이다. 이 책에서 시도하는 원전 연구는 과거 저자들의 저술을 분석함으로써 현대 미국의 특징적인 사상이 어떻게 형성되었고, 어떻게 현재까지 존속·발전해 왔는지를 해명하는 것이다. 이러한 해명을 통해 오늘날 미국 지성계, 학계, 문화계 전반의 분열과 대립을 이해·비판하고자 한다.

1980년대 이후 포스트모더니즘과 다문화주의의 도전은 미국의 학계와 지성계를 혼란에 빠뜨렸다. 이러한 도전은 현실과 인간관계의 본질적이며 근본적인 면을 부정함으로써 '인식론적 위기'를 초래했고, 이 위기는 학문적 차원의 문제가 아니라 사회적·도덕적 위기로까지 발전하며 문명적 차원의 문제가 되었다. 이것은 미국의 정책과 제도에 관한 일시적인 비판과 도전이 아니라 미국 문명의 기반과 본질 자체를 의문시하며 거부하는 현상이다.

필자는 이러한 미국 문명의 분열과 위기가 결코 미국이라는 한 국가에 국한되는 문제가 아니라 인간 문명과 본질 그 자체에 대한 도전과 반항으로 인식함으로써 전 인류가 직면한 보편적인 문제로 파악한다. 필자는 지성사적 관점에서 이러한 분열과 위기의 원인이 다문화적 현대 세계의 등장에 미국의 사회와 지성계가 철저하게 대처해 오지 못했던 사실에 있다고 보면서도, 그 문제의 해법은 각 시대의 대표적인 미국 지식인들이 추구해 온 통합정신 속에서 찾으려고 하였다.

이러한 시도는 지금까지 수행해 온 미국 지성사 연구를 통해 일관되게 추구해 온 입장을 따른 것이다. 즉, 그것은 사상의 발전이 각 시대의 사회적 문맥 속에서 생성된다고 믿으면서도, 모든 사상은 시대와 이념을 초월하여 서로 내적으로 깊게 연관되어 있다고 보는 것이다.[1] 특히 필자는 각 시대에 등장한 사상들이 겉으로 볼 때는 서로 무관한 것처럼 보이지만 미국 지성사 전체를 통해 흐르는 지적 전통 속에서는 유기적으로 깊게 관련되어 있다고 파악한다. 뿐만 아니라 각 시대마다 이전 시대의 지적 전통에 대한 반항으로 새로운 사상이 형성되었지만, 그 반항은 항상 지적 전통의 틀 속에서 이루어져 왔다고 본다.

이 책에서 다루는 원전들은 모두 인간과 사회의 통합을 주제로 하고 있고, 미국의 지적 전통과도 깊은 관련이 있다. 이러한 통합의 추구는 마틴 루서 킹 2세(Martin Luther King, Jr.)와 같은 흑인 사상가의 저술에서는 직설적으로 나타나기도 했지만, 대체로 전체와 부분의 균형과 조화를 강조하는 사유방식을 통해 신학적 혹은 철학적으로 표현되었다.

예를 들어 신학적 관점에서 이 방식은 신을 전체로 보고 개인을 부분이라 할 때, 조화와 균형 속에서 부분은 전체와의 관계 속에서만 의미가 있고, 전체의 모습은 부분들을 통해서만 단편적으로 나타난다고 보는 것이다. 이러한 신학적 관점은 미국의 초기 지성사에서 중요한 역할을 했던 청교도 신학자 조너선 에드워즈(Jonathan Edwards)의 사상에서 출발하였다. 그는 개인의 신학적 의미란 전체와의 "조화와 균형"에 있다고 주장했다.[2] 그는 인간을 전체와 부분의 관계적 의미 속에서만 가치가 있는 존재로 보았다. 전체와 부분에 대한 그의 시각은 미국의 지성사가 종교적 성격에서 세속적 성격으로 바뀐 이후에도 현재까지 여전히 그 지적 전통을 통해 흐르고 있는 중요한 특징이 되었다. 그리하여 정치적·사회적 관점에서 미국 지식인들은 국가와 개인 혹은 사회와 개인의 관계를 전체와 부분의 관계로 보고, 그것들의 조화와 균형을 사회통합의 척도로 삼았다. 그들은 각 시대의 구체적인 사회문제들을 해결하는 데 전념하면서도, 균형과 조화의 상태를 진단하여 이 세계가 어떤 방식으로 존재하는지 혹은 이 세계가 얼마나 바람직한 상태에 처해 있는지를 판단하는 기준으로 삼았던 것이다. 그들은 전체와 부분이 균형과 조화를 이룰 때 국가와 사회는 통합의 상태에 도달하게 되고, 이러한 상태에서만이 개인들의 자기실현은 사회의 '역동적 중심'으로 바뀔 수 있다고 보았다.

이 책에서 다루고 있는 원전의 저자들은 각기 다른 시대 혹은 다른 지성의 세계에 속해 있었던 지식인들이지만 국가와 사회를 통합하고자 했던 그들의 태도와 정신은 같은 지적 전통 속에 있었다. 예를 들어 첫 장에 등장하는 오레스티스 A. 브라운슨(Orestes A. Brownson)이 남북전쟁으로 말미암은 국가의 분열에 대해 국민의 통합을 호소했던 한편, 마지막 장에 등장하는 크리스토퍼 래쉬(Christopher Lasch)는 포스트모더니즘의 영향으로 생겨난 미국의 지적·사회적 분열을 개탄하며 사회통합을 추구하였다. 또한 헨리 조지(Henry George)와 윌리엄 그레이엄 섬너(William Graham Sumner)는 같은 시대를 살면서 문명의 진보와 자본의 발전에 대해 전혀 다른 관점을 가지고 있었지만, 분열된 산업사회가 통합되어야 한다는 점에는 의견을 같이하였다. 이처럼 10명 모두가 서로 다른 지적·사회적 배경에서 활동했고, 혹은 같은 배경에서도 서로 다른 지성을 소유했음에도 이들을 같은 지적 전통 속에 포함시킨 이유는 그들 모두가 전체와 부분의 관계를 강조하면서 통합정신을 구현하고자 했기 때문이다.

그러나 필자의 이러한 관점은 사상의 형성·발전과 그 구조를 지나치게 단순하게 보고 있다는 비판을 받을 수도 있다. 실제로 미국 지성사를 통해 형성된 지적 전통의 본질을 파악한다는 것 자체가 쉬운 일이 아님을 잘 알고 있다. 어떤 의미에서 그것은 불가능한 일일지도 모른다. 『미국의 지적 전통』(*The American Intellectual Traditon*)을 편집했던 데이비드 A. 홀린저(David A. Hollinger)와 찰스 캐퍼(Charles Capper)는 책의 서문에서 다음과 같은 질문을 던진다. "어떤 구체적인 요소들이 미국의 지적 전통의 발전에 가장 중요한 역할을 했는가?" 이 질문에 그들은 어떤 뚜렷한 대답도 하지 않는다. 다만 그들이 미국의 지적 전통에 대해 지적한 사실은 그것이 "서로 다른 많은 견해들"로 이루어졌다는 것이다.[3]

이들의 언급과 마찬가지로 필자도 미국의 지적 전통이 다양성과 복잡성을 특징으로 하고 있다는 사실을 인정한다. 그 이유로는 첫째, 인종적·문화적·종교적으로 다양한 사회의 구성원들이 추구하고 지향하는 목표가 서로 달랐기 때문일 것이고, 둘째, 미국에서의 사상과 정신은 끊임없이 환경에 적응하고자 했고 그 과정에서 본질을 간직하면서도 늘 변형된 형태로 나타났기 때문일 것이다. 이런 차원에서 필자가 제시하는 미국의 지적 전통과 통합정신이 미국 사상의 다양성과 복잡성을 간과한 것이라면 마땅히 비판받아야 하고, 또 그 통합

정신이 실제로 얼마나 제대로 구현되었는가는 냉철하게 평가되어야 할 것이다.

그러나 최근 포스트모던 지식인들은 미국의 지적 전통에 대한 비판뿐만 아니라 그 전통 자체를 거부한다. 프래그머티즘에 대한 새로운 바람을 불러일으키며 네오프래그머티즘 혹은 언어적 프래그머티즘을 주도하고 있는 리처드 로티(Richard Rorty)가 이들 사상의 가장 중요한 지적 원천이다. 로티의 철학은 여러 면에서 기독교 정신과 계몽사상에 기반을 두고 있는 미국의 지적 전통에 대한 깊은 반항의 성격을 띠고 있다.

로티의 반항은 이성, 합리성, 형이상학, 기독교, 전통 등에 대한 거부로 나타난다. 왜냐하면 그는 이러한 요소들에 바탕을 둔 서양 문명이 인간사회를 잔인하게 만들었다고 보기 때문이다. 그는 자신의 저서 『우연성 · 아이러니 · 연대성』(*contingency, Irony, and Solidarity*)에서 그 잔인성의 기원이 서양 문명의 본질주의(essentialism)에 있다고 주장한다. 본질주의란 "세계와 인간의 자아가 본래적인 속성, 즉 본질을 가진 것"이라 믿는 태도인데, 이러한 태도는 "어떤 규준을 찾아내려는" 지속적인 시도와 함께 그 규준에 맞지 않는 집단과 개인은 억압과 폭력의 희생이 되어 왔다는 것이다.[4] 그리하여 로티는 윌리엄 제임스(William James)와 존 듀이(John Dewey) 같은 초기 프래그머티스트들을 반(反)형이상학적 혹은 탈(脫)인식론적 철학의 선구자들로 이해하게 되었고, 이들에 대한 그의 연구는 곧 프래그머티즘 연구의 부흥을 일으키는 시발점이 되었다. 필자는 이러한 로티의 반(反)본질주의에서 나타난 비판적 정신은 높이 평가하지만 그의 철학이 지나치게 극단적인 입장을 견지함으로써, 윌리엄 제임스가 추구했던 '열린 세계'가 아니라 오히려 분열과 갈등으로 가득 찬 대립의 세계를 가져왔다고 본다. 이 책에서 다루는 지식인들의 통합사상은 자신들의 규준만을 내세우며 사회와 문화를 지배하고자 한 것이 아니라 반성과 화해를 통해 사회의 분열을 통합으로 해결하고자 했다.

이 책에서 필자는 미국 현대 사상에 나타난 통합정신의 흐름을 1) 남북전쟁 이후 통합정신의 형성, 2) 사회제도 개혁에 의한 사회통합 추구, 3) 전통과 제도에 의한 유기적 사회통합 추구, 4) 프래그머티즘에 의한 전체와 부분들의 역동적 통합 추구, 5) 전통과 진보의 융합에 의한 사회통합 추구, 6) 문명과 종교의 융화에 의한 유기적 사회통합 추구, 7) 전체주의의 위협으로부터 자유사회의 통합 추구, 8) 전통적 가치관에 의한 사회통합 추구, 9) 흑백의 분열과 갈등을 넘어 통합사회 추구, 10) 진보에 대한 반성과 민중정신에 의한 사회통합 추구 등으로 분류하여 고찰하였다. 이 각각의 주제를 반영하는 대표적인 10권의 지성사 원전들은 시간과 공간을 초월하여 서로 교류하였고, 지적 전통이라는 큰 흐름 속에서 유기적으로 연결되어 있다. 연대별로 되어 있는 본 연구의 내용을 요약하면 다음과 같다.

제1장은 남북전쟁이 일어나기 이전 뉴잉글랜드의 대표적인 지성이었던 오레스티스 A. 브라운슨(Orestes A. Brownson)의 사상과 그의 저작을 다룬다. 1866년에 출간된 그의 『아메리카 공화국』(*The American Republic*)은 남북전쟁으로 갈라진 미국의 사회, 국민, 정신세계를 통합시키려는 일념에서 나온 저술이다. 그는 남북전쟁 이후 미국 국민이 관념적 세계에서 물질적 세계로 들어가고 있다는 사실을 누구보다 분명하게 인식했지만, 국가와 사회의 통합을 위해 미국 정부와 헌법에 대한 신학적 해석을 과감하게 제시한 사상가였다. 그는 본시 자유

주의 지성이었지만 『아메리카 공화국』에서 나타난 그의 보수주의 사상은 전쟁과 분열에 대한 깊은 반성에서 비롯된 것이었다. 그 저작에서 그가 보여 준 통합의 정신과 반성적 태도는 미국 현대 지성사 전체를 통해 흐르는 중요한 지적 전통이 된다.

제2장은 현대 미국 지성사에서 개혁정신을 고취시켰던 헨리 조지(Henry George)의 사상과 그의 저작을 다룬다. 1879년에 출간된 그의 저서 『진보와 빈곤』(*Progress and Poverty*)은 그 제목이 암시하는 바와 같이 물질적 진보 속에서도 여전히 빈곤이 만연한 미국 사회를 신랄하게 비판하였다. 헨리 조지는 남북전쟁 이후 급속도로 발전하여 형성된 산업자본주의를 비판하며 제도개혁을 주창했지만, 자본주의 자체를 반대한 것은 아니었다. 그는 사회제도의 개혁을 통해 그 제도 안에서 사회통합이 이루어지길 바랐다. 그는 전체와 부분의 균형과 조화 속에서 개인과 사회, 개인과 개인이 자율적으로 통합되는 상태를 진정한 진보로 보았다. 다시 말해 그는 문명의 진보를 넘어 사회통합을 추구한 사상가였다.

제3장은 헨리 조지와 같은 시대를 살면서도 정반대의 입장에 서서 사회와 국가를 바라보았던 윌리엄 그레이엄 섬너(William Graham Sumner)의 사상과 그의 저작을 다룬다. 헨리 조지가 산업화와 자본주의화를 비판하며 기존의 제도를 개혁하려 했다면, 섬너는 기존의 제도를 자연법칙과 같이 피할 수 없는 현실로 받아들였다. 1883년에 출간된 『사회계급들 간의 상호 협력』(*What Social Classes Owe to Each Other*)에서 섬너는 기존의 제도 속에서 모든 계급이 함께 협력하며 조화를 이룰 때 사회의 통합이 가능하다고 보았다. 그는 자연의 법칙과 구조에서 보는 바와 같이 사회의 여러 계급은 각자 독특한 기능과 역할을

가지고 서로 유기적 관련 속에 있다고 믿었고, 이들의 역할과 의미를 과학적으로 분석·설명하려 하였다. 섬너의 궁극적인 목적은 분열된 사회와 국가를 통합시키는 것이었고, 이러한 그의 노력은 미국 사회과학의 수립과 발전에 지대한 공헌을 하였다.

제4장은 19세기 후반 순수한 미국 철학의 등장에 가장 중요한 역할을 했던 윌리엄 제임스(William James)의 사상을 다룬다. 찰스 퍼스, 존 듀이 같은 선구적인 철학가들과 함께 윌리엄 제임스가 창안한 프래그머티즘은 미국의 지적 전통에 흐르는 통합의 정신을 철학적으로 체계화한 것이다. 1890년에 출간된 윌리엄 제임스의 『심리학 원리』(*The Principles of Psychology*)는 개인과 세계, 물질과 정신, 과학과 종교가 어떻게 하나로 통합될 수 있는가를 탐구한 저작이다. 그는 이러한 양자가 결코 단순히 공존하거나 규칙적으로 협력하는 차원이 아니라, 모든 것이 끊임없이 변하고 소용돌이치는 가운데 역동적으로 서로 교류한다고 본다. 따라서 그가 추구하는 통합은 정적이고 기계적인 것이 아니라 역동적이고 창조적인 상태였다. 그가 말한 '열린 세계'는 이러한 통합의 상태가 언제나 가능한 세계였다. 그것은 부분과 부분의 역동적 통합을 통해 또 다른 모습의 전체를 가능하게 하는 세계였다.

제5장은 개인과 사회에 대한 비판과 갱신을 통해 인간 존재의 통합을 추구했던 존 듀이(John Dewey)의 사상과 1916년에 출간된 그의 저서 『민주주의와 교육』(*Democracy and Education*)을 다룬다. 윌리엄 제임스만큼 듀이도 통합을 역동적인 현상으로 보았다. 듀이는 통합이 완성되는 어떤 것이 아니라 서로 다른 부분들이 공통의 목적을 향해 협력하는 과정으로 보았다. 이런 점에서 그는 부분들의 단순한 합이

전체를 이룬다고 보지 않았다. 왜냐하면 그는 전체를 도달되는 어떤 것이 아니라 끊임없이 만들어지고 있는 과정 속에 있는 것으로 보았기 때문이다. 듀이는 이 과정에서 전통과 진보의 융합에 의한 사회의 통합을 추구하였다. 그는 이러한 융합과 통합이 민주주의와 교육을 통해서만이 가능하다고 믿었다.

제6장은 문명의 비극적 의미에 대해 세밀한 탐구와 천착을 거듭했던 신학자 라인홀드 니버(Reinhold Niebuhr)의 사상과 1932년에 출간된 그의 저서 『도덕적 인간과 비도덕적 사회』(*Moral Man and Immoral Society*)를 고찰한다. 니버는 듀이와 같은 당대의 자유주의자들이 인간 본성과 현실을 지나치게 낙관적으로 보는 것은 산업사회의 분열과 혼란을 해결하기보다는 오히려 어렵게 만들었다고 개탄한다. 니버는 문명의 전체적인 흐름을 기독교 신앙의 눈으로 보면서 그 분열의 본질과 내면의 비극적 의미를 간파하였다. 그러나 그는 문명을 이룩한 인간 본성의 어두운 심연을 파헤치면서도, 결코 절망이나 허무가 아니라 문명의 비극 너머에서 새로운 빛을 찾았다. 그는 인간의 도덕적 자만과 낙관을 질책하면서도, 문명과 종교의 융화에 의한 사회통합을 추구하였다.

제7장은 대표적인 자유주의 역사가로 제2차 세계대전 이후 미국 지성계에서 지적 풍향계 역할을 했던 아서 M. 슐레진저 2세(Arthur M. Schlesinger, Jr.)의 사상과 1949년에 출간된 그의 저작 『역동적 중심』(*The Vital Center*)을 다룬다. 『역동적 중심』은 본 연구에서 다루고 있는 어떤 저작보다도 전체와 부분의 유기적 관계를 세심하게 관찰한 역작이다. 슐레진저는 당시 파시즘과 공산주의가 자유사회에 가하고 있는 위협을 지적하면서도 자유사회의 위기는 내부에 기인한다는 사실을

선언하였다. 그는 자유사회가 산업화의 급속한 진행으로 말미암아 형성된 복잡한 질서의 메커니즘에서 벗어나 모든 개인들이 서로 자발적이고 창조적인 관계를 가질 때 사회의 통합은 가능하며, 그 역동적 중심도 유지될 수 있다고 보았다.

제8장은 1920년대 이래로 저널리스트이자 사상가로서 미국의 지성계를 이끌었던 월터 리프먼(Walter Lippmann)의 사상과 1955년에 출판된 그의 저서『공공의 철학』(*Essays in The Public Philosophy*)을 다룬다. 청년 시절 리프먼은 사회의 진보와 개혁에 누구보다 열정적이었지만 1950년대 중반에 나온 이 저작에서는 깊은 보수주의 사상을 보여 준다. 그는 전체와 부분의 관계를 강조했던 다른 지식인들과 마찬가지로 부분들을 전체에 연결시키고자 했고, 그 방법을 역사와 공동체에서 찾았다. 즉, 그는 역사와 사회를 통해 형성된 전통과 권위에 바탕을 둔 공공의 철학에 의해 사회의 통합을 추구하였다. 그는 자연법에 기초한 전통적 가치관, 다시 말해 시민사회의 전통이 회복될 때 분열된 현대 사회는 통합에 이를 수 있다고 보았다.

제9장은 흑인과 백인 간의 인종적 분열을 통합하려 했던 마틴 루서 킹 2세(Martin Luther King, Jr.)의 사상과 1964년에 출간된 그의 저서『왜 우리는 기다릴 수 없는가』(*Why We Can't Wait*)를 다룬다. 본 연구에서 다루고 있는 다른 사상가들이 전체와 부분, 부분과 부분의 통합을 관념적인 차원에서 다룬 데 반해 킹은 구체적인 현실에서 통합의 의미와 방법을 분명하게 제시하였다. 비폭력 저항이라는 실천을 통해 구체화된 그의 통합사상은 인간과 사회의 통합이 결코 한 순간에 성취되어 끝나는 과제가 아니라, 하나의 생명체가 다른 요소들과 유기적 결합을 통해 창조적 성장을 해나가는 과정과 같다고 보았다. 그가

늘 스스로 자문했던 "우리는 여기서부터 어디로 가야 할 것인가?"라는 질문은 창조적 통합에 대한 그의 열망을 잘 표현한 것이다. 이러한 그의 통합사상은 흑인과 백인 간의 인종차별 문제를 넘어 보편적 인간의 관계와 의미에 근거한 통합사회를 지향하였다.

마지막으로 제10장은 진보주의 진영에서 사회와 문화를 비판하고 역사를 서술하는 데 평생을 바쳤던 크리스토퍼 래쉬(Christopher Lasch)의 사상과 그가 작고한 다음 해인 1995년에 출판된 그의 저작 『엘리트의 반란과 민주주의의 배반』(*The Revolt of the Elites and The Betrayal of Democracy*)을 다룬다. 그의 전 생애에서 나타나는 진보주의 사상이나 입장과는 달리 이 저작에서 그는 보수주의 사상으로 선회한다. 만년에 그가 걸었던 지적 여정은 슐레진저의 정신적 궤적과도 닮아 있다. 이들은 같은 시대를 살면서 전혀 다른 지적 경력을 가지고 있었음에도 1980년대 이후에 전개된 극단적 개인주의와 물질주의적 세계관에 대해서는 함께 신랄한 비판을 제기하였다. 래쉬는 일생을 끝마치는 순간까지도 사회의 변화와 진보에 대한 일념을 버리지 않았지만, 도덕의 붕괴와 사회의 분열에 맞서서는 전통적인 자립정신에 바탕을 둔 민중정신의 회복을 주창하면서 사회통합을 추구하였다.

앞에서 밝혔듯이 필자는 원전 분석을 통해 과거에 활동했던 지식인들의 통합사상을 연구하는 것을 주목적으로 삼았지만, 그와 동시에 사상의 존재 양식을 규명하려 하였다. 그리하여 이 책의 각 장에서는 먼저 저자의 생애 전체를 개관하면서 그의 사상이 어디에서 유래했고, 그가 어떤 시대를 살았으며, 어떤 사상을 형성했는지를 고찰하였다. 이때 저자의 생(生)이 '전체'라면 원전은 하나의 '부분'에 해당하고, 원전을 통해 드러난 저자의 사상이 '부분'이라면 미국의 지적 전통은 '전체'가 될 것이다. 그리하여 하나의 원전이 작가의 변화하는 정신세계에서 어떤 위치를 차지하며 어떤 의미를 가졌는지를 다루면서 동시에 원전과 지적 전통의 관련성도 분석하였다.

이러한 분석을 통해 작가의 사상이 그의 삶 전체뿐만 아니라 지적 전통 전체와 얼마나 긴밀한 관계를 맺고 있는가를 밝히고자 하였다. 다시 말해 원전과 작가, 지적 전통의 삼각관계는 동시에 일어나고 연속성 속에서 유기적으로 연관되어 있다는 사실을 규명하는 것이다. 작가는 유한하지만, 그 작가가 정립한 원전의 사상은 지적 전통 속에서 지적 유산으로 남아 영원히 작용한다. 지적 전통은 고정된 실체가 아니라 유동적 상태에 있는 정신적 기반으로서, 원전과 또 다른 원전이 만나는 토대이기도 하다. 원전의 사상은 언제나 진행 중이기 때문에 궁극적으로 어떤 존재로 남을지, 또 어떤 역할을 할지에 대한 우리의 이해는 제한적이다. 그 이유는 우리의 존재는 유한하므로 그 진행의 끝을 볼 수 없기 때문이다.

1 이러한 입장은 초기 지성사학의 발전에 이바지한 선구적인 두 지성사가의 관점을 따른 것이다. 즉, "사상의 사회사"를 주장했던 머얼 커티(Merle Curti)의 지성사관과 정신의 내적 논리를 강조한 페리 밀러(Perry Miller)의 정신사관, 즉 "인간의 정신이 인간 역사의 기본적인 요인"이라는 관점을 수용한 것이다. Merle Curti, *The Growth of American Thought* (3rd ed., New York: Harper & Row, 1964), p. xi; Perry Miller, *Errand into the Wilderness* (Cambridge: The Belknap Press of Harvard University Press, 1956), p. ix.

2 Jonathan Edwards, *Scientific and Philosophical Writings*, ed. Wallace E. Anderson (New Haven: Yale University Press, 1980), p. 332.

3 David A. Hollinger and Charles Capper, eds., *The American Intellectual Tradition: A Sourcebook Volume II: 1865 to the Present* (3rd ed., New York: Oxford University Press, 1997), p. xi.

4 Richard Rorty, *Contingency, Irony, and Solidarity* (Cambridge: Cambridge University Press, 1989), p. 6.

1

남북전쟁 이후 통합정신의 형성

오레스티스 A. 브라운슨과 『아메리카 공화국』(1866)

Orestes A. Brownson,
The American Republic (1866)

오레스티스 A. 브라운슨(Orestes A. Brownson)은 랠프 왈도 에머슨(Ralph Waldo Emerson), 헨리 데이비드 소로(Henry David Thoreau) 같은 초월주의자들과 함께 19세기 전반 뉴잉글랜드의 지성을 대표하는 사상가로서 미국 지성계를 주도하였다. 그는 성직자, 노동운동가, 저널리스트로 한 시대의 중심에 서서 미국 사회와 정치를 비판하며 변화와 개혁을 갈망했던 대체로 급진적인 지식인이었다. 그러나 그의 지적 세계는 어느 한 지점, 어느 한 이념에 머물지 않았다. 그의 지적 열정은 순례자의 지칠 줄 모르는 영혼의 추구와도 같은 것이었다. 역사가 아서 M. 슐레진저 2세(Arthur M. Schlesinger, Jr.)가 지적한 것처럼, 그의 지적 생애는 더 진실한 곳을 향해 끊임없이 오르며 결코 "대중의 인기나 세속적 성공과 같은 즐거움에 시간을 낭비할 수 없었던" 구도자의 여정과도 같았다.[1] 브라운슨은 자신의 지적 세계에 대해 다음과 같이 말했다. "내게 진실은 언제나 나 자신의 견해보다도 더욱 소중하다."[2]

브라운슨의 『아메리카 공화국』(*The American Republic*)은 1866년에 출판된 저작으로 그의 긴 지적 여정이 끝나가는 시점에서 저술된 것이다. 이 책은 브라운슨의 전반기 사상에서 나타난 진보적 정신과는 달리 미국 지성사에서 보수적 정치사상을 대표하는 저작에 속한다. 그는 이 책에서 국가와 정치에 관한 현실적이고 공리적인 이해를 넘어 그 기원과 본질을 재인식함으로써 국가의 유기적 성격과 도덕적 개성을 강조하고자 했다. 그는 무엇보다도 국가의 통합을 위해 프로테스탄티즘과 개인주의의 전통을 대신하여 가톨릭 사상과 제도를 이상적인 기준으로 제시하였다.

미국의 프로테스탄티즘을 대표하는 뉴잉글랜드 정신이라는 지적 환경에서 활동해 왔던 브라운슨이 새로운 미국의 도덕과 가치기준을 유럽의 중세와 가톨릭에서 찾았다는 사실은 도발적이면서도 시대착오적인 것으로 보일 수도 있다. 하지만 그의 이러한 태도는 남북전쟁에서 드러난 반(反)인륜적 살육과 정신적 몰락에 대한 반항으로 이해할 수도 있다. 그는 사상가로서 전(前)시대의 정신과 사상이 이 참혹한 전쟁을 막지 못한 데 대한 책임을 통감했던 것이다. 남북전쟁 이전에 노예제도의 폐지와 더불어 완전한 사회를 구현하려 했던 초월주의 개혁가들은 전쟁을 겪으며 자신들이 얼마나 순진하고 단순하게 정치와 사회를 보았는가를 분명히 깨닫게 되었다. 이 이상주의자들은 마침내 노예를 해방시켰다는 성취감에 만족하고, 가시적으로 드러난 연방의 통합에 기뻐할 수도 있었지만, 실제로 그들이 목격한 현실은 더욱 깊어진 사회의 분열과 인종 간의 적대감이었다. 전쟁으로 인한 인간의 고귀함과 순수성의 상실은 국민 전체에게 정신적·도덕적 상처를 입혔고, 사회와 정신의 세속화는 피할 수 없는 현상이었다. 모든 정신적·사상적 기반과 권위가 위기에 처하게 된 것이다.

이러한 정신적 위기에서 나온 브라운슨의 『아메리카 공화국』은 정부의 본질과 기원, 미국 헌법, 남북전쟁의 발발과 직접적인 관련이 있는 남부의 연방 탈퇴, 전후의 재건 문제 등을 다루고 있다. 그러나 이 저작은 정치적 차원을 넘어 사변적인 관점에서 정치라는 매개를 통해 어떻게 사회의 통합을 구현할 수 있을지에 대한 방안을 제시하였다. 그는 기존 정치제도와 정치적 인식을 넘어 새로운 정신적 기반을 제시함으로써, 미국의 의미는 무엇이며, 미국의 정체(正體)는 무엇을 위해 성립되었으며, 그 기원은 어디에서 유래되었고, 지금 미국은 어디로 가고 있는지 등에 대한 문제들을 해명하려고 하였다. 따라서 『아메리카 공화국』에 나타난 그의 깊은 관조적 태도와 정신세계는 신학적 혹은 형이상학적 접근이 아니고서는 이해하기 어렵다.

브라운슨의 이러한 보수사상은 전쟁에서 극명하게 드러난 미국의 분열과 비극을 극복하고자 했던 지식인의 열망임에 틀림이 없다. 사회적 지식인으로서 그는 전쟁으로부터 어렵게 보존된 연방을 진정한 국가의 차원으로 통합시키고자 했다. 그러나 그의 지적 비전은 더 높은 곳에 있었다. 즉, 그는 분열된 사회와 국가를 단순히 통합하는 차원을 넘어서, 살육의 전장에서도 인간의 진정한 가치와 민주주의를 추구하고자 했던 많은 개인들의 숭고한 이상과 에너지를 하나로 모아 사회진보의 동력으로 승화시키고자 했던 것이다. 이런 의미에서 그는 국가와 사회의 통합을 추구함에 있어서 보수적 태도와 사상을 드러내면서도 여전히 진보를 갈망하고 있었다. 이러한 통합의 정신은 현대 미국 지성사 전체를 통해 흐르며, 미국의 지적 전통의 중요한 부분을 형성한다.

생애와 사상

생애와 사상의 원천

오레스티스 A. 브라운슨은 1803년 9월 16일 오남매 중 막내로 버몬트 주 스톡브리지(Stockbridge)에서 태어났다. 그의 지적 생활은 19세기 전반기에 에머슨, 파커, 소로와 같은 미국 지성계의 거목들처럼 뉴잉글랜드의 정신적 토양에서 출발했다. 그 정신의 중심은 정통 칼뱅주의였다. 여섯 살이 되던 해에 아버지가 돌아가시자 가난한 형편 때문에 어머니는 그를 집 근처에서 농사를 짓고 사는 노부부의 집으로 보냈다. 브라운슨이 훗날 회고하듯이, 그들은 "평범한 시골 사람들이었고, 조그마한 농가에서 살았으며, 근면하게 자립적으로 살아가는 사람들이었다. 그들은 뉴잉글랜드 조합교회의 배경에서 정직하고 엄격하며 도덕적인 생활을 하였다." 이처럼 브라운슨은 부친을 비롯하여 장로교 교인들에 둘러싸여 유년 시절을 보냈고, 특히 이 노부부의 집에서 자라면서 그의 정신세계는 칼뱅주의와 청교도적 조합주의의 가치관 속에서 형성되기 시작했다.[3]

이와 같이 브라운슨은 종교적 인간으로 성장했지만 그에 못지않게 이성적인 인간이었다. 또 칼뱅주의의 엄격함을 추구했지만 그의 기질은 그 속에 얽매일 수 없었다. 다시 말해 그는 결코 자신의 믿음을 버리지 않으면서도 이성의 지시를 따르고자 했다. 그러나 그는 믿음과 이성의 조화에 실패하자 깊은 인생의 고뇌를 느끼기 시작하였다. 청년기로 접어들던 이 시기를 그는 훗날 다음과 같이 회고한다. "나는 진실을 찾고, 종교를 체험하며, 종교생활을 영위하기 위해 최선을 다했다. 그럼에도 나는 신앙이 없었고, 소망도 없었으며, 사랑도 없었다. 나는 무엇을 믿어야 할지를 몰랐고 무엇을 해야 할지도 몰랐다. 나의 생은 어두움에서 어두움으로 흘렀다. 나에게 세계는 어두운 실체였다. 어느 한 순간, 어떤 한 줄기 빛도 이 세상을 구원하는 것처럼 보이지 않는다. 나의 마음은 슬프다. 나는 소망할 어떤 것도, 살 만한 가치가 있는 어떤 것도 가지고 있지 않다. 나에게 천국은 사람이 살지 않는 곳처럼 보였고, 이 땅은 황무지와도 같았다."[4] 이러한 자신의 상태를 브라운슨은 훗날 미국 국민의 상태와 다음과 같이 비교하였다. "나의 동포들은 칼뱅주의를 통해 기독교의 개념을 처음으로 받아들임으로써 결코 믿음과 이성을 융화시키거나 자연과 은총을 조화시킬 수가 없었다. 그들은 상식의 원칙에 반하여 한쪽을 부인해야만 한다고 느꼈다. 그리하여 그들은 평화와 안식이란 복음의 약속에 대한 믿음에 있는 것이고, 실제 삶은 고통스러운 투쟁의 연속이라고 보았다."[5]

흩어졌던 브라운슨의 가족은 1817년에 다시 결합하여, 뉴욕의 볼스톤 스파(Ballston Spa)로 이사하였다. 1822년 이곳에서 브라운슨은 열아홉 살의 나이에 장로교회에 정식으로 입회하였으나 그는 장로교 교인으로 오래 살 수는 없었다. 장로교회 안에서 그는 믿음과 이성 둘 다를 수용할 수 없었다. 그는 곧 칼뱅주의에 기초하고 있는 장로교회가 이성을 철저하게 거부한다는 사실을 알게 되었다. 그는 장로교회의 엄격한 권위를 싫어했고, 성경에 기초한 믿음의 태도만을 수용하면서 그 외의 신앙에 대해서는 이단으로 낙인찍는 것을 받아들일 수가 없었다. 그에게 이성은 신이 인간에게 부여한 것이었기에 "그것을 포기하는 것은 인간으로서의 본질적인 성격을 포기하는 것"이었다.

브라운슨에게 있어서 계시와 이성은 함께 정신세계를 충분히 발전시킬 수가 있는 것이었다. 그는 이 두 가지 기능에 대해 다음과 같이 설명한다. “인간은 계시를 받아들일 이성을 필요로 하며, 초자연적인 것을 받아들일 자연적인 것도 필요로 한다. 만일 자연적인 것이 없다면 초자연적인 것도 있을 수 없다. 내가 완전히 타락했다면 나는 구원을 받을 수가 없다. 만일 나의 이성이 기만적인 것이고 결코 신뢰할 수 없는 것이라면 내가 계시로 행동할 때 그것이 어떻게 계시인지 알겠는가?”[6] 브라운슨은 계시와 이성 중 어느 하나를 강조함으로써 다른 하나가 희생되는 것을 염려하였다. 그는 “이성은 신앙 앞에 존재하는 것이어야만 하고, 자연은 은총에 의해 전제되어야만 한다”고 믿었다.[7]

브라운슨은 스물한 살이 되던 해에 당시에 정통 기독교라 일컬어지던 장로교회를 떠나 유니버설리즘(universalism)이라는 자유주의 기독교로 옮겨 갔다. 그러나 그의 이러한 전향은 그가 새로운 종파 속에서 장로교회의 믿음을 버린 것이라기보다는 자신의 이성을 발전시킬 계기를 찾고 싶었기 때문이었다. 그리하여 잠시 동안 그는 자기 자신의 정신적 추론을 제외하곤 어떤 권위도 따르지 않고, 오로지 자신의 이성을 통한 권위의 수립을 위해 지적 생활로 들어가, 서양 문명의 위대한 작가들을 연구하기 시작했다. 그는 또한 유니버설리즘의 합리주의적 교리를 철저하게 독학으로 연구했고, 1825년 유니버설총회(Universalist General Congregation)로부터 설교자격증을 받게 되었다. 그리고 1826년 중반 그는 유니버설리즘 교회로부터 목사안수를 받은 후 3년 동안 뉴잉글랜드 마을을 다니며 성직을 수행하였다. 1827년에 브라운슨은 샐리 힐리(Sally Healy)와 결혼하고, 첫 논문을 출판했으며,

유니버설리스트 교단에서 출간하는 『복음지』(*The Gospel Advocate*)의 편집자를 맡게 되었다.

이처럼 브라운슨의 생은 청년기를 지나 장년기에 접어들 때까지 안식처를 찾지 못한 채 떠도는 방랑자와 같았다. 그러나 그의 행적은 결코 세속적인 의미로 이해될 수 있는 것은 아니었다. 그에게 삶은 진실을 찾는 여정이었다. 그 진실이란 신앙과 이성이 진정으로 함께 균형 속에서 전체의 의미를 표현할 수 있는 어떤 것이었다. 브라운슨이 2년 동안 몸담았던 유니버설리즘은 결코 그 균형을 유지하지 못했다. 이성에 대한 유니버설리스트들의 철저한 신뢰는 어떠한 여지도 허용하지 않았다. 그들은 계시에 대한 어떤 믿음도 철저하게 거부하는 이신론(理神論)자들이거나 회의론자들이었다. 브라운슨이 처음에 그들에게 공감했던 것은 그들의 사상과 논리적 입장에 대한 매력 때문이었다. 그러나 그들이 이성에 의한 논리로만 현실을 이해하고자 할 때 브라운슨이 추구했던 이성과 계시의 조화는 도달될 수 없는 것이었다. 1826년 그가 최초로 게재한 자신의 글은 '종교와 진보'에 관한 것이었다. 그의 논지는 종교적 정신 속에서 이성으로 이루는 번영만이 진정한 인간 사회의 진보가 될 수 있다는 것이다. 그 이유는 인간의 본성은 끊임없는 욕망으로 인해 진보를 이룩한다 할지라도 오히려 그 진보로 인해 스스로 파멸의 길로 가기 때문이라는 것이다. 그는 "이성과 종교를 함께 적절하게 사용할 때만이 바람직한 진보를 이룰 수 있다"고 주장하였다.[8]

자유사상에서 급진주의 사상으로

유니버설리즘을 탈퇴한 브라운슨은 1829년 말부터 1831년 초까지 자유연애와 여성들의 권리 추구에 선구적인 역할을 하고 있던 패니 라이트(Fanny Wright)와 함께 일했고, 그녀의 급진적이고 무신론적인 저널인『프리 인콰이어러』(*Free Enquirer*)의 편집자가 되었으며, 노동운동에도 관여하여 뉴욕 서부에서 노동운동 저널도 발간하였다. 브라운슨은 라이트와 더불어 로버트 오웬(Robert Dale Owen)과도 교류하면서 사회주의 계획에 대해 논의했으며, 노동자 정당을 결성하는 데 관여하기도 했다. 그는 또한 독립적으로 여러 곳에서 설교를 하였고,『박애주의자』(*The Philanthropist*)라는 저널의 편집자 겸 출판인이 되기도 했다.

1830년이 끝나갈 무렵 브라운슨은 윌리엄 엘러리 채닝(William Ellery Channing)의 저서로부터 영향을 받고 회의적 신앙의 태도를 버리고 기독교 성직자로 되돌아갔다. 그 이듬해 그는 채닝의 유니테리언주의(unitarianism)에 합류했으며, 당시 주류를 형성하고 있던 낭만주의적 세계관으로 들어갔다. 그는 곧 유니테리언 세계에서 널리 알려지게 되었고, 뉴햄프셔 주의 월폴(Walpole)에서 유니테리언 목사로 정착하게 된다. 여기에서 그는 정치, 사회, 종교, 철학 등에 대한 책을 폭넓게 읽으면서 저술활동을 시작하였다. 그는 프랑스 철학에 많은 관심을 보였으며, 특히 5권으로 이루어진 뱅자맹 콩스탕(Benjamin Constant)의 방대한 저서인『종교』(*De La Religion*)를 읽고 많은 영향을 받았다. 역사학과 심리학에서 콩스탕이 말하는 논지는 "생의 전체는 논리적인 표현으로 이해할 수 없고 그 가장 중요한 정서는 지성이 도달하지 못하는 곳에 존재한다"는 것이었다.[9] 브라운슨의 지적 발전은 콩스탕에서 곧 생시몽(Saint-Simon)으로 옮겨 간다. 그는 생시몽의 기독교 유토피아에 대한 꿈으로부터 사회개혁은 종교를 통해 이루어져야만 한다는 신념을 갖게 되었다. 월폴에서 2년간 지내면서 그는 보스턴의 초월주의 클럽(Transcendental Club)에 들어가 채닝과 조지 리플리(George Ripley)를 비롯하여 초월주의 운동의 지도자들과 지속적으로 교류를 하게 된다.

1834년 브라운슨은 매사추세츠 주 캔톤(Canton)에서 유니테리언 목사직을 맡아 달라는 제의를 수락하였고, 여기서 그는 소로와 친분을 쌓게 된다. 슐레진저에 의하면 브라운슨에게 있어서 "뉴잉글랜드로의 이주는 새로운 지적 전망"을 여는 것이었다.[10] 이곳에서 그의 정신세계는 광대한 지적 세계로 들어가게 된다.

1836년 브라운슨은 매사추세츠 주 첼시(Chelsea)로 이사해, '기독교 통합과 사회진보를 위한 소사이어티'(Society for Christian Union and Social Progress)를 설립하였다. 이 조직은 노동자들을 위해 브라운슨이 직접 세운 교회였다. 그는 이 교회를 '미래의 교회'라 불렀다. 그는 이 교회를 세움으로써 진보의 대의를 위해 모든 프로테스탄트 종파들을 하나의 기치 아래에 통합하고자 했을 뿐만 아니라 복음을 통해 지상에 평화의 왕국을 건설하고자 했다. 3년에 이르는 이 기간 동안 브라운슨은 저널 『보스턴 개혁가』(*Boston Reformer*)의 편집자가 되었고, 뉴잉글랜드 초월주의 운동의 중심에 서게 되었으며, 사회개혁에 앞장섰다. 1838년 그는 『보스턴 평론』(*Boston Quarterly Review*)을 출간하기 시작했는데, 이 저널은 당시 민주당의 기관지로도 영향력을 발휘했으며, 훗날 『브라운슨 평론』(*Brownson's Quarterly Review*)으로 바뀌게 된다.

브라운슨이 개혁가로서 이 시기에 추구했던 것은 "인간 속에서 신을 발견하고 지상에 천국을 세우는 일"이었다.[11] 그는 자신이 세운 교회를 통해 종교가 아니라 윤리를 통한 구원을 추구하였다. 그는 세속적인 사회를 신의 왕국으로 변형시키고자 했고, 노동계급이 그 왕국의 주인이 되어야 한다고 믿었다. 그의 종교정신은 인도주의와 결합하였고, 사회개혁은 그의 지적 사명이 되었다. 그는 이러한 행보를 통해 당시 사회개혁운동의 한가운데에 서게 된다. 그가 추구했던 이성과 계시의 조화는 결코 정체적인 결합이 아니라 생동하는 전체를 만드는 것이었다. 1830년대의 개혁과 변화의 분위기는 교회와 사회의 갱신을 추구하는 브라운슨의 사상과 맞아떨어지는 것이었다.

그러나 1840년 7월 브라운슨이 『보스턴 평론』에 게재한 「노동계급」(The Labouring Classes)은 사회개혁을 넘어 기존의 질서와 제도를 공격하는 것이었다. 그는 이 논문에서 계급투쟁을 역설하며 급진주의의 길로 들어선다. 이 논문은 당시 영국의 사상가인 토머스 칼라일(Thomas Carlyle)의 사상을 소개하며 시작한다. 브라운슨은 칼라일을 "현재에 맞서서 싸우는 용감하고 성공한 투사"로 묘사하였다. 브라운슨에게 칼라일은 신비스러운 사상가였다. 그에게 칼라일은 "신과 인간의 관계"가 "절대적 믿음"으로 유지되어야만 한다고 믿으면서도 그 관계에 대해 절망에 가까운 감정을 가지고 있는 사상가였다. "칼라일은 우리를 낙담하고 약하게 만든다. 그는 우리를 전통의 잘못으로부터 해방시키고자 하지만 우리에게 진실을 찾을 어떤 힘도 용기도 주지 않고 내버려 둔다." 칼라일에 대해 이렇게 언급하면서도 브라운슨은 이 깊고 난해한 사상가로부터 신선한 삶과 용기를 얻게 된다.[12]

「노동계급」에서 브라운슨은 급진적인 문명관을 유감없이 피력하였다. 그는 "인간이 문명의 상태에 접근하는 곳 어디에서나" 불평등이 시작된다고 보았다. 그는 "어느 사회든 부를 실질적으로 만드는 사람들은 하층계급이 아니냐?"고 반문하였다. 따라서 그는 노동계급이 노동자의 권리와 복지를 요구하며 저항하는 것은 정당한 것이라고 주장하였다. 그는 이러한 노동계급의 상황은 비단 영국이나 미국에 국한되는 것이 아니라 기독교 세계 전체에서 나타나는 현상이라고 지적하면서, "세계 도처에서 노동자는 가난하고 억압받는 반면에, 비(非)노동자 대부분은 부유하다"고 개탄하였다. 특히 임금 노동자의 고통이란 노예 노동자가 받는 고통을 훨씬 능가하는 것이라고 주장하였다.[13]

「노동계급」은 슐레진저가 지적한 것처럼 "놀라운 업적"으로서 "분명하고 직접적이며, 강력하고 탁월한" 저술이다. 무엇보다도 그것은 "혁명 문학에서 높은 자리를 차지한다."[14] 브라운슨은 칼 마르크스(Karl Marx)처럼 체계적으로 계급투쟁의 역사와 철학에 대한 저술을 펴내지는 않았지만, 여러 팸플릿을 통해 피력한 급진성은 마르크스에 뒤지지 않았다. 또한 「노동계급」은 1848년 마르크스와 엥겔스(Friedrich Engels)의 『공산당 선언』보다도 8년이나 앞서 출판된 것이었다. 브라운슨에게 계급투쟁은 결코 기도를 통해 이룩될 수 있는 것이 아니었다. 그는 다음과 같이 계급투쟁을 역설하며 자신의 글을 끝맺는다. "은행의 파괴에 이어 모든 독점, 모든 특권이 파괴되어야 한다. (…) 부자나 기업계는 결코 자발적으로 이에 동의하지 않는다. 우리는 인간의 본성을 너무나 잘 알기 때문에 그것이 평화롭게 이루어질 것이라고 믿지 않는다. 그것은 강한 팔의 물리적 힘에 의해서만 이루어질 수 있다."[15]

권위와 질서에 기초한 사회진보 추구

브라운슨이 젊은 시절에 사회개혁에 열정을 바쳤던 것은 인간의 자유와 사회의 진보를 위해서였다. 그는 사회제도의 개혁을 통해 인간이 더욱 자유로운 상태에 도달할 수 있다고 보았고, 사회의 진보가 인간의 자유를 확대시킬 것이라고 믿었다. 그러나 중년을 지나면서 그가 목격한 사회의 상태와 인간의 조건은 사회제도가 바뀌고 물질적인 진보를 이룩했음에도 불구하고 무질서와 불평등, 그리고 혼란과 고통이었다. 어떤 의미에서는 사회가 물질적으로 엄청나게 진보했기 때문에 개인들이 고통을 당하고 있는 것이었다. 그렇다면 진보를 포기해야 하는가? 진보에 대한 열망을 포기하지 않는다면 제도의 개혁을 넘어 무엇을 해야 할 것인가?

이러한 문제들에 직면한 브라운슨은 단순히 사회진보가 모든 인간에게 자유를 가져다주는 것은 아니며, 인간의 더 많은 자유가 사회진보를 가져오지 않는다는 사실을 분명하게 깨닫게 되었다. 그럼에도 그는 자유와 진보에 대한 열망을 포기하지 않았다. 오히려 그는 이 두 가지 이상을 실현하기 위해 인간과 정신, 그리고 사회와 제도에 대한 더욱더 깊은 형이상학적이고 신학적인 관조를 시작한다. 그 결과 그는 진보와 자유는 정당한 질서와 권위 위에서 추구되어야 한다는 인식에 도달한다. 즉, "질서 없이는 진정한 자유도 없고," 권위 없이는 진정한 진보도 없다는 것이다.[16] 여기서 브라운슨이 말하는 질서의 기반은 사고의 새로운 조직과 새로운 제도에 바탕을 둔 것이었다. 그는 먼저 "이념은 스스로 자기실현을 이룰 수 있는 내재적인 힘을 가지고 있다는 전제"를 비판하면서 새로운 사고를 시작한다. 즉, "이념은 그 자체로는 힘이 아니고, 어떤 실재적인 힘도 가지고 있지 않으며, 그 자체와 구별되는 어떤 힘에 의해 구체적인 존재의 옷을 걸칠 때만이 실질적이고 능동적인 힘으로 간주될 수 있다"는 것이다. 이와 마찬가지로 개인도 "이념을 구체화하여, 그것을 인류의 실질적이고 살아 있는 조직 속에서 구현시키는 힘"을 가지고 있지는 않다고 보았다. 브라운슨은 개인 스스로가 창의적인 힘을 가지고 있는 것이 아니라고 지적하며 다음과 같이 말한다. "개인은 그의 손에 마련된 재료들만을 가지고 일할 수 있다. 이때 그가 더욱 의미 있는 일을 하면 할수록 그는 살아 움직이는 우주의 광대한 힘 안에서 그 재료를 사용할 수 있게 된다. 따라서 그가 건설하는 힘은 그 자신의 것도 아니고 그가 창조한 것도 아니다. 그 힘은 이미 존재하는 힘이다."[17]

이와 같이 브라운슨은 "인간의 지성이나 의지와는 상관없이 이미 존재하고 작용하는 힘"으로부터 새로운 질서가 수립되고, 그 질서 속에서 인간은 서로 협력함으로써 사회의 통합과 진보를 이룰 수 있다고 주장한다.[18] 왜냐하면 이 질서 속에 존재하는 인간은 이미 유기적으로 얽혀 있다고 보기 때문이다. 이러한 유기적 인간관으로부터 인간의 평등권을 강조하는 브라운슨의 정치철학이 도출된 것은 논리적인 결과였다. 다시 말해 "인간은 인간과 함께 있기 때문에 인간"이고, 그러므로 "인간만이 인간을 평등하게 만든다"는 것이다.[19]

브라운슨의 유기적 인간관은 인간과 인간의 관계를 넘어서 더 광범한 우주 속의 존재로서 인간을 제시한다. 대지에 뿌려진 하나의 작은 씨앗에서 싹이 트고, 자연의 신비스러운 조화 속에서 성장하고, 열매를 맺으며, 다시 대지로 돌아가는 이 순환의 과정은 존재하는 어떤 것이라도 홀로 존재하지 않는다는 사실을 보여 주는 것이다. 브라운슨은 인간도 예외가 아니라고 주장한다. 인간도 다른 인간과의 협력을 넘어 모든 외부로부터 도움과 영향을 받음으로써만 존재할 수 있다는 것이다.

브라운슨은 이와 같이 "인간은 대상 없이 존재할 수 없다"고 보면서, "유한한 인간은 그 자신의 대상이 될 수 없다"고 주장한다. 그의 이러한 주장은 인간에 대한 신학적 해석으로부터 발전한 것이다. 즉, 유한한 인간에 대해 영원한 존재인 "신만이 그 자신의 지성의 대상이 될 수 있다는 것"이다. 그러므로 브라운슨은 이 영원한 존재에 대해 "인간은 누구든 간에 종속적인 존재"라고 주장한다. 따라서 "어떤 경우에도 스스로 자족하지 못하는 존재"에게 신의 권위란 존재를 위해 필수적인 것이었다.[20]

브라운슨의 보수주의 사상은 인간이 본질적으로 속해 있고 종속되어 있는 질서와 권위를 새롭게 인식하는 것이었다. 그는 이러한 인식으로부터 인간의 자유와 사회의 진보는 개인들의 냉혹한 경쟁과 이기적 성취를 통해서가 아니라 서로 간의 협력과 자선을 통해 이루어지길 바라는 것이었다. 그는 이러한 인간에 관한 유기적 관점을 다음과 같이 피력하였다. "인간은 타자와의 관계를 통해서만 살아간다. 그는 모든 타자와 단절되어 홀로 사는 존재가 아니다. 그의 육체는 외부로부터 자양분을 얻어야만 하고 그의 마음과 영혼도 그러해야만 한다. 그러므로 인간의 존재도 인간의 진보도 대상에 의존하는 것이다. 인간은 스스로를 향상시킬 수 없지만 더 높고 고귀한 대상과의 교제를 통해 향상될 수 있다."[21] 브라운슨의 초기 사상에서 나타났던 인간성에 대한 낙관적인 견해는 1840년대에 들어서 인간과 사회의 진보에 대한 더욱 신중한 입장으로 바뀌었고, 그러한 태도는 그의 정치사상에도 분명하게 반영되었다. 그는 국가, 주, 정부, 헌법, 민주주의 등을 단순히 인간관계로부터 나오는 제도와 이론으로 보지 않았다. 그는 형이상학적인 관점에 의해 정치를 바라보았으며, 신학적인 해석을 통해 정치의 기반을 이해하려 하였다.

가톨릭으로의 개종과 사회통합 추구

1840년 이후 브라운슨의 지적 여정은 급진주의에서 보수주의적 사상으로 돌아서게 된다. 「노동계급」 논문 사건 이후 『보스턴 평론』은 1842년 뉴욕의 『민주 평론』(*Democratic Review*)에 흡수되며, 브라운슨은 그 평론지에 몇 편의 논문을 게재한다. 하지만 그의 달라진 보수주의 입장은 독자들의 분노를 사게 되어 그 평론지와 관계를 청산하기에 이른다. 1844년 1월 그는 보스턴에서 자신의 저널이었던 『보스턴 평론』을 복간하기로 결심하고 『브라운슨 평론』이라는 이름으로 출판을 재개하였다. 그리고 같은 해 그는 프로테스탄티즘에서 가톨릭주의로 개종하였다.

브라운슨의 개종은 뉴잉글랜드 지성계에서 상상할 수 없는 일이었다. 에머슨, 소로, 조지 밴크로프트(George Bancroft) 등이 중심을 차지하고 있던 뉴잉글랜드의 주류 지성계에서 프로테스탄트이며 급진적 사회개혁가로 함께 일하던 브라운슨의 개종은 도저히 이해할 수 없는 사건이었다. 그러나 브라운슨은 늘 그러했듯이 진실을 찾아 움직였다.

브라운슨의 개종은 표면적으론 앞에서 언급된 1840년의 논문 「노동계급」의 급진성으로 인해 받은 비판과 관련이 있었다. 또한 당시 세간에서는 그의 글은 물론이고 그 글이 실린 『보스턴 평론』을 민주당의 입장과 같은 것으로 보았는데, 민주당이 대통령 선거에 패하자 패인의 상당 부분을 브라운슨에게 돌리는 경향이 있었다. 그러나 그의 개종은 이러한 정치적 이유보다는 더 깊고 근본적인 것이었다. 브라운슨의 개종은 그가 늘 추구해 온 이성과 신앙의 조화가 프로테스탄티즘의 정신 아래에서는 결코 완성될 수 없다는 그의 확고한 신념

때문이었다. 그렇다면 이성과 신앙의 조화를 통해 브라운슨이 추구한 것은 무엇이었는가? 그것은 바로 사회의 통합이고 진보였다. 다시 말해 브라운슨의 보수주의는 사회의 진정한 통합과 진보를 위한 정신의 표현이었다.

실제로 브라운슨의 지적 여정 전체를 통해 그가 추구했던 거대한 하나의 주제는 인간과 사회의 진보였다. 그는 이 진보를 종교정신에 의한 인간사회의 통합을 통해서 이룰 수 있다고 믿었다. 그는 1836년 『기독교 · 사회 · 교회의 새로운 관점』(*New Views of Christianity, Society and the Church*)이라는 첫 저서에서 "신은 인간을 진보적인 존재로 만들었다"고 주장하며, 신앙과 이성의 조화가 왜 인간과 사회의 진보로 나아가야 하는지를 설명하였다. 그에 따르면 "신이 인간에게 준 재능 가운데 진보를 이룩할 수 있는 능력이야말로 최고의 선물이고, 이 능력은 인간 본성에서 볼 수 있는 창조주의 영광이며, 그 신성함의 기원을 밝히는 특징이자 그 영원함의 보증"이기 때문에 "그러한 능력이 없다면 인간은 존엄할 수 없다"는 것이다.[22] 그에게 이 능력의 실현은 인간과 사회가 당위적으로 해야 하는 일이었다. 따라서 진보에 대한 능력을 실현시킬 때만 인간은 도덕적인 존재가 된다는 것이다.

브라운슨이 말하는 진보는 무엇보다도 개인의 자유의지로부터 출발한다. 그는 만일 인간이 스스로 자신의 성격을 형성하는 것이 아니라 저절로 만들어지는 존재라면 자유의지가 없는 하나의 사물에 불과하다고 지적한다. 그러므로 그에게 "단순히 받아들여지는 완전보다는 개인의 자아 속에서 그 자아에 의해 만들어지는 완전이 더 나은 것이고, 어떤 사물이 아무리 영광스러운 것이라 할지라도 사물보다는 개인이 더 나은 것"이라고 강조한다.[23] 이러한 브라운슨의 입장은 분명히 조너선 에드워즈가 제시한 인간의 자유의지론을 넘어서 자유주의 신학의 길로 접어드는 것이었다. 브라운슨의 입장은 인간의 죄를 설명하는 부분에서 더욱 분명하게 드러난다. 그는 인간의 진보능력에서 도덕적 기원뿐만 아니라 악의 기원도 발견한다. 즉, 인간은 진보의 능력만큼이나 죄를 지을 수 있는 능력도 가진다는 것이다. 그럼에도 브라운슨은 자유의지가 없이 이미 완전하게 창조된 인간보다는 현재의 인간이 더 낫다고 주장한다. 그는 인간의 진보 속에 도덕과 악이 함께 나타난다는 것을 인정하면서도 "인간의 운명은 무한한 진보"라고 주장한다. 그에게 "인간의 목적은 그 존재의 끊임없는 성장과 확대"이며, "진보는 인간이 창조된 목적이었다." 그러한 까닭에 그는 "인간의 탐구, 종교와 철학의 세계, 정치 및 사회와 관련된 제도, 재능과 취향에 의한 생산, 이 모든 활동의 양식이 인간진보를 위한 것이 되도록 하는 것이 인간의 의무"라고 주장한다. 진보에 대한 브라운슨의 이와 같은 낙관적인 태도는 그가 "미래의 종교는 진보의 종교"라고 언급했을 때 절정에 달했다.[24] 분명히 이러한 낙관주의는 브라운슨을 비롯하여 에머슨과 같은 초월주의자들이 표방했던 1830년대의 뉴잉글랜드 정신이기도 했다.

그러나 1840년대에 들어서 브라운슨이 바라본 진보의 결과는 그가 추구했던 이성과 신앙의 조화, 인간의 통합과 화해가 아니라 분열과 갈등의 모습이었다. 그는 그 이유를 프로테스탄티즘에서 찾았다. 그는 "프로테스탄티즘이 비판과 파괴의 목적에는 이바지하였지만, 영혼의 결핍에는 대처할 수 없었고 인종 간의 화해와 평화를 이룰 수 있는 터전을 마련하지 못했다"고 지적하였다. 그에게 그것은 "교조적이고," "부정적이며," "차갑고," "생명이 없는" 것이었다. 진보의 과정 속에서 인간들은 서로 의심하고 확실성을 상실하게 되었으며, 분열하였으며, 그리고 무엇보다도 욕망에 가득 찬 개인주의에 지쳐 버렸다. 브라운슨이 지적한 것처럼, 그들이 필요로 하는 것은 "믿음, 사랑, 통합"이었다. 브라운슨은 당시 미국 사회를 다음과 같이 질타하였다. "그것은 거짓이자 수치이고, 납골당이며, 마른 해골들의 골짜기다." 이러한 사회 속에서 그가 진정으로 추구했던 것은 "조화와 균형에 바탕을 둔 살아 있는 제도"였다. 그는 그 제도를 가톨릭교회에서 찾았다.[25]

브라운슨이 프로테스탄티즘에서 가톨릭으로 개종한 것은 그가 해온 지적 순례의 마지막 단계였지만, 그 새로운 안식처 안에서도 그는 여전히 무언가를 향해 나아가고 있었다. 남북전쟁이 끝난 이듬해에 브라운슨은 그의 저작 가운데 가장 체계적인 저술로 꼽히는 『아메리카 공화국』을 출판하였다. 시대적으로 이 책은 미국의 정치적 정체성에 관한 사상을 담은 저작이면서도 브라운슨과 같은 용기 있는 지식인만이 할 수 있는 과거에 대한 반성과 조국에 대한 깊은 성찰에서 나온 결과물이었다. 그의 사상은 투철하고 거리낌이 없었다. 19세기 미국 주류 지성계에서 미국 정신의 심장부라 할 수 있는 프로테스탄티즘에 반(反)하는 글을 쓴다는 것은 상상도 할 수 없는 일이었다.

『아메리카 공화국』이 출간된 후 브라운슨의 생은 활기를 잃기 시작했다. 그는 병들었고 통풍으로 온몸이 마비되어 펜을 들 수도 없었다. 사랑하던 아내도 1872년에 세상을 떠나고 그에게는 남은 재산도 없었다. 그는 노트르담대학을 비롯하여 여러 대학으로부터 캠퍼스에서 살도록 초청장을 받았다. 그러나 가족과 지내는 것을 더 좋아했던 그는 몇년 동안 딸 셀리와 함께, 그 후에는 아들 헨리와 디트로이트에서 살다가 1876년 4월 17일 생애를 마쳤다.

브라운슨의 저술 세계는 광범하여 7권의 저서, 25권의 팸플릿, 1천 5백여 편에 달하는 에세이를 저술했다. 그는 여섯 개 저널의 편집자이기도 했으며, 미국의 종교, 철학, 정치, 문학 등과 관련된 주요 쟁점들을 다루었다. 그의 아들인 헨리 브라운슨이 1880년대에 부친의 저술들을 모아 총 20권으로 된 문집을 출간한 적이 있다.[26] 1939년에 슐레진저 2세가 브라운슨 전기[27]를 출판하면서 그의 사상이 미국 학계에 널리 알려지게 되었다. 페리 밀러도 19세기 전반 미국 지성사를 다룬 『초월주의자들』(*The Transcendentalists*)이라는 책에서 상당 부분 브라운슨의 저술들을 인용한 바 있다.[28] 미국 학계에서 브라운슨에 대한 연구는 1960년대 이후에야 활발하게 이루어지기 시작하였다.

보수주의 정치이론에 나타난 통합사상

브라운슨이 일생 동안 변함없이 강조했던 지식인의 사회적 역할은 사회의 "가난하고 억눌린 사람들과 계층들을 도덕·지적·물질적으로 향상"시켜야만 한다는 것이다. 그의 이러한 제안은 성직자로서 혹은 사상가로서 당연히 제시할 수 있는 것이지만, 그는 자신의 이러한 입장이 무엇보다도 프랑스의 생시몽주의로부터 받은 영향 때문이라는 사실을 숨기지 않았다. 당시 프랑스는 물론이고 뉴잉글랜드 지성계를 풍미했던 이 이상주의 운동의 가르침은 "에덴은 우리 뒤에 있는 것이 아니라 우리 앞에 있다"는 신조와 더불어 사회의 하층민의 생활을 향상시키기 위해서는 근본적으로 사회의 구조가 바뀌어야 한다는 신념이었다.[29] 그렇다면 어떻게 사회구조를 바꿀 것인가? 어떤 사회와 정부 형태가 지식인의 사회적 역할을 다하는 데 가장 바람직한 것인가? 모든 국민과 계층을 통합할 수 있는 정치체제는 어떤 것인가? 브라운슨의 복잡하면서도 심원한 정치사상은 이러한 문제들로부터 이미 형성되기 시작하였다.

사회와 정치를 이해함에 있어서 브라운슨은 인간 본성에 대한 낙관적 전망에 기초한 자유주의적 입장에서 존재와 질서의 유기적 본질을 강조하는 보수적인 입장으로 전환한 후에도 계속해서 생시몽주의자들이 추구했던 것과 같은 목표를 가지고 있었다. 그러나 그 목표에 도달하기 위해 그가 제시한 방법은 그들과 달랐다. 유기적 세계관에 바탕을 둔 그는 거의 종교집단에 버금가는 열정과 결속력을 가진 생시몽주의자들의 이념에는 공감하면서도 그들의 고립적인 태도에 대해서는 비판하였다. 즉, 브라운슨은 그들이 추구했던 "노동계급의 개선은 그들 자신들에 의해서나 그들 자신들에게만 호소함으로써 이루어질 수 있는 것이 아니라," "사회의 모든 계급들의 협력에 의해서만 도달될 수 있는" 과업이라고 주장하였다.[30]

통합에 대한 브라운슨의 이와 같은 열망은 그의 유기적 세계관으로부터 유래한 것이지만, 그 이면에는 자본주의 사회와 정치에 대한 그의 비판과 통찰이 있었다. 즉, 그의 유기적 관점은 당시 진행되고 있던 산업의 폭발적인 발전과 그로 인해 사회에 만연한 프로테스탄티즘에 바탕을 둔 개인주의 가치관과 자본주의의 경쟁 논리에 대한 반발로 형성된 것이었다. 이와 같은 맥락에서 그는 미국 민주주의의 중심적 원리라고 할 수 있는 다수결의 원칙이 오히려 국민의 이름으로 사회를 냉혹한 현실과 분열된 상태로 만들고 있다고 보았던 것이다. 그는 미국인들이 "민주주의라는 말을 국민의 거대한 집단이 누리는 정치체제"로 보면서, "특권 없는 많은 사람들이 특권을 갖고 있는 소수의 사람들에 대해 반대를 제기할 수 있는 제도”로 인식하고 있지만 그들이 살고 있는 현실은 전혀 다른 세계라고 주장한다.[31] 이런 의미에서 그는 국민의 주권에 바탕을 둔 민주주의의 본질을 다음과 같이 비판한다. “국민은 민주주의의 힘을 감지하고 그 방향으로 끌려간다. 그러나 그들은 어디로 가고 있는지를 알지 못한다. 그들은 왜 조류에 휩쓸려가며 고통을 당해야만 하는지를 이해하지 못한다. 그들은 아마도 그들이 가야만 하는 곳을 가고 있었지만 맹목적으로 갔던 것이다.”[32]

이러한 지적과 함께 브라운슨은 국민이 주권을 가지고 있다는 것은 사실이 아니라고 지적하며 민주주의의 국민주권 원리를 거부한다. 그는 “주권이란 최상의 것이며 궁극적인 것”이라고 정의를 내리며, “그것은 복종하도록 하는 물리적 힘을 가질 뿐만 아니라 좋아하는 것은 무엇이나 요구할 도덕적 권리를 가지고 있다”고 말한다.[33] 이러한 언급에서 브라운슨이 강조하고자 하는 것은 누구든지 진정한 주권을 가지기 위해서는 그에 상응하는 의무를 다해야 한다는 것이다. 당시 민주주의와 다수결의 원칙 아래서 진정한 주권을 누리고 있는 자들은 누구이며, 그들이 과연 얼마나 그들의 사회적 의무를 다하고 있는가? 이들의 영향력에 의해 얼마나 많은 사람들이 권력의 횡포와 불평등의 구조 속에서 살고 있는 것인가? 브라운슨이 제기한 이러한 문제들은 민주주의의 한계를 지적하며 대안적인 체제를 고려할 수 있다는 점에서 급진적 정치사상의 출발점이 될 수도 있는 것이었다. 그러나 그는 민주주의 제도를 더 근원적이고 본질적인 질서 안에 둠으로써 보수적 정치사상가의 길을 선택하였다.

그렇다면 브라운슨이 추구하는 질서란 무엇이며, 그것은 어떻게 구성되는가? 그는 "모든 인간은 자신 위에 있는 어떤 권위에 충성을 표한다"고 지적하며 개인과 국가를 초월하는 "더 높은 권위"에 바탕을 둔 질서를 언급한다.[34] 그는 이러한 권위란 국민, 왕, 귀족 및 어떤 제도로부터 나오는 것이 아니라 개인의 양심과 도덕의 원천을 이루는 정의이며, 이것은 바로 하나님의 섭리라고 주장한다. 그리하여 그는 "민주주의가 정의에 따라 수행될 때 갈등을 빚는 이론들을 융화시켜 인류의 보편적인 통합에 이르는 길을 예비할 수 있다"고 선언한다. 그는 "정의를 최고의 자리에 둠으로써" 다수라는 이름으로 그들만의 특권을 행사할 수 있는 민주주의의 결함을 보완하며, "명백하게 모순적인 이념들까지도 이해하고 포용하는" 통합의 세계를 추구하였다.[35] 정의에 따라 누구든 자유를 누릴 때 민주주의는 진정한 자유의 원리가 되며 통합된 사회를 건설할 수 있다는 것이다.

이러한 브라운슨의 통합사상은 확실히 형이상학적 사변으로부터 나온 것이었고, 신학의 초월적 개념에 의해 구체화된 것이다. 즉, 그는 "자유로운 정부는 한 인간 혹은 한 집단의 의지에 의해서가 아니라," 모든 자연과 모든 사물에 내재해 있는 질서와 원칙에 의해 수립되며, 이러한 정부 아래서 살 때 개인들은 진정으로 자유로울 것이고, "그들의 모든 신체적 기능은 완전하고 조화로운 발전에 도달할 수 있을 것"이라고 주장하였다.[36] 이와 같이 그는 특권적이며 경쟁적인 민주주의를 새로운 제도로 대체함으로써 통합의 사회를 추구한 것이 아니라 인간의 본질과 사물의 질서를 더 깊고 더 광범위하게 이해함으로써 인간이 상실한 것들을 회복했을 때 그들은 전체와의 균형을 이룰 수 있다고 본 것이다.

브라운슨은 국가, 주, 정부, 헌법, 민주주의 등을 단순한 인간관계로부터 나오는 제도와 이론으로 보지 않았다. 그는 모든 것을 자연의 질서와 초월적인 정신 속에 있는 것으로 보았다. 이런 의미에서 그는 토머스 페인(Thomas Paine)이 지적한 "정부는 기껏해야 필요악"이라는 입장에 반대하였다.[37] 그는 "개인과 사회, 사회적 권리와 개인적 권리가 융화"하는[38] 통합된 사회를 건설하는 데 있어서 오히려 정부의 적극적인 역할을 강조하며 불가결한 수단으로 보았다. 그의 이러한 통합사상은 『아메리카 공화국』에서 그가 분석한 헌법에 대한 초월적 이해에서 더욱 분명하게 나타난다.

『아메리카 공화국』(1866)

『아메리카 공화국』(*The American Republic*)은 1861년 발발하여 4년에 걸쳐 치러진 내전의 비극을 겪은 지식인의 깊은 고뇌와 정신세계를 담은 사상서다. 브라운슨은 남북전쟁이 발발하기 훨씬 이전부터, 대략적으로 그가 가톨릭으로 개종한 1844년부터 전쟁을 초래할 수도 있는 극단주의와 분열주의에 대해 경고하는 여러 편의 글을 써 왔다. 정치적 분열은 물론이고, 대중의 민주적 결정이 얼마나 위험한 것인가를 깨달은 그는 당시까지 자유의 문제에 모든 열정을 바쳤던 태도를 바꾸어 질서의 중요성을 강조하기 시작하며, 민주주의의 본질을 더욱 깊이 파헤치기 시작했다. 그는 민주주의의 진정한 실현을 위해서는 민주주의의 구성원을 통제할 수 있는 도덕과 윤리가 무엇보다도 중요하다는 사실을 깨달았던 것이다.

이러한 예지를 갖고 전쟁을 예견할 수 있었던 브라운슨에게 이 전쟁의 결과는 참담한 것이었다. 수십만 명의 죽음과 사회의 전체적인 파괴를 목격한 그에게 전쟁 이전의 시대를 지배했던 정치이념과 모든 정치적 기반은 의미 없는 것이 되어 버렸다. 기존의 사상과 정치적 기반 아래서 지역 및 이념의 대립과 정치적 이해관계의 차이가 극복될 수 없었고, 그 결과로서 내전이라는 분열과 충돌의 상황이 일어났었다면, 이제 그 사상과 제도는 무슨 소용이 있단 말인가? 이러한 지적·도덕적 파탄에 직면해 지식인은 무엇을 해야 할 것인가?

이러한 여러 문제에 직면한 브라운슨은 미국의 의미에 대한 신학적·철학적 해석과 깊은 종교적 성찰, 형이상학적 관조를 바탕으로 미국의 정치적 정체성을 규명하고자 했던 것이다. 『아메리카 공화국』에 나타난 그의 논지는 철저하게 반성적이고 자기 성찰적이다. 더 이상 그는 과거에 헌신했던 사회개혁과 진보의 문제를 다룰 수가 없었다. 그는 이 책에서 전쟁을 통해 산업의 발전과 진보로부터 미국인들이 보여 주었던 자만과, 미국의 본질에 대한 국민의 잘못된 판단을 지적하며, 정치와 국가의 본질과 기원을 새롭게 인식함으로써 갈등과 전쟁으로부터 미국의 새로운 통합을 모색하고자 했다. 이를 위해 그는 신념을 갖고 가톨릭 사상과 현실에 대한 형이상학적 해석을 국가와 정부, 사회에 대한 이해에 적용할 수 있었다. 그리하여 『아메리카 공화국』에 나타난 그의 정치사상은 유기적이고 섭리(攝理)적인 방법을 채택함으로써 강한 보수주의적 성격을 보여 준다.

『아메리카 공화국』은 미국이 경험했던 최악의 분열상인 남북전쟁을 배경으로 하고 있다. 이 저작은 정치사상서로서 아직 전쟁의 충격이 가시지 않은 미국 지성계에 던지는 메시지였다. 따라서 이 저작의 논지와 의미는 남북전쟁의 역사적 의미를 통해서만이 이해될 수 있다. 그러나 미국 지성사의 넓은 관점에서 이 시대를 되돌아보면 전쟁과는 다른 문맥에서 거대한 지적 변혁이 이미 시작되고 있었다. 이 변혁의 중심에 영국의 생물학자인 찰스 다윈(Charles Darwin)의 『종의 기원』(*On the Origin of Species*)이 있었다. 이 책은 남북전쟁이 발발하기 2년 전인 1859년에 출판되자마자 미국에 소개되었다. 여전히 종교적 관점이 지배하고 있던 미국 지성계에서 다윈주의에 대한 논의는 종교적 틀 안에서 조심스럽게 진행되고 있었다. 예를 들어 아사 그레이(Asa Gray)와 같은 지식인은 다윈주의라는 새로운 이론을 미국의 종교적 전통 속에서 적극적으로 받아들이려는 입장을 취했는가 하면, 다윈주의 이론이 내포하고 있는 엄청난 반(反)종교적 내지는 반(反)기독교적 의미에 대해선 루이 아가시즈(Louis Agassiz)와 같은 지식인이 앞장서 다윈주의를 반대하였다. 이러한 지적 논쟁은 종교와 과학이라는 주제로 19세기 후반 전체와 20세기로까지 이어져 미국 지성사의 한 장을 차지하게 된다.

이러한 지적 배경에서 우리는 초월주의라는 전(前)시대의 사상과 함께 브라운슨의 『아메리카 공화국』을 이해할 필요가 있다. 초월주의 사상은 남북전쟁의 충격 속에서 더 이상 사회의 중심세력으로 정신과 도덕을 이끌어 갈 수 없었다. 그 이유로는 그 사상의 직관주의와 이상주의가 내전에 책임이 있다는 인식 때문이기도 하지만, 또 다른 의미에선 그 구(舊)시대의 사상체계로는 새로이 형성되고 있는 복잡한 경제구조와 사회질서를 더는 설명할 수 없었기 때문이다. 다시 말해 전쟁의 영향은 물론이고 다윈주의의 영향으로 이 새로운 시대는 추상적이고 형이상학적인 세계관보다는 더욱 구체적이고 실제적이며, 인간적이고 세속적인 정신과 방법을 필요로 했기 때문이었다.

브라운슨은 누구보다도 이러한 시대적 조류를 통찰하고 있었다. 그럼에도 그가 사회와 국가를 이해함에 있어서 신학적이며 형이상학적인 해석을 택한 이유는 무엇인가? 그에게 그것은 참회와 반성을 위한 수단이었다. 그는『아메리카 공화국』의 서론에서 인간의 지혜에 관한 고대인들의 격언을 다음과 같이 인용한다. "너 자신을 알라, 확실히 개인에게 있어서 자기 자신을 알고, 자신이 어디에서 와서 어디로 가고 있으며, 자신이 현재 누구이며, 무엇을 위해 존재하고, 자신은 무엇을 할 수 있으며, 무엇을 해야만 하는지, 그것을 하는 자신의 수단은 무엇인지 등에 대해 아는 것보다 더 중요하고, 더 어려운 일은 없다." 이처럼 브라운슨은 국가도 개인처럼 스스로를 되돌아볼 것을 요구한다. 실제로 그는 국가를 "거대한 규모의 개인"으로 보았다. 그는 "국가란 생명, 개성, 이성, 양심, 그 자체의 본능, 그리고 한 개인과 같이 발전, 성장, 사멸의 일반법칙의 지배를 받는다"고 말한다. 그러므로 그는 "개인처럼 국가에게도 똑같이 중요하고 어려운 것은 스스로에 대해 알고, 그 자체의 존재와 그 자체의 힘과 기능, 권리와 의무, 헌법, 본능, 경향, 운명 등을 아는 것"이라고 역설한다.[39] 이처럼『아메리카 공화국』에서 브라운슨이 추구했던 것은 깊은 반성을 통해 미국의 정체성을 되돌아보는 것이었다.

이러한 국가적 차원의 반성을 위해 브라운슨은 자신의 유기적 국가관을 강조한다. 즉, 그는 "국가란 물질적이면서도 정신적이고, 자연적이면서도 도덕적 존재이며, 외적 조건은 물론이고 내적 조건의 지배를 받으며, 성장하는 과정에서 방해를 받고, 약화되고 불안정하게 되면, 조기에 사멸"할 수도 있음을 경고한다.[40] 그는 국가에 대해 스스로 다음과 같이 반성하며 전쟁의 의미를 되새긴다. "미국이라는 나라는 국가적 존재에 관한 두드러진 의식을 거의 가지고 있지 않았다. 그리고 최근의 반란까지 어떤 심한 시련도 없이 유년의 반성 없는 생활을 보냈다. (…) 노예주들의 탈퇴와 국가적 통합과 순수성을 위한 치열한 싸움은 스스로에 대해 생각하게 했고, 사려가 부족하고, 부주의하며 경솔한 청년으로부터 진지하고 반성적인 성년으로 바뀌게 했다."[41]

총 15개 장으로 구성된 이 책은 먼저 "정부의 본질, 필요성, 범위, 권위, 기원, 기반, 헌법" 등에 대해 분석을 시도하였고, 다음으로 "미국의 통합, 국가 정체성, 헌법, 당시의 여러 경향들, 미국의 운명"[42] 등을 다루었다. 브라운슨의 저술 방식은 최근에 나온 저술들에 대한 평론을 통해 자신이 관찰하고 있는 사회의 문제, 인간의 조건, 문화의 깊은 내면 등을 고찰하는 것이었다. 따라서 서평을 쓰는 데 익숙한 그의 저술 태도는 이 저작에서도 여실히 드러난다. 이 점에 대해 그는 "평론가에서 저술가로 변신하기 위해 애를 썼지만 성공하지 못했다"고 자인한다.[43]

이 책에 나타난 브라운슨의 분명한 보수주의적 논지는 그가 가톨릭으로 개종한 1844년 이후부터 기고한 여러 평론에서 이미 잘 드러난 바 있지만, 그는 처음부터 끝까지 독자적으로 다시 저술했고, 그 저술 시기는 남북전쟁 기간 중이었음을 밝힌다. 이 저작에서 그는 내전을 목격한 한 지식인의 입장을 분명하게 밝히고자 했고, 또한 내전을 통해 미국의 운명을 가늠해 보고자 했다.

『아메리카 공화국』을 저술하며 브라운슨이 직접적으로 영향을 받은 책은 1858년에 출간된 존 허드(John Codman Hurd)의 『미국에서의 자유와 멍에의 법칙』(*The Law of Freedom and Bondage in the United States*)이었다.[44] 그 밖에도 그는 플라톤, 아리스토텔레스, 성(聖) 아우구스티누스(St. Augustine), 성 토마스(St. Thomas), 수아레즈(Suarez), 피에르 르루(Pierre Leroux), 아베이트 지오베르티(Abbate Gioberti) 등으로부터 지적·사상적 영향을 받았다. 이들 중 그가 가장 많은 영향을 받은 사람은 인문주의자인 르루와 가톨릭 사제인 지오베르티였다. 그는 이들을 당대의 가장 깊은 철학자로 보았다.

정부의 본질에 대한 이해

브라운슨에게 통합이란 '생동하는 종합'이며, 그것은 전체와 부분의 균형과 조화에 의한 통합된 질서를 의미하였다. 무엇이 이 질서를 혼돈한 상황으로 몰고 갔는가? 누가 이 내전의 정치적 혼돈에 책임이 있는가? 분명한 사실은 자연권에 기초한 미합중국 정부와 헌법은 그 내전을 막는 데 어떠한 역할도 하지 못했다는 것이다. 미국 문명의 정신적 기반인 프로테스탄티즘도 어떤 역할도 하지 못했다. 오히려 그것은 사회와 정치의 혼돈과 무질서를 초래한 개인주의의 종교적·정신적 기반으로서 전쟁에 책임이 있다고 할 수 있다.

그러나 브라운슨의 비판적 입장은 기존의 모든 기반과 제도를 거부하면서 새로운 대안을 찾자는 것이 아니었다. 그는 정부, 헌법, 연방 등에 자연법을 넘어서는 도덕과 의미를 부여함으로써 새로운 권위를 세우고자 했다. 따라서 그는 프로테스탄티즘이 아닌 가톨릭주의로, 이성이 아닌 계시로, 자연법이 아닌 신의 법에 의해 미국 국민 모두가 통합되기를 원했다. 먼저 그는 정치의 본질과 기원을 분석하며, 그것이 자연법과 이성의 범주를 넘어 이해될 수 있음을 주장한다. 그가 말한 소위 "독창적인 섭리에 기초한 헌법"의 의미란 헌법 제정

이전에 이미 오랫동안 아메리카의 존재와 운명은 형성되고 있었음을 말한다.[45] 정부의 본질과 기원을 분석하면서 그는 "모든 원리에는 기원이 있고, 그 기원은 우주 자체의 거대하고 보편적이며 변하지 않는 원리에 기반을 두고 있다"는 것을 보여 주고자 했다. 그러므로 그는 "신학적 원리, 모든 과학, 모든 리얼리티의 실질적 원리와 정치의 과학적 관계를 규명하려고 노력하였다."[46]

브라운슨이 정부의 본질과 기원을 이해함에 있어서 그 출발점은 인간과 인간성이었다. 그에게 인간은 홀로 떨어져 사는 존재가 아니다. 인간은 자신 속에서 사는 것이 아니라 신의 섭리 속에서 살고, 움직이고, 존재한다. 그리고 인간성에 의한 신과의 영적 교섭은 종교에 의해 직접적으로 이루어지고, 간접적으로는 물질세계의 기반인 재산에 의해 이루어지며, 인간의 사회적 본성 때문에 사회를 통해서도 이루어진다. 이것은 부분과 전체의 관계에 대한 형이상학적 의미에서 부분의 의미는 언제나 전체를 통해서 드러나고, 전체의 모습은 부분을 통해서 나타나는 것과 같다. "종교, 사회, 재산은 인간생활의 전체를 포용하는 세 가지 요건들이고, 이것들은 인간존재, 인간발전, 인간완성의 본질적인 수단과 조건을 제시한다."[47] 인간의 의미가 사회를 통해 드러날 때, 브라운슨에게 "인간성은 신도 아니고 물질적 우주도 아니지만, 인간의 생활, 인간의 진보, 그 존재의 완성 등을 위해 필요하고도 본질적인 부분이다."[48] 그렇다면 인간의 진보와 완성을 가능하게 하는 수단은 무엇인가? 브라운슨에게 그것은 바로 정부였다. 그는 인간들로 이루어진 "사회는 어떤 종류의 정부라도 정부 없이는 존재하지 못하고, 존재할 수도 없다"는 사실을 무엇보다도 강조했다.[49]

이러한 인간과 정부의 관계에 대한 브라운슨의 이해는 제임스 매디슨(James Madison)이 밝혔던 인간 본성에 대한 이해와도 같은 맥락이었다. 즉, 인간의 악한 본성은 불가피하게 정부를 필요로 한다는 매디슨의 주장에 닿아 있었다. 그렇다면 그러한 정부는 어떻게 유지되고 정당화될 수 있을 것인가? 브라운슨에게 그 정당성은 자연법에 기초한 정부구조와 헌법제도로는 충분치 않았다. 그는 헌법의 독창적인 권력 분립을 수립했던 매디슨의 정치철학을 찬양하면서도, 그 철학을 지배할 수 있는 더 높은 정신세계의 원칙을 강조하였다.

브라운슨은 먼저 인간, 사회, 정부의 관계에 대해, "인간이 사회 밖 어디에서도 발견되지 않는 것처럼, 사회는 정부 밖 어디에도 발견되지 않는다"고 주장한다.[50] 따라서 그는 이 세 요소의 불가분의 관계 속에서 정부의 권위를 발견하려 하였다. 즉, 가족에서 나타나는 아버지의 권위처럼 정부도 권위를 가질 수 있다는 것이다. 이러한 권위야말로 개인들의 자유와 권리를 규제하고 통제함으로써 정부의 존속을 가능하게 해주는 것이었다. 결국 개인, 사회, 정부라는 요소로 이루어진 국가는 브라운슨에게 있어서 분리되거나 해체될 수 없는 것이었다. 그는 각 부분과 전체가 필연적 관계를 가진 조직체로서의 국가를 다음과 같이 설명한다. "국가는 단순한 조직체가 아니라 하나의 유기체다. 그것은 인간을 하나의 살아 있는 몸체에 결합시키고, 모든 개인이 각자의 힘으로 살아갈 수 있도록 개인을 강화시키면서도, 모두의 힘으로 개인이 또한 강화되도록 노력해야 한다. 또한 그것은 공동의 복리를 고무시키기 위해 개인의 자유를 발전·강화·유지시키고, 그 개인의 자유를 이용하고 지도해야만 한다. 그것은 질서와 계급에서 신의 섭리에 따른 행동을 모방하여 사회적 섭리가 될 필요가 있다. 그리고 그것은 모두를 위한 공동의 선을 제공하는 반면, 각 개인과 가장 낮고 가장 비천한 자들을 사회의 전체적인 힘과 위엄으로 보호해야만 한다."[51]

하나의 유기체로서 정부가 해야 할 역할을 분명히 밝힌 브라운슨은 정부란 본질적으로 개인과 사회를 통치하는 것일 뿐만 아니라 통치할 권위를 가지고 있다고 주장한다. 그는 그 권위의 정당성을 인간과 사회와 정부라는 유기체 내의 도덕적 질서에서 찾았다. 따라서 그 도덕적 질서를 유지하기 위해 정부는 반드시 강해져야만 한다는 것이다. 그러한 의미에서 브라운슨은 "권한 없는 권력은 정부가 아니라"고 주장하였다.[52] 다시 말해 정부의 권한과 권위는 그것이 도덕적 질서 속에 있기 때문에 정당화될 수 있을 뿐만 아니라 강해져야만 한다는 것이다. 또한 정부가 도덕적 질서 속에 있다면 인간의 도덕적 의무는 당연히 정부에 복종하는 것이다. 이 점에 대해 브라운슨은 다음과 같이 말한다. "통치의 권한과 복종의 의무는 상호관계적인 것이다. 그 하나는 다른 하나 없이는 존재할 수도 생각할 수도 없다. 그러므로 충성은 우호적인 감정일 뿐만 아니라 의무이자, 하나의 도덕적 미덕이다."[53] 그렇기 때문에 연방정부에 반기를 들고 탈퇴한 주들은 도덕적으로 잘못된 것이고, 도덕적 법의 주관자인 신에게 죄를 짓는 것과 같은 것이라고 브라운슨은 역설한다. 그에 따르면 남부 주들의 탈퇴는 정부의 기원이 단지 자연 속에 있다고 주장하는 사람들의 잘못된 행동이었다는 것이다. 그들의 잘못된 주장과 행동은 그들이 만일 "정부란 자연의 법칙을 통해 신으로부터 왔다"는 사실을 받아들였다면 일어나지 않았을 것이라고 브라운슨은 판단한다. 그는 또한 그러한 정부의 "통치권은 자연의 법칙하에서 국민에게 개별적으로가 아니라 집단적으로 혹은 시민이나 정치 · 사회 단위로 부여된다"고 설명한다. 다시 말해 "그것은 개인, 가족, 계급이 아니라 정치공동체에 부여되는데, 그 이유는 자연의 법칙하에서 모든 인간은 기독교의 법 아래에서처럼 평등하고, 한 인간이 자기의 권한으로 다른 사람에 대한 어떤 권위도 가지고 있지 않기 때문"이라는 것이다.[54]

연방헌법과 미국에 대한 신학적 해석

헌법을 이해하는 브라운슨의 태도는 정부에 대한 해석과 마찬가지로 합리적이라기보다는 직관적이다. 그는 헌법의 기원을 결코 법률적 차원으로 이해하려 하지 않았다. 만일 우리가 그렇게 이해한다면 헌법의 기원은 헌법회의가 소집되어 제정과 비준의 과정을 겪었던 1787년에서 1788년까지의 시기가 될 것이다. 그러나 브라운슨은 헌법의 기원을 "신에 의해 부여된 섭리"라는 관점에서 이해하며, 그러한 섭리는 "역사적 사건과 자연적 계기를 통해 작동해 왔다"고 본다.[55] 다시 말해 실제로 헌법이 제정되기 오래전부터 그 모든 것이 섭리에 의해 진행되어 왔다는 것이다. 그에게 역사적으로 생성된 것은 고귀한 것이었다. 그는 정치공동체란 하루아침에 이루어지는 것이 아니라 오랜 역사적 과정과 자연적 계기를 경험한 이후에야 마침내 탄생한다고 보았다. 이렇게 생성된 국가와 헌법은 단순한 성문법이 아니라 그 이상의 의미와 본질을 가지고 있다는 것이다. 따라서 브라운슨에게 "헌법은 만들어진 것이 아니라 발생된 것이다."[56] 그 발생, 형성, 성장은 결코 인간의 의도와 계획만으로 이루어지는 것은 아니었다. 그러므로 국가는 헌법을 임의대로 변경하거나 거부할 수도, 혹은 그것으로부터 탈퇴할 수도 없다. 또한 "그것이 고정되어 변경할 수 없는 것이라면 그것은 전체적으로 신성한 것임에 틀림이 없고,"

따라서 국민은 그것에 어떤 권한도 갖고 있지 않으며 어떠한 반대도 할 수 없다는 것이 브라운슨의 주장이다.[57]

브라운슨은 이러한 논리를 각 주에도 적용하였다. 1861년 남부의 11개 주가 연방을 탈퇴하여 미국연맹(The Confederate States of America)을 결성한 것은 바로 이러한 역사적이며 섭리적인 헌법을 거부하는 것이므로 브라운슨은 단호하게 잘못된 행위라고 주장하였다. 그가 각 주의 자주권을 인정하지 않은 것은 아니었다. 그러나 그는 그 자주권은 각 주가 연방에 속해 있을 때만이 정당화된다고 주장하였다. 그럼에도 탈퇴한 남부의 주들은 각자 자주적임을 천명하며 연방을 연맹으로 대체함으로써 결국 "섭리에 기초한 헌법과 조화를 이루지 못하게 되었다"는 것이다.[58] 부분은 그 자체가 개성과 독특성을 갖고 독립적으로 나타나지만 전체 속에서 역할을 할 때만 의미가 있는 것이다. 또한 전체는 결코 그 스스로 드러나지 않는다. 이것이 인간과 신의 관계에 대한 신학적 해석이다.

브라운슨에게 있어서 남부 여러 주의 탈퇴와 새로운 연맹의 수립은 전체와 부분의 조화를 무너뜨리는 것이고, 역사를 통해 형성된 섭리를 모두 거부하는 것이었다. 통합과 진보는 부분들의 역할과 관계를 통해 이루어지지만, 그것이 전체 밖에서 이루어질 때는 단지 분열과 갈등, 정체만이 있을 뿐이다. 그러므로 브라운슨에게 "연맹의 실패와 연방의 승리는 미국의 통합을 알리는 거대한 징조였다."[59] 각 주의 자주권은 홀로 떨어져 있을 때는 결코 자주적이 아니지만, 아이러니하게도 연방 속에 있을 때만이 자주적이 되는 것이다.

미국의 연방과 각 주의 이러한 관계를 신학적인 의미로 이해했을 때 무엇보다도 브라운슨은 미국의 예외주의를 인정하는 것처럼 보인다. 그는 미국의 독특성을 다음과 같이 설명한다. "미국의 불문법 내지는 섭리에 기초한 헌법은 독특하고 이해하기 어렵다. 왜냐하면 정치철학가들이 서술한 역사상 그 어떤 국가의 사례도 그것을 충분히 설명할 수 없기 때문이다. 그것은 그리스 · 로마의 가정(家庭)으로부터 유래했고 전제적인 헌법과 구별된다는 점에서 공화정이지만, 군주정도, 귀족정도, 민주정도 아닌 국가를 형성했으며, 또한 중앙집권적 정부라 할 수도 없고 그렇다고 연맹으로 이루어진 정부라 할 수도 없는 독특한 국가를 형성하였다."[60]

브라운슨은 미국을 '아메리카'로 부르기를 좋아했다. 그것은 그가 하나의 통합된 미국만이 진정한 국가로서의 지위를 가질 수 있다고 믿기 때문이다. 그는 "아메리카 주들은 연합되었을 때는 모두 자주적인 주지만, 분리되었을 때는 전혀 주가 아니라"고 거듭 강조하며, "합중국의 정치적·자주적 국민은 주들이 통합될 때만이 존재하고, 통합된 주로서만 존재한다"고 주장한다. 그리고 마침내 그는 "분리는 와해고, 연방과 주 모두의 죽음"이었다고 선언한다.[61] 이처럼 미국의 정체에 관한 브라운슨의 종교적 해석은 단호했다. 그것은 그가 전쟁을 통해 나타난 분열과 갈등에 대해 얼마나 고뇌했는가를 보여 주는 대목이기도 하다. 전쟁이 끝난 지금 그는 무엇보다도 미국의 존재와 정체성에 새로운 의미를 부여해야만 했다. 그는 그것만이 전쟁의 상처를 치유하고 새로운 통합의 길을 열 수 있다고 보았기 때문이다. 그는 그렇게 하는 것이 한 시대가 지식인에게 부여한 사명과 책임을 다하는 것이라 생각했다. 그렇게도 이성적이고 과학적이었던 그가 충분히 비(非)지성적으로도 들릴 수 있는 계시와 섭리의 논리를 용기 있게 제시한 것은 바로 그러한 이유 때문이었다. 그는 이러한 자신의 논지를 다음과 같이 반복한다. "아메리카 국민은 제퍼슨, 매디슨, 웹스터(Daniel Webster)와 그 밖의 사람들이 생각했던 것처럼 성문헌법에 의해 하나의 국민이 된 것이 아니라 그들과 함께 태어났고, 그들 속에 내재하는 불문법에 의해 그렇게 형성된 것이다."[62]

미국 민주주의에 대한 신학적 해석

브라운슨의 반성은 정부와 헌법에만 국한되지 않았다. 그는 지난 3, 40년 동안 만연한 정치적 경향, 특히 정치 분열과 혼돈된 상황을 되돌아보며 미국의 정치제도, 즉 민주주의의 개념을 다시 정립하기 시작했다. 민주주의란 무엇인가? 그것은 인간의 자유와 독립을 강조하는 개인주의에 기초한 정치제도인가? 아니면 인간의 박애를 강조하는 인도주의에 기초한 제도인가? 이것이 브라운슨이 해명하고자 했던 문제였다. 어떤 의미에선 이러한 문제보다도 그에게 더 절실한 것은, 미국의 민주주의가 어떻게 정의되든 국가의 내전을 막지 못했다면 그것의 개념과 기반은 송두리째 부정되어야만 하는 것이 아닌가 하는 문제였다.

브라운슨은 결코 기존의 민주주의 제도 자체를 거부하지는 않았다. 오히려 그는 그 제도를 옹호하며 그 제도가 담고 있는 더 깊은 미국의 의미와 정신을 찾고자 했다. 그가 지적하고자 했던 것은 미국의 정부와 민주주의에 대한 잘못된 이해와 해석이었다. 그에 의하면 "미국 국민의 가장 두드러진 정치적 경향은 1825년 이래로 그들의 통치를 순수하고 단순한 민주주의로 해석하며, 그 통치를 영토적 기반에서 순수한 대중적 기반으로 변형시켰고, 국가적 영토에 속한 각 주의 국민을 단순한 인구, 즉 개인이나 종족으로 변형시켰다"는 것이다.[63]

브라운슨에게 민주주의는 국가의 영혼과 정신을 담고 있는 것이었다. 그것은 단순히 독립선언서나 헌법의 제정으로부터 시작된 것이 아니었다. 그러한 눈에 보이는 제도가 형성되기 훨씬 이전에 이 대지 위에 형상을 갖추기 시작한 것은 정신이며 영혼이었다. 그 시작은 영국의 식민시대의 출발점인 1607년 제임스타운의 설립까지 올라갈 수도 있지만, 그 정신은 아마도 그보다 더 오랜 기원을 가지고 있을 수도 있다. 이러한 관점으로부터 브라운슨은 미국의 민주주의를 벤저민 디즈레일리(Benjamin Disraeli)가 했던 말을 인용하여 "영토 민주주의"(territorial democracy)라고 불렀다.[64]

영토 민주주의는 "미국의 토양에서 영토적으로 구성되고 그것에 터전을 둔 국민"에 기반을 둔 제도로서 개인의 욕구보다는 공동체의 공동 이익을 우선시한다. 브라운슨은 개인주의적 민주주의는 "문명에 적대적이고 국가를 파괴하는 경향이 있다"고 보았다. 그는 철학적으로 개인주의에 기초한 민주주의를 비판한다. 그는 무엇보다도 개인은 누구나 자유를 가지고 억제되지 않은 행동을 하려는 "자연적 욕구"가 있음을 지적하며, 그러한 자유와 욕구는 결국 권력으로 나타난다고 보았다. 그는 "자유의 즐거움이 한 개인에게 제한될 때 그 자유는 그를 주인으로, 즉 가족의 주인, 부족의 주인, 국가의 주인으로 만들지만, 자유의 즐거움이 소수에게 확대될 때 그 자유는 귀족제를 수립하고 귀족을 만들어 낸다"고 지적하며, 이것이 바로 소위 "제퍼슨 민주주의"의 문제점이라고 주장한다. 그에 따르면 "제퍼슨 민주주의에서 정부는 거의 권력을 가지지 못하는데, 다시 말해 철학적인 관점에서 순수하게 이기주의적인 개인주의적 민주주의 혹은 순수 민주주의에서는 개인이 바로 신"이 된다는 것이다. 그러므로 그는 이러한 민주주의에서는 "국가의 권위나 사회의 권위가 존재하기 힘들고, 그로 인하여 시민의 권위도 존재하지 않게 된다"고 지적하며, 그러한 권위의 부재상황에서 개인주의적 민주주의 이론으로 무장된 남부의 여러 주는 주권을 강조하며, 마침내 연방으로부터 탈퇴를 감행했다고 개탄하였다.[65]

그렇다면 제퍼슨 민주주의란 무엇인가? 그것은 현실적으로 가능한 것인가? 농업사회에서 각 개인이 스스로 살아갈 수 있을 정도의 토지를 확보하여 그곳에서 경작하며 자유를 누리며 자아를 실현하는 사회, 이것이 제퍼슨이 꿈꾸었던 민주주의다. 브라운슨은 그러한 민주주의 아래서 개인의 "완전한 실현은 이론적으로만 가능한 것"이라고 지적한다. 다시 말해 "모든 인간이 그 밖의 모든 사람으로부터 똑같이 독립하여 완전한 권리와 권력을 가지고 자신의 의지를 관철할 수 있다"는 말은 순진한 이론이며 실현 가능성이 없는 주장이라는 것이다. 오히려 그러한 개인주의적 민주주의의 경향이 가장 강하게 나타났던 곳은 브라운슨이 지적하는 바와 같이 노예를 소유한 주에서였다.[66] 그는 남부 주들이 보여 주었던 개인주의적 민주주의의 옹호, 연방 탈퇴, 전쟁, 남부 연맹의 패배 등을 지적하며 그러한 종류의 민주주의의 허구를 비판하였다. 그렇다고 그가 북부가 표방하는 민주주의를 지지한 것도 아니었다. 그는 북부의 민주주의를 "인도적 민주주의"라 불렀다. 그것은 "모든 지역적 경향을 경멸하고, 개성들 속에 있는 모든 것을 말살하며, 단지 인간성 위에서만 꿋꿋이 선다는 것"이라고 그는 설명한다. 그러나 그것은 분명히 "전쟁으로 새로운 힘을 확보했지만, 미국의 장래에 위협이 될 수도 있다"고 그는 우려하였다.[67]

브라운슨이 당시 민주주의에 대한 이해와 경향을 모두 거부하며 영토 민주주의를 제시한 것은 미국의 통합은 결코 자연법과 자연권의 기반 위에서는 불가능하다고 보았기 때문이다. 당시의 민주주의가 진정으로 개인의 자유와 참여를 위한 제도였고 인간성을 강조하는 인도주의적 제도였다면 수십만 명의 목숨을 앗아간 내전을 왜 막지 못했을까? 그가 말하는 영토 민주주의는 헌법이 제정되고 정부가 수립되기 훨씬 오래전에 이미 미국 땅에 뿌리를 내리며 하나의 전체로서 통합되어 온 정신이자 제도였다. 이러한 정신과 제도에 대한 인식이 퇴색될 때 미국의 국가적 정체성은 흔들리게 되었다는 것이 브라운슨의 주장이다. 따라서 영토 민주주의라는 관점에서 볼 때 "연방탈퇴의 권리는 혁명적 권리도 아니고 관습적 권리도 아니었다."[68] 그는 진정한 민주주의란 개인의 자유, 공공의 권위, 이 모두를 조화시킬 수 있는 정신에 달려 있다고 믿었다. 그렇게 될 때 "미국의 제도는 군주정이나 귀족제보다 더 좋으며, 단순한 민주주의보다 더 나으며, 이 모든 형태들을 합친 것보다도 더 낫다"고 브라운슨은 주장한다. 왜냐하면 그 제도는 "사물의 원칙, 즉 우주의 실질적인 질서에 더욱 근접하는 것이기 때문"이라는 것이다.[69]

미국의 운명과 통합을 위하여

미국은 어디로 가는가? 미국의 운명은 무엇인가? 미국 문명의 진보는 어떻게 이룩할 수 있는가? 4년에 걸쳐 치러진 긴 남북전쟁이 끝난 후 지식인들은 물론이고 많은 미국 국민은 그와 같은 질문을 했다. 『아메리카 공화국』에서 브라운슨은 다음과 같이 말한다. "모든 살아 있는 국가는 섭리로부터 사회의 진보에 대해 어떤 과제 혹은 임무를 맡았다. 그것을 성취하는 것이 그 국가의 운명이고 그 나라가 존재하는 목적이다. 미국의 특별한 사명은 정치 질서 속에 그리스·로마 문명을 계속 완성하는 것이다."[70] 브라운슨은 이러한 주장에서 한 걸음 더 나아가 다음과 같이 말한다. "아메리카 대륙에 있는 모든 주와 식민지 가운데서 아메리카 공화국만이 하나의 운명을 가지고 있고, 아메리카 문명을 발전시킬 능력을 가지고 있다."[71] 이러한 브라운슨의 언급은 때에 따라서는 대단히 위험스런 발언일 수도 있다. 왜냐하면 그것은 국가의 특수성에 대한 지나친 강조를 통해 국가를 전체주의적 통제로 이끌고자 하는 독재 지배자들에 의해 이용될 수도 있기 때문이다.

그러나 브라운슨의 이러한 언급은 그것이 내전 중에 나왔다는 점이 고려되어야 할 것이고, 그가 국가의 운명과 사명을 말하면서 반드시 그것을 미국에 국한시켜 말한 것은 아니었다는 사실이 지적되어야 할 것이다. 그것은 모든 나라에 해당되는 것이었다. 그가 미국의 특별한 운명과 역사적 사명을 강조하지만, 그것은 결코 팽창주의와 같은 미국의 제국주의적 확대를 정당화하는 의미에서 특수성을 강조한 것은 아니었다. 미국에 대해 그가 지식인으로서 진정으로 갈망했던 것은 국가의 진정한 통합이었다. 그는 이러한 통합 속에서만 진정한 사회진보가 가능하고, 개인의 역동적 개성이 실현될 수 있다고 보았다. 그리고 그 모든 개성의 종합적 실현만이 가장 이상적인 진보라고 보았다. 이런 의미에서 그는 통합을 위해 국수(國粹), 즉 미국의 고유한 정신적 장점을 부각시키려 했던 것이지, 다른 나라와 민족을 배척하기 위해 국수주의의 태도를 취한 것은 아니었다. 실제로 브라운슨이 미국 문명의 원류로 그리스·로마 문명을 언급한 것은, 국가의 통합과 그 속에서 모든 개인들의 개성이 가장 잘 어우러져 실현된 문명을 그 문명에서 보았기 때문이고, 또한 그 문명의 실패도 지적하고 싶었기 때문이었다.

브라운슨은 그리스 · 로마 문명에서 "진정한 국가"의 모습도 찾았다. 그는 그 문명이 "사적이거나 가계에 의한 권력, 혹은 가부장적이거나 군주정에 의한 권력 대신에 영토에 기초한 헌법의 위대한 원칙"을 갖고 있었고, 그럼에도 "진정한 시민의 정치적 원칙과 야만적 헌법의 모든 요소들을 혼합했다"고 설명한다.[72] 그러나 그는 또한 그리스 · 로마 문명의 커다란 잘못은 "신의 통합은 물론이고 인류의 통합을 부인하거나 무시한 것"이었다고 지적한다.[73] 그는 이 두 가지 조건이 충족될 때만이 문명의 진정한 진보가 가능해진다고 보았다. 특권계급이 인정되고, 모든 권력이 부자와 몇몇 귀족의 손에 쥐어졌을 때 인류의 통합은 불가능한 것이었다. 또한 그는 인간사회에서 나타나는 양극단은 신의 주관 아래에서만 통합될 수 있다고 믿었다. 그는 그렇게 이루어진 통합은 "추상적이고 형식적인 죽은 통합이 아니라 살아 있는 구체적인 통합"이 된다고 확신했다.[74] 내전으로 분열된 미국의 치유는 이러한 살아 있는 구체적인 통합을 필요로 하였다. 그러한 통합은 자연법과 자연권이라기보다는 신학적 진실과 정치철학적 진실로 이룰 수 있는 것이었다.

그리하여 브라운슨에게 미국의 운명은 종교와 정치의 운명과 직결되었다. 그는 교회와 국가는 결코 분리될 수 없다고 믿는다. 왜냐하면 그는 "미국의 건국 원칙이 영혼의 질서 속에 그 기원과 기반을 가지고 있다고 믿기 때문이다." 따라서 그에게 신 없는 국가는 생각할 수도 없는 것이었다. 그는 "신이 없다면 정치도 없다"고 주장한다. 그는 "신학적 원칙이 정치 원칙의 기반"이 되어야만 한다고 강조했다.[75] 그는 자연적 사회, 시민정부, 교회는 서로 떨어질 수 없는 하나의 전체라고 보았다. 다시 말해 그가 말하는 정치와 종교의 결합은 상호 보완적인 관계를 말하는 것이지, 어느 한쪽이 다른 쪽에 지배되거나 흡수되는 관계를 말하는 것이 아니다. 이에 대해 그는 다음과 같이 말한다.

"미국의 종교적 운명은 교회를 외부의 법에 의해 수립하는 것도 아니고, 무능한 법에 의해 교회를 보호하는 것도 아니다. (…) 가톨릭의 자유를 유지하여 교회에 국가를 흡수하는 것도 아니며, 국가가 교회를 흡수하는 것도 아니다. 서로가 그들 자체의 본질에 의해 영원한 사물의 질서 속에서 그 각자에 할당된 영역에서 자유롭게 움직이게 하는 것이다. 그것들의 사명은 교회와 국가를 외부적으로는 각각의 지배체제로서 분리시키지만 내부적 원칙으로는 그것들을 통합시키는데, 그 내부적 원칙으로부터 각각은 그 역동성과 동력을 발휘한다. 그들의 통합은 내재적인 원칙의 통합에 있고, 각자는 다른 영역에서 움직이지만 그들은 서로 똑같은 신의 법에 복종한다."[76]

이와 같이 국가와 종교의 통합을 말하는 브라운슨의 입장은 19세기의 기준에서 볼 때도 분명히 시대착오적인 개념으로 들릴 수 있는 것이었다. 그러나 정치가 종교의 의미를 잃고 한편으론 자신의 완전한 주권과 이해관계만을 고집하고, 다른 한편으론 지나치게 인간주의를 강조하며 국가의 집중화를 시도할 때 통합은 어떻게 가능할 것인가? 나라의 운명이 이러한 양극단의 세력들에 의해 장악됨으로써 내전의 비극이 초래되었다는 사실을 지식인이 깨닫는다면 그는 정치에 대해 무엇을 주장할 수 있을 것인가? 이러한 질문에 대한 브라운슨의 대답은 서슴없이 정치와 종교의 통합이었다. 물론 그 통합의 의미는 성직자가 정치에 관여하여 권력을 장악하는 것을 허용한다거나 교회가 국가 위에 군림하며 통치에 관여한다는 것은 아니었다. 브라운슨에게 정치와 종교의 통합이란 정치의 내적 성찰은 종교의 역할과 의미를 통해서만이 가능하다는 것이다. 그런 점에서 그는 미국의 정치적 운명은 종교적 운명과 함께해야 한다고 주장했던 것이다. 그는 미국의 운명을 말하며 미국 국민에게 다음과 같이 호소하였다. "우리들의 관심을 내적인 운명에 돌리도록 합시다. 내부에서 우리들의 사명을 실현하도록 합시다. 우리는 점점 더 전체 대륙이 우리의 제도 아래에 들어오는 것을 볼 것입니다. 진정으로 가톨릭 국가, 거대하고 영광스럽고 자유로운 웅장한 국가를 준비합시다."[77]

브라운슨의 정치사상은 정치의 기원과 본질을 더욱 깊이 이해함으로써 정치를 통해 인간이 추구할 수 있는 가능성과 한계성을 분명하게 인식함으로써 출발하였다. 그의 보수사상은 북부와 남부의 서로 극단적인 주장으로 인해 발발한 전쟁을 경험했던 한 지식인으로 당연히 가질 수 있는 태도였다. 다시 말해 수십만 명의 고귀한 생명을 앗아간 전쟁의 원인이 그 양극단적인 주장을 포용할 수 있는 진정한 도덕적 기반의 부재에서 왔다고 가정한다면, 지식인의 과업은 기존의 도덕 기반을 다시 검토하여, 그 어떤 수단을 통해서라도 도덕을 새롭게 수립해야 할 것이다. 브라운슨의 보수사상은 미국의 역사상 국가적 분열이 가장 위기에 처했던 시기에 지식인으로서 당연히 해야 할 책임을 다한 것이라 볼 수 있다. 이러한 점에서 『아메리카 공화국』에서 그가 궁극적으로 추구했던 것은 극단을 거부하면서 미국의 진정한 통합을 이끌어내는 것이었다. 그리고 그는 그 통합을 위해 당시 어떤 지식인보다 분명하게 과학적이고 이성적인 학문태도와 방법의 중요성을 알고 있으면서도, 종교적이고 형이상학적인 차원의 전제를 도입하며, 그것을 통해 정치를 이해하고자 했던 것이다.

만일 브라운슨의 지적 여정 전체를 요약한다면, 그는 적어도 1840년 이전까지는 인간의 자유를 위해 열정을 바쳤고, 그 이후부터는 그 인간의 자유를 유지하기 위해 필요한 정치의 기반과 권위를 수립하는 데에 헌신했다고 할 수 있다. 다시 말해 그가 1838년에 언급한 "하나의 체계적이고 조화로운 전체"[78]는 자유의 보편화를 통해 이룩될 수 있다고 봄으로써 진보적 개혁과 투쟁에 헌신했지만, 만년에 그는 그 전체란 인간이 이룩하는 어떤 것이 아니라 이미 존재하는 어떤 정신으로 보았으며, 그 복잡성과 신비성을 통해 분열된 정신과 지성을 극복하고자 했다.

미국 지성사에서의 위치와 유산

브라운슨의 사상은 전체와 부분의 조화와 균형을 중요시했던 미국의 지적 전통으로부터 형성되었지만 그의 사상 또한 『아메리카 공화국』을 통해 그 지적 전통의 형성에 중요한 기여를 하였다. 그것은 통합에 의한 진보라는 새로운 차원의 보수주의 정신이었다. 그의 전 생애를 사로잡았던 진실에 대한 열정은 사회통합에 대한 사상으로 구현된 셈이다. 미국 지성사에서 브라운슨이 차지하는 위치를 분명히 파악하는 것은 쉬운 일이 아니다. 자유주의 역사가인 아서 슐레진저가 다룬 청년 브라운슨은 분명히 진보주의자이며 자유주의자였다.[79] 그는 한때 자본주의 체제를 비판 · 공격함에 있어서 마르크스를 능가할 정도로 급진적인 성향을 보이기도 했다. 그러나 1950년대에 전형적인 보수주의 사상가인 러셀 커크(Russell Kirk)는 『아메리카 공화국』을 "미국 정치이론에서 가장 통찰력 있는 논저 가운데 하나"라고 평가하면서 브라운슨의 사상을 에드문드 버크(Edmund Burke)에서 조지 산타야나(George Santayana)에 이르는 보수주의 사상의 흐름 가운데 두었다.[80] 실제로 브라운슨의 후기 사상은 그 어떤 보수주의 사상가도 필적할 수 없을 정도의 유기적인 보수주의 정신을 드러냈다. 특히 그는 종교와 정치의 유기적 결합을 통한 국가의 통합을 추구하면서 가톨릭주의로 돌아갈 것을 천명했을 때 그의 보수주의는 정점에 다다른다.

어떤 의미에선 슐레진저나 커크가 평가한 브라운슨의 사상은 모두가 타당하다고 할 수 있다. 왜냐하면 그의 보수사상은 단순히 진보와 개혁에 반대한다는 차원의 보수가 아니었기 때문이다. 더욱이 그것은 현상을 옹호한다거나 기득권을 보호한다는 의미는 더더욱 아니었기 때문이다. 그의 보수사상은 사회의 진정한 통합과 진보를 위해 기존의 것들을 부정하며 새로운 정치 기반과 정치의 정당성을 찾고자 했다는 점에서 어떤 의미에선 진보적인 것이었다. 다시 말해 그는 기존의 자연권에 기초한 미국의 정치제도와 헌법을 넘어 새로운 미국의 건설을 가능하게 하는 새로운 권위와 정당성을 추구했던 것이다. 이런 의미에서 『아메리카 공화국』에 나타난 브라운슨의 정치사상은 보수적이면서도 진보적인 것이었다.

브라운슨의 보수사상은 처음부터 진보에 대한 반대 개념으로부터 출발한 것이 아니었다. 남북전쟁이 발발하기 이전 수십 년 동안 누구보다도 진보사상을 열렬하게 추구했던 그가 보수사상을 제시했던 것은 인간사회의 진보를 포기한 것이 아니라 갈등과 충돌을 극복하며 통합을 가능하게 하는 진보를 위해 보수적 기반이 필요했기 때문이었다. 에머슨과 같은 초월주의자들과 더불어 그는 열렬히 사회의 개혁을 추구하며 진보를 갈망했었다. 그는 일생 진보사상을 포기하지 않았다. 그러나 내전을 겪은 후 그가 깨달은 분명한 사실은 진정한 진보란 사회와 인간, 역사와 자연, 자유와 권위가 균형과 조화를 이룰 때 나타나는 통합 속에서만이 가능하다는 사실이었다.

『아메리카 공화국』이 출판되기 약 20여 년 전에 이미 그는 보수와 개혁의 관계에 대해 다음과 같이 말한 적이 있다. "개혁가는 과거와 함께한다. 왜냐하면 과거는 그에게로 유입되고, 그의 실제 생활과 동화되어 미래가 출현하기 때문이다. 과거와 싸우는 전쟁은 의심의 여지없이 헛된 것이다. 전통을 갖지 않은 사람은 개혁가라 할 수 없다."[81]

브라운슨의 사상은 그의 종교적 관점과 정치에 대한 깊은 관심이 결합된 결과로 나타난 것이다. 진실에 대한 그의 열정과 에너지는 그 어떤 제도, 이념, 종교에도 안주하지 않고 끊임없이 새로운 길로 그의 생을 이끌었다. 진리를 추구하며 평생을 바쳤던 그의 지적 생활은 존 번연(John Bunyan)의 『천로역정』에 나오는 신앙인들의 고된 일생과도 같았다.

브라운슨의 사상은 당대의 지식인들은 물론이고 20세기에 들어 슐레진저와 크리스토퍼 래쉬와 같은 사상가들에게 커다란 영향을 끼친다. 특히 래쉬가 포스트모더니즘의 극단적 사상과 맞서 싸울 때 브라운슨이 보여 준 깊은 통합정신은 그에게 영감과 통찰을 준다. 그 통합정신은 전체와 부분의 조화와 균형을 강조하는 미국의 지적 전통이었다. 『아메리카 공화국』을 통해 브라운슨의 사상이 현대 사상가들에게 영향을 끼쳤다면 그것은 19세기 전반의 사상이 19세기 후반을 거쳐 20세기를 통해 여전히 흐르고 있다는 증거이기도 하다.

1 Arthur M. Schlesinger, Jr., *Orestes A. Brownson: A Pilgrim's Progress* (Boston: Little, Brown, 1939), p. 276.

2 Orestes A. Brownson, *The American Republic: Its Constitution, Tendencies, and Destiny* (New York: P. O'Shea, 1866), p. viii.

3 Orestes A. Brownson, "The Convert; or, Leaves," in *The Works of Orestes A. Brownson*, ed. Henry F. Brownson (Detroit: Thorndike Nourse, 1882-1887), Vol. 5, p. 4.

4 *Ibid.*, p. 10.

5 *Ibid.*, p. 17.

6 *Ibid.*, p. 18.

7 *Ibid.*, p. 18.

8 Orestes A. Brownson, "The Influence of Religion on Prosperity," in *The Early Works of Orestes A. Brownson: The Universalit Years, 1826–29*, ed. Patrick W. Carey (Milwaukee: Marquette University Press, 2000), Vol. 1, p. 41.

9 Arthur M. Schlesinger, Jr., *Orestes A. Brownson*, p. 32.

10 *Ibid.*, p. 29.

11 *Ibid.*, p. 61.

12 Orestes A. Brownson, "The Labouring Classes" (Reprinted from the *Boston Quarterly Review* of July, 1840, New York: Sold at Elton), pp. 5-6.

13 *Ibid.*, pp. 7-9.

14 Arthur M. Schlesinger, Jr., *Orestes A. Brownson*, p. 95.

15 Orestes A. Brownson, "The Labouring Classes," p. 23.

16 Orestes A. Brownson, "The Convert," p. 121.

17 *Ibid.*, p. 122.

18 *Ibid.*, p. 122.

19 *Ibid.*, p. 123.

20 *Ibid.*, p. 128.

21 *Ibid.*, p. 130.

22 Orestes A. Brownson, "New Views of Christianity, Society and the Church," in *The Works of Orestes A. Brownson*, Vol. 4, pp. 51-52.

23 *Ibid.*, p. 52.

24 *Ibid.*, pp. 54-55.

25 Orestes A. Brownson, "The Convert," pp. 75-76.

26 Henry F. Brownson, ed., *The Works of Oresteas A. Brownson* (20 vols., Detroit:

Thorndike Nourse, 1882-1887) 참조.

27 Arthur M. Schlesinger, Jr., *Orestes A. Brownson: A Pilgrim's Progress* 참조.

28 Perry Miller, *The Transcendentalists: An Anthology* (Cambridge: Harvard University Press, 1950) 참조.

29 Orestes A. Brownson, "The Convert," p. 93.

30 *Ibid.*, p. 99.

31 Orestes A. Brownson, "Democracy," in *The Works of Orestes A. Brownson*, Vol. 15, p. 1.

32 *Ibid.*, p. 3.

33 *Ibid.*, p. 4.

34 *Ibid.*, p. 8.

35 *Ibid.*, p. 17.

36 *Ibid.*, p. 19.

37 Thomas Paine, *Common Sense* (1776; reprint, Girard: Kansa, Haldeman-Julius, 1920), p. 15.

38 Orestes A. Brownson, "Democracy," p. 23.

39 Orestes A. Brownson, *The American Republic*, pp. 1-2.

40 *Ibid.*, p. 2.

41 *Ibid.*, p. 2.

42 *Ibid.*, p. vii.

43 *Ibid.*, p. viii.

44 John Codman Hurd, *The Law of Freedom and Bondage in the United States* (Boston: Little, Brown, 1858), p. 1.

45 Orestes A. Brownson, *The American Republic*, p. xi.

46 *Ibid.*, pp. xii-xiii.

47 *Ibid.*, p. 15.

48 *Ibid.*, p. 16.

49 *Ibid.*, p. 16.

50 *Ibid.*, p. 17.

51 *Ibid.*, p. 18.

52 *Ibid.*, pp. 20-21.

53 *Ibid.*, p. 21.

54 *Ibid.*, p. 135.

55 *Ibid.*, p. 138.

56 *Ibid.*, p. 139.

57 *Ibid.*, p. 140.

58 *Ibid.*, p. 217.

59 *Ibid.*, p. 217.

60 *Ibid.*, pp. 218-219.

61 *Ibid.*, p. 219.

62 *Ibid.*, p. 243.

63 *Ibid.*, p. 348.

64 *Ibid.*, p. 348.

65 *Ibid.*, p. 349.

66 *Ibid.*, pp. 350-351.

67 *Ibid.*, p. 351.

68 *Ibid.*, p. 277.

69 *Ibid.*, p. 10.

70 *Ibid.*, p. 392.

71 *Ibid.*, p. 392.

72 *Ibid.*, p. 393.

73 *Ibid.*, p. 396.

74 *Ibid.*, p. 400.

75 *Ibid.*, pp. 409-410.

76 *Ibid.*, p. 428.

77 *Ibid.*, p. 439.

78 Orestes A. Brownson, "Philosophy and Common Sense" (From *the Boston Quarterly Review* of January, 1838), in *The Works of Orestes A. Brownson*, Vol. 1, p. 2.

79 Arthur M. Schlesinger, Jr., *Orestes A. Brownson: A Pilgrim's Progress* 참조.

80 Russell Kirk, *The Conservative Mind from Burk to Santayana* (Chicago: Henry Regnery, 1953), p. 217.

81 Orestes A. Brownson, "Reform and Conservatism" (From *the Boston Quarterly Review* of January, 1842), in *The Works of Orestes A. Brownson*, Vol. 4, p. 79.

2

사회제도 개혁에 의한 사회통합 추구

헨리 조지와 『진보와 빈곤』(1879)

Henry George,
Progress and Poverty (1879)

19세기 후반의 미국 사회에서 헨리 조지(Herny George)의 사상은 지식인보다도 일반대중 사이에서 인기가 더 높았다. 그가 산업화로 말미암은 사회문제를 분명하게 지적하며 사회와 제도를 비판했던 것이 주된 이유였다. 또 다른 이유로는 앞 장에서 살펴본 브라운슨의 저작처럼 관념적이고 형이상학적이기보다는 실제적이고 구체적인 내용을 다루며, 보통 사람들의 어려움을 현실 속에서 해결하려 했기 때문이었다. 브라운슨의 사상이 질서와 권위에 바탕을 둔 사회의 유기적 통합을 강조하면서도 진보를 갈망했다면, 헨리 조지의 사상은 사회제도의 혁신적 개혁을 통해 문명의 진보를 추진하면서도 제도만큼이나 개인들의 역동적 역할과 그들의 통합을 주창하였다. 다시 말해 브라운슨이 사회라는 '전체'의 안정과 상태를 강조했다면, 헨리 조지는 개인이라는 '부분'의 자유와 참여를 중시하였다. 이 두 사상가는 비록 서로 다른 지적 흐름 속에 있었지만, 전체와 부분들의 균형과 조화를 추구하며 사회와 개인들의 통합을 열망했다는 점에서는 하나의 지적 전통 속에서 활동한 것이다.

존 듀이(John Dewey)는 "헨리 조지의 생애가 전형적으로 미국적인 것"이었다고 언급한 적이 있다. 여기서 듀이가 의미했던 바는 헨리 조지가 "학문적 배경 없이 인간적 교감으로 순수하게 관찰과 사고를 통해 성공했던 사람으로서," 미국의 전통적인 프런티어 정신인 자립심에 기초한 일종의 자수성가한 사상가라는 것이다. 더 나아가 듀이는 헨리 조지를 "경력뿐만이 아니라 정신의 실제적인 경향에서, 이론적 연구에 만족하지 않고 자신이 연구하는 현상에 대해 무엇인가를 실행에 옮기려는 욕구에서 전형적으로 미국적"이라고 평가하였다.[1]

듀이가 지적한 것처럼, 헨리 조지의 사상이 무엇보다도 실제적·경험적이고 경제적인 문제에 집착했던 것은 사실이지만, 그는 진보와 빈곤이 함께 나타나는 현실의 아이러니에 대한 깊은 관찰을 통해 현실 문제를 넘어서, 사회를 어떻게 볼 것인가, 현대 문명은 어디로 가고 있는가, 인간 진보의 법칙을 어떻게 이해해야 할 것인가 등의 문제에 대한 천착을 거듭하였다. 그리하여 미국 지성사에서 헨리 조지는 경제사상가뿐만 아니라 사회철학가로서도 중요한 위치를 차지한다. 사상가로서 그의 생애 전체를 통해 볼 때 그가 토지 문제에 깊은 열정을 바친 것은 사실이지만 거대한 사회현상에 대한 끊임없는 관찰과 성찰을 통해 그의 경제사상은 "하나의 포괄적인 사회철학"이 되었다.[2]

1879년에 출간된 헨리 조지의 『진보와 빈곤』(*Progress and Poverty*)에는 "산업 공황의 원인과 부의 증식에 따라 빈곤이 증가하는 원인에 대한 탐구 및 그 해결책"이라는 부제가 붙어 있다. 여기서 산업 공황이란 1873년에 시작된 경제 침체를 말한다. 이러한 경제적 어려움은 분명히 산업화가 상당한 단계에 도달한 국가에서만이 볼 수 있는 현상이다. 특히 산업화가 한 사회의 어떤 특정 집단이나 정치 세력 및 지역에 의해 독점적이고도 급격하게 이루어진다면 전체와 부분의 균형과 조화는 근본적인 불화와 갈등의 상태에 빠질 것이다. 즉, 개인과 사회는 물론이고 개인과 개인의 관계도 전통적인 가치관 위에서는 더 이상 유지될 수 없으며, 이들의 관계를 지탱해 왔던 권위의 위기는 사회 전체의 혼돈을 초래할 것이다. 남북전쟁과 그 이후의 재건시기(1865-1877)에 진행된 정치와 경제의 독점화가 전쟁에서 승리한 공화당과 그 정당을 지지했던 산업화 세력에 의해 주도되었을 때 산업의 급속한 발전과 국가의 엄청난 성장을 가능하게 했지만 전체와 부분, 부분과 부분의 근본적인 관계를 파괴하는 거대한 사회구조를 만들어냈던 것이다. 이러한 새로운 환경에서 미국의 지식인들은 어려운 선택을 해야만 했다. 전통적으로 진보에 대한 이상과 희망을 품고 약속의 땅을 기대했던 그들에게 이러한 상황은 절망과 회의를 불러일으키는 것이었다.

생애와 사상

생애와 사상의 원천

헨리 조지는 영국과 스코틀랜드의 혈통을 지니고 1839년 9월 2일 펜실베이니아 주 필라델피아에서 태어났다. 헨리 조지의 부친은 성공회 신도로 깊은 신앙심으로 일생을 살았다. 조지의 사상에 깊이 배어 있는 종교적 정신은 경건주의 전통을 가진 그의 집안 배경에서 나온 것이었다. 그가 언제나 사회정의를 추구하며 현실 문제에 집착하면서도 이상주의적인 비전을 잃지 않은 것은 바로 이러한 종교적 정신의 영향이었다.

사립학교와 성공회 부설학교에서 중학교에 해당되는 교육을 받았고, 고등학교에 입학하여 5개월 남짓 다닌 것이 열네 살까지 그가 받은 공식 교육의 전부였다. 그 후에는 사환과 점원으로 일하면서 많은 책을 읽었고, 특히 새로운 세계에 대한 호기심을 가지고 있었다. 헨리 조지는 부친의 서재에서 선교사들의 이야기를 담은 책을 접하고는 외국에 대해 많은 동경을 품었다. 이로 인해 그는 실제로 1855년 4월부터 1856년까지 선원이 되어 뉴욕을 출발하여 오스트레일리아의 멜버른을 거쳐 캘커타를 돌아오는 항해를 한 적도 있었다. 그는 항해를 마친 후 잠시 필라델피아에 있는 인쇄소에서 일을 하지만, 엄격한 아버지의 집에서 더는 지낼 수가 없었다.

1858년 5월 샌프란시스코에 도착한 헨리 조지는 다시 인쇄공으로 일하다 남북전쟁의 소식을 들었다. 그는 전쟁보다는 가난한 사람들의 삶에 더 관심이 있었고, 그 자신도 가난의 고통을 겪고 있었다. 그가 스물두 살이었을 때 열여덟 살의 애니 코르시나 폭스(Annie Corsina Fox)와 결혼하였다. 그녀는 시드니에서 태어났고 캘리포니아로 와 샌프란시스코에서 살고 있었다. 그녀는 영국 및 아일랜드 혈통으로 로마 가톨릭이었다. 헨리 조지와 그녀 사이에 1862년 첫 아이인 헨리 조지 2세(Henry George, Jr.)가 태어났고, 1865년에는 둘째인 리처드 폭스 조지(Richard Fox George)가 태어났다. 이 시기가 조지에게는 경제적으로 가장 힘든 시기였다. 그는 가난이 무엇인지를 뼈저리게 체험하였다. 그럼에도 그는 1865년 3월부터 글을 쓰기 시작했다. 그는 무엇보다도 "단순하고 분명하게 진술할 수 있는 능력"을 가지고 있었고,[3] 이러한 재능으로 사회현상을 누구보다도 분명하고 생생하게 표현할 수 있었다.

1865년 봄 헨리 조지는 인생의 전환점을 맞이한다. 이때부터 그는 본격적으로 글을 쓰기 시작했으며, 마침내 『캘리포니안』(*Californian*) 이란 주간 문학지에 「초자연적 현상을 위한 변명」(A Plea for the Supernatural)이라는 글을 싣게 된다. 또한 인쇄공으로 있던 시절 『알타 캘리포니아』(*Alta California*)란 일간지에 익명으로 링컨의 암살에 관한 짧은 글을 편집자 후기에 실었다. 이것이 계기가 되어 헨리 조지는 그 일간지의 특별기자로 채용되었다. 그 후 그는 샌프란시스코 『타임스』(*Times*)의 기자와 논설위원을 거쳐 편집주간으로까지 승진하였다.

1868년 12월 헨리 조지는 『타임스』를 떠나 샌프란시스코의 『해럴드』(*Herald*)로 자리를 옮겼다. 새로운 신문사의 일로 뉴욕으로 간 그는 그곳에서 빈곤과 특권에 대해 많은 것을 체험하였고, 뉴욕에서 돌아온 후에는 당시 캘리포니아에서 일고 있던 토지투기 현상을 목격하게 되었다. 이러한 경험을 바탕으로 그는 1871년 최초의 경제학 저술인 『우리의 토지와 토지정책』(*Our Land and Land Policy, National and State*)을 완성하였다. 5개 장으로 된 이 책은 48페이지의 팸플릿 형태로 나왔지만 빽빽하게 인쇄되어 있어 일반 책처럼 제본하면 약 150여 페이지에 달하는 분량이다.

이 책에서 헨리 조지는 먼저 미국의 광활했던 공유지의 현황에 대해 설명하며, 과거의 미국인들에게 이 공유지는 "실질적으로 무진장인 것"처럼 보였다고 지적한다. 이 말은 많은 의미를 담고 있다. 즉, 미국의 개인들은 항상 그들이 최선을 다해 노력하면 자기실현을 할 수 있는 터전이 존재했다는 것이고, 달리 말하면 만일 그들이 가난하다면 그들 스스로가 최선을 다하지 않은 것으로 간주될 수 있었다.

이 무진장한 토지는 그들의 가치관과 도덕의 형성에 무엇보다도 중요한 역할을 했다. 언제나 자신들의 능력을 발휘할 수 있는 환경을 그들은 약속의 땅으로 믿었다. 그러나 헨리 조지는 남북전쟁 이후 이 "광활함이 점차 사라지고 있다"고 안타까워했다.[4] 그 이유는 "정부가 개인, 주, 기업 등에 토지를 증여했기" 때문이라는 것이다.[5] 이와 같은 각종 공유지의 불하(拂下), 특히 철도건설 회사에 들어간 엄청난 양의 토지는 상상을 초월하는 것이었다. 헨리 조지는 "이것이 정부나 국민을 위한 것이 아니라 철도 회사를 위한 것"이었다고 신랄하게 비판한다. 그는 그와 같은 증여가 토지는 물론 철도의 독점을 가져올 것이라고 예언하였다.[6] 그리고 그는 이 독점이 모든 국민이 누릴 수 있는 평등한 기회를 없애 버릴 것이라고 예상하였다. 헨리 조지는 훗날 『진보와 빈곤』에서 제시하게 될 토지와 노동에 관한 자신의 분명한 입장과 사회정의는 어떻게 실현될 수 있는가에 대한 자신의 사회철학을 이 책에서 이미 밝혔던 것이다.

이 첫 저작에서 헨리 조지는 무엇보다도 사회정의에 대한 확실한 신념과 의무를 표명하였고, 그것은 기독교인이 복음의 전파에 대해 갖는 의무감과도 같은 것이었다. 그는 미국의 토지정책이 잘못되었다는 점뿐만 아니라 자신이 깨달은 사실을 알려야 한다는 사명감을 불태웠다. 그리하여 그는 『우리의 토지와 토지정책』의 수정 · 보완은 당분간 미루고, 토지와 노동에 관한 자신의 입장과 주장을 피력할 수 있는 신문을 창간하기로 결심했다. 마침내 그는 2명의 동업자와 함께 1871년 12월 4일 『데일리 이브닝 포스트』(*Daily Evening Post*)라는 일간지를 발행하기 시작하였다. 4년간 이 신문을 발행하면서 조지는 사설에서 토지에 대한 과세를 끊임없이 주장하였고, 부와 빈곤이 함께 나타나는 현상을 순순히 받아들이고 있는 사상계(思想界)를 신랄하게 비판하였다.

1875년 이 신문과의 관계를 청산한 헨리 조지는 다음 해 대통령 선거운동에 참여하여 연설가로서 자신의 비판사상을 체계화하였다. 공화당의 루더포드 B. 헤이즈(Rutherford B. Hays)와 민주당의 사무엘 J. 틸덴(Samuel J. Tilden) 간의 선거전에서 조지는 틸덴을 지지하는 연설을 했지만, 자신의 평소 경제관과 노동관을 피력하는 데 더 많은 시간을 할애하였다. 당시 많은 급진주의자들이 그의 연설을 즐겨 들었다. 그는 정치 연설에 참여한 후부터 정치에 적극적인 관심을 갖게 되었고, 실제로 정치에 참여하기 시작하였다. 1877년 봄 캘리포니아대학에 신설될 정치경제학 교수로 헨리 조지가 거론되던 중 그는 그곳에서 "정치경제학의 연구"라는 연설을 하게 되는데, 여기서 정통 경제학자들을 신랄하게 비판하였다.

개혁 정신과 정치

1877년 9월부터 헨리 조지는 『진보와 빈곤』의 집필에 들어갔다. 이 저서를 완성해 출판함으로써 토지독점과 단일세에 대한 조지의 사상과 위치는 미국 지성계는 물론이고 대중 사이에서도 널리 알려지게 되었다. 특히 이 책은 급진적인 사회변화와 개혁을 추구하는 사람들의 열렬한 지지를 받았다. 그러나 그가 제시한 진정한 해결책은 결코 마르크스주의자들이 추구했던 방식, 즉 자본주의 체제에 맞서 혁명을 선동한다거나 계급투쟁을 촉구하는 것은 아니었다. 조지의 전기를 집필했던 조지 가이거(George R. Geiger)는 헨리 조지의 입장에 대해 다음과 같이 말한다. "헨리 조지는 이 첫 대작을 깊고 성스러운 감정을 가지고 마쳤다. 그는 자신 속에서 예언자의 영감과 개혁자의 열정을 느꼈고, 그의 완성된 저서는 그에게 종교의 위안과 같은 어떤 것이었다."[7] 가난과 빈곤에 대한 헨리 조지의 관심은 성직자가 사회에 대해 갖는 양심의 표현과 같은 것이었다.

『진보와 빈곤』을 완성한 후 헨리 조지는 여러 출판사에 출판을 의뢰했지만 모두 거절당하고, 친구의 도움으로 500부를 출판하였다. 점차로 이 책은 당시 사람들이 겪고 있던 '사회문제'에 관심을 집중시켰다. 특히 미국 동부에서 대중적인 인기를 얻었는데, 주요 신문과 저널에 서평이 실리기 시작하였다. 논평서와 비판서도 출간되었고, 애플톤(Appleton) 출판사는 저렴한 보급판을 발간하기 시작했으며, 런던의 케간 폴(Kegan Paul)사는 영국 판을 출판하였다. 그리고 헨리 조지의 책은 1881년 처음으로 독일어로 번역되어 출간되었고, 그 뒤를 이어 조지의 생전에 프랑스, 스웨덴, 노르웨이, 스페인, 이탈리아, 네덜란드, 러시아 등지에서 번역·출간되었으며, 그가 타계한 1897년에는 중국어 판도 등장했다.

『진보와 빈곤』이 출간되자 헨리 조지는 곧 국제적 명성을 얻게 되었고, 미국과 캐나다를 선두로 유럽의 여러 곳에서 강연을 하기 시작했다. 그의 강연에는 노동자와 토지개혁가를 비롯하여 전반적으로 사회개혁에 관심 있는 사람들이 참여하였다. 이러한 헨리 조지의 국제적 활동 중에서 가장 중요한 일 중의 하나는 아일랜드 토지운동과 관련된 것이었다. 헨리 조지의 책이 출판되던 해에 아일랜드의 마이클 대빗(Michael Davitt)은 아일랜드에 거주하지 않으면서도 엄청난 땅을 소유하고 있던 부재 지주 영국인을 공격하며 토지운동을 일으켰다. 곧 아일랜드 전국 토지연맹(The Irish National Land League)이 결성되었다. 대빗을 비롯하여 이 토지연맹은 헨리 조지의 책으로부터 깊은 영향을 받았으며, 헨리 조지도 그들을 지지하였고, 뉴욕의 『아일랜드 세계』(*Irish World*)의 특파원으로 아일랜드에 주재하면서 아일랜드 사회의 문제점을 고찰하고 아일랜드의 토지개혁가들과 깊게 토론하였다. 그 결과 조지는 1881년에 『아일랜드 토지 문제』(*Irish Land Question*)를 출간하였다.

이제 헨리 조지의 책이 모두 보급판으로 출간되었고, 그는 공적 지식인으로 부상하였다. 특히 노동조합의 지도자들과 토지개혁에 관심 있는 많은 사람들이 헨리 조지와 만나기를 원했고, 그의 연설을 듣기를 원했다. 1883년에 출간한 『사회문제』(*Social Problems*)에서 헨리 조지는 『진보와 빈곤』에서 언급하지 못했거나 소홀히 다룬 사회문제들을 제기하였다. 그는 책의 서문에서 "당시의 중요한 사회문제들을 정치경제 원리나 추상적인 추론에 구애받지 않고 설명하고자 했다"고 저술 목적을 밝혔다.[8]

헨리 조지는 1886년에 『보호무역인가 자유무역인가?』(*Protection or Free Trade?*)를 출간한 후, 그해 가을에 많은 노동조합과 자유주의자들의 요청으로 뉴욕 시장 선거에 출마하였다. 선거운동에서 헨리 조지는 사회개혁은 물론이고 사회복지에 대한 자신의 주장을 강력하게 피력하였다. 선거 결과 민주당 후보인 아브람 히윗(Abram S. Hewitt)이 9만 552표로 당선되었고, 헨리 조지는 그 다음으로 많은 6만 8,110표를 얻었다. 20세기 초 미국의 강력한 진보주의 대통령이 된 시어도어 루스벨트(Theodore Roosevelt)도 이 시장 선거에 출마해 조지 다음으로 많은 6만 435표를 얻었다. 헨리 조지는 어떤 정당이나 조직의 도움도 받지 못했고, 개표 당시에는 참관인단도 확보하지 못했다. 헨리 조지는 개표 과정에서 부정이 있다고 믿었고, 이를 막기 위해 오스트리아 비밀투표 제도의 채택을 촉구하였다. 이러한 조지의 정치개혁에 대한 주장 또한 많은 노동조합과 토지개혁가들의 지지를 받았다. 1887년 헨리 조지는 다시 통합노동당(United Labor Party) 후보자로 주 장관 선거에 출마했으나 낙선하였다.

1896년 대통령 선거에서는 무엇보다도 금본위제도를 특권의 수단으로 보아 반대했던 민주당의 윌리엄 제닝스 브라이언(William Jennings Bryan)을 지지하였다. 1897년 가을, 독자적으로 헨리 조지는 민주당원으로 뉴욕 시장 선거에 다시 출마하였다. 그러나 그의 건강은 좋지 않은 상태였고, 무리한 선거 연설은 건강을 더욱 악화시켰다. 10월 28일 센트럴 오페라 하우스에서 마지막 연설을 마친 헨리 조지는 완전히 지쳐 있었고, 다음날 일찍 숨을 거두었다. 그의 장례식에는 10만 명에 달하는 조문객들이 운집했다고 한다.

토지개혁 정신의 원천

헨리 조지의 토지개혁사상은 미국 지성사에서 선구적이며 독창적인 것이었다. 그렇다면 그의 사상은 순수하게 사회와 현실에서의 직접적인 체험으로부터 나온 것인가? 앞에서 살펴본 것처럼 그는 토지의 독점과 그로 인해 발생하고 있는 절박한 사회문제를 직접 목격하였다. 그의 사상은 추상적이고 관념론적인 사변이 아니라 실제적이고 구체적인 경험으로부터 형성되기 시작한 것이다. 그러나 사상의 형성과 발전은 사상의 진공상태에서 이루어지는 것이 결코 아니다. 부분은 전체로부터 언제나 영향을 받으며, 전체 속에 존재하기 때문이다. 사상의 형성 과정도 그와 같은 것이다.

그렇다면 헨리 조지의 토지개혁사상은 어디에서 온 것인가? 조지의 전기 작가인 가이거는 조지 사상의 "미국 선구자들로는 미국 혁명기 시절의 페인과 제퍼슨을 생각할 수 있다"고 말한다.[9] 그는 특히 토머스 페인(Thomas Paine)의 『토지정의』(*Agrarian Justice*)가 조지의 토지개혁사상에 중요한 영향을 끼쳤음을 밝힌다.[10] 이 밖에도 그는 18세기 말 영국에서 시작된 현대 토지개혁운동에서 활약한 토머스 스펜스(Thomas Spence)와 윌리엄 오길비(William Ogilvie)로부터 조지가 영향을 받았다고 언급한다. 이들 모두는 자연법 원리에 따라 토지와 그 속에 있는 모든 것은 자연의 상태에서 인류의 공동 재산이라고 주장하였다. 따라서 모든 인간은 토지에 대한 양도할 수 없는 권리를 가지고 세상에 태어난다는 것이다. 누구보다도 스펜스는 "인간은 토지재산과 자유라는 점에서 동등해야만 한다"고 주장하였다.[11] 그는 국가가 강권으로 지주들의 토지를 빼앗아, 그 땅을 정당한 상속자들인 일반 농부들에게 돌려줄 것을 요청하였다. 그리고 그는 한 세기 후에 헨리 조지가 제시한 토지에 대한 단일세를 이미 그 당시에 주장하였다.

이 밖에도 가이거가 헨리 조지 사상의 선구자로서 중요하게 꼽는 인물은 스코틀랜드의 패트릭 에드워드 도브(Patrick Edward Dove)다. 가이거는 1850년 도브가 익명으로 출간한 『인간진보론』(*The Theory of Human Progression*)이 헨리 조지에게 많은 영향을 끼쳤다고 주장한다.[12] 도브는 1815년 스코틀랜드의 에든버러 근처의 래스웨이드(Lasswade)에서 태어났고, 부유한 가문의 출신으로 영국과 프랑스에서 교육을 받았다. 그는 인간의 진보와 토지의 관련성을 해명하며, 당시 영국의 가장 심각한 사회문제를 다음과 같이 설명하였다. "영국의 현대 사회제도의 기반을 놓은 최초의 중대한 단계는 국가로부터 토지를 양도하여 그것을 개인의 재산으로 전환시킨 것이다. 이 제도의 시행으로 엄청난 부가 몇몇 귀족의 수중으로 들어갔다. 이들은 노동도 하지 않고, 노동하는 사람들만큼 세금도 내지 않는 사람들이다. 그리하여 거대한 인구가 노동하며 겨우 생계를 유지하고 있으며, 때로는 수백만이 빈곤의 상태로 전락한다."[13] 이러한 사회문제에 대한 해결책으로 도브는 토지에 대한 지세의 강력한 시행을 촉구하였다.

토지개혁과 관련하여 헨리 조지는 케네(François Quesnay), 튀르고(Anne-Robert-Jacques Turgot)와 같은 프랑스 중농주의 학자들의 저서도 접했음을 스스로 밝히고 있다. 그는 그들의 결함을 지적하면서도, "케네와 튀르고를 선두로 18세기의 프랑스 중농주의 학자들이 모든 조세를 철폐하고 토지가치에만 과세하자고 제안하였다"고 밝히며, 사회경제에 대한 실제적인 관계를 잘 인식한 그들은 "노동의 투입을 저해하고 왜곡하는 조세 대신 지세에 대한 세금으로 대치할 것"을 주장함으로써 자신과 같은 입장에 서 있었음을 강조하였다.[14]

이와 같이 헨리 조지의 사상은 분산된 사상의 지류들이 합류하여 커다란 강을 이루는 형태를 띠지만, 그 흐름을 더 깊이 들여다보면 강한 미국의 지적 전통이 흐르고 있음을 알 수 있다. 그것은 전체와 부분의 관계에서 균형과 조화를 강조했던 전통이며, 개성을 강조하면서도 사회의 진보를 끊임없이 추구했던 정신이다. 만일 개성이 전체 속에 희미한 존재로 전락하며 그 균형이 깨어질 때, 반항의 정신은 나타나는 것이다.

보수주의 지성계에 대한 반항

헨리 조지의 사상은 19세기 후반 미국 지성사에서 반항정신의 흐름을 대표한다. 그의 첫째 반항이 산업화와 물질화에 대한 것이라면, 그의 또 다른 반항은 허버트 스펜서(Herbert Spencer)의 사변철학에 기초한 보수주의 지성계를 향한 것이었다. 헨리 조지는 전통적인 농업사회가 산업 및 도시 사회로 바뀌는 전환기에 살았고, 그의 사상은 새로운 자연주의, 특히 다윈주의 사상이 유행하던 시대에 형성되었다. 그의 지적 세계는 산업화로 인해 나타난 모든 사회문제를 해결하려는 열정으로부터 출발하였고, 그 산업화의 물질적 지배에 순응하고 있던 사상계에 대한 반항으로부터 자신만의 독창적인 정신세계를 수립할 수 있었다.

헨리 조지는 다윈주의로부터 개혁정신과 통찰을 얻었던 지식인이다. 그는 다윈주의 속에서 미국의 끝없는 진보와 발전의 가능성을 보았다. 왜냐하면 그는 진화의 발전 과정을 부단히 흐르는 움직임으로 보았기 때문이다. 따라서 그는 그 흐름과 운동을 인간 스스로가 제어하고 통제하여 바람직한 방향으로 이끈다면 그것은 무한한 진보를 약속하는 것이고, 어떤 의미에서 미국인들의 가장 중심적이고 본질적인 이상, 즉 진보의 이상을 달성할 수도 있을 것이라고 믿었다.

그러나 다윈주의를 받아들였던 모든 지식인들이 헨리 조지처럼 진화론적 자연주의를 역동적인 진보이념으로 발전시킨 것은 아니었다. 그들은 진화론에서 오히려 깊은 보수주의 사상의 기반을 발견하였다. 즉, 유기적 발전을 설명하기 위해 제기한 다윈의 자연도태 개념은 적자생존의 법칙과 함께 인간사회를 이해하는 보수적 개념으로 바뀌었다.[15] 왜냐하면 환경에 가장 잘 적응하는 요소만이 살아남는다는 적자생존의 법칙은 어떤 의미에서 현재 살아 있는 모든 요소는 생존 경쟁에서 승리한 것으로 판단될 수 있기 때문이었다. 그러한 논리에 따른다면 카네기, 록펠러와 같은 당시의 대(大)기업가들이 바로 사회의 승자이며 도덕의 기준이 될 수도 있는 것이었다.

헨리 조지는 다윈주의에 대한 이러한 잘못된 해석을 받아들이고 있는 보수 지성계의 중심에 스펜서 철학이 자리하고 있다고 보았다. 그리하여 그는 1892년에 스펜서를 분석 · 비판하는 책을 출판하였다. 그는 스펜서를 "심원하고, 독창적이며, 권위가 있는" 위대한 사상가로 불렀다. 그는 당시의 "모든 사상이 스펜서와 관련되어 있음"을 지적하며, 그의 정신세계에 대해 찬사를 아끼지 않았다.[16] 헨리 조지에 따르면, 스펜서는 1850년에 『사회정학』(*Social Statics*)을 발표하며 "물질주의에 대해 저항했고, 도덕의 우월성을 높이 세웠으며, 모든 인간 위에 신이 부여한 권리"를 선언한 고귀한 종교적 정신을 구현했다는 것이다.[17] 그러나 헨리 조지는 스펜서의 사상은 『사회정학』에서 제시된 정신을 바탕으로 사회개혁의 방향으로 나가지 않고, 오히려 사변철학의 세계로 들어가 버리고 말았다고 비판한다. 실제로 스펜서는 1860년에 『종합 철학체계』(*System of Synthetic Philosophy*)의 저술에 관한 입장을 발표하며, 진화론에 입각하여 생물학, 심리학, 사회학, 윤리학 등을 종합하여 철학체계를 수립할 것을 천명한 바 있었다. 그리하여 그는 1862년에 『제일원리』(*First Principles*)를 출간하고 1896년에 마지막 세 번째 권인 『사회학 원리』(*Principles of Sociology*)로 자신의 계획을 완성하였다.

헨리 조지는 이러한 스펜서의 철학이 세계를 하나의 체계로 설명하면서, "사물을 각각 분리하여 그 구성이 어떻게 이루어졌는가를 관찰함으로써가 아니라, 사물의 배후에서 모든 현상을 지배하는 제일의 원리 및 원칙이 이미 존재하고 있다는 가정" 아래 세계를 이해하려 했다는 것이다.[18] 그리하여 헨리 조지는 스펜서의 철학이 추상적이고 형이상학적인 이론에만 집착함으로써 절박한 사회문제를 제대로 파악하지 못하고, 일반 대중이 겪는 어려움을 간과했다고 비판한다.

헨리 조지는 특히 스펜서 사회학의 낙관적 진화론은 물론이고 진화론적 결정론도 거부하였다. 스펜서의 진화론에 따르면, 진보는 일어나지만 사회진화의 자동적인 작용에 의해서만 일어난다는 것이다. 그리고 인간이 위험에 처할 때만 어떤 간섭이나 조치가 필요하다는 것이다. 이에 반해 헨리 조지는 풍요 속의 빈곤이라는 모순을 해결하기 위해서는 반드시 어떤 조치가 취해져야 하고, 그렇지 않을 경우 머지 않아 혁명이나 무정부 상태가 초래될 것이라고 보았다.

헨리 조지의 사상에 사회주의적인 요소가 많이 내포되어 있는 것은 사실이지만 그는 마르크스주의에 기초한 사회주의자는 아니었다. 그는 마르크스를 피상적인 사상가라고 생각했고, 마르크스도 『진보와 빈곤』을 자본주의자들의 마지막 배수구라고 생각했다. 헨리 조지는 인간이 소유할 수 있어야만 하고, 그들 스스로 실현하여 그 결실을 즐길 수 있는 것이 기본적인 자연권이라고 보았다. 그에게 사적인 재산은 문명화된 사회의 기반 가운데 하나였다. 그러나 그는 토지 자체만은 전체 국민의 공통된 재산이라고 주장하며, 사적인 토지의 소유는 또 다른 근본적인 자연권을 위반하는 것이라고 보았다. 그는 자연권이란 자연의 넉넉함에서 모두가 똑같이 공유하는 모든 인간의 권리라고 믿었다.

『진보와 빈곤』의 마지막 부분에서 헨리 조지는 사회진보란 인간이 서로 싸우는 데 에너지를 낭비하는 것을 멈추고, 인생의 과제를 위해 얼마나 평화로운 협력 상태에서 함께 노력하느냐에 달려 있다고 선언하였다. 그는 사회의 갈등과 분열은 물론이고 불평등과 부정의는 사회를 침체로 이끈다고 믿었다. 그에게 진보란 모든 국민이 평등 속에서 통합과 협력을 통해 각자의 능력을 최대한 발휘할 때 이루어지는 어떤 것이었다. 그의 개혁정신은 사회를 사회주의 혹은 사회민주주의로 바꾸는 것이 아니었다.

문명의 진보와 통합의 추구

사회사상가로서 헨리 조지가 추구한 인간사회에 대한 비전은 무엇인가? 그가 토지개혁을 주장하며 사회제도를 개혁하기 위해 지적 열정을 불살랐다면 궁극적으로 성취하고자 했던 사회는 어떤 사회였는가? 이러한 의문들은 그가 인간문명의 기원, 본질, 진보 등을 분석하고 이해했던 태도와 관점을 통해 해결될 수 있을 것이다.

헨리 조지는 문명의 기원을 고찰하기에 앞서서 세계를 구성하는 본질적인 요소를 "정신, 물질, 에너지"라고 보았다. 그는 이 세 가지 요소들이 개별적으로 존재하는 것이 아니라 하나로 결합되어 나타난다고 주장하면서, "물질에 내재한 힘으로부터 모든 것이 출발한다고 말하는" 동시대의 마르크스주의자들을 비판하였다.[19] 헨리 조지는 자본주의 제도 아래서 이루어지고 있는 토지소유의 문제점을 지적하며 신랄하게 그 제도를 비판했지만 유물론에 입각한 마르크스주의는 결코 받아들일 수 없었다. 그 이유는 그가 문명의 기원으로서 중요시했던 것은 정신이었기 때문이다. 이러한 그의 입장은 그의 기독교 신앙에서 나온 것이 분명하다. 그리하여 그는 문명이 개인의 "사상과 의지"에서 출발한다고 지적하며, 문명의 형성 과정에서 이러한 "정신의 역할은 모든 것에 앞서 있다는 사실은 너무도 분명하여 논쟁의 여지가 없다"고 주장한다.[20] 그는 "정신력은 진보의 동력이며 인간은 진보에 투입하는 정신력, 즉 지식의 확대, 방법의 개량, 사회상태의 개선 등에 투입하는 정신력에 비례하여 전진한다"고 보았다.[21] 개인과 정신이 헨리 조지 사상의 근간을 이룬다는 점에서 사회와 물질을 앞세우는 마르크스주의 사상과는 근본적으로 다른 것이었다.

이와 같이 헨리 조지는 개인과 정신을 문명의 기반으로 보면서도, 문명의 진보란 "인간 본성의 향상이 아니라 사회의 향상"이라는 사실을 강조한다. 즉, 인간의 본성은 오랜 진화에도 불구하고 변하지 않는다는 것이다. 그리하여 헨리 조지는 문명의 진보란 "개별적인 인간의 변화로부터 오는 것이 아니라 개별적인 힘들이 통합될 때 성취될 수 있다"고 본다.[22] 즉, 그는 개개인들이 서로 협력하여 각자 맡은 역할을 충분히 수행함으로써 지식은 누적되고 기술은 집적되며 여러 성과들은 결합되어 전체라는 거대한 구조를 이룰 수 있다고 보는 것이다. 이렇게 형성된 전체는 또한 "생명을 가지고, 그 자체의 특징을 드러내며, 구성원들이 바뀌는 동안에도 그 존재를 계속 이어가며," 새로운 부분들과의 유기적 관계를 통해 더 완전한 통합의 상태로 나아간다는 것이다. 조지는 이러한 통합이 세대를 이어 나타나는 것을 문명의 진보라고 보았다.

헨리 조지가 말하는 이 전체는 토머스 홉스(Thomas Hobbes)가 제시한 "리바이어던"과 같은 개념이지만, 그 형성 과정은 달랐다. 홉스는 "국가라고 하는 정치공동체," 즉 그가 말하는 "인공적 인간"이라 할 수 있는 "리바이어던"은 서로 간의 계약에 의해 이루어진다고 본다. 반면에 헨리 조지는 리바이어던과 같은 전체는 "단순히 정치적 통합보다는 더 강력하고 더 거대해야 한다"고 주장하면서도, 그것은 "개별 인간들의 통합에 의해" 이루어져야만 한다고 보는 것이다. 그는 리바이어던을 홉스와 마찬가지로 유기적 실체로 보면서도 "그것은 조약이나 맹약에 의해 만들어지는 것이 아니라" 각 부분들의 협력과 통합에 의해 "나무가 자라듯, 인간 본성과 사물의 구성 속에 내재한 자연의 법칙에 의해 마치 인간이 성장하듯" 발전한다고 보는 것이다.[23]

따라서 헨리 조지는 "문명의 차이는 개인에 내재하는 차이가 아니라 사회에 내재하는 차이"라는 사실을 강조한다. 다시 말해 "이 차이는 허버트 스펜서의 견해와는 달리 개인이 가진 차이가 아니라 개인이 처한 사회적 환경조건에서 발생하는 차이"라는 것이다. 그렇다면 그 사회적 조건은 어떻게 형성되는 것인가? 헨리 조지는 그것은 여러 다양한 개인들이 갖고 있는 "지식, 신념, 관습, 언어, 취향, 제도, 법률 등"이 하나의 "망"(web)을 이루었을 때 형성된다고 보았다. 그는 "이 망을 통해 인간의 정신은 싹트고 발전하며" 문명의 진보를 위한 기반이 된다고 주장한다.[24] 그는 이 기반 위에서 이루어지는 "평등 속의 통합을 진보의 법칙"이라고 믿었다.[25] 인간을 이해함에 있어서 그는 홉스가 묘사한 인간 서로 간의 "처참한 전쟁상태"[26]와는 달리, 인간은 함께 협조하고 통합함으로써 진보하는 성향과 그런 정신력을 소유하고 있다고 믿었다.

그러나 헨리 조지는 이러한 인간의 진보성향과 정신력이 언제나 진보를 향해 진행하는 것은 아니라고 지적한다. 때로는 그것이 진보에 심각한 장애가 될 수도 있다는 것이다. 헨리 조지는 개인과 가족의 단계로부터 거대한 리바이어던의 상태에 도달하는 것을 문명의 진보로 보면서도 "전체에 대한 부분들의 역할과 부분들에 대한 전체의 영향"을 간과하지 않았다. 그는 전체 속에서 "선을 위한 능력은 또한 악을 위한 능력이며, 편견, 미신, 잘못된 믿음과 해가 되는 관습은 똑같은 방법으로 영속화되어 진보의 가장 커다란 잠재력을 가장 커다란 장애물로 바꾸어 놓을 수 있고, 진보의 가능성은 퇴보로 바뀔 수 있다"고 보는 것이다. 그는 "어떤 인종이나 어떤 장소에서도 인간의 진보가 지속되는 것은 아니라고" 믿었다.[27]

그렇다면 문명의 진보가 중단되고 오히려 퇴보하는 사태는 왜 발생하는 것인가? 헨리 조지가 문명의 진보를 이끄는 동력을 개인들의 협력을 통한 사회의 통합에서 찾았다면 논리적으로 그 퇴보는 사회의 분열에 있을 것이다. 먼저 헨리 조지는 "사회의 진보를 중단시키는 장애는 진보의 과정 속에서 생기며, 과거의 모든 문명을 파괴한 원인도 문명의 성장 그 자체에 의해 조성된다는 점"을 지적한다.[28] 그는 더욱 구체적으로 다음과 같이 그 상황을 설명한다. "사회발전이 다양해지면 인간의 내부에 있던 어떤 장애, 또는 개선에 대한 강한 반작용 요인도 나타난다. 가족이나 부족이 분리됨에 따라 사회적 일체감이 사라지고 언어, 관습, 전통, 종교 등 크고 작은 각 사회가 짜내는 전체적인 사회적 망에서 차이가 생긴다. 이러한 차이와 더불어 편견이 자라나고, 증오가 생기고, 접촉에서 분쟁이 쉽게 발생하고, 침략이 침략을 낳고, 복수가 복수를 뒤따른다."[29]

이와 같이 헨리 조지가 문명의 진보에서 발견한 원동력은 어떤 개인들의 힘도 아니고 어떤 제도의 우수성도 아니었다. 그는 그 원동력이 바로 모든 개인들이 역동적으로 참여함으로써 만들어지는 사회의 통합에서 나온다고 믿었다. 이런 의미에서 그는 토머스 제퍼슨(Thomas Jefferson)의 독립선언서에서 출발한 미국의 자유주의 정치사상과 애덤 스미스(Adam Smith)와 더불어 지배적인 경제 원리로 자리 잡은 자유방임주의 경제사상에 반발하였다. 그러나 그는 통합사상을 통해 개인주의를 보완하려 한 것이지 그것을 폐기하려 했던 것은 결코 아니었다. 만년에 출판된『정치경제학』은 이러한 그의 사상을 체계적으로 설명해 주는 저작이다. 그는 자신이 평생 관심을 두었던 문명의 진보란 기존의 정치 및 경제구조를 넘어서 모든 부분들이 함께 능동적인 참여를 할 때만이 가능하다고 보았다. 다시 말해 그는 "인간의 문명화는 사회 속에서 협동하는 법을 배우는 것이고 이를 통해 개선이 이루어진다"고 믿었다.[30]

『진보와 빈곤』(1879)

1879년에 출간된 헨리 조지의『진보와 빈곤』(*Progress and Poverty*)은 현대 미국 지성사에서 처음으로 사회제도 개혁의 필요성을 이론적으로 제시한 도발적인 책이다. 미국의 건국 이래 당시까지 국가 경제의 기반이었던 토지와 임금 제도를 구체적이고도 설득력 있게 비판·공격한 것은 이 책이 처음이었다. 또한 남북전쟁 이후 본격화된 산업자본주의의 모순과 문제점을 처음으로 신랄하게 비판함으로써 이 책은 적어도 제1차 세계대전까지 형성된 사회개혁운동의 시발점이 된다.

『진보와 빈곤』의 헌사에서 헨리 조지는 다음과 같이 밝힌다. "이 책은 부와 특권의 불평등한 분배로부터 일어나는 악과 비참함을 보면서 더 높은 사회적 국가를 건설할 수 있는 가능성을 느끼고 거기에 도달하기 위해 싸우고자 하는 사람들에게 바친다.” 이 글을 통해 헨리 조지가 잘못된 사회제도로부터 유래한 비인간적 상황을 선언하면서 개혁의 에너지를 모으기 위해 이 책을 저술했음을 알 수 있다. 『진보와 빈곤』은 남북전쟁 직후부터 급격하게 진행된 산업자본주의의 거대한 권력과 지배에 대한 지적인 응전이었다.

『진보와 빈곤』은 인간은 왜 빈곤하게 살아야만 하는가의 문제로부터 출발한다. 특히 헨리 조지는 “부의 생산력이 비약적으로 증가하고” 있는 시대에 왜 인간은 더욱더 빈곤하게 살아야만 하는지에 대해 의문을 제기한다. 이처럼 이 책의 내용은 부의 불평등의 기원을 정치경제학적 관점에서 규명하고 그 해결책을 제시하는 것이었다. 그런 까닭에 조지는 19세기 후반 미국의 경제구조, 특히 토지제도를 비롯하여 부의 생산과 분배는 물론이고 이러한 당시의 경제구조를 묵인하고 있던 지성계의 주류에 대해 비판의 날을 세웠다. 따라서 그의 정신적 에너지는 미국 자본주의를 비판하며 미국 사회를 개혁하려는 운동에 바쳐졌고, 실제로 정치에 뛰어들어 자신의 이념을 실현하고자 하는 정열을 보이기도 했던 것이다.

『진보와 빈곤』은 산업자본주의를 비판하며, 그 중심에 있는 주류 사상과 체제에 대해 도전했지만, 헨리 조지의 비판정신은 자본주의를 거부하고 사회주의를 수용할 정도로 앞서 가지는 않았다. 그가 『진보와 빈곤』에서 주로 다루었던 정치경제학을 넘어 인간과 사회의 관계를 철학적으로 분석한 사회철학은 사회의 진보가 개인의 가치와 의미 속에서 이루어져야만 한다고 믿었던 미국의 지적 전통 속에 있었다. 그에게 전체의 의미는 언제나 부분을 통해서만 실현될 수 있고 부분의 존재는 전체 속에서만 의미가 있는 것이지만, 역동적인 전체의 형성은 부분들의 통합에 의해서만 가능하다고 보았던 것이다. 그는 부분들의 통합이 전제된다면 개인의 "자유방임이 사회주의의 숭고한 꿈을 실현"할 수 있을 것이라고 믿었다.[31]

헨리 조지는 이 저서에서 세 가지의 분명한 목표를 가지고 있었다. 첫째는 생산력이 증가함에도 불구하고 임금은 겨우 생존을 이어나갈 정도의 최저수준으로 낮아지는 이유를 밝혀내는 것이다. 즉, 조지는 산업사회의 구조적 모순을 드러내어 근원적인 문제점을 해결하고자 했다. 분명히 현대 문명의 특징은 산업의 발달과 인간사회의 진보였다. 특히 물질적 진보는 누구도 부인할 수 없는 사실이었다. 산업화가 본격적으로 진행되었을 때 부의 생산력은 비약적으로 증가했고, 증기와 전기의 이용은 마침내 가능해졌으며, 생산 공정은 개선되었고, 노동 절약적인 기계가 도입됨으로써 세분된 분업, 엄청난 규모의 생산, 놀라운 교환시설 등으로 노동의 효율성은 전례 없이 높아졌다. 그럼에도 실제로 문명 세계의 도처에서 들려오는 소식은 불황, 절박한 실업, 자본의 낭비, 기업인의 자금 부족, 노동자 계층의 빈곤과 불안이었다. 왜 이러한 일들이 벌어지는 것일까? 현대 문명의 근본적인 문제점은 무엇인가? 왜 부가 증가함에도 불구하고 빈곤이 계속되는 것일까?『진보와 빈곤』에서 헨리 조지가 제일 먼저 추구했던 것이 바로 이러한 문제들의 원인을 철저하게 규명하고 해결책을 제시하는 것이었다.

둘째로『진보와 빈곤』에서 헨리 조지는 위에 진술한 산업화의 문제점과 원인에 대해 기존의 학계와 지성계, 특히 정치경제학이 전혀 대처를 하지 못하고 있다는 사실을 지적·비판하는 목적을 가지고 있었다. 헨리 조지는 기존의 임금학설을 비롯하여 기존의 분배제도와 토지사유제도 아래서 산업화가 진행될 때 빈곤과 사회문제는 필연적으로 일어날 수밖에 없다고 보았다. 조지는 그러한 사회문제와 제도에 대해 기존의 지성계는 어떤 문제도 제기하지 않은 채 침묵하고, 오히려 암묵적으로 지지하고 있는 실정을 개탄하며, 자기 나름대로의 해결책을 제시하고자 했다. 헨리 조지가 가장 중요한 공격 대상으로 삼고 있었던 것은 당시의 경제 및 사상계의 주류를 지배하고 있던 맬서스 이론(Malthusian theory)이었다. 그 이론은 실제로 당시에 중요한 경제 이론의 기초이면서 중심적인 학설이었고 모든 분야의 사상에 영향을 미치고 있었다.

셋째로 헨리 조지는 이 책에서 인간진보의 법칙을 통해 현대 문명을 진단하려고 하였다. 그는 현대 문명이 위기에 처해 있고 쇠퇴의 길을 걷고 있다고 보았다. 그에게 문명은 모든 개인의 역동적인 에너지가 축적되어 나타난 진보의 결과였다. 그러므로 그는 만일 (모든 개인이 아닌) 소수의 개인이 사회의 정치경제 구조를 독점 · 지배한다면, 역동적 전체의 형성은 불가능할 것이고 분열, 갈등, 사회의 침체 등은 문명의 위기를 가져올 것이라고 믿었다. 그는 이러한 문명 침체의 주된 원인은 위에서 언급했던 잘못된 정치경제학을 비롯하여 잘못된 분배법칙과 토지제도로 인한 불평등이었지만, 그에 못지않게 다윈의 진화론과 그와 같은 맥락에 있었던 스펜서의 사회적 다윈주의에 책임이 있다고 보았다. 이러한 이론들은 개인의 무한한 가능성이라기보다는 자연의 숙명론적 진화법칙을 지지 · 전파함으로써 현대 문명을 정체되고 화석화된 상태로 전락시켰다는 것이다. 또한 헨리 조지에게 현대 문명의 심각한 문제점 중 하나는 다윈주의로 인해 나타난 전통적인 미국의 가치와 도덕의 붕괴였다. 따라서『진보와 빈곤』에서 그는 앞서서 맬서스를 비판하던 것과는 또 다른 맥락에서 찰스 다윈과 허버트 스펜서를 비판·공격하였다.

『진보와 빈곤』의 원전은 서론과 결론을 포함하여 10편으로 구성되어 있으며, 총 512페이지에 달한다.[32] 1880년에 출간된 4판의 서문에서 헨리 조지 자신이 밝힌 것처럼 이 책은 결코 학자들만을 대상으로 쓴 것이 아니었다. 그는 "모든 독자가 스스로 검증할 수 있고 일상적으로 겪고 일상적으로 아는 내용"을 "일반적 원리"로 설명하려 하였다.[33] 그는 산업화의 시대에 국민들이 처해 있는 현실을 분명히 직시했고, 그들의 구체적인 문제가 무엇이며, 그들을 위한 실제적인 해결책이 무엇인지를 철저하게 규명하고자 했다. 이러한 이유로 이 책은 출판 당시에 엄청난 인기를 끌었다. 헨리 조지는 현실과 직결된 문제를 다루면서, 무엇보다도 인간의 문제에 천착하며 인간미를 잃지 않았다.

『진보와 빈곤』은 두 가지 커다란 주제로 구성되어 있다. 그 첫째 주제는 빈곤의 문제와 관련하여 토지 문제에 초점을 두는 것으로, 산업화로 인해 발생한 사회문제의 해결책을 제시한 것이다. 둘째 주제는 이러한 실제적이고 현실적인 정치경제학의 주제와는 달리 철학적이고 이념적인 주제로서 인간진보의 법칙과 현대 문명을 다룬다. 헨리 조지는 빈곤 관련 문제들을 먼저 다루고 그에 대한 해결책을 제시한 후, 마지막 편에서 그것을 도덕적·철학적으로 정당화하려는 시도를 했던 것처럼 보인다.

서론에서 헨리 조지는 이 연구가 정치경제학 영역에 속한다는 것을 밝히지만, 그 서술방법은 시종일관 마치 성직자의 설교나 웅변가의 연설과도 같다. 이러한 방법은 그가 진보와 빈곤이라는 복잡한 관계를 현실사회의 현상들을 통해 과학적으로 분석하면서도 국민을 현혹시키고 있는 사이비 지식인들로부터 대중을 계도하기 위해 그들에 더욱 다가가려는 의도에서 나온 것으로 보인다. 다시 말해 그는 이 저술을 통해 당시의 지적 혼돈에 대처하여 "정치경제학 이론에 부합하면서도 일반 대중의 공감을 얻을 수 있는" 방안을 제시하고자 했던 것이다.[34] 이러한 이유로 이 책은 학계뿐만이 아니라 일반대중, 특히 노동운동과 사회주의운동 세력의 열렬한 환영을 받았다.

문제를 제기한다는 차원에서 헨리 조지는 먼저 눈부신 문명의 발전상과 그로 인해 놀라울 정도로 개선된 인간의 사회적 조건을 지적하며, 인간은 이제 적어도 물질적 결핍으로부터는 해방되고, 그 "물질적 풍요로부터 당연한 결과로서 도덕 수준도 높아져 인류가 꿈꾸어 온 황금시대가 이룩되는 것"을 볼 수 있을 것으로 예상할 수도 있다고 말한다.[35] 사회가 발전하여 모두가 넉넉해지면 서로 다투며 싸울 일도 없어지지 않을까? 풍요한 사회에서는 빈곤으로 인해 생겨났던 모든 악과 범죄가 사라지지 않을까? 풍요로 인해 모두가 자유로워진다면 계급의 격차도 없어지고, 그로 말미암아 모두가 함께 먹고 일하며 즐거워하지 않을까? 사회의 진보로 모든 사람이 평등해진다면 미국의 건국 시조들이 이상적으로 제시했던 생명·자유·행복의 추구가 현실로 나타나고, 그들이 믿었던 약속의 땅은 이룩되지 않을까? 헨리 조지는 놀라운 진보 앞에서 "이러한 희망과 꿈은 대중의 마음속 깊이 자리 잡으며 사상의 흐름을 바꾸고, 신조를 다시 형성하며, 가장 근본적인 개념들까지도 뒤흔들어 놓았다"고 지적한다. 그러나 헨리 조지가 본 현실은 전혀 다른 세계였다. 모든 것이 예상했던 것과는 반대로 흘러갔다. 모든 희망과 꿈은 절망과 악몽으로 바뀌고 있었다. 인간의 진보로 인해 인간은 전보다 더 고통스러운 상황으로 빠져들고 있었다. 그리하여 헨리 조지는 마침내 "물질적 진보가 빈곤을 구제하지 못할 뿐만 아니라 오히려 빈곤을 만들어 내고 있다"고 선언하였다.[36]

진보는 결코 단순한 문제가 아니다. 진보는 인간에게 하나의 수수께끼와도 같은 것이다. 진보의 수수께끼를 풀기 위해 무엇을 해야 할 것인가? 헨리 조지가 서론에서 제시하는 해결 방식은 정치경제학이었다. 왜냐하면 그에게 "정치경제학은 사실의 집합체에 대한 설명"이며, "일정한 현상 속에서 상호관계를 추적하고 원인과 결과를 밝히는 학문이며," 그것은 마치 자연과학과 같은 것이기 때문이었다.[37] 그는 정치경제학적 방법을 통해 진보와 빈곤의 복잡한 관계를 해명하고자 하였다.

물질적 진보와 빈곤의 모순관계

헨리 조지는 『진보와 빈곤』의 제1편에서 먼저 기존의 임금학설을 신랄하게 비판하며, 임금과 자본의 관계를 다룬다. 그는 기존의 학설이 "왜 생산력이 증가하는데도 임금은 생계를 겨우 유지할 수 있을 정도의 최저 수준으로 떨어지느냐"[38]에 대한 이유를 충분히 설명하지 못한다고 보았다. 기존 학설에서는 임금이 노동자의 수와 자본의 양 사이의 비율에 의해 정해지는데, 노동자의 수가 자본이 증가하는 만큼 혹은 그 이상으로 증가하기 때문이라고 설명한다. 이러한 주장에 반해 헨리 조지는 "임금은 자본에서 나오는 것이 아니라 실제로는 그 대가로 지불되는 노동의 생산물로부터 나온다"고 주장한다.[39] 이것은 애덤 스미스 이래로 정설로 알려져 온 노동과 자본의 관계, 즉 노동은 자본에 의해 결정된다는 사실을 정면으로 거부하는 것이었다. 그렇다면 자본의 진정한 기능은 무엇인가? 헨리 조지에게 자본은 "산업의 형태와 생산성을 제약하는 것"이 아니라, "도구, 종자 및 교환에 필요한 부를 통해 생산 과정에서 노동을 지원하는" 기능을 해야만 한다고 역설한다.[40]

헨리 조지는 제2편에서 "인구와 생존물자"의 문제를 다룬다. 여기서 그는 누구보다도 토머스 맬서스(Thomas Malthus)의 이론을 신랄하게 비판한다. 왜냐하면 인구론으로 알려진 그의 이론은 당시의 경제구조를 정당화하는 데 그 어떤 이론보다도 중요한 역할을 하고 있었기 때문이다. 1790년대에 출간된 맬서스의 『인구론』(*An Essay on the Principle of Population*)에 의하면 인구의 증가가 결국에는 생산을 앞지르게 되며, 그 증가에 대한 통제는 비인간적인 수단을 동원하게 되고, 결국에 세상은 악하고 비참하게 된다는 것이다. 맬서스는 이 가정을 기정사실화함으로써 인간의 무한한 진보를 믿었던 지난 세기의 낙관적 진보사상에 쐐기를 박으며 서양 사상사에 획기적인 전환점을 만들었다. 그 이유는 당시까지 지나치게 진보에 대해 낙관적인 관점을 가지고 있던 인간 정신에 현실의 복잡함과 그 현실 속에는 인구증가와 같이 인간이 제어할 수 없는 비극적 법칙이 있다는 사실을 제시함으로써 사상의 발전에 새로운 국면을 전개시켰기 때문이다. 그러나 헨리 조지에게 맬서스의 이론은 자신이 목격한 인간의 빈곤과 불행을 전혀 설명해 주지 못하고, 오히려 그 빈곤의 원인인 잘못된 제도와 질서를 정당화해 주고 있는 것으로 간주되었다. 그리하여 그는 다음과 같이 맬서스의 이론을 비판한다. "이 이론이 성공한 큰 이유는 그것이 기존 이익을 위협하거나 강자의 이익을 적대시하지 않으며, 오히려 재산의 힘을 휘두르면서 사상을 지배하는 계층을 위로하고 안심시켜 준다는 데 있다."[41] 헨리 조지에게 빈곤의 원인은 잘못된 제도에 있는 것이지 인구증가와 같은 자연법칙에 있는 것이 아니었다. 그는 현 사회제도가 만들어 내는 비참한 현실을 파헤치며, "사회제도가 변하지 않는다면 빈곤과 굶주림은 계속될 것"이라고 주장하였고, "그렇게 생겨난 비참한 상황의 원인을 자연법으로 돌리는 것은 무신론을 넘어 불경에 이르는 것"이라고 질타하였다. 그는 무엇보다도 "결핍에서 오는 죄악과 비참함의 원인은 자연의 인색함에 있지 않다"는 신념을 확고하게 표명하였다.[42]

『진보와 빈곤』의 제3편은 분배의 법칙을 비롯하여 지대법칙, 이자법칙, 임금법칙 등 여러 법칙 간의 필연적인 관계를 분석한다. 먼저 헨리 조지는 산업시대의 엄청난 진보에도 불구하고 오히려 빈곤이 더 심해지는 근본적인 원인은 자본주의 체제의 잘못된 분배의 법칙에 있다고 주장한다. 그는 총생산은 자본의 역할로 이루어지는 것이 아니라 토지와 노동의 결과라고 보았다. 따라서 그는 자본이 주 생산요소이고, 모든 것의 출발점이며, 노동을 고용하기까지 한다는 기존의 학설과 일반적인 관념에 도전한다. 그는 먼저 토지를 "자연이 제공하는 모든 기회와 힘"으로 정의한다.[43] 이 말은 자연의 법칙 아래에서 성립된 생명·자유·행복의 추구라는 인간의 천부적 인권은 당연히 토지에 대해서도 권리를 가지고 있다는 것이다.

따라서 헨리 조지는 누구나 토지에 자유롭게 접근하고 사용할 수 있는 것은 권리이자 도덕이라고 역설한다. 그는 총생산이 토지, 노동, 자본의 순서로 이루어진다는 것을 강조하며, 자본을 제일 우위에 두는 자본주의의 잘못된 개념을 다음과 같이 설명한다. "자본은 최초가 아니라 최후의 생산요소다. 자본은 노동을 고용하는 것이 아니라 노동에 의해 고용된다. 노동이 투입되기 위해서는 그전에 반드시 토지가 존재해야 하고 자본이 생산되려면 노동이 선행되어야 한다. 자본은 노동의 결과이고 노동의 생산을 돕기 위해 노동에 의해 사용된다. 노동은 적극적이고 원초적인 힘이며 따라서 노동자는 자본의 사용자가 된다. 노동은 토지가 있어야만 실행될 수 있고 노동에 의해 부로 전환될 물자는 토지로부터 나온다. 그러므로 토지는 노동의 선행조건이며 노동의 장소이고 노동에 필요한 원료다. 세 요소의 자연스런 순서는 토지, 노동, 자본의 순이 된다."[44]

그럼에도 자본이 총생산 요소의 첫째 자리를 차지하여, 모든 것을 지배·장악하고 독점적으로 토지를 사용하며 노동을 고용함으로써 거대한 부의 축적과 극심한 빈곤의 상황을 만들어 내고 있는 제도를 헨리 조지는 질타한다. 또한 그는 독점적으로 사용되는 토지의 가치가 상승할 때 부와 결핍의 대조적인 현상은 필연적으로 나타나고, 그 결과 "토지가치가 가장 높은 지역의 문명에 최대의 호사와 최악의 빈곤이 병존하는 현상이 보편적인 사실로 된다"고 지적한다.[45] 이와 같이 토지가 독점될 때 지대가 증가하는 것은 당연한 현상일 것이다. 왜냐하면 기본적으로 인간은 최소의 노력으로 욕구를 충족시키려 하기 때문이다. 따라서 지대가 증가할 때 임금은 생산력 증가에 맞추어 증가하지 못하는 것이다.

헨리 조지는 위에서 고찰한 물질적 진보에 의해 증가된 생산은 결코 노동자에게 돌아가는 것이 아니라 토지소유자에게 돌아가는 모순적인 분배의 구조를 제4편에서 더욱 철저하게 고찰한다. 즉, 인구증가라든가 기술의 개선으로 더 많은 생산을 하게 되면, 임금이 상승하는 것이 아니라 단지 지대만을 올리는 경향이 있다는 것을 헨리 조지는 분명하게 밝힌다. 그에 따르면 결국 "부의 생산 증가는 궁극적으로 지대 상승을 통해 토지소유자에게로 돌아가며," 설상가상으로 "물질적 진보에 대한 기대"도 토지가치의 상승을 부추겨 빈부 격차의 사회구조를 영원히 고착시키고, 심지어는 "발전하는 지역에서 지대의 투기적 상승은 생산 중단을 야기할 정도에 이르기까지 한다"는 것이다.[46] 조지는 이것이 반복적으로 일어나는 것을 산업불황의 근본 원인으로 보았다.

헨리 조지는 지금까지 진보와 빈곤에 대한 자신의 연구결과를 제5편에서 다음과 같이 제시한다. 즉, "인류 문명 발달의 불평등을 설명해 주는 원리는 자본과 노동의 관계에 관한 원리가 아니며, 인구가 생존물자에 압력을 가한다는 원리도 아니다. 부의 분배가 불평등한 주요 원인은 토지 소유의 불평등에 있다. 토지 소유는 인간의 사회적·정치적 상황과 그 결과로 나타나는 지적·도덕적 상황을 궁극적으로 결정하는 기본이 되는 주요 요인이다. (…) 물질적 진보는 인간의 토지에 대한 의존성을 없애 주지 않는다. 물질적 진보는 토지에서 부를 생산하는 힘을 보태 줄 뿐이다. 따라서 토지가 독점되면 물질적 진보가 최고로 이루어지더라도 임금이 오르지 않으며 노동밖에 가진 것이 없는 계층의 생활은 나아지지 않는다. 물질적 진보는 토지가치를 올리고 토지소유의 힘을 강하게 해 줄 뿐이다. 어느 시대, 어느 나라, 어느 민족을 막론하고 토지소유는 귀족층의 근거이자 거대한 재산의 기초이며 권력의 원천이다."[47]

그렇다면 부의 증가 속에 계속되는 빈곤을 어떻게 해결할 것인가?

토지의 독점 현상을 어떻게 막을 것인가? 토지의 독점으로 인해 더욱 악화되는 인간 불평등의 구조를 어떻게 개혁할 것인가? 헨리 조지는 제6편에서 제9편까지 긴 지면을 할애하여 그에 대한 해결책을 제시하였다. 먼저 그는 이러한 문제들에 대한 기존의 인식을 비판한다. 즉, "물질적 진보가 결국에는 빈곤을 없애 줄 것이라는 안이한 믿음"을 거부하였고, "금욕적 절제를 통한 인구증가의 억제"를 최선책으로 보는 시각이 잘못되었음을 재차 강조했으며, 그 밖에 거론되는 "정부의 절약," "노동자 계층의 교육 향상과 근검절약하는 습관, 임금 인상을 위한 노동자의 단결," "노동과 자본의 협동조합 방식," "정부의 지시와 간섭," "토지분배의 확산" 같은 방안들은 근본적이고 본질적인 해결책이 아니라고 주장하였다.[48] 이러한 것들은 해결책이라기보다는 완화책으로서, 오히려 근본적인 개혁이나 운동을 방해하여 정의롭지 못한 기존 체제가 유지되는 것을 고착화시킬 뿐이라는 것이다.

빈곤의 근원적인 해결책으로 토지개혁 제시

빈곤에 대한 헨리 조지의 해결책은 단순하고 분명하다. 그것은 "토지를 공동으로 소유해야 한다"는 것이다. 그 까닭은 지금까지 고찰해 온 바처럼, "부가 증가하는데도 빈곤이 심화되고 생산력이 커지는데도 임금이 억제되는 이유는 모든 부의 근원이자 모든 노동의 터전인 토지가 독점되어 있기 때문"이라는 것이다.[49] 그러나 토지를 공동으로 소유한다는 것은 간단한 문제가 아니다. 어떤 의미에서 그것은 개인의 사유재산을 중시해 온 미국의 자본주의 경제제도는 물론이고 개인의 자유를 소중히 여겨 온 미국의 민주주의 정치제도를 전면 부인하는 것이 될 수 있기 때문이다. 헨리 조지 자신도 이 사실을 잘 알고 있었다. 따라서 그는 이 해결책이 "현 사회에서 격렬한 반대에 부딪칠 것이며 투쟁을 해야만 조금씩 전진할 수 있을 것"이라고 언급하였다. 그러면서도 그는 해결책의 세 가지 기준을 제시하였다. 해결책은 첫째, 정의의 원리에 합치해야 하고, 둘째, 현실에 적용할 수 있어야 하며, 셋째로 사회의 발전 추세와 일치해야 한다는 것이다.[50] 그리고 그는 자신의 입장을 정당화하기 위하여 제7편과 제8편에서 여러 각도로 "토지의 사유재산제는 정의롭지 못하며 자연권을 부정하는 제도이고 자연법에 반하는 제도로서 사회발전에 따라 수많은 사람을 고되고 미천한 노예로 전락시킨다는 사실"을 설파하였다.[51]

헨리 조지는 마침내 제9편에서 자신의 기준에 의해 마련한 해결책인 단일세(single tax)를 제시한다. 단일세라는 말은 여기서 처음으로 등장하고 단 두 번만 사용되지만, 그것은 그의 혁신적 토지개혁안의 최종적인 안이었다. 어쩌면 조지는 그 혁신적 의미의 충격을 줄이기 위해 제8편에서 토지사유재산제도의 부당함을 알리며 "토지가치 이외의 대상에 부과되는 모든 조세를 철폐하자"는 제안을 미리 언급했던 것처럼 보인다.[52] 헨리 조지는 단일세가 자신이 제시한 세 가지 기준에 가장 적합한 것이라고 보고 있다. 특히 그는 "현재 정부수입에 충당하기 위해 부과하는 수많은 조세 대신 토지가치에만 부과하는 단일세를 채택할 때," "현재 산업을 압박하고 교환을 저해하는 모든 부담을 제거하게 되고, 그 결과 부의 생산은 엄청난 속도로 증가할 것"이라고 보았다. 그는 그렇게 되면 토지가치도 상승할 것이고, "이 상승분은 사회가 징수하여 일반 목적에 사용할 수 있게 될 것"이라고 내다보았다.[53]

헨리 조지는 또한 "조세의 부담이 생산과 교환에서부터 토지가치와 지대로 이전되면 부의 생산에 대한 새로운 자극을 주는 것 이상의 효과가 있다"고 보고 다음과 같이 전망한다. "그 밖에 노동에게 새로운 기회를 개방하는 효과도 생긴다. 이러한 조세제도 아래에서는 사용하지 않는 토지를 보유하려고 하는 사람이 없어지고, 어느 곳에서든지 사용하지 않는 토지는 개량하고자 하는 사람에게 개방될 것이기 때문이다. 그리하여 토지의 매매가격은 떨어지고, 토지투기는 치명타를 입게 되며, 토지의 독점으로는 이익이 생기지 않을 것이다."[54] 단일세에 대한 지금까지의 전망에서 조지는 더 나아가 그 결과를 낙관적으로 내다보며, 단일세만 수립되면 산업사회의 모든 문제가 해결될 것으로 보면서 다음과 같이 말한다. "산업을 마비시키는 주기적 공황은 사라질 것이고, 모든 부문의 생산이 활기를 띨 것이다. 수요와 공급은 균형을 이룰 것이다. 모든 방향에서 거래가 증가하며 모든 사람의 부가 늘어날 것이다."[55]

그렇다면 과연 단일세 하나로 현대 산업사회의 저 복잡한 문제들이 해결될 수 있을까? 다원화된 현대 사회에서 토지에 부과하는 단 하나의 지세로 모든 개인에게 평등한 기회가 부여될 수 있을까? 현대 사회의 구조가 그렇게도 간단한 것인가? 단일세라는 헨리 조지의 해결책은 이와 같은 많은 의문을 자아내게 하는 것이 사실이다. 분명히 산업사회의 구조는 그가 생각하는 것보다는 훨씬 더 복잡하다. 이런 점 때문에 헨리 조지는 학자들보다는 대중 사이에서 더 인기가 있었다. 즉, 학자들이 그의 단순성을 비판했다면 대중은 그것 때문에 그의 추종자가 된 것이다.

정치경제학을 넘어 통합사상으로

『진보와 빈곤』은 분명히 경제적인 문제에 집중되어 있다. 제1편에서 제9편에 이르기까지 헨리 조지는 토지 문제를 비롯하여 부의 분배, 생산, 조세 문제 등을 다루었다. 따라서 이 저서는 당연히 정치경제학의 영역에 속한다. 그러나 헨리 조지의 경제사상과 경제적 입장은 사회의 광범한 현상에 대한 깊은 관찰과 성찰로부터 나왔기 때문에 그의 사회사상에 대한 이해 없이 그의 경제사상은 분명하게 파악될 수 없다.

헨리 조지의 사회사상은 제10편에서 다루는 "인간진보의 법칙"에 잘 나타나 있다. 그의 사회사상은 무엇보다도 개인의 중요성으로부터 출발한다. 그것은 토머스 제퍼슨의 정치사상에서 나타난 개인주의의 개념과 비슷하다. 앞 장에서도 언급했듯이 제퍼슨은 각 개인이 자신이 소유한 적당한 토지에서 최선을 다해 경작할 때 각자가 갖고 있는 천부의 능력과 재능이 유감없이 발휘될 수 있는 제도와 사회를 건설하는 것을 자신의 정치 목적이자 이상으로 삼았다. 간단히 말하면 제퍼슨은 농업사회에서 개인의 잠재력이 완전히 실현되는 것을 꿈꾸었다. 그러나 헨리 조지는 농업사회가 아닌 산업사회에서 개인의 능력과 자유가 완전히 실현되는 상태를 상상하였다. 헨리 조지가 이상으로 하는 사회란 산업사회에서도 개인의 '양도할 수 없는 권리'가 충분히 보장되는 상태였다. 그것이 그에게 진정한 사회진보에 이르는 첫 단계였다.

그렇다면 헨리 조지에게 개인의 의미란 무엇이며 개인과 자연, 개인과 사회의 관계란 무엇을 의미하는가? 먼저 헨리 조지에게 개인은 "개량하는 힘"을 갖고 진보를 추구하는 역동적인 존재였다. 그는 "인간은 자연으로부터 받은 것에다 스스로의 행위를 통해서 보태는 힘을 갖추고 있다"고 주장한다.[56] 따라서 그에게 개인의 진보는 개인의 역량과 노력을 통해 이룩할 수 있는 것처럼 보였다. 그러나 헨리 조지는 전체의 의미는 부분을 통해서 나타나지만, 부분도 전체 속에서만 의미가 있다는 사실을 분명히 인식하고 있었다. 이것은 신학적 의미에서 약속의 땅을 믿고 광야에 정착한 사람들이 프런티어 경험과 개척정신을 통해 수립했던 세계관과 가치관으로서, 미국의 지적 전통이라는 강을 통해 여전히 흐르고 있는 중요한 요소다. 따라서 신학적 관점을 통해서만 이에 대한 분명한 이해에 도달할 수 있다. 즉, 개인이라는 '부분'의 진보는 사회라는 '전체'와 관련이 있을 때만 의미가 있고 전체, 즉 사회의 진보는 각 개인생활의 향상을 통해 드러난다는 것이다.

헨리 조지의 사상은 이러한 미국의 지적 전통 속에 있었다. 따라서 그는 개인의 진보와 마찬가지로 사회의 진보를 중요시했다. 그것은 어떤 의미에서 상호 보완적인 것이기도 하다. 만일 개인의 진보가 개인의 차원에 그친다면 그것은 개인의 이기적인 욕망의 표현에 불과할 것이다. 그러나 그것이 사회의 차원이 될 때 반드시 다른 개인과의 평형을 이루어야만 한다고 헨리 조지는 보았다. 이러한 개인들의 평형상태는 사회의 통합을 이루는 기본적인 단계이며, 그는 이러한 단계를 인간이 문명을 이루는 출발점으로 보았다. 이런 의미에서 그는 "인간의 문명화는 곧 사회 속에서 협동하는 법을 배우는 것이고 이를 통해 개선이 이루어지는 것"이라고 주장하였다.[57]

그렇다면 "이러한 개선의 법칙은 무엇인가? 각 사회가 도달한 문명의 단계가 서로 다른 이유를 해명할 수 있는 원리는 무엇인가? 각종 사회제도 중에 어떤 것은 문명의 진보를 촉진하고 어떤 것은 그 진보에 도움이 되지 않는 이유는 무엇인가? 또 같은 제도가 어떤 때는 진보를, 어떤 때는 퇴보를 촉진하는 현상을 어떻게 설명할 수 있는가?"[58] 헨리 조지는 이러한 질문들에 대한 답을 통해서 사회진보의 본질을 해명하고자 하였다. 다시 말해 개인과 개인의 협동은 어떻게 이루어지고, 그들의 이해관계는 어떻게 조절되며, 그들을 어떻게 통합시킬 것인가의 문제였다. 헨리 조지에게 이러한 통합의 기반은 윤리적·도덕적 성격을 갖고 있었다. 예를 들어 그에게 인간의 진보는 단순한 자연의 법칙이 아니었다. 인간의 진보는 자연의 법칙을 특징짓는 기계적 과정이라든지 예측 가능한 순환이 아니었다. 그것은 개인의 개성과 의미가 배제된 단순한 물질적 의미의 자연적 발전 과정이 아니었다. 그것은 잠재적 능력을 가진 각 개인의 종합이면서 더 나아가 그 개인들의 통합을 통해 상상하지 못하고 예측하지도 못했던 새로운 종합을 가져올 수 있는 것이었다.

그러나 헨리 조지가 목격한 산업시대의 종합이란 윤리와 도덕의 기반을 상실한 통합이었다. 더 정확하게 말한다면 그것은 모두가 참여한 통합이 아니라 일부의 권력과 독점에 의한 통합이었다. 그것은 '생동하는 종합'이 아니었다. 그 강제된 통합 속에서 각 개인의 잠재적 능력은 제한되고 소외되어 개인은 무한한 창의적인 존재임에도 불구하고 진화의 기계적인 과정 속에 단지 한 자리를 차지하는 무기력한 존재로 전락하고, 그 결과 사회의 엄청난 물질적 진보에도 불구하고 더 깊은 빈곤의 상태를 초래했다고 보는 것이다. 이러한 문제에 대한 이해가 헨리 조지의 사회철학을 탄생시켰다. 어떻게 이 문제를 해결할 것인가? 어떻게 다시 각 개인의 본래적인 역할과 의미를 사회 속에서 회복시킬 것인가? 어떻게 '생동하는 종합'을 이루어 진정한 사회진보를 이룩할 수 있을 것인가? 조지는 이러한 문제들에 대한 해결책을 제시하는 것이 사회철학가의 역할이라고 믿었다.

헨리 조지는 먼저 산업사회의 문제를 외면하며 기존 사회질서를 지지하는 사상과 풍조를 비판하고자 하였다. 그는 당시 많은 지식인들이 문명의 진보를 발전 내지 진화로 보면서 모든 것이 자연적으로 좋아질 것으로 믿고 있었다고 지적한다. 확실히 이것은 인간의 개성과 무한한 잠재적 능력을 무시한 수동적 태도였다. 앞 장에서도 살펴본 것처럼 헨리 조지는 이러한 기존 사상계의 중심에 다윈주의는 물론이고 스펜서의 정체적이고 숙명론적인 철학이 자리를 잡고 있다고 보았다. 그리하여 그는 다음과 같이 스펜서 사상의 문제점을 지적한다. "스펜서는 문명의 진화를 불확실하고 비체계적인 동질성에서부터 확실하고 체계적인 다양성으로 변화하며 진보한다고 보았는데, 이것은 의문의 여지가 없다. 그러나 이것으로는 문명을 촉진시키거나 퇴보시키는 원인을 설명하지 못한다. 스펜서는 물질과 힘이라는 말로 모든 현상을 설명하려고 했지만 그러한 일반화가 모든 원인을 어느 정도 포괄할 수 있는지 알 수 없다."[59]

헨리 조지가 지적하는 스펜서의 문제점이란 궁극적으로 그가 제시한 일반화가 당시의 진보와 빈곤이 함께 나타나고 있는 사회구조를 설명하지 못한다는 것이다. 그 이유는 그것이 현실을 구체적이고 실제적으로 이해하고 있지도 못하고 다루고 있지도 않기 때문이라는 것이다. 실제로 스펜서의 사회학 이론은 당시에 새로운 과학이론으로 알려진 다윈주의를 수용했다 할지라도 여전히 추상적이고 관념론적인 상태에 머물러 있었다. 그 결과 스펜서의 이론은 어느새 산업

사회의 지배구조를 정당화하는 이념으로 이용되었고, 강제된 합병의 결과를 수용하며 개인의 역동적 자기실현을 막고 있는 현실을 오히려 지지하는 입장에 서 있는 것처럼 보였다. 인간이 이룩한 상상하지도 못한 진보 속에서 오히려 과거보다 더 심한 빈곤과 곤궁 속에 살고 있는 인간의 조건을 제대로 설명하지 못한 정치경제학은 헨리 조지에게 인간을 위한 학문일 수 없었다.

개인들의 창조적 통합에 의한 문명의 진보 추구

『진보와 빈곤』의 마지막 편에서 헨리 조지는 진보라는 관점에서 현대 문명을 어떻게 봐야 할 것인가의 문제에 심혈을 기울였다. 그에게 현대 문명이란 19세기 중반까지 발전해 온 서양 문명을 말한다. 이 문명에 대한 그의 평가는 비관적이다. 아이러니하게도 진보를 추구하는 인간의 정신이 문명 발전의 동력임에도 불구하고 그 진보의 결과로 현대 문명은 위기에 처해 있다는 것이 헨리 조지가 현대 문명에 대해 내린 진단이었다.

헨리 조지는 개인의 역동성에 대한 인식을 문명의 역동성에도 적용하였다. 그는 문명의 성장과 발전을 이해함에 있어서 그 어떤 숙명론도 거부하였다. 따라서 그는 "문명은 어떤 힘이 정해진 방식대로 작용한 결과이며, 이 힘은 서서히 인간의 특징을 개조하고 인간의 힘을 개선하며 고양시킨다"는 당시 주류 사상가들의 견해를 거부하였다. 헨리 조지에 따르면 그들은 "문명인과 야만인의 차이는 장기에 걸친 종족 교육의 결과로서, 이 결과는 정신의 구조에 영구적으로 각인되어 있다"고 믿고 있다는 것이다. 또한 그들은 "이러한 개선을 통해 문명은 계속해서 더 높은 수준으로 나아가며, 이러한 경향에 영향을 받아 진보는 매우 자연스런 것이고 미래의 인류는 더욱 커다란 결과를 성취할 것"이라고 확신하고 있다는 것이다. 헨리 조지는 이들의 견해와는 대조적으로 자신의 시대에 드러난 현대 문명을 "정체되고 화석화된 문명"으로 간주하며 그 어두운 미래에 대해 경고의 메시지를 던졌다.[60]

만일 "진보가 불가피하고 영원한 어떤 확정적인 법칙의 결과로서 인간에게 작용한다면" 현대 문명에 나타나고 있는 빈곤과 혼란, 정체는 어떻게 설명해야 할 것인가?[61] 헨리 조지에게 이 문제는 진보와 빈곤의 관계보다 더 광범하고 역사적인 주제였다. 그에게 문명의 정체는 그 문명 속에 살고 있는 개인들의 정체였다. 그렇다면 무엇이 이 개인들의 역동적 에너지의 해방을 방해하는가? 헨리 조지는 문명의 성장 과정에서 "법과 관습이 너무 두텁고 단단해지는" 시점이면 더 이상의 진보가 불가능하게 된다고 본다.[62] 헨리 조지는 법과 관습의 장벽을 넘을 수 있는 것은 바로 개인의 자유와 의지에서 나오는 힘이라고 보았다. 따라서 그는 다윈주의의 자연도태와 스펜서주의의 적자생존이라는 원리는 모두가 문명을 이해하는 데 타당하지 않다고 본다. 만일 그 이론들이 타당하다면 "왜 진보하던 모든 문명이 지속되지 않고 반드시 정체 내지는 퇴보하고 말았느냐?"고 되묻는다. 이러한 사실은 분명히 진화론적 견해와 배치된다. 헨리 조지는 "진보가 인간을 개조하여 더 큰 진보를 낳았다"고 보지 않는다. 그는 "지구를 죽은 자의 무덤이자 멸망한 제국의 무덤"으로 보았다."[63] 그는 모든 문명은 결코 자연적으로 성장·발전하는 것이 아니라고 믿었다. 그는 문명의 번영은 그 구성원이 얼마나 자발적으로 자신들 앞에 놓인 장애와 도전을 극복하느냐에 달려 있다고 강조한다.

이와 같이 헨리 조지의 문명관은 그의 사회사상과 마찬가지로 개인으로부터 출발하였다. 그는 사회가 자유롭고 창의적인 개인들의 통합에 의해 역동적이 되는 것과 마찬가지로 문명도 그러한 과정을 통해 더 나은 단계로 진입할 수 있게 된다고 믿었던 것이다. 그는 "사회 전체의 힘은 개별 구성원의 힘을 합한 것인 만큼 구성원의 활력이 줄어들지 않으면 사회적 활력도 줄지 않는다"고 보았다. 따라서 개인의 역할과 신분이 고정된 상태가 되면 문명은 화석과 같은 상태가 된다는 것이다. 그러나 그는 문명과 관련하여 인간의 진보는 이러한 차원보다 훨씬 더 복잡하다는 사실을 잘 인식하였다. 그는 "사회의 진보를 중단시키는 장애는 진보의 과정 속에서 생기며, 과거의 모든 문명을 파괴한 원인도 문명의 성장 그 자체에 의해 조성된다"는 사실을 분명하게 파악하였다.[64]

이와 같이 헨리 조지는 개인의 자유와 자발성을 중시하면서도 인간진보의 과정은 또 다른 복잡한 실체라는 것을 설명하고자 하였다. 그가 개인들의 구체적인 삶으로 이루어진 사회의 "망"을 강조한 것은 개인은 결코 전통을 무너뜨릴 수 없다는 사실을 암시하는 것이었다. 왜냐하면 개인과 전통은 부분과 전체의 관계처럼 본질적으로 불가분의 관계에 있다고 보기 때문이다. 헨리 조지는 사회의 "망이 종족 전체에 대해 개인의 기억력과 같은 역할을 하며," 모든 과학문명의 발전도 이 망을 통해 가능하다고 보았다. 그리하여 그는 인류의 진보란 "한 세대가 이룩한 발전이 저 사회의 망을 통해 다음 세대의 공동 재산으로 이어져서 새로운 출발점이 될 때" 계속된다고 주장하였다.[65]

그렇다면 인간진보의 법칙은 무엇인가? 헨리 조지에게 그것은 결코 물질적인 요소에 의해 좌우되는 것이 아니었다. 그는 "진보를 자극하는 것은 인간의 본성에 내재하는 의욕"이라고 강조한다. 그것은 "인간의 동물적 본성의 욕구, 지적 본성의 욕구, 정서적 본성의 욕구 등을 충족시키려는 의욕"이라는 것이다. 이것은 "생존하고, 알고, 행동하려는 의욕으로서 결코 충족시킬 수 없는 의욕이며, 충족할수록 더 커지는 의욕"이라는 것이다.[66] 그리하여 헨리 조지는 사회의 망을 말할 때와는 달리 "모든 전진은 정신을 통해 이룩되고 또 새로운 전진을 위한 유리한 기초가 된다"고 주장한다. "정신력은 진보의 동력이며 인간은 진보에 투입하는 정신력, 즉 지식의 확대, 방법의 개량, 사회 상태의 개선 등에 투입하는 정신력에 비례하여 전진한다"는 것이다.[67] 그러나 그 정신력은 홀로 진보의 동력이 될 수 없다. 정신력은 사람들이 사회 속에서 서로 통합할 때에 한하여 자유롭게 되어 더 높은 목적에 사용될 수 있는 것이다. 이런 의미에서 헨리 조지는 "통합이 진보의 첫째 요소"라고 강조한다. 그에 따르면 "개선은 사람들이 평화롭게 통합될 때 이루어지며 통합이 넓고 긴밀할수록 개선의 가능성은 더 커진다"는 것이다. 그리고 그는 "인간에게 평등한 권리를 부여하는 도덕의 법칙이 무시되느냐 존중되느냐에 따라 정신력이 대립 속에서 낭비되느냐 아니냐가 결정되므로, 평등은 진보의 둘째 요소"라고 또한 주장한다.[68]

결국 헨리 조지에게 "진보의 법칙이란 평등 속의 통합"이었다. 다시 말해 "통합은 정신력을 자유롭게 하여 개선을 이룰 수 있도록 하고, 평등·정의·자유는 정신력이 쓸모없는 싸움에 소모되는 것을 막아 준다"는 것이다.[69] 헨리 조지는 현대 문명이 이 진보의 법칙을 거스르고 있다고 보았다. 산업시대의 물질적 진보와 함께 나타난 불평등은 개인들의 통합을 무너뜨렸고, 개인들의 정신력은 분배와 성장의 문제에 대해 끊임없이 소모되고 있고, 그로 인해 문명은 정체 상태에 빠져 있으며, 문명의 미래는 어두운 터널로 들어가고 있다는 것이다. 헨리 조지는 이 모든 불평등의 근원이 토지 문제에 있음을 재차 강조한다. 그는 "토지를 공동 재산으로 하면 문명에 엄청난 자극이 되는 반면, 그렇게 하지 않으면 반드시 퇴보하고 만다"는 자신의 확신을 거듭하여 천명하였다.[70] 그는 부와 권력의 불평등한 분배가 토지 문제에서 유래되었다고 지적하며, 이것은 "로마의 진보를 퇴보로 바꾼 그 원인"으로 지금 현대 문명에 작용하고 있다고 경고하였다.[71] "서양 문명은 중대한 국면에 처했으며 사회적 평등의 방향으로 향하는 새로운 출발이 없으면 19세기를 정점으로 하여 서양 문명은 퇴보할 것"이라고 그는 선언하였다. 이러한 그의 선언은 "토지가 독점된 사회에서의 물질적 진보는 필연적으로 불평등을 낳고 이러한 경향이 계속 진행되면 문명은 하강의 길로 접어들지 않을 수 없다"는 확신에서 나온 것이었다.[72]

헨리 조지는 만일 "토지에 대한 평등권이 부정되면 미국의 독립선언서에 나타난 생명·자유·행복의 추구라는 숭고한 자연법 원리도 부정된다"고 주장하였다. 왜냐하면 "토지는 자연이 인간에게 내려준 유일한 터전"이라고 보기 때문이다. 헨리 조지는 "자연의 하사물인 평등한 권리가 부정될 때 정치적 권리의 평등이란 그 어떤 의미도 갖지 못한다"는 사실을 무엇보다도 강조하였다.[73] 그는 토지에 대한 평등권이 부정되는 사회에서 개인들의 창조적 통합이란 요원한 것이고, 그러한 상황에서 정치적 자유란 단지 구호에 불과한 것이 되고 말 것이라고 주장하였다.

미국 지성사에서의 위치와 유산

앞 장에서 다룬『아메리카 공화국』에서 드러난 브라운슨의 사상은 형성되자마자 지성계 내에서 상당한 기간 동안 동면 상태에 들어간 것에 비해『진보와 빈곤』에서 집약된 헨리 조지의 정신은 당대에는 물론이고 그가 타계한 이후에도 내내 미국인들의 지성을 자극하며 개혁에 대한 열정에 영향을 미쳤다. 헨리 조지의 사상은 19세기 후반 중서부에 거주하는 농민들의 힘겨운 현실을 독점 세력의 희생으로 잘 그려 냈던 작가 햄린 갈런드(Hamlin Garland), 스펜서의 사회적 다윈주의에 반대하며 개혁적 다윈주의를 바탕으로 사회개혁을 이론적으로 뒷받침했던 레스터 프랭크 워드(Lester Frank Ward), 진보주의운동에 기여했던 폭로작가들의 선구자였던 헨리 D. 로이드(Henry Demarest Lloyd), 사회복음운동의 지도자였던 월터 라우션부시(Walter Rauschenbush), 프래그머티즘의 발전에 누구보다도 기여했던 철학가이자 행동하는 양심으로 20세기 전반 미국 지성계를 이끌었던 존 듀이(John Dewey) 등에 지적으로 많은 영향을 미쳤다.

선구적 지성사가인 버넌 루이스 패링턴(Vernon Louis Parrington)은 헨리 조지를 "사회정의의 호소에 특히 민감한 정신"을 가진 사상가라 불렀다.[74] 사회문제는 헨리 조지의 정치경제학은 물론 그의 사회철학의 출발점이었다. 헨리 조지의 사상은 사회, 특히 산업사회와 대도시 사회가 안고 있는 구체적인 문제들을 분석함에 있어서 비판적인 성격을 갖고 있으며, 사회문제를 일으키고 있는 기존 사회질서와 제도에 대해 반항적이며, 문제를 해결해야겠다는 의지에서 추상적 · 형이상학적이라기보다는 구체적이고 실제적이었다. 여기서 구체적이고 실제적이라는 의미는 그의 이념은 언제나 행동과 행위를 불러일으킬 수 있는 잠재적 가능성을 갖고 있다는 것이다. 실제로 이러한 이유로 그의『진보와 빈곤』이 출판된 이후 미국은 물론 여러 나라에서 토지 개혁운동이 일어났었다.

헨리 조지의 사회철학은 사회문제로부터 출발했지만 궁극적으론 인간의 행복을 위한 것이었다. 따라서 그의 사회철학이 갖는 특징은 사회진보를 추구하면서도 인간의 진보를 위한 것이었고, 사회와 경제의 민주화를 말하면서도 궁극적으로는 인간적인 사회를 만드는 것이었다. 결국 헨리 조지에게 사회문제는 인간의 문제였다. 다시 말해 사회문제를 다루는 그의 궁극적인 목표는 인간을 위한 것이었다. 그러나 여기서 인간이란 헨리 조지에게 단순히 동물의 반대적인 개념이 아니었다. 그에게 인간이란 그 자체 독립된 개인이면서도, 전체와 관련을 맺을 때만이 의미를 갖는 개인이었다. 이것이 헨리 조지의 사상에서 특징적으로 나타나는 개인주의의 개념이며, 칼뱅주의와 계몽사상을 거치며 형성된 미국의 지적 전통과 같은 맥락 속에서 이해될 수 있는 부분이었다. 그리하여 그의 사회철학에 나타난 개인주의에 대한 이해를 통해서만이 왜 그의 급진적 경제사상이 마르크스주의와 결합될 수 없었는지를 이해할 수 있을 것이다. 다시 말해 헨리 조지가 자본주의를 비판하고 토지의 독점을 공격했지만, 마르크스주의와 같은 사회주의로 빠지지 않았던 것은 그의 사회철학에서 강조되었던 개인주의 때문이었다.

헨리 조지는 이와 같이 마르크스주의에 동조하지는 않았지만 분명히『진보와 빈곤』에서 기존 질서와 사상체계를 거부하였다. 이런 점에서 그를 진보적 혹은 급진적 사상가로 보는 것은 당연한 평가일 것이다. 그러나 그가 당시의 지적 주류를 형성하고 있던 스펜서와 다윈의 사상체계를 공격함에 있어서 그의 방법과 태도가 미국의 지적 전통 속에서 이루어진 것이고, 더 나아가 그의 저술이 목적하고자 했던 바가 전통적으로 미국의 지식인들이 추구해 왔던 것과 일치한다는 점에서 그의 사상을 단순히 급진적인 것으로 평가하는 것은 성급한 판단이 될 수도 있다. 그렇다고 그를 보수주의 사상의 진영에 포함시키는 것은 생각할 수 없는 일이다. 따라서 우리는 그의 진보주의 사상을 인정하면서도 그의 급진적 사상 속에는 또 다른 보수성이 내재해 있다고 보는 것이 타당할 것이다. 특히 헨리 조지의 사상에서 나타난 깊은 종교적 신앙과 확신은 그로 하여금 미국의 전통을 다시 회복하려는 의지를 분명하게 표현하도록 했다. 프레드 니클라슨(Fred Nicklason)이, "헨리 조지가 토지독점을 빈곤의 원인으로 보았던 것은 충분히 인식되어 왔지만 그가 토지 독점을 신의 법칙을 위반하는 것으로 생각했던 것은 일반적으로 무시되어 왔다"는 주장은 헨리 조지 사상의 복잡성을 잘 이해하는 평가라고 할 수 있다.[75] 『진보와 빈곤』에서 나타난 헨리 조지의 종교성은 그가 사회개혁을 추구하며 급진적인 사상을 표방했음에도 왜 그렇게도 많은 보수주의적 기독교인들과 성직자들이 그를 추종하였는지를 설명해 주는 대목이다. 따라서 미국 지성사에서 헨리 조지의 『진보와 빈곤』은 그가 산업시대를 맞아 미국 사회의 전통적 도덕과 윤리를 회복하려 했다는 점에서 정치경제학 분야뿐만이 아니라 사회철학에서도 중요한 저술이라 할 수 있다.

『진보와 빈곤』의 사상적 힘은 광대했다. 이 책은 1905년까지 200만 부 이상 팔렸고, 여러 국가의 언어로 번역되었으며, 신문에 연재

되기도 했다. 그의 영향력은 미국에 국한되지 않고 세계로 퍼져 나갔다. 『진보와 빈곤』을 읽고 사회주의자가 되었던 영국의 조지 버나드 쇼(George Bernard Shaw)와 그의 동료 지식인들은 "산업의 조직과 생산을 국가에 부여할 필요성"에 공감하며 페이비언(Fabian) 사회주의를 제창하였다.[76] 조지 버나드 쇼는, "헨리 조지의 책이 영국의 급진주의자들에게 영향을 끼침으로써 분명한 불로소득에 대해서는 전액 세금을 부과하자는 경향이 영국 지성계에서 일어났다"고 언급하며, 헨리 조지 사상의 심원한 사상적 영감과 통찰에 찬사를 보냈다.[77] 실제로 19세기 말 미국은 말할 것도 없고 유럽의 많은 지식인들은 그의 사상으로부터 사회개혁에 대한 열망과 의지를 구체화할 수 있었다.

1 John Dewey, "Foreword," George R. Geiger, *The Philosophy of Henry George* (New York: Macmillan, 1933), p. ix.

2 *Ibid*., p. ix.

3 Henry George, Jr., *The Life of Henry George* (New York: Doubleday and McClure, 1900), p. 155.

4 Henry George, *Our Land and Our Policy* (1871), reprinted in *The Complete Works of Henry George* (New York: Doubleday Page, 1904), Vol. 8, pp. 3-4.

5 *Ibid*., p. 15.

6 *Ibid*., pp. 21-22.

7 George R. Geiger, *The Philosophy of Henry George* (New York: Macmillan, 1933), p. 53.

8 Henry George, *Social Problems* (1883), reprinted in *The Complete Works of Henry George*, Vol. 2, p. x.

9 George R. Geiger, *The Philosophy of Henry George*, p. 188.

10 Thomas Paine, *Agrarian Justice*, reprinted in *The Pioneers of Land Reform: Thomas Spence, William Ogilvie, Thomas Paine* by M. Beer (London: G. Bell and Sons, 1920), pp. 181-206.

11 Thomas Spence, *A Lecture* (1775), delivered at Newcastle-Tyne, *Ibid*., p. 5.

12 George R. Geiger, *The Philosophy of Henry George*, p. 165.

13 Patrick Edward Dove, *The Theory of Human Progression* (1850; reprint, New York: Isaac H. Blanchard, 1910), p. 127.

14 Henry George, *Progress and Poverty: An Inquiry Into the Cause of Industrial Depression and of Increase of Want with Increase of Wealth* (1879; reprint, New York: D. Appleton, 1881), pp. 380-381.

15 다윈의 『종의 기원』이 나오기 4년 전에 이미 출판된 스펜서의 『심리학의 원리』는 이미 진화론에 대해 언급하고 있었다. "모든 살아 있는 유기체와 외부 세계 사이에 놓여 있는 관계"를 고찰하며 스펜서는 "신체적 생명은 생명의 진화를 수반"한다는 사실을 분명히 밝힌다. Herbert Spencer, *The Principles of Psychology* (1855; reprint, London: Williams and Norgate, 1870), p. viii.

16 Henry George, *A Perplexed Philosopher: Being an examination of Mr. Herbert Spencer's various utterances on the land question, with some incidental reference to his synthetic philosophy* (1892), reprinted in *The Complete Works of Henry George*, Vol. 5, p. xi.

17 *Ibid.*, p. 114.

18 *Ibid.*, p. 115.

19 Henry George, *The Science of Political Economy*, reprinted in *The Complete Works of Henry George* (New York: Doubleday Page, 1904), Vol. 6, pp. 9-10.

20 *Ibid.*, p. 10.

21 Henry George, *Progress and Poverty*, p. 456.

22 Henry George, *The Science of Political Economy*, p. 20.

23 *Ibid.*, pp. 22-23.

24 Henry George, *Progress and Poverty*, p. 453.

25 *Ibid.*, p. 457.

26 Thomas Hobbes, *Leviathan* (1651; reprint, London: Cambridge University Press, 1904), p. 115.

27 *Ibid.*, p. 23.

28 Henry George, *Progress and Poverty*, p. 439.

29 *Ibid.*, pp. 458-459.

30 *Ibid.*, p. 429.

31 *Ibid.*, p. xi.

32 1880년에 출간된 제4판에는 5페이지의 분량의 서문을 추가로 실었다. 헨리 조지는 책의 구성을 각 부(part) 대신에 각 권(book)으로 표시하며, 각 권 아래에 장(chapter)을 배치하였다.

33 Henry George, *Progress and Poverty*, p. vii.

34 *Ibid.*, p. 10.

35 *Ibid.*, p. 4.

36 *Ibid.*, p. 9.

37 *Ibid.*, pp. 10-11.

38 *Ibid.*, p. 15.

39 *Ibid.*, p. 20.

40 *Ibid.*, pp. 73, 83.

41 *Ibid.*, p. 87.

42 *Ibid.*, p. 114.

43 *Ibid.*, p. 145.

44 *Ibid.*, p. 146.

45 *Ibid.*, p. 201.

46 *Ibid.*, pp. 230, 234.

47 *Ibid.*, p. 266.

48 *Ibid.*, pp. 269-270.

49 *Ibid.*, p. 295.

50 *Ibid.*, p. 296.

51 *Ibid.*, p. 362.

52 *Ibid.*, p. 365.

53 *Ibid.*, p. 389.

54 *Ibid.*, p. 392.

55 *Ibid.*, p. 394.

56 *Ibid.*, p. 428.

57 *Ibid.*, p. 429.

58 *Ibid.*, p. 429.

59 *Ibid.*, p. 430.

60 *Ibid.*, p. 432.

61 *Ibid.*, pp. 433-434.

62 *Ibid.*, p. 434.

63 *Ibid.*, p. 436.

64 *Ibid.*, p. 439.

65 *Ibid.*, p. 454.

66 *Ibid.*, p. 455.

67 *Ibid.*, p. 456.

68 *Ibid.*, p. 457.

69 *Ibid.*, p. 457.

70 *Ibid.*, p. 474.

71 *Ibid.*, p. 475.

72 *Ibid.*, p. 486.

73 *Ibid.*, p. 490.

74 Vernon Louis Parrington, *Main Currents in American Thought* (New York: Harcourt, Brace, 1927), Vol. 3, p. 125.

75 Fred Nicklason, "Henry George: Social Gospeller," *American Quarterly*, 22 (1970), p. 649.

76 G. Bernard Shaw, ed., *Fabian Essays in Socialism* (London: The Fabian Society, 1889), p. iv.

77 G. Bernard Shaw, "Transition," *Ibid.*, p. 189.

3

전통과 제도에 의한 유기적 사회통합 추구

윌리엄 그레이엄 섬너와 『사회계급들 간의 상호 협력』(1883)

William Graham Sumner, *What Social Classes Owe to Each Other* (1883)

윌리엄 그레이엄 섬너(William Graham Sumner)의 사상은 19세기 후반 산업자본주의의 발전과 함께 복잡하게 전개되고 있던 정신세계의 변혁 속에서 형성되었다. 섬너는 새로운 산업화 시대의 거센 도전과 다원주의의 확산으로 인한 지적 혼돈 속에서 미국의 전통과 가치를 지키려 했던 보수주의 지식인이었다. 그에게 중요한 전통이란 미국 국민의 생활과 환경 속에서 역사적이고 사회적으로 형성된 제도와 사고방식이었다. 그는 이러한 전통을 자연의 법칙과 같은 것으로 간주하며 도덕과 윤리의 기반으로 보았고, 그것을 지키고 발전시키고자 했다. 특히 그가 전통적인 제도로서 가장 중시했던 개인주의와 자본주의가 산업화의 시대에 위기에 처하게 되었을 때, 그는 그 제도를 추상적이고 형이상학적인 관점이 아니라 구체적이고 자연과학적인 이해와 설명을 통해 옹호하고자 하였다. 더 나아가 그는 그 제도의 자연적인 본질 속에 역동적인 힘을 발견함으로써 보수주의 사상을 새로운 차원으로 발전시켰다. 그는 19세기 후반 자연주의 사상을 정치경제학의 논리는 물론이고 사회학의 원리에 적용함으로써 보수적 관점을 유지하면서도, 사회진보에 대한 비전을 잃지 않았던 독창적인 미국의 사회사상가였다.

앞 장에서 다룬 헨리 조지가 사회개혁을 통해 사회통합을 이루고자 했다면, 섬너는 계급들 간의 상호 협력을 통해 통합된 사회를 이루고자 했다. 그리고 헨리 조지가 인간 불평등의 기원을 자본주의와 같은 제도의 구조적 모순에서 찾았던 반면, 섬너는 그 제도 속에서 오히려 미국의 깊은 역사성과 사회성을 발견하였다. 이들 두 지식인들은 같은 시대를 살면서도 전혀 다른 관점으로 사회의 발전과 인간의 문제를 인식하였다. 그럼에도 이들은 똑같이 사회와 문명의 출발점은 개인이라고 보았고, 개인들의 통합에 의해서만이 진정한 문명의 진보를 성취할 수 있다고 믿었다. 이처럼 그들은 모두 전체와 부분의 조화와 균형을 통해 더 나은 사회를 수립하고자 했던 미국의 전통적인 정신의 흐름 속에서 활동하였다.

미국 지성사에서 섬너는 오늘날까지도 보수주의를 위한 사회적 다윈주의의 대변인, 즉 규제받지 않는 자본주의를 옹호한 사상가로 주로 평가되어 왔다. 그러나 섬너의 사상은 유기적 공동체, 역사적 연속성, 전통적인 가치 등에 대한 그의 신념과 믿음을 통해 이해되고 평가되어야만 한다. 왜냐하면 그는 개체의 에너지는 유기적이고 역사적이며, 전통을 통해서만이 해방될 수 있다고 믿었기 때문이다.

1883년에 출간된 섬너의 『사회계급들 간의 상호 협력』(*What Social Classes Owe to Each Other*)은 산업화, 도시화, 거대한 규모의 이민 등으로 분열된 사회를 미국의 전통과 제도에 의해 하나로 통합하려는 의지를 담은 저작이다. 각종 이해관계의 대립으로 인해 사회가 심각하게 동요되는 것을 목격했을 뿐만 아니라 급격한 지적 전환기를 살았던 섬너는, 브루스 커티스(Bruce Curtis)가 언급한 것처럼, "사회와 우주에서까지도 안정성, 확신성, 조화"를 추구했던 미국의 지식인이었다.[1] 도덕적 위기에 직면하여 섬너는 "도덕의 전통이 편협하고 잘못된 것일지라도, 그 어떤 도덕도 도덕적 무정부 상태보다는 낫다"[2]고 언급하였다. 이 말은 그가 살았던 시대의 도덕적 위기가 얼마나 심각했는지를 드러내는 것이다. 섬너는 사회와 개인을 이해함에 있어서 제어되지 않은 개인주의와 물질적인 진보에는 반대했지만, 누구보다도 개인의 자율성과 독특성, 그리고 다양성을 옹호하였다. 그는 개인들의 상호 이해와 사회에 대한 책임을 강조하며 모든 개인들의 통합에 의한 사회진보를 추구하였다. 그는 이러한 통합이 도덕에 바탕을 둔 전통과 제도에 의해 이루어져야만 한다고 믿었다.

실제로 섬너의 보수주의 사상은 진보와 전통, 과거와 미래, 일반대중과 엘리트 계급 등을 통합하려는 노력으로 이루어졌다. 이에 대해 그는 다음과 같이 말한다. "하나의 사회는 부분들로 이루어진 전체다. 모든 부분들은 사회의 여러 행위와 고통 속에 정당한 몫을 가진다. 모든 부분들은 사회의 생동과 진행에 기여한다."[3] 섬너는 "행해져 온 모든 것은 모두에 의해 행해진 것"이라는 신념을 가지고 있었다. 즉, 그는 "평범한 사람들"과 "지도적 인물들"은 함께 여러 민주적 정치제도를 가져왔고, 두 집단들 사이에 끊임없는 상호 교류는 오늘날 전체를 가능하게 만들었다고 본 것이다. 따라서 그는 "제정된 제도들은 합리적 고안이자 인간 의지의 산물들"이고, "그 제도들은 고도의 문명에 속하는 것"이라고 믿었다.[4]

생애와 사상

생애와 사상의 원천

윌리엄 그레이엄 섬너는 1840년 10월 30일 뉴저지 주 패터슨(Paterson)에서 태어났다. 그의 부친 토머스 섬너(Thomas Sumner)는 1836년 영국에서 미국으로 건너왔고, 영국 태생의 사라 그레이엄(Sarah Graham)과 결혼하였다. 섬너 가족은 1846년 뉴저지에서 뉴잉글랜드로 이주하여 코네티컷 주의 뉴헤이븐에서 얼마간 지내다가 1848년 하트포드에 정착하였다.

섬너의 사상은 무엇보다도 가정으로부터 출발하였다. 그가 19세기 후반에 철저하게 자유방임적 자본주의 이론을 주장한 배경에는 부친인 토머스 섬너의 엄격한 청교도적 생활이 있었다. 토머스 섬너는 육십 평생 결코 자본을 모은 적이 없고 기술자의 월급으로 살았다. 그는 “아주 엄격하고 정직하였으며, 철저하게 절제된 생활을 하였으며, 가정에 충실하고 쉬지 않고 일하는” 사람이었다. 그는 무엇보다도 “감정주의와 선동적인 주장 및 노동운동가들이 주장하는 모든 개념”을 경멸하였다. 그는 “일이 잘 풀리지 않을 때는 현재의 상황을 검토하고, 무엇을 할 수 있을지를 생각하며, 새롭게 출발하며, 다시 시도한다.” 섬너의 생애와 사상은 이러한 아버지의 성격과 생활태도로부터 결정적인 영향을 받았다.[5] 부친의 이러한 생활태도를 통해 섬너는 개인이란 독특하고 자율적이며, 적극적이고 창조적일 수 있으며, 또한 그래야만 한다는 것을 깨달았다. 그에게 이것은 평생 동안 거부할 수 없는 도덕적 가치였다.

마흔아홉이 되던 해인 1889년에 섬너는 『대중과학월간잡지』(*The*

Popular Science Monthly)에 자신에 대한 짧은 전기를 기고한 적이 있다. 이때 그는 이미 미국 지성계에서 확실한 위치를 차지하고 있던 시기였다. 그는 한 시대의 지식인으로서 이 약전(略傳)을 쓰며 스스로 자신의 사상이 유래한 원천을 추적하였다. 그는 자신의 정신적 궤적을 되돌아봄으로써 자신이 간직하고 있는 사상을 스스로 점검하였고, 자신이 살고 있는 시대가 진정으로 무엇을 요구하며, 무엇이 문제이며, 어디로 가고 있는지를 파악하고자 하였다.

이 약전에서 섬너는 먼저 자신이 추구하는 사상과 성격을 고등학교 시절 알았던 두 명의 스승을 통해 밝힌다. 고등학교 시절에 스승으로부터 크고 작은 영향을 받지 않는 학생은 없을 것이다. 그러나 섬너가 말하는 이 두 스승은 그가 추구하던 당시의 가치관과 도덕을 누구보다도 그들이 잘 대변했다는 점에서 그에게는 특별했다. 섬너에 따르면, "이 스승들은 거의 훈계를 하지 않고서도 학생들을 향상시켰고, 학생들을 모든 면에서 면밀하게 관찰하는 것을 학생 지도의 최우선으로 삼았다"는 것이다. 그들 중 한 스승은 "문답식의 수업방식에서 탁월했는데, 토론의 주제를 이해하기 위해선 반드시 거쳐야만 하는 단계에 대해 연속적으로 질문함으로써 학생들을 지도하였다." 또 다른 교사에 대해서 섬너는 다음과 같이 말한다. "그는 품위와 다정함을 가지고 학생들이 규율에 대해 느끼는 지루한 감정을 최소화하면서도 가장 존경할 수 있는 규율을 세웠다. (…) 그는 현재 있는 그대로의 자신과 교실에서의 일상생활에서 늘 하는 일을 통해 특출한 힘을 발휘하는 사람이었다."[6]

섬너가 예로 들었던 이 두 스승의 교육관은 바로 그가 일생 동안 추구했던 가치관이자 정치관이며 경제관이었다. 그는 이 두 교육자들처럼 정부든 제도든 개인의 생에 대해 간섭이나 훈계가 아니라 단지 면밀한 관찰 속에서 사회를 진보시킬 수 있다고 믿었다. 그것은 개인으로 하여금 스스로 세계와 역사 속에서 자아의 본질을 이해하고 실현시키도록 하는 것이었다. 섬너는 자신의 스승이 시도한 방법처럼 개인 스스로 문제를 해결할 수 있도록 하는 자립의 생활과 정신을 강조했고, 사회는 품위를 잃지 않으면서도 온화하게 규율을 바로 세워야 한다고 생각하였다. 그에게 규율은 현재를 지탱하는 최상의 방법이고, 현재와 현재의 일상은 개인과 사회를 위한 힘의 원천이었다.

섬너의 교육에서 가장 중요한 부분은 독학으로 형성되었다. 그는 열서너 살 때 하트포드 시의 한 도서관에서 19세기 전반기 영국의 정치경제학을 "더욱 대중적이고 효율적인 형태로" 만드는 데 기여했던 영국의 경제학자 해리엇 마르티뉴(Harriet Martineau)의 저작『정치경제학 도해』(*Illustrations of Political Economy*)를 읽은 후 정치경제학에 관심을 갖게 되었고,[7] 대학 시절에는 "미국의 성직자이자 교육가인 프랜시스 웨일랜드(Francis Wayland)의『정치경제학 원리』(*Elements of Political Economy*)를 반복하여 공부하여 거의 외우다시피 했다."[8] 이러한 과정에서 섬너는 자본, 노동, 재산, 무역 등에 대한 개념을 스스로 수립하였다.

유럽 사상과 과학의 수용

섬너는 하트포드에서 공립학교를 졸업한 후 1859년에 예일대학에 입학하여 1863년에 졸업하자마자 유럽으로 건너갔다. 1863년에서 1864년까지의 겨울을 스위스의 제네바에서 보내면서 프랑스어와 히브리

어를 공부하였다. 1864년 4월에 그는 독일의 괴팅겐으로 가서 2년간 고대 언어와 역사, 특히 교회사와 성서학을 집중적으로 연구하였다.

괴팅겐에서 수학하는 동안 섬너는 그곳 교수들의 학문적 태도에 깊은 인상을 받았다. 여기서 섬너는 그들이 "결과에 연연하지 않고 진실에 대한 분명하고도 포괄적인 개념"을 추구하는 경향을 보았으며, 특히 독일의 성서학 교수들이 과학의 진실을 추구하기 위해 돈, 정치적 명예, 교회 내의 높은 직위, 대중적 인기 등 모든 것을 희생하고 오로지 진실을 추구하며 살아가는 모습에 깊은 감명을 받았다. 이것은 당시 미국에서 유행하던 물질주의적 흐름과는 다른 것이었다. 이러한 학문정신과 함께 섬너는 그들로부터 조사, 추론, 분석 등에서 엄격하고 철저한 방법론도 배웠다. 그는 그들이 시적·감상적 요소에 대해 나타냈던 부정적이며 무관심한 태도는 잘못이라고 지적하면서도 그들의 과학적 연구방법은 존경할 만하다고 주장하였다.[9]

1866년 봄, 섬너는 괴팅겐에서의 연구를 청산하고 옥스퍼드대학으로 가 독일에서 다루었던 신학 관련 주제에 대한 영국 학자들의 저서를 읽기 시작하였다. 그러나 섬너는 당시 영국의 신학이 독일의 학문에 너무 많이 의존하고 있음을 발견하고 실망하게 된다. 이러한 이유로 19세기 후반에 섬너를 비롯하여 인문학 분야에서 많은 미국의 젊은 학자들은 독일로 유학을 떠났고 독일의 학문 경향으로부터 많은 영향을 받았다. 영국에서 섬너가 유일하게 얻은 학문적 소득은 두 권의 책이었다. 그중 한 권은 리처드 후커(Richard Hooker)의 『교회조직법』(*Of the Laws of Ecclesiastical Polity*)이었고, 다른 한 권은 헨리 토머스 버클(Henry Thomas Buckle)의 『영국 문명사』(*History of Civilization in England*)였다.[10] 전자로부터 섬너는 자신 속에 형성되어 왔던 "헌법 질서, 여러 권리의 조정, 헌법적 권위, 역사의 연속성" 등에 관한 입장을 더욱 확고히 할 수 있었던 반면, 후자로부터는 그가 이미 가지고 있었던 "정치학에 관한 애착"을 새롭게 정리할 수 있었다.[11] 옥스퍼드에서의 짧은 체류 동안 접한 중요한 이 두 권의 저서를 비롯하여 많은 사람들과의 대화를 통하여 섬너는 "사회의 과학"이라는 새로운 학문 분야에 대해 관심을 키울 수가 있었다. 그는 "만일 사회의 과학이 학문 분과가 될 수 있다면 그것은 어디에서 시작해야 하고, 어떻게 수립되어야만 하는지"를 다른 학자들과 깊게 토론하였다. 사실 섬너는 "역사 속에서 작용하는 신의 개념"을 알고자 하는 열망을 가지고 있었기 때문에 역사철학에 많은 관심을 가지고 있었다. 그러나 옥스퍼드에서의 체류는 섬너의 사상이 종교적 지향에서 역사지식을 통한 사회과학에 관한 열망으로 방향을 돌리는 전환점이 되었다.

1866년 가을, 섬너는 이집트와 팔레스타인을 둘러볼 계획을 세웠지만, 포기하고 미국으로 돌아와 예일대학에서 강사로 일하게 된다. 그 다음 해인 1867년 12월에는 강사직을 유지한 채 뉴헤이븐에 소재한 미국성공회 교구의 부사제로 임명되었다가, 1869년 3월에는 예일대학의 강사직을 사임하고 뉴욕 시에 있는 갈보리교회의 보조 교구목사가 되었다. 1870년부터 1872년까지는 뉴저지의 모리스타운에 있는 구세주 교회의 교구목사를 역임하였다. 그러나 1872년 6월 섬너는 예일대학의 정치학 및 사회과학 교수로 임명되어, 성직자의 길 대신에 본격적인 학자의 길을 가게 된다. 예일대학에서 섬너는 1873년과 1874년 학기 중에 최초로 사회학과를 개설하였다. 그는 사회학에 더욱더 관심을 갖게 되었고(사회학을 "사회의 과학"이라고 부르기를 더 좋아하였다),[12] 1909년 은퇴할 때까지 예일대학에서 사회학을 가르쳤다.

사회를 연구함에 있어서 섬너는 언제나 "주변 환경에 대한 인간의 적응"을 강조하였다. 그는 그 적응의 과정을 진화로 보면서 진화의 본질은 "생활 조건들에 대한 생활의 적응"이라고 믿었다.[13] '적응'에 관한 그의 주장은 모든 생존경쟁을 정당화하는 것이 아니었다. 그의 입장은 적응의 과정을 통하여 인간 사회의 진화 과정을 분명하게 인식하고, 어떻게 인간 사회가 자연적이고 인간적으로 진행할 수 있는가에 대한 하나의 대안을 강구하는 것이었다. 그러므로 그에게 개체의 독특성이란 인간과 인간의 협력을 통한 적응에 의해 정당화되는 실체였다.

자연주의적 진화로부터 국민적 통합 추구

어느 시대건 극단적 사상의 등장은 피할 수 없는 지적 현상이다. 그 이유는 현실이란 언제나 불합리한 것으로 나타나고 이에 대한 지적 반응은 반드시 하나의 극단을 유발하며, 이 극단은 또 다른 극단을 초래하기 때문이다. 섬너는 1871년에 행한 한 설교에서 당시의 극단주의의 한 형태에 대해 자신의 분명한 입장을 밝혔다. 그는 당시의 극단주의자들을 "전통과 관습의 억제로부터 벗어나 자신들의 절대적 독립을 주장"하며 "정신을 공백으로 만들려고 애쓰는" 사람들로 묘사하였다. 그는 이들이 "일체를 백지로 만들며 모든 것을 다시 시작하려 한다"고 비판한다. 그에 의하면 이러한 극단주의자들은 기존의 어떤 것도 받아들이지 않고 오직 "부정과 반대만을 위해 모든 사실, 모든 법, 모든 원칙을 따지며," "논증에 의해 어쩔 수 없이 받아들일 수밖에 없을 때까지는 어떤 것도 믿거나 받아들이지 않는" 사람들이라는 것이다.[14]

섬너에게 현실은 이들이 바라보는 것보다 훨씬 복잡하고 신비로운 실체였다. 따라서 섬너는 누구든 현실 자체를 부정하는 사람은 모두 "과거로부터 우리가 받아들이는 모든 믿음, 모든 관습, 모든 제도를 파괴하는 사람"으로밖에 볼 수 없다고 주장한다. 그는 "기존의 제도에 어떤 결함을 발견한다면 그것을 바로잡으면 되는데, 곧바로 그 모든 것을 완전히 파괴하려고 하는 사람들"에 대해 공격의 화살을 퍼부었다.[15]

섬너는 일생 자연과학적인 태도와 방법을 견지하면서도 인간 이해에 도달할 수 없는 것들도 소중히 여겼다. 따라서 그에게 종교적 측면은 물론 사회적·도덕적·정치적·교육적 측면에서도 "극단주의의 신조는 편협하고 빈약한 것"이며, 지나치게 "인위적이고, 왜곡되고, 빙퉁그러진 것"이었다.[16]

섬너는 당시 지식인들의 파괴적이고 혁명적인 태도를 비판하면서 건설적이며 창조적인 통합을 주창했다. 그는 극단주의자들이 그들 자신의 기준으로 모든 것을 측정하며 그 기준에 맞지 않는 모든 것을 파괴할 때, 개인은 고립되어 이기적 존재로 전락하게 된다고 보았다. 물론 이때 개인은 신에 대한 구속으로부터 해방되고, 과거와 역사에 대한 책임으로부터 벗어나며, 사회에 대한 의무로부터 면제되고, 스스로에게 대한 책임으로부터 해방될지도 모른다. 그러나 섬너 사상의 궁극적 목표는 "상호 이해와 책임 속에서 모든 인간을 결합시키는 것"이었다.[17]

섬너는 미국 국민이 신, 역사, 사회, 국가, 의례(儀禮) 등에 대한 모든 의무로부터 벗어나 중심을 잡지 못하고 흔들릴 때, 미국 사회는 위험한 지경에 도달할지도 모른다는 사실을 누구보다도 분명하게 깨닫고 있었다. 그는 "개인의 독립이 사회에 적대적으로 되었을 때, 바로 거기에서 공공정신을 파괴하는 불일치, 불화, 무정부 상태 등이 나타난다"고 믿었다.[18]

섬너의 지적 생애는 다른 많은 미국 지식인들과 마찬가지로, 사회적 위기에 대한 깊은 인식으로부터 출발하였다. 그는 당시 사회의 가장 심각한 위험 중 하나는 가족의 본래적 본질이 손상·파괴되고 있는 것이라고 보았다. 그에게 가족은 개인들의 존재 기반이며 그들 상호관계의 시작이었다. 그는 "지금의 개인주의로 말미암아 가족 단위는 해체되었고, 가족 구성원들은 분리되었으며, 개인들은 이기심과 회의 속에 서로 적대관계에 빠지게 되었다"고 선언하였다.[19]

섬너는 "인간사회의 법칙, 즉 사회라는 것을 관계, 애정, 우정, 동정, 자선 등 수천 가지의 규약들에 의해 결합된 것"으로 보면서,[20] 지적 생을 통하여 자신이 무엇을 해야만 하는지를 분명히 깨달았다. 그리하여 사회사상가로서 그가 지키고 보존하고자 했던 것은 통합된 가족과 기독교, 이 두 가지에 근거한 미국 문명이었다. 그러나 그는 그와 같은 보수적 태도를 표명하면서도 소위 "경직된 보수주의"(rigid conservatism)는 반대했는데, 그 이유는 그것이 전통만을 고수하고 과거의 쓸데없는 것을 숭배하며 정체되어 있는 "메마른 보수주의"(barren conservatism)라고 보기 때문이다. 그에게 이러한 보수주의는 또 다른 하나의 극단적 형태였다. 그는 극단을 반대하며 전통과 진보를 함께 추구하였다. 이러한 섬너의 자연주의는 보수주의적이면서도, 그 중심사상은 "모든 것은 변하고 움직인다"는 사실에 바탕을 둔 것이었다.[21]

19세기 후반 사상의 구태의연한 패턴들은 새로운 상황에 대처하기에 적합하지 않았다. 발전적 사상들이 다원주의에서 그 기반을 발견했고, 미국의 환경 또한 과학적·발전적 관점의 성장에 적절한 토양을 제공하였다. 예를 들어, 남북전쟁의 종결과 그로 인해 외면적이긴 하지만 하나의 통일된 국가의 탄생은 지식인들에게 모든 사물뿐만이 아니라 국가조차도 하나의 유기체와 같이 성장 · 발전한다는 의식을 심어 주었다. 섬너는 남북전쟁을 통해 하나의 국가란 무엇이 되어야만 하는지를 분명하게 깨달았다.

섬너에게 국가란 유기적 생명체와 같이 전체와 부분이 유기적으로 결합된 하나의 실체였다. "공동의 이해관계"와 "공동의 부"가 국가 전체의 정신이 되어야 하는 반면, 그 틀은 "신선하고, 살아 있으며, 융통성 있는" 전통에 기초되어야 한다고 섬너는 생각하였다. 그는 다음과 같은 요소들을 미국 국민의 활기찬 전통으로 열거하였다. 즉, "양심의 권리, 만인의 법 앞의 평등, 교회와 국가의 분리, 종교적 관용, 언론·출판의 자유, 대중교육" 등이 그것이었다. 그는 이러한 전통이 미국 국민의 삶의 기반으로서 확고하고 보편적인 확신의 줄기를 형성하면서 그들의 성격으로 자리 잡게 되었다고 보았다.[22]

이러한 국가관 속에서 섬너는 전체와 부분의 조화를 추구하였으며 발전적 사상을 국민적 통합에 적용시켰다. 그의 발전적 사상은 실제적이고 경험적인 것에 기초한 것으로서, 자신이 지금 살고 있는 사회와 국가의 동력을 파악하려 하였으며, 그 동력들 간의 인과관계를 발견하고자 하였다. 따라서 그는 먼저 사회의 모든 정책들은 과학이 제공하는 모든 비판 기준에 따라 검증되어야 한다는 사실을 강조하였다. 즉, 섬너가 사회의 연구로부터 추구했던 것은 사회의 관점이나 이상이 아니라 사회의 과학이었다. 그는 당시 일부 분야에서 유행했던 사회주의는 동기·목적·희망·의도 등에 관심이 있었던 반면, 사회의 과학은 현실·동력·법칙·결과·사실·조건관계 등에 관심이 있다고 보았다. 섬너는 과학을 인간이해에 적용하고 과학적 조사를 통해 사회적 현상을 검증하고자 했으며 이와 더불어 "이러한 전체 영역으로부터 형이상학을 제거하고자 하였다."[23] 그러나 그가 사용하였던 '형이상학'이라는 용어는 전통과 역사의 형성에서 내재한 정신적 요소들을 의미하는 것이 아니라 "완벽한 자유, 정의, 평등과 같은 독단적인 이상들"을 의미하는 것이었다. 섬너에게 '형이상학'은 전체에 대한 정신적 이해에 있어서 단지 극단적 태도를 의미하는 것이었다. 자연주의에 기초한 섬너의 사회사상에서 역사와 전통에 대한 권위는 진보의 가치만큼이나 중요한 의미를 가졌다. 왜냐하면 "모든 것이 변하고 움직인다"[24]는 사실은 사회가 미래를 향해 움직이지만, 바로 과거로부터 변해 왔다는 것도 의미하기 때문이었다.

섬너는 "이 시대, 이 나라의 가장 커다란 위험은 무작정 앞으로 나아가려고 하는 진보세력에 있다"[25]고 지적하였다. 섬너가 자연주의자였음에도 불구하고, 역사와 사회를 인식함에 있어서 진보보다는 전통과 연속성을 더 중요하게 다룬 이유는 '모든 것이 변하고 움직인다'는 자연주의의 원리가 어떤 면에서는 보수주의적 입장도 설득력 있게 정당화시켰기 때문이다. 실제로 섬너 시대에 유행했던 자연주의 사상은 두 가지를 암시하였다. 즉, 모든 것은 자연과 같이 변하고 움직이므로 진보란 당연히 성취될 어떤 것이지만, 전통도 진보의 출발점으로서 당연히 보존되어야만 하는 것으로 간주되었다. 전통은 진보를 향한 변화와 움직임의 과정을 통해 끊임없이 전달되는 것이었다. 섬너는 "몇 세기에 걸친 전통은 진정한 도덕적 권위를 가지며," 그러므로 "이 전통은 인류의 혜택을 위해 우리가 기울이는 모든 노력에서 우리가 출발해야만 하는 출발점을 형성한다"고 믿었다. 이러한 신념을 가지고 그는 다음과 같이 선언하였다. "우리가 발견하는 세계, 즉 과거로부터 우리에게 전해져 내려오는 세계와 함께 우리는 시작해야만 한다. 이러한 세계는 우리에게 출발점을 제시해 준다."[26]

'민습'을 통한 도덕적 가치기준의 추구

섬너는 1906년에 『민습』(*Folkways*)이라는 방대한 사회학 저서를 출간하였다. 이것은 그가 1880년대 중반 이래 수집하고 강의에서 사용했던 자료들을 가지고 1899년부터 저술에 착수하여 완성한 것이다. 그 전체 주제는 인간이 자연세계에서 생존경쟁을 벌일 때 어떻게 개인의 복지와 사회의 복지를 함께 추구했는지를 제시하는 것이었다. 사상, 정신, 도덕, 제도 등의 발전에서 전환기적 시대를 살고 있었던 섬너는『민습』에서 한 시대를 사는 지식인으로서 사회적 역할을 수행하고자 했다. 그는 미국 국민이 자신들의 정신적·물질적 기반을 재수립할 수 있고, 자신들의 중심을 찾고, 한 국민으로서의 존재론적 의미를 찾을 수 있는 판단의 기준을 제공하기를 원했다. 섬너에게 '민습'은 인간의 도덕적 가치기준을 제시하는 것이었다.

섬너의『민습』은 관례, 습관, 관습, 습속, 도덕 등의 사회학적 중요성에 대해 연구하면서 그 범위를 단지 미국에 국한시키지는 않았다. 당시의 도덕적 무정부 상태와 국민적 위기를 경험했던 섬너는 모든 인류의 역사적·사회적·민족적 현상들을 통하여 자신의 주장을 위한 과학적 기반과 사회학적 증거를 발견하고자 했다. 그러한 시도를 위한 그의 사상의 기반은 진화론적 자연주의였다.

『민습』의 출발점은 "사는 것 자체가 삶의 첫 번째 과업"이라는 섬너의 지각이었다. 그는 인간 삶의 시초에 대해 다음과 같이 말한다. "인간은 사상이 아니라 행위와 함께 시작했다. 인간은 순간마다 만족을 위해 무엇인가를 필요로 했다. 욕구는 최초의 경험이었다. 그리고 욕구는 충분치 못한 만족으로 또 다른 욕구를 일으켰다."[27] 섬너에게 이것은 다윈적 의미에서 인간들의 생존을 위한 투쟁의 시작이었다.

섬너는 그러한 투쟁은 개인적으로가 아니라 집단적으로 진행되었다고 보았다. 그는 민습의 형성을 다음과 같이 설명한다. 시간이 흐름에 따라 "마침내 모두는 같은 목적을 위해 같은 방법을 채택하게 되었다. 그리하여 여러 가지 방법은 관습으로 바뀌었고 대중적인 현상이 되었다. 인간의 본능은 이러한 것들과의 관련 속에서 발전하게 되었다. 이러한 방식으로 각종 민습은 일어난다. 젊은이들은 전통, 모방, 권위 등에 의해 이러한 민습을 배운다. 민습은 한꺼번에 즉석에서 삶의 모든 욕구를 제공한다."[28]

섬너는 민습을 인간의 욕구를 만족시키는 방법으로 보았다. 따라서 이것은 "자연적 동력의 산물과 같은 것이며, 이 속에서 인간은 무의식적으로 활동한다"는 것이다. 섬너에 의하면 "민습은 동물의 본능적인 수단과도 같은 것으로, 이것은 경험으로부터 발전되어 하나의 이해관계에 최대한도로 적응했을 때 최종적인 형태에 도달하고, 전통에 의해 전해져 오며, 어떤 예외나 변형도 인정하지 않지만 똑같이 제한된 방법 속에서 새로운 조건들에 대처하기 위해 끊임없이 변한다"는 것이다. 섬너는 "이로부터 문화의 모든 시대와 모든 단계에서 인간의 모든 삶은 인류의 가장 초기의 존재로부터 내려온 민습의 거

대한 집단들에 의해 주로 통제된다"고 주장한다.[29]

확실히 민습은 사회의 동력일 뿐만 아니라 그 질은 한 민족의 삶과 문화의 질을 결정한다. 그리고 민습의 질은 그것이 어떻게 상황과 환경에 성공적으로 대처하느냐에 달려 있는 것이다. 그리하여 섬너는 산업의 형태, 가족의 형태, 재산의 개념, 권리의 형성, 종교의 형태 등은 각종 민습이 얼마나 잘 협력하고 서로 지지하여 가장 적은 마찰과 적대감 속에서 상황들에 잘 적응하였는가의 결과라고 주장하였다.

섬너는 생존경쟁이란 존재를 위한 투쟁으로서 필연적으로 다른 유기체들과의 경쟁에 빠지게 되고, 그 결과 서로 적대감을 갖게 되며, 궁극적으로는 서로를 제거하고자 한다는 사실을 분명하게 인식하였다. 그러나 그는 또한 "결합과 협력은 아주 근본적으로 필요하기 때문에 모든 하위 생명의 형태조차도 상호 의존과 원조를 위한 공생 속에 있음이 발견된다"고 주장하였다. 즉, 하나의 결합은 그 구성원 각각이 사멸하는 곳에 존재할 수 있다는 것이다. 그러므로 "경쟁과 결합은 유기적 영역과 초유기적 영역을 통하여 번갈아 나타나는 생명체의 두 가지 형태"라는 것이다. 섬너는 "사회주의에서 나타나는 많은 잘못된 주장들은 바로 이러한 사실들을 소홀히 다루었기 때문"이라고 주장하였다. 그는 "결합은 조직의 본질이며, 조직은 힘의 증대를 위한 거대한 장치인데, 이것은 공동 목적을 위해 불평등하고 상이한 많은 단위체들의 통합으로 이루어진다"고 강조하였다.[30] 그는 이러한 결합을 "적대적 협력"이라고 부른다. 그에 의하면 "그것은 커다란 공동의 이해관계를 만족시키기 위한 두 사람 혹은 집단들의 결합으로 이루어지는 반면, 이들 사이에 존재하는 이해관계의 사소한 적대 감정들은 억제된다"는 것이다. 그는 "적대적 협력은 고도의 문명에서 결합의 가장 생산적인 형태"라고 설명한다."[31]

섬너는 민습을 "무의식적이고, 자발적이며, 조정되지 않은" 실체로 추정하였다.[32] 따라서 민습이 형성되는 과정을 고찰하는 것은 결코 쉬운 일이 아니다. 그럼에도 그는 문명의 전체 역사를 통하여 민습의 진행 과정을 고찰하였고, 그 결과 그것이 진화적이고 발전적이며 생산적이었다는 사실을 발견하였다. 그는 무엇보다도 "민습이 전통에 근거하고 사실 속에 존재하기 때문에 모든 이해관계를 만족시키는 올바른 방법"이라고 주장하였다. 그는 민습이 그 자체의 합리적 근거와 정당성을 가지고 있다고 보면서 다음과 같이 말한다. "전통은 그 자체로 타당한 근거를 가진다. 그것은 경험에 의해 증명되지 않는다. 옳고 그름에 대한 개념은 바로 민습 속에 있다. 그 개념은 민습 밖에 있지 않고, 독립적인 기원을 가지는 것도 아니다. 민습을 검증하기 위해 민습이 필요하다. 민습에서는 무엇이든지 옳다. 왜냐하면 그것은 전통적이고, 그러므로 선조의 넋이 지니는 권위를 내포하고 있기 때문이다."[33]

섬너는 "권리, 의무, 복지 등에 대한 개념들이 처음 발전되기 시작한 것은 보이지 않는 것에 대한 두려움과 그 밖의 세속적인 이유 때문이었다"고 믿었다. 그는 "권리란 집단적 권력 내에 본질적인 평화를 유지시키기 위하여 집단 내부의 구성원들이 상호 부과했던 생활과 관련된 규칙들"에 지나지 않는다고 보았다. 그러므로 "권리는 어떤 의미에서 천부적이라거나, 신이 부여했다거나, 절대적이라고 볼 수 없다"는 것이다. 섬너는 "한때 한 집단의 도덕성은 올바른 행위가 규정되는 민습에서의 금기와 규범이 모두 모여서 이루어진 것"이라고 설명하였다. 따라서 그는 "도덕은 직관적일 수 없다"고 주장한다. 오

히려 도덕은 "역사적이고, 제도적이며, 경험적"이라고 보는 것이다.[34]

이러한 섬너의 관점에 따른다면 "철학, 정책, 권리, 도덕 등은 모두 민습의 산물"이고, 이것들은 독특하고 예외적인 것임에 틀림없다. "왜냐하면 민습은 실제 생활조건 아래서 존재를 위한 투쟁을 수행하기 위한 노력으로부터 얻어지는 즐거움과 고통의 경험에 대한 반응이자 그 경험으로부터 일반화된 것들이기 때문이다."[35] 예를 들어 미국의 철학과 역사는 미국 민습의 산물이고, 미국 국민의 고통과 즐거움을 반영하는 것이라고 볼 수 있는 것이다.

민습이 새로운 형태로 발전하고 인간과 사회에 대한 건설적인 영향을 확대시키면서 추론을 생산할 수 있게 될 때, 그 민습은 섬너가 말하는 "관습"이 된다.[36] 또한 민습이 "올바른 삶의 철학과 복지를 위한 생활철학을 필요로 할 때 그것은 관습이 되고, 관습은 힘들이지 않고 욕구를 만족시키기 위한 노력 속에서 철학으로부터의 추론과 규칙에 의해 발전될 것"이라고 섬너는 설명한다. 그러므로 "관습은 향상되며 서로 하나가 된다"는 것이다.[37] 만약 민습이 사회적 힘이라면 관습은 직접적인 힘인 것이다.

섬너는 관습과 관련하여 일반대중을 특히 중요하게 보는데, 왜냐하면 집단들은 전통과 습관에 의해 살아가며 사회의 핵을 이루고 보수적이기 때문이라는 것이다. 그는 또한 "우리가 사회적 권력을 유지하기 위해 관습과 제도의 변화를 반대하는 특권계급이나 귀족계급의 보수주의에 의해 현혹되지 말아야 한다"고 지적한다. "왜냐하면 일반대중의 보수주의는 이해관계에 의해 나온 것이 아니라 본능적인 것으로서 특권계급이 지지하는 보수주의와는 다른 종류이기 때문"이라는 것이다. 섬너는 진정한 보수주의는 일반대중의 성격과 행위 속에서 나타나야만 한다고 주장한다. "일반대중은 사회의 민습을 실질적으로 운반하는 자들"이라고 보며 그는 다음과 같이 말한다. "그들은 전통을 나른다. 민습은 그들의 방법이다. 그들은 영향과 리더십을 받아들이고 모방하지만, 필요에 의해 형성된 자신들의 개념과 취향에 따라 행동한다. 그들은 다른 계급들, 외국인들, 문학, 새로운 종교 등으로부터 성격과 행위의 기준들을 받아들인다. 그러나 그들은 자신들이 취하는 것은 무엇이나 자신들의 것으로 동화시키거나 관습의 일부분으로 만들고, 그런 후 그것을 전통으로 전환시키고, 그 전통의 순수성을 옹호하며, 다시는 그 전통을 버리기를 거부한다."[38]

섬너에게 전체의 의미는 절대적으로 부분들의 의미와 관련이 있다. 예를 들어 그는 "자유가 무엇을 의미하든 그것은 결코 사회적 환경이나 관습의 영향으로부터 해방될 수 없다"고 믿었다.[39] 그는 진정한 자유는 관습 안에서만 성취될 수 있다고 강조하는데, 그 이유는 관습이 사실들에 대한 권위를 가지고 있기 때문이라는 것이다. 다시 말해 미국 민주주의는 미국의 물질적·경제적 조건들의 산물로서 미국의 관습으로부터 유래하였다는 것이다. 섬너가 관습의 본질을 통하여 존재의 유기적 의미를 잘 설명했던 것처럼, "우리가 생명의 의식에 눈뜰 때 우리는 이미 전통, 관습, 습관의 유대 속에 우리를 가둔다는 사실"을 알게 된다.[40] 섬너는 관습이 "마치 유기체처럼 성장하고, 힘을 얻고, 부패하고, 하락하고, 사멸하는 것"으로 생각하였다.[41] 그는 "우리가 관습을 여러 제도를 아우르는 거대한 하나의 체계로서, 생명의 전체를 포함하고, 모든 이해관계에 도움을 주며, 전통과 세상 관습에 의해 스스로 정화되는 것으로, 즉 처음에는 미신적인 단계에 있다가 합리적 반성에 의해 진실과 올바름의 원칙으로 상승되어 그

자체의 철학적·윤리적 일반화를 발전시키는 것으로 인식해야만 한다"고 주장한다.[42]

보수적 정치경제학과 사회과학에 의한 사회통합 추구

섬너와 같은 미국의 보수주의 지식인들은 국가의 통합을 진화론과 밀접한 관련이 있는 발전론적 관점을 통해 쉽게 이해할 수 있었을 뿐만 아니라, 진화론에서 유래한 자연주의 사상을 통해 산업화와 그 결과로 나타난 새로운 경제질서, 무엇보다도 대기업의 등장과 산업자본주의의 확립을 긍정적으로 받아들일 수 있었다. 그들 사상의 핵심은 자연의 법칙을 따르는 것이었다. 그들은 인간, 사회, 정치, 경제, 국가 같은 모든 것의 본질과 역할을 자연의 법칙으로 이해하려는 경향이 있었다. 이 가운데서도 자연의 법칙을 통한 인간 이해는 그들 사상의 출발점이었다. 이러한 인간 이해가 이들에게 쉽게 받아들여질 수 있었던 것은 오랫동안 미국의 지적 전통에서 중요한 부분을 차지해 온 개인주의 사상의 영향 때문이라고 볼 수 있다. 즉, 그들은 개인의 본성과 그 잠재적 가능성을 자연의 법칙으로 이해했기 때문이다. 에머슨과 같은 전(前) 시대의 초월주의 사상가들이 개인의 본질에 대한 직관적이고 추상적인 이해를 바탕으로 개인의 자립과 자기실현을 강조하였던 반면, 섬너 시대의 지식인들은 인간의 본성을 자연법칙의 한 부분으로 보면서 개인에 대한 더욱 구체적이고 실질적인 문제를 제기하였다. 즉, 인간은 생활 속에서 무엇을 추구하는가, 인간은 어떻게 행복해질 수 있는가, 인간은 행복을 위해 무엇을 할 수 있는가와 같은 질문이 그것이다.

산업화로부터 형성되고 있던 새로운 자본주의 체제 속에서 이러한 문제들을 다루어야 했던 미국의 정치경제학 연구자들은 무엇보다도 이기적 개인과 그 개인의 욕구에 기초한 애덤 스미스의 『국부론』(*An Inquiry into the Nature and Causes of the Wealth of Nations*)을 그들의 가장 좋은 지침서로 간주했다. 그 책은 19세기 미국 지식인들, 특히 보수주의 지식인들 사이에서 가장 인기 있는 책이었다. 1876년에 출간된 데이비드 A. 웰즈(David A. Wells)의 『로빈슨 크루소의 화폐』(*Robinson Crusoe's Money*)는 『국부론』에 나타난 스미스의 정치경제학 이론을 미국에 전파하려는 목적으로 저술된 책이었다. 웰즈는 어떻게 노동의 분업으로부터 자본과 화폐가 새로운 사회질서에서 필연적으로 등장하는가를 대니얼 디포(Daniel Defoe)의 소설 『로빈슨 크루소』를 패러디하여 설명한 것이다. 이 책에서 그가 의도한 바는 "화폐와 통화의 근원이 되는 원리"는 인간의 본능에 기인하는 것으로 인간사회에 필연적으로 나타나는 사실이라는 것을 강조하며, 기존의 산업자본주의를 정당화하는 것이었다.[43] 그가 설명하는 정치경제학은 모두 스미스의 『국부론』의 논지에 기초하여 그 내용을 모방·인용하고 있다.

어떻게 하면 각 개인은 창조주가 부여한 다양한 재능을 유감없이 완전하게 실현할 수 있을 것인가? 많은 미국의 지식인들은 이 본질적인 문제에 스미스가 정확한 답변을 하고 있다고 보았다. 그들은 그가 인간과 경제를 철저하게 인간의 본능, 즉 자연의 법칙을 통해 이해하고 있다고 보았다. 그들은 '노동의 분업'과 '경쟁'을 통해 인간의 새로운 가능성을 지적한 스미스의 주장을 자신들의 사상적 기반으로 받아들이면서 산업자본주의 경제구조의 효율성과 역동성을 이해하고 정당화하고자 했다. 스미스는 실제로 분업을 "인간 본성에 있는 어떤 경향성의 매우 느리고 점진적이지만 필연적인 결과"로 보았다.[44]

그는 또한 경쟁도 인간의 기본적인 본성으로, 그것을 통해 인간의 잠재적 재능이 가장 자연스럽고 분명하게 드러날 수 있다고 보았다. 그는 경쟁을 인간 사회에서 피할 수 없는 현상으로 이해하였다. 다시 말해 그에게 그것은 자연의 법칙이었다. 따라서 스미스는 모든 분야에서 경쟁을 제한하기보다는 오히려 자유로운 상태로 놓아두는 것이 자연의 법칙을 거스르지 않는 것이고, 그로 인해 수요와 공급의 균형이 유지된다고 보았으며, 그러한 "경쟁이 더욱 자유롭고 일반적이 될 때 사회는 언제나 더욱 유익하게 될 것"이라고 주장하였다.[45] 스미스의 이러한 사상이 인간과 사회를 이해함에 있어서 자연의 법칙을 도덕의 기준으로 받아들이려 했던 미국 자연주의 사상가들에게 정신적 지주 역할을 했음은 말할 나위도 없다.

그렇다면 18세기 계몽사상의 자연법 개념을 통해 스미스와 그의 고전경제학파에 속하는 사상가들이 이해한 인간의 본성과, 섬너와 같은 미국의 보수주의 사상가들이 19세기 후반 다윈주의의 자연주의 사상을 통해 이해한 인간의 본성은 어떻게 다른가? 스미스가 중상주의에 근간을 둔 이전의 경제질서에 반대하며 인간의 가장 기본적인 본성에 해당하는 개인의 욕구에 기초한 새로운 사회질서, 도덕, 사고 체계를 추구했다면, 섬너는 자연의 법칙을 통해 산업자본주의의 발전을 이해하려 했으며, 그 이해를 바탕으로 자본주의의 틀 속에서 미국적 가치인 개인주의를 보존하고자 했다. 스미스가 국가의 부를 위해 새로운 가치관을 통해 변화를 추구했다는 점에서 자유주의적이라고 한다면, 섬너는 과거와 전통의 의미를 통해 인간과 사회의 유기적 의미를 강조했다는 점에서 보수주의적이라 할 수 있다. 그럼에도 섬너를 비롯하여 모든 보수주의 정치경제학자들은 스미스의 이론을 사상의 출발점으로 삼았다. 그 이유는 그들이 스미스의 이론이 철저하게 경제학적 관점에서 자연법을 따르고 있다고 보았기 때문이다.

스미스의 정신세계에서 출발하여 영국의 고전학파로 알려진 정치경제학이 19세기 미국의 경제사상을 지배하며 미국의 정치경제학을 탄생시켰지만, 섬너의 자연주의 사상은 미국의 지적 전통 속에서 발전하고 있었다. 그의 보수주의 사상은 다른 동료 보수주의자들과는 달리 산업자본주의를 옹호하려고 했다기보다는 기존의 질서를 가능하게 했던 미국의 동력과 가치를 지키려 했다. 그에게 당시 산업자본주의에 대한 비판과 공격, 정부의 개입과 같은 정치 및 경제 질서의 변혁은 미국의 고귀한 가치를 무너뜨리는 것이고, 결국 자연의 법칙을 위반하는 것이므로 도덕적으로 문제가 되는 것이었다. 이러한 배경에서 섬너는 자연의 법칙 속에 내재한 복잡한 의미를 더욱 깊게 이해하고자 했으며, 그가 도달한 이해를 바탕으로 경제 구조와 질서를 비판·분석하였다.

섬너의 보수주의 사상의 지적 배경에는 두 개의 커다란 흐름이 놓여 있다. 그 하나는 위에서 살펴본 미국의 정치경제학이고 다른 하나는 미국사회과학회(American Social Science Association)다. 전자가 산업자본주의를 지지하며 구체적이고 현실적인 입장에서 보수주의를 표방했다면, 후자는 다소 이상주의적이며 학문적인 입장에서 사회주의와 같은 급진주의에 반대하며 보수주의적 입장에서 미국 사회의 통합을 추구하였다.

미국사회과학회는 1865년에 주로 뉴잉글랜드의 변호사, 물리학자, 성직자, 대학 교수 등의 참여로 창립되었다. 그로부터 4년 후인 1869

년에 첫 학회지로 『사회과학 저널』(*Journal of Social Science*)이 발간되었다. 이 첫 호의 서문은 이 저널의 취지를 다음과 같이 밝히고 있다. "사회과학, 말하자면 사회의 과학은 인간을 사회적 존재로 다룬다. 사회과학은 다른 여러 과학처럼 사실을 수집하고, 원리를 적용하며, 사회관계를 지배하는 일반법칙에 도달함으로써 그 기능을 수행한다. 그 성격이 과학이라는 것은 의심의 여지가 없다. 교육, 보건, 경제, 법학 등의 주제를 다루는 사회과학은 과학적 연구로 이루어지며, 각 분야의 연구 결과는 학회 전체에 똑같이 적용된다."[46]

이러한 내용에서 알 수 있는 것은 사회과학회를 창립한 지식인들은 정치경제학 학자들과 마찬가지로 추상적이고 형이상학적인 개념들을 거부하며 자연의 법칙과 같이 실제적인 것에 관심이 있었다는 것이다. 그리하여 그들은 남북전쟁의 발발이 모호한 개념에서 나오는 경직성과 편협성에 기인했다는 사실을 분명하게 반성하였다. 전쟁이 끝난 지금 그들은 학문 간 협력은 물론이고 사회 전체와 부분의 관계를 함께 고려하며, 사회의 통합에 대한 확고한 의지를 표명하였다. 이러한 맥락에서 그들은 자신들의 사회과학은 사회주의가 아니라고 선언하였다. 그들에 따르면 "사회주의는 사회를 낮은 수준에서 높은 수준으로 끌어올리는 대신에 사회의 수준을 떨어뜨렸고, 사회를 분열과 대립의 상태로 빠뜨렸다"는 것이다. 이와 반대로 그들이 추구하는 "사회과학은 여전히 낮은 단계에 있는 것과 이미 높은 단계에 올라선 것, 이 모두를 더 확고한 기반 위에 둠으로써" 사회의 구조를 강화시키려는 것이었다. 그것은 사회의 토양 아래에 있는 조직의 성장을 방해하는 요소들을 제거하여 성장을 넓고도 깊게 촉진시킴으로써 그 토양에 대한 더욱 확고한 발판을 마련해 주는 것이었다. 사회과학회 구성원들은 사회과학이 사회의 긍정적인 요소들을 지키는 역할을 당당하게 수행할 것이라고 밝히며 보수주의를 지향할 것임을 천명하였다.[47]

일반적으로 사회과학 연구자들이 보수적일 때 자연과학을 하는 지식인들과는 달리 사회의 정치권력 혹은 지배권력의 영향을 받기 쉬운 것이 사실이다. 그러나 이들의 보수성은 단순히 권력지향적인 면에만 국한된 것이 아니라 거대한 현대 세계의 형성에서 나타난 "권위의 위기"에 대한 그들의 반응과 더 많은 관련이 있었다.[48] 누구보다도 미국 사회가 직면한 권위의 위기를 분명하게 인식한 섬너는 진정한 사회는 자연의 질서와 인간의 본성에 기반을 둔 '인간 사회'임을 천명하였던 것이다. 따라서 그에게 사회는 어떤 주의나 감독도 필요로 하지 않았다. 그에게 사회과학은 "인간 사회의 진화와 활기를 조사하는 과학"이었다.[49] 섬너는 사회를 계획하고 구도하는 대신에 현상에 대한 관찰과 그 동력에 대한 연구에 기반을 둔 사회의 과학을 수립하고자 하였다. 이러한 사회과학을 통해 그는 사회에서 활동하는 모든 다양한 세력들을 통합하려 했던 것이다.

『사회계급들 간의 상호 협력』(1883)

섬너의 생애와 사상에서 고찰한 바와 같이 그의 보수주의는 어떤 특정 집단의 이해관계나 사회적 권력을 지키려는 것이 아니며, 역사의 진보를 가로막는 것도 아니다. 그것은 전체 국민의 본능적인 태도를 표현하고 보존될 가치가 있는 어떤 것을 미래 속으로 운반하는 것이다. 따라서 그것은 진보와 전통 모두와 관계가 있는 것이다. 이러한 진정한 보수주의를 위해 각종 제도는 "그 시대의 관습에 따라" 수립되어야만 한다는 것이 섬너의 주장이었다. 만약 그렇다면 제도는 "관습의 실질적인 운반자"인 일반대중에 의해 만들어지는가?[50]

이 질문에 대해 섬너는 아니라고 대답한다. 그에 따르면 제도는 지도적인 사람들이 결정하는 선택에 의해 관습으로부터 생산되며, 이들은 사회의 집단적 힘을 통제하고 그 집단의 이익에 도움이 되는 방향으로 그 힘을 이끈다는 것이다.[51] 또한 섬너는 "어떤 시대, 어떤 사회든 간에 사고하는 것은 바로 엘리트들이며, 세계의 사상은 서로 상충하는 주장과 토론으로 생겨나는 긴장 아래서 정신으로부터 정신으로 이념을 옮김으로써 바로 그 엘리트들에 의해 수립된다"고 믿었다.[52] 이것은 섬너가 지배 계급, 엘리트 계급 및 자본가 계급을 무조건 지지한다는 말이 아니다. 섬너는 역사와 사회의 복잡한 현상을 잘 인식하였고, 여러 제도가 착취를 종식시키고 여러 이해관계를 균형과 조화의 상태로 만든다고 믿으면서, 전체와 부분의 통합을 추구한 것이다.

1883년에 출판된 『사회계급들 간의 상호 협력』(*What Social Classes Owe to Each Other*)은 섬너의 자연주의 사상을 가장 분명하게 보여 주는 저서다. 그가 한때 성직자였음에도 불구하고, 이 저서에 나타난 그의 사회사상은 인간과 사회에 대한 추상적이고 형이상학적인 이해를 거부하며 자연 속에서 볼 수 있는 구체적이고도 분명한 현상과 법칙에 의한 가정에 기초하고 있다. 이러한 자연주의 사상에 근간을 둔 섬너는 미국 지성사에서 흔히 대표적인 사회적 다윈주의의 옹호자로 분류되며, 실제로 19세기 후반 미국 지성계에서 보수주의 진영에 속하였다. 섬너가 지지한 사회적 다윈주의란 『종의 기원』에서 표현된 자연세계의 자연도태 개념이 인간 사회에 적용되었을 때 나타날 수 있는 현상, 즉 허버트 스펜서가 말한 적자생존을 산업화의 시대에 당연한 자연의 법칙으로 받아들이는 것이다.

섬너의 사상 전반에 사회적 다윈주의의 의미가 충분히 나타나 있다는 사실은 부인할 수 없다. 그러나 섬너의 사상을 단순히 '사회적 다윈주의'로 부르는 것은 그의 사상을 지나치게 단순화시키는 것이다. 스펜서의 적자생존이라는 개념은 다윈주의와 관련시켜 이해할 수 있지만, 사실 그것은 이미 『종의 기원』이 발표되기 전부터 스펜서 사상의 기반으로서 발전해 온 것이다. 이와 마찬가지로 섬너의 사회적 다윈주의도 다윈의 진화론을 비롯하여 스펜서 사상의 영향을 많이 받았지만 무엇보다도 미국의 현실 속에서 그 스스로가 경험한 사실들로부터 형성된 정신세계에서 나온 것이었다. 따라서 그의 사상을 사회적 다윈주의라고 부를 수 있지만 그것에 대한 분명한 이해에 도달하기 위해선 성직자로서 신의 사랑에 대해 설교했던 그가 왜 산업화의 냉혹한 시대에 약자가 아닌 강자의 편에 선다는 비난을 들을 만한 입장을 취하게 되었는지를 파악해야 할 것이다.

섬너는 자연계에서의 생존경쟁과 적자생존의 원칙을 단순히 사회에 적용한 사회적 다원주의자는 아니었다. 그의 사상이 추구하는 궁극적인 목적은 신학적 의미를 갖고 있는 그의 개인주의 정신이 자연주의라는 더 광범한 개념을 받아들임으로써 인간과 사회의 본래적 성격을 회복시키려는 것이었다. 그의 보수주의는 사회의 복잡한 현상에 대한 분명한 이해와 국가에 대한 깊은 역사성에 대한 인식으로부터 출발하여, 사회의 전체와 부분들의 동적 관계를 통해 모두를 통합하려는 의지를 담고 있는 것이다.

『사회계급들 간의 상호 협력』의 서론에서 섬너는 다음과 같이 말한다. "우리는 거대한 사회문제가 우리 앞에 놓여 있다는 주장과 그 해결책을 요구하는 불만을 매일 듣고 있으며, 그러한 문제가 곧 어떻게 될 것이라는 예측과 위협, 경고로 공박을 당하고 있다."[53] 섬너는 이러한 문제의 제기와 해결책이 일단의 지식인들에 의해 잘못 주도되고 있다고 지적한다. 즉, 이들이 제기한 당시의 사회문제란 남북전쟁 이후 형성된 거대 산업 및 자본의 지배구조로 인한 빈부의 격차를 말하는 것이고, 그 해결책이란 가난한 자와 부자의 대립 구조를 공격하며 새로운 체제를 수립하는 것이었다.

섬너는 이들 지식인들이 바라보는 사회문제와 그들이 제시하는 해결책에 반대한다. 그 이유는 우선 그들이 대변한다고 하는 대상이 누구인지 분명치 않고, 그들이 제기한 사회문제도 구체적으로 규정되지 않았기 때문이라는 것이다. 섬너는 그들이 책임 있는 지식인으로서 먼저 해야 할 의무는 "당면 문제가 무엇이며, 어떻게 고칠 것이며, 어떻게 해결책을 마련할 것인지 등을 분명하게 알아내는 것"이라고 지적하였다.[54]

당시 섬너는 어느 누구보다도 먼저 산업화가 인간생활에 미칠 영향을 충분히 파악하고 있었다. 훗날 자신의 약전(略傳)에서 회고한 바에 따르면, 그는 남북전쟁이 끝나기 전에 이미 "그 전쟁으로 단행된 유가증권의 발행과 높은 조세는 광대한 사회변화와 사회문제를 일으켜, 부자는 더욱 부유하게 되고 가난한 자는 더욱 가난하게 될 수 있다"는 사실을 분명하게 깨닫고 있었다.[55] 지식인들은 때로 전쟁에 대해 어떤 환상을 가진다. 사회가 해결할 수 없는 계급들 간의 갈등과 부패의 문제가 전쟁을 통해서라면 해결이 가능하지 않을까 하는 단순한 생각도 하곤 한다. 실제로 남북전쟁이 일어나기 직전 많은 뉴잉글랜드 지식인들은 전쟁을 통해 노예제도의 폐지는 물론 모든 사회의 개혁이 이루어져 완전한 사회가 이룩될지도 모른다고 믿었다. 그러나 역사는 결코 그렇게 단순하게 진행되는 실체가 아니다. 전쟁은 빈부의 격차와 계급들 간의 갈등을 해소시키는 것이 아니라 오히려 더욱 악화시킨다는 것이 인간 역사가 우리에게 보여 주는 교훈이기도 하다.

섬너는 인간 사회의 개혁을 결코 이상적으로 바라보지 않았다. 산업화의 문제점에 대해 급진적 지식인들이 제시한 해결책에 그가 반대한 것은 그들의 감상적이고 이상적인 태도와 인식 때문이지, 산업화의 엄청난 영향력을 간과했기 때문이 아니었다. 실제로 그는 누구보다도 "산업조직과 그 팽창 현상"에 대해 분명하게 이해하고 있었다. 그는 그것에 대해 다음과 같이 말한다. "산업화의 현상이 우리 모두를 통제하고 있다. 그 이유는 우리 모두가 그 속에 있기 때문이다. 그 현상은 인간 존재의 조건을 만들고, 사회활동의 한계를 정하고, 사회관계의 유대를 규제하며, 선과 악의 개념을 결정하고, 생의 철학을 제안하며, 세습 정치제도를 형성하고, 결혼 및 재산과 같은 가장 오래되고 가장 끈끈한 관습까지도 허물고 있다."[56]

섬너에게 산업사회는 인간이 직면한 피할 수 없는 현실이며, 빠져나올 수 없는 구조였다. 인간은 자연법칙 속에서 어쩔 수 없이 살아가야만 하는 것처럼, 거부할 수 없는 사회의 법칙, 즉 구조에 묶여 있다고 본 것이다. 따라서 그는 인간은 이 사회의 법칙을 자연법칙 대하듯 이해하고 거기에 순응하며 함께 협력을 통해 생을 영위하는 것이 최선이라고 믿었다. 그러므로 모두가 자유롭고 평등한 국가를 만든다는 주장은 지적 허영에 불과하며, 특히 국가가 개인과 사회에 개입하는 것은 자연의 법칙에 위배된다고 그는 보았다.

그리하여『사회계급들 간의 상호 협력』에서 섬너가 추구한 것은 복잡한 산업사회 속에서 서로의 협력과 조화를 위해 "하나의 계급이 다른 계급에 대해 어떤 짐과 어떤 의무를 갖고 있는지"를 밝히는 것이었다.[57] 섬너는 이 책을 통해 사회의 계급들을 구별하여 그중 어느 한 계급을 옹호하거나 비판하려는 것이 아니라, 사회와 역사의 발전에서 각각의 계급들이 했던 역할과 의미를 구체적이고도 과학적으로 설명함으로써 분열된 사회와 국가를 통합시키고자 하는 것이었다.

이러한 분명한 목적을 가지고『사회계급들 간의 상호 협력』에서 섬너는 시종일관 직설적이고 구체적으로 자신의 주장을 펼쳤다. 만년에 그가 내놓은 사회학의 걸작이라 할 수 있는『민습』이 700여 페이지 가까운 것에 비해 160여 페이지에 불과한 이 책에서 그는 결코 어려운 철학적 용어나 현학적인 문체를 사용하지 않았다. 그는 의도적으로 간결한 문장, 알기 쉬운 비유, 많은 예화를 들어 독자를 설득시키고자 하였다.

자연주의 사상에서 개인의 위치

생산을 하기 위해 필요한 것은 무엇인가? 섬너는 그것이 토지, 노동, 자본이라고 보았다. 그는 생산을 위해서 이러한 모든 것의 역할과 결합이 중요하다는 것을 강조하면서도, 가장 주안점을 둔 것은 생산 자체보다는 생산의 주체였다. 왜냐하면 그에게 생산의 주체야말로 미국 문명의 원동력이자 본질이고, 그는 그것을 분명하게 규명하는 것만이 계급들 간의 갈등이 허구라는 사실을 밝혀내는 것이며, 그러한 진실로부터 미국 문명의 전통적 가치를 지킬 수 있을 것이라고 믿었기 때문이다.

누가 혹은 무엇이 미국 문명의 원동력인가? 그리고 이 현대 미국 문명은 어떻게 형성된 것인가? 이 질문에 대한 섬너의 답은 그의 사상이 자연주의를 지향한다는 점을 고려할 때 당연히 프런티어나 풍부한 자원과 같은 자연의 조건을 중요한 문명의 동력으로 보고, 그 형성 과정은 자연도태의 사회적 형태인 적자생존과 같은 자연의 법칙을 거론할 것으로 우리는 예상할 수 있다. 그러나 섬너의 자연주의 사상은 결코 냉혹한 자연의 현실과 법칙을 있는 그대로 받아들이는 것이 아니었다. 이상하게 들릴지 몰라도 오히려 그의 자연주의의 핵심은 자연이 아니라 인간이다. 즉, 그의 자연주의는 개인으로부터 출발한다. 사회, 정치, 국가, 문명, 진보 등에 대한 그의 모든 관점은 개인이 출발점이었다.

그렇다면 왜 섬너는 자연주의 사상을 대표하는 사상가로 알려져 왔는가? 그는 자연주의자라기보다는 오히려 휴머니스트가 아닌가? 실제로『사회계급들 간의 상호 협력』에서 섬너가 시종일관 개인의 잠재력과 에너지를 강조하고 있다는 점에서 이러한 질문은 당연한 것일 수 있다. 이와 같이 그의 자연주의 사상은 복잡한 구조를 가지고 있다. 그가 자연의 법칙을 언급하는 것은 모든 현상들, 즉 사회, 국가, 역사, 문명, 우주, 인간진보 등을 자연이 암시하는 바를 통해 이해하자고 하는 것이지, 인간을 자연의 법칙 속에 제한시키거나 자연의 차원으로 전락시키는 것이 아니었다. 더욱이 그가 인간보다 자연을 더 중시한다는 것은 결코 아니었다. 섬너에게 자연이 의미하는 바는 복잡하면서도 지대하였다.

첫째로 섬너는 자연의 끊임없는 움직임 속에 나타나는 역동성을 가장 중요하게 받아들였다. 따라서 그에게 진화는 단순한 변화가 아니라 발전이었다. 역사와 문명을 바라보는 섬너의 발전적 관점은 적어도 그의 시대에서는 새로운 세계관이었다. 따라서 그에게 미국의 문명은 결코 정체적이거나 퇴보적인 것이 아니었다. 자연주의에 기초한 그의 문명관은 진보사상을 골간으로 하고 있다. 이것은 왜 그가 자유방임을 지지하는 정치경제학자로서 보수주의 진영에 속하면서도 진보사상을 잃지 않았는지에 대한 이유가 된다.

둘째로 섬너에게 자연의 모든 현상들은 구체적이고 경험적이며 실제적인 것이었다. 따라서 그는 종교적 계시와 같은 정신적이고 추상적이며 형이상학적인 사변세계에 더는 머물러 있을 수 없었다. 예를 들어 그는 계급의 구조를 분석함에 있어서 철저하게 실제적이고 경험적이었다. 그러한 분석방법을 통해 그는 당시 유행하는 '가난한 자', '약한 자', '노동자' 같은 용어들이 분명하게 규정되지도 않고 무분별하게 사용되어, 그로 인해 사회계급들 간의 적대감이 더욱 악화되었다는 사실을 분명하게 깨달았다.[58] 만일 우리가 자연세계에서 볼 수 있는 자연도태 현상을 인간 사회에서 똑같이 받아들인다면 무엇보다도 각 개인이 갖고 있는 각기 다른 잠재력과 독특한 개성은 적자생존의 법칙 속에서 사라질 것이 분명하다. 다시 말해 사회와 역사를 이해할 때 자연의 법칙만이 지나치게 강조될 경우 각 개인이 보유한 사회적·역사적 존재로서의 의미는 그 법칙 속에 파묻히고 말 것이다. 자연주의 관점을 통해 섬너는 역사와 문명을 더욱 구체적이고 경험적인 방법으로 이해하였다. 그리하여 그는 개인을 그 어떤 자연의 힘보다도 역동적인 것으로 보았다. 그러나 모든 개인이 다 그렇다는 것은 아니었다.

섬너는 역사와 문명의 진정한 주체이자 사회에서 중심적 위치를 차지해 온 개인을 설명하기 위해 다음과 같이 여러 유형의 인간들을 설명한다. 그는 먼저 빈곤에서 벗어나고자 하면서도 어떤 노력도 하지 않는 사람을 비판한다. 이러한 유형의 사람은 다른 사람과 마찬가지로 재능과 능력을 갖고 있음에도 불구하고 게으름, 무기력, 부주의 등으로 스스로 사회의 낙오자가 되고 만다는 것이다. 둘째 유형의 인간은 이 앞선 낙오한 사람의 주변에 몰려드는 사람들로, 섬너는 이들을 "사회치료사"(social doctors)라 부르며 다음과 같이 신랄하게 비판한다. "사회치료사들은 낙오한 사람에게 몰려들어 다른 계급으로부터 모은 자본을 가져다주고, 다른 계급이 일한 것을 국가가 나서서 (그 낙오자들에게) 나누어 주겠다고 약속한다 이러한 모든 계획과 조치에 있어서 국가를 통한 사회의 조직적인 개입이 이루어지거나 추구되고, 그리하여 국가는 특정 계급의 보호자 및 후견인이 되고 만다. 그러한 일을 주도하는 사람들이 바로 개혁가이며 박애주의자들이다. 그러므로 그들의 계획은 언제나 다음과 같은 형태를 취한다. 즉, A와 B는 C가 피와 땀으로 이루어 놓은 것을 D에게 쓰기로 결정한다. (…) A와 B

는 고상한 사회개혁가로, D는 가난한 사람으로 모든 논의에서 다루어지지만, C는 어디에서도 언급되는 것을 본 적이 없다. 따라서 나는 C를 '망각된 인간'(Forgotten Man)이라고 부른다."[59]

『사회계급들 간의 상호 협력』에서 이 '망각된 인간'은 사회, 역사, 문명 등에서 중심을 차지하는 것으로 다루어진다. 섬너는 이 책에서 자유, 자본과 노동, 사회진보 등의 개념들을 다루면서 모두가 이 '망각된 인간'이 주체라는 사실을 염두에 두고 서술하였다. 이 책이 출판되기 전인 1883년 1월에 섬너는 이 '망각된 인간'이라는 주제의 논문을 이미 부룩클린 역사학회에 발표한 적이 있었다.

섬너는 이 논문의 서두를 다음과 같이 시작한다. "나는 미국 사회에 광범하게 퍼져 있는 가장 민감한 사회 오류 중 하나를 논의하고자 합니다. 그것은 어떤 특정 사실, 어떤 특정 집단 및 사람들의 이해관계에 의해 어떤 사람들은 다른 사람들의 정신에 영향을 끼치며 관심을 받고 있지만, 이에 반해 그 밖의 사실들이나 그 밖의 사람들의 이해관계는 전적으로 사회에서 배제되어 왔습니다."[60] 이 논문에서 섬너의 목적은 이 '배제된 사람들' 가운데 묵묵히 미국의 건설을 위해 헌신했던 개인들을 찾아내어 알리는 것이었다. 그는 이 '망각된 인간들'이 바로 "생산직에 종사하며 묵묵히 살아가는 단순하고 정직한 노동자"라고 주장하며 다음과 같이 설명한다. "그들은 독립적으로 자신의 일을 하고, 어떤 도움도 요청하지 않는다. 그들은 어떤 감정에 호소하거나 선동하지도 않는다. 그들은 단지 계약을 체결하고, 그것을 지키기를 원하며, 양쪽 모두에게 존경을 가지고 있는 동시에 어느 쪽에도 도움을 요구하지 않는다."[61]

섬너가 말하는 '망각된 인간'은 미국 문명사에서 청교도 정신을 갖고 프런티어를 개척했던 강인한 개인들이었다. 이들은 온종일 열심히 일하고 집으로 돌아오는 근면한 노동자들이며, 근검, 절약, 신중, 절제 등으로 살아가는 사람들이었다. 섬너에 따르면 "이들은 자신의 빚과 세금을 어김없이 내고, 청렴하며, 과묵하고, 도덕적이고, 가정에 충실한 시민"이었다.[62] 이들은 사회 속에서 스스로 자신의 의무를 다하며 자신의 역할을 회피하지 않는 사람들로서, 섬너는 이들에게 정부의 간섭과 규제란 불필요한 것이라고 보았다. 다시 말해 "이들은 그냥 내버려 두어도 자신의 자유를 남용하지 않고 합리적이고도 유용하게 사용하는 사람들이며, 이들은 결코 어떠한 사회문제도 만들지 않기 때문에 이들에게는 어떠한 규제도 필요치 않다"는 것이다.[63] 섬너에게 이들은 "사회의 생명이자 실체"였다.[64] 그럼에도 섬너는 이들이 "언제나 감상주의자들, 박애주의자들, 개혁주의자들, 열정주의자들 및 사회·정치경제학자들의 모든 서술에서 망각되어 왔다"고 개탄한다.[65] 그는 이 '망각된 인간들'이 더 이상 망각되지 않을 때, 미국의 진정한 가치는 재발견될 수 있을 것이라고 주장하였다.

자연주의 사상에서 자유의 개념

이상에서 보는 바와 같이 섬너는 '망각된 인간들'의 자질 속에서 미국의 정신적 기반을 발견하였다. 그렇다면 섬너가 말하는 망각된 인간들에 대한 사회의 망각은 곧 미국의 전통적인 정신적 기반이 위기에 처해 있음을 암시하는 것이다. 『사회계급들 간의 상호 협력』에서 섬너가 가장 진지하게 추구한 것은 이러한 정신적 위기로부터 미국 문명을 구해 내는 것이었다. 그가 해결책으로 제시한 것은 새로운 이념과 사회구조가 아니라 미국의 역사와 사회 속에서 자연스럽게 형성된 정신과 제도를 복구하고 지키는 것이었다. 이러한 목적을 위해 그는 미국 국민이 잘못 이해하고 있는 자유의 개념과 민주주의의 원리를 자연주의 사상을 통해 이해하고 분석하고자 하였다.

무엇보다도 먼저 섬너는 자유라는 말을 비롯하여 그 말과 관련된 '자유인', '자유국가', '평등' 같은 여러 용어들이 추상적이고 감상적으로 사회문제를 잘못 다루고 있고, 잘못된 슬로건으로 사용되고 있다고 지적한다. 섬너에게 "자유란 결코 형이상학적이거나 감상적인 것이 아니라 적극적이고 실제적·현실적이며, 법과 제도에 의해 유지되는 구체적이고 역사적"인 것이었다.[66] 그의 자연주의 사상 속에 나타난 자유의 개념은 그가 말하는 '망각된 인간들'의 삶과 직접적인 관련이 있었다. 다시 말해 섬너에게 자유란 어떤 주장이나 이데올로기의 추상적인 개념이 아니라 인간의 본성과 실제 생활 및 사회와 역사 속에서 형성되고 발전되는 것이었다. 따라서 그에게 가장 바람직한 자유란 문명의 주체자인 개인의 잠재력과 에너지가 규제되고 억제되는 상태로부터 해방되는 것을 말한다.

먼저 섬너는 자유의 형이상학적 개념, 즉 모든 인간이 자유와 평등의 상태에 있다는 전제를 부정하였다. 그의 자연주의 사상에 따르면 결코 인간은 자연 속에서 자유롭고 평등한 존재가 아니었다. 왜냐하면 인간은 끊임없는 욕망을 본성으로 가지고 있기 때문이라는 것이다. 욕망으로 인해 개인이나 계급은 다른 사람이 벌은 소득으로 사치스럽게 살기 위해 국가의 권력을 장악하려 했다는 것이다. 그리하여 인간의 역사를 통해 이들이 장악한 국가 권력은 전제정체, 귀족정체, 신정정체 등으로 나타났다고 섬너는 설명한다. 그러나 이러한 인간의 본성은 그 독점적인 정치체제를 구성해 온 계급들, 즉 "장군, 귀족, 사제, 백만장자, 학자" 등으로부터 권력을 취하여 그것을 농민과 장인에게 준다 할지라도 이들 역시 "허영, 야망, 변명, 탐욕, 호기심" 등을 가지고 권력을 휘두르려고 할 것이라고 섬너는 주장한다. 그는 이에 대해 계속해서 다음과 같이 말한다. "인간의 본성에서 나타나는 욕망은 어느 국가나 계급, 그리고 어떤 연령층에도 제한되지 않는다. 그것은 군대나 궁궐이나 교회나 대학이나 작업장이나 헛간에서도 나타난다. 그것은 전제정체와 귀족정체는 물론이고 민주정체에서도 나타난다."[67]

이와 같이 섬너가 자유의 개념을 인간의 부정적인 본성과 관련시켜 설명했을 때 그에게 자유란 억제되어야 할 어떤 것이었다. 그렇다면 무엇으로 개인의 가능성과 잠재력을 제한하지 않으면서 그의 자유를 억제할 것인가? 이러한 역할을 섬너는 제도(制度)에서 찾았다. 그에 따르면, "권력을 잡았던 사람들에서 인간 본성의 악을 유일하게 억제했던 것은 비개인적인 제도에 의해 유지되는 법"이라는 것이다.[68] 그는 미국의 건국 초기에 해밀턴과 매디슨이 취했던 입장과 같이 인간의 자율성을 믿지 않았다. 특히 그는 건국 시조들처럼 대중민주주의를 신뢰하지 않았다. 그는 "만일 정치권력이 지금까지 그것을 가지지 않았던 대중에게 주어진다면 그들이 그것을 남용하는 것을 그 어떤 것도 막을 수 없을 것"이라고 경고하였다.[69] 그리하여 섬너는 개인의 본성을 통제할 수 있는 유일한 대안으로 법과 제도를 제시하였다. 왜냐하면 그에게 법과 제도는 개인이 역사 속에서 활동하며 진화할 때 그 발전 과정으로부터 만들어질 수 있는 가장 자연스러운 상태이기 때문이다. 그는 법과 제도만이 자유에 대한 인간의 과도한 욕망과 충동을 억제할 수 있을 뿐만 아니라 개인의 진정한 잠재력과 에너지가 해방될 수 있는 조건을 마련할 수 있다고 믿었다. 그러므로 그는 법과 제도를 위태롭게 할 수 있는 온정적 정부의 역할에 반대하였다. 특히 그는 "민주적 정부가 온정적이 될 때 다른 어떤 정부보다도 위험한 상황에 빠질 수 있다"는 것을 강조하였다. 왜냐하면 다른 정체와 비교하여 "민주적 정부는 자체의 제도에 대해 지나치게 확신을 하고 있으며, 무엇인가를 떠맡을 준비가 되어 있고, 그 권력은 반대자들에 대해 지나치게 냉정하기 때문"이라는 것이다. 섬너는 "인간의 권리란 어떤 계급, 어떤 개인이든 간에 그 독단적 권력에 대해서도 보증이 될 때만이 안전하다는 사실을 역사는 보여 주고 있다"고 주장하였다.[70]

그러므로 섬너는 인간의 자유를 지키기 위해 정부가 해야 하는 역할이란 "모든 계급과 모든 인간이 갖고 있는 이기심, 호기심, 시기심, 욕망 등을 억제할 수 있는 장치"를 마련하는 것이고, "시민생활을 위해 이해관계를 조정하고 인간의 여러 권리를 규정하는 데 있어서 독단적이고 개인적인 요소들을 가능한 멀리 배제시킬 수 있는 거대한 기관을 만드는 것"이라고 보았다. 다시 말해 그는 정부의 역할이란 "개인의 권리와 의무가 평형상태"가 되는 것을 돕는 것이라고 보았다. 그는 이러한 "권리와 의무의 평형"이 법과 제도를 통해서 실현될 때 인간의 자유는 가능하다고 주장하였다.[71]

여기서 섬너가 주장하는 '권리와 의무의 평형에 따른 자유'란 단순한 선언이나 말에서 나타나는 추상적인 내용이 아니었다. 그것은 역사의 발전 속에서 개인들의 필요에 의해 성장·발전한 것이었다. 그러므로 나라마다 자유의 개념은 다를 수가 있다. 예를 들어 섬너는 영국의 경우 자유의 개념은 "중산계급의 발전과 더불어 상업 및 산업문명의 성장과 함께 전개되었던" 반면에, "미국이 물려받은 시민자유의 개념은 법과 제도를 통해 만들어진 개인을 위한 지위의 개념이고, 이러한 결과로 각각의 미국 시민은 전적으로 자신의 복지를 위해 자신의 모든 에너지를 발휘한다"고 주장하였다. 시민의 자유와 관련하여 섬너에게 중요한 것은 선거, 보편적인 투표, 민주주의 같은 것이 아니었다. 그가 가장 중요하게 생각하는 것은 바로 "각 개인의 자유가 얼마나 잘 보장되느냐의 문제였다." 그러므로 그는 "어떤 한 순간에도 개인이 사회적 목적을 위한 수단으로 이용되거나, 그 결과로 인해 개인의 자유가 손상되어서는 안 된다"고 강조한다. 그는 "만일 그렇게 주장하는 누군가가 있다면 그는 자유국가의 본질적인 개념을 무시하는 것"이라고 역설하였다.[72]

섬너의 자연주의 사상에 나타난 자유의 개념은 계급보다는 개인들의 개척적인 삶 속에서 출발하여 사회적 가치로 발전하였고, 무엇보다도 개인의 복지를 위해 존재하는 것이었다. 그러므로 섬너가 말하는 '망각된 인간들'이 최선을 다해 자신들의 삶을 영위하려 할 때 그들은 자신들의 의무를 다하는 것이고, 그들이 행복해야만 하는 것은 그들이 당연히 누려야 할 권리에 해당하는 것이었다.

섬너는 "이러한 권리와 의무의 평형이 건전한 정치제도의 기본적인 원리가 되어야만 한다"고 주장한다. 따라서 그는 "만일 군주정이나 귀족제도에서도 개인과 계급의 권리와 의무만 평형을 유지한다면 비록 그 개인과 계급들이 권리와 의무가 동등하지 않다고 할지라도 그 제도는 비도덕적이 아닌 것"으로 보았다. 섬너에게 비도덕적이라는 말의 의미는 자신의 권한은 남용하면서 의무는 다하지 않는 상태를 말한다. 왜냐하면 그는 "권한을 남용하는 계급은 다른 사람에게

의무를 지우는 것"이고, 이것은 권리와 의무의 평형을 깨뜨리는 것이라고 보기 때문이다.[73]

섬너는 이와 같이 민주주의의 원리를 설명함에 있어서도 권리와 의무의 평형을 강조하였다. 그는 "민주주의도 만약 모두가 동등한 의무를 가지고 있지 않다면 그것은 비도덕적이 된다"고 지적하며 자신의 시대가 얼마나 민주주의에 대한 잘못된 편견을 가졌는지를 암시하였다.[74] 이와 같이 평형의 개념은 섬너의 자연주의 사상에서 가장 중요한 자리를 차지하며, 그는 무엇이든 지나치게 한 방향으로 기운 상태는 자연의 질서에 어긋나는 것으로 간주하였다.

자연주의 사상에서 자본의 개념

위에서 살펴본 섬너의 자연주의 사상에 나타난 의무와 권한의 평형 개념은 유기적 공동체와 유기적 인간관계를 지향하는 보수주의적 사상으로 발전하게 된다. 따라서 섬너에게 토지와 인간, 노동과 자본은 대립적이 아니라 협력적이고 유기적이다. 그리하여 그가 미국 문명의 형성주체로서 '망각된 인간'을 발견했을 때, 그 문명의 진보를 가능하게 했던 동력은 토지, 노동, 자본이 함께 결합하여 작동하는 것을 의미하였다. 이러한 관점에서 그는 당시에 자본은 물론이고 자본을 가진 자들에 대해 비난과 공격이 쏟아지는 것에 대해 자신의 입장을 이『사회계급들 간의 상호 협력』에서 분명하게 밝히며, 특히 자본의 개념을 철저하게 분석하고자 했다.

먼저 섬너는 직설적으로 "부자가 된다는 것은 부정하게 되는 것이 아니고, 더욱이 이웃보다 더 잘사는 것은 결코 사악한 것이 아니라"고 선언하면서,[75] 자본과 부자에 대한 당시의 비난과 그로 인한 사회의 분열을 우려하였다. 그는 무엇보다도 "자본이 무엇인지 알려고 애쓴 적도 없는 작가들과 연사들이 그것을 비난하는 것"에[76] 대해 추상적이고 관념적인 태도가 아니라 역사적이고, 실제적이며, 구체적인 태도로 대응하고자 하였다.

섬너는 미국 문명의 형성에서 자본은 미국 가정의 윤리를 통해 나타났고 형성되었다고 설명한다. 즉, 그에 따르면 좋은 아버지는 아들에게 진취적인 기상을 가르치고 생산적인 기술을 익히도록 하며, 스스로를 참아내어, 절제하여 돈을 쓰도록 충고한다는 것이다. 이것은 보통 부모라면 당연한 행동이다. 섬너는 이러한 행동의 궁극적인 목적은 아들이 자본을 모으도록 가르치는 것이었다고 설명한다. 그에게 자본의 축적은 인간의 본성에 입각한 자연적 현상이었다. 그럼에도 불구하고 자본을 비롯하여 그와 관련된 제도를 무차별적으로 비난하는 것은 계급들 간의 분노와 적대감만을 조장한다는 것이다. 섬너는 그러한 비난을 하기 전에 자본주의적 제도의 본질이 과연 어떤 것인지, 즉 "반드시 필요한 것"에 의해 수립된 것인지, 아니면 "자연의 질서 속에서 수립된 것"인지를 밝혀야 한다고 주장한다.[77]

섬너는 미국 문명의 발전에서 자본이 했던 역할에 대해 긍정적이며, 다가올 "새로운 문명의 전개에 자본의 힘이 기여할 것이고, 그러한 새로운 문명은 바로 여기 미국에서 일어날 것"이라고 믿었다.[78] 이러한 새로운 문명의 형성을 위해 섬너는 과거 미국에서 얼마나 "자본이 분열과 낭비로 인해 분별없이 사용되었는지"를 반성하며, "미국의 발전이 자본을 축적하고, 적임자들이 이끄는 방향하에 자본을 체계적으로 사용한다면 전례 없는 속도로 진보하는 것을 보게 될 것"이라고 주장하였다.[79] 또한 섬너는 이러한 새로운 문명과 발전은 "모두에게 혜택으로 돌아가고, 이것을 통해 각 개인은 각자의 정도와 방법에 따라 부를 증대시킬 수 있게 될 것"이라고 믿었다.[80]

섬너의 자연주의 사상에서 자본의 개념은 단순히 적자생존의 법칙을 따르는 것이 아니었다. 그는 자본이 사회의 분열이 아닌 통합으로 이끄는 동력으로 작용할 수 있고, 무엇보다도 각 개인이 완전한 자기실현을 이루는 데 최상의 수단이 될 것으로 보았다. 그는 자본의 출발과 발전을 미국의 가정 윤리를 통해 설명하면서 자본의 정당화를 인간의 본성과 자연의 법칙을 통한 보편적인 윤리로 발전시켰으며, 이러한 윤리를 통해 유기적 인간관계로 이루어진 유기적 사회의 가능성을 제시하였다. 이러한 목적을 위해 그는 토지, 노동, 자본이 경쟁적이고 대립적인 것이 아니라 협력적이고 상호 보완적이라는 사실을 아랍인들 사이에서 널리 알려진 한 예화를 들어 다음과 같이 설명하였다.

"아들이 셋 있는 한 남자가 어느 아들이 자신을 제일 사랑하는지를 알고 싶어 했다. 그래서 그는 3명 중 누가 자신에게 가장 가치 있는 선물을 가져오는지를 보기 위해 그들을 세상으로 내보냈다. 그 세 아들은 먼 도시에서 만나 그들이 찾은 선물을 서로 비교하였다. 첫째는 원하는 곳으로 날아갈 수 있는 양탄자를 가지고 있었다. 둘째는 어떤 병도 낫게 할 수 있는 약을 가지고 있었다. 그리고 셋째는 어떤 장소에서 무슨 일이 일어나고 있는지를 볼 수 있는 거울을 가지고 있었다. 셋째가 이 거울을 이용해 아버지가 위중하여 침상에 누워 있는 것을 보았다. 첫째는 즉시 양탄자로 두 형을 집으로 운반했고, 둘째는 가지고 있던 약으로 아버지의 생명을 구했다." 이 이야기를 마친 후 섬너는 "어떤 아들이 가장 가치 있는 선물을 구했는지"에 대해 다음과 같이 말한다. "그것은 결정하기가 어렵다. 그와 마찬가지로 토지, 노동, 자본 중 어느 것이 생산에 가장 본질적인가를 말하기는 어렵다." 여기서 그가 궁극적으로 말하고자 하는 것은 "어떤 생산도 그 셋 모두의 협력 없이는 불가능하다"는 것이었다.[81]

이와 같이 『사회계급들 간의 상호 협력』에서 섬너가 추구했던 것은 최상의 생산을 위해서 토지, 노동, 자본이 함께 작용해야 하는 것처럼, 바람직한 사회의 진보는 모든 구성원들이 각자의 독특한 재능과 능력을 최대한 발휘하여 조화와 균형에 의해 통합될 때 도달된다는 것을 밝히는 것이었다. 그는 산업화로 분열된 사회 속에서 계급들의 대립이 아니라 진정한 협력을 통해서만이 미국 문명은 전통적 가치를 잃지 않고 앞으로 나아갈 수 있다고 믿었다. 그럼에도 자본에 대해 많은 비난이 쏟아지는 것에 대해 섬너는 다음과 같이 말했다. "만약 우리가 자본이 무엇이고 그것이 문명에서 어떤 위치를 차지하는가를 이해한다면, 자본주의 사회제도를 비판하기 위해 제안된 많은 계획과 철학에 대한 우리의 개념은 분명해질 것이다."[82]

진화론 혹은 자연주의에 기반을 둔 모든 사상가들과 마찬가지로 섬너도 인간은 짐승의 단계에서 출발하여 진화의 긴 과정을 거쳐 문명의 단계로 발전해 왔다고 믿는다. 그는 이 긴 과정을 거치는 동안에 "인간의 생존은 자연의 장난"에 달려 있었다고 강조한다.[83] 다시 말해 인간의 생과 운명은 자연의 변전(變轉)에 달려 있었고, 인간의 생존은 거의 전적으로 우연에 의해 좌지우지되었다는 것이다. 인간은 어떤 자본도 갖지 못했고, 자연에서 채취하는 것으로만 살아갔다는 것이다. 이때에 생산은 단지 땅과 노동이라는 두 요소만으로 이루어졌다고 섬너는 믿는다. 그러나 인간이 지적인 동물이 되어 자연의 법칙을 터득하고, 자연 속에 무엇이 유리하고 무엇이 불리한 것인지를 알게 되자 인간은 우연의 영역을 좁혔고, 자연의 생산적인 동력을 인간에게 유용한 것으로 바꾸었으며, 마침내 식량, 의복, 은신처 등을 마련할 수 있게 되었다는 것이다.

어떻게 이러한 변화가 일어났는가? 이 질문에 대해 섬너는 그러한 변화는 자본에 의해 일어났다고 주장한다. 그에게 자본은 자연의 동력과 같은 것으로 문명을 더 나은 단계로 이끄는 추진력이었다. 그는 미국 문명은 물론 세계문명을 가능하게 만들었던 것은 자본이라고 믿는다. 그는 다음과 같이 말한다. "문명의 모든 발전 단계는 자본에 의해 이루어졌고," "자본은 누적된 노동으로부터 출발하여 더 높은 상태의 힘으로 상승한다. 오늘날에야 가능한 증기 기관차는 하나의 업적이 수천 세대를 거쳐 또 다른 업적으로 배가된 것이다. 우리는 자본 없이는 생활에서 한 발자국도 움직일 수 없다. 우리는 자본 없이는 학교도, 병원도, 교회도, 선교회도 세울 수가 없다." 섬너에게 자본은 사회와 국가, 그리고 더 나아가 문명의 싹이었다. 그는 "자본은 동력이며, 축적되고 누적된 인간의 에너지"라고 믿었다. 그는 그럼에도 "누구도 문명 생활에서 자본의 중요성을 제대로 평가하고 있지 못하다"고 역설하였다.[84]

섬너의 주장처럼 미국의 자본주의는 자유, 계약, 사유재산 등에 기초하여 발전한 제도다. 자유민주주의와 더불어 그 제도 속에서 모든 인간은 자유로운 협력과 계약이라는 유대를 통해 결합되었던 것이다. 섬너는 이 제도가 사회적 협력을 통해 현대 산업제도로 발전하였다고 보면서 다음과 같이 설명한다. "그것은 자동적이고 본능적으로 작동한다. 각 기관은 자연적으로 적응한다. 각 부분은 수요와 공급이라는 기계적인 법칙에 의해 결합된다."[85]

섬너의 설명처럼 인간은 자본을 축적하고 사용함으로써 더 정교한 사회조직을 만들어 인간 모두의 협력을 통해 자연을 더 잘 통제하고자 했다. 그러나 인간의 이러한 노력은 똑같은 개인들에 의해 이루어진 것이 아니었고, 인간 모두의 완벽한 평등상태에 도달될 수 있는 것도 아니었다. 개체들이 역사 속에서 역동적이 될 때 그 개체들은 더 이상 평범하고, 평균적이며, 동등한 것이 아니다. 따라서 독특한 개체들에 의해 주도된 인간 역사의 과정은 결코 계획되거나 설계 또는 예측될 수 없는 것이었다.

만약 이것이 사실이라면, 문명은 어떻게 발전했는가? 섬너는 그 발전 과정을 다음과 같이 설명한다. "사회는 누구도 알아챌 수 없을 정도로 느린 속도로 진보한다. 이러한 진보는 매일 새로운 문제에 부딪쳐 그것을 해결하고, 그 해결을 이루어 내는 사람들의 이해관계를 조정함으로써 이루어진다. 이러한 조정은 모두 자본에 의해 이루어지는데, 왜냐하면 모든 이해관계는 자본의 문제이고 모든 조정은 자본에 의해 가능하기 때문이다. 이러한 조정을 통해 인간은 더 많은 자본을 축적할 수 있고, 자본의 축적은 인간으로 하여금 문명의 더 나은 단계에 도달하게 한다." 이와 같이 문명의 성장 과정은 우리가 알아채지 못할 정도로 느리다. 그 이유에 대해 섬너는, "그 과정이 여러 정책에 대한 열정과 싸움은 물론이고 무지와 미신에 의해 방해받기 때문"이라고 설명한다. 다시 말해 "의견의 불일치, 싸움, 전쟁은 이해관계의 더 높은 만족에 도달하려는 규칙적인 협력을 좌절시켜 버렸다"는 것이다. 섬너는 무지, 어리석음, 분쟁 등이 자본을 파괴했다고 역설한다. 그는 인간의 노력을 통해 자본을 창출하고 축적할 수는 있지만,

"자본의 출현이 문명의 진보를 보증하지는 않는다"고 주장한다.[86] 문명의 진보는 인간이 자본을 어떻게 다루느냐에 달려 있다는 것이다.

자본가로서가 아니라 사상가로서 섬너는 자본주의를 지지하였다. 그가 자본주의를 받아들인 것은 유기적 공동체와 유기적 인간관계의 회복을 궁극적 목적으로 하는 그의 자연주의 사상으로부터 나온 것이었다. 인간, 토지, 노동, 자본 등은 유기적 공동체를 지향하는 섬너 사상의 핵심적 요소들이다.

자연주의 사상에 나타난 보수주의와 통합정신

섬너의 자연주의 사상은 부분들의 유기적 관계가 하나의 전체적 유기체를 가능하게 한다는 전제로부터 출발한다. 섬너에게 사회의 모든 부분들은 독립된 상태가 아니라 서로 긴밀하게 결합된 상태로 존재한다. 그는 이것을 자연에서 나타나는 모든 유기체의 존재 방식과 같은 것으로 본다. 그는 사회도 자연에서와 같은 질서와 균형에 의해 유지된다고 믿는다. 그러나 그는 두 가지 점에서 인간세계는 자연세계와 전혀 다르게 작동한다고 본다.

첫째, 자연세계의 부분들이 기계적으로 작동하고 유지되는 것과는 달리, 인간세계의 개체들은 그들 의지에 따라 질서와 균형을 이룰 수 있고 그렇지 않을 수도 있으며, 그들 각자가 보유한 고유한 잠재력과 에너지를 얼마나 충분히 발휘하느냐에 따라 사회의 진보가 얼마나 바람직한 방향으로 진행하는가를 평가할 수 있다는 것이다. 이것은 섬너가 자유방임을 지지한 이유가 된다. 그에게 자유방임이란 "인간에 의한 어떠한 지적인 간섭도 없는 자연의 억제되지 않은 행위가 아니라 자연적 발전을 돕는다는 차원에서 단지 인간 지성을 합리적으로 적용하는 것"을 말한다.[87] 섬너는 "자유방임만이 독단주의와 선험적 추론을 진정으로 바로잡는다"고 주장하면서 복잡한 자연현상에 불완전한 지성이 개입할 때 오히려 "분명하고, 절대적이며, 본래적인 자연의 규칙들을 방해한다"고 단언하였다.[88]

둘째, 인간세계는 자연에서 나타나는 냉혹한 생존경쟁과 약육강식의 세계와는 달리 모든 개체가 서로 얼마나 잘 협력하여 자신들의 재능을 발휘하느냐에 따라 사회진보가 이룩된다는 것이다. 그리하여 섬너의 사상에 있어서 "사회의 모든 부분이 모두의 이익과 권한을 위해 서로 결합하고, 서로의 이해관계를 조정하여, 궁극적으로 도달하게 되는 평형상태"[89]가 가장 바람직한 사회진보였다. 그리고 섬너가 추구하는 평형은 자본의 힘 혹은 자본에 의해 수립된 제도들을 통해 역사, 즉 길고 느린 점진적인 발전을 거쳐 도달될 수 있는 것이었다.

섬너는 인간과 제도의 관계를 규명하기 위하여 먼저 생(生)의 과정을 구체적으로 분석하였다. 그는 사는 동안 인간은 두 가지 종류의 재난에 부딪친다고 설명한다. 즉, 첫째 "재난은 생의 고난으로서, 이것은 자연적인 것이며, 생존을 위한 자연과의 투쟁"에 해당된다는 것이다. 그러므로 개인은 자신이 만나는 재난 때문에 동시대 사람들을 비난할 수 없다는 것이다. 다시 말해 개인은 단지 이러한 재난으로부터 스스로 살아남기 위해 투쟁할 따름이라는 것이다. 두 번째 "재난은 인간의 악의와 사회제도의 불완전과 결함 때문에" 일어난다는 것이다. 그러므로 "인간의 악의는 개인의 노력과 에너지로 대처할 수 있는 반면, 제도적 결함은 힘을 합친 노력에 의해서만이 고쳐질 수 있다"는 것이다.[90] 섬너는 자연의 질서에 속하는 해악을 개혁하려는 어떤 인위적인 시도에도 반대하였지만, "인간사회가 그 속에 있는 모든 인간의 능동적인 협력과 생산적 에너지를 필요로 한다"는 사실은 받아들였다.[91] 그는 미국의 사회구조는 계약에 기반을 둔 구조라고 지적하면서 다음과 같이 설명한다. "계약에 기초한 사회는 서로 협력하는 자유롭고 자주적인 인간들의 사회이다. 그러므로 그러한 사회는 개체의 발전과 자유로운 인간들의 자존과 존엄을 위해 최상의 여지와 기회를 제공한다. 계약 아래에서 협력하는 자유로운 인간들의 사회는 지금까지 존재했던 사회 가운데 가장 강한 사회다."[92]

섬너는 모든 제도란 그 자체의 역사성을 가지고 있다고 믿는다. 그는 "우리가 과거 세대로부터 물려받은 권한, 유리함, 자본, 지식 및 그 밖의 모든 재화는 과거 세대의 투쟁과 노력으로 획득된 것"이라고 본다.[93] 그러므로 우리의 가치 기준과 도덕적 기준은 세대를 거쳐 내려오는 우리의 유산 가운데 보존될 가치가 있는 어떤 것에 기초해야만 한다는 것이다. 그리하여 섬너에게 자본주의는 자연의 질서 속에 있는 하나의 자연적인 제도일 뿐만 아니라 미국이라는 토양에서 성장한 역사적이며 전통적인 제도였다. 즉, "문명의 전반적이고 꾸준한 성장과 그 최상의 인물들에 의해 그리고 이들을 통한 사회의 진전을 통하여 미국 문명을 형성한 것은 바로 자본주의의 힘"이었다는 것이다.[94] 따라서 섬너에게 자본주의는 자연적이며, 합당하고, 본질적인 것으로서 미국 국민의 긴밀한 관계 속에서 하나의 가치 기준이자 권위였다.

인간 사회의 진보는 하루아침에 이루어지는 것도 아니고 어떤 지배계급에 의해 독점적으로 수립되는 것도 아니다. 그것은 분명히 우수한 인재들과 그 나머지 사람들과의 협력을 통하여 점진적으로 형성되며, 그와 같은 과정 속에서 창조된 우수한 문화는 평등주의의 확대에 기여한다. 섬너는 인간 사회의 진보를 이해함에 있어서 역사를 본질적인 기반으로 인식하였다. 그는 바로 역사 속에서 개체들이 각자의 에너지를 완전히 해방시킬 때 진보가 이루어진다고 믿었다. 즉, 인류는 불가피하게 역사적 존재들의 집합이기 때문에 역사는 자연이 하나의 씨앗에 혜택을 주듯이 인류에게 혜택을 준다고 보는 것이다. 그러나 섬너에게 중요한 것은 역사가 인류에게 주는 혜택은 인간들 간의 협력에 의해서만 수립될 수 있다는 사실이다. 그리하여 그의 사회사상의 논지는 전체와 부분들의 역사성에 대한 인식을 통하여 그 전체와 부분들의 동적인 평형을 어떻게 추구하느냐 하는 문제와 관련이 있었다. 그렇다면 섬너는 사회를 구성하는 개체들의 동적 평형이 어떻게 성취될 수 있을 것이라고 보았는가?

이미 앞에서 섬너는 바람직한 사회진보를 위해 사회를 구성하고 있는 개체들의 완전한 자기실현을 강조한 바 있다. 그에게 사회의 동적 평형이란 더욱 역동적인 사회진보를 말하는 것임에 틀림이 없다. 이 단계에 도달하기 위해 섬너는 사회계급들의 구별과 대립을 조장하거나 "기존 계급이 창출한 소유를 분배하려고 하는 대신에 개인에게 최대한 기회를 제공하는" 방안을 만들어야 한다고 주장한다. 그에게 개인의 기회 확대가 바로 진보였고, "교육, 과학, 예술, 통치 등에서 모든 진보는 지구상의 인간에게 기회를 확대하는 것"을 의미하였다.[95]

그리하여 섬너는 사회진보에 대해 다음과 같은 결론을 내린다. "만일 우리가 기회를 확대시킬 수 있다면 우리는 문명의 전체적이고 꾸준한 성장과 사회의 진보를 그 최상의 구성원들에 의해 그리고 그들을 통해 달성할 수 있을 것이다." 섬너는 무엇보다도 이러한 기회를 통하여 모든 계급들은 “선의, 상호 존경, 자유, 안전 등에 있어서 서로 빚지고 있다”는 사실을 강조하였다.[96]

미국 지성사에서의 위치와 유산

첫 장에서 다루었던 브라운슨의 보수주의 사상이 지나치게 신학적 관점에 바탕을 둠으로써 다원주의가 유행했던 시대의 지적 세계와 맞설 동력을 상실했던 것과는 달리 섬너의 보수주의 사상은 실제적이고 구체적인 대안들로 사회통합을 추구함으로써 헨리 조지의 개혁주의 정신과 함께 한 시대의 지성계를 풍미하였다. 미국의 지적 전통에서 섬너의 보수주의 사상이 남긴 지적 유산은 미국의 전통과 제도를 지키고자 하는 지성과 정신 속에서 언제나 저력으로 작용해 왔고 지금도 작용하고 있다. 이러한 작용은 분명히 미국의 지적 전통의 흐름이 때로 지나치게 진보주의 운동에 경도되어 그 균형을 잃을 때 평형 상태를 유지하는 것을 도와주었다. 섬너의 사상이 미국의 지적 전통에서 차지하는 위치를 올바르게 평가하기 위해선 산업화와 다원주의라는 두 요인들이 일으킨 사회적·지적 변혁의 복잡한 결과와 의미를 분명하게 이해해야 할 것이다.

남북전쟁 이후 미국의 산업화가 미국 국민과 사회에 실질적인 영향을 끼치며 과거의 농업사회 구조를 무너뜨리며 새로운 사회질서를 만들어 내고 있었다면, 다원주의는 바로 전 시대에 유행했던 초월주의와 같은 형이상학적이며 직관적인 사고체계를 불합리한 것으로 만들며 모든 지식인들의 정신세계를 뿌리째 뒤흔들고 있었다. 산업화와 진화론은 서로 다른 배경 속에서 형성·발전하였지만, 섬너의 시대에 이 두 세력은 불가분의 관계에 놓이게 된다. 다윈의 진화론이 함축하고 있는 자연주의적 발전론적 관점은 산업화로 인해 나타난 물질화와 사회진보를 그 어떤 사고체계보다도 잘 설명할 수 있었다. 그 이유는 그것이 어떤 이론과 사상보다도 변화, 성장, 발전에 관한 동적 함의를 내포하고 있기 때문이다. 따라서 다윈주의는 산업화로 인해 새로 형성되고 있던 사회질서에 새로운 가치와 도덕의 기반을 제공할 수 있었다. 하지만 이러한 다윈주의의 동적 개념은 그 반대의 경우에도 적용되었다. 이 동적 개념에 따르면 제도와 현실은 정지 또는 고정되어 있는 것이 아니라 전환기적 의미 속에 놓이게 된다는 것이다. 따라서 다윈주의는 기존의 사회질서와 구조에 대한 혁명적·개혁적 이론이 될 수도 있는 것이었다. 실제로 다윈주의는 산업화로 인해 형성된 격심한 빈부의 격차와 같은 불평등한 사회구조를 비판하고 개혁하는 지적 도구로 이용될 수 있었다. 앞 장에서 다룬 헨리 조지의 사상은 다윈주의에 기초한 대표적인 비판정신이라 할 수 있다. 그리하여 섬너의 시대에 미국 지성계의 한 진영은 다윈주의의 발전론적 관점을 통해 산업화의 성장과 발전을 이해하며 지지하였는가 하면, 다른 진영은 산업화를 비판·공격하였다. 미국 지성사에서 섬너의 사상은 분명히 전자의 보수주의 진영에 속해 있다. 결국 헨리 조지와 윌리엄 섬너는 하나의 지적 수원에서 서로 다른 사상의 지류를 대표하고 있었던 것이다.

그러나 섬너의 사상을 평가하고 미국 지성사에서 그의 사상이 차지하는 위치를 분명하게 파악하기 위해서는 더 깊은 정신세계의 구조로 내려가야 한다. 산업화와 다윈주의가 지성계에 제기한 문제는 미국의 가장 중요한 지적 전통이며 정신적 기반이라 할 수 있는 개인주의의 운명이었다. 다시 말해 그것은 산업화와 진화론적 가치관이 지배하는 세계에서 개인의 자율성은 어느 정도 가능한가의 문제였다. 어떤 의미에서 대기업의 등장과 그 엄청난 지배력하에서 개인의 자율성을 생각한다는 것은 의미가 없는 것인지도 모른다. 그러나 또 다른 관점에서 보면 산업자본주의의 물질적 진보 속에서 개인은 자기실현의 더 많은 기회를 가질 수도 있는 것이었다. 여기에 다윈주의의 발전론적 세계관은 기존 제도의 형성과 발전에 역동적 주체로서 개인의 역할을 정당화할 수 있었던 것이다. 이제 산업화로 인해 형성된 새로운 사회질서와 경제구조를 개인의 자율성과 관련하여 어떻게 수용하고 어떻게 이해하느냐에 따라 지식인의 정치적 입장은 결정되었던 것이다.

섬너는 미국의 깊은 역사성과 사회성을 강조함으로써 자신이 당시 인식했던 국가적·지적·정신적 위기를 극복하고자 하였다. 그 위기가 부분적으로 다윈주의의 진화론에 기인했다 할지라도, 다윈주의에 기초한 섬너는 다윈주의 사상의 긍정적이고 건설적인 측면을 찾고자 했으며 미국의 사회적·정치적·경제적 생활을 보존하고자 했다. 그의 태도는 전체와 부분의 조화를 통하여 미국의 국민적·사회적·존재론적 의미를 추구해 왔던 미국의 지적 전통을 잘 대변하는 것이었다. 그는 항상 현재를 살고자 했고 과거와 미래를 연결시키고자 했으며, 분열·갈등·극단보다는 화해·일치·통합의 정신을 구현하고자 함으로써 미국의 지적 전통의 유산 속에서 활동하였다. 그는 미국의 지적 전통의 산물이며 또한 그것에 대한 가장 중요한 기여자 가운데 한 사람이었다.

1 Bruce Curtis, *William Graham Sumner* (Boston: Twayne Publishers, 1981), pp. 13-14.

2 William Graham Sumner, *Folkways: A Study of the Sociological Importance of Usages, Manners, Customs, Mores, and Morals* (Boston: Ginn, 1906), p. 653.

3 *Ibid.*, p. 49.

4 *Ibid.*, p. 54.

5 William Graham Sumner, "Sketch of William Graham Sumner," in *The Challenge of Facts and Other Essays*, ed. Albert Galloway Keller (New Haven: Yale University Press, 1914), p. 3.

6 *Ibid.*, pp. 3-5.

7 Harriet Martineau, *Illustrations of Political Economy* (London: Charles Fox, 1832), p. xiii.

8 William Graham Sumner, "Autobiographical Sketch of William Graham Sumner," in *Essays of William Graham Sumner*, ed. Albert Galloway Keller and Maurice R. Davie (2 vols., 1934; reprint, New Haven: Yale University Press, 1940), Vol. I, p. 5.

9 *Ibid.*, p. 6.

10 Richard Hooker, *Of the Laws of Ecclesiastical Polity* (1888; reprint, New York: St. Martin's Press, 1975); Henry Thomas Buckle, *History of Civilization in England* (New York: D. Appleton, 1883) 참조.

11 William Graham Sumner, "Sketch of William Graham Sumner," p. 7.

12 William Graham Sumner and Albert Galloway Keller, *The Science of Society* (4 vols., 1927; reprint, New Haven: Yale University Press, 1932) 참조.

13 *Ibid.*, Vol. 1, p. 3.

14 William Graham Sumner, Sermon, "Individualism" Genesis 4:9 (Mar 11 1871), in Sumner Papers, Box no. 59, Folder no. 1337, p. 3.

15 *Ibid.*, p. 5.

16 *Ibid.*, p. 8.

17 *Ibid.*, p. 10.

18 *Ibid.*, p. 13.

19 *Ibid.*, p. 15.

20 *Ibid.*, p. 30.

21 William Graham Sumner, Sermon, "Tradition and Progress" Matthew 15:3 (Jan 12 1871), in Sumner Papers, Box no. 60, Folder no. 1388, pp. 2, 4.

22 Wiliam Graham Sumner, "The American Code," in *Essays of William Graham Sumner*, Vol. I, pp. 89-90.

23 William Graham Sumner, "Purposes and Consequences," in *Essays of William Graham Sumner*, Vol. I, p. 19.

24 William Graham Sumner, "Tradition and Progress," p. 9.

25 *Ibid.*, p. 31.

26 *Ibid.*, pp. 31-32.

27 William Graham Sumner, *Folkways*, p. 2.

28 *Ibid.*, p. 2.

29 *Ibid.*, p. 4.

30 *Ibid.*, p. 17.

31 *Ibid.*, p. 18.

32 *Ibid.*, p. 19.

33 *Ibid.*, p. 28.

34 *Ibid.*, p. 29.

35 *Ibid.*, p. 29.

36 여기서 관습의 본래 단어는 mores인데, 사회학자들은 이것을 '원규'라고도 부른다.

37 *Ibid.*, p. 34.

38 *Ibid.*, pp. 45-46.

39 *Ibid.*, p. 68.

40 *Ibid.*, p. 77.

41 *Ibid.*, p. 78.

42 *Ibid.*, p. 79.

43 David A. Wells, *Robinson Crusoe's Money Or The Remarkable Financial Fortunes and Misfortunes of a Remote Island Community* (New York: Harper and Brothers, 1876), p. 5.

44 Adam Smith, *An Inquiry into the Nature and Causes of the Wealth of Nations* (5th ed., Dublin: William Porter, 1793), Vol. 1, p. 14.

45 *Ibid.*, p. 328.

46 "Preface," *Journal of Social Science*, 1 (1869): 1.

47 *Ibid.*, p. 2.

48 Thomas L. Haskell, *The Emergence of Professional Social Science: The American Social Science Association and the Nineteenth-Century Crisis of Authority* (Chicago: University of Illinois Press, 1977) 참조.

49 William Graham Sumner and Albert Galloway Keller, *The Science of Society*, Vol. 1, p. 1.

50 *Ibid.*, pp. 48-49.

51 *Ibid.*, p. 49.

52 *Ibid.*, p. 206.

53 William Graham Sumner, *What Social Classes Owe to Each Other* (1883; 5th pt. Caldwell, Idaho: Caxton Printers, 1966), p. 7.

54 *Ibid.*, pp. 7-8.

55 William Graham Sumner, "Sketch of William Graham Sumner," p. 5.

56 William Graham Sumner, "The Absurd Effort to Make the World Over," in *Essays of William Graham Sumner*, Vol. I, p. 93.

57 William Graham Sumner, *What Social Classes Owe to Each Other*, p. 11.

58 *Ibid.*, p. 13.

59 *Ibid.*, p. 22.

60 William Graham Sumner, "The Forgotten Man," in *Essays of William Graham Sumner*, Vol. I, p. 467.

61 *Ibid.*, p. 477.

62 *Ibid.*, p. 481.

63 *Ibid.*, p. 484.

64 *Ibid.*, p. 493.

65 *Ibid.*,, p. 494.

66 William Graham Sumner, *What Social Classes Owe to Each Other*, p. 25.

67 *Ibid.*, pp. 27-28.

68 *Ibid.*, p. 28.

69 *Ibid.*, p. 28.

70 *Ibid.*, p. 28.

71 *Ibid.*, p. 29.

72 *Ibid.*, pp. 29-30.

73 *Ibid.*, pp. 31-32.

74 *Ibid.*, p. 32.

75 *Ibid.*, p. 38.

76 *Ibid.*, p. 40.

77 *Ibid.*, pp. 40-41.

78 *Ibid.*, p. 48.

79 *Ibid.*, p. 49.

80 *Ibid.*, p. 50.

81 *Ibid.*, p. 51.

82 *Ibid.*, p. 52.

83 *Ibid.*, p. 52.

84 *Ibid.*, p. 54.

85 *Ibid.*, p. 58.

86 William Graham Sumner, "Power and Beneficence of Capital," in *Essays of William Graham Sumner*, Vol. II, p. 22.

87 William Graham Sumner, "The Forgotten Man," p. 469.

88 *Ibid.*, pp. 471, 475.

89 William Graham Sumner, *What Social Classes Owe to Each Other*, p. 107.

90 *Ibid.*, p. 17.

91 *Ibid.*, p. 19.

92 *Ibid.*, p. 24.

93 *Ibid.*, p. 116.

94 *Ibid.*, p. 145.

95 *Ibid.*, p. 145.

96 *Ibid.*, p. 145.

4

프래그머티즘에 의한 전체와 부분들의 역동적 통합 추구

윌리엄 제임스와 『심리학 원리』(1890)

William James,

The Principles of Psychology (1890)

앞에서 살펴본 것처럼 헨리 조지가 토지개혁을 통해 사회를 통합하려 했다면 윌리엄 그레이엄 섬너는 오히려 전통과 제도를 유지함으로써 그 속에서 유기적 통합을 관철시키려 했다. 이들 두 지식인들은 같은 시대를 살며, 같은 지적 흐름 속에서 통합이라는 같은 목표를 추구했지만 분열된 사회에 대한 해법은 서로 달랐다. 철학자 윌리엄 제임스(William James)도 이들과 같은 시대의 지식인이었다. 제임스의 철학도 헨리 조지와 섬너가 고뇌했던 인간과 사회의 문제들을 안고 있었다. 그러나 제임스가 추구한 세계는 조지와 섬너가 이상으로 삼았던 통합의 사회보다 훨씬 더 포용의 폭이 넓고, 자유의 범위가 광대하며, 다양한 개인들을 수용할 수 있는 공간이 무한히 열린 우주였다.

윌리엄 제임스는 미국의 대표적 철학인 프래그머티즘을 완성한 사상가였다. 프래그머티즘이 찰스 퍼스에 의해 구상되어 촉진되었고 존 듀이에 의해 현실사회에 구체적으로 적용되었다면, 제임스에 의해선 하나의 철학으로 체계화되어 완성되었다. 제임스는 두 세계를 살았던 사상가였다. 이 두 세계는 서로 다르면서도 깊게 관련되어 있었다. 남북전쟁 이전의 낭만주의 세계가 제임스의 부친인 헨리 제임스의 지적 배경이었다면 전쟁의 비인간적 경험과 다윈주의의 비종교적 이론으로 만연했던 자연주의는 제임스의 지적 배경을 이루고 있다. 제임스의 지적 세계는 분명히 낭만주의에 대한 반항에서 출발했지만 그 낭만주의적 요소들은 물론이고 미국의 지적 전통 전체에 대한 반항은 아니었다. 초월주의와 자연주의가 안고 있던 극단의 문제들을 해결하고자 했던 제임스의 프래그머티즘은 부분과 전체의 관계가 끊임없는 진행과 발전 속에서 더욱 역동적이고 창조적일 수 있고, 그럼으로써 모든 부분들의 자발적 참여를 통해 통합할 수 있는 세계를 이상으로 했던 통합사상이었다.

윌리엄 제임스의 통합사상은 미국의 지적 전통이 위기에 처한 상황에서 형성되었다. 제임스는 이러한 지적 위기에 직면하여 급진적·반항적이라기보다는 미국의 토양에서 현실을 직시하며 새로운 방향을 모색했던 독창적인 사상가였다. 전체와 부분의 관계가 더는 전통적인 존재론에 근거할 수 없을 때 그 관계 자체를 거부한 것이 아니라, 또 다른 권위와 기반을 모색하며 관계의 균형을 복원하려 했던 지식인이었다. 프레더릭 잭슨 터너(Frederick Jackson Turner)가 제시한 프런티어 테제가 개인의 가능성이 자연 속에서 실현되던 과거에 대한 향수였다면, 윌리엄 제임스가 제시한 프래그머티즘은 프런티어 없는 미국에서 모든 개인들이 스스로의 의지에 의해 세계와 관계함으로써 자신들의 가능성을 실현할 수 있는 토대를 제시한 철학이었다.

윌리엄 제임스는 세계와 개인, 특히 남북전쟁 이후 전개된 산업사회와 미국 국민의 관계를 철학적으로 이해하고자 했다. 그에게 세계란 개인의 자기실현이 방해받지 않는 열린 세계가 되어야만 했다. 그는 개인의 자유와 해방을 열린 세계의 가장 중요한 특징으로 제시하였다. 이 점에서 그의 철학은 개인주의 철학이라 해도 과언이 아니다. 그에게 개인주의는 미국의 지적 전통과 직접 관련이 있었다. 전통적인 개인주의의 개념은 신학적 개념을 포함하여 자연적 개념도 담고 있다. 전체와 부분들의 균형과 평형은 역동적 전체는 물론이고 자유주의적이고 진보적이며, 민주적이고 해방적인 부분들의 존재를 가능케 하는 것이었다. 제임스 사상의 출발점은 개인이었고, 그가 자신의 철학 저서들에서 처음부터 끝까지 강조한 것은 개인이 어떻게 역동적 개인이 될 수 있느냐의 문제였다. 19세기 전반에 물질주의를 극복하고자 에머슨이 제시했던 자립적·초월적 '대(大)신령'은 제임스의 시대에는 가능하지 않았다. 제임스의 프래그머티즘은 개인의 가능성이 제한받는 시대에 제시한 철학적 대안이었다.

1890년에 출간된 『심리학 원리』(*The Principles of Psychology*)에서 윌리엄 제임스는 인간의 사상이란 고정된 것이 아니라, 변화하는 세계에 대한 반응으로 형성되고 있다는 사실을 제시하였다. 이러한 사실을 증명하기 위해 그는 의식의 흐름을 실증적으로 밝혀내야만 했다. 만일 인간의 사상이 절대적 존재든 기계적 법칙이든 어느 것에 종속되어 있다면 변화하는 세계에 대한 반응은 기계적이거나 수동적일 수밖에 없다. 그러나 만일 인간의 의식이 그 반대 상황에 처한 존재라면 세계가 변하는 정도만큼 그것은 오히려 역동적이며 창조적이 될 것이다.

윌리엄 제임스는 『심리학 원리』에서 세계의 본질이 결코 단순하고 계획된 대로 진행되는 일원론적인 실체가 아니라 혼돈, 우연, 가능성이 함께 내재한 다원론적인 실체라는 것을 알리고자 하였다. 그는 이 다원론적인 세계에서 개인은 고립된 실체가 아니라 자발적으로 행동하는 만큼 관계적 존재로 살게 되며, 자유와 해방을 누릴 수 있다고 보았다.

윌리엄 제임스 철학의 요점은 토머스 제퍼슨이 제시한 미국 민주주의의 가치가 더욱 광범하고 구체적으로 실현되는 세계에 대한 열망을 철학적으로 표현한 것이라 할 수 있다. 이 역동적인 산업 시대에 어떻게 개인의 생명과 자유가 지켜질 것인가? 이 적자생존의 자본주의 시대에 어떻게 모든 개인이 그들의 행복을 함께 추구할 수 있을 것인가? 전통 철학이 해결하지 못한 이러한 문제들에 대하여 윌리엄 제임스는 인간의 정신과 현실 자체에 대한 새로운 관점을 제시함으로써 해결책을 모색하고자 했다.

생애와 사상

생애와 사상의 원천

역사가 리처드 호프스태터(Richard Hofstadter)는 윌리엄 제임스의 "예민한 도덕적·미적 감수성"은 "부분적으로 아버지로부터 온 것"으로, "제임스의 사상을 형성하는 데 아버지의 개인적 요인들, 즉 감정 및 기질 등이 무엇보다도 크게 작용했다"고 지적한 바 있다.[1] 1842년 뉴욕 시에서 태어난 윌리엄 제임스는 아버지 헨리 제임스(Henry James Sr.)의 독특한 종교, 사상, 교육철학 등으로부터 영향을 받으며 유년 시절을 보냈다. 헨리 제임스는 아일랜드로부터 미국으로 이민 와 사업에 성공한 부친에게서 받은 막대한 유산으로 자녀들의 교육과 장래에 남다른 헌신을 할 수 있었다. 또한 경제적 여유가 있었던 그는 생활고에 시달리지 않고 종교, 사상, 철학, 문학, 예술 등에 깊은 관심을 갖고 연구할 수 있었고, 이 방면의 많은 명사들과 친분을 쌓았으며, 그들을 자주 집으로 초대하여 교류하였다. 이러한 지적 노력과 열정으로 헨리 제임스는 철학자 윌리엄 제임스를 비롯하여 소설과 비평에서 성공하여 유명한 문인으로 성장한 헨리 제임스, 그리고 일기 작자로서 성공한 엘리스 제임스를 키워냄으로써 제임스 가문을 미국 지성사에서 중요한 위치에 올려놓았다.

윌리엄 제임스는 이러한 부유한 가정환경 속에서 자라며 아버지의 종교적 믿음과 사상으로부터 많은 영향을 받았고, 에머슨과 같이 당대의 최고 사상가들과 직접 접할 수 있는 기회를 가지면서 그의 지적 세계를 넓혀 갈 수 있었다. 따라서 제임스는 개인적으로 스베덴보리 신도(信徒)로 알려진 아버지의 신비주의 신학[2]에 반대했지만, 그의 강력한 종교적 영향은 피할 수가 없었다. 또한 그가 훗날 에머슨을 대표로 하는 초월주의와 당시의 사상체계에 반기를 들며 프래그머티즘으로 알려진 새로운 철학을 수립했지만, 그의 사상은 여전히 에머슨이 몸담았던 지성의 강 속에 있었다.

윌리엄 제임스의 저술 속에 나타난 사상을 살펴보면 다른 미국 사상가들과 확연히 구분되는 한 가지 특징을 발견할 수 있다. 그것은 그의 사상의 수원이 그 어느 사상가보다도 깊고 넓다는 것이다. 이는 그의 아버지가 제임스에게 쏟은 학문에 대한 열정의 결과였다. 제임스의 아버지는 자식을 결코 평범한 학교의 세계에 두지 않았다. 윌리엄 제임스의 유년 시절 교육은 공식적 교육기관에서 이루어진 것이 아니었다. 그는 한곳에 머무르지 않고 많은 나라를 여행하며 다양한 경험을 쌓으며 성장했다. 그는 정식 학교보다는 거의 개인교사를 통해 교육을 받았고, 빈번하게 유럽을 여행하였으며, 때로는 거기서 몇 년씩 체류하며 사립학교에 다니기도 했다. 그 결과 그는 프랑스어와 독일어를 완벽하게 구사할 수 있었고, 이러한 언어능력을 바탕으로 프랑스와 독일의 광대한 사상과 철학은 물론이고 자연과학의 세계를 쉽게 접할 수 있었다.

1861년 남북전쟁이 발발했을 때 윌리엄 제임스는 몸이 너무 허약하여 입대하는 대신에 하버드대학에 소재한 로렌스 과학학교에 입학하여 화학을 배우기 시작했다. 3년 후 제임스 가족이 보스턴에 정착하기까지 제임스의 유년기와 청년기는 불확실한 여정과 같은 것이었다. 그는 미국과 유럽을 오가며 잦은 여행과 이사, 전학을 했으며, 독일의 본(Bonn)에서는 그림을 배우기도 했다. 그러나 확실히 제임스의 재능은 예술보다는 과학에 있음이 곧 드러났고, 그가 습득한 과학적 지식은『심리학 원리』를 쓰는 토대가 되었을 뿐만 아니라, 그의 철학과 사상의 성격을 결정짓는 데 중요한 역할을 하였다.

하버드대학에서 윌리엄 제임스의 관심은 화학에서 해부학으로 그리고 다시 생리학으로 바뀌었고 궁극적으로는 의학을 연구하기로 결심하였다. 1864년 그는 하버드 의과대학에 입학하여 1869년에 학위를 받았다. 이 기간 중 제임스에게 가장 중요한 사건은 당시 위대한 자연사 전공 교수인 루이스 아가시즈(Louis Agassiz)와의 만남이었다. 제임스는 자신의 의학 공부와는 직접적인 관련이 없었지만, 1865년 아가시즈 교수가 주도하는 브라질 탐사에 합류하였다. 아가시즈 교수의 탐사 목적은 다윈주의 이론을 과학적으로 반대하기 위한 근거를 찾기 위한 것이었다. 그러나 다윈주의를 이해함에 있어서 제임스는 결코 아가시즈의 입장에 동조하지 않았고, 오히려 1년 남짓한 탐사 기간 중 열대의 아름다움에 빠져들었으며 철학적 문제들과 씨름하기 시작하였다. 탐사에서 돌아온 후 제임스는 극도로 체력이 허약해졌고, 정신적으로 안정을 찾을 수 없었다.

1870년대 초까지 제임스의 이러한 육체적·정신적 고통은 계속되었다. 삶에 대한 회의, 종교적 갈등, 비관주의, 회의주의 등은 제임스의 정신을 여전히 공황상태로 만들었다. 이런 가운데서 그가 만난 사상가들은 그에게 새로운 철학의 세계를 열어 주었다. 그들이 바로 올리버 웬델 홈스 2세(Oliver Wendell Holmes, Jr.), 천시 라이트(Chauncey Wright), 찰스 샌더스 퍼스(Charles Sanders Peirce) 같은 사상가들이었다. 1866년에서 1867년까지 제임스는 홈스와 형이상학 문제들에 대해 깊은 대화를 나누었고, 라이트와는 1860년대 후반부터 그가 작고하는 1875년까지 친분을 유지했으며, 퍼스와는 로렌스 과학 학교에서 서로 만난 이래로 철학 연구의 동반자가 되었다. 1870년대 초에 제임스는 이들 외에도 존 피스크(John Fiske)와 프랜시스 E. 애벗(Francis E. Abbot)과 함께 '형이상학 클럽'이라는 작은 철학모임에 참여하여 함께 철학적 문제들을 토론하였다. 제임스는 이들과의 만남 속에서 진화의 다윈주의 개념을 분명하게 이해하게 되었고, 프래그머티즘의 정신세계로 들어갈 수 있었다. 하지만 그는 이들에게서도 어떤 정신적 위안도 찾지 못한 채 유럽으로의 여행을 다시 시작하였고, 독일에서 2년을 보내는 동안 자살 직전까지 가는 정신적 고통을 겪었다. 깊은 자기 성찰 속에서 그는 구원을 열망하였다. 그 앞에 놓여 있는 이상주의와 물질주의는 그에게 어떤 대안도 제시해 주지 못했다. 이때 그가 깨달은 것은 자유의지에 대한 믿음이었다. 특히 그가 읽은 프랑스 철학자 샤를 르누비에(Charles Renouvier)의 저작들은 제임스로 하여금 그러한 믿음에 대한 확신을 갖게 했다.

1869년 독일에서 돌아온 후 윌리엄 제임스는 1872년부터 1876년까지 하버드대학에서 해부학과 생리학 강사, 1876년부터 1880년까지 생리학 조교수 등을 역임했다. 1878년은 제임스의 생애에서 두 가지 중요한 일이 일어난 해다. 그 하나는 앨리스 하우 기븐스(Alice Howe Gibbens)와 서른여섯의 나이에 결혼하여 가정을 꾸린 일이고, 다른 한 가지는 전문 철학 학술지에 당대에 가장 추앙받는 사상가 중 한 명인 허버트 스펜서를 비판하는 논문을 게재한 일이었다. 그 이후 그는 마침내 심리학과 철학 사이의 불분명한 경계에 다리를 놓으며, 1880년에 철학과로 자리를 옮겼고, 이해부터 1885년까지 철학 교수로, 1889년부터 1897년까지는 다시 심리학 교수로, 그리고 1897년에 다시 철학교수로 전환하여 1907년까지 봉직했으며, 1910년에 작고하였다. 윌리엄 제임스를 깊이 있게 연구했던 랠프 B. 페리(Ralph B. Perry)는 그를 "다양한 관심, 열렬한 탐구정신, 창조적 추진력과 관대한 마음"을 가진 철학가로 묘사한다.[3]

스펜서의 정신개념에 대한 도전과 현대 정신의 이해

윌리엄 제임스가 1878년 긴 지적 순례를 마치고 발표한 「스펜서의 정신개념에 대한 비평」(Remarks on Spencer's Definition of Mind as Correspondence)이라는 논문[4]은 미국 사상계에 새로운 빛을 비추는 것은 물론이고 그 자신의 지적 방향을 가늠해 주는 등대와 같은 것이었다. 이 논문에서 그는 스펜서가 생명을 "정신 진화의 전체적인 과정" 속에서 이해함으로써 환경에 대한 유기체의 적응이 정신 진화의 기본적인 특징이라는 사실을 밝혀낸 그의 업적을 높이 평가하면서도, 그가 인간의 "모든 감정, 미적 충동, 종교적 믿음, 개인적 애정" 등을 생략함으로써 정신을 피상적이며 단편적으로 파악했다고 지적하면서 당대의 정신적 거장에 도전하였다.[5]

윌리엄 제임스에게 정신은 어떤 구조와 법칙 속에 묶여 있는 것이 아니라 실제 생활을 살아가는 힘이었다. 그리하여 스펜서가 정신을 엄격한 진화의 법칙 속에서 이해한 것과는 달리 제임스는 그것을 "사실, 논리, 환상, 위트, 취향, 장식, 미, 도덕" 등과 같은 "모든 법칙"과 함께 움직이는 실체로 보았다.[6] 정신의 탁월성과 그 질적 본질에 대한 제임스의 새로운 주장은 스펜서의 지적 권위에 대한 도전인 동시에 현대의 혼돈과 불확실성에 맞설 수 있는 인간의 가능성을 제시하는 것이었다. 확실히 제임스에게 철학은 절망과 비관이 아니라 희망과 낙관이었다. 그는 환경에 적응하는 인간의 차원을 넘어 환경을 인간의 의지 아래에 둠으로써 소용돌이치는 현대 정신사의 강에서 표류하는 현대 지성에 구원의 밧줄을 던졌던 것이다.

스펜서에 대한 윌리엄 제임스의 지적 도전은 단순히 한 개인에 국한된 것이 아니었다. 스펜서가 당시 미국 지성계에 미치고 있던 지적 영향력을 고려한다면, 그에 대한 제임스의 비판적 입장은 미국 사상계의 주류에 대한 도전이기도 했다. 따라서 제임스는 스펜서에 대한 비판으로 자신의 지적 경력을 시작함으로써 미국 지성계에서 스펜서 반대자로 위치를 확고히 했다. 『종의 기원』의 저자인 찰스 다윈과 마찬가지로 스펜서 또한 영국의 사상가였음에도 그의 명성은 미국에서 더 많이 알려졌다. 1859년 『종의 기원』이 출판되기 이전에 이미 진화에 대해 깊은 논의를 시작한 스펜서의 학문적 결실은 1855년 『심리학 원리』로 나타났다. 이 저서에서 그는 당시로서는 진화론을 공론화하기가 이른 시기였음에도 대담하게 진화론과 그 함의에 대해 논의하였다. 그러나 실제로 그 책은 무시되고 경시되었으며, 과학계조차 선뜻 받아들이기를 꺼려하였다. 스펜서는 진화론의 사도였다. 그는 그것을 통해 "모든 사상의 공통된 본질과 그 궁극적인 구성요소"를 밝히기를 원했다. 그에게 진화론은 사물에 대한 과학적이고 객관적이며 종합적인 접근을 의미하였다. 그리하여 그는 진화라는 "보편적인 종합"을 통해 "모든 살아 있는 유기체와 외부 세계 사이에 놓여 있는 관계"가 추상적이며 애매한 이해를 통해서가 아니라 구체적이고 실제적인 관계 속에서 밝혀져야만 한다고 주장했다.[7] 스펜서에 따르면 진화의 종합을 통해 정신적 생명은 육체적 생명으로부터 유래하고, "모든 유기체의 생명은 외부 행동에 대한 내적 행동의 계속적인 적응"이라는 것이다.[8] 이렇듯 진화는 스펜서에게 하나의 보편적인 과정이자 법칙이었다. 이러한 스펜서의 진화 개념에는 어떤 지도적인 정신이나 의지 및 감정을 위한 여지가 존재할 수 없는 것처럼 보였다. 그 개념에 따르면 단지 자연적인 힘과 기계적인 법칙만이 세계질서를 만드는 것처럼 보였다. 제임스가 보기에 이와 같은 스펜서의 사상은 단지 메마른 과학적 이론에 불과한 것이었다.

첫 번째 논문인 「스펜서의 정신개념에 대한 비평」에 이어 발표한 「짐승과 인간의 지능」(Brute and Human Intellect)이라는 논문에서 윌리엄 제임스는 스펜서가 그의 저작 전체를 통해 인간을 포함한 모든 "동물이 감정적이고 실제적인 것에 반응하는 자발성을 전적으로 무시하였다"고 비판하였다. 그에 따르면, "스펜서는 정신이란 진화의 과정 중 가장 낮은 단계에서 가장 높은 단계에 도달한 일종의 환경의 산물에 불과하다는 사실을 입증하기 위한 거대한 과업에 전념하였는

데, 그는 지각력이 있는 모든 존재가 갖는 흥미와 선택적 관심과 같은 주지의 사실들을 기꺼이 언급하려 하지 않았다"는 것이다. 그리하여 스펜서는 창조물을 "전적으로 수동적인 진흙덩어리"에 불과한 것으로 간주함으로써 인간의 경험을 "외부적 질서로부터 단순히 나오는 어떤 것으로 해석하였다"는 것이다. 제임스에게 경험은 어떤 한 가지 법칙이나 하나의 질서와 만나는 것이 아니었다. 그는 "외부질서에는 수백만 가지의 항목들이 우리의 의식에 나타난다"는 사실을 인정하면서, 그것들이 우리의 경험 속으로 들어오기 위해선 우리가 그것들에 다가가야 한다고 주장한다. 그는 "경험이란 우리가 마음먹기로 동의한 것"이라고 규정하며, 우리가 경험하는 것들을 통해 우리의 정신이 형성된다고 지적한다. 그는 "만일 우리가 선택적인 관심을 가지고 있지 않다면 경험은 전적인 혼돈"이라고 언급했는데,[9] 이 언급은 그가 현대의 다원론적 세계를 그 누구보다도 분명히 인식하고 있음을 암시하는 부분이다.

개인과 세계의 역동적 관계에 의한 통합 추구

윌리엄 제임스는 1870년대 후반부터 철학 논문을 쓰기 시작했다. 그가 1890년에 첫 저서로 출판한 『심리학 원리』는 심리학에 속하는 저서이긴 하지만, 그의 모든 철학사상의 방향과 성격이 잘 드러난 방대하고 중요한 업적이다. 윌리엄 제임스는 이 저서에서 "인간의 심리를 자연과학적 관점"에서 연구하려 했음을 밝히면서 심리학을 "정신생활을 다루는 과학"으로 정의하였다.[10] 그러나 그는 단순히 "정신생활에 나타나는 현상과 조건들"을 연구하는 것이 아니라, 자신의 철학의 궁극적 목적인 개인의 진정한 정신과 자아의 해방을 위해 먼저 개인의 분명한 실체를 밝히려 하였다. 다시 말해 그는 개인을 모든 종류의 제한과 억압으로부터 해방시키기 위해 개인은 결코 "심층에 있는 어떤 실체가 만들어 낸 산물"이 아니라는 사실을 밝히고자 하였다.[11]

윌리엄 제임스의 사상을 미국의 지적 전통과 관련시켜 볼 때 그의 사상은 개인주의로 설명될 수 있다. 말하자면 미국의 지적 전통에 내제한 개인의 자립과 자기실현 개념은 제임스 사상의 중심에서 가장 중요한 역할을 하고 있다. 개인의 심리, 개인의 정신, 개인의 자아, 개인의 사고, 개인의 의지, 개인의 경험, 개인의 자유 등이 제임스 사상의 가장 중심적인 요소들이다. 그러나 제임스에게 개인의 의미와 가능성은 세계와의 관계 속에서만 드러나고 실현될 수 있었다. 그러므로 철학자로서 제임스는 인간정신과 사고의 본질을 분석하면서도 자신의 시대와 세계를 누구보다도 철저하고도 비판적으로 성찰해야만 했다. 그 결과 데이비드 A. 홀린저(David A. Hollinger)가 지적한 것처럼, 그는 "빅토리아 시대의 실증주의자들의 허식"을 비판하고, "그 문화적 제국주의자들의 인식론적 단순성을 폭로하였다."[12] 제임스에게 '부분'은 '전체'와 관련을 맺을 때 진정한 실체를 드러내지만 그것은 본래의 모습과는 아주 다른 모습으로 나타난다. 그럼에도 부분은 독특하게 남으면서도 전체와 균형을 이루고자 하고, 그 균형 속에서 '부분'과 '부분'의 조화는 또 다른 역동적 '전체'를 가능하게 하는 것이었다. 그에게 이 새로운 전체는 바로 진보의 실체이기도 했다.

미국의 지적 전통을 통해 강조되어 왔던 개인과 진보의 개념은 윌리엄 제임스의 사상에서 더욱 발전된 형태로 나타난다. 그 이유는 역설적으로 개인 해방의 조건이 이전보다 훨씬 더 어려운 상황으로 변했기 때문일 것이다. 다시 말해 산업화로 인한 사회의 새로운 억압구조는 물론이고 그럼에도 형식과 절대적 원칙에 얽매인 기존의 철학과 도덕에 맞서 제임스는 더 강력하고 역동적인 개인의 의지를 필요로 했다. 제임스의 첫 철학 저서라고 할 수 있는 1897년의『믿음의 의지』(*The Will to Believe*)에서 그는 개인이 "자발적으로 선택한 믿음"은 정당화되어야만 한다는 신념으로 시작하였다.[13] 여기서 그가 강조하고자 하는 것은 인간의 가능성이 인간의 의지에 의해 실현되는 모습이었다. 어떤 전제이든 그것이 "인간에게 실질적인 가능성"[14]을 의미한다면 그것은 살아 있는 것이고, 개인이 그것을 행동으로 옮길 때 개인의 가능성은 실현되는 것이다. 따라서 제임스는 믿음의 의지를 제한하고 억제 또는 방해하는 모든 제도와 철학을 공격하였다.

윌리엄 제임스에게 개인의 믿음은 자연과학적 태도, 즉 오로지 확실한 증거 위에서만 무엇을 믿는다는 태도는 개인의 가능성을 철저히 제한하는 것이었다. 확실히 19세기 후반 소위 빅토리아 사회의 지배적 권력의 한 축은 이러한 자연과학적 태도 위에 놓여 있었다. 제임스가 말하는 "믿음의 의지"는 이러한 사회제도와 가치관으로부터 벗어날 수 있는 적극적이고, 강인하며, 역동적인 개인의 정신이었다. 제임스에게 "확실성"은 사회의 "확고한 동의"와 안정을 가져올는지 몰라도 그것은 대단히 정적이고, 제한적이며, 형식적인 것이었다.[15] 제임스는 우리가 확실성만을 추구할 경우 그 추구 과정에는 "단지 그 대상과 정신의 본질 자체가 있을 뿐이고 그 밖에는 아무것도 작용하는 것이 없다"고 지적하였다.[16] 제임스에게 이 세계는 개인에게 무한하게 열려 있는 곳이었다. 따라서 그에게 경험은 개인의 무한한 가능성이 이 세계에서 실현되는 유일한 길이었다.

마침내 윌리엄 제임스에게 경험은 철학의 방법으로 발전한다. 그는 진리에 도달하기 위해선 "계속적으로 경험을 쌓아야 하며," "경험의 반성"을 통해 "한 걸음씩 진리에" 다가설 수 있다고 주장한다.[17] 이러한 경험은 모두에게 열려 있는 것이었다. 다시 말해 누구든 이 세계를 경험할 수 있고, 그러한 경험을 통해 자신의 가능성을 실현할 수 있다는 것이다. 따라서 각 개인이 경험하는 내용은 개인에 따라 다르며 언제나 수정되거나 통합될 수 있는 것이었다. 경험의 과정에서 개인은 과오를 범할 수 있다. 그러나 제임스는 "우리의 과오란 결코 그렇듯 엄숙한 것은 아니라"[18]고 지적하며, 세상에 맞서 "강해지고 굳센 용기 있는 자가 되라"고 촉구한다.[19]

개인의 다양한 경험에 의한 통합 추구

윌리엄 제임스의 사상에서 경험은 종교 문제와 관련하여 더욱 구체화된다. 『믿음의 의지』(1897)에 이어 출판된 『종교적 경험의 다양성』(*The Varieties of Religious Experience*, 1902)에서 제임스는 "종교적 경험의 현상을 순전히 사실적 관점"에서 "생물학적"이고 "심리학적"으로 다루고자 했다.[20] 그리하여 그는 "활기 없는 습관에 빠져 있는 개인들이 아니라 민감한 열정에 사로잡혀 있는 개인들"에게서 소위 "독창적인 경험"을 찾고자 하였다.[21] 왜냐하면 윌리엄 제임스에게 그들은 바로 자신이 겪었던 것과 같은 영혼의 상처를 안고 있는 사람들이었기 때문이다. 그는 그들에 대해 다음과 같이 말한다. "그들은 항상 고도의 감정적 감각을 가진 피조물들이다. 가끔 그들은 조화되지 못한 내적 삶에 이끌려 일하는 동안에도 우울증을 보인다. 그들은 강박관념과 고정된 생각에 한없이 시달린다. 그들은 빈번히 몽환상태에 빠지거나 환청을 듣거나 환상을 보고, 일반적으로 병적 현상으로 분류되는 모든 종류의 증상을 보인다."[22] 제임스에게 이들은 세계와 조화를 이루지 못했던 자신의 젊은 시절 분열된 자아의 상태를 보여 주는 것이었다. 제임스가 말한 '조화되지 못한 내적 삶에 이끌린' 사람들이란 어떤 의미에선 세계와 조화로운 관계를 시도했던 사람일 수도 있다. 이렇듯 윌리엄 제임스에게 종교 문제란 개인이 세계와 가장 절실한 관계를 회복하고자 할 때 일어나는 문제였다.

윌리엄 제임스의 『종교적 경험의 다양성』은 미국의 정통 기독교를 다루는 것이 아니다. 제임스는 이 저서에서 모든 종류의 종교적 경험을 다룬다. 예를 들어, 그는 모든 종파의 개신교도, 천주교도, 유대교도, 불교도, 크리스천 사이언스교도, 모르몬교도, 이슬람교도, 철학자, 초월주의자, 성인, 예술가, 보통 사람까지도 포함하는 모든 사람들의 "감각적이고 신비적인 경험의 순간"을 분석한다.[23] 제임스에게 "한 인간의 종교는 그것이 무엇이든 그가 근본적 진리라고 느끼는 것을 향한 태도"이고 "삶에 대한 인간의 총체적 반응"이다.[24] 더 나아가 그것은 "개인에게 새로운 힘을 제공한다. 외면적 전투에 패배하거나, 외부적 세상이 그를 인정하지 않을 때에도 그것은 내면적 세계를 회복시켜 활기를 불어넣어 준다."[25] 그러므로 제임스는 그것이 무엇이든 모든 개인의 존재를 인정하고, 그들의 통합을 추구하기 위해선 그들의 종교적 경험을 중요하게 고려해야만 했다. 이제 제임스의 반(反)형이상학적 태도는 더는 유지될 수 없는 것처럼 보인다. 왜냐하면 "종교는 보이지 않는 질서가 존재한다는 믿음으로 이루어지며, 우리의 최고선은 그 질서에 조화롭게 순응하는 데 있다"고 할 수 있기 때문이다.[26]

확실히 윌리엄 제임스의 경험은 모든 개인의 의미와 영역을 확대하고 해방시키고자 하는 목적을 가지고 있다. 만약 그가 끝까지 반형이상학적인 태도를 견지했다면 그것은 스펜서의 결정론과 같이 개인의 가능성을 제한하고 억압하는 것으로 나타났을 것이다. 제임스의 우주관은 리처드 로티가 인식한 것보다 훨씬 더 광범하고 넓었다. 제임스는 우주와 "보이지 않는 실재성"에 대해 다음과 같이 말한다. "구체적 대상들로 이루어진 전(全) 우주는 에머슨과 같은 초월주의 작가뿐만이 아니라 우리 모두에게 추상적인 관념들로 이루어진 보다 넓은 우주 안에 잠겨 있다. (…) 추상적이고 본질적인 선, 미, 힘, 정의가 선하고 강하고 중요하고 정당한 모든 사물들 속에 스며 있다. 그러한 관념들, 그리고 그와 똑같은 추상적인 또 다른 것들은 우리가 아는 모든 사실들에 대한 배경, 다시 말해서 우리가 생각할 수 있는 모든 가능성의 근원을 형성한다. 말하자면 그 관념들은 모든 특별한 사물들에 본성을 부여한다. 우리가 알고 있는 모든 것은 이러한 추상적 개념들 가운데 하나의 본성을 부여받은 것이다. 그 개념들은 형태와 특징이 없고, 근거가 없는 것이기 때문에 우리는 결코 그것들을 직접 볼 수가 없다. 그러나 우리는 이 개념들을 수단으로 삼아 모든 다른 사물들을 이해한다."[27] 제임스에게 개인의 진정한 경험은 실재하는 것을 초월하는 경지에까지 이르러야만 했다. 개인들의 생이란 "추상적인 개념들이 마치 구체적인 존재이기나 한 것처럼 그것들을 추구하고, 붙잡고, 미워하고, 축복하기" 때문이다. 윌리엄 제임스는 "영구불변하지 않는 감각적인 것들이 공간의 영역에 존재해 있듯이, 추상적인 개념들도 머물러 있는 영역에서 실재하는 존재들"로 받아들였다.[28]

중도의 철학에 의한 인간과 세계의 통합 추구

리처드 로티는 윌리엄 제임스가 19세기 사상을 비판함에 있어서 유럽의 니체를 능가한다고 지적하면서, 그 이유로 그가 누구보다도 "형이상학적 요소"를 피하고 있다고 지적하였다.[29] 실제로 제임스는 당시의 철학을 가차 없이 비판했는데, 그 이유는 그것이 인간의 가능성을 제한하는 "무미건조하고 전문화된" 철학이었기 때문이다. 만약 제임스가 당시에 형이상학적 철학이 인간의 가능성을 해방시킬 수 있는 철학이라고 생각했다면 그는 서슴없이 그것을 지지했을 것이다. 그에게 철학이란 "인간사에서 가장 숭고하기도 하면서 가장 사소한 것"이 될 수 있는데, 그 이유는 그것이 "우리의 정신을 용기로써 격려"해 줄 때 인간에게 "영원의 광명"이 될 수 있다고 믿었기 때문이다.[30] 그러나 그에게 당시의 주류 철학은 인간의 가능성을 열어 주는 것이 아니라 차단하는 역할을 하고 있었다.

윌리엄 제임스는 당시의 두 주류 철학을 "합리주의"와 "경험주의"로 불렀다. 그는 전자를 "추상적"이고 "영원한 원리"를 추구하는 철학으로 본 반면, 후자는 사실을 추구하는 것으로 보았다.[31] 그는 이러한 두 철학 학파의 연구태도를 다시 "온건한 경험주의자"와 "강경한 경험주의자"로 구분하면서, 전자는 "일원론적이며, 전체와 보편에서 출발하며, 사물의 통일에 치중"하는 반면, 후자는 다원론적으로 "부분에서 출발하며, 만유를 부분의 일(一) 집합으로 보는 것"으로 파악하였다. 제임스에 따르면 이러한 두 주류는 서로를 경시하며 적대적 관계에 서 있다는 것이다. 이러한 상황에 대해 제임스는 양측에 대한 중재자로 자처하며 다음과 같이 말한다. "양측이 지니고 있는 장점을 취하자. 당연히 사실이란 좋은 것이다. 많은 사실을 갖도록 하자. 원리도 좋다. 많은 원리도 갖도록 하자. 세계는 일면으로 보면 분명히 일(一)이나, 다면으로 보면 역시 분명 다(多)이다. 세계는 일(一)이면서도 다(多)이다. 다원론적 일원론을 취하자. 만물은 당연히 필연적으로 결정되어 있으나, 그렇다 하더라도 우리들의 의지는 자유다. 자유의지적 결정론이야말로 진정한 철학이다."[32]

이러한 윌리엄 제임스의 언급에서 알 수 있듯이 그의 철학적 세계관은 다양성을 수용하면서도 통합된 세계를 갈망하였다. 그 이유는 그것만이 개인들의 잠재력이 진정으로 실현될 수 있는 최상의 조건을 만드는 것이라고 믿었기 때문이다. 그렇다면 제임스는 어떻게 전체와 부분들을 통합시키려 했는가? 그가 제시한 방식은 제도의 개혁도, 제도에 대한 순응도 아니었다. 그는 이것이 개인들의 부단한 의지를 통해서만이 달성될 수 있는 것이라고 보았고, 그들의 의지 앞에는 어떤 제한도 없다는 것을 보여주고자 하였다. 존 패트릭 디긴스(John Patrick Diggins)가 지적한 것처럼, "제임스는 미국이 합리주의와 경험주의의 전통 모두가 갖고 있는 최대의 장점을 누릴 수 있도록 하기 위해 그 두 철학의 한계를 초월하고자 시도했던" 사상가였다.[33] 이러한 시도를 통해 그는 모든 개인의 해방을 추구하였고, 이 해방은 전체 속에서만 가능하다고 보았다.

이와 같이 윌리엄 제임스는 모든 이념과 제도의 극단을 경계하며 통합을 추구했던 "중도의 지식인"이었다.[34] 그는 전(前) 시대의 사상적 폐허와 지적 위기 속에서 개인적으로 엄청난 정신적 고통을 겪으면서도 개인과 세계의 진정한 관계를 이해하지 못하는 현실 '철학의 딜레마'를 극복하고자 했던 사상가였다. 철학자로서 제임스가 "진리의 현금가치"[35]를 언급했을 때 그것은 단순히 결과만을 강조한 것이 아니었다. 그가 진정으로 추구했던 것은 "진리란 본질적으로 움직이지 않는 정적인 관계"[36]라고 믿고 있던 당시의 철학자들을 일깨우는 일이었다. 제임스에게 개인과 세계와의 관계는 그들이 이해했던 것보다는 훨씬 더 역동적이고 진보적인 것이었다. 그는 "진정한 관념이란 우리가 동화하고, 효력을 발하게 하며, 확인하고 검증할 수 있는 관념"이라고 인식하며, 그러한 관념은 "경험의 과정 속에서 진리로 만들어진다"고 주장하였다.[37]

『심리학 원리』(1890)

1890년에 출판된 윌리엄 제임스의 『심리학 원리』(*The Principles of Psychology*)는 진화론적 관점에서 바라본 정신에 대한 탐구로서, 정신의 역동적 에너지와 본질에 관한 발견이었다. 제임스는 정신의 본질과 기원은 자연과학적으로 이해되고 해명될 수 있는 것이라고 보았다. 즉, 진화의 관점에서 바라본 정신은 천부적으로 주어진 것도, 영원히 바뀔 수 없는 불변의 어떤 것도 아니라는 것이다. 이런 점에서 제임스에게 정신의 작용이란 결코 기계적인 것이 아니었고, 정신은 환경과의 상호 작용에 의해 끊임없이 또 다른 완성을 향해 나아가는 어떤 것이었다. 『심리학 원리』에서 그는 부단한 변화와 관계 속에서 작용하는 역동적이며 창조적인 정신의 기능을 가장 중요하게 부각시켰다.

『심리학 원리』는 기본적으로 과학적 방법을 지향하면서도 생리학, 심리학, 철학 등에서 다루어지는 다양한 방법과 관점을 이용해 인간 정신을 탐구한 방대한 저작이다. 윌리엄 제임스의 연구방법은 과학적이면서도 철학적이고, 현상적이면서도 심리적·개인적인 것이었다. 먼저 그는 심리학의 연구방법은 언제나 분명하고 명확한 과학적 방법이 되어야만 한다고 주장한다. 이러한 입장에 따라 그는 정신이란 "실제적인 공간과 시간 속에 분명한 자리를 차지하는 개별적인 개인의 정신"이며, "다른 대상들의 세계 속에 있는 대상들"이라 보았다. 따라서 그는 심리학자란 "자신의 정신을 내관적(內觀的)으로 분석하여 거기서 발견한 것을 언급할 때는 객관적으로 말해야 한다"고 주장하였다.[38]

윌리엄 제임스에게 "절대 지성"이나 "특정 신체에 속하지 않은 정신" 혹은 "시간의 경과 속에 있지 않은 정신"은 연구대상이 아니었다. 다시 말해 "심리학자가 이론적으로 다루는 지식은 칸트가 비판한 단순한 지식의 기능이 아니라" "개별 인간을 둘러싸고 있는 개별 사물들에 대해 개개인이 갖고 있는 지식"이라는 것이다. 이것이 심리학 연구에서 제임스가 견지한 기본적인 태도였다. 이러한 연구방법에 대한 그의 강조는 유심론으로부터 오랫동안 영향을 받아 온 고정된 신학적 틀과 사고를 벗어나기 위한 것이었다. 그러나 제임스는 과학의 울타리 안에만 머물 수 없었다. 제임스가 스펜서를 비판한 것은 그가 지나치게 과학적 방법과 법칙에만 집착한 나머지 인간 정신의 무한하고 신비스러운 본질을 기계와 같은 수준으로 전락시켰다고 보기 때문이다. 이런 이유에서 윌리엄 제임스는 기꺼이 "내관적 관찰"(introspective observation)이라는 방법을 채택했던 것이다. 우리 자신의 정신을 들여다보고, 거기서 발견하는 것을 보고하는 이러한 방법은 분명히 과학적 방법은 아니다. 이것은 영혼이라든가 어떤 형이상학적 실체를 다루는 유심론에 오히려 더 가까운 것이다. 그럼에도 제임스가 과학적 방법을 강조하면서도 주저하지 않고 내관적 방법을 채택한 이유는 기본적으로 그가 인간의 정신 속에는 "의식의 상태"라는 것이 있고, 우리 인간은 적어도 그와 같은 의식을 파악할 수 있는 "사고능력"을 가지고 있다고 믿었기 때문이다. 이것은 지금까지 믿고 따라 왔던 모든 지식과 권위가 "철학적 회의의 한숨 속에서 비틀거리고 있는" 이 절망의 시대에 희망을 보여 주려는 시도였다.[39]

이와 같이 윌리엄 제임스의 연구방법은 그의 철학이 지향하는 통합의 정신과 같이 과학적 방법과 형이상학적 방법을 함께 받아들이려는 것이었다. 물론 그것은 단순한 양자의 결합이 아니라 인간 정신의 본질과 가능성은 물론이고 그 정신이 경험하는 세계에 대한 우리의 이해를 과거에는 예상치도 못했던 수준으로 확대시키는 종합이었다. 이러한 의도에서 제임스는 "심리학자란 절대적 진실성에서 정신 상태를 파악해야 할 뿐만 아니라 그 진실한 정신 상태를 보고하고, 기술하고, 명명하고, 분류하고, 비교하여 다른 사물과의 관계를 추구해야 한다"고 주장하였던 것이다.[40]

윌리엄 제임스가 심리학을 연구하기 시작했을 당시에 그 학문은 미국에서 아직 체계화되지 않은 분야였다. 심리학에 대한 과학적 접근의 가능성과 필요성을 인식한 그는 1875년 하버드대학 대학원에 생리학과 심리학의 관계에 관한 내용을 주제로 하는 과목을 개설하고, 그 대학에서 처음으로 심리학 실험실을 설립하였다. 그는 내관적인 방법을 견지하면서도 자연과학적 방법의 중요성을 강조하기 위해 그 스스로 실험적 방법을 채택하였고, 때로는 자연과학 분야에서 전문 학자들이 이룬 업적과 결과물을 광범하게 인용하였다.

1878년 윌리엄 제임스는 헨리 홀트(Henry Holt) 출판사와 미국과학 시리즈의 일환으로 심리학 책을 저술하기로 계약을 체결했다. 당시에 그는 1년 안에 원고를 마치기로 약속했으나 『심리학 원리』가 출판된 것은 그로부터 12년이 지난 후였다. 끈기와 인내의 결과로 이 책이 빛을 보게 되었을 때 그의 나이는 마흔여덟 살이었다. 이후 그의 생애는 저술과 강연으로 미국 철학계는 물론이고 지성계를 이끄는 중요한 위치에 서게 되었다. 『심리학 원리』는 제임스 사상의 대호(大湖)와 같은 것으로서 그가 당시까지 경험하고, 사변하고, 축적한 모든 사상이 그 저작으로 흘러 들어갔고, 그 이후 마지막 저서인 『프래그머티즘』이 1907년에 출판되기까지 그의 모든 이념과 철학이 그 저작으로부터 흘러나왔다.

윌리엄 제임스가 『심리학 원리』를 쓰게 된 직접적인 동기는 허버트 스펜서의 심리학과 사상체계에 대한 비판이었지만, 그가 사상가로서 그 저서를 통해 궁극적으로 추구했던 것은 종교와 과학이 충돌하고 있던 거대한 사상적 전환기에 인간의 분명한 위치를 회복하는 것이었다. 어떻게 인간을 이해할 것인가? 제임스가 말한 소위 '유심론자'(spiritualist)들의 종교적 입장을 견지할 것인가, 아니면 제임스가 '연합주의자'(associationist)라 지칭한 학자들의 물질주의적 입장을 따를 것인가? 후자는 다윈주의에서 유래한 자연과학적 사실들을 신봉하고 있었다. 제임스에게 이러한 문제는 철학적인 문제를 넘어서 실제로 거대 산업이 지배하는 자본주의 시대에 개인의 개성이 어떻게 유지될 수 있을 것인가의 문제와 직결되는 것이었다. 제임스는 종교와 과학 중 어느 한쪽을 택한 것이 아니라 그 둘을 하나로 융화·결합시키고자 했다. 또한 그는 개인의 개성이 산업과 자본의 엄청난 권력에 압도되거나 질식당하고 있다는 사실을 직시하면서도, 그 새로운 조건 속에서 전통 철학과 사상이 미처 파악하지 못했던 개인의 무한한 잠재력과 에너지를 방출시킬 수 있는 방법을 모색하였다. 홀트에게 보낸 편지에서 제임스는 다음과 같이 언급했다. "내가 스펜서와 싸우는 것은 그가 환경에 지나치게 의존했기 때문이 아니라 인간의 정신과 환경이 서로 어우러져 지성을 형성함에도, 그는 이 사실에 대해 아무것도 쓰고 있지 않기 때문이다. 이러한 그의 태도는 정신이 순수하고 수동적이라는 것을 인정하는 선험적 학파를 정당화하는 것이다."[41] 앞에서 이미 고찰한 바와 같이 실제로 제임스는『심리학 원리』가 출판되기 전에 한 논문에서 스펜서가 환경과 생존에 대해서만 지나치게 강조하는 입장을 비판·공격하였다.

『심리학 원리』의 서문에서 윌리엄 제임스는 "나는 이 책을 통해 자연과학적 관점을 유지할 것"이라고 선언하였다.[42] 이 말은 당시 종교적 정신과 형이상학적 태도에 근간을 둔 전통적인 심리학 연구에 대한 엄청난 도전으로 들릴 수 있었다. 실제로 그는 "현상적으로 일어나는 모든 사고를 심층에 존재하는 실재, 즉 영혼, 초월적 자아, 의식의 원초적인 단위 등의 산물로 설명하려는 모든 시도를 형이상학적"이라고 하였다. 그는 심리학을 "여러 종류의 사고와 느낌이 뇌의 분명한 조건과 경험적으로 상호관계"를 가지는 상태로 규정하며 형이상학적 연구 태도에 반대하였다. 그러나 그는 실증적 방법을 지지하면서도 당시 유행하던 다원주의에 근거한 단편적이고 피상적인 연구 태도는 거부하였다. 즉, 그는 자연과학적이 되고자 하면서도 자신의 궁극적인 목적이 결코 실증적 관점이 아니라는 사실을 분명히 밝혔다. 그는 실제로『심리학 원리』의 여러 장에서 형이상학적 관점을 드러내었다. 그가 실제로 반대한 것은 "단편적이고," "무책임하고," "불명료하고," "지각이 없는" 형이상학이었지, 형이상학 그 자체는 아니었던 것이다. 그가 심리학 연구에서 진정으로 추구한 것은 인간 정신의 분명한 본질과 그 진정한 역동성을 재발견하는 것이었다. 그는 이를 위해서 "인간은 계속해서 생각해야만 하고, 물리학과 여타의 자연과학이 취하는 자료와 같이 심리학이 갖는 자료도 철저하게 조사되어야 한다는 것"을 강조하였다.[43]

『심리학 원리』는 기존 심리학에 대한 비판으로부터 출발한다. 윌리엄 제임스는 먼저 기존의 심리학을 두 학파로 분류하여 설명한다. 그 첫 번째 학파는 전통적으로 내려온 방법에 의존하는 사상으로, 정신을 기독교 신학에 근거한 "단순한 하나의 실재," 즉 "개인의 영혼"으로 간주하는 것이다. 다시 말해 그 학파는 "다양한 정신적 존재양식"을 단순한 실재를 통해 설명하려는 것이다. 제임스는 이러한 학파의 사상을 유심론이라 부른다. 그는 유심론이 전통적으로 학교 교육의 이론은 물론이고 상식을 지배해 왔다고 지적한다. 이것은 모든 개인의 인지나 회상은 바로 개인이 인지하고 기억하는 정신능력과 관계가 있다고 보는 것인데, 개인의 모든 능력을 영혼의 절대적 속성으로 간주하는 것이었다. 제임스는 이러한 입장을 거부하였다. 왜냐하면 그는 "우리가 기억하지 못하거나 잘못 기억하는 것은 기억능력의 본질에서 비롯되는 것이 아니라, 이차적인 원인으로부터 오는 것"이라고 믿기 때문이었다.[44] 그가 이처럼 기존의 심리학자들을 거부하며 비판했던 이유는 이들이 정신현상을 지나치게 단순하게 인식하고 있다고 보기 때문이다. 그에게 있어서 정신생활은 전통적인 심리학이 정의한 본질보다도 훨씬 더 역동적이고 복잡한 어떤 실체였다. 그는 부분이 홀로 존재하는 것이 아니라 전체 속에서만 존재하며, 부분과 부분들의 끊임없는 관계 속에서 전체의 의미를 드러낸다고 믿었다.

윌리엄 제임스가 비판한 두 번째 학파, 즉 연합주의는 과학적 접근방법에 전적으로 의존하려는 사상이다. 제임스는 이 학파를 "다양한 정신적 사실들에서 공통점을 찾아, 그것들을 여러 요소의 배열 형태에 따라 건설적으로 설명하려는 사상"이라고 기술하였다. 그는 이 학파에서 사용되는 접근방법이란 마치 주택이 돌과 벽돌만으로 이루어지는 것처럼 설명하려는 것과 같다고 보았다. 그는 이 학파에 속한 학자들이 "서로 분리된 관념들"이 어떻게 응집하고, 반발하고, 지속하여 개인의 추억, 지각, 정서, 의지, 정열, 이론 등 개인의 심리를 만들어 내는가에 국한함으로써 정신의 현상을 단순화시켰다고 비판하였다. 이 학파의 실증적인 방법은 제임스가 주장하는 자연과학적 접근과 같은 맥락인 것처럼 보일 수도 있다. 그러나 제임스는 이 학파를 "영혼 없는 심리학"이라 부르며 비판하였다.[45] 이들이 이룬 성과란 개인의 자아가 "이미 존재하는 표상들의 원천"이 아니라 "그 표상들의 맨 마지막 단계에 놓여 있는 가장 복잡해진 결실"이라고 보는 정도였다는 것이다.[46] 이것은 확실히 개인의 자아와 정신이 이미 어떤 틀에 고정되어 있거나 그것에 결정적인 영향을 받고 있다는 것을 의미한다. 이럴 경우 개인의 추억이나 지각조차도 그 개인의 선천적인 정신능력과 결부시켜 이해될 수 있는 것이다. 한 개인의 정신능력은 그의 정신이 갖고 있는 절대적 속성에 기인하는 것인가? 이 문제는 제임스가 『심리학 원리』에서 추구했던 가장 핵심적인 과제였다. 그의 대답은 "인간의 정신능력이란 절대적으로 존재하는 것이 아니라 조건 아래서 발휘된다"는 것이었다.[47] 정신능력에 대한 이러한 제임스의 이해는 그가 세계를 새롭게 보는 출발점이었다. 『심리학 원리』 전체를 통해 그는 이러한 입장을 견지하며 세계란 무엇이며, 세계란 어떻게 형성되어 왔으며, 세계란 어떻게 진행되고 있으며, 세계란 어떻게 만들어져야만 하는지 등에 대한 난제들에 도전하였다.

윌리엄 제임스가 가장 좋아하는 단어는 감정과 사고다. 왜냐하면 그것들은 그에게 더 깊은 정신의 세계를 볼 수 있게 해주며, 더 넓은 세계를 경험할 수 있게 해주기 때문이다. 그는 인간의 감정이 얼마나 광범하고 복잡한가를 제시함으로써 인간의 정신세계가 제한되고 구속받지 말아야만 한다는 것을 암시하였다. 그러므로 그는 우리가 "모든 감정들의 상호관계에 관해 느낌뿐만이 아니라 이름을 붙이고 분류하는" 작업을 멈출 것을 촉구한다. 그에 따르면 우리는 감정에 대해 아는 것보다 모르는 것이 더 많다는 것이다. 감정들과 감정들의 관계에 대해선 더욱더 그렇다. 그리하여 그는 최대한 실험적 방법을 사용하면서도 내관적인 방법을 견지하면서, 그 두 방법을 보완한다는 차원에서 비교방법을 도입한다. 예를 들어 그는 동물들의 본능을 철저하게 조사하여 인간의 본능을 해명하면서, 꿀벌과 개미의 추리능력을 비롯하여 온갖 종류의 비정상적인 사람들의 정신도 우리의 정신생활의 한 부분이 된다고 보았다.

윌리엄 제임스는 심리학 연구에서 함부로 사물을 명명하고 분류하지 말 것을 강조한다. 왜냐하면 "우리는 한 단어가 어떤 현상을 지칭할 때 언제나 그 현상을 넘어 그 단어가 가리키는 어떤 실체가 존재한다고 가정하기 쉽기 때문"이라는 것이다. 그러나 제임스는 현상들의 집단을 지칭할 단어가 없으면 그와 반대되는 오류에 빠지게 되는 일도 빈번하다고 지적한다. 또 이런 경우에 우리는 정신 속에 어떤 실체도 있을 수 없다고 가정하기 쉽고, 따라서 성장 시기에 일상 대화에 들어와 친숙하게 된 현상들도 간과하기 쉽다고 지적한다.[48] 이와 같이 윌리엄 제임스가 심리학 연구에서 목적했던 바는 인간의 정신영역을 더 높은 차원의 세계로 끌어올리려는 것이라기보다는 이 세계에 이미 존재해 왔지만 드러나지 못했던 부분들의 존재를 인식하고, 그들을 포용할 수 있는 문을 넓히며, 그들로 하여금 스스로 세계와 관계를 맺도록 촉구하는 것이었다.

습관과 정신의 문제, 그리고 정신과 물질의 관계

인간은 얼마나 정신적인 존재인가? 인간은 어느 정도 정신적인 생활이 가능한가? 개인의 삶이란 어느 정도 자신의 정신에 따라 영위되는가? 또한 이러한 인간의 정신은 얼마나 실제적인 삶과 관계가 있는가? 이러한 문제들에 대한 답은 인간의 정신이 자연과 사회 속에서 어떤 위치를 차지하고 있는가의 문제를 해명해 줄 것이다. 윌리엄 제임스는 정신과 물질의 관계에 관한 형이상학적 문제를 다루기 전에 인간이 벗어날 수 없는 습관 속에 인간의 정신이 차지하는 위치를 규명하고자 했다.

윌리엄 제임스는 개인의 정신을, 영원히 변하지 않고 고정된 절대적인 어떤 본질과 기반에 대한 형이상학적 관조가 아니라, "생활의 가장 큰 부분을 차지하는" "습관"의 분석을 통해 이해하고자 하였다.[49] 그 까닭은 습관이란 개인에 관해서든 자연에 관해서든 그 어떤 것보다도 구체적이고 실제적인 것이라고 보기 때문이다. 다시 말해 그는 모든 것을 습관 덩어리로 이루어진 것이라고 보았는데, "자연의 법칙이란 여러 종류의 물질 요소들이 서로 작용과 반작용 속에서 따르는 불변하는 습관에 불과하다"고 이해했기 때문이다. 그렇다면 살아 있는 생명체들은 어떠한가? 이들도 다른 사물들처럼 전적으로 습관의 지배만을 받는가?

윌리엄 제임스는 유기체도 습관의 지배를 받지만 자연의 법칙과는 달리 변화성과 개성을 가지고 있다는 사실을 분명하게 인식하였다. 그러므로 그에 따르면 "유기체의 세계에서 습관은 더 많이 변할 수 있다"는 것이다. 또한 태어날 때부터 갖고 있는 습관인 "본능조차도 개체마다 다르고, 상황에 따라 똑같은 개체 속에서도 수정된다"고 보았다. 다시 말해 "물질을 구성하는 기본적인 분자들의 습관은 바뀌지 않지만, 물질의 복합적인 덩어리의 습관은 변할 수 있다"는 것이다. 왜냐하면 "복합체의 습관은 그 복합체의 구조에 의존하기 때문이며, 외부적 힘이나 내부적인 긴장이 시시각각 그 구조를 현재의 구조와는 다른 어떤 것으로 바꿀 수 있기 때문"이라는 것이다.[50] 인간은 물론이고 사회가 하나의 복합체로 된 실체라고 가정한다면 윌리엄 제임스의 이러한 이해는 인간의 의지에 따라 인간의 습관과 사회의 구조는 바뀔 수 있으며, 그 안의 개인은 이전보다 더 많은 가능성을 갖게 되는 것이다. 확실히 윌리엄 제임스는 인간의 정신이 육체와의 결합을 통해서만 존재한다는 사실을 인정하면서도 그 결합이 단순한 습관적인 패턴을 따르는 것이 아니라 육체를 통해 각 개체의 개성을 드러낼 수 있다고 본 것이다. 그러므로 개인의 정신이 습관의 한계를 어느 정도 벗어나느냐에 따라 그 독특한 정신의 영역이 확보되는 것이다.

이상에서 보는 바와 같이 윌리엄 제임스는 인간 정신을 포함하여 모든 사물을 습관이라는 물질적인 구조와 결합되어 있는 것으로 이해하면서도 인간 정신을 어떤 정해진 형태로 규격화하거나 어떤 고정된 범주로 제한하는 것에 반대하였다. 그에게 인간 정신이란 일상적이면서도 신비스럽고 독특한 것이었다. 그리하여 제임스의 사상에서 이 정신의 상반된 본질은 언제나 인간 사회의 진보에 그대로 반영되었다. 즉, 그는 정신의 이중적 성격으로 인해, 인간의 습관과 사회구조가 바뀔 수 있다는 신념을 피력하면서도 그러한 변화는 급격하게 일어나는 것이 아니라 아주 느린 과정을 통해 서서히 나타난다는 사실을 강조하였다. 이것은 인간의 정신은 느린 과정을 통해 자발적인 의지를 발휘하며 변화에 관여하는 동시에 그 과정의 한 부분으로 그 과정을 받아들인다는 것을 암시한다. 윌리엄 제임스는 이러한 상황을 다음과 같이 잘 설명한다. "물체는 수정에 대해 어느 정도 저항하며, 그것을 극복하는 데 시간이 걸리지만, 그 상황에 점점 순응하여 완전하게 와해되는 것을 모면할 수 있다. 구조가 바뀌면서 그 변화에 기여한 관성은 물체를 새로운 형태로 오래 유지시키는 조건이 되며 또 그 물체가 보여 주는 새로운 습관의 조건이 되기도 한다. 따라서 적응성이란 넓은 의미에서는 어떤 영향에도 순응하는 약한 힘을 가지고 있지만, 다른 한편으로는 어떤 힘에 의해서도 단번에 바뀌지 않을 만큼 강한 구조를 가졌음을 의미한다."[51]

윌리엄 제임스는 습관에 관한 연구가 생리학이나 심리학의 영역보다는 물리학의 분야에 속한다고 지적하면서, 생명이 없는 물체들도 획득된 습관과 비슷한 것을 보여 준다고 강조한다. 그러는 가운데서도 그는 생명이 있는 물질은 분명히 다른 차원에서 습관에 속해 있다는 사실을 설명하려고 한다. 즉, 생명이 없는 물질보다 생명이 있는 물질에서 구조의 변형이 빠르게 이루어지는데, 왜냐하면 생명이 있는 물질에서는 끊임없이 영양공급이 이루어져 전에 인상을 받은 일이 있는 신경 조직의 원래 구조를 재생시켜, 그 변용에 저항하기보다는 받은 인상을 통해 변용된 것을 확인하고 인정하는 경향이 많기 때문이라는 것이다.

그렇다면 생명이 있는 물질 중에서 인간의 정신과 습관의 관계는 어떠한가? 윌리엄 제임스의 설명에 따르면, "인간은 현재의 신경 장치가 하는 것보다 더 많은 일을 할 수 있는 소질을 신경 중추 속에 가지고 태어난다"는 것이다. 또한 그는 "다른 동물들이 하는 일은 대부분 자동적이지만 인간이 하는 일의 가짓수는 엄청나게 많으므로 대부분의 일들은 고심하여 노력한 결과일 수밖에 없다"는 사실을 강조한다.[52] 그는 확신에 차서 인간의 정신은 습관의 부분이면서도 습관을 넘어설 수 있다는 사실을 지적하며, 만약 인간의 정신이 그러한 가능성을 갖고 있음에도 그러지 못한다면 인간은 비참한 곤경에 빠질 것이라고 경고하였다.

윌리엄 제임스가 제기한 이러한 경고는 습관의 윤리적 의미를 지적한 것이다. 즉, "습관이 형성되면 어떤 선택 가능한 잘못된 사건도 나타나지 않고 또 의식된 의지와는 관련 없이 각 신경 흥분은 다음에 생길 적절한 후속 흥분을 불러내게 되어," 후속하여 일어나는 모든 것은 기계적이 될 수 있다는 것이다. 제임스가 설명하는 바처럼, "자발적 행동이란 엄격한 의미에서는 그 전체 진행이 관념, 지각, 의지 등에 의해 인도되는 행동"인데 반해, "습관이 된 행동은 감각의 인도만으로도 충분하며 뇌의 상부 영역이나 상부 정신과는 상대적으로 관련이 거의 없는 것"이다.[53] 다시 말해 인간은 언제고 습관의 지배를 받을 수 있다는 뜻이다. 이때 우리는 다음과 같은 의문을 제기할 수 있다. 인간이 자신의 의지를 상실한 채 습관으로 이루어진 사회의 구조 속을 기계적으로 걸어갈 때 인간의 정신이란 생명 없는 물체와 다를 것이 무엇이겠는가? 제임스는 습관의 지배적 힘에 대해 다음과 같이 설명한다. "습관은 사회의 거대한 속도 조절 바퀴이며 가장 값진 보수주의적 원천이다. 습관만이 우리 모두를 법령의 범위 안에 두게 하며, 부자의 자녀를 가난한 사람들의 시기심에 찬 폭동으로부터 구해 준다. 습관만이 어렵고 냉혹한 현실 속에 있는 사람들을 구한다. 습관은 어부와 선원들이 혹독한 겨울에도 작업하고, 광부들이 어둠 속에서도 광물을 캐내고, 시골 사람들이 눈 속에서도 여러 날 오두막과 외로운 농가에 머물게 한다. 습관은 우리가 자라나고 선택하는 도정 위에서 벌어지는 삶의 전장에서 싸워나갈 수 있게 해 주며, 우리가 마음에 들지 않는 직업에도 최선을 다하도록 한다. 습관은 서로 다른 사회계층을 유지시킨다."[54]

사회 속에서 습관이 하는 이러한 기능과 역할에 대해 윌리엄 제임스가 지적한 내용은 현실을 직시한 통찰에서 나온 것이었다. 그는 습관이 기존의 사회 질서와 도덕을 어떻게 유지시키고 떠받치고 있는지를, 그리고 그 결과 사회의 계층화가 얼마나 자연스러운 사회구조로 받아들여지게 되는지를 지적하고 있는 것이다. 진보의 강줄기를 가로막는 습관의 흐름은 제임스에게 있어서 개개인의 정신이 소유한 탁월성을 퇴색시키는 것임에 틀림이 없다.

그렇다면 어떻게 이러한 습관의 흐름 속에서 인간은 도덕적일 수 있을까? 이를 위해 윌리엄 제임스는 개인의 의지를 강조하였다. 그는 "새로운 습관을 획득하거나 오랜 습관을 벗어 버리려면 가급적 강하고 단호한 결단을 내려서 주도권을 장악하고 새롭게 시작하도록 해야 한다"고 주장한다.[55] 기존의 경직된 습관과 질서에 반해 새로운 습관을 단호하게 습득하는 것은 개인의 결심과 희망에 달려 있다는 것이다. 그는 "의지란 인생의 모든 위급한 상황에 확고하고 즉각적이며 결정적으로 대처하는 총체적 표현"이라고 역설한다.[56]

특히 윌리엄 제임스는 이러한 의지를 갖기 위해 개개인은 "감정과 정서가 물결치는 바다에서 일생을 허비하면서 구체적이고 역동적인 행동을 주저하는 무기력한 감상주의자나 몽상가"가 되지 말 것을 권고한다.[57] 현실을 떠난 추상과 감상이 지배하는 세계에서 위선은 판을 칠 수밖에 없다는 것이다. 윌리엄 제임스는 위선을 질타하며 사회의 진실이란 포장된 권위와 습관적 형식 속에 있는 것이 아니라 지저분하고 천박한 구석에 가려져 있다는 사실을 강조하였다. 위선과 형식의 문화 속에서 "모든 것들이 흔들리고 키질하는 바람에 날리는 왕겨처럼 연약한 인간들이 바람에 날려갈 때에도" 개인의 정신은 견고한 탑처럼 우뚝 서 있을 것을 그는 호소하였다.[58]

윌리엄 제임스가 인간의 의지를 강조하며, 개개인의 정신이 습관의 흐름에 휩쓸려가지 말 것을 주문한 것은 정신이란 결코 생리적으로나 물질적인 차원으로 설명할 수 없다는 것을 말해 주는 것이다. 그의 사상이 다원주의에 많은 영향을 받았음에도 그는 당시 유행하던 진화론에 근거한 과학적 조류에 휩쓸려 지나치게 정신적 영역의 세계를 간과하는 소위 연합주의자들의 입장을 받아들일 수 없었다. 그는 세계를 과학적 사고로만 이해하는 것을 단호하게 거부하였다. 그렇다고 그가 전통적인 종교인들처럼 정신과 물질을 철저하게 분리하는 이원론을 수용한 것은 더더구나 아니었다. 이 두 세계에 대해 그는 다음과 같이 말한다. “정신적 사건과 물질적 사건이 모든 분야에서 강력하게 대립되고 있다는 것은 어디에서나 인정된다. 이 두 사건 사이를 갈라놓는 간격은 우리의 정신이 쉽게 다리를 놓을 수 없는 부분이다.”[59] 제임스는 정신과 물질을 가르는 깊은 절벽을 바라보며, 이것이 곧 사회를 분할하는 장벽으로 작용한다는 것을 분명하게 깨달았다. 왜냐하면 “절대적 분리 속에서 함께 어울린다는 것은 전혀 합리적인 것이 되지 못한다고 보았기 때문”이다.[60] 그렇다면 이 두 세계의 상호작용과 상호영향을 어떻게 설명할 것인가? 이 문제는 형이상학적인 답을 필요로 하지만, 윌리엄 제임스는 이 두 세계를 결합하는 전제조건으로 “순전히 연역적이고 사이비한 형이상학”에 근거한 철학으로부터 먼저 벗어날 것을 제안하였다.[61]

정신과 물질의 문제는 다원적인 세계에서 개인의 정신이 어떻게 다른 존재와 상호작용하면서도 독립적으로 존재할 수 있는가에 관한 문제라고 볼 수 있다. 이 문제를 두고 대립하는 두 학파는 대체로 진화론에 대한 입장과 관련이 있었다. 제임스는 이 두 학파 모두를 비판하며, 새로운 철학적 대안을 모색하였던 것이다.

먼저 윌리엄 제임스는 진화론자들의 잘못된 가정은 인간의 정신상태가 단순한 복합체로 이루어졌다는 믿음에 바탕을 두고 있다고 지적한다. 진화론의 가정을 단순하게 말한다면, 무기물이 최초로 나타나고, 그 후 하등 동물과 식물, 정신을 가진 생명체가 차례로 나타나고, 끝으로 인간과 같이 고등 정신을 소유한 생명체가 나타났는데, 이러한 진화의 과정에서 어떤 원천적이고 불변하는 물질은 끊임없는 집적과 분산 과정을 거친 후 재분배를 통해 새로운 존재로 탄생한다는 이론이다. 그리하여 이 진화의 연속적인 과정 어느 단계에서도 어떤 새로운 천성이나 새로운 요소는 끼어들 수 없는 것처럼 보인다. 결국 이러한 가정하에서는 인간의 정신과 개성은 설 자리를 잃게 된다. 오히려 진화론의 지지자들은 정신과 물질이 하나의 근원에서 출발하여 계속 이어지는 것으로, 더 구체적으로 말한다면 정신이란 육체에서 시작하여 점점 자라나는 어떤 것으로 보았다. 그리고 그들은 이 둘 사이에 변형, 환원, 융합 등이 있었다고 믿는다.

그러나 윌리엄 제임스는 이러한 다윈주의자들의 입장에 대해, 그러한 융합 속에서 "새로운 감성은 얻을 수 있지만 감성들 자체는 혼합될 수 없다"고 반박한다.[62] 그는 정신 속에 동시에 두 감성이 존재할 수 있다는 것을 인정하지 않으며, 개개인의 정신이 스스로 통합한다는 이론도 논리적으로 이해될 수 없다고 주장한다. 다시 말해 결합이 이루어지더라도 개개인의 정신의 본질적 특징은 남아 있게 된다는 것이다. 매개체에 의해 합쳐진 것 속에서도 각 실체는 항상 존재하던 대로 남는다는 것이 제임스의 분명한 입장이었다.

통합에 대한 윌리엄 제임스의 이러한 입장은 그가 얼마나 개인의 정신과 개성을 중요시 여겼는지를 보여 준다. 그는 "우리가 시대정신 또는 국민감정이란 말을 하고 대중 여론이란 것이 실제 있는 것처럼 여러 가지로 말하지만, 이 말들은 상징에 지나지 않는다"고 주장한다. 그는 여러 개인들의 정신이 뭉쳐서 고상한 복합적인 정신이 생기는 것은 결코 아니라고 믿고 있는 것이다.[63]

각기 독자적인 여러 관념이 연합하여 하나의 단위체인 정신을 이룬다고 말하는 것은 사물을 너무 단순하게 보는 것임에 틀림이 없다. 윌리엄 제임스는 복합적 정신 상태는 정신 원자들의 합성으로 이루어지는 것이 아니라는 결론을 내린다. 그렇다면 유심론자들의 주장에 대해 제임스의 입장은 어떠한가? 유심론자들은 관념들이 각기 떨어져서 함께 존재하지만 그 관념들은 제삼의 실체인 영혼에 영향을 미친다고 말한다. 그리고 그 영혼은 새로운 정신적 사실이 된다고 그들은 믿는다. 제임스는 이러한 유심론자들의 입장은 결국 앞서서 진화론자들이 말했던 복합 이론과 다를 바 없다고 본다. 왜냐하면 유심론자들이 말하는 영혼이란 것도 결국은 복합 관념에서 나오는 것으로 간주될 수 있기 때문이라는 것이다.

그러나 정신과 물질의 관계를 이해함에 있어서 유심론자들이 초점을 두고 있는 것은 그것들이 철저하게 분리되어 있다고 보는 점이고, 그것들의 어떠한 혼합이나 복합 및 정신적 결합이나 정신적 합성에도 반대한다는 점이다. 그들은 기본적으로 정신을 하나의 물질에 불과하다고 간주하는 것에 강한 거부감을 가지고 있으며, 개별적인 영혼은 각기 별도로 창조된다고 믿는다. 이러한 유심론자들에 대해 제임스는 특히 영혼에 대한 그들의 주장에 분명히 반대하면서도 그가 습관을 분석할 때 보여 준 철저한 분석과 과학적 설명은 시도하지 않는다. 오히려 그는 자신의 이러한 태도를 통해 "유물론적 사상가들에 대해 유심론적 입장도 논리적으로 존중할 만하다"는 메시지를 전달하려는 의도가 있었던 것이 분명하다.[64]

인간의 정신은 무엇인가? 그것은 육체와는 다르고, 육체와 분리된 하나의 독립된 실체인가? 그렇다면 육체 없이도 존재할 수 있는 것인가? 또 다른 관점에서 정신은 육체와 하나로 통합된 실체인가? 그것은 육체 안에서만 존재하고 육체가 사라지면 함께 없어지는 것인가? 정신과 육체는 하나의 실체인가, 아니면 각각 분리된 실체들인가? 이러한 문제들에 대해 윌리엄 제임스는 위에서 본 바와 같이 대체로 연합주의자들의 입장을 강도 높게 비판했지만 그렇다고 유심론자들을 옹호한 것도 아니었다. 당시 지식인들에게 이 문제들에 대한 이해는 개인의 본질과 의미를 파악하는 데 필수적일 뿐만 아니라 그 개인이 속한 사회의 성격을 해명하는 데에도 중요한 열쇠가 되었다. 옛 방식은 무너지고 새로운 방식은 아직 형성되지 않은 채 관념주의와 경험주의라는 거대한 두 지성계가 대립하고 있는 시대에 제임스는 인간 정신의 문제를 다루어야만 했고, 산업화와 도시화의 냉혹한 현실 속에서 개인의 정신과 개성의 존재를 강조해야만 했다.

사고의 흐름과 세계

위에서 살펴본 것처럼, 윌리엄 제임스는 인간의 정신을 단순한 물질적 차원으로 이해하는 풍조를 거부하였다. 그는 기존의 심리학이 정신을 단순한 감각으로 봄으로써 심리학의 "대(大)황폐"를 초래해 왔다는 사실을 지적하면서 내부로부터 정신을 연구할 것을 촉구하였다. 그는 이러한 정신의 내부적 연구를 위해 인간의 의식을 심층적으로 분석하기 시작했다. 의식이란 무엇인가? 그에게 "의식이란 태어날 때부터 풍부하고 다양한 대상들과 맺은 여러 관계들에 대한 의식"이었다. 이것은 달리 말하면 사고란 끊임없는 관계 속에서 부단히 진행한다는 것이다.[65] 그렇다면 사고는 어떻게 진행하는가? 사고의 진행과정에 대한 분석은 제임스에게 개인과 세계에 대한 새로운 관점을 제공하였다.

윌리엄 제임스는 세계를 하나의 방(房)으로 비유하며 다음과 같이 설명한다. "이 방에는 당신들의 사고(思考)와 나의 사고를 포함하는 다수의 사고가 있으며, 이 가운데 어떤 것들은 서로 응집하고 어떤 것은 그렇지 않다. 사고들이 모두 한 곳에 속하는 한, 각자 독자적이거나 상호 독립적인 것이 아니다. 사고는 독자적인 것도 아니고 독립적인 것도 아니다. 어느 한 사고도 떨어져 있지 않고 각기 다른 어떤 사고에 속해 있다. 내 사고는 또 다른 나의 사고와 한곳에 속하고, 당신의 사고는 당신의 또 다른 사고와 한곳에 속한다. 방 안의 어딘가에 누구의 사고도 아닌 사고가 있는가를 확증할 방법이 우리에게는 없다. 왜냐하면 그와 같은 사고가 있더라도 우리가 경험하지 못하기 때문이다. 우리가 자연스럽게 다루게 되는 유일한 의식 상태는 개인의 의식과 개인의 정신, 그리고 구체적인 나의 의식과 너의 의식 속에서 발견된다."[66]

이와 같은 윌리엄 제임스의 세계관에서 그의 출발점은 개인이었다. 즉, 사고란 "개인적 형태"로 시작되어 진행한다는 것이다. 이 말은 전체와 그 전체의 의미는 언제나 부분을 통해서 나타난다는 것이다. 그러나 그 부분이란 절대적으로 독자적이거나 독립적일 수 없기 때문에 윌리엄 제임스는 사고들이 모두 한곳에 속하는 한, 각자 독자적이거나 상호 독립적이 아니며, 어느 한 사고도 떨어져 있지 않고 각기 어떤 다른 사고에 속한다는 것이다. 이처럼 각 사고의 상호관련성을 인정하면서도 제임스는 각 사고의 독특하고 신비스러운 영역을 강조하는 것이다. 그러므로 제임스에게 각 사고가 속해 있는 세계는 개인의 판단과 가치에 의해 재단될 수 없는 무한한 가능성을 가진 열린 세계였다. 그는 우리가 살고 있는 곳에 또 다른 어떤 사고가 있는지는 우리로서는 알 길이 없다고 지적함으로써 우리가 세계의 다양성을 인정할 것을 촉구하고 있는 것이다. 그는 또한 개인의 경험이란 극히 제한적이며 우리가 자연스럽게 다루는 의식이란 개인 의식과 개인 정신 속에서만 발견된다는 것을 강조함으로써 독단적이고 획일적인 도덕과 윤리가 지배하는 사회를 비판하였다. 정말로 개인의 정신이란 각자 자신의 사고를 간직하면서도 결코 고립되거나 종속될 수 없는 다원성의 법칙에 근간을 두고 있는 것이다. 제임스는 이 다원성의 세계를 분명히 하기 위해 각 개인의 사고가 갖는 독특한 가치를 강조하면서 정신의 진행을 인격화하려는 차원으로까지 나아간다. 사고가 진행하는 과정을 인격화한다는 의미는 정신의 진행에 참여하는 모든 개인들의 사고가 인정되고, 수용되며, 존중되어야 함을 말하는 것이다.

이와 같이 사고의 관계성이 갖는 중요성과 더불어 윌리엄 제임스는 "사고란 끊임없이 변한다"는 사실을 강조한다.[67] 제임스는 무엇보다도 개인의 정신은 정적(靜的)이지 않아야만 하고, 그 정신은 끊임없이 변화하는 세계와 관련을 맺고자 시도해야 하며, 그러한 시도는 부단한 흐름 속에서 진행된다고 보았다. 이런 의미에서 그는 "한번 지나간 정신 상태는 다시 재현될 수 없고, 전에 있었던 정신 상태와 일치할 수도 없다"는 사실을 강조하였다. 또한 그는 대상이 같은 것처럼 보일지라도 그것에 대한 개인의 경험은 달라질 수 있다는 사실을 강조하였다. 그는 "영원히 존재한다고 우리가 믿는 구체적 혹은 추상적 현실과 물리적 또는 관념적 현실은 우리 사고에 반복적으로 떠오르지만, 우리가 주의하지 않기 때문에 반복되는 현실에 대한 우리의 관념들이 동일한 관념인 것처럼 보이는 것"이라고 설명한다.[68] 따라서 동일하게 보이는 세계에서도 개인의 감정과 감각이 결코 동일할 수 없다는 사실을 인정하는 것은 제임스에게 다원론적인 세계에서만이 모든 개인의 행복추구가 가능할 수 있다는 사실을 암시하는 것이었다. 그가 추구하는 세계란 모든 개인이 자신의 방식대로 자유롭게 건널 수 있는 "살아 있는 강"이 흐르는 곳이었다.[69]

윌리엄 제임스에게 그 강은 하나로 흐르면서도 결코 하나의 색깔을 띠는 것이 아니었다. 그 속에는 전혀 동일하지 않은 정신들이 어우러져 있고, 동일하게 보이면서도 각각의 독특성을 간직한 채 흐르고 있는 것이다. 따라서 제임스는 동일한 모습이 보일 때에도 "우리가 새롭게 그것을 사고해야 하며, 약간 다른 각도에서 보아야 하고, 앞서 있었던 관계와 다른 관계 속에 있는 것으로 파악할 것"을 촉구한다. 즉, "우리는 사물을 언제나 새로운 견지에서 보아야 한다"는 것이다. 그럴 때에 "실재하지 않았던 것이 실재하게 되고, 흥분되었던 일들이 활기 없는 일이 되기도 한다"는 것이다.[70] 윌리엄 제임스에게 이 세계는 "우리를 그렇게 감동시킨 것이 모든 범위에 걸쳐 존재하는" 곳이었다. 모두가 감동할 수 있는 다양성을 인정할 때 그 세계에 대한 기존의 인식도 바뀌고 그럼으로 해서 그 속에 갇혀 있던 모든 것과 왜곡되었던 모든 것이 되살아나고 새롭게 자리를 차지할 수 있게 된다는 것이다.

그렇다면 세계의 다양한 요소들이 하나의 강을 이루는 것을 방해하는 것은 무엇인가? 무엇이 그 다양한 여러 요소들의 상호작용을 가로막는 것인가? 의식은 끊어진 마디를 접합한 것이 아니라 흐르는 강물과 같은 것임에도 사고와 사고 간에 일종의 접합과 분리가 나타나는 이유는 무엇인가? 이러한 문제들에 대해 제임스는 "사고의 흐름을 이루고 있는 연속하는 단편들이 돌연하게 성질상 대조를 이루어 생기는 단절"이라고 지적하면서, "그것은 돌연한 폭발로 생긴 큰 소리가 의식을 둘로 갈라놓은 것이 아닌가?"라고 반문한다. 다시 말해 "새로운 대상이 출현하여 감각이 새로 변하는 등 모든 돌연한 충격"이 의식의 흐름을 절단하고 의식의 중단을 실제로 만들어 내었다는 것이다.[71] 아마도 그 돌연한 폭발이란 산업화와 기계화의 충격일 것이고, 그 결과는 바로 부분과 부분은 물론이고 부분과 전체의 단절일 것이다.

이러한 분열과 단절의 시대에 철학자로서 윌리엄 제임스가 추구했던 것은 인간의 의식과 정신이 본래의 기능과 역할을 찾고, 본래의 자리로 돌아가 사회의 진정한 통합과 진보에 기여하도록 하는 것이었다. 그는 의식의 본래의 기능은 중단 없는 흐름 속에 모든 감정과 감각들을 받아들임으로써, 사물의 관계가 우월적인 "사고, 지성, 이성의 순수 작용" 등에 의해서가 아니라 자연 속에서 자유롭게 상호작용하는 것이라고 보았다. 따라서 그는 의식의 역할이란 무엇보다도 먼저 모든 존재를 인식하고 수용하는 것이라고 말한다. 그런 후 의식은 모든 존재가 "정신생활 속에서 적절한 제자리"를 찾도록 도와주는 역할을 해야만 한다고 말한다. 그러므로 그는 "의식이 바로 자유롭게 흐르는 물과 같다는 사실을 결정적으로 간과"할 때 "정신 속에 있는 각각의 뚜렷한 심상은 그 둘레를 자유롭게 흐르는 물속에 잠기게 되고, 그 자유로운 물에 의해 착색될 것"이라고 경고하는 것이다.[72] 그 이유는 의식이 자유롭다는 사실을 망각할 때 인간 사고의 대부분은 회복될 가망 없이 사라지고 말기 때문이라는 것이다. 제임스는 또한 "사물들이 서로 더불어 사고되지 않는다면 그것들은 관계적 의미에 따라 사고되는 것이 아니라고" 말한다.[73] 그는 이 사물들은 언제나 합쳐지고, 분리되며, 선별된다고 보는데, 그 까닭은 "인간의 경험적 사고는 경험한 사물에 좌우되지만 그 사물이 무엇인가 하는 것은 대부분

인간이 주의하는 습관에 의하여 결정되기 때문"이라는 것이다. 즉, "어떤 사물이 수천 번 제시되어도 인간이 그 사물을 계속 주목하지 않는다면 그 사물은 그의 경험 속에 들어간다고 말할 수 없다"는 것이다.[74]

따라서 우리는 인간이 만들어 내는 통일성과 조화성이란 도대체 무엇을 의미하는 것인가를 물어야만 한다. 그것은 더 많은 것을 수용하여 살려냄으로써가 아니라 제거함으로써 이루어지는 것은 아닌가? 또한 "의식은 주의(注意)라는 동력에 의해 정신 속에서 일어날 수 있는 여러 가능성을 서로 비교하여 어떤 것은 선택하고 어떤 것은 억제하는 것"이 아닌가?[75] 이러한 문제들을 제기하며 제임스는 정신과 의식의 윤리적 차원을 강조하며 다음과 같이 반성한다. "그동안 우리가 느끼고 살고 있는 세계는 우리 조상들과 우리 자신이 서서히 축적해 온 선택 충동에 의하여, 조각가처럼 주어진 소재의 어떤 부분을 단지 제거하면서 파낸 세계라고 할 수 있을 것이다." 이 말은 역사와 세계란 하나의 냉혹한 대립적 현실이라는 것이다. 즉, 인간은 "전체 우주를 절반씩 크게 둘로 가르는 일"을 해 왔고, 각 개인은 그중 어느 하나에 속하게 됨으로써, 모든 개인은 장소를 달리하여 우주를 양분하고 있다는 것이다.[76] 그렇다면 이 대립적인 세계에서 인간의 정신은 어떻게 본래의 자리로 돌아갈 수 있는 것인가?

자유의지에 의한 인간 정신의 확대

윌리엄 제임스의 심리학은 진화론의 관점을 통해 정신을 설명하려는 포괄적인 노력이었다. 따라서 그에게 정신과 육체는 물론이고 정신과 물질은 분리된 것이 아니었다. 전통적으로 내려오던 이원론적 철학의 기반은 윌리엄 제임스의 철학 앞에서 수정되어야만 했다. 제임스는 정신이란 끊임없이 환경에 적응하면서 변화한다는 사실을 받아들이면서, 정신과 물질은 분리가 아니라 통합이며 융합이라는 확고한 신념을 갖게 되었다. 이러한 관점은 제임스와 같은 미국 사상가들보다 훨씬 앞서서 영국의 스펜서에 의해 이미 체계화되었다. 스펜서는 진화론의 이론을 누구보다도 더 인간 정신과 인간 생활로까지 확대한 사상가였다. 그는 "정신생활과 신체생활의 본질은 하나라는 공식"을 채택하였다. 이 공식이란 다시 말해 "외부 관계에 대해 내부 관계가 적응하는 것"이다.[77] 그러나 제임스는 이러한 스펜서의 사상으로부터 많은 영향을 받았지만, 스펜서가 설정한 공식에 안주하지 않고 그 공식을 넘어 인간 정신의 무한한 자유와 가능성을 발견하고자 하였다. 그리고 제임스는 그 자유와 가능성은 인간의 의지에 의해서 실현될 수 있다고 믿었다.

『심리학 원리』 2권의 26장에서 윌리엄 제임스는 의지의 문제를 다룬다. 그에게 바람직한 정신 발달의 최종 단계는 욕망과 욕구를 거쳐 도달한 의지의 상태다. 그리고 그 의지에 이어져 나오는 것이 바로 신체운동이며 행동이다. 그러나 전통적인 관점에 따르면, 어떤 감성을 소유하든 결국에는 신체운동으로 나타나듯이, 신체운동은 자동적이고 반사적인 것이라는 전제가 강조되어 왔었다. 그러나 윌리엄 제임스는 그와 같은 1차적인 기능보다는 2차적인 기능이라 할 수 있는 자발적인 신체운동을 만들어 내는 심리 과정을 분석하고자 한다. 그에게 2차적인 기능이란 사전에 욕망되고 의도되며, 무엇을 이룰 것인지에 대한 충분한 예견(豫見)을 통해 일어나는 자발적인 신체운동이었다.

윌리엄 제임스는 이러한 자발적인 운동을 일으키는 데 무엇보다도 중요한 부분이 예견이라고 본다. 실제로 인간은 자신의 내면에 어떤 종류 혹은 어느 정도의 능력을 갖고 있는지 알지 못한다. 만약 그것을 미리 알 수 있다면 자발적인 운동은 1차적인 기능만큼이나 쉽고 자연스러운 것이 될 것이다. 그러나 인간 모두는 그러한 예언의 능력을 갖고 태어나지 않는다. 그렇다면 어떻게 그 자발적인 행동을 시작할 수 있을 것인가? 어떻게 인간은 자신의 잠재능력과 자신이 존재하고 있는 세상에 대한 관념을 얻을 수 있을 것인가? 이러한 문제들에 대해 제임스는 "인간은 경험을 통하여 인간이 할 수 있는 가능한 모든 것들을 배우며," "이 경험을 통하여 기억 속에 남을 수 있는 운동에 관한 여러 가지 관념들을 공급하는 것이 자발적인 생활을 하는 첫째 선행 조건"이라고 주장한다.[78] 이러한 그의 주장은 프래그머티즘의 가장 중요한 정신 중 하나인 경험과 실행을 강조한 것이다. 다시 말해 그것은 자신과 그를 둘러싸고 있는 환경을 알기 위해선 이론에만 머물러 있지 말고 실제로 세상 속에서 부딪혀 보라는 것이다.

이처럼 윌리엄 제임스가 개인의 자발적인 운동을 위해 제시하는 경험이란 개인 자신만의 경험을 말하는 것이 아니다. 그는 분명히 부분의 실현은 부분과 전체와의 관계를 통해서만 이루어지는 것이라고 보지 않았다. 그는 부분과 전체와의 관계만큼이나 부분과 부분의 관계도 중요시했다. 그는 세상을 경험하기 위해 개인은 타인의 경험으로부터도 필요한 관념을 얻을 수 있다는 것을 강조하였다.

그렇다면 이제 경험을 통해 얻은 관념에 의해 우리가 어떤 행동을 하려는 의지를 의식적으로 갖게 될 때 모든 것이 순조롭게 이루어지는 것인가, 아니면 그 순간 정신 속에 그 밖의 어떤 것이 작용해야 하는가? 전통적인 관점에 따르면 자발적인 행동을 정신적으로 결정하는 데는 개인의 경험에 의한 행동 외에도 여러 가지 요소가 개입한다는 것이다. 윌리엄 제임스는 이 요소를 일종의 선험적인 것으로 분류하면서, 그것을 "신경지배감성"(feeling of innervation)이라 불렀다.[79]

윌리엄 제임스는 이 신경지배감성이란 개념에 반대하였다. 이 개념은 자발적인 행동이 있기 전에 이미 정신 속에 들어 있는 것으로 인간의 운명에 영향을 미친다는 것이다. 윌리엄 제임스에 따르면 이것은 결과가 원인 속에 어떤 양식으로든 이미 포함되어 있다는 스콜라 철학의 원리와 같은 이치라는 것이다. 윌리엄 제임스는 "우리의 시야를 더 넓혀 우리 행동 전체의 정신적 전제를 고찰한다면" 그 개념이 잘못되었다는 것을 알 수 있다고 말한다. 그는 "확산, 흥분, 파동, 반사활동, 정서표현 등에서도, 결과로 나타나는 신체운동은 결코 예측되어 그 원인이 되는 자극 속에 포함되는 일은 없다"고 구체적으로 설명한다.[80] 이 설명에서 그가 강조하고자 하는 것은 신경지배감성이라는 개념에 의해 개인의 정신적 창의성이 결코 제한되지 말아야만 한다는 것이다. 그는 "결단력 있는 천성과 결단력 없는 천성이 개인간에 현저한 차이는 없다"고 주장하면서도,[81] 그 결단은 개인의 노력 여하에 달려 있다는 사실을 강조한다. 그리하여 경험을 통해 새로운 관념은 얻었지만, 결단이 미루어지고 결국에 "관점과 행동 사이에 정상적으로 있어야 할 유대가 모두 끊겨 버리는" 상태를 제임스는 "도덕적 비극"이라 불렀다. 다시 말해 "지식과 행동 사이의 모순 속에서 오랜 세월 동안 살아오면서 이론은 완전히 통달했지만 허약한 성격을 바로 세우지 못하는 희망 없는 낙오자나 감상주의자들"이 바로 그 비극의 주인공들이라는 것이다. "그들이 도덕에 관한 지식을 갖고 언제나 뒤에서 불평하고 떠들며 결심을 내리지 못하는" 사이에 그들의 "이상적 동기는 결코 점화되는 일이 없고," 그들의 행동은 그와 같은 이상적 동기에 결코 영향을 받지 않는다는 것이다.[82] 윌리엄 제임스 철학의 목적은 개인들로 하여금 이 비극의 의미를 깨닫고 현실에 맞서게 하는 것이었다.

그렇다면 어떻게 의지를 갖고 세상에 맞설 것인가? 윌리엄 제임스는 "의지의 본질적 현상은 바로 주의하려는 노력"[83]이라고 규정하며 그 어떤 결정론적 태도에도 반대했다. 그는 현실이란 자발성을 압도하는 환경과 유전된 습관으로 가득 찬 세계라고 보면서도, 현실은 운명이 아니며 이미 존재했던 것의 결과물도 아니라고 주장한다. 오히려 이 현실의 냉혹함에 개인의 자유의지가 맞설 때 개인은 현실을 변화시킬 수 있는 가능성을 갖게 된다는 것이다. 제임스는 결정론이란 이러한 자유의지 자체를 부정하는 것이라고 본다. 그는 인간의 의지는 인간 자신의 노력 여하에 따라 결정된다고 본다. 그에게 "노력은 바로 인간 존재의 실체"였다. 그는 "우리를 둘러싼 거대한 세계는 우리에게 갖가지 종류의 질문을 던지고 갖가지 방법으로 우리를 시험한다"고 설명하며, 개인 각자의 노력과 주의로 이 시험으로부터 벗어나지 못한다면 그 개인은 "비애와 공포" 속에 빠져들고 말 것이라고 경고하였다.[84] 그리하여 이 세계에 맞설 수 있는 유일한 개인은 바로 "영웅적 정신을 가진 사람"이라고 그는 주장한다. 그는 영웅의 정신에 대해 다음과 같이 설명한다. "영웅의 정신에도 그런 대상은 불길하고, 두렵고, 바람직하지 않고, 원하는 바와 양립되지 않는다. 그러나 영웅의 정신은 그것들 때문에 그의 나머지 인생의 발판을 상실하는 일은 없고, 필요하면 그 두려운 대상들과 정면에서 맞서 싸우는 것이다."[85] 이러한 영웅적 정신은 어떤 특정한 개인들에게만 깃들어 있는 것이 아니라, 모든 개인들은 자신의 노력 여하에 따라서 얻을 수 있다고 제임스는 역설한다. 그러한 결과를 위해 그는 대중이 우주에 맞설 수 있는 용기, 우주에 대한 자신의 신앙을 유지할 수 있는 믿음, 이 세상과 직면할 수 있는 열정, 삶에 대한 철저한 의식, 생의 진정한 의미 등을 영웅의 정신에서 찾도록 권고하였다.

정신 · 경험 · 진리

윌리엄 제임스의 철학에서 경험은 인간의 정신이 세계를 이해하는 출발점이다. 그러나 개인의 정신이 세계를 모두 경험한다는 것은 불가능하다. 따라서 제임스는 개인이 타인의 경험도 수용할 것을 촉구한 바 있다. 그러나 이 문제는 여기서 끝나는 것이 아니다. 경험에 관한 더욱 복잡한 문제는 얼마나 자유롭게 개인의 선택에 의해 경험이 이루어지느냐이다. 제임스는 경험이란 실제로 어떤 정해진 방식에 따라 이루어질지도 모른다는 사실을 제시한다. 그리하여 마지막 장에서 그는 경험을 통해 도달하는 정신에 관한 진리를 고찰한다.

우리의 정신은 어떻게 생겨난 것인가? 우리가 정신에 관해 알고 있는 진리는 어떻게 진리라는 것이 증명될 수 있는가? 윌리엄 제임스는 이러한 문제들을 다루는 기존의 접근방식에 대해 다음과 같이 설명한다. "초월주의자들은 정신의 기질적 구조의 기원이 초월적인 가정에 기반을 두고 있다고 보면서 경험으로는 설명될 수 없다고 가정하는 반면, 진화론적 경험주의자들은 정신의 기질적 구조가 경험에 기초하고 있다고 간주하며 그것은 개인 당사자의 경험뿐만 아니라 먼 과거의 조상들의 경험도 해당된다고 본다."[86] 이 양자의 관점에 대한 제임스의 입장은 언뜻 후자의 진화론적 경험주의를 지지하는 것처럼 보인다. 그것은 아마도 오랜 세월 정신계를 지배해 왔던 초월적 사고의 위치를 감안하여, 그 양자의 균형을 고려하고자 했던 것으로 보인다. 그러나 실제로 제임스는 반드시 진화론적 경험주의를 지지한 것도 아니었다. 윌리엄 제임스는 자신이 추구하는 정신의 자유와 관용은 이러한 경험주의에 의해서도 충분히 억제되고 제한될 수 있다고 보았던 것이다.

윌리엄 제임스는 먼저 "과학적 사고란 오직 선택과 강조에 의하여 진행된다"고 말한다. 그리하여 그는 견고한 많은 사물들이 파괴되고 그 본질이 분리되는 것을 보았다. 그는 개별적으로만 존재하는 것이 일반적인 것으로 개념화되고 분류됨으로써 자연 상태에서 상호 공존하는 사물들의 위치가 변형되며, 서로 접촉하는 것들이 분리되고, 양쪽에 놓여 있는 것들이 합쳐지게 된다는 사실을 관찰하였다. 그는 현실을 다음과 같이 설명한다. "현실은 부분들로 가득 차 있다. 현실의 모든 부분은 동시적이며, 각 부분은 다른 부분과 마찬가지로 현실이고, 또 현실의 각 부분은 전체 현실을 현재의 현실로 만드는 본질이다." 이러한 언급에도 불구하고 윌리엄 제임스는 각 개인이 현실을 채우고 있는 부분들을 경험할 수도 없고, 사고할 수도 없다고 믿는다. 그리하여 윌리엄 제임스는 세계를 이해하기 위한 출발점을 개인의 경험이라고 보면서도, 개인의 경험은 어떤 의미에선 복잡한 현실을 착각함으로써 혼돈 속에 빠질 수 있고, "가설적 자료와 가설적 법칙으로 된 추상 체계들"을 통해 독단적인 상태에 이를 수도 있다고 보는 것이다.[87]

이러한 이유로 윌리엄 제임스는 개인의 경험이 먼 과거의 조상이

했던 경험까지도 포함한다는 사실에는 동의한다 해도, 그것이 유기적 정신 구조 속에 있다는 것은 반대한다. 왜냐하면 그는 그러한 구조가 개인의 경험을 일반화라는 거대한 물결 속으로 휩쓸고 가 그 개인의 존재를 제거할 수 있다고 보기 때문이다. 그는 개인의 개별적인 경험을 중요시하면서도, 각 개인이 갖고 있는 "천성의 원천적이고, 생래적이며, 선험적인 속성"은 여전히 인정하기를 원했다.[88]

이러한 윌리엄 제임스의 입장은 유기적 정신구조를 제창해 온 당대 최고의 지성인 스펜서에 대한 반대였다. 스펜서는 정신의 어떤 선험적 요소도 거부하며, 인간의 정신이란 수없이 많은 세대를 걸쳐 계속된 경험들이 쌓인 결과라고 믿는다. 그는 무한히 많이 쌓인 경험은 분해할 수 없는 정신적 관계를 만들어 내고, "이러한 무한히 많은 경험은 한 개인이 얻을 수 있는 것이 아니라, 지속적으로 민족을 형성하는 개인들에 의하여 얻어지는 것"이라고 주장한다. 그는 이러한 경험에 기초한 현실이란 언제나 균형과 조화를 이룬다고 보는데, 더욱 구체적으로 말한다면, "필수적인 관계에서부터 우연적인 관계에 이르기까지 모든 정신적 관계는 어떤 것이든 상응하는 외부 관계에 대한 경험에서 초래되고, 그렇게 하여 외부에 있는 관계와 조화를 이루게 된다고 추정할 수 있다"는 것이다.[89]

그리하여 윌리엄 제임스는 "인간의 뇌란 개인 생활이 발달하는 동안, 그리고 인간 생명체가 과거에 거쳐 간 일련의 생명체 진화가 이루어지는 동안 받아들인 무한히 많은 경험을 조직하여 기록하는 기관"으로 규정한다. 그리고 그는 "이런 경험들 중에서 가장 일률적이고 빈도가 높은 경험에서 얻은 결과는 자본이 되어, 성공적으로 원금과 이자가 모두 유산으로 상속되는데," 이 상속을 제대로 받지 못한 민족은 열등 민족으로 전락하고, 그 유산의 상속을 제대로 받은 민족은 우수한 민족으로 남는다는 것이다.[90]

위에서 보는 바와 같이 스펜서가 바라본 현실이란 끊임없이 움직이며 나아가는 진화의 한 단계인 것처럼 보이지만, 조금 더 깊게 생각하면 그의 관점이란 진화의 법칙에 묶여 모든 것이 필연적이면서도 결정론적인 상태에 빠져 있는 것이다. 윌리엄 제임스는 이와 같은 인간 정신의 정체성을 타파하고자 했다. 그에게 인간 정신이란 스펜서가 생각했던 차원과는 다른 것이었다. 윌리엄 제임스는 인간 정신과 경험에 대한 진화론적 사고를 당연히 받아들이면서도 과학적 설명으로는 밝혀낼 수 없는 선험적이며 초월적인 차원도 수용하고자 했다. 즉, 제임스는 "경험이란 초자연적 원인과 대립되는 모든 자연적 원인을 의미하는 것은 아니라고" 보았다. "경험은 특수한 종류의 자연적 매개체를 의미하며, 그런 매개체와 병행해 더 알기 어려운 다른 자연적 매개체도 존재하는 것이 전적으로 가능하다"고 보는 것이다.[91]

결국 윌리엄 제임스는 스펜서의 결정주의는 비판하지만, 다윈주의와 같이 과학적 근거를 강조하는 소위 연합주의자들에 의해 시간과 공간 속에서 이루어지는 광범한 경험이 과거의 수동적이고, 종속적이며, 숙명적인 정신을 능동적이며 상호 협력적이고 실제적인 정신으로 탈바꿈시킨 것은 높이 평가한다. 그러나 그는 인간의 정신이란 단순히 환경의 산물로 볼 수 없고, 그것을 과학적 사고의 차원으로는 설명할 수 없다고 주장한다. 그는 "외부 현실을 우리가 과학적으로 사고하는 방식은 고도의 추상을 하는 것"인데, "어떤 과학적 개념이 유용하고 사용할 만하다는 것이 증명되면, 그 밖의 수천 개의 개념들은 쓸모없이 파기되어 버린다"고 지적하며, 이들 파기된 개념들의

존재도 유용한 개념들의 존재와 마찬가지로 평가되고 존중받을 가치가 있다고 주장한다.[92]

이러한 윌리엄 제임스의 철학에는 분명히 적자생존의 냉혹한 현실과 자본주의의 경쟁논리를 비판하는 목소리가 담겨 있다. 그의 철학은 경험을 강조하면서도 현실과 사회를 이해함에 있어서 경험만을 고집하지는 않는다. 그리하여 그는 경험의 세계와 함께 관념의 세계라 할 수 있는 미적 세계와 윤리적 세계도 인간 정신의 중요한 부분을 차지한다고 믿는다. 즉, 그는 경험의 차원을 통해서는 해석할 수 없는 관념적이고 내부적인 관계가 현실 속에 있다는 사실을 인정하는 것이다. 따라서 그는 이 "미적 세계와 윤리적 세계에서는 그 세계의 내부 관계들이 경험적 차원과는 상충된다"는 사실을 분명히 인식한다.[93] 그가 이해한 세계는 "모든 사물들이 차이가 있고, 거기 있는 속성은 어떤 것이나 궁극적이며, 더 이상 서술할 것이 없는 사물들로 구성되어 있는 세계"였다. 진화론적 자연주의자들처럼 그도 모든 사물들은 오랫동안 같은 종류로 머물지 않고, 모든 대상들은 유동하여 변한다고 믿지만, 사물 간에 어떤 포섭이 일어난다는 것은 받아들이지 않는다. 그는 정녕 그러한 포섭이 일어난다 하더라도 어떤 특별한 결과도 나타나지 않는다고 믿는다. 그러나 그는 불행하게도 인간세계에서는 그러한 포섭이 일어난다는 사실을 지적한다. 따라서 그에게 인간세계는 자연에서 나타나는 논리적 세계가 아니었다. 그는 "우리가 사는 세계를 아주 특수한 세계"로 보는데, 그 이유는 그에게 인간의 세계는 자연의 논리가 선택적으로 유용되는 세계이기 때문이다.[94]

이상에서 보는 바와 같이 윌리엄 제임스가 고찰한 인간 정신과 인간 세계는 본질적으로 자유와 진보의 이상이 실현될 수 있는 장(場)이지만, 드러난 결과는 오히려 그 반대였다. 그에게 정신적 진리와 현실적 진리는 분명히 달랐다. 그는 그 정신적 진리란 주관적 사실로서만 남아, 정신 속에서 기다리며, "아름다운 관념의 그물"을 만드는 데 그친다고 비관적으로 언급한다. 그는 "우리가 말할 수 있는 것은 기껏해야 그 관념의 그물을 현실 위에 던져, 관념과 일치하는 그런 현실들을 발견하기를 희망하는 것일 뿐"이라고 토로한다.[95]

그러나 윌리엄 제임스는 비관과 회의 속에서도 자신의 철학적 입장을 견지하며 정신, 관념, 세계에 대한 이해는 경험적으로만 도달될 수 있는 것이 아니고, 그렇다고 형이상학적으로만 고집할 수 있는 것도 아니라고 주장한다. 그는 이 둘 다를 수용할 것을 시종일관 제안한다. 그는 인간 정신은 끊임없는 사변과 반성을 통해 "감각세계의 노선이 관념의 노선과 조화를 이룰 때까지 감각세계를 개조"할 수 있다고 설명하며 형이상학적 관점을 지지하는 반면, "형이상학은 유연하게 물리학의 결과를 따라야 하며, 단지 형이상학이 하는 일은 시간이 더 오래 걸리는 일이라는 것을 인정해야 한다"고 주장한다.[96]

형이상학을 받아들이는 윌리엄 제임스의 철학은 자연적으로 도덕적 원리로 들어간다. 도덕적 원리에 관한 제임스의 기본적인 입장은 "인간의 정신구조가 만들어 낸 도덕 원리는 습관적인 경험이 내부에서 응고된 것으로는 전혀 설명될 수 없다"는 것이다.[97] 다시 말해 도덕적 원리는 자연과학적 원리와는 다르며, 경험과 감각만을 통해 수립되는 것이 아니며, 일반화와 개념화에 의해 유지되는 것도 아니라는 것이다. 도덕적 원리란 경험의 세계와 불가분 관계를 가지고 있지만, 또한 그 속에 "연역적·직관적으로만 얻어지는 큰 진리의 덩어리도 존재한다"는 사실을 수락할 때 정당한 가치를 가질 수 있다는 것이다. 세계를 이해함에 있어서 윌리엄 제임스는 자연과 정신이 더 많이 일치하는 부분을 만들어 내려 하였다. 어떻게 이 세계를 합리적이고 과학적인 설명으로만 이해할 수 있는 것인가? 만일 그러한 전제를 받아들인다면 인간의 모든 관계는 어떤 특정한 방식에 따라 이루어져야만 하고, 그 관계는 진정한 인간적인 관계라 할 수 없는 것이다. 사물들의 상호관계는 그 어떤 논리와 과학으로도 설명될 수 없는 부분이다. 제임스가 지적한 바처럼, 인간의 "정신구조는 우리 자신의 경험에도, 우리 선조의 경험에도 기인될 수 없는 것이다."[98] 더욱이 인간 정신이 어떻게 발생하여 어떤 과정을 통해 성장해 왔는가는 그 어떤 방법으로도 충분히 설명할 수 없는 것이다. 제임스는 우리가 이것을 설명하려고 하면 할수록 더욱 분명하게 "서서히 다가오는 황혼"에서 더욱 "캄캄한 밤"으로 들어가게 될 것이라고 보았다.[99]

미국 지성사에서의 위치와 유산

윌리엄 제임스의 사유세계는 깊고도 광범하다. 앞서 다루었던 3명의 지식인들이 강한 지적 성향을 가지고 시대가 처한 문제들에 대해 나름대로의 해결책을 제시하며 미국의 지적 전통의 발전이 균형적 조화를 잃지 않도록 했다면, 윌리엄 제임스는 그 지적 전통을 흐르던 모든 사상의 지류를 받아들이며 현대 미국 사상의 새로운 원류를 이루었다. 윌리엄 제임스는 특히 앨프리드 노스 화이트헤드(Alfred North Whitehead)가 지적한 바처럼, "당대의 관념들에 대한 놀라운 감수성"[100]을 가지고 미국의 정신이 어디에서 출발하여 어디로 흐르고 있는지를 직감적으로 파악하며, 다가올 시대에 대한 전망과 지적 책임까지도 제시한 사상가였다.

앞에서 고찰했듯이 윌리엄 제임스의 사상은 시간적으로나 공간적으로 유기적 관련 속에서 형성되었지만, 그는 개인의 존재를 유기적 질서와 제도 속에 가둬둘 수 없었고, 개인의 에너지가 단순히 제도의 틀만을 벗어나는 것을 원하지 않았다. 그가 추구했던 것은 과거보다 더 복잡하고 치열한 현대 세계에서 개인들이 자발적으로 경험하고 상호 협력함으로써 상상하지도 못했던 정신적 해방을 가져오는 것이었다. 이러한 개인의 자발주의 정신은 어떤 의미에서 제임스가 창안했다기보다는 과거 미국인들의 생활 속에 이미 존재했던 삶의 방식이었다. 이런 점에서 그가 주창한 전체와 부분의 역동적이고 창조적인 통합은 역사를 통해 형성되고 존재해 온 미국의 정신을 결합시키려는 의지의 표현이었다.

이와 같이 윌리엄 제임스의 프래그머티즘은 미국인의 삶과 정신을 표현했다는 점에서 미국적 철학이라고 할 수 있고, 이미 존재했던 삶의 방식을 체계화했다는 점에서 그의 철학은 전통과 정신의 유기적 관련성을 무엇보다도 중시했다고 볼 수 있다. 실제로 제임스는 개인의 자발성을 방해하는 어떤 종류의 결정론도 거부하며, 각 개인들이 이 결정론에 맞설 것을 촉구했지만, 그 자신은 지적 전통의 유기적 관련성을 결코 벗어나지 않았다.

데이비드 A. 홀린저(David A. Hollinger)는 1980년에 발표한 한 논문에서 "프래그머티즘의 인기 하락"을 지적하면서도 그것이 미국 지성사에서 차지해 온 중요한 위치를 강조한 바 있다.[101] 그러나 1996년 또 다른 지성사가인 제임스 T. 클로펜버그(James T. Kloppenberg)는 미국 학계에서 프래그머티즘이 다시 활발하게 연구되고 있는 현상을 지적하면서 홀린저와는 달리 깊은 우려를 표시하였다.[102] 그 이유는 그가 "네오프래그머티즘"을 주창하는 철학자들이 퍼스, 윌리엄 제임스, 듀이가 수립했던 최초의 프래그머티즘 사상을 부활시킨 것이 아니라, 그 사상의 급진적인 면만을 받아들이며 본래의 정신과는 아주 다른 방향의 연구를 진행하고 있다고 믿었기 때문이다.[103] 그는 "프래그머티즘이 모든 철학적 기반에 철저한 비판을 가하고, 객관성과 합의, 진리에 바탕을 둔 모든 주장들에 대해 광범위한 언어적 회의를 정당화한다는 이유"로 오늘날 네오프래그머티즘 주창자들이 그것에 끌려들어 갔다고 지적하며, 이제 그것은 "진리 추구의 갱신된 형태"가 아니라 본래와는 전혀 다른 "새로운 사고방식"에 단지 "옛 이름"만을 달고 있다고 비판하였다.[104]

미국 학계에서의 프래그머티즘 부흥은 전적으로 리처드 로티(Richard Rorty)의 철학적 영향으로 인한 것이었다. 미국의 대표적 포스트모던 철학자로 알려진 로티는 자신의 반(反)본질주의 철학을 정당화하기 위한 기반으로 초기 프래그머티즘 사상을 이용하였다.[105] 예를 들어 로티의 철학에서 제임스는 오로지 반(反)형이상학과 반본질주의 사상의 선구자로 등장한다. 그는 제임스 사상의 급진적인 부분만을 지나치게 강조함으로써 그의 사상의 본질과 기반은 물론이고 그가 진정으로 추구했던 것을 간과하면서, 그의 사상과 그 이전 사상과의 연속성을 무시하는 잘못을 범하고 있는 것이다.

윌리엄 제임스의 사상은 로티와 같은 네오프래그머티즘 주창자들이 이해하는 바와 같이 기독교, 관념주의, 경험주의 등과 같은 전(前)시대의 형이상학 중심의 정신세계, 본질 및 기반 위에 형성된 사상체계에 대한 반항으로 출발하여 반형이상학적, 반본질주의적 철학으로 발전하는 것처럼 보일 수도 있다. 그러나 윌리엄 제임스가 일관되게 추구했던 것은 개인과 세계와의 진정한 관계를 회복하는 것이었다. 제임스는 그 관계의 수립을 방해하는 어떤 철학, 어떤 종교, 어떤 제도에도 반대하였다. 윌리엄 제임스가 추구했던 개인과 세계의 이상적인 관계는 개인의 가능성이 차단되거나 제한되지 않는 상호 보완적이면서도 평형을 이루는 관계인데, 이것은 조너선 에드워즈가 전체와 부분에 대해 추구했던 신학적 의미가 세속화된 것으로 이해될 수도 있다. 그에게 개인의 진정한 해방은 개인 스스로가 세계를 이해하고 맞섬으로써 자신과 세계가 하나 되는 것이었다. 그에게 이것이 개인의 외적 해방이라면 개인과 종교와의 관계는 또 다른 개인의 내적 해방과 관련이 있었다. 로티가 강조한 반형이상학적이고 반본질주의적 요소가 윌리엄 제임스 사상의 전부라면 아마도 그의 사상에는 종교가 들어설 자리가 없었을 것이다. 그러나 제임스의 개인에 대한 개념은 깊은 신학적 해석을 통해서만이 이해가 가능하며, 실제로 그에게 신앙은 개인의 내적 해방을 위해 그 무엇보다도 필요한 수단이자 과정이었다. 그것은 왜 그가 과학의 시대에 그토록 종교 문제에 매달릴 수밖에 없었는지에 대한 이유이기도 하다.

1 Richard Hofstadter, *Social Darwinism in American Thought* (1944; reprint, Boston: Beacon Press, 1955), p. 127.

2 Ralph Barton Perry, *The Thought and Character of William James* (London: Oxford University Press, 1935), Vol. I, pp. 22-28. 랠프 B. 페리는 윌리엄 제임스의 아버지인 헨리 제임스의 사상에 영향을 미친 두 개의 커다란 원천은 스베덴보리와 푸리에라고 지적한다. 페리에 따르면 전자는 영국의 젊은 의사인 가르스 윌킨슨(J. J. Garth Wilkinson)이 스베덴보리에 심취하여 그에 관해 1841년에 발표한 논문을 통해 헨리 제임스가 그 종교를 받아들이게 되었으며, 곧 영적 체험을 하게 되었다고 설명한다. 헨리 제임스 사상의 또 다른 원천은 푸리에였다. 푸리에는 1837년에 죽었지만 그의 명성은 급속하게 퍼졌고, 1846년 미국 내에 그의 추종자는 20만 명에 달했다. 이러한 현상은 푸리에에 의해서만 설명될 수 있는 것은 아니었다. 당시의 자유토지운동(free soil movement), 노예제폐지운동, 평화운동, 오웬주의 운동, 초월주의 운동 등에서 나타난 개혁정신을 보여주는 것이었다.

3 Ralph Barton Perry, *The Thought and Character of William James*, Vol. II, p. 37.

4 이 논문의 본래 제목은 "정신을 대응이라고 정의한 스펜서의 입장에 대한 비평"이지만 편의상 "스펜서의 정신개념에 대한 비판"으로 기술한다.

5 William James, "Remarks on Spencer's Definition of Mind as Correspondence," *The Journal of Speculative Philosophy*, 12 (1878), p. 2.

6 *Ibid.*, p. 3.

7 Herbert Spencer, *The Principles of Psychology* (1855; reprint, London: Williams and Norgate, 1870), p. viii.

8 *Ibid.*, p. 134.

9 William James, "Brute and Human Intellect," *The Journal of Speculative Philosophy*, 12 (1878), p. 256.

10 William James, *The Principles of Psychology* (New York: Dover Publications, 1890), Vol. I, p. 1.

11 *Ibid.*, p. vi.

12 David A. Hollinger, "James, Clifford, and the scientific conscience," in *The Cambridge Companion to William James*, ed. Ruth Anna Putnam (New York: Cambridge University Press, 1997), p. 69.

13 William James, "The Will To Believe," in *The Writings of William James*, ed.

John J. McDermott (Chicago: University of Chicago Press, 1977), p. 717.

14 *Ibid.*, p. 717.

15 *Ibid.*, p. 724.

16 *Ibid.*, p. 724.

17 *Ibid.*, p. 724.

18 *Ibid.*, p. 727.

19 *Ibid.*, p. 735.

20 William James, *The Varieties of Religious Experience: A Study in Human Nature* (New York: Macmillian, 1961), p. 24.

21 *Ibid.*, pp. 24-25.

22 *Ibid.*, p. 25.

23 *Ibid.*, p. 31.

24 *Ibid.*, p. 45.

25 *Ibid.*, p. 55.

26 *Ibid.*, p. 59.

27 *Ibid.*, p. 61.

28 *Ibid.*, pp. 61-62.

29 Richard Rorty, *Consequences of Pragmatism* (Minneapolis: University of Minnesota Press, 1982), p. xviii.

30 William James, *Pragmatism: A New Name for Some Old Ways of Thinking* (New York: Longmans Green, 1908), pp. 4-6.

31 *Ibid.*, p. 9.

32 *Ibid.*, pp. 13-14.

33 John Patrick Diggins, *The Promise of Pragmatism: Modernism and the Crisis of Knowledge and Authority* (Chicago: University of Chicago Press, 1994), p. 124.

34 James Kloppenberg, *Uncertain Victory: Social Democracy and Progressivism in European and American Thought, 1870–1920* (New York: Oxford University Press, 1986), p. 27.

35 William James, *Pragmatism*, p. 200.

36 *Ibid.*, p. 200.

37 *Ibid.*, pp. 201, 216.

38 William James, *The Principles of Psychology*, Vol. I, p. 183.

39 *Ibid.*, p. 185.

40 *Ibid.*, p. 189.

41 Ralph Barton Perry, *The Thought and Character of William James*, Vol. II, p. 35.

42 William James, *The Principles of Psychology*, Vol. I, p. v.

43 *Ibid.*, p. vi.

44 *Ibid.*, p. 2.

45 *Ibid.*, pp. 1-2.

46 *Ibid.*, p. 2.

47 *Ibid.*, p. 3.

48 *Ibid.*, p. 195.

49 *Ibid.*, p. 104.

50 *Ibid.*, p. 104.

51 *Ibid.*, p. 105.

52 *Ibid.*, p. 113.

53 *Ibid.*, p. 114.

54 *Ibid.*, p. 121.

55 *Ibid.*, p. 124.

56 *Ibid.*, p. 125.

57 *Ibid.*, p. 125.

58 *Ibid.*, p. 127.

59 *Ibid.*, p. 134.

60 *Ibid.*, p. 136.

61 *Ibid.*, p. 138.

62 *Ibid.*, p. 157.

63 *Ibid.*, p. 160.

64 *Ibid.*, p. 181.

65 *Ibid.*, p. 224.

66 *Ibid.*, pp. 225-226.

67 *Ibid.*, p. 229.

68 *Ibid.*, p. 231.

69 *Ibid.*, p. 233.

70 *Ibid.*, p. 233.

71 *Ibid.*, pp. 239-240.

72 *Ibid.*, p. 255.

73 *Ibid.*, p. 277.

74 *Ibid.*, p. 286.

75 *Ibid.*, p. 288.

76 *Ibid.*, pp. 288-289.

77 *Ibid.*, p. 6.

78 William James, *The Principles of Psychology*, Vol. II, pp. 487-488.

79 *Ibid.*, p. 493.

80 *Ibid.*, p. 494.

81 *Ibid.*, p. 530.

82 *Ibid.*, p. 547.

83 *Ibid.*, p. 548.

84 *Ibid.*, p. 578.

85 *Ibid.*, p. 578.

86 *Ibid.*, p. 617.

87 *Ibid.*, p. 634.

88 *Ibid.*, p. 618.

89 *Ibid.*, p. 621.

90 *Ibid.*, p. 624.

91 *Ibid.*, p. 625.

92 *Ibid.*, p. 636.

93 *Ibid.*, p. 639.

94 *Ibid.*, p. 652.

95 *Ibid.*, p. 665.

96 *Ibid.*, p. 671.

97 *Ibid.*, p. 672.

98 *Ibid.*, p. 678.

99 *Ibid.*, p. 689.

100 Alfred North Whitehead, *Modes of Thought* (New York: Macmillan, 1938), p. 4.

101 David A. Hollinger, "The Problem of Pragmatism in American History," *Journal of American History*, 67 (1980), p. 89.

102 James T. Kloppenberg, "Pragmatism: An Old name for Some New Ways of Thinking?," *Journal of American History*, 83 (1996), p. 100. 최근에 프래그머티즘은 철학의 범위를 넘어서 모든 인간과 관계되는 학문에 적용되고 있다. 실제로 사회학, 신학, 여성학, 경제학, 정치학, 역사학, 법학, 심리학, 윤리학, 미학, 문학과 문화 연구 등에 이르기까지 여러 학문 분야에 영향을 미치고 있다.

103 *Ibid.*, p. 100.

104 *Ibid.*, p. 101.

105 Richard Rorty, *Philosophy and the Mirror of Nature* (Princeton: Princeton University Press, 1979) and *Consequences of Pragmatism: Essays 1972–1980* (Minneapolis: University of Minnesota Press, 1982) 참조.

5

전통과 진보의 융합에 의한 사회통합 추구

존 듀이와 『민주주의와 교육』(1916)

John Dewey,
Democracy and Education (1916)

앞서 고찰했던 헨리 조지의 개혁정신, 윌리엄 그레이엄 섬너의 보수주의 정신, 윌리엄 제임스의 프래그머티즘 정신은 서로 상충되는 면도 있지만, 모두가 존 듀이(John Dewey)의 정신세계로 유입되어, 20세기 전반 미국의 지적 전통의 주류가 되어 흐른다. 듀이의 지성은 앞선 시대를 대표하는 여러 사상의 흐름을 수용함으로써 다원화되고 있던 미국 사회를 철학적으로 통합하고자 하였다. 듀이의 이러한 사회통합에 대한 노력은 어떤 한 집단의 지배를 정당화한다거나, 전체와 부분의 관계에서 어느 한쪽에 의한 일방적인 통합을 지지하는 것은 아니었다. 더군다나 로티와 같은 최근 포스트모던주의자들이 생각하는 것처럼 듀이가 극단적으로 모든 철학적인 기반과 본질은 물론 통합, 합의, 객관성 등을 거부했던 급진적 철학의 선구자는 아니었다. 듀이의 철학이 내포하는 의미들은 풍부하고 복잡하다. 그의 철학은 종합을 추구하였기 때문에 그의 사상이 하나의 전체로서 다루어지고, 그 사상이 형성된 사회와 시대의 복잡성이 정확하게 파악되며, 그의 위치가 미국의 지적 전통 속에서 분명하게 이해될 때, 우리는 비로소 듀이 사상의 진정한 실체에 도달할 수 있다.

듀이는 현대 산업사회의 분열과 갈등으로 인해 정신적 불안이 팽배해 있던 시대에 인간의 통합과 자아의 전체성을 깊게 인식했던 철학자였다. 그에게 그러한 통합은 완성될 수 있는 어떤 것이 아니라 끊임없이 움직이고, 변화하고, 성장하는 것이었다. 그는 통합이란 "서로 다른 많은 사람들과 사물들이 공통된 하나의 목적을 향하여 협력하는 방법"이라고 주장했다. 그는 "협력이 행위와 작용 속에서 이루어지는 것이지 정적인 대상 혹은 대상들의 집합으로서 존재"하는 것이 아니라는 것을 파악하였고, "시간의 연장선상에서 진행하는 어떤 것을 통해서만" 통합이 이루어질 수 있다는 것을 깨달았다.[1]

지성사적 관점에서 볼 때 1916년에 출판된 듀이의 『민주주의와 교육』(*Democracy and Education*)은 다원주의의 충격이 가시지 않았던 지적·정신적 전환기의 산물이라 할 수 있다. 다원주의의 영향 아래에 많은 작가들이 인식하였던 우주의 모순과 우연성은 듀이에겐 불안이나 무의미, 절망이 아니었다. 그는 그러한 지적 변혁이 오히려 민주정신의 발전을 가져올 수 있고, 새로운 과학적 방법은 사회를 더욱 활기차게 만들며 권위의 새로운 기반을 제공할 수 있을 것이라고 믿었다. 그는 미국인들이 희망을 갖고 활동하고 앞을 내다보도록 고무시키고자 했다. 과학과 공공을 지향하는 그의 철학은 전체를 부분들로부터 분리시키는 것이 아니라 부분들을 하나의 전체로 통합하는 것이었다. 그의 이러한 통합정신은 바로 민주주의 정신이며, 그가 제시하는 교육은 전체와 부분의 조화와 균형을 유지시킬 수 있는 최상의 방편이었다.

이러한 듀이의 통합사상은 예술, 교육, 사회, 국가, 우주 등 모든 사물을 이해하는 데 적용되었다. 비록 그가 역사와 사회를 이해함에 있어서 전통보다는 변화를 강조했지만, 그의 사상은 포스트모더니즘과는 달리 시간의 연속성 개념에 기반을 두었다. 연속성이란 전통과 진보가 공존할 수 있다는 것을 말한다. 그리하여 그의 사상은 언제나 긍정적이고, 합리적이며, 인간적이고, 건설적이며, 진보적이고, 발전적이며, 과학적이고, 민주적이었다. 듀이의 사상은 다음과 같은 그의 진술에 잘 요약되어 나타난다. "인간들이 협력하는 모든 과정과 방법에 대해 더 많은 것을 알고, 인간들이 서로를 제어하고 격려하며 하나의 균형을 이룰 때 우리는 인간의 통합에 대한 더 나은 이상을 얻을 수 있다."[2]

생애와 사상

생애와 사상의 원천

존 듀이는 1859년 미국 버몬트 주 벌링톤(Burlington)에서 태어났다. 1879년 버몬트대학을 졸업한 듀이는 3년 동안 고등학교에서 가르치다가 1882년 존스홉킨스대학에 들어가 1884년에 철학 전공으로 박사 학위를 받았다. 그 후 그는 미시간대학을 거쳐 1894년부터 1904년까지 시카고대학에서 철학·심리학·교육학 수업을 담당하였고, 1904년부터 1930년까지 콜롬비아대학에서 철학 교수로 봉직했고, 1952년에 작고하였다.

듀이의 사상은 버몬트대학의 지적 전통에서 출발한다. 그곳의 지적 토양은 제임스 마시(James Marsh)가 뿌린 초월주의의 씨앗이 헨리 토리(Henry A. P. Torrey)를 거쳐 듀이에게로 이어진다. 무엇보다도 초월주의의 유기적 우주관은 듀이의 정신적 기반이 되었고, 칸트와 독일 철학을 접하는 발판이 된다. 이러한 지적 발판은 남북전쟁으로 단절될 수도 있었던 청교도주의와 초월주의 사상이 듀이 사상을 통해 20세기 정신사로 이어지도록 하는 가교 역할도 했다. 듀이의 지적 여정은 이러한 버몬트의 학부과정에서 존스홉킨스대학의 대학원으로 이어지고, 이곳에서 그는 이상주의자인 조지 S. 모리스(George S. Morris)의 지도를 받으며 헤겔 철학에 몰두하게 된다. 그러나 듀이가 이 대학에서 만난 사람 중 그 누구보다도 중요한 정신의 소유자는 바로 찰스 샌더스 퍼스(Charles Sanders Peirce)였다. 듀이는 당시 이 대학 교수로 있던 퍼스가 주도하는 '형이상학 클럽'의 회원이 되었고, 그의 심원하고 복잡한 우주론을 이해하려고 노력하였다. 이때는 이미 퍼스의 유명한 논문인 「믿음의 고정화」(The Fixation of Belief)와 「관념을 명확히 하는 법」(How to Make Our Idea Clear) 등이 미국 지성계에 상당히 알려진 상태였다. 1870년대에 발표된 이러한 논문들을 통해 퍼스는 처음으로 프래그머티즘의 철학적 개념에 대해 진술하기 시작했다.

프래그머티즘의 핵심적 주장은 우리의 행위가 의미가 있는지 여부는 그 행위의 결과에 의해서 알 수 있다는 것이다. 이 말 속에는 형이상학적 철학에 대한 깊은 반항이 내포되어 있다. 어떤 의미에서 그것은 당시 산업사회의 분열과 갈등을 해결하려는 통합의 정신을 반영한 것이라고 할 수도 있다. 즉, 추상적이고 형이상학적인 관념의 세계로는 새롭고 복잡한 현대 사회를 이해할 수도, 해결할 수도 없음을 제시하는 것이었다. 이러한 프래그머티즘의 개념은 윌리엄 제임스에 의해 더욱 체계화되어 듀이에게 도달하게 된다. 이러한 지적 흐름에서 1890년에 출간된 윌리엄 제임스의 『심리학 원리』는 듀이의 철학

사상에 결정적인 영향을 끼치게 되며, 헤겔의 정신세계에 도달했던 듀이의 이상주의적 형이상학은 경험을 강조하는 실험주의로 들어가게 된다.

듀이가 살았던 전환의 시대에는 사회구조뿐만 아니라 모든 인간관계도 빠르고 철저하게 변하고 있었다. 과거와는 아주 다른 세계가 전개되고 있었고, 그 어떤 것도 고립적이고 정체적인 것으로 남아 있을 수가 없었다. 모든 것이 움직이고 상호관계 속에 있었다. 당시 지성계에서 다윈주의가 유행하였던 사실은 이 새로운 우주의 본질에 대한 이해를 반영하는 것이었다. 자연의 끊임없는 변화와 유기적 관계에 대한 다윈주의의 암시는 당시 지식인들의 지적 체계를 새로운 세계에 맞게 변혁시킬 수 있는 좋은 계기를 마련해 주었다. 그러나 다윈주의도 물질적 변혁이 갖고 있는 이중성과 마찬가지로 새로운 시대를 이해하고 대처하는 좋은 지적 방편을 제공하면서도, 다른 한편으론 사회와 인간의 모든 도덕과 가치를 무너뜨리며 지적·사회적 위기를 야기하고 있었다. 기독교의 창조설이 비판받기 시작했고, 사회의 모든 권위가 사라지고, 그 어떤 것도 확실하지 않고 모든 것이 순간적으로 보일 때 인간과 사회는 분열되고 있었다.

이러한 시대적 배경에서 듀이는 개인과 개인은 물론이고 사회와 개인을 통합하고자 했다. 다시 말해 그는 이 사회적·정신적 분열은 전체와 부분의 관계를 새롭게 인식할 때만이 해결될 수 있다고 보았다. 1897년 듀이는 교육에 대한 자신의 입장을 밝힌 「나의 교육 신조」(My Pedagogic Creed)라는 글에서 개인과 사회의 관계에 대해 다음과 같이 말한다. "개인은 사회적 개인으로서 교육을 받아야 하며, 사회는 개인들의 유기적 연합이라고 나는 믿는다. 만약 우리가 어린아이에게서 사회적 요인을 제거한다면 우리는 단지 하나의 추상으로 남게 될 뿐이다. 만일 우리가 사회로부터 개인적 요인을 제거한다면 우리는 단지 무기력하고 생명이 없는 대중으로 남게 될 것이다."[3] 듀이가 일생 추구했던 것은 "무기력하고 생명이 없는 대중"이 아니라 살아 있는 철학, 살아 있는 개인, 살아 있는 사회, 살아 있는 국가였다. 그리하여 그는 개인이 사회적 개인이 되었을 때 그리고 사회가 "개인들의 유기적 연합"이 되었을 때, 모든 사람의 생은 무기력한 상태로부터 회복될 것이라고 믿었다. 철학을 사회 속에서 살아 숨 쉬는 어떤 것으로 만드는 것이 듀이가 철학을 연구하는 주된 목적이었다.[4]

시카고대학에 재직할 때 듀이가 가졌던 이러한 교육이론과 개혁에 대한 관심은 1899년에 『학교와 사회』(*The School and Society*)로 출판되며, 이 저작은 훗날 『민주주의와 교육』(*Democracy and Education*)이라는 대작으로 발전하게 된다. 이와 같은 교육개혁에 대한 듀이의 열정은 20세기에 들어 미국 사회에 일어났던 진보주의라는 개혁운동과 맥을 같이하게 되고, 당시 제인 애덤스(Jane Addams) 같은 진보주의 지식인들과 함께 이 운동을 이끌어 가는 데 주도적인 역할을 하게 된다. 듀이의 이러한 개혁사상은 철학의 계보와는 또 다른 정신세계에서 유래한 것이었다. 그것은 헨리 조지를 필두로 레스터 프랭크 워드(Lester Frank Ward)와 토스테인 베블런(Thorstein Veblen)으로 이어지는 지성이었다.

진보주의 시대에 듀이는 사회에 적극적으로 참여하면서 『민주주의와 교육』(1916)을 출간하였으며, 그 이후 『철학의 재건』(*Reconstruction in Philosophy*, 1920), 『경험과 자연』(*Experience and Nature*, 1925), 『확실성의 추구』(*The Quest for Certainty*, 1929) 등의 저작에서 자신의 철학적 신념을 분명히 했으며, 그의 정치사상을 담은 『공중과 그 문제들』(*The Public and Its Problems*, 1927)은 현대 사회와 참여민주주의의 관계를 규명하였다. 대공황이 한창이던 1930년대에 듀이는 자유방임적 자유주의에 대한 비판을 더욱 체계적으로 확대하여 『구(舊)개인주의와 신(新)개인주의』(*Individualism Old and New*, 1930), 『자유주의와 사회행동』(*Liberalism and Social Action*, 1935) 등을 출판했고, 1939년에 나온 『자유와 문화』(*Freedon and Culture*)에서는 소련 공산주의에 대한 분명한 반대 입장을 천명하였다.

1952년에 작고하기까지 긴 생애 동안 듀이의 지성은 결코 한 순간도 멈추거나 머물러 있지 않았다. 37권에 달하는 듀이 전집은 그가 언급한 것처럼, "각 개인 속에 살아 있는 부분들은 영구히 억압될 수 없다"는 사실을 입증하는 것이다.[5] 1929년에 듀이는 짧은 자서전에서 다음과 같이 말한다. "나에게 영향을 끼쳤던 동력은 대체로 책보다는 개인들과 상황으로부터 왔다."[6] 실제로 19세기 말과 20세기 전반기 동안 사회적 관심과 여러 문제는 듀이에게 "지적 자양분"이 되었다. 그의 철학 연구 태도는 모든 것을 "사회적 관점"에서 고찰하는 것이었다.[7] 거대한 사회현상에 대한 인간경험이 듀이 철학의 기반이었다. 듀이 사상의 성격은 사회적이며, 실제적이고, 구체적이었다. 다시 말해 그의 철학과 함께 그가 기울인 노력들은 기본적으로 그리고 궁극적으로 일반 국민의 생활을 향상시키고 개선시키는 것이었다. 따라서 그의 경험철학을 정확하게 이해하기 위하여 우리는 먼저 그가 생(生)을 어떻게 이해하였는가를 고찰해야만 한다.

공통 경험에 의한 통합 추구

듀이에게 생(生)은 "환경 속에서 행위를 통한 자기갱생의 과정"이다. 그러나 이보다 먼저 그에게 중요한 것은 "생의 과정"을 지속시키는 일이다. 그에게 그 과정의 연속은 어떤 개인의 존재가 연장되는 것이 아니라 생의 새로운 형태들이 지속적으로 재생산되는 것을 말한다. 그에게 "생의 연속은 살아 있는 유기체의 욕구에 대한 환경의 지속적인 개작"을 의미했다.[8]

듀이에게 생은 "관습, 제도, 신념, 승리와 패배, 여가와 직업" 등 "모든 개인적 · 인종적 경험"을 포함한다. 따라서 경험은 "생활경험의 운반자" 역할을 하는 개인이 속해 있는 사회집단의 갱신을 통해 지속된다.[9] 그렇다면 사회는 어떻게 지속되는가? 듀이는 "사회란 생물학적 삶과 마찬가지로 전달 과정을 통해 존재한다고 본다. 행동하고, 사고하고, 느끼는 습관을 노년층에서 청년층으로 전달함으로써 사회가 지속된다는 것이다. 집단생활을 무시하는 사회구성원들에서부터 사회 속으로 들어오는 사람들에 이르기까지 이상, 희망, 기대, 기준, 견해 등에 대한 어떠한 의사소통 없이 사회적 생은 존재할 수 없다"는 것이다.[10]

이와 같이 듀이는 "사회란 전달과 의사소통에 의해 계속 존재할 뿐만 아니라, 전달과 의사소통 속에서 존재한다"고 보았다. 듀이에게 의사소통은 사회의 연속성에 중요한 의미를 가지는 것이다. 왜냐하면 그는 "인간들은 공통적인 것을 매개로 공동체 속에 사는데, 의사소통이란 그들이 공통적인 것을 갖기 위한 방법"이라고 보기 때문이다. 또한 듀이는 "하나의 공동체 또는 사회를 형성하기 위해 인간들이 공통적으로 가져야만 하는 것은 목적, 신념, 열망, 지식 등 공통적인 이해"라고 믿는다. 그리하여 "공통적인 이해 속에 참여를 확실시하는 의사소통은 유사한 감정적·지적 경향을 확보하는 것"이라고 보는 것이다.[11]

듀이에게 개인의 진정한 의미는 바로 이러한 공통 경험과 깊은 관련이 있어서, 개인이 사회와 역사로부터 나오는 어떤 공통 경험에 참여할 때 개인의 진정한 의미가 드러난다고 보았다. 『인간 본성과 행위』(*Human Nature and Conduct*)의 서문에서 듀이는, "실제로 정신은 사회적 환경과 생물학적 적성의 상호작용으로 형성된 신념, 욕망, 목적의 체계로 이해될 수 있다"고 말한다.[12] 또한 "모든 행위는 인간 본성의 요소들과 자연적·사회적 환경 사이에서 일어나는 상호작용"이라고 말한다.[13] 따라서 도덕은 인간 본성과 분리될 수 없는데, 인간의 본성이란 자연과 더불어 "일, 시민생활, 친교와 여가활동의 연속 속에서 나타나는 평범한 사회적 습관 및 열망"과 이어져 있기 때문이라는 것이다.[14] 그리하여 듀이는, "도덕과 인간 본성 그리고 이 둘과 환경의 통합이 인식될 때야 비로소 우리는 실생활의 문제들에 대처하기 위해 과거 경험으로부터 도움을 받게 될 것"이라고 주장한다. "자연, 인간, 사회의 연속성에 대한 지적인 인지는 열광적이지 않으면서도 진지하고, 감상적이지 않으면서도 열광적이고, 인습에 매이지 않으면서도 현실에 적응하며, 수익을 타산하는 형태를 취하지 않으면서도 민감할 수 있고, 낭만적이지 않으면서도 이상적일 수 있는 도덕의 성장을 확보할 수 있을 것"이라고 그는 믿었다.[15]

그러나 듀이는 자연, 인간, 사회의 연속에서 나타나는 단절과 상반이 개인적 경험에서는 물론이고 집단적 경험에서도 나타난다고 보았다. "현대 과학, 현대 산업, 현대 정치는 서양 세계의 가장 훌륭한 지적·도덕적 유산과는 다른, 그리고 대개는 그것과 양립하지 않는 엄청난 양의 물질을 우리에게 제시했다"고 지적하면서, 그는 이러한 현상이 현대 세계의 지적 당혹과 혼동의 원인이라고 보았다.[16] 그에게 "경험적 자연주의"는 "인간이 자유롭게 현대 과학의 입장과 결론을 받아들일 수 있는 방법"이었다. 그리하여 그는 이러한 방법을 통해 소중한 가치들을 비판적으로 해명하고 강화하기를 기대했던 것이다.[17]

또한 듀이는 경험적 자연주의를 통해 "새로운 세계의 당혹에 직면하여 새로운 이상과 가치"를 추구하고자 했다.[18] 이에 대해 듀이는 다음과 같이 말한다. "자연과 경험은 적이나 낯선 이방인이 아니다. 경험은 인간을 자연으로부터 차단시키는 베일도 아니다. 그것은 자연의 중심부로 더 깊이 지속적으로 파고 들어가는 수단이다."[19] 듀이의 이러한 언급은, 자연과 경험이 함께 조화를 이룰 때 경험은 자연의 비밀을 간파하여 자연에 도달하는 방법으로 드러나는 반면, 자연이 경험적으로 드러날 때 자연은 경험의 발전을 더 한층 깊고 풍부하게 하여 그 분명한 방향을 제시해 준다는 것이다.

듀이에게 경험은 "어떤 방식 속에 상호 작용하는 것"으로, 통합의 중요한 수단이다.[20] 다시 말해 경험적 방법은 유기체와 환경이 하나가 되어 매일 생활의 포괄적인 활동을 공정하게 다룰 수 있는 유일한 방법이라는 것이다. 그러나 "비경험적 방법에 의해 객체와 주체 그리고 정신과 물질은 분리"되어 왔다고 듀이는 지적한다.[21] 그에게 비경험적 방법은 "마음을 억압하고 상상을 마비시키는 원천"이었다.[22]

듀이에게 철학 연구란 "인류의 공통 경험 속에 이미 들어 있는 것"을 이해하는 것이었다. 따라서 그는 경험적으로 추구된 철학은 생활 경험에 대한 연구가 될 것이라고 주장했다. 그는 매일 생활의 잠재력이 해방되고 구체적인 인간 경험과 그 잠재력이 추구될 때 "철학의 폭넓은 자유주의적 인간가치"가 만들어지고 "문화의 지적 촉진"이 성취될 것이라고 보았다.[23]

이와 같이 듀이에게 경험은 국가와 사회, 개인생활에서 역동적 힘이었다. 사회와 국가의 존재는 개인들의 공통 경험을 가능하게 만들었다. 듀이에게 공통 경험은 미국의 연속성과 관련이 있었다. 그에게 공통 경험은 사회 혹은 국가의 의미를 위해서는 물론이고 인간 존재의 의미를 위해 매우 중요하였다. 공통 경험은 그것이 사회적 환경과 사회적 전통으로부터 왔다는 점에서 보수적인 것처럼 보일지도 모른다. 그러나 공통 경험은 그것이 개인과 개인, 사회와 개인, 자연과 개인, 집단과 집단, 사회와 사회, 국가와 국가를 연결시킬 때 역동적·발전적이고, 진보적·건설적이며, 살아 있는 어떤 것이 될 수 있는 것이다. 이런 의미에서 듀이에게 전체와 부분들의 살아 있는 관계는 가장 중요한 철학적 주제와 임무라고 할 수 있다.

1934년에 출판된 듀이의 『경험으로서의 예술』(*Art as Experience*)에서 듀이는 전체와 부분들, 자아와 세계의 관계를 설명하고 있다. 여기서 듀이는 내적으로 통합된 경험을 강조하며 경험은 기본적으로 "하나의 전체이며 그 자체의 개인화에서 일어나는 자질과 자기 충족"이라고 밝힌다.[24] 듀이는 "하나의 지속적인 전체"로서 경험은 그 자체의 "미적인 자질"을 소유하는데, 내적인 통합과 수행의 질서정연하고 조직된 운동을 통해 이런 자질에 도달할 수 있다고 보았다. 그리고 어떠한 종류의 경험도 그것이 미적 자질을 가지지 않는 한 통합이 아니라고 간주하였다.[25] 그는 무엇보다도 미적인 것의 적(敵)은 "실제적인 것도 지적인 것도 아닌" "평범하고 단조로운 것"이라는 사실을 강조했다. 그는 "흐트러진 목적의 느슨함과 실제적·지적 절차에서 관행에 빠지는 것"을 싫어했다. 또한 그는 "엄격한 절제, 강요된 순종, 경직성"과 "방탕, 지리멸렬, 목적이 없는 방종"도 싫어했다. 그에게 이러한 것들은 "경험의 통합과 배치되는 일탈들"이었기 때문이었다. 그가 추구했던 경험은 "그 자체의 완성을 향해 발전적으로 움직이는 경험"이었다.[26] 이 발전적 경험에서 "실제적·감정적·지적인" 부분들은 하나의 통합적인 경험을 구성하는데, 그럴 때만이 그 경험은 미적 자질을 가지는 것이었다."[27] 정말로 하나의 경험이 균형을 이루고, 통합되고, 아름답게 될 때, 그것은 살아 있고, 활기차고, 창조적이며, 무엇을 향하여 움직이는 것이다. 이러한 의미에서 듀이는 전통을 비판하면서도 그것을 유지하고자 했다. 안정과 변화를 함께 추구한 그의 철학은 보수적이면서도 진보적이라 할 수 있다.

그리하여 듀이는 전망과 회고의 가치 모두를 전체 생활에 중요한 요소들로 간주했는데, 왜냐하면 "우리는 종결된 세계가 아니라 계속 진행하고 있는 세계에 살면서도 본시 갖고 있던 저력을 통해 연대와 안정을 유지할 수 있다"고 보기 때문이다.[28] 그에게, "분할된 세계, 즉 부분들과 다른 부분들이 서로 결합되지 않은 세계는 곧 분할된 개성의 징조이자 원인이었다."[29] 완전히 통합된 개성을 위해 연속적인 경험들은 서로 통합되어야만 한다는 것이다. 이것을 위해 듀이는 공통 경험을 기반으로 하는 권위를 추구하였다. 이와 같이 경험의 복잡한 의미에 대한 듀이의 인식은 자아와 세계 그리고 전체와 부분들의 관계에 대한 깊은 이해를 보여 주는 것이었다.

미국 정신의 새로운 종합 추구

사회사상가로서 미국 지식인들은 우주, 인간 본성, 미학, 사회, 정치 등을 이미 주어진 어떤 개념들로 파악하지 않았다. 그들은 자유로운 창조적 사상과 활동에 전념했으며 언제나 현재 속에 살고자 했다. 그리하여 그들은 과거를 무시하지 않으면서도 미래를 향해 움직였다. 듀이의 창조적인 지적 활동도 이러한 지적 전통 속에서 이루어졌다.

듀이의 모든 철학 이론은 많은 열정을 갖고 자신이 실제로 참여하고 활동했던 사회와 직접적인 관련이 있었다. 자신의 긴 생애 동안 그는 '인간 본성과 행위' 그리고 '경험과 자연'의 포괄적인 관점을 통해 자신의 시대가 안고 있는 인간적·사회적 문제들을 발견하였고, 그에 대한 철학적 해결책을 제시하고자 했다. 특히 그는 제도, 관습, 신념과 같은 전통을 현재의 과학 및 기술의 잠재력과 조화시키려 했다. 그에게 철학의 당면 과제는 서로 다른 가치와 신념을 가진 사람들 사이에서 "통합과 협력을 회복시키는 문제"였다.[30]

듀이의 '공통 경험'에 대한 관점에서 보았던 바처럼, 통합과 협력에 대한 그의 정신은 "변화된 사회 상황," 즉 "새로운 사회적 욕구에 대처하려는 노력"으로부터 나왔다.[31] 당시 미국 사회에 나타난 중요한 변화는 "산업의 변화"였다. 과학기술의 발달로 엄청난 규모의 값싼 동력을 자연으로부터 생산할 수 있게 되었고, 그 동력을 기반으로 시장은 전국적인 규모가 되었으며, 이에 필요한 엄청난 생산품의 공급은 거대 제조업의 성장을 가져왔다. 그리하여 "모든 의사소통"은 편리해졌고 "분배"의 수단은 값싸고 새롭게 바뀌었다.[32] 듀이는 이러한 상황 속에서 미국인의 "생활습관은 급격하고 철저하게 변화되었고, 자연적 사실에 대한 추구는 끝없이 고무되고 촉진되었으며, 이러한 진실을 생활에 적용하는 것은 실용적으로뿐만 아니라 상업적으로 시도되고" 있다는 사실을 관찰했다. 그는 또한 이러한 과정에서 미국 국민은 "도덕적 · 종교적 이상과 관심, 그리고 그들 본성 가장 깊은 곳에 있는 가장 보수적인 부분까지도 산업화의 영향을 받고 있다"는 사실을 깨달았다.[33]

그러나 듀이는 미국의 전통을 이루고 있는 도덕적·종교적·정신적 요인들을 포기하지 않았다. 그가 이론과 실제를 구분하는 전통철학을 공격했을 때, 그의 궁극적인 목적은 미국의 전통과 가치를 해체하는 것이 아니라 오히려 보존하는 것이었다. 전통철학에 대한 그의 도전은 그것의 "수정"(revisions), "변화"(change), "개정"(modifications)에 국한하는 것이었다.[34] 철학 연구에 있어서 그의 주요한 목적 가운데 하나는 이상과 실제가 함께 작용하는 "철학의 역동적 원천"에 기반을 둔 "새로운 지적 합의"를 이끌어 내는 것이었다. 그가 공격했던 것은 추상적이고 비실제적인 노력을 통한 확실성의 추구였지, 확실성을 추구하는 것 자체는 아니었다. 그는 "미국 영혼의 외형과 피상적인 속성"이 아니라[35] "분할된 미국 문명의 혼란"을 극복하기 위해 "궁극적인 내적 통합과 개성의 독특성"을 추구한 것이다.[36]

듀이는 유기적으로 연결된 독특한 개인들의 통합에 의해서만 사회적 통합이 가능하다고 보았다. 그러나 그는 "한때 개인들을 결속시키고 통합시켰던" 요인들이 이제 거의 사라졌다는 사실을 잘 인식하고 있었다. 그는 역사상 현재만큼 신념과 행위에 있어 분명한 목적을 상실한 시기도 찾기 어렵다고 지적하였다. 그는 정신사적으로 자신이 살고 있는 시대가 혼돈 상태에 있는 것으로 보았다.[37]

듀이가 자신의 시대에서 가장 심각한 문제점으로 본 것은 개성의 상실이었다. 그것은 경제 분야에서는 물론 종교 분야에서 두드러졌고, "상실된 개인"(lost individual)은 분명히 상실된 사회를 의미하였다. 듀이는 전체를 통해서 개인의 독특성과 사회의 통합이 회복될 수 있다고 보았고, 전체의 의미는 "통합의 단계에 도달하는 사회 구성원들을 통해서만이" 드러난다고 인식하였다.[38] 개성의 와해는 현실에 부딪쳐 자아를 재건하지 못하는 데에 기인한다고 지적하면서, 듀이는 "와해된 개인은 사회생활의 지배적 에너지가 그들의 개성을 회복시킬 때만 통합을 성취할 수 있다"고 주장하였다.[39] 철학자로서 그의 임무 중 하나는 "안정적이고 효율적인 자기통제를 실현할 수 있도록 개인들을 회복"시키는 일이었다.[40]

무엇보다도 듀이는 개인주의의 개념이 흔히 "사적이고 독자적인 경제적 이득과 밀접한 관계가 있어 왔다"고 지적하면서, "개성의 안정적 회복은 과거의 경제적·정치적 개인주의가 제거될 때 이루어진다"고 강조하였다.[41] 미국의 도덕과 문화가 개인주의의 이상과 가치로 이루어져 있다는 사실을 고려할 때, 듀이가 풀어야 할 가장 절박한 과제는 어떻게 진정한 개성을 회복시킬 것인가의 문제였다.

그러나 듀이에게 회복이란 과거의 상태로 돌아가는 것이 아니라 새로운 종합을 향하여 나아가는 것을 의미했다. 또한 새로운 종합은 과거로부터의 단절이 아니라 현재와 과거의 통합과 연속을 암시했다. 그리하여 듀이가 말하는 종합은 자연, 인간, 사회의 유기적 연속성을 상실하지 않고 이 모든 요소들이 통합되는 것을 의미하였다. 무엇보다도 듀이는 과거의 전통과 관습을 새로운 종합, 즉 새로운 가치들을 위한 기반으로 보았다.

마찬가지로 듀이는 미국 산업과 상업의 발전을 가져왔던 초기 개인주의의 지속이 새로운 자유주의의 창조를 막는 주된 장애물이라고 말하면서도, 결코 개인주의의 폐지를 주장하지 않았다. 더군다나 그는 사회주의로 개인주의를 대체하려고 하지도 않았다. 그는 개인들의 정신적·도덕적 구조, 그들의 욕구와 목적이 거대한 사회변화와 함께 바뀌었다고 인식함으로써 과거의 개인주의를 새로운 개인주의로 수정하려 하였다.

미국의 미래를 위해 기술시대의 물질적·기계적 힘들을 낙관적으로 보면서, 듀이는 민주적 미국인들이 산업발전에 기반을 둔 새로운 문명을 성취할 수 있다고 믿었다. 그는 과학과 기술을 통한 미국 정신의 새로운 종합을 추구했다. 정신과 육체, 물질과 정신, 이상적인 것과 실제적인 것의 통합을 시도했던 듀이에게 문화와 과학은 충분히 함께 작용할 수 있는 실체들이었다. 미국 정신의 새로운 종합을 추구함에 있어서 듀이에게 과학은 새로운 "잠재적 도구"였다.[42]

듀이는 산업화된 사회현실에 적절히 대처하지 못했기 때문에 자신의 시대에 혼란이 초래된 것이라고 인식하면서, "문화에서 위기의 해결은 침착하고 효율적·창조적인 개성의 회복과 일치한다"고 제안하였다. "기계와 물질문명 속에 내재한 가능성을 표현하는 새로운 문화는 개인들 속에 있는 잠재적이고 창조적인 모든 속성들을 해방시킬 것이고, 그렇게 해방된 개인들은 계속하여 새로운 사회를 이루게 될 것"이라고 그는 주장하였다.[43] 사회문제에 대한 그의 적극적이고 건설적인 태도는 경험적 자연주의 철학에 기반을 둔 것인데, 그가 제시한 해결은 극단적이 아니라 타협적이고, 비관적이 아니라 낙관적이며, 독단적이 아니라 민주적이고, 해체적이 아니라 건설적이며, 반동적이 아니라 진보적이었다. 그의 사상은 미국 지적 전통의 한 부분이

자 미국 정신의 표현이었다.

공통 신념에 의한 국민의 통합 추구

하나의 국가가 어떻게 "공통 신념" 위에 수립되고 유지되며, 그 정신적 동력은 무엇인가? 모든 국가는 그 자체의 역동적인 정신적 요소들을 가지고 있다. 이 요소들이 없다면 그 존재는 결코 오랫동안 유지되기 어려울 것이다. 정신적 동력은 한 국가의 발전에 기여하며 그 발전 과정 속에서 누적되며 변화한다. 따라서 현재란 필연적으로 깊은 형이상학적 의미를 가지기 때문에 한 국가의 수립은 복잡하고 신비스러운 과정인 것이다. 한 국가의 정신은 지금까지 진행되어 온 역사의 모든 상황으로부터 나온다. 이것은 마치 듀이가 말하는 미적 경험에서 나오는 전체의 개념과 같은 것인데, 이 전체 속에서 부분들은 전체에 기여하며 그것을 통해 유기적 통합을 형성한다.

듀이가 비록 전통적인 형이상학적 철학을 공격했다 할지라도 미국의 의미에 대한 그의 이해는 깊은 형이상학적 관조로부터 나왔다. 그러한 관조의 출발점은 "우리"는 누구인가였다. 그에게 "우리"는 통합된 경험에 의해 형성되고 정당화된 인간들이었다. 듀이는 인간 존재의 의미란 습관과 자아의 관련에 의해 결정된다고 보는 것이다. 즉, 듀이는 "모든 습관은 영향력이자 추진력이며" "우리의 사고를 지배한다"고 믿었다.[44]

만일 그렇다면 우리의 존재는 고정되어 있으며, 타율에 의해 움직이는 것인가? 혹은 포스트모던 사상가들이 주장하는 것처럼 자아는 습관 속으로 사라지는가? 듀이는 그렇게 생각하지 않았다. 그는 오히려 우리가 습관에 따라 행동할 때만이 우리의 자아와 이상은 형태와 일관성을 얻으며 능동적이고 역동적이 된다고 보았다. 그는 습관은 "능동적 수단이며 스스로를 투영하는 수단이자 행위의 역동적 지배 방법"이라고 지적하면서,[45] "서로와 관련된 연속적 습관에서 나오는 역동적 힘은 성격과 행위, 더욱 구체적으로 동기와 행위, 그리고 의지와 행위의 통합"을 이룬다고 주장하였다.[46] 더욱이 그는 습관은 다음과 같은 사회적 형태 속에 결부되어 있다고 말한다. "우리는 서로와 연관된 유기적 존재로 태어나는 것이지, 공동체의 구성원으로 태어나는 것이 아니다. 젊은이는 끈질긴 교육에 의해 지도되어야 하고, 분명한 협력적 현상들에 관해 배움으로써 공동체를 특징짓는 전통과 사고방식, 이해관계 속으로 인도되어야만 한다. 인간적인 모든 것은 타고난 것이 아니라 배워서 형성되는 것이다."[47] 즉, 인간은 좋든 싫든 습관의 영향으로부터 벗어날 수 없다는 것이다. 인간 존재의 유기적 구조는 습관의 형성을 수반하고, 습관은 사람들을 질서정연하게 수립된 행위의 방식에 묶어 둔다는 것이다. 듀이에게 "습관은 사상의 이용을 방해하는 것이 아니라 사상이 작용하는 통로를 결정하는 것"이었다.[48]

듀이는 "우리"가 처음부터 형이상학적 존재였던 것이 아니라 사회·역사·전통을 통하여, 다시 말해 새로운 환경에 대한 적응과 투쟁의 과정을 거치며 형이상학적 존재로 성장해 왔다고 본다. 그에게 존재의 의미는 과거 선조가 살았고 앞으로 후손이 살게 될 문화와 사회에 의해 결정되는 것이었다. 그런 의미에서 듀이는 종교를 "엄격하게 집단적 용어"로 보면서 "경험이 작동하는 방법과 기능이 그 종교의 가치를 결정하는 것"으로 보았다.[49] 그는 "생활 속에서 활동함으로써 힘을 가지는 종교적 경험과, 생활과는 동떨어진 종류의 종교적 경험"

을 구별하였다.[50] 그는 단지 전자만이 공통 경험으로서 기여할 수 있다고 보는데, 왜냐하면 그것만이 생활의 중요한 면과 관련이 있다고 믿기 때문이다.

사회와 관련하여 듀이가 자연주의에서 발견한 것은 각 개인의 "존재를 위한 투쟁"이기보다는 개인들의 협력이었다. 그는 "연관과 결합이라는 의미에서 협력은 모든 존재의 법칙"이라고 주장하였다.[51] 그는 개인들이란 협력 속에서 존재하고 작용한다고 굳게 믿었다. 그리하여 그는 초월적이고 고립된 자아가 아니라 사회적 자아에 대한 분명한 인식을 가지고 국가도 바로 그러한 사회적 자아의 차원에서 "음미되고 조사·탐구되어야 하는 어떤 것"이라고 주장하였다.[52] 즉, 국가를 수립하는 문제는 서로와의 협력 속에 살고 있는 인간들, 일반적으로 인류의 실제 문제라는 것이다. 듀이에 의하면 그것은 집단들 속에서 결합된 개인들의 행위와 결과에 달려 있는 것이었다.[53]

만일 한 국가가 영원히 도달할 수 없는 추상적인 이상 위에 수립된다면, 그것에 대한 이해는 어떤 의미에서 단순하고 쉬울지도 모른다. 그러나 하나의 국가는 인간의 욕구와 목적이 혼합되어 수립되며, 그 형태가 안정되는 순간 그것은 끊임없이 다시 만들어진다. 따라서 우리가 살고 있는 국가의 진정한 의미는 형성과 재형성의 복잡한 과정을 거치는, 듀이가 말하는 소위 "경험적 과정"(experimental process)에서 나온다고 볼 수 있다. 그렇다면 국가를 이해하는 우리의 태도는 어느 정도 형이상학적이거나 초월적이어야만 할 것이다. 왜냐하면 현재를 살고 있는 사람들은 경험을 통해 전체를 인식할 수 없는 유한한 존재일 뿐만 아니라 "먼 과거로부터 자연과 상호 작용해 온 인간성의 한 부분"에 불과하기 때문이다.[54]

요약하면, 국가에 대한 역사적 이해를 통해 듀이는 그 이중적 의미를 제시하였다. 첫째, 국가란 과거로부터 보존되어 왔다는 것이다. 따라서 듀이는 "새로운 질서를 만들기 위한 백지상태의 창조"란 불가능한 것이라고 보았다.[55] 그러므로 그는 "우리가 받은 가치의 유산을 보존하고, 전달하고, 개정하고, 확대시키는 것이 우리의 책임이며, 이것은 우리의 후대가 확실하게 그 유산을 받을 수 있도록 하기 위한 것"이라고 주장하였다.[57] 둘째, 국가는 언제나 변화를 초래한다는 것이다. 듀이는 변화가 사회의 모든 부분에서 일어날 때 (한때 수립된 지위와 혈통, 가족에 상관없이) 국가의 본질은 진보적이고 민주적이 되려는 경향이 있다고 보았다. 또한 그는 국가가 지식이 누적되어 기술과 기능의 어떤 상태에 도달했을 때, 그 변화의 과정은 훨씬 더 가속화될 수 있다고 보았다. 이처럼 듀이에게 한 국가의 모든 구성원들의 공통 신념은 보존과 변화의 이중적 의미를 담고 있는 국가의 본질적 연속성에 기반을 두고 있었다.

그럼에도 포스트모더니스트들은 역사의 연속성을 무시하며 인간의 연대만을 추구하고자 한다. 로티는 "연대란 반성에 의해 발견되는 것이 아니라 만들어지는 것"이라고 주장한다.[57] 사실 로티는 듀이를 자신과 같은 '역사주의자'로 보았으나 우리의 존재가 담고 있는 깊은 역사성에 기초한 역사의 본질적 연속성에 대한 듀이의 인식은 무시하였다. 로티의 역사주의는 역사와 사회로부터 정신을 제거하고, 정신과 물질을 분리시키며, 자아로부터 영혼을 부인하는 반면 듀이는 이러한 모든 것을 통합시키고자 하였다.

미국의 창조적·협력적 자기실현에 의한 통합 추구

듀이에게 미국은 무엇이었는가? 비록 미국의 기원이 유럽적이었다 할지라도 그 역사는 독특한 미국적 경험을 통해 발전하였다. 미국 사상은 유럽 사상으로부터 많은 부분을 차용하였다. 그러나 그것이 미국의 토양 속에서 세련되었을 때, 미국 국민을 위한 민주주의라는 새로운 성격의 사상으로 발전하였다. 듀이에게 민주주의와 미국은 분리할 수 없는 상호 연관된 개념이었다. 즉, 민주주의 없이는 미국도 의미가 없는 것이었다. 또한 미국 국민에게 미국 없는 민주주의의 성취는 불가능할 뿐만 아니라 의미가 없는 것이었다. 민주주의와 미국의 상호작용은 완성을 향해 끊임없이 나아가는 것처럼 보였다. 만일 듀이 철학의 중요한 논지가 "자연과의 상호작용을 통해 성취된 인간의 자기실현"이라면,[58] 듀이에게 미국 역사란 자연과의 상호작용을 통해 민주주의를 성취하고자 했던 미국 국민의 자기실현의 과정이었다.

민주주의에 관한 듀이의 입장은 그의 경험철학으로부터 왔다. 그의 경험철학이 생활, 즉 환경 속에서 행위를 통한 자기갱신 과정에 대한 인식에서 출발하였던 것처럼, 민주주의를 이해하는 출발점도 인간 경험이었다. 그는 "생활방식으로서의 민주주의"는 매일 벌어지는 개인들의 상호 협력에 의해 발전한다고 이해하였다. 그는 "어떤 특별한 결과에 도달하는 것보다 경험의 과정이 더 중요하다고 보기 때문에, 성취된 결과는 그것이 계속되는 경험의 과정을 풍부하게 하고 질서정연하게 하는 데 사용될 경우에만 궁극적 가치를 지니는 것"이라고 주장하였다.[59] 확실히 그가 주장하는 민주주의는 완성되어 움직이지 않는, 제도화된 하나의 실체가 아니라 살아 있고 변화하며, 끊임없이 새롭고 더 나은 미래를 향해 움직이는 정신이자 믿음이었다. 그것은 한마디로 '창조적 정신'이라 할 수 있다.

경험이 개인·사회·국가를 의미 있고, 살아 있고, 활기차고, 역동적으로 만들어, 모두가 공유하는 공통적인 어떤 것이 되는 것처럼, "창조적 민주주의는 환경과 인간의 자유로운 상호작용"을 통해 이루어진다. 그리하여 듀이는 "민주주의의 임무는 영원히 모두가 공유하고, 모두가 기여하며, 더욱 자유롭고 인간적인 경험을 창조하는 것"이라고 보았다.[60]

듀이는 "습득이 아니라 창조가 한 국가의 등급을 측정하는 기준"이라고 강조한다.[61] 왜냐하면 습득은 언제나 이기적인 반면, 창조적 "예술은 더 발전하면 할수록 부, 태생, 인종, 신조와 상관없이 모든 국민에게 똑같이 속하고," "사적으로 덜 소유되며, 모두에 의해 향유되기" 때문이라는 것이다.[62] 이러한 관점에서 듀이는 당대의 미국 민주주의를 위기로 보았다. 그는 "현재의 심각한 위기는 우리가 오랫동안 마치 우리의 민주주의가 자동적으로 영속되는 것처럼 믿고 행동했기 때문"이라고 지적하였다.[63]

미국의 자기실현은 미국 민주주의가 창조적 민주주의가 되어, 모든 미국 국민이 국민적 경험에 동참할 때만이 성취될 수 있는 것이다. 요컨대 미국의 자기실현은 자동적으로 이루어지는 것이 아니라 미국 국민의 창조적이고 협력적인 노력에 의해 완성되는 것이다. 듀이가 언급했던 바처럼, "창조는 계속적인 과정 속에 있는 것이다." 이것은 미국이 존재하는 한 지속될 것인데, 왜냐하면 "현재의 동력과 업적들을 미래로 전달하는 것은 과거를 현재로 전달하는 것만큼이나 중요하기" 때문이다. "과거의 계승자이자 미래의 창조자"로서,[64] 미국 국민의 과제는 바로 창조적 민주주의를 완성하는 것이다. 듀이에게 그것은 "모든 세대를 통해 지속적으로 싸워 쟁취하는" 것이었다. "그것은 정체 상태로 멈출 수 없는 것"이며, 생활의 새로운 조건에 대처하기 위해 전진하지 않는다면 퇴보하여 결국에는 사멸하고 마는 것이었다."[65]

확실히 듀이의 철학은 하나의 이론이 아니라 이론과 실제를 통합하기 위한 구상이었다. 그의 철학은 주로 일상생활과 과학적·경험적 방법을 통해 모든 사람의 공통 경험을 다룸으로써 모든 미국 국민을 위한 사회철학 혹은 도덕철학이 되었다. 그는 다음과 같이 묻는다. "자유는 무엇이고, 왜 찬양되는가? 자유를 위한 욕구는 인간 본성에 내재하는 것인가, 아니면 특별한 상황의 산물인가? 자유의 결실은 다른 사람과의 통합과 연대의 감정으로부터 오는 기쁨과 어떻게 비교되는가?" 이러한 문제들에 대해 당시 미국의 정치제도는 어떤 대답도 하지 못한다고 듀이는 비판한다. 왜냐하면 미국의 민주 전통은 본시 인간 본성과 "도덕적 목적에 대한 신념과 밀접하게 연관되어" 있었지만, 지금은 그러한 관련이 깨어졌기 때문이라는 것이다.[66] 이제 새로운 대안이 제시되어야만 했다.

듀이의 대안은 "문화의 자유"(freedom of culture)였다. 문화는 정치제도를 뛰어넘는 것으로, 듀이는 그것이 개인, 산업, 과학, 예술, 종교의 모든 관계에 영향을 미친다고 본다.[67] 그는 문화에 대해 다음과 같이 말한다. "각 문화는 그 문화가 가지고 있는 에너지를 특징적으로 배열하는 고유의 패턴을 가지고 있다. 심사숙고하여 채택된 방법들을 체계적으로 추구하는 것은 물론이고, 그 존재의 단순한 힘에 의해 문화는 미숙하게 태어난 사람들의 본래적이고 원초적인 인간 본성을 변형시킴으로써 스스로 살아남는다."[68] 그래서 듀이에게 현재의 미국은 정치제도가 발전한 결과일 뿐만 아니라 모든 미국 국민이 협력하여 함께 살았던 미국 문화의 산물이자 표현이었다. 다시 말해 듀이에게 그것은 문화의 창조적·협력적 자기실현의 결과였다.

듀이는 미국의 민주적 전통의 원천을 도덕에서 찾았다. 그는 "도덕에 의해 타인에 대한 존경과 배려, 서로 간의 유대가 사회적 안정을 가져오고 그 안정 속에서 각 개인은 각자의 능력에 따라 자유를 누린다"고 보았다.[69] 따라서 그는 미국 민주주의의 창조적·협력적 자기실현은 도덕적 바탕 위에서 성취되어야만 한다고 주장한다. 여기서 도덕적이라는 것은 도덕성이 사회적 조건과 인간 본성의 상호작용으로부터 나온다는 점에서 사회적인 것을 의미한다.

종교와 과학, 구(舊)질서와 신(新)질서 간의 도덕적 갈등이 일고 있던 시대에 살았던 듀이는, 갈등의 해결이란 "인간의 가능성과 이상이 한편으로는 과학이 제시하는 정신과 방법에 의해, 다른 한편으로는 경제 제도의 작용과 통합함으로써" 이루어져야 한다고 주장하였다.[70] 갈등과 해결의 힘 모두를 미국의 제도와 태도 속에서 찾을 수 있다는 확고한 신념을 가진 그는, 미국의 창조적·협력적 자기실현은 "민주적 방법들의 적용을 확대함으로써" 가능하다고 보았다.[71] 그는 어떠한 권위적인 방법에도 반대하면서 "민주주의는 그 목적을 달성함에 있어서 민주적 방법을 요구한다"고 강조하였다.[72] 그의 후기 저술 중 많은 부분이 미국 민주주의의 방향과 미래를 다루었는데, 이는 당시의 전체주의 경향에 반대하여 나온 것이었다.

『민주주의와 교육』(1916)

일반적으로 진보운동이란 기존 질서를 개혁하거나 타파하여 새로운 사회를 추구하는 급진적 의미를 갖고 있으며, 그 목표와 방향은 새로운 사회질서를 수립하는 것으로 규정될 수 있다. 그러나 20세기 초 미국에서 일어난 진보주의 운동은 반드시 이러한 정의에 들어맞지는 않는다. 업턴 싱클레어(Upton Sinclair)와 같은 급진적 지식인들은 사회주의와 같이 새로운 제도를 대안으로 제시하기도 했지만, 대부분의 진보주의자들은 당시 산업화와 도시화로 인해 형성된 사회구조와 경제제도를 근본적으로 변형시키고자 하지는 않았다. 단지 그들은 그 변화의 과정에서 나타난 여러 사회문제들, 특히 도시 문제들을 정치적 수단을 통해 해결하고자 했다. 또한 그들은 산업자본주의의 급격하고 엄청난 물질적 진보로 인해 나타난 가치관의 혼란과 사회분열을 해결하고자 했다.

대체로 진보주의 운동이 도시에 기반을 둔 개혁운동으로 출발했던 것도 바로 이러한 혼란과 분열이 도시에서 주로 나타난 현상이었기 때문이다. 진보주의자들에게 도시란 엄청난 진보의 산물로 보일 수 있었던 반면 미국의 가치와 도덕을 붕괴시키는 진원지로 간주될 수도 있었다. 따라서 위기에 처한 미국적 가치, 도덕, 질서를 회복하는 것이 진보주의자들이 추구했던 가장 중요한 목표였다. 그들은 이러한 것들이 회복되어 분열된 사회가 하나로 될 때 진정한 진보가 이루어질 것이라고 보았다.

듀이의 『민주주의와 교육』(*Democracy and Education*)은 이러한 진보주의 운동이 끝나가는 시점인 1916년에 출판된 저작이다. 이 저작에서 듀이는 이론과 관념에 대한 연구로부터 벗어나 실천과 실제를 추구하면서, 자신만의 독창적인 정신세계를 구축하였다. 그의 철학은 실제 세계와 실제적인 인간 문제와는 거리가 있는 인식론과 형이상학의 세계에서 벗어나 사회와 인간에 관한 구체적인 문제를 다루어야 한다는 신념으로부터 출발하였다. 그에게 가장 시급한 당면 문제는 산업화로 말미암아 생겨난 사회구성원들의 갈등과 분열을 통합으로 이끄는 것이었다.

듀이가 『민주주의와 교육』에서 밝힌 진보주의 운동의 목표는 사회의 통합으로 더욱 민주적인 사회를 만드는 것이었다. 이러한 목표를 위해 그는 진정한 민주주의의 정신을 철학적으로 해명하려고 하였다. 그의 사상과 지성의 바탕은 민주주의 정신이었다. 민주주의에 대한 그의 전망은 밝았다. 왜냐하면 그는 그것이 교육을 통해 향상될 수 있다고 믿었기 때문이다. 수많은 그의 저작 가운데 『민주주의와 교육』은 그의 민주주의 철학과 교육사상이 가장 잘 드러난 책이라 할 수 있다.

우리는 이 책을 통하여 무엇보다도 듀이가 바라보았던 미국 사회의 문제점과 그 해결책을 그의 철학적 관점을 통해 이해할 수 있다. 특히 그에게 교육은 다원적 현대 사회에 맞는 새로운 가치관과 도덕을 세우는 수단과 방법으로 중요하게 다루어졌다. 『민주주의와 교육』은 총 26개 장으로 구성되어 있는데, 각 장마다 듀이는 논지를 먼저 분명하게 제시하고 그 논지의 타당성을 서양 지성사의 문맥 속에서 반(反)경험적 요소들을 추적함으로써 체계화시킨다. 또한 그의 철학이 이론과 실천을 강조했다면, 『민주주의와 교육』에서는 민주주의의 이상이 교육을 통해 어떻게 구체적으로 실현될 수 있는가를 논구하였다. 듀이는 이원론을 염두에 두고 사회와 인간의 대립구도를 실제로 각 장에서 분석하였다. 즉, 흥미와 단련, 경험과 사고, 놀이와 일, 노동과 여가, 지적 연구와 실제적 연구, 자연주의와 인문주의, 개인과 세계 등이 그와 같은 구도다.

분열된 사회를 어떻게 통합할 것인가? 이러한 갈라진 사회에서 어떻게 미국 민주주의의 이상인 모든 개인의 재능과 잠재력이 충분하게 실현될 수 있을 것인가? 이러한 실제적이고 시급한 문제들에 대해 듀이는 철학자로서 자신의 해결책을 『민주주의와 교육』에서 제시하고자 하였고, 이상과 관념보다는 그러한 것들이 실제 사회에서 어떻게 기능할 수 있는가에 주력함으로써 그의 프래그머티즘 철학이 지향하는 바를 분명히 보여 주었다.

듀이는 당면 문제들을 다루는 데 있어서 기존의 사회질서를 개혁하고자 하면서도, 기존 질서와 전통 철학에 대한 반항과 거부보다는 비판과 갱신을 통해 진보를 추구하였다. 그의 철학에서 '갱신'(renewal)이라는 말은 그 어떤 말보다 중요한 철학적 사유의 바탕이 된다. 그에게 생(生)의 갱신이란 경험의 갱신이고, 나아가 사회의 갱신이 된다. 이것은 달리 말하면 끊임없는 비판과 수정을 거쳐 민주주의가 성장하고 발전한다는 것을 말한다. 이러한 생, 경험, 사회 등의 갱신이 민주주의의 발전과 관련하여 의미하는 바는 진정한 민주주의 사회에 도달하기 위해선 그 사회를 구성하는 모든 요소들이 분리 · 단절되고 폐기되는 것이 아니라, 긴 연속적인 과정 속에서 상호작용하며 더욱 완전한 전체를 위해 협력해야 한다. 그리하여 듀이에게 갱신은 "연속성의 원리"와 더불어 인간과 사회, 민주주의를 이해하는 출발점이 된다.[73]

그렇다면 사회의 갱신은 어떻게 이루어져야 하는가? 이 질문에 대한 답을 제시하는 것이 바로 『민주주의와 교육』을 저술한 주요 목적 가운데 하나였다. 듀이는 사회의 갱신이 교육을 통해 이루어져야 함을 제시하고자 하였다. 왜냐하면 그에게 교육이란 민주주의의 성장에 있어서 가장 중요한 방법으로 인식되었기 때문이다. 그러나 그가 바라본 기존의 교육제도는 인간과 사회의 갱신이 아니라 기존 질서를 지키고 옹호하는 데 이바지함으로써 그로 인해 생긴 차별적 제도는 사회의 정체와 형식화를 가져왔던 것이다. 그에게 이것은 민주주의의 성장을 방해하는 장애물이었다. 따라서 그는 민주주의의 구현을 위해서는 교육이 개혁되어야만 한다는 주장을 제기하면서, 그 개혁의 정당성과 당위성을 철학적으로 고찰하고자 했던 것이 바로 『민주주의와 교육』을 저술한 동기이자 목적이었다.

이러한 목적을 위해 듀이는 서양 문명사(혹은 서양 지성사) 전체에 대해 도전하였다. 그에게 기존의 교육제도는 일시적으로 혹은 고립되어 형성된 산물이 아니라, 서양 지성사의 원류로부터 오랜 갱신 과정을 거쳐 형성된 것이기 때문이다. 서양 지성사라는 이 거대한 흐름에 대한 듀이의 도전은 반항적인 거부와 단절로부터 출발하는 것이 아니라 그 흐름과 통합함으로써 그 흐름을 넘어서려는 시도였다. 더군다나 사회와 철학의 기반을 개혁하려는 그의 태도는 전통과 문명에 대한 냉소적이거나 복수적인 것은 결코 아니었다. 그는 산업화로 인해 위기에 처한 전통적인 도덕과 가치관이 갱신되어 사상적 혼돈으로부터 벗어나 미래로 진입할 수 있는 기반을 수립하고자 했으며, 이것이 그에게는 진보였다.

듀이에게 인간의 진보는 모든 개인들이 자유롭게 자신들의 천부적 잠재력을 실현시킬 수 있는 완전한 기회를 보장받는 민주주의 제도의 완성을 의미하였다. 듀이는 이 제도의 완성이란 어느 시점에 도달되는 것이 아니라, 끊임없는 '갱신'을 통해 진행되는 과정으로 보았다. 따라서 사회의 현상이 변함에 따라 그 제도는 당연히 개혁되어야만 했다. 비록 진보라는 것이 그 진보를 이루는 주체와 그 주체를 둘러싸고 있는 조건 모두에 의해 결정된다 할지라도, 듀이는 후자에 더 많은 관심과 초점을 두었다. 다시 말해 진보를 위해선 인간 자신보다 조건을 개선하는 제도개혁이 그에게는 우선적인 것이었다. 산업화와 도시화는 피할 수 없는 역사적 현상으로서, 그 변화된 역사적 조건을 거부할 수는 없었다. 만일 19세기에서 20세기로 전환되는 시기에 누군가가 여전히 농업주의는 물론 농업사회에 적합한 사회구조를 고집한다면 그 사람의 주장과 원리가 맞든 그르든 간에 그의 행동은 역사에 대한 반동임에 틀림없다.

듀이는 새로운 역사적·사회적 상황을 거부하지 않았고, 오히려 새로운 산업화를 가능하게 한 동력을 새로운 교육제도와 사회제도에 적용하고자 했다. 그는 철학적 통찰력으로 새로이 등장하고 있던 산업화와 산업사회의 외면과 내면을 철저하게 관찰하며 그 문제점과 가능성을 밝혀내고자 했다. 그리하여 그는 "현 사회의 산업구조는 과거의 어느 사회에서와 마찬가지로 모든 면에서 불평등을 나타내고 있다"고 비판하며, "진보적인 교육의 목적은 불평등한 특권이나 불공평한 손해를 영속화하는 데에 있는 것이 아니라, 그것을 바로잡는 일에 참여하는 것"이라고 분명하게 주장하였다.[74]

새로운 민주주의 이상에 의한 다원론적 사회의 통합 추구

산업화로 인해 등장한 다원론적 사회를 단순히 다양한 개인들로 이루어진 복잡한 사회로만 정의할 수는 없을 것이다. 그 사회의 복잡성은 개인적인 차원은 물론 사회적·역사적 차원까지도 포함하고 있다. 어떻게 하면 산업시대에 드러난 개인과 개인 간의 간극, 집단과 집단 간의 분열, 시대와 시대 간의 단절을 메울 수 있을 것인가? 이러한 문제가 듀이와 같은 사회철학가가 다원론적 사회에서 떠맡아야 했던 과제였다. 만일 다원론적 사회에서 개인만을 위한 진보가 추진된다면 그것은 사회의 통합이 아니라 오히려 계층 간의 분열을 촉진시키는 결과를 가져올 것이 분명하다.

그리하여 다원론적 사회의 진보를 위한 전제로서 듀이는 개인적 차원을 넘어 사회적 차원을 강조하기에 이른다. 그는 먼저 "사회란 생물학적인 삶을 통하여 존속하는 것 못지않게 전수의 과정을 통하여 존속한다"고 믿었다. 그는 다원론적 사회에서 전수의 과정에 의해 세대에서 세대로, 집단에서 집단으로, 모든 구성원들에게 "행동, 사고, 감정의 습관" 등이 전달되어야 한다고 주장한다.[75] 그는 이러한 사회적 갱신만이 사회를 존속시킬 수 있으며, 그것은 교육을 통해서만 가능하다고 주장한다. 특히 그는 그것이 결코 자연적으로 이루어지는 것이 아니라는 사실을 강조하며, 올바르고 철저한 전수가 일어나도록 최대한의 노력을 기울여야만 하고, 그렇지 않을 경우 가장 문명화된 집단도 미개와 야만의 상태로 전락할 수 있다고 경고한다. 그는 교육만이 그 모든 것을 통합에 이르게 할 수 있다고 믿었다. 이런 점에서 그는 인간의 이성과 과학의 힘을 믿은 낙관주의자임에 틀림이 없었다. 실제로 듀이의 책은 진보주의 운동의 특징적인 일면이었던 낙관적 태도를 유감없이 드러내며, 미국의 교육개혁을 제창하였다. 그가 비판한 것은 교육 자체가 아니라 기존의 교육제도였다. 그는 적극적이고 긍정적인 태도로 사회진보를 열망하였고, 그것이 교육을 통해 이루어지기를 바랐다. 그는 무엇보다도 개인과 개인 간의 간극이 사회적 차원의 통합 노력을 통해 메워지기를 바랐다. 예를 들어 미국의 산업화 시대에 유입된 수많은 이민자들의 삶을 사회가 어떻게 품어 안을 것인가? 미국 사회의 통합을 깨뜨리지 않으면서 그들의 각기 다른 전통과 문화가 어떻게 존중될 수 있을 것인가? 그들을 미국 사회 속에 동화시키는 문제는 그 어떤 문제보다도 시급한 과제였을 것이다.

이러한 상황에 대해 듀이는, "사회집단의 목적과 습관을 의식하지 못한 채 그것에 전혀 무관심한 상태로 태어난 존재들로 하여금 그것을 의식하게 하고 그것에 능동적으로 관심을 가지도록" 하는 것이 산업화 시대에 교육이 추구해야 할 목표가 되어야 한다고 주장한다.[76] 이러한 듀이의 입장은 단순한 점이 없지 않다. 추상적인 이념과 관념보다는 현실의 문제들과 실천을 강조해야 하는 사회철학가로서, 그의 시야는 낙관주의로 인해 사회의 더 구체적이고 더 현실적인 문제를 간과한 점도 드러난다. 이러한 그의 사회인식이 곧바로 랜돌프 본(Randolph Bourne)과 라인홀드 니버와 같은 비판적 젊은 지식인들에 의해 질타를 받은 것은 당연한 귀결이었다.

이상과 같이 다원론적 사회에 대한 듀이의 인식이 어느 정도 한계를 안고 있었다 할지라도 그가 모든 다양한 개인들을 위한 기회의 장을 만들고, 그로부터 사회진보를 이루려 했던 노력은 미국의 지적 전통의 흐름에서 긍정적인 평가를 받기에 손색이 없다. 그는 사회진보를 위해 공동의 이해를 강조하면서도 개인들 간의 의사소통을 그 어떤 것보다도 중요하게 다루었다. 그는 "의사소통은 예술과 같다"고 주장하였다.[77] 이 말은 개인과 개인의 관계 혹은 집단과 집단의 관계가 어떤 고정되고 확정된 기준이나 틀에서 이루어지는 것이 아니라, 언제나 잠정적이고 유동적인 살아 있는 사회조직 속에서 모든 다양성과 모든 가능성이 공존할 수 있어야 한다는 말이다.

그러나 듀이는 책임 있는 지식인답게 사회가 결코 예술과 같은 상태로 존속할 수 없다는 사실을 잘 인식하고 있었다. 즉, 그는 "형식화된 교육이 없이는 복잡한 사회의 모든 자원과 업적을 전달하는 일은 불가능하다"는 사실을 분명하게 깨닫고 있었던 것이다.[78] 그에게 바람직한 사회진보란, "비형식적인 교육과 형식적인 교육, 우연적인 교육과 의도적인 교육 사이의 적절한 균형을 유지하는 방법"을 통해 인간·사회·역사의 갈등, 단절, 간극이 진정한 통합의 강으로 흐를 수 있을 때 가능한 것이었다.[79]

남북전쟁 이후 산업화를 통해 등장한 다원적 사회는 피할 수 없는 역사적·사회적 결과였다. 다양한 구성원들이 사회를 이루고, 역사적 발전에 참여하였다. 만약 이러한 세력들이 자신의 능력을 최대한 발휘한다면 사회의 진보는 전보다 훨씬 더 역동적이고 빠르게 이루어질 수도 있었다. 그러나 기존의 사회 구조와 제도는 그들에게 자기실현의 장(場)이 아니라 오히려 넘어서야 하는 장벽이었다. 이들의 역할과 에너지는 지속적으로 국가적 부와 역량의 축적에 기여했지만, 사회의 갈등과 분열은 이들의 의미를 왜곡하고 축소시켰다. 바로 이들을 포용할 수 있는 환경이 듀이에게는 민주주의 사회였다. 모든 다양한 개인들이 능동적으로 사회의 갱신 과정에 참여할 수 있다면 그 사회는 전통과 습관을 유지한 채 자연스럽게 미래로 나아갈 수 있는 것이다. 그렇다면 다양한 개인들이 어떻게 그 과정에 함께 참여할 수 있을 것인가? 그것은 통제에 의해 어느 정도 가능하다고 듀이는 보았다. 그리하여 그는 지나치게 낙관적이고 단순한 구상이긴 하지만, "개인을 단체 활동의 참여자로 만들어서, 그로 하여금 단체의 성공을 자기 자신의 성공으로, 단체의 실패를 자기 자신의 실패로 느끼도록 하는 것"이 사회진보의 완성 단계라는 것이다.[80] 이와 같이 다원론적 사회의 진보를 위해 듀이는 공동체의 발전을 강조하면서 공동체의 다양한 구성원들이 그 발전에 함께 참여함으로써 이룰 수 있는 역동적인 통합사회를 추구하였다. 따라서 모든 개인들이 공동체의 과제를 함께 수행하기 위해서는 사물에 대한 혹은 역사에 대한 동일한 의미를 가질 수 있어야 한다는 것이 듀이의 전제였다. 왜냐하면 그는 "사물은 공동의 경험이나 협동적인 활동에 사용됨으로써 비로소 의미를 갖게 된다"고 믿었기 때문이다.[81]

듀이는 먼저 민주주의 사회란 어떤 사회가 되어야만 하고, 민주주의 사회를 건설하기 위해 교육은 어떤 역할을 해야만 하는가를 제시한다. 그의 기본적인 논지는 개인으로부터 출발한다. 즉, 개인 각자의 재능은 그 자체로 독특하다는 것이다. 따라서 개인의 독특한 재능이 완전하게 실현되면, 그 나름대로의 탁월성이 나타난다는 것이다. 이러한 각자의 재능이 탁월하게 실현되는 장이 바로 사회라는 것이다. 듀이가 추구한 민주주의 사회란 바로 그러한 각 개인들의 다양한 재능을 수용하여 각자의 탁월성이 드러날 수 있는 발판을 제공하는 곳이었다.

서양 지성사의 강을 넘어 사회통합 추구

듀이는 사회의 진보는 물론이고 사상의 진보를 확고히 믿었던 철학가였다. 그는 민주주의와 교육의 관계에 대한 인식이 서양 지성사의 수원에서 이미 시작되었으며, 플라톤이 그 강의 출발점에 서 있었다고 설명한다. 그러나 듀이는 플라톤의 정신세계에서 민주주의의 정신이 흐르기 시작했다면, 그 흐름을 분할하는 장벽도 함께 설치되기 시작했다고 주장한다.

먼저 듀이는 "교육과 사회의 관계에 대해 플라톤 이상으로 잘 표현한 사람은 없다"고 말한다.[82] 왜냐하면 플라톤은, 모든 개인이 각각 그 천부적 재능을 사회 속에서 최대한 발휘하여 다른 사람에게 유용한 역할을 할 때 그 사회는 안정과 질서 속에서 이상적으로 유지될 수 있다고 보고, 교육은 각 개인이 자신의 적성을 발견하여 그것을 사회에 유용하도록 서서히 훈련하는 것이라고 믿었기 때문이라는 것이다. 그러나 듀이는 플라톤의 교육철학이 갖고 있는 분명한 한계를 발견한다. 즉, 플라톤은 "개인이나 사회집단이 끝없이 다양한 활동을 통해 그들 각자의 특성을 드러낸다는 사실을 전연 고려하지 못했고, 따라서 능력이나 사회적 배열을 불과 몇 개 안 되는 범주에 국한시키고 말았다"는 것이다.[83]

이처럼 플라톤의 민주주의 정신과 그 한계를 안고 출발한 서양 지성사의 강은 18세기의 개인주의 사상에 도달한다. 개인주의 사상을 받아들였던 사상가들은 자연에 호소함으로써 사회와 제도로부터 개인들을 해방시키고자 했고, 개인의 다양한 자질들이 자유롭게 계발되어야 한다고 주장하였다. 자연에 대한 신뢰와 개인주의 사상은 개성의 해방적인 면을 강조했다는 점에서 높이 평가되어야 하겠지만,

그 속에는 극단적인 면도 있었다. 왜냐하면 "천성과 천부적 자질이라는 것은 비사회적 또는 반사회적인 것"으로도 나타날 수 있기 때문이다.[84]

듀이는 이러한 사실을 잘 인식하면서도, 그 개인주의 사상 속에 무엇보다도 중요한 진보사상이 자리하고 있다는 것을 간과하지 않았다. 그에게 진보란 사회진보를 의미하였다. 즉, 그것은 "보다 넓고 자유로운 사회"를 추구하는 일종의 범(汎)세계주의를 지향하는 것이었다. 그리고 그 진보사상의 중심에는 인간성이 있었다. 다시 말해 그 진보사상의 요지는 인간이 국가의 시민이나 정치·사회조직의 일원으로 참여함으로써 사회의 진보를 이룰 수 있는 것이 아니라, 인간성이라는 기치 아래 모두가 통합하여 하나가 될 때 진보가 이루어질 수 있다고 믿는 것이었다. 따라서 이 계몽사상가들에게 있어서 인간성에 바탕을 두지 않은 모든 것은 비판의 대상이 되었다. 그들은 사회와 모든 제도의 악폐는 말할 것도 없고 모든 억압적인 기존의 사상체계를 비판하였다. 그리하여 삶의 해방에 대한 이들의 열정은 자연을 맹목적으로 떠받드는 사상체계를 탄생시켰다. 그들에게 인간성은 바로 자연의 한 부분이었다. 그리하여 그들은 "자연의 이상을 완벽하게 실현하는 것이 곧 인위적이고 부패하고 불공평한 사회질서 대신에 인간성에 기반을 둔, 새롭고 보다 나은 사회질서를 건설하는 것"이라고 믿었던 것이다."[85] 이러한 자연에 대한 신뢰는 당시 자연과학의 발달에 의해 더욱 강화되었다. 뉴턴의 자연에 대한 과학적 발견은 자연의 세계가 법칙에 의해 안정, 평형, 조화를 이루고 있다는 사실을 증명하는 것처럼 보였다. 뉴턴의 과학적 발견에 힘입은 계몽사상가들은 인간의 세계는 인간성에 의해 자연의 세계에서 나타나는 것과 똑같은 결과를 가져올 것이라고 믿게 되었던 것이다.

이러한 계몽사상가들의 믿음에 대해 듀이의 입장은 냉철하고 분명하다. 과연 자연과 인간성에 모든 것을 맡길 때 인간적인 혹은 민주적인 사회가 건설될 수 있을까? 권력의 온갖 권모술수 속에 자리 잡은 기존의 사회구조와 제도가 기득권을 포기하고 인간성에 바탕을 둔 새로운 사회 건설을 순순히 받아들일 것인가? 그리고 만일 사회의 진보를 자연과 인간성에 맡길 때 그것이 과연 원활히 추진될 것인가? 사회진보를 자신의 철학의 기조로 믿었던 듀이는 이러한 구체적이고 현실적인 문제들을 간과할 수 없었다. 18세기의 자연철학과 개인주의의 한계에 대해 그는 다음과 같이 말한다. "단순히 모든 것을 자연에 맡기는 것은 결국 교육을 부정하고 우발적인 환경에 맡기는 셈이다. 교육은 방법이 요구되며 교육 과정을 수행하는 기관을 필요로 한다. 인간성이 계몽되고 진보하여 궁극적으로 구현되기 위해서는 명확한 조직이 필요하다."[86]

이러한 듀이의 입장을 통해 우리는 그가 제도와 체제를 거부하며 혼란과 무질서를 허용하면서까지 사회진보를 추구하지 않았다는 사실을 분명히 알 수 있다. 즉, 그는 "새로운 사회를 만들어 낼 새로운 교육의 실현은 결국 현존하는 국가에 의존하지 않으면 안 된다"는 것을 분명히 하였다. 다시 말해 그는 "민주주의 이상을 지향하는 운동이 공적으로 수행되고 관리되는 학교를 지향하는 운동으로 되는 것은 불가피하다"고 보았던 것이다.[87]

그러나 듀이는 19세기에 들어서 "교육은 공공기능이 되었고, 공공기능은 곧 민족국가의 이상을 실현하는 것과 동일시되었다"고 지적하며, "국가가 인간성을 대신하게 되면서 범세계주의는 국가주의에 자리를 양보하게 되었다"고 설명한다. 그렇지만 듀이는 이러한 사상의 전환으로도 사회진보의 기반인 개인의 자기실현이라는 전제는 결코 사라지지 않았음을 강조한다. 19세기에 민족과 국가의 중요성이 강조되며 개인의 의미가 뒷전으로 밀려났다 할지라도, "개인적인 자질의 완전한 발달을 이상으로 삼는 가치관은 여전히 남아 있었고," 그로 인해 국가와 개인의 조화가 추진되었다고 듀이는 믿었다. 이처럼 국가와 개인을 하나로 보는 관점은 국가를 유기체로 파악하며, 개인을 국가의 한 부분으로 간주하는 것이다. 따라서 "고립된 존재로서의 개인은 아무것도 아니며, 오직 조직된 제도 속에서, 또 그 목적과 의미를 받아들임으로써 개인은 개인으로서의 진정한 실체를 가지게 된다"는 것이다.[88] 이것은 개인이 정치적 권위에 복종하고 국가의 대의에 희생하는 것처럼 보이지만, 실제로는 "국가에 구현되어 있는 객관적 이성을 자기 자신의 것으로 내면화함으로써 개인이 진정으로 합리적인 존재가 될 수 있다"는 것이다. 이러한 국가유기체설은 개인의 자질을 완전하게 발전시키는 방편으로서 어느 정도 듀이에게 매력적인 것이었을 수도 있다. 그러나 그는 19세기의 정치구조란 결코 모든 인간을 위한 것이 아니라는 사실을 분명히 인식하였다. 실제로 민족국가가 사회의 진보를 주도함으로써 국가의 관심과 이해는 일부 정치세력에 의해 독점되었고, 개인은 거대한 제도에 종속되는 결과를 초래하게 되었던 것이다.

이상에서 본 바와 같이 듀이는 서양 지성사를 통해 현재의 민주주의 사상이 형성되었다고 믿으면서도, 그것이 어느 한 시대에 형성된 것이 아니라 사회와 지식의 오랜 진보를 통해 오늘의 상태에 도달했다고 생각한다. 따라서 민주주의에 대한 오늘의 개념이 누적된 지식의 결과라면, 여전히 비민주적인 요소를 갖고 있는 사상의 장벽도 마찬가지로 각 시대에 해결되지 못하고 잔존한 결함들이 쌓여서 형성된 것이라고 믿는다. 그는 플라톤의 사상 이래로 서양 지성사의 강이 사회의 갈등과 분열이 통합되는 넓은 바다를 향하여 흘러 내려왔다 할지라도, 현대의 사회구조와 교육제도는 여전히 인간의 고립과 분열을 정당화하며 새로운 산업화의 시대에 나타난 무질서와 대립에 어떠한 해결책도 제시하지 못하고 있다고 보았다. 듀이에게 분열과 대립의 근원인 이원론적 사고는 분명히 그가 추구하는 민주주의 사회의 건설 앞에 가로놓인 장애물이었다. 그는 특히 다원론적 사회의 건설을 가로막는 두터운 장벽을 당시 미국 교육제도의 구조와 그 구조를 떠받치고 있는 이원론적 사상체계에서 보았다. 그는 이 사상체계가 결코 한 시대에 형성된 것이 아니라고 믿었고, 이것의 기원을 서양 지성사 전체에서 발견하였다.

그러나 진보주의 입장에 서서 사회개혁을 지지했던 듀이는 서양 지성사 전체에 대해 반항했다거나 그것을 거부한 것이 아니라 그것을 넘어 통합의 길을 모색하였다. 그 이유는 비록 이원론이란 경직된 사고와 철학이 오랫동안 서양의 지적 전통을 지배해 왔다 할지라도 지식과 사회는 정체한 것이 아니라 부단히 진보해 왔고, 지금도 진보하고 있으며, 자신도 그 진보 과정의 한 부분이라고 믿기 때문이었다. 그리하여 그는 플라톤 이래로 현대에 이르기까지 사상이 어떻게 이원론의 경직성으로부터 해방되어 왔는가를 추적하였다. 그렇다면 듀이가 『민주주의와 교육』 전체를 통해 민주주의의 발전에 장애가 되는 가장 근본적인 요소로서 지적하고 비판했던 이원론이란 무엇이며, 그것은 어떻게 서양의 지적 체계 속에 깊숙이 정착하게 되었는가? 그것은 사회와 인간에게 직접적으로 어떤 영향을 끼쳤는가?

이원론은 인간이 아직 과학적 방법과 그러한 사고에 도달하지 못했던 시대에 사회의 혼돈과 무질서 그리고 그로 말미암은 인간의 불안과 긴장을 해결하려는 시도에서 형성되기 시작한 사고체계였다. 과학이 발전하지 않았던 시대에 그들이 확실성을 추구하기 위해 할 수 있었던 유일한 일은 이성과 정신의 기능을 통해 세계와 우주를 관조하고 명상하는 것이었다. 그들은 진정한 실재(實在)란 변하지 않는 것으로 인식하였고, 불변하는 것을 파악함으로써 인간 사회의 안정과 질서에 기여할 수 있다고 보았다. 사실 시대와 사회는 변화하며 더욱 복잡한 구조로 바뀌고 있었음에도 불구하고, 그들은 질서정연하고 안정된 사회를 열망하면서 전체의 질서와 통일성을 추구하였다. 이것이 서양 지성사라는 거대한 강의 원류에 서 있었던 플라톤의 세계관이다. 듀이가 설명한 것처럼, "플라톤은 변화나 갱신은 무질서한 증거요, 진정한 실재는 불변하는 것"으로 보았다. "플라톤은 기존의 사회를 근본적으로 변화시키고자 했지만, 일단 변화되고 난 뒤에는 변화라는 것이 있을 수 없는 그런 국가를 건설하는 데 목적을 두었다."[89]

듀이는 이러한 플라톤의 세계관을 이원론의 출발점으로 보았고, 이원론을 통해 변화와 갱신을 인정하지 않고 전체의 통일성을 강조할 때 개인의 다양성은 무시될 수밖에 없다는 사실을 분명히 인식하였다. 그리하여 그는 "다양성만이 변화와 진보를 가져올 수 있다"고 주장하며, 플라톤이 분류한 사회의 세 가지 계급은 "개인의 무한한 다양성과 잠재성"을 인정하지 않는 것이었다고 비판하였다.[90] 듀이는 무엇보다도 개인과 세계가 분리된 실체가 아니라 하나일 때 각 개인의 개성은 역동적이고 자유롭게 활동하게 된다는 사실을 확신하였다. 또한 사회의 진보는 개인의 능동적 실현뿐만이 아니라 다른 개성과의 만남을 통한 상호작용에서 가능하게 된다고 보았다.

그럼에도 이원론주의자들은 개인과 세계를 분리된 것으로 보았다고, 정신과 물질은 하나의 세계 속에서 함께 작동하는 것임에도 분리되어 작동하는 것으로 생각하였다. 그들은 모든 사물들이 고립되고 분리·구별되어 대립하는 것으로 볼 때 세계를 더욱 분명하게 그릴 수 있다고 파악하였다. 그들은 삶의 목적을 고정된 것으로 보았고, 사회란 교육을 통해 더 나은 방향으로 나아갈 수 있는 실체로 인정하려 하지 않았다. 더욱이 이성과 정신적 기능을 갖고 정신적 삶을 살며 세계를 이해할 수 있는 사람은 욕망, 충동, 육체노동 등에 의해 살아가는 사람보다 우월한 존재로 간주되었다.

듀이가 미국의 사상체계를 이해하기 위해 서양 지성사의 원류인 플라톤으로까지 거슬러 올라갔다는 것은 미국 지성사의 강은 16세기 혹은 17세기의 어느 한 시점에서 일어난 사상운동의 영향을 받아 출발한 것이 아니라 장구한 서구 지성사의 한 지류로서 형성되었음을 암시한다. 따라서 듀이가 미국이 직면한 사회의 갈등, 분열, 혼돈을 해결하기 위해 서양 지성사 전체에 내재한 근원적인 문제를 지적하고자 했지만, 또 다른 의미에서는 미국의 자유, 평등, 민주주의의 발전도 역시 똑같은 강에서 유래했음을 말하는 것이다. 따라서 플라톤에서 출발하여 계몽사상을 거쳐 20세기까지 이르는 서양 정신사는 듀이에게 분명히 이중적인 의미를 가지고 있었다. 다시 말해 오늘의 사회문제에 제대로 대처하지 못하는 기존의 사상체계가 서양 사상의 원류로부터 형성된 이원론적 사상구조와 체계에 기인하는 반면, 개인의 자유와 평등을 상당한 정도로 발전시킨 미국 민주주의의 성장과 발달도 똑같은 서양 정신사의 강에서 유래했다는 사실이다.

경험의 새로운 의미에 의한 개인과 세계의 통합 추구

『민주주의와 교육』의 제11장 “경험과 사고”(Experience and Thinking)에서 듀이는 “우리는 정착하여 완결된 세계에 살고 있는 것이 아니라, 현재 진행 중인 세계에 살고 있다”고 선언한다.[91] 이 선언은 이원론에 대한 도전을 의미한다. 그 까닭은 이원론적 철학을 추구했던 사상가들은 경험이 아니라 이성에 의해 영원불변의 세계를 이해하려고 했던 반면, 우리가 ‘현재 진행 중인 세계에 산다’는 말은 끊임없는 경험을 통해 세계와 만난다는 것을 의미하기 때문이다. 다시 말해, 이원론이란 인간이 이상으로 추구하는 영원한 진리는 경험으로 알 수 있는 범위 밖에 있고, 이성 혹은 정신의 특별한 능력을 통해서만 그것을 파악할 수 있다는 것이다. 그러한 가정이 사실이라면 정신생활보다는 육체노동을 주로 하는 부류의 사람들은 자신들이 살고 있는 세계를 모른 채 살아가는 것이다. 누구는 알고 누구는 모른다면 그들 사이에 커다란 간격이 생기는 것은 당연한 일이다. 또한 스스로 자신들만이 안다고 믿는 사람들은 그들만의 문화를 형성할 것이며, 그로 인해 세계로부터 분리될 것이 분명하다. 그 반대에 서 있는 사람들도 마찬가지로 주류의 문화로부터 배척당하여 고립된 문화 속에서 살아갈 수밖에 없을 것이다. 이것이 이원론에 의한 분리와 고립, 대립의 상황이다. 듀이는 이러한 개인과 개인, 집단과 집단, 사회와 사회가 단절되는 상황이 통합·균형·조화를 통해 하나가 되는 문화와 사회를 갈망하였다. 그에게 사회진보란 바로 그러한 통합된 사회에 도달하는 것이었다.

그렇다면 통합된 사회에 도달하기 위해 무엇이 선행되어야 하며, 무엇부터 개선되어야 할 것인가? 듀이는 가장 기본적으로 개인과 세계의 관계가 다시 정립되어야 한다고 믿는다. 즉, "우리가 현재 진행 중인 세계에 살고 있다"는 듀이의 선언은 개인과 세계의 관계를 이해하는 데 결정적인 단서를 제시한다. 현재의 이 세계가 완결된 것이 아니라 진행 중이라면, 세계에 관해 우리가 알고 있는 지식과 관념은 언제나 지나간 것으로, 우리가 아는 것과 보는 것은 다를 수 있는 것이다. 실제로 산업화와 기계화로 인해 형성된 사회의 복잡성과 다양성은 개인과 세계의 관계를 피상적·기계적으로 만들 수 있었다. 이것이 19세기 후반에 나타난 인식론의 위기였다. 이 위기는 실제로 하나의 사회적 현상이었다. 즉, 인간이 당연한 것으로 간주해 왔던 세계는 더 이상 현실의 세계가 아니었다. 눈으로 보고 있는 세계조차도 실제와는 다른 것이었다. 그렇다면 저토록 복잡하고 다양한 세계와 개인은 어떻게 관계할 수 있는 것인가? 이 세계와 자아의 관계는 무엇인가? 다시 말해 개인이 현재 살고 있는 세계는 개인과 어떤 관계에 있는 것인가? 또한 개인은 이러한 세계를 어떻게 알 수 있는 것인가?

만약 이러한 질문들에 대해 이원론적 관점에서 답한다면, 개인은 세계로부터 멀리 떨어져 관조와 명상만으로도 세계에 대해 혹은 자신과 세계의 관계에 대해 말할 수 있다고 주장할 것이다. 그러나 듀이는 경험 없이는 그 관계를 파악할 수 없다고 주장한다. 세계에 대한 이해와 "이론은 오직 경험 속에서 그 생생한 의의를 가지며 또 그 의의가 검증될 수 있다"는 것이다. "경험은 아주 하찮은 것이라 하더라도 거의 무진장한 이론을 생성하고 포함할 수 있지만, 경험을 떠난

이론은 심지어 이론으로 포착될 수조차 없다"는 것이다.[92]

듀이에게 경험이 없는 이론은 공허한 것이었다. 그에게 경험이 없는 이해와 동정은 위선이었다. 그에게 개인과 세계의 관계에서 경험은 민주주의의 출발점이었고, 진보의 올바른 방향으로 들어서는 첫 걸음이었다. 그렇다면 산업화의 시대에 개인의 경험은 가능한 것인가라는 의문이 다시 제기될 수 있다. 만일 그러한 경험이 본질적으로 불가능하다면 인간의 상태는 어떻게 될 것인가?

어떤 의미에서 현대 인간이 인식론적 위기에 처해 있다는 사실은 본질적으로 세계에 대한 인간의 경험이 불가능하다는 것을 의미한다. 그러한 상황을 분명히 파악한 듀이는 다음과 같이 말한다. "우리가 하는 경험의 상당 부분은 간접적인 것이다. 그 경험은 우리와 사물 사이에 끼어들어서 사물을 대신하거나 표상하는 기호로 이루어져 있다."[93] 그렇다면 매개되지 않은 직접적인 경험은 어떻게 가능한 것인가? 이에 대해 듀이는 "자유로운 상상력이 직접적인 인식의 매체가 될 수 있다"고 주장한다. 즉, "상상력에 의해 비로소 상징이 직접적인 의미로 번역되고 좁은 활동과 통합되어서 그 활동의 의미가 확장되고 풍부해질 수 있다"는 것이다.[94] 그러나 듀이는 이러한 상상력의 활동이 모든 다양한 관심을 허용함으로써 일어날 수 있는 혼란을 경계하며 다음과 같은 문제를 제기한다. "어떻게 하면 경험이 충만하고 다양하면서도 그 단일한 정신을 잃지 않게 되는가?" 이 말이 암시하는 바는 우리의 경험이 삶의 다양한 관심을 포용하면서도 "인간의 공통된 경험"을 간과하지 말아야만 한다는 것이었다.[95] 듀이에게 부분과 전체의 관계는 무엇보다도 먼저 부분들과 부분들이 자유롭게 교류함으로써 서로 다른 관심이 함께 강화될 때 역동적이 될 수 있는 것이었다.

듀이는 개인과 세계의 분리가 어떻게 철학사(哲學史)적으로 형성되었는지를 철저하게 해명하였다. 그에게 그 형성 과정에 대한 이해는 현재의 상황을 이해하는 가장 분명하고 설득력 있는 길이었기 때문이다. 듀이가 개인이 세계에 대해 알 수 있다는 생각을 스스로 하게 된 것은 정치적 개인주의가 일어나고 종교개혁을 통해 신교가 확산된 이후의 일이었다. 듀이에 따르면, 종교개혁 이후 개인은 지식을 개인적이고 사적인 경험을 통해 얻는다는 관점이 형성되었고, 지식의 원천이요 소지자인 정신은 순전히 개인의 것이라는 개념이 등장하게 되었다는 것이다. 다시 말해 개인의 정신은 곧 자아이고, 어떤 다른 것에도 의존하지 않는 독립적인 실체임이 강조되기 시작했다는 것이다. 그리하여 지식은 개인의 경험에서 나오고, 그 경험에 의해 검증되어야 지식이 될 수 있었다. 그러나 이러한 개인의 관찰과 개념의 중요성이 지나치게 부각됨으로써 결국에 개인의 정신은 세계로부터 분리·고립되는 결과를 가져왔다고 듀이는 지적한다. 이로 말미암아 독립적인 실체인 정신이 어떻게 세계와 관계할 것인가의 문제가 부각되었다는 것이다. 우리가 아는 것을 우리는 어떻게 아는가? 또한 세계가 어떻게 정신에 작용하며, 정신은 어떻게 세계에 작용하는가? 바로 이러한 문제들의 제기가 인식론이 발전하게 된 주된 이유였고, 그것은 "사고와 행동에서 더 큰 자유를 찾으려는 투쟁"으로부터 나온 것이었다고 듀이는 주장한다.[96]

듀이에게 더 큰 자유란 자연으로부터 혹은 인간 상호 간으로부터 자유로워지려는 것이 아니다. 그는, "인간은 자연 속에서, 또 사회 속에서 더 큰 자유"를 얻을 수 있다고 주장하며 다음과 같이 말한다.

"인간은 사물과 다른 인간의 세계에 변화를 일으킬 힘을 증대시킬 수 있고, 활동의 범위와 그 활동에 내포된 관찰과 관념의 자유를 증대시킬 수 있다. 인간은 세계로부터 고립이 아니라 세계와의 더 밀접한 관련을 원한다. 인간은 전통을 통한 간접적인 방법에 의해서가 아니라 직접 자기 스스로 세계에 관한 신념을 형성하기를 바란다. 인간은 다른 인간들과 더 밀접하게 하나가 되어, 보다 효과적으로 서로에게 영향을 미치며 공동의 목적을 향해 서로 협력하기를 바란다."[97]

듀이는 이처럼 개인이 세계와의 직접적인 관계 속에서 더 큰 자유를 갈망할 때 반드시 따라와야만 하는 것은 "개인의 권리와 책임"이라고 주장한다.[98] 그 까닭은 개인이 스스로 세계와 접촉할 때 그의 주관적 판단은 독단으로 흐를 수도 있고, 불합리한 주장으로 끝을 맺을 수도 있기 때문이라는 것이다. 세계와의 직접적인 접촉을 통한 개인의 자유는 인간의 조건과 기술이 발달함에 따라 더욱 가능할 수 있었다. 그리하여 듀이는 "과거로부터 물려받은 신념을 체계화하고 증명하려는 관심은 물러가고 새로운 지식을 발견하려는 관심이 그 자리를 차지하게 되었다"[99]고 지적하면서도 "인간이 실재에 관한 일체의 전수된 신념을 모두 던져 버리고 그들 자신만이 가지고 있는 사적인 감각과 관념에 입각하여 완전히 새로 시작하는 것"에 대해 오히려 경고하였다. 그렇다면 어떻게 세계에 관한 지식을 얻을 것인가? 듀이에 따르면 먼저 이전에 통용되던 지식의 근거를 비판적으로 조사한 후, 상상력을 동원하여 그 조상들이 신뢰하였던 것과는 다른 새로운 세계를 점진적으로 파악하고, 그런 후 그것을 수정함으로써 지식을 얻게 된다는 것이다.

그러나 듀이는 이렇게 얻은 지식에도 역시 도덕적 경직성의 위험이 있다고 본다. 다시 말해 개인의 관찰, 상상, 판단, 창의에 의해 그만의 독특한 지적 경향을 드러내는 것은 사회진보의 원동력이 되지만, "지식이 개인의 내부에서 생기고 발달하는 개인의 정신생활은 다른 인간들의 정신생활과 하나가 되는 유대를 소홀히 하고 부정할 수 있다"는 것이다.[100] 그렇다면 해결책은 무엇인가? 듀이는 이러한 개인주의를 "도덕적 개인주의"(moral individualism)라 칭하며 그 문제의 근원을 다음과 같이 설명한다. "도덕적 개인주의는 삶을 각각 다른 중심점들로 의식적으로 분리시키려는 데서 나온다. 그것은, 각 개인의 의식이 다른 사람들의 관념 · 원망 · 목적과는 내재적으로 별개고, 전적으로 사적이며, 독립된 대륙이라는 발상에 뿌리를 두고 있다." 이러한 설명에 이어 듀이는 "인간의 활동은 공동의 공적 세계 안에서 이루어진다"고 주장하며, 개인의 정신은 결코 따로 떨어진 독립된 의식이 아니므로 인간의 느낌, 관념, 욕망 등은 사회적 또는 공적 이익에 도움이 되는 방향으로 통제되어야 한다고 제안한다.[101] 이러한 통제가 이루어질 때, 인간들 사이의 새로운 유대와 연대의식은 공허하고 형식적인 윤리의 범주를 벗어나 구체적이고 실제적인 토대 위에서 건설될 수 있다는 것이다.

그러나 듀이가 위에서 어느 특정 집단의 도덕적 개인주의의 위험성을 막기 위해 통제에 의한 인간의 유대와 연대의식을 제안했지만, 그 통제가 만일 유한계급 내지는 특권계급에 의해 주도된다면 상황은 크게 나아지는 것이 없을 것이다. 실제로 19세기 영국의 경험주의 철학은 "보다 폭넓고, 보다 민주적인 사회적 관심을 증진시켰지만," "그 근본 전제가 좁다는 점에서 결함을 가지고 있다"고 듀이는 비판한다. 그 근본 전제가 좁다는 말은 자유로운 개인들의 경험이 세계의 진정한 다양성을 포용하는 것이 아니라, 경험을 통해 제한된 사람들이 자신들만의 쾌락과 안락을 보장하고 획득하는 데 만족한다는 것이다. 개인의 정신생활이 공동의 관심을 올바른 방향으로 이끌고 조정해 나가는 핵심적인 에너지임에도 불구하고, 스스로 고립된 독립체로 파악함으로써 "인간 상호 간의 결합을 외적 손익의 계산에 관한 일로 바꾸어 버렸다"고 듀이는 질타하였다.[102]

듀이의 철학적 관심은 관념적이거나 추상적인 문제들을 넘어 실제 생활에서 나타나는 구체적인 문제들을 다루며 그 해결책을 제시하는 것이었다. 개인과 세계의 관계에 대한 듀이의 탐구는 그러한 그의 실제적인 관심을 반영하는 것이었다. 산업화와 도시화, 밀려드는 이민들로 나타난 사회의 갈등과 분열을 철학적으로 어떻게 해결할 것인가? 다양하고 이질적인 가치와 도덕을 갖고 있는 각 개인들이 어떻게 이 거대한 새로운 사회에 합류할 수 있을 것인가? 그들이 사회에 유입되었을 때 나타날 수 있는 온갖 혼란과 무질서가 오히려 역동적 에너지로 바뀌어 사회진보를 가속화시킬 수 있는 방법은 없는가? 이를 위해 각 개인은 세계를 어떻게 바라봐야만 하는가? 이러한 문제들에 대해 듀이는 개인과 세계의 관계를 논구하며 해결책을 모색하였다. 그의 논지는 개인과 세계의 관계가 분리와 단절이 아니라 통합과 연속 속에서 정립될 때만이 개인과 세계 모두는 진정한 자기실현의 상태에 도달한다는 것이다. 물론 이것이 개인에게는 자기실현이지만 세계에 관해 말한다면 그것은 사회진보라고 볼 수도 있는 것이다. 이러한 목적을 위해 듀이는 인간의 새로운 경험을 제안하였다. 그에게 경험만이 구체적이고 실제적이며 현실적인 것으로 인간과 세계, 그리고 인간과 인간의 갈등을 해결하는 방법이었다. 그가 말하는 새로운 경험이란 과거의 개인적 차원을 벗어나 더욱 넓은 관용과 더욱 커다란 자유를 향한 사회적 차원의 경험을 말하는 것이다. 이러한 인간의 사회적 경험을 통해 그는 개인과 사회, 개인과 개인, 과거와 현재, 이 모든 것이 하나의 강 위에서 단절됨이 없이 연속적으로 흐르는 것을 보고자 했다. 이 흐르는 강 위에서 관습과 전통은 새로운 옷을 입고 변형되어야 하는 것이지, 결코 파괴되거나 제거될 필요는 없는 것이다. 듀이는 언제, 어디에서든 인간과 인간, 인간과 사회가 하나가 되는 강이 개인과 세계를 가로질러 흐르기를 바랐다.

문명의 진보와 과학적 지성에 의한 사회통합 추구

위에서 다룬 개인과 세계라는 주제는 듀이의 문명관을 이해하는 열쇠이기도 하다. 그가 사회적 경험을 통한 개인과 세계의 통합을 주장했을 때 그의 궁극적인 목적은 문명의 진보였다. 이와 관련하여 듀이는 다음과 같은 질문을 던진다. "왜 야만집단은 야만상태를 지속하며 문명집단은 문명상태를 지속하는가?"[103] 이에 대한 듀이의 직접적인 대답은 "인간이 이룩한 것이 바로 문명과 야만의 차이"를 만든다는 것이었다.[104]

이러한 듀이의 문제 제기에는 서양 문명의 상태를 야만의 상태와는 반대적인 것으로 기정사실화하면서도, 거기에 만족하지 않고 그 문명사의 원동력인 진보의 동인과 그 결함을 찾아 진보의 새로운 방향을 제시하고자 하는 의도를 갖고 있었다. 듀이는 결코 문명인에 비해 야만인이 천성적으로 낮은 지적 능력과 도덕적 결함을 가지고 있다고 보지 않는다. 그는 "천성의 차이는 문화의 차이를 설명하지 못한다"고 주장한다.[105] 그렇다면 그 문화의 차이는 어떻게 생기는 것일까? 듀이에 따르면 그것은 자연에 대한 인간의 통제와 관련이 있다. 즉, 인간이 자연의 힘을 얼마나 잘 이용하느냐에 따라 문화의 차이가 일어난다는 것이다. 듀이에게 "문명이 진보했다는 것은 자연물이나 자연력의 많은 부분이 행위의 수단, 즉 목적을 달성하기 위한 수단으로 변형되었음을 뜻하는 것이다."[106] 듀이에게 "자연은 사회적 사건의 모체였다." 그에 따르면, "최초의 자극도, 장애도, 자원도 자연으로부터 나온다"는 것이다. 결국 "문명이라는 것은 자연이 가지고 있는 다양한 에너지를 점진적으로 억제해 가는 과정"이며,[107] 그 억제는 당연히 개인들의 노력에 달려 있다는 것이다.

이처럼 듀이의 문명관은 개인으로부터 출발하지만 전통적인 개인주의와 같이 단순한 개인의 자기실현을 통해 문명이 진보할 수 있다고 보지는 않는다. 듀이는 개인과 사회가 자발적이고 능동적인 갱신과 계획적인 통제에 의해 성장하는 것처럼 문명도 그와 똑같은 과정을 겪으며 완성의 단계를 향해 발전한다고 믿는다. 이러한 그의 입장은 자립정신을 강조하는 개인주의 혹은 자유방임적 자본주의에 바탕을 둔 미국 문명의 기반에 근본적인 변형을 일으키는 것이었다.

개인과 자연의 관계는 부분과 전체의 관계처럼 저절로 이루어지는 것이 아니다. 개인은 각자의 결단과 믿음에 의해서 비로소 자연과 관계할 수 있는 것이지, 자연이 개인에게 무조건적으로 혜택만을 내려주는 것은 아니다. 듀이가 지적한 것처럼, "원래 있었던 상태로서의 자연은 인간의 일에 하등 도움이 되지 않는다." 인간의 노력을 통해서만이 "원래 인간의 활동에 전혀 무관하거나 방해가 되었던 자연의 조건도 이로운 조건으로 바뀔 수 있는 것"이다. 따라서 현재의 우리는 자연을 통해서 "인류가 이룩한 업적을 딛고 서 있는 것이다."[108]

듀이에게 문명의 진보는 첫째로 모든 개인들의 관계가 능동적으로 맺어질 때 이루어진다. 왜냐하면 그는 개인이 자신을 둘러싸고 있는 환경을 변화시킬 수 있을 정도로 능동적인 힘을 가지고 있다고 믿기 때문이다. 그러나 그는 개인의 행동이 문명의 진보와 의미 있는 관련을 맺기 위해서는 "사물이 공동의 경험이나 협동적인 활동에 사용됨으로써 의미를 갖는 원리"처럼 다른 개인들과의 관계 속에서 이루어져야만 한다고 주장한다.[109] 그 이유는 개인의 관찰력과 기억력, 상상력은 고립되어 발휘되는 것이 아니라 사회 속에서, 그리고 다른 개인들과의 관계 속에서 이루어지기 때문이라는 것이다.

둘째로 듀이는 문명의 진보가 과거와 현재의 연속적인 과정을 통해서만이 가능하다고 믿는다. 왜냐하면 그는 개인의 갱생이 하나의 과정 속에 있는 것처럼 문명의 갱생도 긴 과정 속에 있다고 보기 때문이다. 그에게 문명사의 유구한 강은 결코 저절로 흐르지 않았다. 그는 문명의 긴 역정을 개인, 진보, 지성이라는 요소로 이해하고자 했다.

그러나 확실히 문명의 진보를 이해함에 있어서 듀이의 가장 큰 고민은 습관과 전통을 어떻게 받아들일 것인가의 문제였다. 이 문제는 그에게 하나의 딜레마였는데, 왜냐하면 문명의 연속성 속에서 문명의 주체인 개인은 능동적인 참여자로서 연속성 속의 관습과 전통의 장애에 필연적으로 부딪쳐야 했기 때문이다. 다시 말해 문명의 연속성은 관습과 전통을 포함하는 반면, 능동적 개인에게 그러한 요소들은 개인들 간의 분리와 단절 및 고립을 일으키는 것들이기 때문이다. 이러한 의미에서 듀이는 "습관이 우리를 소유하고, 움직이며, 통제한다"고 지적한다.[110] 그러나 그는 문명의 진보를 위해 이러한 습관으로부터 벗어날 것을 결코 주장하지 않는다. 왜냐하면 그는 "궁색한 환경에서 생계수단을 만들어 내고, 환경의 위협으로부터 스스로를 보호할 방안을 강구하는 데에 걸리는 오랜 시간이, 문명이 있음으로써 절약되는 것"이라고 보면서, 이 문명이 바로 습관과 전통으로 이루어진 것이라고 믿기 때문이다. 그러므로 그는 습관과 전통 속에 존재하는 불합리하고 비효율적이며 비민주적인 요소들을 식별하고 분별하여 처리할 수 있는 과학적 지성을 해결책으로 제안하였다.

듀이에게 과학은 문명의 진보에 가장 중요한 수단으로서 개인과 전체의 관계를 바람직한 방향으로 이끄는 것이었다. 듀이가 의미하는 과학은 누구보다도 과학을 강조했던 스펜서가 의미하는 바와 확연히 달랐다. 스펜서에게 과학적 지식은 이미 완성된 형태의 어떤 것을 의미했다면, 듀이에게 그것은 일상생활 속에서 경험적으로 일어나는 것이었다. 그리하여 듀이는 "과학은 관습적 목적에 대한 추종으로부터 마음을 해방시키며 새로운 목적을 체계적으로 추구할 수 있게 해 준다"고 믿는다. 다시 말해 "과학은 진보의 살아 있는 원동력이 된다는 것이다."[111]

과학의 의미를 논함에 있어서 듀이는 진보란 무엇인가에 대해서도 자신의 관점을 피력한다. 즉, 그는 진보란 새로운 혁신을 추구하는 것이 아니라, "이미 추구되고 있는 목적에 더 가까이 가는 것"이라고 본다. 그에 따르면 "보다 중요한 형식의 진보는 이전의 목적을 더 풍부하게 하면서 새로운 목적을 형성한다"는 것이다.[112] 그리하여 진보는 "인간이 세운 목적의 질을 변형시켰다기보다는 이미 있는 욕망을 더 효율적으로 달성하는 수단을 가져다주었다"는 것이다.[113] 그리고 이러한 점진적인 과정을 통해 "과학은 이전에 인간을 갈라놓았던 물리적 장애를 제거하고, 상호 교섭의 범위를 상당한 정도로 넓혀 놓았

다"는 것이다.[114]

앞에서 살펴보았듯이 서양 지성사에서 경험이 경시되기 시작한 것은 그리스인들에 의해서였다. 그들은 자신들의 잘못된 기준과 가치를 바로잡기 위해 오랜 세월 형성된 풍습과 전통을 비판해야 했는데, 그 풍습과 전통이란 바로 경험적인 것이므로 경험 자체도 비판의 대상이 되었던 것이다. 이 말은 만일 현대에 우리가 다시 경험을 중시한다면 그 경험에 바탕을 둔 풍습과 전통도 중시되어야만 한다는 것을 의미할 수 있다. 실제로 듀이는 개인과 세계의 통합을 넘어서 시대와 시대의 통합도 갈망하였다. 다시 말해 그에게 과거와 현재는 하나의 연속적 과정 속에 있는 것이었다.

그렇다면 통합은 어떤 형태로 이루어져야만 하는가? 모든 사물은 끊임없이 변하고 모든 사회는 정도의 차이는 있다 할지라도 다양한 구성원으로 이루어진다. 이런 점에서 모든 시대는 전환기라 할 수 있고 모든 사회는 구성원들의 서로 다른 이해관계로 인해 언제나 갈등을 내포하고 있다. 전환기에 나타나는 혼돈, 무질서, 불확실성, 사회의 분열 등은 사실 모든 시대에 걸쳐 어떤 사회에서나 존재해 왔다. 따라서 각 시대에 지식인이 추구해야만 하는 것은 통합, 질서, 확실성임은 말할 것도 없다. 플라톤으로부터 듀이에 이르기까지 모든 서양 지식인들의 당면 과제란 각 시대에 드러난 인간세계의 불확실성과 분열에 대해 대안을 제시하는 것이었다. 그러나 통합과 확실성을 추구함에 있어서 플라톤과 듀이의 방법은 확연히 달랐다. 플라톤이 이성, 정신, 지성의 힘으로 무질서와 분열을 해결하려 했다면, 듀이는 플라톤의 세계를 넘어 경험, 물질, 과학에 희망을 걸었다.

듀이에게 민주주의 사회의 기준은 "한 집단의 관심 또는 이해가 그 구성원들에게 어느 정도로 공유되는가 하는 것"이었고, "그 집단이 다른 집단과 얼마나 충분하고 자유롭게 상호작용을 하는가"였다. 그는 "자유로운 상호작용과 경험의 자유로운 교류"를 통해 "사회의 모든 구성원들이 동등한 자격으로 그 사회의 이익에 참여하고, 그 사회 안의 여러 다른 공동생활에서 일어나는 상호작용을 통하여 그 제도를 융통성 있게 재조정해 나가는 것"이 민주주의 사회의 장점이라고 보았다. 이러한 사회를 위해서는 개인의 자유로운 사회적 관계가 보장되는 만큼 사회통제도 필요하다고 그는 주장하였다. 즉, "무질서를 초래하지 않고 사회변화를 추구하는 것"이 그의 진보사상의 중요한 한 부분이었다.[115]

진보주의 시대에 나온 『민주주의와 교육』은 듀이의 진보사상을 가장 잘 드러낸 저서다. 듀이가 이 책을 통해 추구고자 했던 사회의 진보는 "구분, 분리, 대립"에서 벗어나 통합의 길에 도달하는 것이었다. 듀이에 따르면 사회가 구분되고 분리되어 대립적인 상태가 된 "원인은 사회집단 사이, 또한 같은 집단 안에서도 부자와 가난한 사람, 남자와 여자, 귀족과 천민, 지배하는 사람과 지배받는 사람 등, 계층들 사이에 놓여 있는 단단하고 확실한 장벽" 때문이라는 것이다. 그는 "이 장벽이 집단이나 계층들 간에 자유로운 교섭의 흐름을 가로막고 있다"고 보았다.[116] 따라서 이러한 장벽이 무너지고 모든 계층이 하나로 통합되어, 모든 부분들이 서로 교섭하고 이해하는 가운데 세계를 나름대로 경험하며, 자신들의 능력을 충분하게 발휘하는, 소위 자기실현이 이루어짐으로써 그들이 사회의 공동 목표를 수락할 때 부분과 전체의 역동적 통합은 가능해진다는 것이다. 이러한 상태가 듀이에게는 사회진보의 가장 바람직한 모습이었다.

미국 지성사에서의 위치와 유산

찰스 퍼스와 윌리엄 제임스를 비롯하여 존 듀이는 자신들이 살았던 시대의 사상과 제도에 반항하며 새로운 사고방식을 창안하고자 했다. 그러나 그들의 반항적 태도는 미국의 지적 전통의 전체에 대한 도전은 아니었다. 오히려 그들은 미국의 지적 전통의 중요한 본질인 전체와 부분들의 균형과 조화를 견지하며 통합과 진보를 추구했다는 점에서 전통적인 '미국 정신'을 가장 잘 대표한다고 볼 수 있다. 그러나 최근 미국 학계에서는 이러한 '미국 정신'에 대한 언급은 거부되는 실정이다. 그 이유는 '미국 정신'이나 '미국 성격'과 같은 주제의 연구는 "전체론"적 접근방법을 필요로 하는데, 1960년대 이래로 이 접근방법은 더 이상 역사 분석의 카테고리로 받아들이기 어렵게 되었기 때문이다.[117] 오늘날 미국 학계에서 미국 역사를 하나의 전체로서 이해하려는 연구태도는 결국 "문화적 지배"의 발상에서 나온 것으로 보기 때문에 비판의 대상이 되고 있는 것이다. 과거 역사가들은 프래그머티즘과 같은 주제를 "미국 사상의 성장" 속에 한 부분으로 보았다.[118] 그러나 최근 유행하는 '대표성' 이론은 그 '사상'과 '정신'이 누구의 사상과 누구의 정신을 대표하는가와 같은 문제를 제기함으로써 더 이상 전통적인 지성사 연구는 어려운 실정이 되었다.

이러한 지적 배경에서 로티는 듀이가 초기 시절에 "철학을 토대적인(foundational) 것으로 만드는 새로운 방법을 찾기 위해" "헤겔의 역사관에 대한 미국적 해석"을 제시하려 했다고 지적하며 포스트모던 관점에서 그를 평가한다. 로티에 의하면 듀이는 곧 초기의 이러한 노력을 "자기 기만적인 것"으로 깨닫게 되었다는 것이다. 그리하여 듀이는 "철학을 토대적인 것으로 보는 칸트적 개념으로부터 벗어났고, 스스로 한때 빠졌던 그러한 유혹에 우리가 빠지지 않도록 경고하는 데에 많은 노력을 기울였다"고 로티는 주장한다. 그 결과 듀이의 후기 저술은 "건설적이라기보다는 치료적이고, 체계적이라기보다는 교화적이며, 독자에게 새로운 철학적 프로그램을 공급하기보다는 독자가 스스로 철학하는 동기에 대한 의문을 제기할 수 있도록 만들었다"는 것이다.[119] 무엇보다도 로티는 듀이가 "실제 학문 분야로서 인식론과 형이상학"을 폐기했다고 찬사를 아끼지 않는다.[120]

앞에서 고찰했듯이 듀이는 확실히 포스트모던 철학자들처럼 진리의 형이상학적 개념을 거부했던 것처럼 보인다. 그는 어떤 정해진 기반이나 본질보다는 경험과 실험을 통해 성취될 수 있는 사회진보를 갈망하였다. 그는 또한 전통이나 역사보다는 발견과 창조를 추구하였다. 그럼에도 이러한 듀이의 입장은 로티가 생각하는 것처럼 극단으로 나가지는 않았다. 듀이가 "우리는 우리 자신의 시간과 장소의 문화에 동화할 때 우리가 몸에 익은 지적 습관을 영구히 버릴 수 없고," "우리는 원시적인 천진난만의 회복을 성취할 수 없다"고 말했을 때, 그는 포스트모던 사상가들이 추구했던 절대주의적 반(反)본질주의에 관한 어떠한 환상도 가지고 있지 않았다.[121] 무엇보다도 그의 반(反)전통적 입장은 세계적 상황 속에서의 변화에 대한 자신의 분명한 인식과 변화의 도전에 대처하기 위한 그의 적극적이고 건설적인 태도로부터 온 것이었다.

듀이에 대한 로티의 주장과 평가는 듀이의 철학적 스펙트럼의 한쪽 끝만을 지나치게 조명하는 것이다. 엄청난 양의 저서와 논문을 썼던 존 듀이의 사상은 미국 지성사의 강에 합류하는 하나의 거대한 줄기였다. 그의 철학은 청교도주의와 계몽사상으로부터 초월주의를 거쳐 프래그머티즘에 이르며 전개된 미국 민주주의의 이상들을 반영했을 뿐만 아니라 미국에 20세기 자유민주주의의 지적 기반을 놓는 데 누구보다도 많은 기여를 하였다.

듀이의 사상에 대한 이해는 미국 지성사의 전체적인 흐름 속에서 이루어져야 한다. 왜냐하면 그의 사상을 비롯하여 프래그머티즘에 대한 최근 연구와 논의가 소위 포스트모던 철학자들의 주장과 논리에 맡겨졌을 때 오히려 그 주제의 진정한 의미와 내용이 축소되고 왜곡되어 자신들이 추구하는 목적에만 부합되는 방향으로 나가는 경향이 있기 때문이다. 대체로 그들이 주장하는 내용과 논리의 문제점은 최근 제임스 T. 클로펜버그(James T. Kloppenberg)가 잘 지적하고 있듯이, 지나치게 프래그머티즘의 급진적인 면만을 부각시키려는 자세다.[122] 듀이의 일생은 역동적이었다. 그의 생은 국가와 국민의 통합에 온몸을 바쳤고, '과학적 지성'을 추구했으며, '창조적 지성'으로 자기를 실현하고자 했다. 그는 "조너선 에드워즈의 지적 생활만큼이나 생의 통합과 전체성을 발견하는 데" 일생을 바쳤다.[123]

1 John Dewey, "The Unity of the Human Being," in *The Later Works of John Dewey, 1925–1953*, ed. Jo Ann Boydston (17 vols., Carbondale: Southern Illinois University Press, 1981), Vol. XIII, p. 325.

2 *Ibid.*, p. 326.

3 John Dewey, "My Pedagogic Creed," in John Dewey, *The Early Works, 1882–1898* (5 vols., Carbondale: Southern Illinois University Press, 1967), Vol. V, p. 86.

4 John Dewey, "The Metaphysical Assumptions of Materialism," in *ibid.*, Vol. I, p. 3.

5 John Dewey, "Authority and Social Change," in *Authority and the Individual*, ed. Harvard Tercentenary Conference of Arts and Sciences (Cambridge: Harvard University Press, 1937), p. 188; George Dykhuizen, *The Life and Mind of John Dewey* (Carbondale: Southern Illinois University Press, 1973) 참조.

6 John Dewey, "From Absolutism to Experimentalism," in *The Later Works*, Vol. V, p. 155.

7 John Dewey, "Philosophy," in *ibid.*, Vol. V, p. 161.

8 John Dewey, *Democracy and Education* (1916; reprint, New York: Free Press, 1944), p. 2.

9 *Ibid.*, p. 2.

10 *Ibid.*, p. 3.

11 *Ibid.*, p. 4.

12 John Dewey, *Human Nature and Conduct: An Introduction to Social Psychology* (New York: Henry Holt, 1922), p. 10.

13 *Ibid.*, p. 10.

14 *Ibid.*, p. 8.

15 *Ibid.*, p. 13.

16 John Dewey, *Experience and Nature* (1925; reprint, New York: Dover Publications, 1958), p. ix.

17 *Ibid.*, p. ix.

18 *Ibid.*, p. x.

19 *Ibid.*, p. x.

20 *Ibid.*, p. 4a.

21 *Ibid.*, pp. 9-10.

22 *Ibid.*, p. 11.

23 *Ibid.*, pp. 11, 12.

24 John Dewey, *Democracy and Education*, pp. 14-15.

25 John Dewey, *Art as Experience* (1934), in *The Later Works*, Vol. X, p. 42.

26 *Ibid.*, p. 47.

27 *Ibid.*, p. 49.

28 *Ibid.*, p. 63.

29 John Dewey, *Experience and Education* (1938; 6th pr., New York: Collier Books, 1973), p. 21.

30 John Dewey, "Experience, Knowledge and Value: A Rejoinder" (1939), in *The Philosophy of John Dewey*, ed. Paul Arthur Schilpp and Lewis Edwin Hahn (La Salle, Illinois: Open Court, 1989), p. 523.

31 John Dewey, *The Quest for Certainty: A Study of the Relation of Knowledge and Action* (New York: Balch, 1929), p. 255.

32 John Dewey, *The School and Society and The Child and the Curriculum* (1915; reprint, Chicago: The University of Chicago Press, 1956), p. 8.

33 *Ibid.*, p. 9.

34 John Dewey, *Individualism, Old and New*, in *The Later Works*, Vol. V, p. 48.

35 John Dewey, *The Quest for Certainty*, p. 6.

36 John Dewey, *Individualism, Old and New*, p. 52.

37 *Ibid.*, pp. 56, 66.

38 *Ibid.*, p. 68.

39 *Ibid.*, p. 72.

40 *Ibid.*, p. 73.

41 *Ibid.*, p. 74.

42 *Ibid.*, p. 100.

43 *Ibid.*, p. 101.

44 David A. Hollinger, "Perry Miller and Philosophical History," *History and Theory*, 7 (1968), p. 189.

45 John Dewey, *Human Nature and Conduct*, p. 25.

46 *Ibid.*, p. 25.

47 *Ibid.*, p. 43.

48 *Ibid.*, p. 154.

49 *Ibid.*, p. 160.

50 John Dewey, *A Common Faith* (New Haven: Yale University Press, 1934),

p. 14.

51 *Ibid.*, p. 43.

52 John Dewey, *The Public and its Problems* (1927; reprint, Athens, Ohio: Swallow Press, 1954), pp. 23-24.

53 *Ibid.*, p. 31.

54 *Ibid.*, p. 32.

55 John Dewey, *A Common Faith*, p. 87.

56 John Dewey, *The Public and its Problems*, pp. 161-162.

57 Richard Rorty, *Contingency, Irony, and Solidarity* (Cambridge: Cambridge University Press, 1989), p. xvi.

58 Robert J. Roth, *John Dewey and Self-Realization* (Englewood Cliffs, N.J.: Prentice-Hall, 1962), p. v.

59 John Dewey, "Creative Democracy—The Task Before Us," in *The Later Works*, Vol. XIV, p. 228.

60 *Ibid.*, p. 229.

61 *Ibid.*, p. 230.

62 John Dewey, "Art as Our Heritage," in *The Later Works*, Vol. XIV, pp. 255-256.

63 *Ibid.*, p. 256.

64 John Dewey, "Creative Democracy," p. 225.

65 John Dewey, "Education: 1800-1939," in *The Later Works*, Vol. XIV, p. 271.

66 John Dewey, *Freedom and Culture* (New York: G. P. Putnam's Sons, 1939), pp. 3-4.

67 *Ibid.*, p. 5.

68 *Ibid.*, p. 6.

69 *Ibid.*, pp. 19-20.

70 *Ibid.*, p. 162.

71 *Ibid.*, p. 168.

72 *Ibid.*, p. 175.

73 John Dewey, *Democracy and Education*, p. 2.

74 *Ibid.*, pp. 119-120.

75 *Ibid.*, p. 3.

76 *Ibid.*, p. 3.

77 *Ibid.*, p. 6.

78 *Ibid.*, p. 8.

79 *Ibid.*, p. 9.

80 *Ibid.*, p. 14.

81 *Ibid.*, p. 16.

82 *Ibid.*, p. 88.

83 *Ibid.*, p. 88.

84 *Ibid.*, p. 91.

85 *Ibid.*, p. 92.

86 *Ibid.*, p. 92.

87 *Ibid.*, p. 93.

88 *Ibid.*, p. 94.

89 *Ibid.*, p. 91.

90 *Ibid.*, p. 90.

91 *Ibid.*, p. 151.

92 *Ibid.*, p. 144.

93 *Ibid.*, p. 232.

94 *Ibid.*, pp. 236-237.

95 *Ibid.*, p. 248.

96 *Ibid.*, p. 293.

97 *Ibid.*, p. 294.

98 *Ibid.*, p. 295.

99 *Ibid.*, pp. 294-295.

100 *Ibid.*, p. 297.

101 *Ibid.*, p. 297.

102 *Ibid.*, p. 300.

103 *Ibid.*, p. 36.

104 *Ibid.*, p. 207.

105 *Ibid.*, p. 36.

106 *Ibid.*, p. 36.

107 *Ibid.*, p. 211.

108 *Ibid.*, p. 37.

109 *Ibid.*, p. 16.

110 *Ibid.*, p. 29.

111 *Ibid.*, p. 223.

112 *Ibid.*, p. 223.

113 *Ibid.*, p. 224.

114 *Ibid.*, pp. 224-225.

115 *Ibid.*, p. 99.

116 *Ibid.*, p. 333.

117 David A. Hollinger, "The Problem of Pragmatism in American History," *Journal of American History*, 67 (1980), p. 89.

118 Merle Curti, *The Growth of American Thought* (New York: Harper & Row, 3rd ed., 1964) 참조.

119 Richard Rorty, *Philosophy and the Mirror of Nature* (New Jersey: Princeton University Press, 1979), pp. 5-6.

120 *Ibid.*, p. 6.

121 John Dewey, *Experience and Nature*, p. 37.

122 James T. Kloppenberg, "Pragmatism: An Old Name for Some New Ways of Thinking?," *Journal of American History*, 83 (1996) 참조.

123 Paul K. Conkin, *Puritans and Pragmatists: Eight Eminent American Thinkers* (New York: Dodd, Mead, 1968), p. 345.

6

문명과 종교의 융화에 의한 유기적 사회통합 추구

라인홀드 니버와 『도덕적 인간과 비도덕적 사회』(1932)

Reinhold Niebuhr,
Moral Man and Immoral Society (1932)

지금까지 다루었던 5명의 지식인들과 그들의 원전은 시기적으로 1866년부터 1916년까지에 해당된다. 오레스티스 A. 브라운슨에서 존 듀이에 이르기까지 모두는 분열된 사회를 통합시키려는 정신과 의지를 사상적으로 표현하였다. 남북전쟁으로 인한 인간과 사회의 분열을 개탄했던 브라운슨의 경우를 제외하곤, 모두가 산업화와 도시화로부터 형성된 현대 사회 내의 갈등, 불화, 상호 적대감을 해결하고자 하였다. 그들 모두가 사회통합에 대해 기울였던 열정과 노력은 지식인의 사회적 역할로서 숭고한 가치를 지니고 있었음은 말할 나위도 없다. 그러나 이들 모두에게서 공통적으로 나타난 한 가지 특징은 인간 본성과 현실에 대한 지나친 낙관적 전망이었다. 이들 가운데 듀이의 사상은 낙관주의의 가장 대표적인 사례로 볼 수 있다.

시기적으로나 사상적으로 듀이는 그의 시대까지 진행되어 온 사회통합에 대한 노력을 종합하는 역할을 했다고 볼 수 있는데, 그것이 그의 진보주의 사상과 사회참여로 나타났었다. 그렇다면 그의 진보 사상은 실제로 얼마나 실현되었는가? 과연 듀이가 말하는 부분과 전체의 역동적 통합은 현실 세계에서 얼마나 가능했던 것인가? 듀이의 통합에 의한 사회진보 개념은 현실의 복잡함과 인간의 이기적인 본성을 얼마나 고려한 것인가? 미국 역사에서 개혁에 대한 열망이 폭발적으로 터져 나왔던 한 시대를 되돌아보면서 라인홀드 니버(Reinhold Niebuhr)는 이러한 문제들을 염두에 두고 미국의 사회와 문명을 정신사적인 차원에서 성찰하였다.

니버는 기독교 신앙의 눈으로 미국 문명의 전체적인 흐름을 조망하며 그 내면의 비극적 의미를 분명하게 간파했던 현대 사상가다. 1932년에 출간된 『도덕적 인간과 비도덕적 사회』(*Moral Man and Immoral Society*)에서 보여 준 문명에 대한 그의 통찰은 20세기 초까지 미국 지식인들을 지배하고 있던 진보사상에 일격을 가하며 그들의 낙관주의적 태도에 대한 반성과 각성을 불러일으켰다. 니버의 사상이 낙관주의의 진원지인 자유주의 프로테스탄티즘에 깊이 뿌리를 내리고 있었다 할지라도 문명과 사회에 대한 그의 이해는 인간 본성의 어두운 심연으로까지 내려간다. 그러나 이러한 그의 태도는 결코 절망이나 허무의 출발점이 아니었다. 그는 어두움 속에서 새로운 빛을 보았고, 비극 너머에서 소망을 찾았다. 그는 모든 문명과 모든 문화를 바벨탑으로 보면서도, 현실에 대한 그의 관점은 "비극적인 것에 대한 의식을 통하여 비극을 넘어서 희망과 확신"에 도달하는 것이었다.[1] 그는 현실 속에서 "사회에 대한 개인의 변증법적이고 유기적인 관계"[2]를 추구하면서도, "인간은 변화와 개혁을 통해 사회정의를 실현할 수 있다는 강한 확신"을 가지고 있었다.[3] 그런 까닭에 그는 자신의 사상 형성의 모태였던 자유주의 프로테스탄티즘을 누구보다도 신랄하게 비판했지만 그곳을 자신의 영원한 지적 활동의 기반으로 삼았다.

지성사가로서 니버의 전기를 썼던 리처드 와이트먼 폭스(Richard Wightman Fox)는 니버가 수립한 지적 업적은 "생(生)의 비극적 의미와 정의의 추구를 하나로 결합시킨 일"이었다고 평가한다. 폭스에 따르면 니버가 평생 수행한 작업은 "하나만을 강조하며 다른 하나를 부정하는 사람들에 대한 끊임없는 도전이었다."[4] 니버는 언제나 인간 존재의 비극으로 말미암아 인간이 이룰 수 있는 정의는 제한적이라는 사실을 분명히 인식하면서도 사회의 이기적 현상을 끊임없이 지적하며 정의로운 세계를 추구하였다.

니버는 기독교의 성서에 나오는 예언자 아모스(Amos)와 같은 지식인이었다. 그 예언자의 역할처럼 니버도 자신이 살고 있는 시대의 징조를 보면서 인간이 처한 문제들을 정확하게 지적하고 미국이 나가야 할 방향을 제시하였다. 그는 미국 지성사의 강에서 전체와 부분의 균형을 강조하며 사회적 책임을 다하고자 했던 전통적인 주류에 속하는 지식인이었다. 그는 무엇보다도 극단을 배격하며 인간과 사회가 처한 분명한 현실 속에서 미래를 전망하였다. 오늘날 여러 방향으로부터 유래한 극단적 사상들로 인해 분열된 지성계는 니버가 추구하였던 절제된 사상으로부터 지혜를 구해야 할 것이다.

생애와 사상

생애와 사상의 원천

라인홀드 니버는 1892년 6월 21일 미주리 주 라이트 시(Wright City)에서 구스타프 니버(Gustav Niebuhr)와 리디아 호스토 니버(Lydia Hosto Niebuhr) 사이에서 태어났다. 니버의 부모는 독일에서 미국으로 이민 온 사람들로서 부친인 구스타프는 독일 복음교회의 목사였다. 니버는 부친의 교단에 속한 규모가 작은 엘름허스트대학(Elmhurst College)과 에덴 복음신학교(Eden Theological Seminary)를 졸업하였고, 그 후 예일대학의 신학대학원에서 학문적 훈련을 마친 뒤 1913년에 디트로이트에 있는 베델 복음교회(Bethel Evangelical Church)의 목사가 되었다. 이곳에서 그는 13년 동안 목회를 한 후, 1928년에 뉴욕 시에 있는 유니온 신학교(Union Theological Seminary)의 교수가 되었고, 그 이후부터 본격적인 저술활동에 들어갔다. 라인홀드 니버보다 2년 뒤에 태어난 리처드 니버(Richard Niebuhr)는 1931년에 예일대학 신학부에 기독교 윤리학 교수가 되었다. 리처드는 라인홀드 못지않게 깊은 신학 사상가로서 그들은 폴 틸리히(Paul Tillich)와 함께 20세기의 가장 위대한 세 명의 신학 사상가로 손꼽힌다.

니버 사상의 수원은 서양의 지적 전통 전체로부터 흘러 나왔다고 해도 과언이 아니다. 사도 바울의 기독교 사상과 플라톤과 아리스토텔레스의 철학 사상이 함께 니버의 정신 속으로 흘러 들어갔다. 그가 어떤 이념이나 사상에 대해서도 편협하지 않고 포용하며 배우는 자세로 임했던 것은 그의 아버지로부터 받은 영향 때문이었다. 그가 간략하게 저술한 「지적 자서전」(Intellectual Autobiography)에서 밝힌 것처럼, 그의 아버지는 "역동적인 개인의 경건을 완전한 자유와 결합시켰던" 사람이었다.[5] 다시 말해 그의 아버지는 신앙생활에 대해서는 엄격하고 적극적인 태도를 강조하면서도 정신은 자유로워야 한다고 주장한 사람이었다. 이러한 아버지의 영향 아래서 니버는 사반세기 동안 기독교 사회윤리를 가르치면서 신학에 얽매이지 않고 사회와 정치를 관조하며 예리한 의식과 사상을 형성할 수 있었다.

이렇게 형성된 그의 사상의 윤곽은 에덴 복음신학교를 다니던 시절인 1911년 교내의 저널에 실은 글에서 나타난다. 그는 이 글에서 "사회의 도덕 문제에 대해 교회가 취해야 할 태도"에 대해 분명한 입장을 표명하였다. 그는 기독교 교회란 하나님에 대한 경외와 찬양을 위해 존재하며, 창조주와의 영적인 교제가 이루어지는 곳이라고 지적하면서도 교회란 "인간이 직면하는 세속적이고 일시적인 문제들로부터 초연할 수 없다"고 주장하였다.[6] 정의의 문제에 직면하여 무엇이 도덕적으로 옳고 그른지에 대해 교회는 말해야 한다는 것이다. 니버가 이렇게 교회의 적극적인 사회적 역할을 강조한 것은 자신이 살고 있는 시대가 무엇보다도 도덕적 각성을 필요로 하고 있다는 사실을 분명하게 깨달았기 때문이었다. 그러나 만일 니버가 사회윤리 문제에 대한 관심을 갖고 평생 사회활동에만 전념했다면 오늘날 우리가 알고 있는 니버의 사상으로 발전하지는 못했을 것이다.

니버가 전문적으로 신학과 철학에서 학문적 훈련을 받은 것은 예일대학의 신학대학원에서였다. 니버는 그곳에서 신약 전공 신학자인 포터(Frank C. Porter) 교수와 조직신학 전공의 매킨토시(Douglas Clyde Macintosh) 교수로부터 많은 영향을 받았다. 그는 포터 교수로부터 신약 전반에 관한 지식을 배우고, 매킨토시 교수로부터는 철학과 신학의 전체적인 세계에 대해 체계적인 지식을 배울 수 있었다. 이들 스승 외에도 니버는 자신의 사상 형성에 동생인 리처드 니버의 영향이 컸음을 밝히고 있듯이 라인홀드와 리처드는 평생을 지적 동반자로 지내게 된다. 리처드가 정치적 문제에는 관심을 두지 않은 채 신학 연구에 몰두했던 반면, 라인홀드는 "기독교 신앙의 관점으로부터 인간 본성"을 이해하고 "인간 문제에 대한 기독교 신앙의 답"을 제시하고자 하였다. 니버 사상의 전제는 기독교 신앙이 현대 문화의 망상(妄想) 속에서 인간 본성에 대한 이해를 상실하고 있다는 인식이었다.[7]

니버 사상에서 중요한 부분을 차지하는 인간 본성에 관한 문제는 니버가 실제로 현실 사회에서 겪은 경험으로부터 나온 것이다. 이러한 경험은 그가 철학의 인식론에 싫증을 느낀 나머지 목회를 하기로 결심을 하고 디트로이트에 새로 세워진 한 작은 교회의 담임목사를 맡으며 시작된다. 이곳은 급격하게 팽창하고 있던 전형적인 자동차 산업 도시로서 인간의 노동과 삶이 얼마나 고통스러운 현실인가를 보여 주는 곳이었다. 니버는 이곳이 "지금까지 자신이 읽은 어떤 책보다도 자신의 사상의 발전에 영향을 끼쳤다"고 회고하면서, 적어도 제1차 세계대전 이전까지 형성되었던 자신의 낙관주의는 디트로이트에서의 경험으로 결정적으로 전환하게 되었다고 말한다. 그리하여 사회에 대한 니버의 첫 관심은 "사회의 지배적인 자유방임적 철학에 도전하기보다는 헨리 포드의 도덕적 가식을 폭로하는 것이었다.[8]

13년 동안 디트로이트에서 몸으로 체험한 니버는 마침내 "낙관적인 도덕적 이상주의"(mild moralistic idealism)로는 "현대 기술사회의 권력구조"를 이해할 수도, 해결할 수도 없다는 사실을 시인하지 않을 수 없었다. 실제로 그는 이러한 각성이 있기 전까지 도덕적 이상주의가 바로 기독교 신앙이라고 믿었던 것이다.[9] 이제 그는 이 현대 산업 사회가 얼마나 거대한 권력의 구조 속에서 움직이고 있는가를 깨닫게 되었다. 이러한 구조 속에서 과연 개인이 할 수 있는 일이란 무엇인가? 개인들에 의해 시도되는 사회개혁이란 얼마나 피상적인가? 이러한 문제들을 고려할 때 인간의 본성과 능력에 대해 낙관적인 믿음을 가지고 있던 자유주의 세계관은 니버에겐 하나의 망상과 같은 것이었다. 그리하여 니버는 낙관주의로 만연한 문화와 지성계를 향해 비판적 목소리를 내기 시작하였고, 그의 이러한 비판적 정신은 인간과 문명에 대한 현실주의적 이해에 바탕을 둔 독창적인 기독교 사상으로 발전하게 되었다.

니버와 같은 시대를 살았던 신학자 폴 틸리히(Paul Tillich)는 "조직신학은 두 가지의 기본적인 목적"을 가지고 있다고 지적하며, 그 하나는 기독교 메시지의 진실을 말하는 것이고 다른 하나는 새로운 세대에 이 진실을 새롭게 해석하는 일이라고 설명한다.[10] 신학자로서 라인홀드 니버의 일생은 후자의 목적을 성취하는 데 바쳐졌다. 그는 "기독교 신앙의 입장에서 인간의 상황을 해석"하려고 하였다.[11] 그리하여 그는 21권의 책과 약 2천 600여 편의 논문 및 평론을 쓰면서, 무엇보다도 문명의 흐름을 주시하면서 인간과 관련된 모든 분야에 대해 자신의 독자적인 의견을 개진하였다. 열정적이면서도 금욕적인 태도로 학문에 임한 그는 당대의 사회와 현실에 대한 관심을 버리지 않으면서도 깊은 관조적인 자세를 견지했던 지식인이라고 할 수 있다. 그의 주요 저서로는 앞에서 언급한 『도덕적 인간과 비도덕적 사회』(1932)를 비롯하여 『비극을 넘어』(*Byond Tragedy*, 1937), 『인간의 본성과 운명』(*The Nature and Destiny of Man*, 전 2권, 1941, 1943), 『빛의 자식들과 어둠의 자식들』(*The Children of Light and the Children of Darkness*, 1944), 『미국사의 아이러니』(*The Irony of American History*, 1952) 등을 들 수 있다.

문명과 종교의 융화 추구

니버 사상의 전체적인 성격을 밝히기 위해 먼저 시도해 볼 수 있는 한 가지 좋은 방법은 오늘날 소위 포스트모던 사상가들로 알려진 지식인들의 입장과 니버의 입장을 비교해 보는 것이다. 포스트모던 사상가들에게 미국의 역사와 문화는 인간을 억압하는 거대한 구조로 인식된다. 그들에게 그 구조는 지배계급의 착취와 지배의 목적에 따라 건설되고 강화되며, 지배계급의 가치·도덕·위상을 합리화하고 정당화하는 메커니즘이다. 그 구조는 온갖 계산적·교조적이며 선전적인 신화로 누적된 층을 이루고 있다고 그들은 믿는다. 그리하여 포스트모던 사상가들의 냉소적인 물음은 여기서부터 시작된다. 즉, 이 구조의 메커니즘 아래서 조종되는 현실은 무엇이며, 그 주체는 도대체 누구냐이다. 진정한 인간의 연대와 진정한 인간의 자아를 찾기 위해서는 저 구조, 현실, 주체는 해체되어 사라져야만 한다는 것이다.

니버는 역사와 신화를 인식함에 있어서 포스트모던 사상가들보다 훨씬 더 깊은 차원에서 그 복잡한 의미를 파악하려고 하였다. 어떤 의미에서 그는 마르틴 부버(Martin Buber)가 "역사는 종결에 이르는 하나의 미스터리한 접근"[12]이라고 인식했던 바와 같은 차원에 도달한 것이다. 그리하여 그는 "모든 위대한 신화적 유산은 원시적 신화는 물론이고 영속적인 신화로 구성되어 있다"고 지적하면서, 구체적인 현상들에 대한 조심스러운 관찰을 통하여 역사와 생(生)의 미스터리에 접근하였다.[13]

역사와 문화를 구조, 지배, 메커니즘으로 인식하는 것은 지나치게 전략적이고 단편적인 사고임에 틀림이 없다. 역사란 모든 국민의 투쟁, 갈등, 경쟁, 자유, 이해관계, 협력, 합의, 권위, 화해 등에 의해 함께 만들어진 것이다. 그 복잡성 속에 들어 있는 본질은 기계적인 것이 아니라 미스터리한 것이다. 여기서 신화는 생성된다. 신화를 받아들이는 니버의 태도는 다음과 같은 질문에 잘 나타나 있다. "신화적 용어로 진술될 수밖에 없는 현실의 측면은 무엇인가?" 무엇보다도 니버는 현실을 기계적인 것으로 보지 않고 유기적인 것으로 파악하였다. 그러므로 그는 "생(生)의 유기적 측면은 합리성에 의해 이해될 수 없다"고 말한다.[14] 이러한 의미에서 그는 이성, 합리성, 과학에 반대한다. 그러나 그가 반대하는 것은 이성과 과학을 통해 현실을 분명하고 완벽하게 이해할 수 있다는 피상적이고 기계적인 태도와 믿음이었지, 이성과 과학 자체는 아니었다.

니버는 "구체적인 형태로 나타나는 모든 생과 존재는 그 자체를 넘어서 존재하는 원천일 뿐만 아니라 어떤 가능성을 제시한다"고 보았다. 그는 "비록 인간의 지식과 경험이 언제나 지식과 경험을 초월하는 생의 의미의 원천을 가리킨다 할지라도, 경험 속에 바로 이러한 초월적 성격에 대한 암시들이 있다"고 주장하였다. 그리하여 그는 "실제로 위대한 신화들은 심원한 경험으로부터 생겨났다"고 지적하면서, 역사는 '신화적인 용어'로만 시사되고 표현될 수밖에 없는 부분들을 가지고 있다고 주장한다. 이러한 니버의 입장을 따른다면 역동적이고 창조적인 역사를 전체적으로 이해하기 위해서는, 어느 정도 종교적인 자세를 견지할 필요가 있다. 왜냐하면 종교란 생을 통합과 전체성 속에서 신비로이 파악하는 것이기 때문이다. 그렇지만 니버의 사상은 단순히 종교적 차원에만 국한되는 것은 아니었다. 그는 또한 "역사와 인간 존재의 심원한 차원을 이해하고 자신 속에서 이러한 것들을 느끼는 것은 다름 아닌, 세계와 스스로를 초월할 수 있는 능력을 가진 인간"이라고 강조하였다.[15] 그리하여 그는 비판의 주체는 인간이어야 한다고 믿음으로써 인간·이성·과학에 의해 수립된 현대 문명을 비판하면서도 그 문명을 포용하고자 하였던 것이다. 이러한 의미에서 니버는 언제나 종교와 문명을 함께 이해하려 하였다.

니버는 먼저 자본주의 제도 속에서 인간의 문제를 발견하였다. 그는 한때 자본주의 모순들을 신랄하게 비판하였고, 프롤레타리아 계급에 의한 "혁명을 통한 정의 실현"을 역설하였다. 그러나 니버가 반대한 것은 그것이 우파든 좌파든 간에 부르주아 개인주의를 포함하여 현대 문명 전체에 퍼져 있는 교조주의와 전체주의였다. 훗날 니버는 사회의 집단적 현실을 비판하기 위해 마르크스주의 이념을 사용한 것은 잘못이었음을 시인하였다.[16] 실제로 니버의 사상은 마르크스주의가 아니라 원죄라는 기독교 원리에 깊이 뿌리를 둔 것이었다. 그에게 원죄란 "기독교 신앙 가운데 유일하게 경험적으로 입증할 수 있는 교리"였다.[17] 그리하여 니버 사상은 언제나 "인간의 개인적·사회적 존재에 대한 여러 가지 측면들"로부터 출발한다.[18]

니버는 종교가 인간의 여러 가지 충동을 도덕적으로 통합하고 조직할 수 있는 저력이 있다고 믿었다. 그는 종교가 인간의 역동성을 손상시키지 않으면서 "마침내 인간 정신이 자연의 힘으로부터 안전할 수 있는 우주를 발견하고 창조한다"고 믿었다. 그에 따르면, 종교란 순수과학과 응용과학으로 인해 생긴 문제들, 즉 "개인이 우주와 문명으로부터 분리되는 현상들"에 대처하여 바람직한 인간의 가치를 정립시키는 데 도움을 줄 수 있다는 것이다. 종교와 문명의 미래가 위기에 처해 있다고 확신한 니버는 "어떻게 저 거대한 사회적·정치적 집단들의 생활을 의식과 도덕이 지배하는 법 아래에 둘 수 있을 것인지"에 대한 문제를 해결하기 위해 일생 매달렸다. 그는 이 문제에 인류의 운명이 달려 있다고 믿었다. 그리하여 그는 윤리적 자유와 순수성을 찾으려는 시도는 종교적 경험과 종교적 희망을 통해서만 가능하다고 믿었다. 다시 말해 그는 "윤리적 사회에 대한 희망은 윤리적 순수성을 종교로, 종교적 역동성을 도덕적 노력으로 회복시킬 때 가능해진다"고 주장하였다.[19]

니버는 종교와 문명의 균형과 조화를 통해 그 속에서 개인 생활의 역동성과 생의 진정한 의미가 회복되기를 바랐다. 개인과 사회를 유기적 존재와 유기적 사회로 인식하면서, 그는 기계적 문명이 그 유기적 관계를 약화시켰고 결국 강건한 개인성을 파괴시켰다고 주장하였다. 그는 개인과 개인의 분열은 물론이고 개인과 사회의 분열도 권위의 붕괴와 공통 경험의 약화로 인해 나타난다고 지적하며, 종교와 문명의 융화를 통해서만 그 바람직한 유기적 통합이 회복될 수 있다고 믿었다.

사회윤리의 새로운 기반에 의한 유기적 통합 추구

1930년대의 대공황 시기에 니버의 사회비판은 분명히 급진적인 방향으로 나아갔다. 이 당시 그는 자본주의의 모순들은 신랄하게 지적하면서 마르크스주의와 프롤레타리아에 대해서는 부드러운 태도를 보였다. 이러한 그의 지적 행로는 적어도 스탈린에 의한 모스크바의 숙청과 나치-소비에트 불가침 조약이 드러나는 1930년대 말까지 지속된다. 당시 그는 어느 정도 미국의 지적 전통의 주류로부터 이탈했던 것처럼 보인다. 그러나 그의 사상의 정신적 뿌리는 마르크스주의가 아니라 기독교 신앙이었다. 니버의 사상은 언제나 개인과 사회의 한계에 대한 인식으로부터 인간과 사회의 본질에 대한 새로운 이해에 도달하고, 그 이해를 바탕으로 새로운 단계로 발전하였다. 그의 사회비판은 어떤 특정 이데올로기에서 나온 것이 아니라 사회의 불의와 그로 인해 국민이 겪게 되는 고통에 대한 지식인의 양심적 반응에서 출발하는 것이었다. 그러므로 현대 사회문제에 대한 그의 입장과 태도는 역사적·사회적 상황에 따라 끊임없이 변하였다. 사회주의에 우호적인 언급을 했던『도덕적 인간과 비도덕적 사회』이후, 그는 점점 더 마르크스주의 속에 신학이 설 자리가 없음을 인식하게 되었다. 그가 이 책을 출판했던 1932년에도 중산계급과 자본주의에 대한 그의 비판은 대체로 박해받고 짓밟힌 사람들 편에 서는 기독교 성직자의 기본적 자세로부터 나온 것이었다.

인간과 사회에 대한 니버의 이해는 비관적 관점으로부터 출발한다. 다음과 같은 니버의 진술에서 우리는 그의 비관주의를 잘 엿볼 수 있다. "우리는 개인적·도덕적 이상주의가 쉽게 위선으로 비난받고 있는 시대에 살고 있다. 날카로운 비판을 회피할 때만이 정직이 가능한 시대다. 이 모든 것이 비극적이다."[20] 그러나 이러한 자신의 비관적 태도에도 불구하고 니버는 결코 도덕성에 대해 냉소적인 태도를 보이지 않았으며, 오히려 그러한 비관적 입장으로부터 인간의 가치와 도덕 전반에 대한 깊은 반성과 성찰을 이끌어 냈다. 그리하여 그는 "현대 문화 속에서 상실했던 인간 본성을 이해하기 위해 기독교 신앙 속에 방책이 있다는 확신"을 가지고,[21] "정신적 안전에 대한 의

식을 수립하고 혼란과 무의미로부터 나오는 공포를 추방"하고자 하였다.[22]

니버에게 사회란 무엇보다도 개인을 위해 존재하는 것이었다. 따라서 그는 "각 개인의 분명한 개성을 유지하기 위해 사회·가족·개인의 능력"을 강조하였고, 개인의 능력은 "사회와의 유기적 관련으로부터" 가장 잘 나타날 수 있다고 믿었다.[23] 그는 무엇보다도 기계적 문명이 유기적 관계를 약화시킴으로써 강건한 개인성을 파괴하고 있다는 사실을 직시하였다. 그리하여 그는 현대 문화가 자연에 대한 이해에서는 가장 커다란 진전을 가져왔지만, 인간에 대한 이해에서는 가장 커다란 혼동을 가져왔다고 주장하는 것이다.

이러한 혼돈한 문화 속에서 니버는 현대 미국 사회를 위해 새로운 사회윤리를 수립하는 것이야말로 지식인이 떠맡아야 할 책임이라는 것을 깨달았다. 니버에게 사회윤리란 인간 사회와 개인 생활을 지도하는 원칙이었다. 따라서 그의 사회윤리는 인간의 생(生)이 무엇이냐에 대한 인식으로부터 출발하였다. 그에게 인간 존재는 단순한 것이 아니라 애매하고 복잡한 것이었다. 즉, "인간은 자연의 소산이고, 그 자연의 변동에 빠져들며, 자연의 필요성에 의해 강제되고 그 추진력에 의해 이끌려지며, 자연이 다양한 유기체들에게 허용하는 (…) 저 짧은 시간성의 제약을 받는다"는 것이다. 그럼에도 니버는 또 다른 관점에서 "인간은 자연, 생, 인간 자신, 인간 이성, 세계, 이러한 것들 바깥에 서 있는 하나의 정신"이기도 하다는 사실을 분명하게 인식하고 있었다.[24] 그렇지만 그는 또한 "인간은 자연과 정신이 만나는 지점"에서 자연의 하모니를 깨고, 자연과 정신의 "새로운 하모니"를 수립할 수 있는 정신적 자유를 소유했음에도 인간의 자만은 그것을 불가능하게 했다는 점을 강조하였다. 다시 말해 정신적 자유는 자연의 창조적 사용을 가능하게 만들었지만, 인간 존재의 한계를 인식하지 못하는 인간의 자만은 "자연과 이성이 내포하고 있는 여러 가지 형태의 제한들"을 무시함으로써 인간은 불안과 비극 속으로 빠져들게 되었다는 것이다.[25]

이와 같이 니버가 이해했던 것처럼, "생의 형태들은 너무도 다양하고 다방면적이어서, 만약 그 원천이 경험적 관찰로 밝혀진 사실을 초월하지 않는다면, 또한 그 영역이 구체적 세계의 역사보다 더 많은 것을 포함하지 않는다면," 생의 근원은 쉽게 이해될 수 없다. 이러한 이유로 생의 진정한 의미와 역동성은 언제나 경험적인 것과 선험적인 것 사이의 긴장 속에 있게 되는 것이다. 니버에게 "선험적인 것은 역사를 통해 나타나는 모든 것을 초월한다"는 의미이고, 따라서 "역사적 가치에 대해 도덕적으로 만족하지 말아야만 한다"는 것이다. 그러나 "선험적인 것은 역사적인 것과 끊임없이 유기적인 접촉을 갖게 되는데, 이 관계에서 생기는 긴장으로 인해 역사적인 것의 의미가 상실되지 말아야만 한다."[26] 여기에 니버의 중심적인 신학적·철학적 전제가 있다. 즉, 그에게 전체의 의미는 부분(역사적인 것)들을 통하여 단지 부분적이고 일시적으로 나타나는 것이다. 부분들이 아무리 불완전하더라도 그 부분들이 그 전체의 의미를 비추는 한에서, 그 부분들은 어떤 의미를 가지는 것이다. 생은 물론이고 역사의 의미는 전체와 부분들의 이러한 관계 속에 놓여 있다고 니버는 보았다. 각 부분이 전체 혹은 다른 부분들로부터 분리될 때 그 의미는 상실되고 마는 것이다.

따라서 부분들을 통해서만이 그 의미가 드러나는 전체는 부분들에 의해서 합리화되는 것이 아니라, 그 부분들을 위한 기반과 길잡이가 되어야만 하는 것이다. 니버가 비판하고 있는 현대 문화의 기계적 일률성과 무력함은 바로 전체와 부분들의 역동적 관계의 본질을 잘못 이해한 데서 나타난 현상이라 할 수 있다. 따라서 니버는 "자유주의적 기독교와 부적절하게 얽혀 있는 현대의 세속적 자유주의 문화는 활력을 상실한 일종의 세속적 종교"로 전락했다고 지적하는데, "이 문화 속에 있는 기독교 전통의 전제들은 객관적 과학에 의해 합리화되고 말았다"는 것이다.[27] 그러므로 그는 "진정한 개성은 사회적 긴장 속에서 역사라는 유기체와 인간이 맺는 관계가 정당하게 다루어지면서도, 선험적 관점에서 모든 사회적·역사적 상황을 인정하는 종교적 전제 속에서만 유지될 수 있다"고 보는 것이다.[28]

유기적 관계는 전체와 부분들을 활기차고 역동적으로 만드는데, 그 이유는 언제나 부분들의 통합과 결합으로부터 역동성이 나올 수 있기 때문이다. 생의 깊은 차원을 이해하였던 니버는 현실과 존재 전체가 결합하여 통합되는, 그리하여 도덕적 혼란을 벗어날 수 있는 새로운 사회윤리를 선언하였다. 그는 무엇보다도 "역동적인 기독교 신앙만이 우리 시대의 도덕적·사회적 문제들을 적절하게 다룰 수 있다"고 보았다. 그에게 기독교의 신앙은 덧없는 생의 "일시적 과정에 지나치게 빠져들지 않으면서도" 일시적인 것의 깊은 의미를 확언하는 믿음이었다.[29]

니버에게 신은 사랑이었고 그 사랑의 의미는 "생과 생을 통합시키려는 분명한 목적"에서 확인된다고 보았다. 그러므로 그에게 도덕적 요구는 언제나 "통합에 대한 요구"였다. 그러므로 "진정한 자아는 내적 통합을 이루기 위해 전념해야 하며, 스스로 다른 자아들과의 통합을 위해 그들과 조화를 이루어야만 한다"는 것이다.[30] 니버는 바람직한 사회윤리란 자만과 불의가 가득한 인간 사회와 기독교가 융화될 때 수립될 수 있다고 보았다.

민주주의의 확고한 개념적 기반에 의한 사회통합 추구

니버는 언제나 역사적 과정 속에 내재해 있는 당면한 가능성이 아니라 사랑이라는 기독교적 윤리 속에 있는 초월적 가능성을 중요하게 생각하였다. 그는 결코 현대 문화와 민주주의가 인간 정신의 궁극적 이상이라고 믿지 않았다. 그에게 현재는 언제나 죄로 가득 차 있는 불완전한 세계였다. 그러나 그는 인간의 본성과 제도, 그리고 인간 사회에 대한 비관적인 관점을 견지하면서도 결코 반(反)민주적이거나 반(反)자유주의적 정치 이론에 호소하지는 않았다. 최근 '문화좌파'에 속한 지식인들은 미국 민주주의를 포함하여 미국의 전통과 가치의 모든 유산들을 해체하려고 한다. 이들은 전체를 제거하고 부분들만을 살리려는 것인데, 이것은 니버가 민주주의의 발전에서 가장 위험한 요소로 보았던 일종의 경직된 유토피아적 환상일 것이다.

니버는 고립된 상태에서 개인은 진정한 자아로서 존재할 수 없다는 사실을 분명히 깨달았다. 아무도 가족이나 집단, 사회의 제한을 벗어나 살 수 없다는 것이다. 다시 말해 인간은 "사회에서 나오는 질서"를 결코 피할 수 없다는 것이다.[31] 니버는 민주주의가 종교나 문화의 유일하고 최종적인 제도라고 간주하지는 않았지만, "민주주의와 기독교 사이에는 밀접한 친근성"이 있다고 보았다.[32] 그리하여 니버는 개인과 사회의 본질과 이 둘의 본질적인 상호 관계를 인식하면서 민주주의를 위한 더욱 확고한 개념적 기반을 추구하였다. 니버는 먼저 현대 민주주의를 신랄하게 비판하였다. 왜냐하면 그는 개인이란 전체 속에 제한되어 있는 존재일 뿐만 아니라 그 본성이 죄로 가득 차 있음에도 현대 민주주의는 개인들의 낙관주의 위에 서 있다고 보았기 때문이다. 그는 인간이 "스스로를 전체로 상상하며 전체를 개관할 수 있는 능력을 과시하는데, 바로 그 능력에 배반을 당하게 될 것"이라고 경고하였다.[33] 부르주아 문명의 산물인 현대 민주주의에 대한 니버의 비판은 언제나 날카롭고 격렬하였다. 왜냐하면 그는 인간의 덕과 존엄성에 대한 잘못된 인식에 바탕을 두고 있는 인간 본성의 낙관적인 견해가 바로 현대 민주주의의 허위라고 보았기 때문이다.

그렇다면 민주주의는 어떠해야만 하는가? 그것은 "중산계급의 성격보다 훨씬 더 깊은 차원과 더 광범한 타당성"을 가져야만 한다는 것이 니버의 민주관이다. 그에게 이상적인 민주주의란 "인간 존재의 두 가지 차원, 즉 인간의 정신적 차원과 사회적 차원 모두를 포용할 수 있는" 제도다. 말하자면 그것은 "모든 인간이 갖는 공통의 필요성과 각 인간이 소유한 특수성과 다양성이 모두 공평하게 받아들여지는" 제도가 되어야만 한다는 것이다. 그리하여 니버는 "부르주아 민주주의는 흔히 공동체를 희생시키면서 개인을 찬양"하지만, "공동체는 개인에게 필요한 만큼 자유가 필요하고, 개인은 부르주아 사상이 이해했던 것보다 더 공동체가 필요하다"고 주장하였다.[34]

그렇다면 공동체란 무엇인가? 니버는 인간의 공동체를 유기적이면서도 인위적인 실체로 보았다. 즉, 공동체가 "충성, 결집, 자연적 권위와 질서 등에 의해 통합될 때" 그것은 유기적 실체였다. 이와는 달리 공동체가 "결집하여 그 형태와 통합이 의식적으로 이루어질 때" 그것은 인위적 실체라고 보았다. 공동체에 관한 이러한 니버의 인식은 모든 존재는 역사적 존재이며, 모든 역사는 존재론적 의미를 가진다는 그의 관점으로부터 나온 것이었다. 따라서 그는 "역사 발전은 원시 공동체에서조차도 결코 순수하게 무의식적으로 이루어진 것이 아니라"고 믿었다.[35]

그럼에도 공동체의 유기적 요인들에 대한 니버의 강조는 인간이 역사의 주체인 동시에 객체라는 그의 인식으로부터 나왔다. 그에 따르면 만일 국민이 자신들이 역사의 객체라는 사실을 망각하고 자신들을 순수하게 역사의 주체로만 상상한다면, 그들은 자신들의 정체성을 찾아 어둠 속을 헤매는 집단적 기억상실증의 희생자가 되고 만다는 것이다. 그와 같은 국민은 가치의 무정부 상태에서 방황할 것이고 어떠한 규범적인 방향을 갖지 못한 채 위험스런 지적 모험을 시도한다는 것이다. 그리하여 니버는 "과거의 업적에 대해 무관심하고 과거의 교훈에 의해 도움을 얻을 수 없는" 현대의 인간성은 새로운 사회를 건설하고자 했고, 그 결과 전통적인 사회보다도 훨씬 더 타락에 빠지기 쉬운 사회를 만들어 냈다고 보고 있는 것이다.[36]

공동체의 유기적 본질에 대한 니버의 주장은 국제적 사태에 대한 그의 분석과도 직접적으로 관계가 있었다. 대체로 1930년대 동안 전체주의 정권의 등장에 우려를 표명했던 니버는 제2차 세계대전 이후에는 공산주의의 확산에 신랄한 비판을 가하였다. 그는 공산주의가 내세우는 계급 없는 사회란 공동체의 유기적 본질을 무시하는 것으로 "도덕적 허식"이며, "마르크스주의의 유토피아적 환상"의 산물이라고 보았다.[37] 냉전시대 초기에 그는 "빛의 자식들과 어둠의 자식들"이라는 인간 내면의 깊은 차원에 관한 자신 특유의 비유를 통하여 민주적 이상에 대한 더 확고한 개념적 기반을 발견하였다. 즉, 어둠의 자식들은 "자신의 의지와 이해를 넘어서 어떠한 법도 모르는 도덕적 냉소주의자"인 반면, 그들은 인간의 내면적인 이기심을 잘 이해하기 때문에 현명하다고 니버는 설명한다. 그러나 빛의 자식들은 "자기 이익이 더 높은 법의 원칙 아래에 놓여 있어야만 된다고 믿는 사람들"인 반면, 그들은 자신들의 내면 깊숙한 곳에 있는 이기심을 바로 보지 못했다는 점에서 어리석다고 니버는 지적하였다. 따라서 선은 "언제나 여러 수준 위에 있는 전체의 조화"인 반면, 그 선이 현명하게 되기 위해서는 악의 자기 이익에 대한 주장을 받아들여야만 한다는 것이다.[38]

그리하여 니버는 "민주주의란 현대 역사에서 자유주의 문화가 만들어 낸 질서보다는 훨씬 더 강제적이고 현실주의적인 체제를 필요로 한다"고 확신하였다. 이러한 확신을 바탕으로 그는 "민주적 신조는 역사적으로 인간 본성과 인간 역사에 대한 지나친 낙관주의와 결합되어 왔다"고 지적하며, 현대 민주주의는 "더욱 현실주의적인 철학적·종교적 기반"을 필요로 한다고 주장하였다. 그의 이러한 주장은 "민주주의가 내포하고 있는 위험들을 예상하고 이해하기 위한 것일 뿐만 아니라, 민주주의를 더욱 설득력 있게 정당화하려는 것이었다." 민주주의에 대한 니버의 논지를 요약하면, "정의를 위한 인간의 능력은 민주주의를 가능하게 하지만, 불의에 빠지기 쉬운 인간의 경향은 민주주의를 필요로 한다"는 것이다.[39] 니버는 무엇보다도 민주주의가 절대적 평등으로 바뀌지 않는다는 사실을 분명하게 이해하였다. 즉, 각 개인이 지닌 "재능의 차이"는 언제나 "평등을 제한"할 것이라고 그는 생각하였다. 만일 오늘날 포스트모던 사상가들이 완벽한 평등과 정의라는 기준으로 사회를 측정하려고 한다면, "교조적인 평등주의는 불가피하게 자유의 파괴를 가져올 것"이라는 니버의 고언을

기억해야만 할 것이다.[40]

신앙과 역사를 통한 미국의 의미 추구

최근 포스트모던 사상가들은 보편적이고, 절대적이며, 궁극적인 이상들, 예를 들어 인간성의 해방이라든가 진보사상과 같은 개념들을 '메타설화' 혹은 '거대설화'라 칭하며 받아들이기를 거부한다. 또한 그들은 이전에 역사적인 것으로 인식해 왔고 당연시해 왔던 사실들을 해체하고 역사의 종말을 선언한다. 왜냐하면 그들은 현재란 지배적인 사람들이 행사하는 권력 의지의 산물로 보기 때문이다. 그들은 역사의 의미란, 언제나 목적을 가지고 역사를 지배해 왔던 사람들에 의해 규정된다고 주장한다.

그렇다면 역사의 의미는 실제로 인간의 의지와 목적에 의해 생성되는가? 니버는 역사의 의미를 하나의 미스터리로 보았다. 왜냐하면 그는 "자연적 지식과는 대조적으로 역사적 지식의 모든 형태"를 담고 있는 "시대의 징조"를 식별하는 것에는 도달할 수 없다고 믿기 때문이다. 그는 역사의 의미를 해석하는 것이 얼마나 복잡하고 어려운 일인가에 대해 다음과 같이 말한다. "시대의 징조를 식별한다는 것은 역사적 사건들과 그 가치를 해석한다는 것을 의미한다. 역사의 해석은 우리 자신의 행위와 타인의 행위가 갖는 목적에 대해 우리가 내리는 모든 판단을 포함한다. 그것은 개인적이든 집단적이든 우리 자신과 타인의 이해관계가 갖는 가치에 대한 평가를 포함한다. 그리고 마침내 그것은 역사 그 자체의 의미에 대한 우리의 해석을 포함한다."[41]

니버는 "기독교 신앙의 진실은 회개와 믿음에 의해 각 시대 속에서 파악되어야만 한다"고 주장한다.[42] 이 말은 어떤 국가의 의미는 역사의 연속성과 각 시대의 문맥 속에서 고찰되어야만 하고 모든 국민의 구체적인 삶과 관련이 있어야만 한다는 것을 의미한다. 왜냐하면 그는 회개와 믿음이 시간 속에 서 있는 개인과 함께 시작한다는 것을 깨달았기 때문이다. 그러므로 한 국가의 의미가 시대와 세대에 따라 변하지만, 그 변화는 전통적 가치와 권위 위에서 나타나고, 그러한 것들에 이바지하는 것이다.

니버는 자신의 시대를 정신적 위기와 재난의 시대라고 보았다. 이러한 시대에 그는 신앙과 역사를 통해 미국의 의미를 추구하였다. 언뜻 보기에 그의 태도는 편협하고 제한적인 것으로 보일지도 모른다. 종교에서 신앙은 누군가에게는 불관용적이고, 본질적으로는 반(反)지성적인 것처럼 보일 수 있기 때문이다. 그럼에도 니버에게 신앙과 역사는 분리할 수 없는 개념으로서, 생의 심원함과 복잡성을 파악하는 데 적용되었다.

틸리히는 신앙을 "개인적 자아의 전체적 행위이자 집중된 행위, 즉 어떤 조건도 없이 무한정 기다리며 최종적인 것에 관심을 두는 행위"로 규정하였다.[43] 니버가 신앙의 눈을 통하여 역사의 의미를 고찰했을 때, 그는 사상에 대해 그러한 신앙의 태도를 보여 주었다. 다시 말해 그는 역사를 한 국가의 전체적 행위이자 집중된 행위의 결과로 보았다. 그는 언제나 역사를 각 시대를 사는 국민의 존재를 통해 이해하고자 했다. 그에게 역사란 고립된 사건 혹은 고립된 정신의 문제가 아니라, 궁극적 의미를 위해 어떤 것을 향해 나아가는 전체 국민의 집중된 행위였다.

니버는 역사를 독특하고, 예측할 수 없고, 역동적이며, 진보적인 것으로 생각했다. 그에게 역사는 시간의 무대 위에서 벌어지는 하나의 드라마였다. 시간의 미스터리 속에 역사는 그 의미를 가지고 있었다. 따라서 역사에 대한 우리의 이해는 제한되어야만 하는데, 왜냐하면 우리 자신은 언제나 역사와 시간의 한 부분이기 때문이다. 니버는 "인간은 자신이 이해하고자 하는 일시적 과정 속에 있는 자아이기 때문에 생의 전체적인 영역은 인간이 합리적으로 이해할 수 있는 것보다 훨씬 더 심원한 의미를 지닌 궁극적인 원천을 지향한다"고 보았다.[44] 그러므로 국민이 그 자신들이 지니고 있는 유한성의 경계를 넘어 무엇인가를 성취하고자 할 때 전체와의 조화는 깨지고 만다는 것이다. 그 어느 시대보다도 인간주의에 바탕을 두고 인간주의적 문명을 이룩했던 20세기 서양 문화가 오히려 소름끼치는 비인간적 모습을 드러낸 것은 바로 부분과 전체의 조화가 붕괴되었을 때 나타난 결과였다.

역사의 전체 속에 한 부분으로 존재하는 인간의 자아는 역사라는 드라마의 주체인 동시에 객체이기도 한데, 이러한 인간의 속성을 넘어서도록 유혹을 받는 것은 바로 인간이 "사물들의 전체 계획 속에 지나치게 중심적인 위치를 차지한다고 주장할 때"와 자유의 책임으로부터 도피할 때다.[45] 인간을 역사의 주체인 동시에 객체라는 이중적인 실체로 보기보다는 역사적 운명의 분명한 주인으로 내세우며 인간의 상황을 변화시키려는 것은 인간의 한계를 넘어서는 것임에 틀림이 없다.

그렇지만 니버는 역사와 시간의 드라마 속에서 인간의 한계를 인식하면서도 인간이 합리적이고 정신적인 동물이라는 사실을 간과하지 않았다. 니버에 따르면 국민 개개인은 "모두가 관련된 대화"를 통해 자신들의 행위를 결정한다는 것이다. 그리고 그들은 이 행위를 통해 "결정과 대화를 계속하면서 각 개인의 운명이 얽혀 있는 망"을 형성한다는 것이다. 그리하여 "이 망은 여러 공동체, 가족, 지역, 전국으로 퍼져 나가 자유와 필연성이 결합된 역사적 현실"이 된다는 것이다.[46] 그러므로 역사는 "인간 자유의 결실이며 그 자유를 입증하는 증거"라고 니버는 주장하였다.[47]

니버는 인간의 이중적 속성에 대한 이해를 통해 미국 문화의 본질을 해명하려고 하였다. 과연 "미국은 서구 문화에 속하는 것인지, 아니면 유럽과는 다른 조건과 환경과 인구를 가진 예외적인 운명을 가진 나라인지"에 대해 자문했다.[48] 니버는 스스로의 질문에 현대 미국은 "경건하면서도 세속적인" 나라라고 답했다. 이러한 역설 속에서 그는 "세속주의와 경건의 결합"을 통한 두 이질적인 요소의 상호 보완 속에서 전체를 살아 움직이게 만드는 미국의 역동적 잠재력을 보았던 것이다.[49]

인간과 역사를 이해함에 있어서 니버는 "모든 인간의 미덕은 단편적인 것이고, 모든 인간의 업적은 임시적이며," "생의 의미는 신비한 미스터리 속에 휩싸여 있고 (…) 생의 기쁨과 슬픔은 기묘하게 혼합되어 있는" 그러한 상황을 언제나 전제하였다. 모든 생이 모순과 불합리로 가득 차 있는 한, 미국 역사도 아이러니한 것이었다. 마치 그것은 "미덕이 그 미덕 속에 감춰진 결함을 통해 해악이 되고," "강함이 강자 혹은 강국을 고무시키는 허영 때문에 약함이 되고," "안전이 그 안전에 대한 지나친 신뢰로 인하여 불안전이 되며," "지혜가 그 자체의 한계를 (…) 알지 못함으로써 어리석게 되는 것"과 마찬가지였다.[50]

니버는 미국의 역사를 아이러니한 형태로 이루어진 하나의 드라마로 보았다. 그럼에도 그는 미국의 역사에 대해 결코 비관적이거나 냉소적이지 않았다. 아이러니의 개념을 통하여 그는 악의 형태를 식별할 수 있었고, 극단과 규범 사이에 놓여 있는 악의 여러 가지 그늘을 인식할 수 있었다. 그리하여 그는 "모든 인간이 벌이는 투쟁의 한계, 모든 인간이 갖는 지혜의 단편, 모든 권력이 지니는 불안정한 역사적 운명, 모든 인간의 덕이 내포하고 있는 선과 악의 혼합이 미국의 이상주의와 절충할 때만이 미국 역사의 아이러니는 극복될 수 있다"고 주장하였다.[51]

『도덕적 인간과 비도덕적 사회』(1932)

1932년에 출판된 니버의 『도덕적 인간과 비도덕적 사회』(*Moral Man and Immoral Society*)는 미국 문명사는 물론이고 서구 문명사 전체를 질타함으로써 인간 문명의 진보에 깊은 반성과 성찰을 불러일으킨 책이다. 니버가 서양 문명에 대해 지적한 것은 발전과 과잉으로 인한 자만과 허식이었다. 당시 자유주의자들이 현실과 사회에 대해 보여준 낙관적인 태도는 니버에게 인간의 본성과 가능성을 넘어서는 자만의 전형적인 모습이었다. 인간이 이룩한 과학기술의 발전은 이러한 인간의 자만을 더욱 부추겼다. 그리하여 사회·국가·외교 문제까지도 인간이 의도하고 바라는 대로 이루어질 수 있다고 믿는 풍조가 만연하게 되었다. 니버는 이러한 인간의 본성과 진보에 대한 지나친 낙관과 자신감은 현대 사회의 복잡함과 모순을 지나치게 가볍게 다루고 간과함으로써, 현대 인간이 처한 진정한 곤궁과 비극을 제대로 인식하지 못하고 있다고 질타하였다.

니버는 자유주의자들에 대한 비판을 넘어서 문명의 진보에 대해 깊은 회의를 가지고 있었다. 그에게 인간의 진보란 인간의 근원적인 무지와 오만이 제거되는 어떤 단계가 아니라 인간의 한계성에 기초한 것이었다. 이 근원적인 인간의 한계성을 간과하는 것이 바로 니버가 현대 교육가와 도덕가의 가장 큰 잘못으로 지적하는 요점이었다. 즉, 그들은 현대 문명의 진보가 가져온 곤궁과 탐욕을 목격하면서도 진보를 가능하게 했던 자연과학에 여전히 모든 미래를 거는 어리석음을 저지르고 있다는 것이다. 다시 말해 그들의 결함이란, 기술문명이 발전하는 것처럼 시간을 갖고 더욱 철저하게 도덕적·사회적으로 교육을 실시한다면 진화된 인간의 인지를 통해 모든 문제가 해결될 것이라는 낙관적인 믿음이었다.

니버에게 인간 문명의 발전과 함께 나타난 과잉은 더욱 심각한 문제였다. 대공황은 단지 경제 분야에서 나타난 과잉의 문제에 불과했다. 과잉은 인간 사회 전체와 관련이 있었다. 그것은 인간의 가능성과 창조성이 실현될 수 있는 터전을 제거하였을 뿐만 아니라 함께 사는 인간 사회의 토대를 무너뜨렸다. 과잉으로 인해 개성의 본질이 드러날 기회는 상실되고 그로 인해 문화는 정체되었으며, 사회는 부정의가 넘치고, 갈등과 분열은 혼돈과 비극을 초래하고 말았다는 것이 니버가 진단한 현대 문명의 상태였다.

무엇이 문제인가? 이 질문에 답하기 위해 니버는 서양 문명 전체를 진단하였다. 그에게 모든 문제는 인간으로부터 출발하였고, 모든 해결도 인간으로부터 나왔다. 그는 인간은 스스로의 자만으로 말미암아 사회를 단순한 개인의 도덕과 윤리적 차원에서 이해함으로써 사회의 분열과 혼란을 가속시켰다고 지적하면서, 그 혼란과 분열을 질서와 통합으로 이끌기 위해선 도덕적 제도의 개혁이나 도덕적 냉소가 아니라 각 개인의 도덕적 자각으로부터 새롭게 출발해야 한다고 주장하였다.

이처럼 현대 문명 자체와 문명의 진보에 대해 낙관적인 관점을 가지고 있던 지성계를 공격하는 것이 니버가 『도덕적 인간과 비도덕적 사회』를 저술한 동기였다. 니버가 비판하고 있는 당시의 지성계는 20세기 초 진보주의 개혁운동을 주도했던 세력이었다. 이들 가운데에는 개혁적 자유주의 사상을 이끌고 있던 존 듀이와 같은 세속적 지식인들과 기독교의 사회적 역할을 강조하며 사회복음운동을 제창했던 월터 라우션부시(Walter Rauschenbusch)와 같은 종교적 지식인들도 있었다. 니버의 날이 선 비판의 칼날은 "종교적·세속적 도덕주의를 통해 사회를 개혁하려는 세력을 향한 것이었다."[52]

그렇다면 니버가 비판하는 이들에게는 어떤 문제가 있는 것인가? 산업화와 도시화로 말미암아 생긴 온갖 사회문제를 해결하려 했던 진보주의 개혁운동에서 그들이 보인 도덕적 태도에 어떤 잘못이 있다는 것인가? 무엇보다도 니버는 그들을 비판함에 있어서 인간의 도덕적 행동이 개인과 사회집단에 대해 각각 다르게 적용되어야 한다는 점을 지적한다. 즉, 도덕적·사회적 행동을 할 때 그것이 개인의 차원에서 이루어지는 것인지, 아니면 사회집단의 차원에서 이루어지는 것인지가 분명하게 구별되어야만 한다는 것이다. 그 이유는 개인의 윤리적 잣대로 도덕적 사회를 만들려는 시도는 인간이 할 수 있는 가능성을 넘어서는 것이기 때문이다.

니버가 지적한 것처럼, "개인들이 행동하며 결정을 내릴 때 자기 자신의 이익이 아닌 다른 사람의 이익을 먼저 생각할 수 있고, 때로는 자기의 유익보다 타인의 유익을 먼저 위할 수 있다는 점에서 도덕적일 수 있다"는 것이다. 왜냐하면 "인간은 본래 어느 정도의 동정심과 헤아리는 마음을 가지고 있기" 때문이라는 것이다.[53] 그러나 니버는 인간의 차원이 사회에 그대로 나타난다는 것은 불가능하다고 주장한다. 왜냐하면 "모든 인간 집단은 그 구성원인 개인이 그들의 개인 관계에서 보여 주는 것에 비해서 충동을 견제하고 지도할 만한 이성을 더 적게 갖고 있고, 자기 초월의 능력도 더 적으며, 다른 사람의 필요를 헤아릴 능력도 더 적어서, 한도 끝도 없는 이기심을 드러내기" 때문이라는 것이다.[54] 또한 개인적 이기심은 개별적으로 점잖게 나타날 때보다 집단적 충동으로 나타날 때에 더욱 거칠게 표현되고, 더욱더 누적적인 결과를 가져오기 때문이라는 것이다.

그러나 니버는 사회의 도덕 그 자체를 반대한 것은 아니었다. 그가 사회적 지식인으로서 평생 추구했던 것은 기독교적 의미의 사회정의가 실현되는 것을 보는 것이었다. 그것은 바로 도덕적인 사회였다. 이런 점을 고려할 때 그가 도덕적 사회를 비관적으로 바라본 것은 사회의 도덕을 반대한 것이 아니라 사회를 도덕적으로 만들 수 있다고 믿는 인간의 잘못된 가치와 윤리를 비판한 것이었다. 왜냐하면 그에게 그것은 오만의 죄에 해당되기 때문이었다.

그리하여 그는 『도덕적 인간과 비도덕적 사회』 전체를 통해 끊임없이 개인의 도덕과 집단의 도덕 간에 차이가 있다는 사실을 일깨우려 하였다. 그가 이러한 시도를 하면서 공격과 비판의 중심에 두었던 대상은 자유주의자들이었다. 왜냐하면 니버가 보기에 그들은 개인과 사회의 차원이 각기 다름에도 진보주의 개혁운동을 통해 개인의 도

덕을 사회의 차원에 적용하려 했기 때문이다.[55]

이처럼 니버가 자유주의자들의 진보주의 개혁운동을 비판했다면, 그는 보수주의자였는가? 그렇지는 않았다. 그는 결코 개혁에 반대하는 보수주의 진영에 속한 지식인은 아니었고 누구 못지않게 개혁운동의 흐름 속에 있었다. 니버가 비판한 것은 그들의 지나친 낙관주의와 자유주의였다. 그렇다면 낙관주의와 자유주의에는 구체적으로 어떤 문제점이 있는 것인가? 니버는 『도덕적 인간과 비도덕적 사회』에서 이러한 문제에 답을 제시하고자 하였다.

인간 사회의 통합을 위한 전제

사회와 문명이 진보할 때 인간의 보편적 조화는 가능한가? 긴 문명사의 강을 지나온 인류는 언제 보편적 공동체의 수립을 볼 수 있을 것인가? 과연 인간은 함께 어울려 사는 기술을 만들어 낼 수 있기는 한 것인가? 궁극적으로 인간 사회의 통합은 가능한가? 이러한 문제들에 대한 니버의 답은 부정적이다. 그는 역사와 문명은 발전해 왔지만 인간의 문제에서는 거의 어떤 진보도 이루어지지 않았다고 주장한다. 오히려 그는 "각 세기는 새로운 복잡성을 일으키고 새로운 세대는 그 복잡성 속에서 새로운 곤경에 직면한다"고 말한다.[56]

니버는 인간 사회란 "모든 사람이 찾는 넘치는 생명의 근원이자 결과"[57]이고, 그것이 문명을 보존하고 진보를 가져온다고 믿는다. 그렇지만 그는 인간 사회가 시대마다 새로운 문제를 만들어 낸다는 사실을 지적하며, 모든 문제의 근원은 인간의 본성에 기인하기 때문에 그것은 피할 수 없는 사실이라는 것을 강조한다. 다시 말해 인간의 욕망은 문명의 강을 출발시킨 원천이면서도 그 강의 정체(停滯)와 분열의 주범이기도 하다는 것이다. 현대 문명이 이룩한 위대한 업적 가운데 하나는 인간의 자연 정복이며, 이를 통해 인간은 자연으로부터 더 많은 혜택을 받을 수 있게 되었다. 그러나 진보의 내면을 관찰하면 사회진보가 이루어질수록 사회정의의 추구는 어렵고 복잡한 차원으로 바뀌게 된다고 니버는 지적한다. 그는 문명의 진보가 보여 주는 이러한 아이러니에 대해 분명한 관점을 가지고, "자연의 부적합성을 제거하는 도구가 인간 사회의 불합리성을 증가시키는 방편이 되었다"고 선언하였다. 그렇다면 이러한 아이러니는 어디에서 생겨나는 것인가? 니버는 그 답이 바로 인간 속에 있다고 보았다. 그것은 인간의 불행한 운명이자 인간 스스로가 자초한 것으로, 인간 본성에 기인한다는 것이다. 이러한 니버의 비관적인 문명관은 다음과 같은 결론에 도달한다. "인간 역사 안의 불길한 경향이 완전히 비극이 될 때까지 점점 더 고통스러운 사회 부정의 짐으로부터 인간 정신이 구제받을 길은 없다."[58]

만일 문명에 대한 이러한 니버의 비관적 분석이 그가 말하는 전부라면 그의 사상은 허무주의 학파의 계보에 속하게 되었겠지만, 그의 사상은 결코 비관주의나 허무주의로 귀결되지 않는다. 어떤 의미에서 그의 비관주의는 반성을 위한 계기이자 통합에 대한 희망을 제시하기 위한 극단적인 전략인지도 모른다. 그는 반성과 희망을 위해 먼저 인간의 본성을 새롭게 인식해야 한다고 주장한다. 왜냐하면 그에게 현대 문명의 문제는 인간에게서 비롯된 것이지만 그 구원도 인간으로부터 나올 수 있다고 믿기 때문이다.

그렇다면 인간의 본성에서 니버가 찾는 구원의 원천은 무엇인가? 그는 "인간은 날 때부터 서로 유기적 관계로 맺어졌다"고 설명한다.[59] 인간의 진정한 유기적 관계란 우리가 자본주의 사회에서 보는 경쟁적 관계가 아니라, 타인의 요구를 먼저 고려하는 자연적인 충동에 기초한 관계라는 것이다. 그러나 문명이 성장하고 진보함에 따라 집단의 규모가 커지게 되었고, 그 유기적 관계는 이기적 갈등과 충돌로 대립과 분열의 양상을 띨 수밖에 없었다고 니버는 설명한다. 규모가 큰 사회 안에서 지리적·기능적 차이에서 오는 이해의 차이는 서로 다른 가치관과 정치적 태도를 산출할 수밖에 없었다는 것이다. 또한 문명이 거대해지고 복잡해짐에 따라 권력이 개인의 선의와 의지로는 감당할 수 없을 정도로 집중되어 굳어져 버렸고, 그로 인해 인간들 사이의 불평등은 필연적인 결과가 되었다는 것이다.

그렇다면 필연적으로 불평등한 사회구조 속에서 어떻게 통합된 사회를 건설할 것인가? 18세기 계몽의 시대를 살았던 합리주의자들은 인간의 지능을 증진시킴으로써 그것이 가능하다고 믿었다. 니버는 이러한 계몽시대의 전통이 바로 그가 비판하고 있는 현대의 교육자들과 사회과학자들을 지배하는 사상으로 이어진다고 주장한다. 이런 의미에서 니버는 인간의 본성과 사회진보를 이해함에 있어 분명히 반(反)계몽적인 태도를 가지고 있지만, 그의 사상은 낭만주의적 계보와는 엄연히 다르다. 그의 반계몽적 사상은 오히려 기독교 정신과 깊은 관련이 있고, 그가 궁극적으로 지향하는 바는 인간의 본성에 대한 철저한 분석을 기반으로 한 인간 사회의 통합이었다. 그는 "인간은 본래 이기적인 충동과 비이기적인 충동을 가지고 있다"고 지적하며, "개인은 처음부터 다른 에너지와 유기적으로 연결되어 있는 에너지의 핵"이라고 주장하였다. 니버에 따르면 그 유기적인 에너지 때문에 인간은 자신의 독립된 생존을 유지하고, 자연 안에 있는 모든 종류의 에너지를 기반으로 자신을 존속시키려고 한다는 것이다. 그리고 그는 이 점에서 인간 생활의 에너지는 전체 자연계와 다를 바 없지만, 인간은 그 에너지를 관리하는 이성이 있다는 점에서 다르다는 것이다.[60]

니버는 인간의 이성에 대해 긍정적인 면과 부정적인 면 모두를 분명하게 인식하고 있었다. 먼저 그는 인간은 이성에 의해 충분히 스스로를 의식하고 자기 초월의 능력을 갖게 되며, 자신과 환경의 관계에서, 그리고 다른 생명과의 관계 속에서 자신의 위치를 파악할 수 있다고 설명한다. 더 나아가 그는 "개인의 이성은 일정한 한계 안에서 그의 에너지가 다른 생명과의 충돌이 아니라 조화 속에서 작용하도록 지도할 수 있다"고 강조한다.[61] 다시 말해 "이성은 자기 속에 있는 여러 충동을 조화롭게 하고, 또 자연이 인간에게 준 충동으로 인한 혼돈 속에서도 질서를 이끌어 낼 수 있다"는 것이다.[62] 니버에 따르면, 이성은 궁극적으로 내면적 질서뿐만 아니라 사회적 질서에도 이바지한다는 것이다. 그리하여 이성은 개인의 욕망에 내적인 제한을 가함으로써 사회적인 조화를 가져오고, 전체 공동체의 통합을 위해서 개인의 요구와 주장을 심판하기도 한다는 것이다. 따라서 니버는 이성적인 사회란 합리적인 사회이고, 합리성이 성장하면 인간의 도덕성과 사회정의도 어느 정도 성장한다는 사실은 부인할 수 없다고 주장하였다.

그러나 니버는 이성의 긍정적 역할을 분명하게 인식하면서도, "이성이란 자기 생명이 아닌 다른 사람의 생명을 돌볼 능력은 만들어 내지 못한다"고 지적하며, 특히 복잡하게 얽힌 집단적인 관계에서는 이성의 역할에 한계가 있음을 강조한다. 다시 말해 인간의 이성으로 사회를 도덕적으로 완전하게 만드는 것은 불가능하다는 것이다. 무엇보다도 니버는 인간의 본성이란 이성적인 면으로만 설명될 수 있는 것이 아니라고 주장한다. 모든 인간이 전적으로 이성적일 수 없다는 사실은 말할 것도 없고, 인간생활이란 이성보다는 충동에 의해 더 좌지우지된다는 것이다. 그는 성적 충동을 포함하여 인간이 갖고 있는 포괄적인 "자연적 충동은 자신의 세대를 넘어서 생명이 지속되도록 할 뿐만 아니라 다른 생명과의 조화를 이루도록 한다"고 설명한다.[63] 따라서 인간의 도덕적 능력이 순전히 이성에 의해 지배될 수 있다고 보는 것은 인간의 본성과 사회의 도덕적 성질을 무시하는 것이라고 그는 역설한다. 이런 관점에서 그는 이성의 한계를 간과하며 과학과 기술의 발전이 사회진보를 가져올 수 있다고 소박하게 믿고 있던 당시의 자유주의자들을 비판하였다.

니버는 이 자유주의 지식인들은 "인간 행동이 얼마나 복잡한가에 대해서도 제대로 설명하지 못하고, 이성에 의해서 결정된 대상들과 충동에 의해 결정되는 전체 대상 사이의 불가피한 충돌도 제대로 설명하지 못한다"고 비판한다. 그는 이성이 이기적 충동을 억제하고, 인간의 소유 본능이나 권력 의지를 초월할 수는 없다고 강조한다.[64] 가장 이성적인 사람들이라도 자신의 이해관계가 걸려 있을 때는 결코 이성적이 될 수 없다는 것이다. 또한 개인이 어떤 명분이나 공동체를 위해서 기꺼이 헌신하려고 할 때에라도 권력 의지는 남아 있다는 것이다. 그리하여 니버는 위선은 모든 도덕적 노력의 불가피한 부산물이라고 지적하며, 어떤 의미에서 그것은 인간의 도덕성에 대한 찬사임과 동시에 인간의 도덕적 한계를 보여 주는 증거라고 인식하였다.

이와 같이 니버는 인간 사회의 통합을 위한 이성의 역할은 인간 본성의 이중적 구조 속에서 이해되어야 한다는 사실을 분명하게 깨닫고 있었다. 여기서 그는 이성에 대한 분석에 그치지 않고 계속하여 인간의 본성 가운데 그 어느 것보다도 복잡한 종교적 본질을 규명하고자 하였다. 인간의 이기적인 이성과는 달리 종교적 본질은 생에 대한 의지로부터 인간의 이기적 욕망을 분리할 수 있을 것인가? 니버는 이 종교적 차원의 문제에 대해 이성을 분석할 때와 마찬가지로 긍정적인 입장을 보이며 다음과 같이 말한다. "이성적 윤리는 정의를 목적으로 하는 반면, 종교적 윤리는 사랑을 그 이상으로 삼는다. 사랑은 이성에 의해 행해지는 정의보다 윤리적으로 더 순수하다."[65]

니버에 의하면 종교적 윤리는 "박애의 감정을 절대화하고, 그것을 도덕 생활의 규범과 이상으로 삼으며," "이웃의 생명에 초월적이고 절대적인 가치를 부여하고, 이웃에 대한 동정심을 고취한다"는 것이다.[66] 한마디로 인간의 종교적 자원은 인간의 이기적 본능을 억제하는 에너지가 될 수도 있다는 것이다. 또한 종교적 윤리가 특징적으로 갖고 있는 장점은 참회하는 태도라고 니버는 지적한다. 그에 따르면 인간은 깊은 성찰 속에서 이기적인 충동을 깨닫게 되고, 반성을 통해 그 충동을 정화할 수 있다는 것이다. 다시 말해 인간은 생에 대한 의지와 권력에 대한 의지를 절대자에 대한 종교적 의식을 통해 어느 정도 약화시킬 수 있다는 것이다.

그러나 이와는 정반대로 니버는 종교가 자아를 절대화하는 결과도 가져올 수 있다는 사실을 지적하면서, 이성의 이중성처럼 종교생활의 패러독스를 분석한다. 과연 생에 대한 의지가 종교를 통해 승화되어 생의 에너지를 높은 차원으로 끌어올리고, 그리하여 영혼으로

하여금 초(超)역사적이고 초(超)현세적인 세계에서 만족할 수 있도록 하는 것이 가능한가? 또한 그렇게 승화된 생의 에너지가 역사적 차원에 있는 개인들의 권력에 대한 의지를 둘러싸고 일어나는 충돌을 완화시킬 수 있을 것인가? 이 문제들에 대한 니버의 대답은 개인적인 차원에서 본다 해도 회의적이었다. 더 나아가 니버는 "생에 대한 의지의 종교적 승화는 역사적이고 사회적인 의미에서 그 의지의 연장"이라는 사실을 분명히 인식한다.[67] 말하자면 종교는 결코 개인적인 차원에 머물지 않는다는 말이다. 모든 역동적인 종교는 개인의 구원뿐만이 아니라 이상적인 사회의 건설에 대한 희망을 가지고 있다. 다시 말해 종교적 정신은 역사와 사회에서 진행되고 있는 부정의와 불완전성에 대해 개인에게 부과하는 것과 같은 반성과 개혁을 촉구하게 된다는 것이다. 이 말은 결국 개인의 종교적 도덕과 에너지는 개인적 차원을 넘어 사회적 차원의 구원을 추구하게 된다는 의미다. 이러한 상황을 니버는 다음과 같은 말에서 역설적으로 잘 분석하고 있다. "종교의 생명력은 그것이 크면 클수록 그만큼 도덕을 지지하기도 하고 위태롭게 하기도 한다. 종교는 그와 같은 생명력으로 도덕적 감수성을 창조하기도 하고 도덕적 활력을 파괴하기도 한다."[68]

인간이 갖고 있는 종교적 에너지에 대한 니버의 입장은 확고하다. 즉, 그는 "종교적 믿음이 갖는 완전한 힘은 정의로운 사회를 건설하는 데 결코 이용될 수 없다"는 것이다. 왜냐하면 "그 신앙의 에너지는 개인적 양심의 통찰에서 나오는 것이므로 사회에 적용될 수 없기 때문"이라는 것이다.[69] 그럼에도 종교적 이상주의자들은 종교의 에너지가 사회의 개혁에 이용될 수 있는 것으로 보았다고 니버는 비판한다. 종교적 이상주의자들은 자유주의적 프로테스탄티즘에 속해 있고, 현대 미국 문명의 발전과 팽창의 중심에 서 있었던 사람들로, 니버는 이들을 특권계급으로 보았다. 따라서 그는 이들이 "사회 부정으로 악취가 나는 문명에서 사랑의 이상에 대해 말할 때 그들은 위선자일 수밖에 없다"고 질타한다.[70] 사회의 통합에 대해 궁극적으로 니버가 주장하는 바는 이성이든 종교든 인간의 도덕적 에너지는 인간사회의 통합에 기여할 수 없다는 사실이다. 그러므로 그에게 "사회란 인간이 이룬 거대한 성취인 동시에 인간이 겪는 거대한 좌절"이었다.[71]

국제 문제의 도덕적 해결에 대한 비판과 반성

지금까지 살펴본 것처럼 니버의 논지는 개인은 도덕적일 수 있지만 사회는 도덕적일 수 없다는 것을 말하려는 것이 아니라, 사회가 도덕적이 될 수 있는 가능성은 결코 없다는 것을 강조하기 위한 것이었다. 그럼에도 그는 개인은 최선을 다하는 경우 어느 정도 도덕적이 될 수 있음을 암시한다. 그렇기 때문에 인간 사회에는 희망이 있는 것이다. 그렇다면 어떻게 개인은 도덕적이 될 수 있는가? 그것은 개인의 끊임없는 참회와 반성을 통해서만 가능하다. 그것만이 인간 본성에 깊이 박혀 있는 죄의 뿌리에서 솟아나오는 싹들을 제거하는 방안이 될 것이기 때문이다. 사회는 전체적으로 개인이 할 수 있는 참회를 시도하기 어렵다. 그것은 사회가 도덕적이 될 수 없는 이유다. 그렇다면 국가와 국가의 관계는 어떠한가? 도덕적인 국제관계 혹은 국제조약이란 것이 가능한가? 민족의 이기심은 극복될 수 있는 것인가? 니버는 이러한 문제들을 염두에 두면서 집단행동의 윤리를 분석하는 차원에서 국가들의 윤리적 태도를 고찰하였다.

니버는 "현대 국가란 사회적 유대가 가장 강하고, 가장 중심적인 권위를 가지고 있으며, 구성원의 성격이 가장 뚜렷한 인간 집단"이라고 전제하며, "국가의 이기심은 어디에 바탕을 두고 있으며 그 이유는 무엇인지"에 대해 답하고자 하였다.[72] 예상했던 바이지만, 니버는 국가 간의 도덕에 대해 회의적이었다. 그는 아무리 교통과 통신이 발달하여 정보가 손쉽게 교환되고, 지식의 폭이 넓어지고, 국가 간의 이해관계의 충돌을 조정하고 해결하는 능력과 방법이 증진된다 할지라도 국가 간의 도덕이 개선될 것이라고는 믿지 않았다. 그는 "국제적 교역의 발전과 국가 간 경제협력의 증대와 기술문명에 바탕을 둔 거대 조직이 있음에도 그것들은 국가 간의 문제를 해결하기보다는 오히려 훨씬 더 빠르게 문제를 일으키고 있다"고 지적하였다.[73]

그 이유는 무엇인가? 만일 대중적 충동이나 특별한 집단의 이해관계를 국민정신을 통해 통제할 수 있다면 국가 간의 도덕은 바람직한 방향으로 나아갈 것이다. 그러나 현실 정치에서 그것이 어떻게 가능한 것인가? 니버는 예리한 분석력으로, 국민 가운데 "아주 적은 세력만이 정치 문제를 합리적으로 이해하기 때문에 국가의 통일된 행동은 정부를 장악하고 있는 지배계급의 자기 이익으로부터 시작되거나, 아니면 때때로 전국을 휩쓰는 대중적인 감정과 히스테리의 지지를 받는 계획에 의해서만 성취될 수 있다"고 주장한다.[74] 본질적으로 니버는 "국가를 지성보다는 훨씬 더 강제력과 감정에 의해 결합되는 법인 조직의 통일체"와 같은 어떤 것으로 보았다.[75] 따라서 그는 국가적인 차원에서 자기비판은 불가능하며, 이런 자기비판이 없이는 국가적인 태도가 윤리적인 이상에 가까워진다는 것도 불가능한 일이라고 판단하였다.

이러한 관념적인 판단을 넘어서 국가에 대한 니버의 분석은 더욱 철저하고 구체적이다. 그는 국제 관계가 궁극적으로 국내의 경제 계급들 사이에서 이루어지는 관계와 긴밀하게 연관되어 있다는 사실을 다음과 같이 주장한다. "현재의 경제체제하에서 불균등한 부의 분배는 부의 집중을 가져왔고, 자국에서 소화할 수 없는 물건을 생산하였다. 그래서 기업가들이 다른 나라에서 추구할 수밖에 없는 투자와 시장을 보호하기 위하여 국가 전체가 동원되는 것이다."[76]

이러한 관점에서 니버는 현대 국가를 다음과 같이 분석한다. "현대 국가는 계급들로 분할되고 계급들은 원시사회에서보다 더 큰 권력과 특권의 불균형 상태를 드러낸다. 이러한 사회적 불균형은 더 많은 특혜를 가진 더욱 강력한 계급들로 하여금 다른 나라들을 희생시키면서 자기들의 이익을 추구케 하는 내적인 분쟁뿐만 아니라 각 국가공동체 사이의 투쟁을 일으키기까지 한다. 그렇게 함으로써 그들은 자기의 국민들을 희생시켜서 얻은 특권을 공고히 할 수 있다." 니버는 이와 같이 "현대의 생활이란 계급투쟁과 국제 분쟁에 휘말려 들어 있다"고 설명한다. 그는 "계급적 특권이란 그것이 현대 사회 전체를 국제적인 무질서와 국내적인 혼란으로 전락시키기 전까지는 결코 폐기되거나 감소되지 않을 것"이라는 비관적인 전망을 내놓았다.[77]

그렇다면 자본주의 제도에서 나타나는 권력과 특혜가 분리되면 모든 국제 분쟁의 원인이 소멸될 것인가? 완전히는 아니라 해도 그 때문에 국가들의 이기심은 상당히 줄어들 것이라고 니버는 전망한다. 하지만 그는 전쟁을 전적으로 자본주의의 탓으로 돌리지는 않았다. 그는 "전쟁은 현대의 자본주의적 사회질서가 생기기 전에도 있었고, 그것이 무너진 후에도 존속할 것"이라고 내다보았다.[78]

이러한 국가 간의 도덕 문제를 국내적 경제 구조와 관련시켜 고찰한 니버는 개인적인 차원의 애국심 속에서 "윤리적 패러독스"(ethical paradox)를 발견한다.[79] 즉, 개인이 사심을 버리고 순수하게 국가에 충성할 때 오히려 그 애국심은 국가의 이기심이 된다는 것이다. 니버는 "이 충성의 무조건적 성격이 국가적 힘의 기초"가 되어 국가는 도덕적인 제약 없이 힘을 사용할 수 있다고 지적하며, 이것이 왜 "단순히 개인들의 사회적 동정심을 확대하는 것만으로 인류의 보다 광범한 사회문제들을 해결할 수 없는가에 대한 이유"라고 설명한다.[80]

이와 같이 개인의 순수성과 비이기성이 국가에는 오히려 엄청난 이기심을 주며, 이러한 국가적 이기심은 그 어떤 종교적 이상주의나 합리적 이상주의에 의해서도 통제될 수 없다고 니버는 강조한다. 이러한 윤리적 패러독스를 넘어서 그는 또한 개인이나 집단에서 볼 수 있는 위선을 국가에서 발견한다. 그는 "한 나라의 가장 중요한 도덕적 특징은 위선"이라고 지적하며, "만일 국가가 개인들로 이루어진 특수하고 유일한 공동체로서, 또는 보편적인 가치와 이상을 구현하는 공동체로서 개인의 충성과 헌신을 요구하려 한다면, 국가의 정직하지 못한 태도는 정책상 필요한 것"이라고 주장한다.[81] 다시 말해 국가의 위선은 피할 수 없는 현실이 된다는 것이다. 그리하여 개인들은 국가가 문명과 문화를 위해 싸운다는 주장에 동조하게 됨으로써 스스로를 기만하는 상황에 빠지는가 하면, 정치인들은 자신들의 목적에 시민들의 충성을 끌어들이기 위해 그러한 주장을 교묘히 이용하기도 한다는 것이다.

이러한 국가적 위선을 더욱 구체적으로 분석하기 위해 니버는 미국과 스페인의 전쟁을 예로 든다. 그는 1898년에 벌어진 이 전쟁이야말로 "역사상 어느 전쟁보다도 더 위선적이고 감상적"이라고 주장한다. 그 전쟁을 "정부의 위선과 지식인들의 자기기만"의 결과로 보면서 그는 다음과 같이 비판한다. "그 위선은 엄청나다. 왜냐하면 젊고 정치적으로 미숙한 미국은 그 유년기의 반(反)제국주의적 순진성과 각성된 청년기의 제국주의적 충동을 조화시키려 했기 때문이다. 미국은 이제 그 힘을 느끼고 시험하기 시작했으며, 그것에 대해 자랑하기도 하고 부끄러워하기도 했다."[82] 이와 같이 니버는 그 전쟁에 대한 미국의 제국주의적 입장과 동기를 가장 현실적이며 솔직하게 분석했다. 그는 계속해서 그 전쟁을 다음과 같이 서술한다. "애국적인 감상의 물결을 타고 전쟁은 시작되었다. 이 애국적인 감상에 젖어 종교적 이상주의자들과 인도주의자들은 쿠바 인민에 대한 우리의 영웅적인 보호라는 명분에 도취되었고," "그들의 위선은 필리핀을 다루는 정책에서 가장 분명하게 나타났다."[83]

니버는 이러한 국가의 위선, 패러독스, 권력 지향 등이 국가 간의 윤리를 불가능하게 하는 것이 확실함에도 여전히 사회적 지성으로 국제적인 문제를 해결할 수 있을 것이라고 믿는 낙관주의가 만연해 있다고 개탄한다. 그는 무엇보다도 제1차 세계대전 이후에 만연한 국제주의와 관련된 낙관주의를 비판하였다. 그에 따르면 실제로 미국은 유럽 대륙으로부터 멀리 떨어져 있었기 때문에 국제적 분쟁의 잔혹성을 잘 보지 못했고, 그 결과 미국인들은 감상주의에 젖어든 일종의 종교적 이상주의를 발전시켰다는 것이다. 그는 제1차 세계대전의 환멸에도 자유주의적 프로테스탄트 기독교인들은 하나님의 나라가 가까워져 오고 있고, 국제연맹은 그 부분적인 실현이며, 켈로그-브리앙 조약(Kellogg-Briand Pact)은 그 실현을 위한 계약이라고 믿었다고 지적한다. 그는 "국제관계에서 국제연맹을 하나의 획기적인 사실의 상징이라고 찬양하는 것이 일반화되었고, 기독교회 안에서는 거의 무조건적인 것이 되었다"고 지적하며, "기독교계 내에서도 자유주의적 기독교는 모든 사회관계가 점차 그리스도의 법 아래로 들어오고 있다는 환상에 젖어 있었다"고 당시의 전체적인 이상주의적 풍조를 비판하였다.[84]

니버는 바로 이러한 도덕적 감각과 도덕적 이상주의를 통해 국가 간의 권력 의지를 극복하려 한 것이 오히려 국제관계를 불안정과 혼란에 빠뜨렸다고 믿는다. 이러한 상태는 바로 인류 역사상 최악의 파국을 예고하는 것이었다. 니버는 평화란 본질적으로 폭력에 의해 얻어진 것이기 때문에 언제나 불안하고 잠정적인 것이라고 본다. 그에게 평화란 상충되는 이해의 상호 조정으로 부분적으로 달성되는 것이지, 합리적이고 도덕적인 권리의 조정으로 이루어지는 것이 아니었다. 이것이 그가 평화주의자들을 반대하는 이유였다. 그는 "톨스토이 식의 평화주의자들을 비롯하여 그 밖의 무저항주의자들이 무력이란 완전히 제거될 수 있고 사회는 무정부적인 원칙에 입각해서 새롭게 조직될 수 있다는 헛된 환상에 사로잡혀 있다"고 비판하였다.[85] 이와 같이 니버는 국가 간의 도덕적 관계를 주장하는 모든 도덕주의자들의 요구와 태도를 감상적이고 비현실적인 것으로 보았던 것이다.

계급의 본질에 대한 이해와 사회정의 추구

개인보다 사회가 도덕적이 되는 것이 더 어려운 까닭은 사회의 복잡한 구조에 기인한다. 인간의 신체가 서로 다른 기능과 역할을 하는 부분들로 이루어졌음에도 완전하지는 않지만 상당한 정도로 균형과 조화를 이루는 것과는 달리, 사회의 부분들은 언제나 대립과 갈등 속에 존재한다. 그 이유는 사회의 부분들은 본질적으로 자기 이익을 추구하며 거대 규모의 집단들로 분열되기 때문일 것이다. 니버의 사회관에서 이 집단들은 바로 계급으로 분류된다.

니버는『도덕적 인간과 비도덕적 사회』에서 사회를 특권계급과 프롤레타리아 계급으로 나누어 그들의 도덕적 태도를 고찰하였다. 니버에게 있어서 계급은 이해관계가 일치하는 개인들의 집단이다. 따라서 그는 합리적·도덕적인 진보가 사회의 윤리 수준을 높일 수 있다 할지라도 "계급들의 이기심을 깨뜨릴 수는 없다"고 주장한다. 따라서 어떤 "지배계급 혹은 특권계급의 도덕적 태도는 보편적 자만과 위선"으로 나타날 수밖에 없다는 것이다.[86] 그는 이러한 현상은 어떤 사회, 어떤 문화에서도 나타날 수 있음을 지적하며 미국도 예외가 아니었다고 설명한다. 즉, "미국에서의 남부 백인들은 흑인들 대부분이 글을 모른다는 이유로 그들이 동등한 참정권을 갖는 것에 반대하지만," 실제로 "어떠한 남부 주도 백인이 누리는 것과 동등한 교육 및 교육 시설을 흑인에게 제공한 적은 없었다"는 것이다.[87]

니버는 한 걸음 더 나아가 미국 문명의 주류를 차지해 온 중산계급에 대해 신랄한 비판의 화살을 퍼부었다. 그에게 미국의 중산계급은 미국의 민주주의와 현대 문명을 이룩한 의미보다는 하나의 지배계급으로 인식되었다. 그리하여 그는 "보편교육의 원칙은 중산계급의 이상주의자들이 시작한 민주주의 운동의 산물"이라고 지적하면서도 그 운동은 "중산계급에 의해서 이용되고 횡령되었다"고 주장한다.[88] 그러면서 그는 "순수한 이상주의가 교육적 특혜를 모든 계급으로 확대시키는 데 공헌했지만, 보편적 교육제도를 수립하는 것은 보편적인 참정권을 수립하는 것보다 쉬운 일이었다는 것에 주목해야 한다"고 역설한다. "왜냐하면 전자는 특혜만을 대표하는 것이지만, 후자는 특혜와 권력 모두를 의미"하기 때문이라는 것이다. 즉, "지배계급은 언제나 권력을 분할하기 싫어하는데, 그 이유는 권력이 특권의 근원"이라고 간주하기 때문이라는 것이다.[89] 그리하여 지배계급은 자신들이 누리는 권력과 특권을 여러 가지 방법으로 정당화함으로써 위선에 빠지게 된다고 니버는 설명한다.

『도덕적 인간과 비도덕적 사회』에서 니버는 시종일관 사회가 도덕적이 되어서는 안 된다는 것이 아니라 사회란 근본적으로 도덕적일 수 없다는 사실을 알리고자 하였다. 근본적으로 불가능한 것을 가능한 것으로 만들려는 인간의 시도는 니버에게 있어서 창조주에 대한 오만의 죄를 저지르는 것이었다. 더 나아가 사회를 도덕적으로 만들 수 있다는 낙관주의는 현대 문명의 침체와 분열된 상황을 제대로 인식할 수 없게 만들었고, 그로 말미암아 다가오는 문명의 파국을 피할 수 없게 만들었다는 것이다.

이러한 문명의 위기에 대한 니버의 대응은 무엇보다도 먼저 현대 문명의 구조를 분명하게 분석·진단하는 것이었다. 그가 내린 여러 진단 중 하나는 계급의 특권과 지배는 어느 사회, 어느 문명에나 존재해 왔다는 것이다. 니버는 생에 대한 인간의 의지가 권력에 대한 의지로 나타나는 한 계급의 존재는 사라지지 않을 것이라고 보았다. 이러한 계급의 존재와 그 권력의 지배가 바로 니버가 '도덕적 사회'의 실현 불가능을 역설한 이유 가운데 하나였다.

그렇다면 어떠한 특권도 없는 프롤레타리아 계급은 어떠한가? 니버는 중산계급과는 달리 이 계급에 대해서는 확실히 우호적이었다.

왜냐하면 그는 그들의 주장과 호소가 극단적인 면을 가지고 있다 할지라도 적어도 허영과 위선은 아니라고 믿었기 때문이다. 기술문명의 대두가 소유와 권력의 집중화를 촉진시켰을 때, 프롤레타리아 계급의 사회적·정치적 태도는 산업화와 권력의 관계가 얼마나 혹독한 것인가를 분명하게 암시하는 것이었다.

니버는 프롤레타리아 계급의 특징 가운데 하나로 "도덕적 냉소주의"(moral cynicism)를 지적하면서도, 그것은 권력의 적나라한 본질을 이해하는 데 좋은 방편이 된다고 설명한다. 그는 도덕적 냉소주의란, "사회 안에 존재하는 사회계층들 간의 관계를 전적으로 권력 대 권력의 충돌"로 보면서 사회의 부정(不正)에 이바지한 권력과 싸우기 위해선 폭력 외에는 다른 방법이 없다고 믿는 태도라고 설명하였다.[90]

니버는 "자기본위(自己本位)와 복수심으로 가득 차 있는" 프롤레타리아 계급의 결함에 대해서도 잘 알고 있었다. 그럼에도 그는 자기본위를 "현대적 상황에서 좌절된 자아의 보상"으로 간주하며, 복수심은 "인간적인 의미와 중요성이 파괴당한 계급"의 당연한 표현으로 이해한다. 그는 프롤레타리아 계급의 윤리적 태도는 "주관적인 면에서 볼 때 현재의 사회적 열등에 대한 이해할 만한 반동이며, 객관적으로 볼 때에는 사회를 재건하는 과업에 있어서 무산계급이 가지는 전략적인 중요성 때문에 정당화될 수 있다"고 주장한다.[91]

니버의 분석은 언제나 역설적이다. 그는 "문명의 제한에서 오는 고통을 가장 많이 받는 사람들 말고 누가 그들보다 그 문명의 참성격을 더 잘 이해할 수 있겠는가?"[92]라고 반문하며 프롤레타리아 계급을 옹호하는 것처럼 보인다. 그러나 그는 "복수의 요소는 그것이 맹렬하고 생동적인 만큼 위험하다"고 지적하며, "그것은 대단히 파괴적인 사회적 결과를 가져올 수 있다"고 경고한다. 또한 그는 "계급이든 국가든 어떤 공동체도 자기 이외의 모든 것을 타파함으로써 새로운 사회를 건설할 수는 없다"고 지적하였다. 그는 프롤레타리아의 윤리적 태도를 비판하면서도, "사회적 특권이 얼마나 권력과 긴밀하게 결부되어 있으며, 또 생산수단의 소유가 어떻게 현대 사회에 있어서 중요한 권력인가"를 깨닫게 해 준 사실은 마르크스 사상이 사회문제에 기여한 최대의 윤리적 공헌이라고 평가하였다.[93]

이와 같이 니버가 마르크스 사상과 프롤레타리아 계급이 역사와 문명에 기여한 사실을 부각시켰던 것은 그의 이데올로기적 성향에서 나온 것이 아니라, 낙관주의적 자유주의자들을 각성시키는 방편으로 그것이 최상이라고 보았기 때문이다. 니버에게 인간의 가장 큰 죄는 오만의 죄였다. 사회의 개혁은 물론 인간의 본성까지도 개조할 수 있다는 자유주의 개혁가들과 교육가들의 태도는 바로 그러한 죄에 해당하는 것이었다. 그들에게 사회의 진보는 자동적이고 적어도 인간에 의해 통제될 수 있는 것으로 간주되었다. 그러나 니버는 "오직 무산자(無産者)만이 현대 사회에서의 권력과 특권의 집중화가 양심에 반할 뿐 아니라 사회의 진정한 기초를 파괴한다는 사실을 알고 있다"고 지적한다.[94] 그러므로 그는 다가올 "현대 사회의 재난을 예언할 사람은 오직 노동자뿐"이라고 말한다. 즉, 노동자는 "다른 어느 집단보다도 전적으로 현대 문명 밖에 서 있으므로" 그 문명의 구조를 잘 들여다볼 수 있다는 것이다. 하지만 그들은 "밖에 서 있기 때문에 사회 안에서 고려되어야 할 어떤 합리적이고 구속적인 힘은 인식하지 못한다"는 점 또한 지적하였다.[95]

사회와 계급에 대한 니버의 입장은 중도적이다. 그가 던지는 비판의 화살이 시종일관 자유주의자들과 그들의 낙관주의, 그리고 특권적인 지위에 있는 중산계급을 향하고 있지만, 결코 마르크스주의 사상과 프롤레타리아의 주장을 단순히 수용하는 것은 아니었다. 그의 다음과 같은 결론에 그의 분명한 입장이 들어 있다. "사회가 직면한 문제는, 사회 안에 보존할 가치가 있는 것을 파괴하지 않고, 또 제기된 남용과 부정의 자리에 새로운 남용과 부정을 대치시키는 위험을 감행하지 않고, 사회 안의 악한 것을 제거할 수 있는 공정한 기회를 통해 어떻게 사회 부정을 제거할 수 있느냐 하는 문제다."[96]

중산계급의 자만과 위선을 지적한 니버는 그들이 추구했던 개혁에 대해서도 깊은 불신을 드러냈다. 누구를 위한 개혁이었는가? 이전 시대에 소위 진보주의자들이 개혁을 추구했다면, 그들이 진정으로 추구한 것은 무엇이었는가? 그들이 자신들의 도덕으로 사회를 합리화하려고 했던 것은 그들 자신의 이익을 위한 것이 아니었던가? 그렇다면 진정한 사회정의는 어떻게 실현될 수 있을 것인가? 니버는 『도덕적 인간과 비도덕적 사회』에서 궁극적으로 이러한 문제들을 해결하고자 했다.

그리하여 니버는 개혁을 통해 사회를 도덕적으로 만들 수 있다고 믿었던 전 시대의 개혁세력에 대한 반발로 "혁명을 통한 정의"(justice through revolution)를 수용하며 프롤레타리아의 입장을 지지하는 데까지 나아간다. 그러나 그의 이러한 입장은 혁명과 프롤레타리아에 대한 지지 선언에 초점을 둔 것이 아니라 점진적인 개혁을 통해 사회를 도덕적으로 만들 수 있다고 믿었던 중산계급의 자만과 위선에 대한 비판의 차원에서 나온 것이었다.[97] 그리하여 그는 "본성상 폭력을 싫어하는 중산계급과 합리적인 도덕가들은 일반적인 명제에서는 옳을

지 모르나, 폭력이 본질적으로 부도덕하다는 그들의 가정은 잘못"이라고 주장하였다.[98]

그렇다고 니버가 사회정의를 추구함에 있어서 중산계급 대신에 프롤레타리아에 전적으로 희망을 건 것은 결코 아니었다. 다만 전자가 사회의 주류에 서서 개혁을 주도하며 낭만적 이상으로 사회의 도덕을 추구했기 때문에 그 자만과 위선을 비판한 것이지, 후자가 의도하고 추구하는 노선에 무조건 공감하기 때문은 아니었다. 이 두 계급 가운데 어느 계급에서든 인간의 자만과 허위는 나타날 수 있는 것이다. 그렇다면 어떻게 그들의 주장과 외침이 인간의 한계를 넘지 않을 것인지를 알 수 있는가? 니버는 이 문제에 대해 프래그머티즘적 태도로 다음과 같이 말한다. "궁극적으로 선한 결과를 가져오는 것 같다고 해서 전적으로 선하다고 말할 수는 없다. 직접적인 결과는 궁극적인 결과에 비추어 고찰해 봐야 한다."[99] 니버의 이러한 진술은 어떤 의미에선 점진적인 개혁을 통해 수립된 현대 미국 사회 전체를 비판하는 것이었다. 더 나아가 그는 자연법에 근거한 미국 민주주의의 원리도 다음과 같이 비판한다. "사회는 표현의 자유를 보존하는 것이 사회적 선이라고 믿고 있지만, 그것은 사상의 자유가 천부적인 권리이기 때문이 아니라 그것이 사회진보의 기본적인 조건이기 때문이다. 그럼으로 자유의 원칙은 어느 정도의 강제력하에서 실행되어야 하고 사회적 결속을 위해 어느 정도 제한되어야 하는 것이다."[100]

이러한 전제 아래 니버는 중산계급이 말하는 도덕이라는 것은 그들 자신들의 "사회적 권위를 위해 그들이 내세운 도덕규범"에 불과하다고 지적하며, 그로 인해 나타나는 프롤레타리아의 "도덕적 냉소주의와 폭력 및 개인적 자유에 대한 무관심"은 이해할 수 있다는 입장이었다. 즉, "중산계급은 자유를 믿지만, 어떤 행동이 사회 안에서 그들의 지위를 위태롭게 할 때는 자유를 거부한다"고 지적하며 니버는 도덕적 사회를 외치는 구호란 모두가 공허하게 들릴 뿐이라는 것을 일깨워 주려 하였다.[101]

니버는 중산계급과 프롤레타리아의 대립을 "위선과 잔인, 감상주의와 냉소주의"의 다툼으로 보았다.[102] 그는 "중산계급에 대한 공산주의의 반동을 그 계급에 속한 지적이고 종교적인 사람들은 물론이고 권력을 잡고 있는 사람들이 드러내는 위선에 대한 반항으로 보았다. 그렇지만 지나치게 중산계급의 도덕성을 비판하려는 의도 때문에 공산주의에 대해 보인 그의 애매한 입장은 얼마 동안 오해의 여지를 남겼다.[103] 그러나 그의 분명한 입장은 "무산계급과 중산계급, 두 세계 사이의 도덕적 입장의 차이는 어떤 순수한 선험적인 기준에 의해서도 판단될 수 없다"는 것이고, 역사적 결과를 통해서만 분명한 평가를 내릴 수 있다는 것이었다.[104]

실제로 니버는 역사적으로 드러난 사실을 통해 공산주의와 혁명 역시 믿을 수 있는 대안이 아니라는 사실을 다음과 같이 설명하고 있다. "자본의 집중화가 마르크스의 예언이 보여 준 속도로 진행되지 않았다는 사실, 자본주의하에서 소시민 계급의 수가 많아지고 보다 지속적으로 발달했다는 사실, 노동당의 점점 커가는 정치권력이 자본의 집중에서 생기는 불평등에 대해 국가가 부분적으로라도 평등화하도록 강요했다는 사실, 이 모든 사실들로 인해 사회주의도 하나의 발전적 원리로 수정되어야 하는 것은 정당한 것처럼 보인다."[105]

니버는 중산계급의 낙관주의를 비판한 것처럼 공산주의의 낭만적 환상도 날카롭게 지적하였다. 즉, "공산주의 이론은 단지 일시적으로 독재정치를 펼쳐서, 곧 전체 사회가 평등이라는 공산주의의 이상을 받아들이고, 아무도 이 정권에 도전하지 않게 되면 독재정치는 불필요하게 될 것"[106]이라고 주장하는 경향이 있지만, 이 이론은 인간 본성을 잘못 이해한 바탕 위에서 성립된 거짓 사상이라는 것이다. 집단적 의지가 완전히 일치하는 새로운 사회를 건설하는 것이 이 지구상에서 가능한 일인가? 그것은 어떤 이데올로기 아래에서도 불가능한 것이다. 마르크스주의든 제퍼슨주의든 어떤 제약과 규제도 없이 개인의 자율성과 잠재성이 완전히 보장되는 이상적인 사회가 어떻게 가능할 수 있을 것인가? 니버가 주장하는 것처럼, 그러한 "이상적인 사회가 온다는 주장은 인간 본성의 한계를 무시한 것임에 틀림이 없다."[107]

니버는 합리적이고 이성적인 사고와 태도로 사회와 정치를 단순하게 보는 경향을 비판하였다. 그는 그 예로서 존 듀이의 교육철학을 따르는 지식인들을 가리키며, 그들이 시도하는 "교육을 통한 정치의 구제는 그들이 생각하는 것처럼 그렇게 쉽게 성취되지는 않을 것"이라고 지적하였다. 그 이유는 그들도 어쩔 수 없이 이해관계 아래서 자신들의 가치관과 가치기준에 얽매여 살아가기 때문이라는 것이다.[108] 경제적 이해관계에 얽혀 있는 현대 사회의 복잡한 구조로부터 현대의 교육가들도 결코 자유로울 수 없다는 사실을 니버는 반복해서 강조한다.

니버는 "사회적 관심이 많은 현대의 교육자들"을 중산계급의 환경에 얽매여 제약받고 있는 집단으로 보았다. 그러므로 그는 이들이 현재 "안락과 안정 가운데서 살고 있기 때문에 사회문제의 긴급성을 알지 못하며" 뿌리 깊은 개인주의로 인해 경제집단들의 복잡한 이기주

의를 과소평가하고 있다고 지적하였다.[109]

니버는 "감상주의와 낭만주의에 젖어 있는 중산계급은 이상적 목표를 실현시키려 하기보다는 그것을 꿈꾸기만 했던" 반면, 프롤레타리아는 오히려 "그 목표의 순수성과 성취의 가능성을 믿음으로써 영웅적 행동에 전념했던 사람들"로 보았다. 프롤레타리아 역시 감상주의와 낭만주의에 물들었지만 중산계급보다는 생동적이기 때문에 그는 이들을 지지했던 것이다.[110] 따라서 니버는 절대주의자와 열광주의자의 위험성을 잘 알면서도 그들 역시 역사의 진보에 필요한 세력으로 간주하였다.

이제 니버에게 현대 문명의 가장 커다란 병폐는 분명해졌다. 그것은 사회 전체가 본래의 역동적이고 생동적인 모습을 잃고 산업화와 기계화로 인한 분열과 갈등, 타성과 메커니즘에 빠져 있는 상태였다. 따라서 그는 현대 사회는 "합리주의자의 달콤한 정당성보다 절대주의자의 도전을 더 필요로 한다"고 주장한다. 이런 차원에서 그는 공산주의의 의미를 어느 정도 인정했던 것이다.

니버가 현대 사회와 문명을 비판하면서 추구했던 것은 어떻게 하면 정의로운 사회와 바람직한 문명을 만들 수 있는가였다. 만일 그 임무를 소박하게 생각한다면, 답은 간단하다. 즉, 권력을 가진 사람들이 마음을 비우고 타협과 조정에 나서면 사회정의는 구현될 것이고, 문명의 인간성은 회복될 것이다. 그러나 니버는 이러한 사실이 불가능하다는 것을 역사가 증명해 왔다고 설명한다. 그럼에도 현대의 이상주의자들은 인간의 도덕적 능력으로 그러한 임무는 달성될 수 있을 것이라고 믿었던 것이다.

니버가 현대 문명의 주류에 서서 문명의 진보를 이끌어 가고 있는 사람들에게 던지는 메시지는 "모든 인간 집단의 행동은 야수적이라는 사실"이었다.[11] 그는 그러한 이해를 바탕으로 인간 본성에서 도덕적 자원과 가능성이 올바르게 사용되기를 촉구하였다. 그 올바른 사용은 인간 본성의 한계성, 특히 인간의 집단적 행동에서 나타나는 한계들을 분명하게 인식할 때만이 가능한 것이라고 그는 주장하였다.

지금까지 살펴본 바와 같이 니버가 이 책에서 추구한 가장 중요한 목적 가운데 하나는 현대 사회와 문명을 분석하고 이해하는 것이었다. 이러한 목적을 위해 그가 먼저 현대 문명에 대해 내린 진단은 그것이 이성과 과학의 승리가 아니라 부패와 분열로 인해 침체에 빠져 있다는 사실이었다. 문명에 대한 그의 분석은 밖으로 드러나는 현상들을 다룰 뿐만 아니라, 인간의 본성과 사회에 대한 관찰과 성찰을 통해 문명의 내면으로 깊숙이 들어가는 것이었다. 이러한 탐구를 통해 그는 문명 자체가 비극적 요소를 드러내기 이전에 문명의 비극을 예언할 수 있었다.

문명의 비극을 넘어 문명의 통합 추구

생(生)에 대한 의지가 권력에 대한 의지로 나타나고, 권력의 존재가 권력의 균형을 위해 또 다른 권력을 필요로 한다면 사회정의와 윤리는 어떻게 유지될 것인가? 권력과 권력이 충돌하는 사회 분쟁의 악순환의 고리는 끊을 수 없는 것인가? 이러한 문제들은 사회와 문명을 이해함에 있어서 니버가 평생 안고 가야 했던 딜레마였다.

니버는 도덕주의자들을 비판하며 현실주의적 입장을 옹호하였으나 현실주의자들에게 희망을 걸었던 것은 아니다. 그가 추구했던 입장은 인간이 그 어떤 입장을 취하든 인간의 상상과 실행은 그 개인의 한계를 넘어서지 못한다는 것이다. 이런 의미에서 도덕적 차원의 사회진보가 제한적인 것은 당연한 것이다. 따라서 인간 사회와 관련된 모든 것은 대립적이고 역설적이며, 아이러니의 상태에 놓이게 되는 것이다. 예를 들어 전쟁은 인간 문명에서 최악의 상황이지만, 평화에 대한 비현실적인 주장은 바로 전쟁의 출발점이 된다고 니버는 강조하였다. 다시 말해, 현실주의자가 역사상 일어난 전쟁에 책임이 있는 것처럼 보이지만, 도덕주의자도 마찬가지로 "평화 속에 숨어 있는 부정의를 충분히 인식하지 못함으로써" 전쟁 발발에 책임이 있다는 것이다.[112] 부정의는 역사 속에서 전통 뒤에 가려져 존재한다. 역사와 전통의 주류에 서 있는 도덕주의자들이 자신들의 그림자에 가려 있는 부정의를 인식한다는 것은 정말로 어려운 일이다. 그들의 허위의식과 위선도 역시 전쟁의 원인이 될 수 있는 것이다.

그러므로 니버는 정치에 있어서 도덕적 가치를 보존하기 위해서는 "도덕주의자들과 정치적 현실주의자들 모두의 통찰을 정당하게 평가해야 한다"고 주장한다.[113] 특히 그는 이들이 화해할 것을 강조하는데, 화해는 서로를 이해함으로써 가능할 수 있다. 니버가 지적한 바처럼, 양쪽 모두가 "공통된 인간적 약점이 있다는 사실"을 깨닫고 "그들로 하여금 공통된 근원과 그들의 악과 덕이 같은 성격의 것임을 상기시킴으로써 그들을 하나로 묶을 때" 갈등과 분열은 줄어들 수 있을 것이다. 더 나아가 "적에게 있는 악이 자신 안에도 있음을 인정하는 이 회개의 태도, 그리고 사회 투쟁 속에도 모든 사람과 한 피를 나누었다고 간주하는 이 사랑의 충동"을 통해 문명의 분열과 침체는 어느 정도 해결될 수 있을 것이다.[114]

현대 문명에 대해 니버가 안타까워하는 것은 문명의 통합을 위한 정신적 기반이었던 "종교적 유산이 문명의 기계적인 성격 때문에 소진되어 버렸다"는 사실이다. 즉, "기독교의 통찰은 더욱 안락하고 특권 있는 계급의 전유물이 되어 버렸다"는 것이다. 그러나 니버의 비판적인 칼날은 반드시 사회의 주류에 서 있는 중산계급을 향한 것만은 아니었다. 그는 언제나 인간 자체의 문제점으로부터 출발한다. 그리하여 그는 "인간 생활에는 정신적인 요소와 야수적인 요소가 함께 들어 있다"는 사실을 분명히 인식한다. 그에게 "인간생활의 역사"는 언제나 힘과 힘이 맞부딪치는 "자연세계의 투영이었다." 그러므로 그에게 역사는 하나의 비극이었다.[115] 그는 이 비극으로부터 벗어나려 한 것이 아니라 이 비극 안에서 비극을 넘어 생의 진실을 찾으려 했다. 그는 인간의 지성과 정신이 비극의 본질을 분명히 깨닫고, 이러한 비극 없는 세상을 만들 수 있다는 낙관과 자만을 버리고 자연의 모든 세력과 공존한다면 "더 높은 정의와 더욱 안정된 평화를 달성할 수 있을 것"이라고 믿었다.[116]

니버는 이러한 '정의'와 '평화'는 개인의 차원과 사회의 차원에서 다르게 인식되어야 한다고 주장한다. 즉, 개인의 관점에서 도덕은 '이기심이 없는 상태'에 바탕을 두지만 사회의 관점에서 도덕은 '정의'에 기초한다는 것이다. 따라서 개인의 도덕적 기준을 사회의 도덕에 맞추려고 해서는 안 된다는 것이다. 그리하여 사회는 "모든 사람에게 균등한 기회를 보장해야 하고," "만일 이해관계에 대한 대응과 이웃의 권익을 침해하는 사람들에 대한 제재 없이 평등과 정의가 결코 실현될 수 없다면, 사회는 결국 제재를 받아들일 수밖에 없다"는 것이다. 그리하여 니버는 "사회는 사회적 투쟁과 폭력까지도 승인하지 않을 수 없는 것"이라고 역설한다.[117]

그러므로 개인의 도덕과 사회의 도덕은 구분되어야 한다는 것이 니버의 일관된 주장이다. 그에 따르면 "도덕적 문제가 개인들의 관계로부터 집단들의 관계로 옮아 갈수록 사회적 충동에서 나타나는 이기적 요소는 분명해진다"는 것이다.[118] 그러므로 니버는 어떤 내적 억제도 그 충동을 완전히 통제할 만큼 강력하지 못하기 때문에 사회적 통제가 이루어져야 한다고 주장하는 것이다.

그렇다면 이러한 사회적 통제 속에서 개인의 자기실현은 어떻게 가능할 것인가? 불가피한 사회통제 속에서 제퍼슨 민주주의의 존속은 부정되는 것인가? 니버는 이에 대해 개인의 "자기실현은 자기부정의 불가피한 결과"라고 믿으며, 사회와 물질에 대해 개인들 각자의 초월적 정신을 바탕으로 정신적 의미에서 개인의 자기실현이 성취될 수 있다고 주장하였다.[119] 또한 그는 "개인의 이기적인 충동에 강한 내적 제약을 가하는 것과 가장 효과적인 사회적 제약은 서로 양립할 수 없는 것"이라고 지적하며, 이러한 현실, 즉 "도덕에서의 이원론"을 솔직하게 받아들이는 것이 오히려 낫다고 주장한다.[120]

확실히 개인의 이익은 그 개인이 속한 공동체의 이익과 같은 것이 아니다. 그러므로 니버는 "선의의 감정과 개인들 상호 간에 대한 태도가 계발되어야 한다"고 강조하며, 그렇지 않다면 "어떤 공동체도 생활 속에서 통합과 조화를 이룰 수 없다"고 단언한다. 그리하여 니버에게 안정된 사회란, "사회적 세력의 일반적 균형이 당연한 것으로 인정되고, 사람들이 기존 사회제도의 테두리 안에서 생을 더욱 아름답게 살 수 있는" 곳을 의미한다.[121]

그러나 니버는 사회의 안정이 산업기술문명의 확산으로 불가능하다는 것도 잘 알고 있었다. 산업화로 인한 물질적 생활의 빠른 변화로 전통은 무너지고, 불안정은 가속화되며, 부정의가 만연한 시대에 인간은 살고 있다고 본 니버는 고통뿐 아니라 환멸을 느낀다고 자인한다. 그에게 "모든 시대를 거쳐 경험된 모든 최고의 이상들"이 이제는 위선이고 허영인 것처럼 보이기 때문이다. 그리하여 그는 다음과 같이 선언한다. "우리는 지금 인격적·도덕적 이상주의가 위선으로 규탄받기 쉽고 실제로 그런 규탄을 받을 만한 시대에 살고 있다. 이 시대는 정직이 냉소주의의 끝자락에 자리하고 있는 시대다. 이 모든 것이 비극적이다." 그러나 그는 역설적으로 그러한 "비극에 아름다움이 있다"고 선언한다. 그 이유는 이제 인간은 예전에 가졌던 환상, 즉 "인류가 완전한 정의를 실현할 수 있다는 환상"을 어느 정도 털어 버리고 "다시는 사회 부정이라는 대가를 치르고 최고로 만족스러운 개인생활을 살 수 없다"는 사실을 깨달았기 때문이다.[122] 그러나 이 환상이 실현불가능함을 지적하면서도 니버는 그러한 정의의 "완전한 실현에 대한 희망이 사람의 영혼 속에 장엄한 광기를 일으키지 않는다면 정의는 접근될 수 없다"고 역설한다. 그는 "그러한 광기가 아니고서는 아무것도 악의를 가진 권력 또는 높은 지위에 있는 정신적 사악과 싸우지 못할 것"이라고 말한다.[123] 그렇다면 어떤 방법으로 광기와 열광주의를 유발하는 환상을 다룰 것인가? 니버의 대안은 다시 이성의 역할로 돌아간다. 다시 말해 환상은 이성에 의해 통제되어야 한다는 것이다.

미국 지성사에서의 위치와 유산

미국 지성사에서 니버는 인간의 본성에 대한 분명한 이해를 통해 현대 문명과 사회에 대해 예언적 비판을 가했던 사상가였다. 그는 사회의 진보에 대한 깊은 성찰을 통해 인간의 이기심과 자만으로 인한 모순적 상황을 분명하게 제시하고자 하였다. 그럼에도 그는 그 모순을 절망이나 허무로 나아가는 출발점이 아니라 오히려 생의 역동적 통합에 이르는 원천으로 받아들였다.

니버의『도덕적 인간과 비도덕적 사회』는 20세기 미국의 종교 사상과 자유주의 사상의 고전으로 여전히 미국 지식인들 사이에서 영감과 통찰로 받아들여지고 있다. 그의 사상은 제2차 세계대전 이후 냉전 시대 초기에 아서 슐레진저 2세를 비롯하여 조지 케넌(George F. Kennan)과 한스 모르겐타우(Hans Morgenthau)와 같은 자유주의 지식인들에게 역사와 시대의 방향을 제시하였고, 많은 좌파 지식인들을 각성시켰으며, 신보주의자들의 정신적 지주 역할도 했으며, 공민권운동을 이끌었던 마틴 루서 킹 2세의 사상에도 크게 이바지하였다.

미국 지성사에서 니버의 사상은 결코 정치적 프리즘을 통해 평가될 수 없다. 최근 대표적인 흑인 지식인이며 다문화주의 철학의 선구자라 할 수 있는 코넬 웨스트(Cornel West)가 보여 준 니버 사상에 대한 해석은 후기 구조주의라는 프리즘을 통해 그의 사상이 어떻게 굴절되었는가를 가장 잘 보여 주는 예라 할 수 있다. 웨스트는 1989년에 출간한『철학의 미국적 회피』(*The American Evasion of Philosophy*)에서 미국 지성사를 후기 구조주의적 관점에서 고찰하였다. 미국에서 형성·발전된 후기 구조주의 사상의 계보를 수립하려는 목적에서 웨스트는 에머슨에서 로티에 이르기까지 미국의 프래그머티스트들이 어떻게 현실에 도전했는가를 밝히고자 하였다. 그는 현실을 "계급, 인종, 성, 성적 지향 등에 기반을 둔 계급제도가 조직적이고 체계적으로 형성된" 구조로 본다. 그는 에머슨과 미국 프래그머티스트들을 반(反)현실주의자들로 보는데, 여기서 반(反)현실주의자들이란 인간의 의지와 힘을 통해 사회의 오래된 계급질서의 패턴을 변형시키려는 목적을 가지고 인식론 중심의 철학을 벗어나는 데 주로 이바지한 사람들이라는 것이다. 그에 따르면, "프래그머티스트들은 인식의 기반을 이루는 지식·사회의 규범적인 도덕 및 전통에 억매이지 않고 개인의 의지, 힘, 도발적인 개성 등을 통해 "인식론 중심의 철학으로부터 벗어나" "문화 비판의 형태로서 철학의 개념"을 새롭게 세울 수 있었다는 것이다.[124]

웨스트의 책에서 니버는 그러한 프래그머티스들의 범주에 속하는 문화비평가로 다루어졌다. 다시 말해 웨스트는 니버를 문화비평가이자 반현실주의자로 보았던 것이다. 그에 따르면 니버는 프래그머티즘에서 강조하는 "인간의 창조적 힘"을 통해 도덕적·사회적 변혁을 일으키고자 했던 지식인이라는 것이다. 그는 "니버가 프래그머티즘 사상을 통해 강한 의지로 시대의 운명에 맞설 수 있었고, 인간의 의지력과 역사의 구속이라는 변증법적 상호작용을 실천적으로 보여 주었다"는 것이다.[125]

그러나 웨스트의 평가와는 달리 니버는 현실 전체를 거부한 반현실주의자는 아니었다. 오히려 그는 "현실의 구조를 조심스럽게 관찰"하며 진실을 추구했던 현실주의자였다.[126] 그의 사회사상은 결코 반(反)현실주의의 형태는 아니었다. 그가 "동시대의 문제들, 특히 윤리적·정치적 문제와 기독교 신앙의 관련성을 수립"하려고 했을 때, 현실에 대한 그의 태도는 먼저 "기존의 기준에 저항하는 모든 요인들, 특히 개인의 자기 이익과 권력이 어떻게 작용하는가를 파악하는 것이었다."[127] 그리하여 현실 속에서 그는 인간과 인간 사이의 권력, 즉 본질적으로 자기 정당화하는 권력의 불균형을 발견하였던 것이다. 그러나 그에게 현실 속에서의 악의 근원은 사회구조와 사회제도 속에 있는 것이 아니라 인간 자신 속에 있는 것이었다. 그리하여 그는 "인간의 생은 그 죄 속에 자기모순으로 남고," "인간의 존재는 그 자체의 가장 깊고 가장 본질적인 본성을 부인한다"는 것을 인식하면서 현실을 비극적인 것으로 간주하였다.[128] 그러면서도 그는 비극 속에서 희망의 메시지를 발견하며 다음과 같이 말했다. "우리는 속이는 행위로 진실을 가르친다. 우리는 진실하지 못하다. 그럼에도 우리는 진실을 위해 존재한다."[129]

---

1 Richard Wightman Fox, *Reinhold Niebuhr: A Biography* (New York: Pantheon Books, 1985), p. x.

2 *Ibid.*, p. 302.

3 Reinhold Niebuhr, *Man's Nature and His Communities: Essays on the Dynamics and Enigmas of Man's Personal and Social Existence* (New York: Charles Scribner's Sons, 1965), p. 24.

4 Richard Wightman Fox, *Reinhold Niebuhr*, p. 297.

5 Reinhold Niebuhr, "Intellectual Autobiography," in *Reinhold Niebuhr: His Religious, Social and Political Thought*, ed. Charles W. Kegley (New York: Macmillan, 1956), p. 3.

6 Reinhold Niebuhr, "The attitude of the church towards present moral evils," William G. Chrystal, *Young Reinhold Niebuhr: His Early Writings, 1911–1931* (New York: The Pilgrim Press, 1977), p. 41.

7 Reinhold Niebuhr, *The Nature and Destiny of Man: A Christian Interpretation* (2 vols., New York: Charles Scribner's Sons, 1943), Vol. I, pp. v, vii.

8 Reinhold Niebuhr, "Intellectual Autobiography," p. 5.

9 *Ibid.*, p. 6.

10 Paul Tillich, *Systematic Theology* (2 vols., Chicago: The University of Chicago Press, 1951), Vol. I, p. 3.

11 Reinhold Niebuhr, *The Nature and Destiny of Man*, Vol. II, p. v.

12 Martin Buber, *I And Thou*, trans. Walter Kaufmann (New York: Charles Scribner's Sons, 1970), p. 168.

13 Reinhold Niebuhr, "The Truth in Myths," in *Faith and Politics: A Commentary on Religious, Social and Political Thought in a Technological Age*, ed. Ronald H. Stone (New York: George Braziller, 1968), p. 16.

14 *Ibid.*, pp. 16, 17.

15 *Ibid.*, pp. 17, 23, 30.

16 Reinhold Niebuhr, *Man's Nature and His Communities*, p. 21.

17 *Ibid.*, p. 24.

18 *Ibid.*, p. 15.

19 Reinhold Niebuhr, *Does Civilization Need Religion?: A Study in the Social Resources and Limitations of Religion in Modern Life* (1927; reprint, New York: Macmillan, 1941), pp. 4-5, 16, 17-18, 242.

20 Reinhold Niebuhr, *Moral Man and Immoral Society: A Study in Ethics and*

Politics (New York: Charles Scribner's Sons, 1932), pp. 167, 276.

21 Reinhold Niebuhr, *The Nature and Destiny of Man*, Vol. I, p. vii.

22 Reinhold Niebuhr, *An Interpretation of Christian Ethics* (1934; reprint, New York: Living Age Books, 1959), p. 16.

23 Reinhold Niebuhr, *Reflections on the End of an Era* (New York: Charles Scribner's Sons, 1934), p. 99.

24 Reinhold Niebuhr, *The Nature and Destiny of Man*, Vol. I, p. 3.

25 *Ibid.*, p. 17.

26 Reinhold Niebuhr, *An Interpretation of Christian Ethics*, pp. 16, 18.

27 *Ibid.*, p. 19.

28 Reinhold Niebuhr, *The Nature and Destiny of Man*, Vol. I, p. 23.

29 Reinhold Niebuhr, *An Interpretation of Christian Ethics*, pp. 16, 38.

30 *Ibid.*, p. 44.

31 Reinhold Niebuhr, *The Children of Light and the Children of Darkness: A Vindication of Democracy and a Critique of its Traditional Defense* (1944; reprint, New York: Charles Scribner's Sons, 1950), p. 5.

32 Reinhold Niebuhr, *Christian Realism and Political Problems* (New York: Charles Scribner's Sons, 1953), pp. 102, 103.

33 Reinhold Niebuhr, *The Nature and Destiny of Man*, Vol. I, p. 17.

34 Reinhold Niebuhr, *The Children of Light and the Children of Darkness*, p. 3.

35 Reinhold Niebuhr, *The Self and the Dramas of History* (New York: Charles Scribner's Sons, 1955), p. 163.

36 *Ibid.*, p. 181.

37 Reinhold Niebuhr, *Christian Realism and Political Problems*, p. 36.

38 Reinhold Niebuhr, *The Children of Light and the Children of Darkness*, pp. 9, 10.

39 *Ibid.*, pp. x, xi.

40 D. B. Robertson, ed., *Love and Justice: Selections from the Shorter Writings of Reinhold Niebuhr* (1957; reprint, Philadelphia: Westminster Press, 1976), p. 62.

41 Reinhold Niebuhr, *Discerning the Signs of the Times: Sermons for Today and Tomorrow* (New York: Charles Scribner's Sons, 1946), p. 2.

42 Reinhold Niebuhr, *Faith and History: A Comparison of Christian and Modern Views of History* (New York: Charles Scribner's Sons, 1949), p. viii.

43 Paul Tillich, *Dynamics of Faith* (New York: Harper Torch Books, 1957), p. 8.

44 Reinhold Niebuhr, *Faith and History*, p. 49.

45 Reinhold Niebuhr, *Discerning the Signs of the Times*, p. 7.

46 *Ibid.*, p. 44.

47 Reinhold Niebuhr, *Faith and History*, p. 55.

48 Reinhold Niebuhr, *The Self and the Dramas of History*, p. 45.

49 Reinhold Niebuhr, *Pious and Secular America* (New York: Charles Scribner's Sons, 1958), pp. 5, 12.

50 Reinhold Niebuhr, *The Irony of American History* (New York: Charles Scribner's Sons, 1952), p. viii.

51 *Ibid.*, p. 133.

52 Reinhold Niebuhr, *Moral Man and Immoral Society*, p. xii.

53 *Ibid.*, p. xi.

54 *Ibid.*, pp. xi-xii.

55 *Ibid.*, p. xi.

56 *Ibid.*, p. 1.

57 *Ibid.*, p. 1.

58 *Ibid.*, p. 2.

59 *Ibid.*, p. 2.

60 *Ibid.*, p. 25.

61 *Ibid.*, p. 26.

62 *Ibid.*, p. 26.

63 *Ibid.*, p. 26.

64 *Ibid.*, p. 35.

65 *Ibid.*, p. 57.

66 *Ibid.*, p. 57.

67 *Ibid.*, p. 65.

68 *Ibid.*, p. 71.

69 *Ibid.*, p. 81.

70 *Ibid.*, p. 80.

71 *Ibid.*, p. 82.

72 *Ibid.*, pp. 83-85.

73 *Ibid.*, p. 85.

74 *Ibid.*, p. 88.

75 *Ibid.*, p. 88.

76 *Ibid.*, pp. 89-90.

77 *Ibid.*, pp. 49-50.

78 *Ibid.*, p. 90.

79 *Ibid.*, p. 91.

80 *Ibid.*, p. 91.

81 *Ibid.*, p. 95.

82 *Ibid.*, p. 99.

83 *Ibid.*, p. 99.

84 *Ibid.*, p. xxi.

85 *Ibid.*, p. 20.

86 *Ibid.*, pp. 116-117.

87 *Ibid.*, p. 120.

88 *Ibid.*, p. 120.

89 *Ibid.*, p. 121.

90 *Ibid.*, p. 146.

91 *Ibid.*, pp. 156-157.

92 *Ibid.*, p. 157.

93 *Ibid.*, pp. 157, 163.

94 *Ibid.*, p. 165.

95 *Ibid.*, pp. 166-167.

96 *Ibid.*, pp. 167-168.

97 *Ibid.*, p. 169.

98 *Ibid.*, p. 170.

99 *Ibid.*, p. 171.

100 *Ibid.*, p. 175.

101 *Ibid.*, p. 176.

102 *Ibid.*, p. 177.

103 *Ibid.*, p. 178.

104 *Ibid.*, p. 179.

105 *Ibid.*, p. 181.

106 *Ibid.*, p. 193.

107 *Ibid.*, p. 196.

108 *Ibid.*, pp. 212.

109 *Ibid.*, pp. 213-214.

110 *Ibid.*, p. 222.

111 *Ibid.*, p. xx.

112 *Ibid.*, p. 233.

113 *Ibid.*, p. 233.

114 *Ibid.*, p. 255.

115 *Ibid.*, pp. 255-256.

116 *Ibid.*, p. 256.

117 *Ibid.*, pp. 258-259.

118 *Ibid.*, p. 262.

119 *Ibid.*, p. 263.

120 *Ibid.*, pp. 270-271.

121 *Ibid.*, p. 275.

122 *Ibid.*, p. 277.

123 *Ibid.*, p. 277.

124 Cornel West, *The American Evasion of Philosophy: A Genealogy of Pragmatism* (Madison: University of Wisconsin Press, 1989), pp. 4, 5.

125 *Ibid.*, pp. 152, 155.

126 Reinhold Niebuhr, *Christian Realism and Political Problems*, p. 3.

127 *Ibid.*, pp. 1, 119.

128 Reinhold Niebuhr, *Beyond Tragedy, Essays on the Christian Interpretation of History* (New York: Charles Scribner's Son, 1937), pp. 18, 19.

129 *Ibid.*, pp. 3, 19.

7

전체주의의 위협으로부터 자유사회의 통합 추구

아서 M. 슐레진저 2세와 『역동적 중심』(1949)

Arthur M. Schlesinger, Jr.,

The Vital Center (1949)

앞장에서 다룬 니버의 사상을 통해 우리는 인간 본성과 인간 역사에 대한 낙관적 태도가 얼마나 민주사회를 위기로 몰아넣을 수 있는가에 대해 살펴보았다. 니버는 "우리의 민주문명은 어둠의 자식들이 만든 것이 아니라 어리석은 빛의 자식들이 만들었다"고 선언한 바 있다.[1] 니버는 여기서 빛의 자식들이 어리석은 이유는 어둠의 자식들이 가진 이기심뿐만 아니라 자기들 속에 있는 이기심도 과소평가했기 때문이라는 것이다. 20세기 중반 전체주의의 도전에 맞서서 아서 M. 슐레진저 2세(Arthur M. Schlesinger, Jr.)는 빛의 자식들이 만든 자유주의 문명에 대한 반성을 통해 자유사회의 통합을 추구한 미국의 대표적인 공적 지식인이었다. 그는 자유사회의 통합만이 전체주의의 도전으로 말미암아 위기에 처한 미국 문명을 구할 수 있고, 그 본래의 역동적 중심을 회복하는 것만이 자유사회가 여러 유형의 전체주의로 빠지는 것을 막을 수 있다고 주장하였다.

슐레진저의 지적 여정은 역사가로서 출발하여 공적 지식인으로 끝을 맺었다. 그는 미국의 지성사학이 전성기로 가고 있는 시기에 학문적 경력을 시작하였다. 따라서 그의 관심 분야인 미국 정치사는 지성사적 접근방법을 통해 서술되었다. 그는 그러한 서술을 통해 미국의 과거 정치 속에서 미국의 정신을 발견하고자 하였다. 그에게 미국의 자유주의는 바로 미국 정신의 본질이자 미국 발전의 원동력이며, 미국 국민이 의식적으로든 무의식적으로든 역사를 통해 쟁취하여 지키고자 했던 소중한 가치였다. 그에게 자유주의는 결코 이데올로기적이거나 유토피아적인 것이 아니었다. 그것은 인간의 차원에 기반을 둔 경험적이고, 실제적이며, 실용적인 것이었다. 그는 그러한 자유주의는 정체하지 않고 순환의 과정을 통해 역동적으로 진행한다고 믿었다. 그에게 미국 정치사의 순환은 내적 역동성에 의한 변증법적 진행이었다. 그리고 그러한 역동성은 전체와 부분의 유기적 결합을 통해서만 가능한 것이었다.

제2차 세계대전이 끝난 지 4년이 지난 후 슐레진저가 저술한 『역동적 중심』(*The Vital Center*)은 전체와 부분의 관계를 이해하는 데에 있어서 어느 한쪽으로도 기울지 않았다. 산업화와 전체주의라는 거대한 전체의 권력을 비판할 때는 개인의 가치를 무엇보다도 강조했지만 그렇다고 그가 전체의 의미를 무시한 것은 결코 아니었다. 그는 전체와 부분에 관한 자신의 입장을 다음과 같이 밝히고 있다. "개인주의의 분명한 승리에도 우리는 서로에 대한 구성원으로 남을 때만 생존할 수 있다. 개인은 사회 속에서 자신의 욕구와 진취성을 드러낼 수 있다. 산업화는 인간의 감수성에 무자비한 상처를 입혔다. 그 상처는 개인들이 서로 신뢰하고 통합할 때 치료될 것이다."[2]

슐레진저에게 개인과 공동체는 동등한 것이다. 즉, 그는 개인의 자기실현이란 공동체 속에서 이루어져야 한다고 믿는다. 개인은 공동체 속에서 질식되지도, 그것을 벗어나지도 말아야만 한다는 것이다.

개인은 국민의 일원으로서 사회질서 속에서 창의성과 재능을 발휘해야 한다는 것이 슐레진저의 신념이었다. 그는 또한 민주주의는 과정도 정당해야 하지만, 공동의 목적과 가치를 설정하는 것도 중요하다고 지적한다. 그 이유는 공동의 목표를 위해 한마음을 가진 사람들과 지속적이고 친밀한 교제가 이루어질 때만이 사회의 통합은 물론이고 역동적 중심이 실현될 수 있다고 보기 때문이다.

생애와 사상

생애와 사상의 원천

아서 M. 슐레진저 2세는 1917년 오하이오 주 콜럼버스(Columbus)에서 태어나 일곱 살 되던 해에 하버드대학 근처로 이사를 했다. 이곳 매사추세츠 주 케임브리지가 그에게 풍부한 지적 환경을 제공했을 것이라는 사실은 말할 나위도 없다. 그의 부친 슐레진저(Arthur M. Schlesinger, Sr.)는 30년 동안 하버드대학 사학과 교수로서 훌륭한 사회·문화사가였고, 그의 어머니인 엘리자베스 슐레진저(Elizabeth Schlesinger)는 여성사 연구의 선구자였다. 이러한 역사가 집안에서 태어난 슐레진저 2세는 양친의 역사 사상, 특히 그들의 미국 역사에 대한 이해로부터 많은 영향을 받았다. 그는 부친의 역사 이해를 부분적으로 수정·보완하면서 자신의 자유주의 역사관을 확고하게 형성하였다. 극단적 관점과 절대주의를 거부하는 부친의 태도는 슐레진저의 자유주의 정치관과 자유주의 사상에 커다란 영향을 끼쳤다. 그는 자신의 사상의 원천이 아버지의 "지혜, 지도, 영감"이었다고 고백한 바 있다.[3]

1934년에 슐레진저는 하버드대학에 입학하여 역사와 문학을 전공하였다. 학부 시절 그는 미국 지성사학의 선구자였던 페리 밀러(Perry Miller)의 지도를 받으며 그의 지성사관(知性史觀)의 영향을 많이 받았다.[4] 그는 부친의 조언에 따라 대학 졸업 논문으로 오레스티스 A. 브라운슨을 연구하였다. 이 연구에서 그는 브라운슨의 개혁사상은 물론이고, 전체와 부분의 균형과 통합을 강조했던 브라운슨의 통합정신을 20세기 미국의 정신세계로 전달하는 역할을 훌륭하게 수행하였다. 이 연구는 그가 하버드대학을 졸업한 다음 해인 1939년에 『오레스티스 A. 브라운슨』(*Orestes A. Brownson*)으로 출판되었다.[5]

1945년 슐레진저는 스물여덟의 나이로 『잭슨 시대』(*The Age of Jackson*)를 출간함으로써 그 다음 해에 퓰리처상을 수상하게 된다. 이 저서는 전문 역사가들은 물론이고 일반 독자들로부터도 많은 호응을 받았다. 그는 그해에 하버드대학 미국사 교수로 발탁되어 지성사를 가르치기 시작했다. 1949년에 출간된 그의 『역동적 중심』은 전체주의와 맞서 있던 미국 자유주의 정신세계에 바른 좌표를 제시해 주는 것이었다. 이 저서에서 그는 19세기의 대표적인 지식인 가운데 한 사람인 너대니얼 호손(Nathaniel Hawthorne)과 동시대의 사상가 라인홀드 니버의 사상을 많이 반영하였다. 슐레진저가 영향을 받은 이 두 사상가는 공통적으로 인간 본성에 대해 비관적 관점을 가지고 있었다. 그러나 이들의 비관주의는 진보에 대한 비관이 아니라 오히려 진보를 지나치게 낙관하는 인간들의 본성에 대한 비관이었다. 이러한 비관주의는 슐레진저의 자유주의가 정치적 차원을 넘어 개인과 사회, 과거와 현재, 전체와 부분의 균형과 조화를 추구하는 시대정신을 대변할 수 있도록 해 주었다.

1957년부터 1960년까지 슐레진저는 『루스벨트 시대』(*The Age of Roosevelt*)라는 제목으로 3권의 대작을 출판하였다. 그 첫째 권인 "구(舊)질서의 위기"(The Crisis of the Old Order)를 필두로 "뉴딜의 도래"(The Coming of the New Deal)와 "격변의 정치"(The Politics of Upheaval)가 차례로 발표되었다.[6] 이 저술들은 슐레진저가 루스벨트와 뉴딜에서 자신의 정치적 이상을 찾고 있음을 여실히 보여 주는 것이었다. 그가 프랭클린 루스벨트(Franklin D. Roosevelt) 시대의 뉴딜개혁을 정당화하기 위해 『잭슨시대』를 저술한 것이라면, 『루스벨트 시대』는 드와이트 아이젠하워(Dwight D. Eisenhower)의 보수주의에 대한 반발로 개혁의 바람이 다시 불기를 기대하는 그의 의지가 반영된 것이라고 볼 수 있다. 그럼에도 『루스벨트 시대』는 1950년대의 냉전 기류를 반영하듯 『잭슨시대』보다는 계급의식이나 민중에 대한 문제에 덜 역점을 두었다.

슐레진저는 현재의 입장에서 과거를 이해하려 했고, 과거 속에서 현재의 지표를 찾으려 했다. 그리하여 역사가로서 그는 현재의 정치에도 깊은 관심을 보였고, 실제 정치에서 자신이 믿고 있던 미국의 정신과 가치가 구현되는 것을 보기 원했다. 이를 위해 그는 1952년에 실제로 정치 속으로 들어가 민주당 후보였던 아들라이 스티븐슨(Adlai E. Stevenson)을 지지하며 연설문 작성을 도왔다. 4년 후에 그는 스티븐슨의 선거 참모로서 존 F. 케네디(John F. Kennedy)의 동생인 로버트 케네디(Robert F. Kennedy)와 함께 선거운동을 벌이기도 했다. 그리고 다시 4년 뒤에 그는 케네디 캠프에서 연설로 그를 지지하였고 때로는 연설문 작성에 일조를 했다. 케네디가 대통령에 당선된 후 1961년에 슐레진저는 대통령 특별보좌관으로 임명되면서 하버드대학 교수직을 사임하였다. 케네디가 암살된 그 다음 해인 1964년에 그는 보좌

관직에서 물러나면서 케네디 행정부의 짧은 시절을 회고하는 『천일: 백악관에서의 존 F. 케네디』(*A Thousand Days: John F. Kennedy in the White House*)를 저술하였다. 이 책으로 그는 퓰리처상을 수상하였다. 1966년에 그는 뉴욕시립대학 대학원에서 알버트 슈바이처 교수로 임명되어 다시 강단에서 학생들을 가르쳤고 1994년 여기서 정년퇴임을 했다. 2007년 2월에 작고할 때까지 그는 이 대학의 명예교수로서 대학원 운영위원회의 상임위원으로 일했다.

슐레진저는 현실주의자이면서도 진보에 대한 이상을 포기하지 않았고, 자유주의자이면서도 역사와 현실의 보수적 의미를 간과하지 않았다. 그는 유럽의 사상과 비교하여 "미국의 사상은 경험적이고 실제적·실용적인" 환경에서 성장했기 때문에 역동적인 특징을 가지고 있다고 본다. 그 결과 "미국은 혁신과 실험의 특징적인 나라가 되었다"고 그는 주장한다. 실제로 그는 현실정치에 적극 참여하여 지적으로 혁신과 실험을 시도함으로써 미국의 전통적인 사상의 주류에 서 있고자 하였다. 그에게 현실은 다양한 세계이고 우주는 끝없이 열린 세계이므로, 무한한 경험과 실험 속에서 개인의 자유는 도달되며, 개인의 에너지는 충분히 발휘될 수 있다고 보았다. 이에 반해 그는 이데올로기란 경험과 실험을 제한하는 것으로 파악하였다. 그는 많은 사람들이 이데올로기가 현실을 추상적으로 말하고 있을 뿐인데도 그것을 현실 자체로 받아들이고 있다고 지적하였다. "현실은 거대하고 소란스러우며 예측할 수 없는 것"인데도 이데올로기적 관점에 의한 역사란 이미 갈 길이 확정되어 있고 원칙들은 이미 정해져 있다는 전제를 바탕으로 하고 있다는 것이다. 이데올로기적 관점은 폐쇄된 우주를 전제로 하는 것임에 틀림이 없다. 슐레진저는 미국은 이러한 이

데올로기의 나라가 아니라 열린 세계 속에서 경험을 통해 이상을 추구해 온 나라라고 주장한다.[7]

이러한 슐레진저의 사상은 윌리엄 제임스의 철학에 바탕을 둔 것이었다. 슐레진저는 "논리보다는 사실을, 도그마보다는 행위를 우위에 두는 미국 자유주의의 경험적 본능들은 제임스의 저술들 속에서 가장 훌륭하게 표현되었다"고 주장하였다. 윌리엄 제임스는 역사의 결정적 해석에 반대하였다. 그는 폐쇄된 우주를 싫어하였고 미완의 우주를 찬양하였다. 그가 상상하는 우주는 성장하고, 다양하며, 애매하고, 신비스럽고, 우연을 내포하는 무한하게 열린 곳이었다.[8]

슐레진저의 사상은 고립된 상태에서 형성된 것이 아니라 그가 살았던 시대의 중요한 사건들과 정신적·학문적 스승들의 영향으로 완성되었다. 그의 사상에 직접적으로 영향을 미친 사상가로는 앞에서 언급한 그의 부친인 슐레진저, 너대니얼 호손, 라인홀드 니버를 비롯하여 페리 밀러, 윌리엄 제임스 등을 들 수 있고, 그 밖에 월터 리프먼(Walter Lippmann)의 『자유의 방법』(*The Method of Freedom*)과 허버트 크롤리(Herbert Croly)의 『미국 생활의 약속』(*The Promise of American Life*)도 슐레진저의 저술에 많은 영향을 끼쳤다.

자유민주주의의 역동적 기반에 의한 사회통합 추구

슐레진저의 자유주의 정치사상은 경제적으로나 정치적으로 미국이 위기에 처했던 시대에 형성되었다. 대공황과 전체주의의 도전은 미국의 자본주의와 민주주의 체제를 근본적으로 뒤흔드는 것이었다. 듀이를 위시하여 니버와 리프먼과 같은 공적 지식인들은 1930년대 내내 이러한 위기상황에 대해 논쟁하였고, 그 대처방안을 강구했으며, 루스벨트 정부의 경제정책과 뉴딜정책을 평가하고 있었다. 미국의 자본주의 제도에 어떤 문제점이 있는 것인가? 문제점이 있다면 어떻게 해결할 것인가? 자본주의를 전체적으로 바꿀 것인가, 아니면 부분적으로 개혁할 것인가? 이러한 문제들에 대해 지식인들의 합의를 도출해 낸다는 것은 대단히 어려운 일이었다. 왜냐하면 좌파에 속하든 우파에 속하든, 그들 모두는 표현의 자유가 있는 자유민주주의 국가에 살고 있었기 때문이었다.

슐레진저의 자유주의 사상의 출발점은 바로 자유민주주의의 기반을 수호하는 것이었다. 이 기반은 외부로부터의 도전에 의해 붕괴될 수도 있지만 내부의 정체(停滯)로부터 분열되어 해체될 수도 있는 것이었다. 따라서 이 기반이 더욱 강화되어 유지되기 위해서는 사회가 끊임없이 변화하고 진보해야만 한다고 슐레진저는 믿었다. 이런 점에서 그의 자유주의 사상은 바로 개혁사상이라 할 수 있다. 그는 사회가 변화되고 개혁될 때만이 그 중심이 역동적으로 유지되고, 그렇게 될 경우 어떤 형태의 도전에 대해서도 그 본질을 잃지 않고 더 나은 약속의 땅에 도달할 수 있다고 본 것이다. 그렇다면 그 역동적 중심은 어떻게 유지될 것인가?

슐레진저에게 역동적 중심은 획일적인 통제에 의한 사회 전체적인 변화를 통해서가 아니라 모든 개인들이 참여하고 그들의 다양한 견해와 생각들이 논의되고 때로는 갈등을 일으키며 마침내 수용되어 사회의 통합을 이룰 때 가능하다고 본다. 슐레진저가 자신의 첫 저서에서 19세기 개혁사상가인 브라운슨을 연구한 것은 그가 사회의 갈등을 사회진보의 원천으로 보면서도 “거대한 틀” 속에 사회가 통합되는 것을 열망했기 때문이었다.[9]

자유주의 역사가로서 슐레진저가 미국의 정신, 즉 민주주의와 자유주의를 주창하면서 가장 강조한 것은 이러한 것들을 가능하게 하는 기반이었다. 그 기반은 미국이라는 국가 자체였다. 즉, 그가 과거 정치사에서 발견한 역동적 정신인 미국의 자유주의는 미국의 존재를 위한 것이고, 미국은 자유주의를 위해 투쟁할 때 진정한 의미를 갖게 된다는 것이다. 그의 모든 역사사상은 자유주의와 미국이라는 두 가지 요소에 의해 지배되었고,[10] 이 가운데 어느 하나가 위협받을 때 그는 미국의 위기로 인식하고 그것을 지키려 하였다.

이런 의미에서 슐레진저의 자유주의 사상이 때로는 보수주의적 성격을 띠는 것은 당연한 것이었고, 그의 정치사 연구는 분명한 목적의식과 시대의식을 갖고 철저하게 현재적이며 실용적인 동시에 실제적이었다. 그는 진보주의 역사가들과 마찬가지로 어느 정도 계급의 갈등을 강조하였다. 그러나 진보주의 역사가들이 기존의 모든 권력, 정치제도, 현상 등에 대해 비판적인 태도를 취하면서 역사뿐만이 아니라 현실 속에서도 진보의 이상을 추구하였던 반면, 슐레진저는 뉴딜을 포함하여 당시의 정치·경제제도를 인정하고 정당화하려 했다는 점에서 그들과는 다른 일면을 보여 주었다.

슐레진저는 정치사를 각 시대별로 당대까지 진행되어 온 역사의 종합이라고 보았고, 그 속에 인간의 모든 생활이 요약되어 있는 것으로 인식하였다. 그는 정치사 속에서 종합된 미국 정신은 다시 그 다음 세대의 정치 속에 종합되어 더 발전된 형태로 나아간다고 믿었다. 그리하여 그에게 중요한 것은 미국 역사의 진행을 가능하게 하는 정신과 기반이었다. 이러한 그의 사상은 1945년에 출판된 『잭슨 시대』에서도 분명히 나타났다. 즉, 그는 이 책에서 "잭슨 민주주의는 기업계와 그에 반대하여 자유민주주의 국가 속에서 자유를 보증하는 사람들 간의 투쟁"이라는 점을 강조하였다.[11] 그는 잭슨 민주주의는 제퍼슨의 목적을 달성하기 위해 해밀턴의 수단을 기꺼이 사용했다는 점에서 역사의 종합이었고, 그것은 제퍼슨 민주주의와는 전혀 다른 것이라고 보았다.

이러한 자유주의 사관과 더불어 역사에 대한 슐레진저의 현재의식은『잭슨 시대』에 분명하게 표명되었다. 그는 이 저작을 통해 20세기 전반부에 인류가 겪었던 세계위기를 회고하며 민주주의의 의미를 새롭게 인식하고자 했던 것이다. 그는 "그 의미를 알아내는 열쇠는 민주주의가 과거에 어떤 역할을 했는가에 대한 구체적인 기록 속에 있다"고 말하였다. 다시 말해 그는 세계대전 이후 미국 국민이 맞닥뜨리게 될 어려움들을 민주주의가 어떻게 대처해 나갈 것인가를 모색하였던 것이다. 그의 기본적인 대안은 극단적인 이념이나 체제가 아니라 "관용, 협상, 타협"(tolerance, bargaining, compromise) 등에 기반을 둔 "융통성 있는 정치·사회 구조"를 수립하는 것이었다.[12]

슐레진저는 언제나 역사 속에서 현재에 대한 교훈을 얻고자 했다. 왜냐하면 그에게 역사란 인간의 본성, 즉 인간의 가능성과 한계를 넘어서는 어떤 "이론"이 아니라 인간적 삶의 "경험"이기 때문이다. 그는 잭슨 시대에 종합된 민주주의의 전통은 미국의 "내적 필요성" 때문에 만들어진 것이므로 그것은 영구히 지속되는 것은 물론이고 역동적이 될 것이라고 믿었다.[13]

그렇다면 민주주의의 역동성은 어디에서 나오는 것인가? 슐레진저에게 '역동성'이란 어떤 획일적인 통제를 통해서가 아니라 사회 속의 모든 개인들 혹은 집단들의 경쟁과 갈등 속에서 나오는 것이었다.

그는 미국의 민주주의와 자본주의는 이러한 경쟁과 갈등을 인정하고 수용할 때만 역동성을 유지할 수 있다고 본다. 그는 이 역동적 자유주의의 적이 바로 기업세력과 보수주의라고 지적한다. 그러나 그는 "자유주의의 목적은 결코 자본주의를 파괴하는 것이 아니라"고 강조한다.[14] 그는 "갈등 없는 세계는 환상의 세계"이고, 갈등을 허용하는 체제야말로 자유주의의 핵심이라고 믿었다. 그는 역사 연구를 통해서 경험에 바탕을 두지 않은 어떠한 이론과 주장에도 대항할 수 있는 미국의 역동적 정신의 기반을 찾고자 한 것이다.[15]

정치의 역동성에 의한 진보와 보수의 통합 추구

슐레진저가 정치사 연구를 통해 추구했던 가장 중요한 목표는 과거의 정치를 통해 진보와 보수가 통합을 이룬 전례를 발견하는 것이었다. 이를 위해 그는 미국 역사의 진행을 전체적·발전적으로 고찰한 결과 진보와 보수의 통합에 관한 실마리를 발견할 수 있었다. 그것은 진보와 보수의 순환이었다. 그러나 슐레진저는 그 순환이란 "고정된 두 지점을 일정하게 왕복하는" 것도 아니고, "국가를 이전 상태로 돌아가게 하는 것도 아니라는 것"을 강조하며, "자유주의 개혁자들은 보수주의자들이 권력을 잡은 후에도 언제나 존속했다"고 주장했다. 다시 말해 진보와 보수의 "나선형 순환은 역동적이며 창조적인 과정으로서, 이를 통해 사회의 갈등세력들을 하나로 통합할 수 있었다는 것이다.[16]

따라서 슐레진저에게 이상적인 정치는 역동적인 순환을 가능하게 하는 개혁의 정치였다. 즉, 개혁을 통해 제퍼슨 민주주의는 잭슨 민주주의로 이어졌고, 19세기 후반 산업자본가 시대는 진보주의 개혁시대로, 그리고 워런 G. 하딩(Warren G. Harding)으로 시작된 1920년대의 보수주의는 프랭클린 루스벨트의 뉴딜 개혁시대로, 1950년대의 무기력한 보수주의 시대는 존 F. 케네디의 "뉴프런티어"(New Frontier)와 린든 B. 존슨(Lyndon B. Johnson)의 "위대한 사회"(Great Society)라는 자유주의 시대로 교체되었다는 것이다. 슐레진저는 이러한 정치순환의 주기 속에서 뉴딜개혁을 이상적인 개혁의 전형으로 보았다. 그는 뉴딜이 대공황에 대한 대응책 이상의 어떤 것을 의미한다고 해석하면서, 그것이 당시까지 추구되어 온 개혁정신과 개혁의 실제가 종합되어 나타난 것으로 보았다.

슐레진저에게 정치의 순환은 단순한 세력 교체가 아니었다. 그에게 미국의 "진정한 순환은 스스로 성장하는 힘"을 가진 내면적인 순환으로 진행되는 것이었다. 그는 이에 대해 다음과 같이 말한다. "순환은 대이변이 없는 한 외부적인 사건에 의하여 결정되지 않는다. 전쟁이나 공황이나 인플레이션이 분위기를 고조시키거나 복잡하게 할 수는 있지만 순환 과정 자체는 자율적이다."[17] 이 말은 정치를 움직이는 미국 정신은 그 자체의 역동적 힘을 갖고 순환하며 진행한다는 것을 의미한다. 그렇다면 그 자체의 원동력은 무엇인가? 슐레진저는 그 원동력이 어떤 신성한 외부 세력에서 나온다고 보지 않고, 철저하게 개인들로부터 나오는 내적인 힘이라고 주장한다. 다시 말해 그 원동력은 바로 미국 국민이라는 것이다. 슐레진저는 미국 국민의 감정과 욕구, 자발적 의지가 미국 정치사를 순환시키고 있다고 믿었다. 또한 그는 순환의 원동력으로 "각 세대의 경험"을 지적하였는데, 이것 역시 인간 혹은 개인들의 집단적 경험이라는 것이다.[18]

이와 같이 슐레진저가 순환의 원동력으로 개인과 세대를 말할 때,

그는 한 가지 중요한 사실을 암시하였다. 그것은 바로 이러한 역사의 순환이 언제나 인간의 차원에서 이루어지는 것이지, 국가나 이데올로기에 의해 주도되어 전체적으로 진행되는 것이 아니라는 사실이다. 즉, 그것은 인간의 본성으로부터 나오는 인간의 욕구와 자발적인 의지에 따라 자유롭게 진행한다는 것이다. 따라서 그것은 어떤 고정된 방향을 향해 나아가는 것도 아니고, 어떤 완전한 상태에 도달할 수 있는 것도 아니라는 것이다. 슐레진저는 철저하게 역사의 결정론을 거부하였다. 그는 인간의 의지 혹은 지도자의 지도력을 역사의 동력으로 중요하게 다루며, 결정론에 관해 다음과 같이 설명한다. "결정론은 여러 형태를 지닌다. 마르크스주의는 계급결정론이고 나치즘은 민족결정론이다. 슈펭글러와 톨스토이는 흥망성쇠 결정론자들이다. 자유시장이라는 결정론도 있다. 모든 형태의 결정론이 동기는 달랐지만 결론에서 드러난 공통점은 역사에서 개인의 의지를 중요한 요인으로 다루지 않았다는 사실이다."[19]

전체주의는 인간 개개인의 개성과 성격을 인정하지 않는다. 그것은 집단, 사회, 국가와 같이 거대한 단위에 의존하여 사회와 국가를 전체적으로 움직일 수 있다는 신념에 바탕을 둔 것이다. 자유사회에 대한 전체주의의 도전이 미국의 자유주의와 민주주의를 위태롭게 했을 때 슐레진저의 순환이론은 개인들의 참여를 강조하며, 미국 사회의 통합을 이끌어내고자 했다. 이러한 슐레진저의 통합정신은 제2차 세계대전이 끝난 후 냉전의 대립이 격화되고 있는 상황에서 출판된『역동적 중심』에서 가장 분명하게 나타난다. 그가 말하는 중심이란 통합된 중심을 말하는 것이었다. 즉, 하나의 중심을 축으로 하는 순환 과정에서 다양한 세력들이 사회 속에 수용되고 통합되는 것을 말한다. 이러한 통합은 결코 전체적·강제적으로 결합되는 것이 아니다. 이것은 부분과 부분의 자발적인 통합이며, 통합 이후에도 부분들의 다양성은 그대로 유지되는 것을 의미한다. 슐레진저는 이럴 때만이 그 중심은 새롭게 형성된 전체 속에서 평형을 이루고, 그 평형은 또 다른 부분들을 역동적이고 창조적으로 받아들일 수 있게 된다고 믿었다.

이와 같이 슐레진저가 추구했던 정치사의 순환은 변증법적 발전을 의미하였다. 그는 이 순환 과정 속에서 사회의 갈등하는 요소들도 결국에는 전체를 위해 이바지하고 역동적 평형의 주요한 요소가 된다고 보았다. 그는 자신의 통합정신을 다음과 같이 말한다. "아메리카 공화국에서 보수주의와 개혁, 자본주의와 민주주의, 사익과 공공의 목적, 이 모두가 미국의 정치 전통을 규정한다. 미국 사상에서 보수와 진보는 의견을 달리할 때보다 같이할 때가 더 많았다. 이 두 사상은 개인의 자유, 헌정 국가, 법의 지배라는 원칙에 모두 공감하고 있으며, 정체(政體)를 보존하는 데 있어서 상호 보완적인 기능을 하고 있다. 모두 공공정책의 변증법 속에서 필수 불가결한 역할을 한다. 그들은 민주주의의 위대한 모험 속에서 떼어놓을 수 없는 파트너다."[20]

미국의 역사와 사회를 바라보는 견지에서 슐레진저가 소중하게 여기며 지키고자 했던 것은 미국의 기반 그 자체였다. 왜냐하면 그는 계급 간의 갈등과 분열, 진보와 보수의 대립, 이 모든 것이 미국이라는 기반이 있어야 일어날 수 있다고 보기 때문이다. 그는 이 기반에서 갈등과 분열의 세력이 역동적 중심으로, 이 역동적 중심을 축으로 진보세력과 보수세력이 변증법적 발전에 의해 통합되기를 희망했다.

결국 슐레진저에게 미국 정치사의 순환은 미국 국민의 진보와 보수의 통합을 위해 필요한 것이었다.

자유주의 전통의 회복에 의한 사회통합 추구

역동적 중심을 축으로 진보와 보수의 통합을 추구했던 슐레진저에게 제2차 세계대전 이후 가장 커다란 지적 과제는 소련과 전체주의에 대한 좌파 지식인들의 감상적이고 낭만적인 태도와 인식을 각성시키는 일이었다. 이러한 각성을 통해 그는 미국 자유주의의 전통을 회복시키고자 하였고, 이를 통해 사회통합을 추구하였다. 그리하여 그는 소련에 대해 여전히 온건한 입장을 갖고 있던 좌파 지식인들을 향해 다음과 같은 질문들을 던진다. 소련의 공산주의가 전체와 부분의 관계를 무시하며 개인의 존재를 말살시키는 전체주의의 전형적인 형태로 가고 있을 때 좌파의 양심 세력은 무엇을 하고 있었는가? 그들이 폭로하고 비판하는 자본주의의 죄악보다 소련에서 진행되고 있는 상황이 훨씬 더 심각한데도 소련에 대해 침묵하는 것은 그들이 정보에 대해 무지했거나, 아니면 양심의 편협성을 드러내는 것이 아닌가? 이러한 질문들과 더불어 슐레진저는 이들 좌파가 1920년대 "사코와 반제티(Sacco and Vanzetti) 소송의 사법적 살인에 항의했을 때는 도덕적 힘을 얻었지만, 반대로 소련의 전제정치(專制政治)에 의해 이름 없이 죽어 간 희생자들 앞에서 침묵을 지켰을 때는 도덕적 힘을 상실하고 말았다"고 선언하였다.[21]

그렇다면 공산주의와 좌파는 무엇이 다른가? 슐레진저는 공산주의의 본질을 제대로 인식하지 못하고 소련을 여전히 선망의 대상으로 보고 있는 좌파 지식인들을 겨냥하여 그 차이를 설명하고자 하였다. 그는 먼저 사회민주주의자인 로자 룩셈부르크(Rosa Luxemburg)의 말을 인용하여 자유의 개념을 다음과 같이 규정한다. "정부 지지자들만을 위한 자유, 일당 당원들만의 자유는 그 구성원이 아무리 많다 하더라도 결코 자유가 아니다. 자유는 언제나 다르게 생각하는 사람에게도 자유"여야만 한다.[22] 슐레진저는 공산주의가 당 중심의 관료제도로 바뀌었을 때 이러한 자유의 개념과는 반대방향으로 갔다고 비판한다. 그는 "공산주의자들이 시도한 한 가지 목표는 독립적인 좌파를 근절하는 것"이었다고 개탄한다.[23] 스탈린은 이 목표에 대한 분명한 입장을 가지고, 민주적 좌파(democratic left)의 점진주의를 공격하였다는 것이다. 이 민주적 좌파를 슐레진저는 "급진적 민주주의자"(radical democrat)라 불렀다. 그는 "이들은 두 세대 동안 실업 문제에 대한 해결책을 제안하였고, 대중을 노예로 만들지 않았으며, 경찰국가를 수립하지 않고도 결핍의 문제를 해결하고자 하였다"고 강조한다.[24] 그는 이들이 무엇보다도 개혁을 통해 기존 제도를 더욱 강화하고자 했던 반면에, 공산주의자들은 기존 제도를 와해시키는 혁명을 준비하는 수단으로 개혁을 이용했다고 설명한다. 다시 말해 공산주의자들이 개혁에 참여한 것은 하나의 연막전술로, 궁극적으로는 부르주아의 전복을 위해 대중을 혁명에 끌어들이려는 선전활동이었다는 것이다.

슐레진저가 이상으로 하는 정치 이념은 '민주적 좌파'다. 그에게 민주적 좌파는 더 큰 자유와 관용을 열망하는 사람들의 지적 원천이었다. 그는 민주적 좌파의 "제일의 원리는 자유사회에 대한 믿음을 고수하면서 전체주의를 절대적으로 거부하는 태도"라고 주장한다.[25] 그러므로 민주적 좌파가 1917년 제정(帝政) 러시아에서 일어난 혁명을 거부한다는 것은 쉬운 일이 아니었다. 슐레진저 자신은 이러한 향수의 유혹에 빠지기에는 너무 어린 세대였다. 그의 세대는 "러시아에 대해 혁명의 영광보다는 공포"를 기억한다. 수백만의 강제노동, 과학자와 지식인들에 대한 탄압, 농민의 굶주림, 숙청 등을 통해 그는 공산주의에 대한 분명한 인식을 가지고 있었다. 공산주의에 대해 공감하는 태도를 보였던 선배 지식인들도 전체주의 체제에 대해 환멸적 감정을 갖게 되었다. 누구보다도 프랭클린 루스벨트가 공산주의와 전체주의에 맞서며 보여 주었던 정치적 통찰을 찬양하면서 슐레진저는 앞선 세대의 지식인들에 대해 다음과 같이 서술한다. "실론(Ignazio Silon)은 심원한 도덕적 민감성을 가지고, 지드(André Gide)는 자유에 대한 떨리는 의식을 가지고, 케스틀러(Arthur Koestler)는 끊임없는 탐구와 지적 호기심을 가지고, 헤밍웨이는 다른 사람들을 숙청하는 사람들에 대한 혐오를 가지고, 니버는 인간의 곤궁에 대한 비극적 의미를 가지고, 에드문드 윌슨(Edmund Wilson)은 도덕적·미적 감수성을 가지고 공산주의에 대항하였다." 슐레진저는 이런 비판적 지식인들을 "비공산주의 좌파"(non-communist left)라고 부른다.[26] 그는 이들의 정신을 통해 미국의 민주주의 전통을 회복하기를 원했다.

그렇다면 슐레진저에게 있어서 미국의 민주주의란 무엇인가? 그는 먼저 그 역사적 배경을 다음과 같이 설명한다. "미국 독립선언서의 평등주의는 경험에서 나온 자발적인 표현이다. 프런티어 생활은 사회의식 속에 계급의 존재를 용납하지 않는 국민적 성격을 만들어 냈고, 도시의 등장은 경제적·정치적 영역에서 지배계급에 대한 투쟁을 수행할 수 있는 힘을 점점 더 방출하였다. 혁명을 통해 수립되고 자유의 개념에 의해 착상된 미국은 모든 인간이 평등하다는 전제에서 처음부터 평등의 샛별에 의해 그 역사와 정치를 계획하였다."[27]

모든 인간은 평등하게 태어났다는 전제를 슐레진저는 무엇보다도 중요하게 해석한다. 즉, 이 정치적 전제는 먼저 모든 인간은 양도할 수 없는 권리를 가지고 있다는 것이고, 만일 정부가 그러한 권리를 파괴한다면 국민은 정부를 변경하고 폐지할 권한을 가지고 있다는 것이다. 이러한 전제는 헌법을 통해 확실하게 구현되었고, 그로 말미암아 개인은 자유는 물론이고 국가의 정치·경제 생활을 통제할 수 있는 권한까지도 갖게 되었다는 것이다. 슐레진저는 이러한 개인의 자유와 권리를 미국 자유민주주의의 기본 정신으로 보았다.

그렇다면 모든 개인들이 각자의 자유와 권리를 주장할 때 과연 통치가 제대로 이루어질 것인가? 통치가 소수에 의해 이루어지는 것이라면 다수의 지배와 소수의 통치가 조화를 이룰 수 있을 것인가? 슐레진저는 제퍼슨의 말을 인용하여, "다수의 결정을 절대적으로 따르는 것이 공화국의 역동적 원칙"이라고 하면서도, "다수의 의지는 정당하고 합당해야만 한다"고 지적한다. 또한 그는 미국 자유민주주의의 전통은 이념이 아니라 행동으로부터 출발했다는 사실을 강조하며, 그러한 전통 속에서 민주주의는 "순응"과 "도피"가 아니라 분명한 "책임"과 단호한 "결정"을 통해 운용되어 왔다고 주장한다.[28] 그리하여 위기의 시대에 자유와 민주주의를 신봉하는 사람들은 국가와 다수에 대한 탁월한 지도력을 발휘하였는데, 그 대표적인 인물이 1830년대의 앤드류 잭슨(Andrew Jackson)과 1930년대의 프랭클린 루스벨트(Franklin D. Roosevelt)라는 것이다. 슐레진저가 이들을 찬양하는 이유는 이들이 미국의 자유주의를 누구보다 실제적이고 효율적으로 추진했다는 사실에 있었다. 이런 관점에서 그는 좌파 중에서도 감상주의

자들, 유토피아를 꿈꾸는 사람들, 비탄에 빠진 사람들의 태도와 사상을 배격하였다. 그가 이들을 비판하는 가장 중요한 이유는 이들로 인해 좌파가 분열되어 왔다고 보기 때문이다. 이들은 사회의 실제적 책임은 회피하면서 오히려 자유사회가 실패하기를 바라고 있다는 것이다. 그런 이유로 이들은 쉽게 공산주의에 공감하는 사람들이라고 슐레진저는 지적한다. 즉, 그들은 인간은 물론이고 세상이 지닌 한계와 가능성을 분명하게 인식하지 못하고, 그 때문에 삶을 지나치게 단순하게 본다는 것이다. 이러한 단순성으로 이들은 인간이 완전할 수 있고 완전한 사회도 건설할 수 있다는 환상에 쉽게 빠지고 만다는 것이다. 슐레진저는 "이들이 인간의 오류를 부정함으로써 이상 속에서 만들어 낸 특별한 선(善)의 제단에 거리낌 없이 인간성을 희생시킬 수가 있었다"고 개탄하였다.[29]

이러한 감상적 자유주의자들을 비판함에 있어서 슐레진저는 잭슨 시대의 지식인이었던 호손의 깊은 정신세계에서 영감과 통찰을 얻었다. 호손은 당시의 개혁에 공감하며 잭슨을 지지하면서도 인간성과 사회에 대해 결코 낙관적인 태도를 보이지 않았던 지식인이었다. 1830년대에 노예제도 폐지는 물론이고 사회의 전체적인 개혁을 이루려고 했던 미국의 지식인들은 유토피아를 꿈꾸는 단계에까지 이르게 된다. 그들은 부룩팜(Brook Farm)이라는 공동체를 수립하여 6년여에 걸쳐 운용하다 결국은 실패하고 만다. 호손도 이 공동체를 방문한 지식인 가운데 한 사람이었다. 그도 역시 개혁에 대한 열정을 가지고 있었다. 그러나 그는 "인간의 자만은 물론이고 권력의 유혹 앞에 인간이 얼마나 약해질 수 있는가"를 분명히 깨닫고 있었다. 슐레진저는 호손이 보여 준 "권력의 이기주의에 대한 통찰"이 20세기 미국 자유주의 지식인들의 정신에서 사라지고 말았다고 애석해한다. 슐레진저는 호손의 정신을 상실한 미국의 자유주의 지식인들에게 공산주의는 커다란 위협이었다고 주장한다. 그 이유는 "공산주의가 그동안 자신만만하게 성장한 자유주의가 벗어 놓은 의복을 교묘하게 걸치고 있었기 때문이라는 것"이다.[30]

그러므로 슐레진저는 잭슨, 호손과 같은 미국 정신을 통해 수립된 미국의 자유주의 전통을 회복시키고자 했다. 그는 "이 전통은 정치에 대한 합리적인 책임과 인간에 대한 적절한 비관주의"에 바탕을 둔 것이라고 강조한다.[31] 한편으로 그는 그러한 자유주의 전통의 회복이 1947년 1월에 수립된 '민주주의의 실현을 위한 모임'(Americans for Democratic Action)으로 구체화되고 있는 것에 안도한다. 이 단체에는 뉴딜 입안에 참여했던 지식인들을 비롯하여 엘리너 루스벨트(Eleanor Roosevelt), 윌슨 와트(Wilson Wyatt), 레온 헨더슨(Leon Henderson), 폴 포터(Paul Porter), 라인홀드 니버, 엘머 데이비스(Elmer Davis), 마르키스 차일즈(Marquis Childs) 등이 참여했다. 이들의 목적은 공산주의를 배격하면서 미국 민주주의의 정신을 구현하는 것이었다. 이 조직의 일원으로서 슐레진저는 이 지식인들의 결속을 자유주의의 새로운 출발로 보았다.

슐레진저가 전체주의를 배격하면서 자유주의를 옹호했던 것은 인간성에 대한 그의 분명한 인식 때문이었다. 그는 전체와 부분의 관계에서 부분의 역할과 위치를 강조하면서도 부분의 한계 또한 분명하게 인식하고 있었다. 그는 "인간은 이성을 가지고 목적을 실현할 수 있는 존재"라고 보면서도 "물질적 권력에 쉽게 빨려 들어가고 정신적 자만에 쉽게 빠진다"는 사실을 결코 잊지 않았다. 이런 의미에서 그는 전체주의의 위협에 맞서 싸우는 것은 물론이고, 물질적 권력이라 할 수 있는 "기업의 지배에 대해 사회의 비천한 사람들 편에 서서 싸우는 것이 미국 자유주의의 지속적인 과업"이라고 말한다. 경제적 위기의 시대에 루스벨트가 "유럽의 전복 지향적인 이념을 결코 받아들이지 않고" 전통적인 자유주의의 정신에 입각해 해결책을 제시했던 것은 "과거 미국의 고귀한 정치 이념으로 돌아가는 것"이었다고 슐레진저는 평가한다.[32]

*E Pluribus Unum*의 정신에 의한 국민통합 추구

이상과 같이 미국과 그 문명을 이해하는 데 있어서 슐레진저는 민주주의·자본주의·자유주의가 사회의 중심이 되어 개혁을 통해 진보를 이룰 수 있다고 믿었다. 그는 자유주의자이자 진보주의자였다. 윌리엄 제임스의 프래그머티즘 철학을 받아들였던 그의 자유주의 사상은 절대적이고 추상적인 도덕과 가치관을 거부하며, 기존 질서와 현실은 고정된 것이 아니라 끊임없이 변한다고 믿었으며, 열린 세계에서 전체와 부분의 균형과 조화를 통해 역동적 중심을 추구하였다. 이런 점에서 그는 사회의 진보와 통합에 대해 어느 정도 낙관적이었다. 그러나 1980년대 이래로 그의 이러한 낙관적인 관점은 변하기 시작한다. 그는 미국 역사의 진행이 지나치게 빨랐다는 사실을 인식하며, 이 과정 속에서 자신이 지금까지 추구해 왔던 미국의 전통적인 정신은 위기에 처해 있다는 사실을 알게 된다. 그는 자신의 위기의식을 다음과 같이 서술한다. "사회의 변천은 내부적인 인식과 기대를 근본적으로 바꾸어 놓았다. 그 변천은 전통적인 제도와 역할을 이해하기 어려울 정도로 심한 긴장으로 몰아넣었다. 그 변천으로 여러 세대에 걸쳐서 생활을 안정시키고 신성하게 만들었던 도덕의 기준과 관습은 폐기되었다."[33]

슐레진저의 자유주의 사상의 기반이기도 했던 윌리엄 제임스의 "열린 우주"의 낙관주의적 관점은 이제 19세기 후반 헨리 애덤스(Henry Adams)가 느꼈던 비관적 관점으로 서서히 바뀌고 있었다. 그러나 공적 지식인으로서 그가 지금까지 보여 주었던 적극적인 사회참여 태도는 오히려 더 왕성하게 나타났다. 즉, 그는 이 시대의 위기를 극복하고자 저술활동을 쉬지 않았다. 그는 급변하는 사회 속에서 퇴조해 가는 미국의 전통과 그것에 기반을 둔 미국의 정체성을 회복하고자 안간힘을 썼다. 그는 "변화하는 세계에서 엘리엇(T. S. Eliot)과 마찬가지로 움직이지 않는 지표"를 찾으려고 하였다.[34]

1991년 일흔넷의 나이에 슐레진저는『미국의 분열』(*The Disuniting of America*)이라는 책을 출간하였다. 이 책은 미국의 해체 현상과 그것을 주도하고 있는 다문화주의 이데올로기에 대한 우려와 비판을 제시한 것이다. 다문화주의는 미국 사회 내의 다양한 문화가 함께 어울려 더욱 힘차고 통합된 하나의 문화를 이룰 수 있다는 일반적인 관념을 거부한다. 그것은 슐레진저가 지키고자 했던 미국의 전통, 가치, 도덕 등을 공격한다. 그 개념은 최근 미국의 사고 및 행위의 방식에 강력한 영향을 미쳐 왔던 포스트모더니즘 이론과 좌파가 결합되어 형성된 것이다. 그리하여 그것은 미국 사회 속에서 형성되어 역사적으로 발전된 모든 제도, 사상, 지식, 원칙 등을 해체하고자 한다.

슐레진저는 이러한 다문화주의의 해체주의가 미국의 기반은 물론이고 그 역동적 중심을 파괴하는 것으로 인식하였다. 모든 형태의 전체주의로부터 이 역동적 중심을 지키고자 했던 그는 다문화주의를 하나의 극단적 이데올로기이자 미국에 대한 심각한 도전으로 받아들였다. 그는 이러한 도전으로 말미암아 고귀한 노력과 희생을 통해 이룩한 미국과 그 체제가 위기에 처하게 되었다는 인식을 확고하게 가지고 있었다. 『미국의 분열』은 바로 이러한 위기상황에 대한 대응으로 나온 것이었다.

전체주의의 지배로부터 모든 개인의 개성과 위치를 회복시키고자 했던 슐레진저는 이제 반대로 개인들의 극단적 주장과 태도로부터 전체를 지켜야 하는 처지에 놓이게 된 것이다. 그는 미국 사회의 소수 인종들이 자신들의 정체성을 주장하기 위해 미국의 근본적인 가치와 역사적 지식을 부정함으로써 미국의 정체성은 위기에 처하고 말았다고 주장한다. 그는 이러한 현상을 "앵글로 색슨족 중심의 문화에 대한 반항"으로 인식하였다. 그리하여 그 반항은 하나의 유행이 되었고, "하나의 국민," "하나의 공통 문화"라는 개념은 사라질 위기에 처하게 되었다는 것이다.[35] 슐레진저는 역사학자로서 미국의 분열에 앞장서고 있는 사람들이 역사를 하나의 무기로 사용하고 있는 것에 대해 신랄하게 비판하였다. 그는 "무기로서의 역사는 역사의 오용"이라고 지적하며, "역사의 목적은 집단의 자부심을 고취시키는 것이 아니라 세계와 과거에 대한 이해와 다양한 문화와 전통에 대한 사심 없는 분석"을 통해 인간의 자유와 존엄을 지키고 보존하는 것이라고 주장하였다.[36]

이러한 정체성 논란에서 슐레진저의 입장은 확고하다. 즉, 전체의 모습은 부분들을 통해서 나타나지만, 그 부분들은 전체 속에 위치할 때만이 각각의 의미를 갖는다는 것이다. 따라서 '미국인이 된다는 것은 도대체 무엇을 의미하는가?'라는 물음에 대해 그는 각 개인이 각자의 개성과 능력을 통해 미국의 전통과 역사를 받아들일 때 미국의 일원이 된다고 답하였다. 이와 같은 논리에서 그는 "다양한 인종적·종교적·종족적 기원을 가진 국민 한 사람 한 사람이" 미국이라는 국가 속에서 각자의 독특한 역할을 하며 기여할 때 미국은 "단일 국가"로서의 그 모습을 드러낼 수 있음을 강조한다.[37] 더욱 구체적으로 그는 미국이란 "역사적·문화적으로 앵글로 색슨족의 기반" 위에 수립되었다고 선언한다. 그러나 그는 "그 기반은 처음부터 다른 대륙과 문명들과의 교류를 통해 수정되어 훌륭하게 재건되어 왔다"는 사실을 강조한다.[38]

미국의 정체성을 이해하는 데에 있어서도 슐레진저는 여전히 윌리엄 제임스의 철학을 따랐다. 즉, 미국이라는 나라의 정체와 의미는 결코 고정된 것이 아니라 하나의 '열린 세계'로서 끊임없이 새로운 사람들과 새로운 문화를 받아들임으로써 새롭게 형성되고 있다는 것이다. 따라서 그것은 과거 어느 시점에 완결된 것이 아니라, 전체와 부분들의 조화와 균형을 통해 역동적 문명으로 발전해 왔다는 것이다. 이것은 '다수로 이루어진 하나'(*E Pluribus Unum*)의 정신에 바탕을 둔 것이다. 즉, 이 라틴어는 '다수'와 '하나'의 조화와 균형, 공존을 의미한다. 각 시대마다 '다수'와 '하나'의 평형상태를 깨뜨리는 요소들과 상황들은 끊임없이 나타난다. 이 평형상태를 유지하려는 지식인들의 정신과 노력이 미국의 지적 전통을 형성한 것이다. 슐레진저는 통합 대신에 분열과 해체가 문명의 대세를 이루며 이 평형상태가 깨질 때 미국의 장래는 어둡고 비관적인 상태로 빠지게 될 것이라고 전망하였다.

『역동적 중심』(1949)

앞장에서 다루었던 지식인들과 마찬가지로 20세기 한가운데 서 있었던 슐레진저도 현대 문명에 대한 반성을 전체와 부분의 유기적 관계에 대한 이해로부터 시작하였다. 그는 부분이 전체와 관련을 맺을 때만이 의미를 가진다고 보면서도, 전체가 각 부분의 개성을 대신할 수 없다는 사실을 분명하게 인식하였다. 그가 역사를 통해 깨달은 사실은 전체란 부분들을 통해 단지 부분적인 의미만을 드러낸다는 사실이다. 다시 말해 그것은 전체와 부분의 관계란 상호 보완적 입장에서 균형과 조화를 이루어야만 한다는 사실이었다. 그럼에도 20세기의 전체주의는 이러한 전체와 부분의 관계를 무시하였다. 즉, 전체주의는 전체 속에 부분들의 위치가 사라진다면 전체는 명확하게 드러나고, 그로부터 나오는 역동적 에너지는 모든 부분들을 온전하게 만들 것이라는 잘못된 믿음에 근간을 둔 것이었다. 전체주의가 처음 등장했을 당시 그러한 믿음은 실현되는 것처럼 보였다. 그러나 그것은 일시적으로 나타나는 전시(展示) 혹은 착시 현상에 불과했고, 시간이 지남에 따라 곧 그것이 환영이었음이 드러났다. 부분들이 사라진 전체란 정체적(停滯的) 실체로 전락하고 마침내는 본래의 역동적 힘을 상실하게 되는 것이다.

1949년에 출판된 『역동적 중심』(*The Vital Center*)에서 슐레진저는 현대 문명 속에서 잉태된 전체와 부분의 잘못된 관계로 말미암아 20세기의 세계적 비극이 초래되었다고 주장한다. 그리하여 인류가 그토록 헌신하여 쌓아올린 "문명의 기반은 인류의 발 아래에서 무너지고 있고," 그 확실성의 기반 위에 수립된 이념과 제도는 "마치 황혼녘에

지는 노을과 같이 사라지고 있다"고 선언한다.[39]

슐레진저에게 전후(戰後) 시대는 불안의 시대이자 불확실성의 시대였다. 전통과 문명의 기반이 흔들렸고, 서양인들은 긴장 속에서 표류하고 있었다. 절망과 좌절은 서양 세계 전체를 뒤덮고 있는 어두운 그림자의 특징이었다. 20세기가 시작되었을 당시 인류는 자유, 민주주의, 풍요가 확대되는 것을 꿈꾸었지만, 반세기가 지난 지금 인류는 두 차례에 걸친 세계대전, 집단수용소, 기아, 원폭의 악몽 등을 떠올린다. 이 모든 인류의 파국과 고통은 전체가 모든 것을 지배하며 부분들의 역할과 의미까지도 대신하려 했을 때 필연적으로 나타났던 도덕적 자만과 죄의식의 망각으로부터 나온 결과라고 볼 수 있다.

슐레진저가 서른두 살의 젊은 나이에 펴낸 『역동적 중심』은 미국 자유주의 역사에서 중요한 하나의 전환점을 만들었다. 제2차 세계대전 직후 미국 자유주의자들이 공산주의에 대해 분명한 입장을 정리하지 못하고 있던 시점에 이 책은 그들에게 자유민주주의의 목표와 방향을 제시해 주었다.

슐레진저는 민주주의의 실현을 위해서는 제도의 개혁이 필요하지만, 제도의 개혁을 위해서는 민주주의가 또한 필요하다는 사실을 분명히 인식하고 있었다. 그는 제도의 개혁이 결코 인간의 개혁으로 이어질 수는 없다고 보았다. 그는 "모두의 가슴속에는 히틀러나 스탈린과 같은 요소가 들어 있다"는 사실을 잊지 않았다.[40] 이러한 의미에서 그는 정치 민주주의의 구조란 한계가 있다고 보며, 더 넓은 문화적 차원에서 민주주의가 실현되어야 한다고 주장한다. 그는 "진정한 문화적 다원주의에 바탕을 둔, 즉 광범하고 자발적인 집단활동에 기초한 민주사회는 인간의 다양한 감정들을 위한 출구를 제공함으로써 민주주의 생활의 의미를 회복시킬 수 있다"고 보는 것이다.[41] 다시 말해 다양성이 인정되지 않는 사회는 사회의 분열을 초래할 수 있고, 그러한 분열적 상태는 언제라도 전체주의를 다시 불러들일 수 있다는 것이다. 따라서 슐레진저는 많은 자발적인 연합체들이 자유사회와 문화를 구성할 때 그 사회는 "전체주의에 대한 강한 보루"를 형성할 수 있을 것이라고 주장한다.[42]

슐레진저에게 약속의 땅은 사회의 전체적 통제, 과학의 발전, 경제제도의 수정 등을 통해 도달하는 곳이 아니었다. 그는 그 약속의 땅조차도 여전히 해결할 수 없는 문제들을 갖게 될 것이고, 그 땅의 사회도 불완전할 것이라고 믿었다. 그러므로 그는 "선(善)이란 그러한 문제들을 시도하고 해결하려는 지속적인 노력으로부터 나오는 것이지, 그것들을 해결할 수 있다는 헛된 희망으로부터 오는 것이 아니라"고 말한다.[43]

1962년 슐레진저는 이 책의 서론을 다시 쓰며 다음과 같이 회고하였다. "나는 『역동적 중심』을 1948년과 1949년 사이의 가을과 겨울에 저술하였다. 이 시기는 전후 미국 자유주의의 역사에서 전환기였다. 즉, 자유주의 공동체가 공산주의의 현상에 대해 그 태도를 다시 규정하고, 부분적이지만 그 결과로 자유주의 정치철학의 기반을 다시 수립해야 하는 이중적인 과업을 시작한 순간이었다."[44] 이 과업을 이루기 위해 그는 무엇보다도 이 책에서 자유주의와 공산주의가 사상적으로 어떤 차이가 있는지를 분명히 밝히고자 하였다. 이 말은 많은 미국 지식인들이 그 두 이데올로기의 분명한 차이점보다는 그 공통점에 더 이끌리며 혼동하고 있었다는 사실을 반증하는 것이다. 실제로 진보사상을 무엇보다도 우선시하는 많은 미국 지식인들에게 진보사상에 대한 환상은 공산주의에 대한 공감과 열정으로까지 나타났던 것이 사실이다. 이러한 태도는 제2차 세계대전 이후 공산주의 이데올로기의 팽창과 그와 관련한 국내적 동요 및 스탈린과 관련된 잔인한 기록이 알려진 이후에도 지속되었다.

『역동적 중심』에서 슐레진저가 목적하는 바는 어떤 새로운 정치 이론을 제시하려는 것이 아니라 미국 자유주의자들의 반성적 성찰을 유도하는 것이었다. 자신을 전형적인 자유주의 세대의 일원임을 밝히면서 그는 한 세대에 대해 그와 같은 책임을 기꺼이 떠맡으며 다음과 같이 말한다. "1933년 3월 이래로 우리는 전반적으로 자유주의가 지향하는 바가 우리의 국가정책을 지배하고 있다는 것을 느낄 수 있었다. 그 후 우리 자신의 세대에 미국 자유주의는 긍정적이고 확실한 자세를 가지게 되었다. 그것은 좌절과 감상에 빠지는 것이 아니라 책임을 지고 업적을 이루는 것을 의미하였다. 그것은 개인들이 아니라 사회의 변화를 위한 것이었다."[45]

여기서 슐레진저가 언급한 책임과 업적이란 경제적 파국의 시대에 떠맡았던 사회적 책임으로서 뉴딜을 말하는 것이었다. 그는 뉴딜 세대였고, 그의 정치의식은 대부분 뉴딜과 함께 시작하였다. 그는 미국이 계속 "뉴딜 국가"로 남을 것이라는 사실에 대해 어떠한 의심도 하지 않았다. 미국이 뉴딜의 기조 아래서 성장했다는 것은 10여 년 전의 세대가 받았던 공산주의의 영향으로부터 어느 정도 벗어날 수 있었다는 것을 의미했다. 다시 말해 소련을 유토피아로 믿으려는 경향이 뉴딜로 완화되었다는 것을 의미했다. 더욱 구체적으로 슐레진저는 "미국 민주주의의 자생 능력이 프랭클린 루스벨트에 의해 드러났고, 그가 시행한 뉴딜정책은 1920년대의 냉소주의와 자만 그리고

1930년대의 파산 등으로 인해 인간의 믿음에 생겨난 공백을 채우고 있었다"고 회상한다.[46]

『역동적 중심』에서 슐레진저는 미국의 자유주의 지식인들에게 소련은 하나의 신기루에 불과하다는 사실을 설득하려 애썼다. 그는 1930년대의 소련이 더는 1920년대에 사람들이 선망했던 희망의 땅이 아니라는 사실을 무엇보다도 부각시키고자 하였다. 즉, 그는 당시 소련의 산업화란 대중이 굶주림을 참고 이룩한 것이었고, 잘못된 정치적 판단으로 잔인무도한 숙청이 이루어졌으며, 혁명의 영웅들이 처형됨으로써 소련 제도의 깊은 내적 모순이 드러났다는 사실을 알리려 하였다.

슐레진저에게 이러한 소련의 실상은 역사의 교훈이었다. 그는 "소련의 실상이 19세기의 거짓된 낙관주의가 만들어 낸 거품을 터뜨렸다"고 강조한다. 낙관주의는 바로 자유주의자들의 태도였다. 즉, 그들은 오랫동안 충분히 지혜와 역량을 함께 모은다면 인간은 완전해질 수 있는 존재라고 보았던 것이다. 그러나 슐레진저는 "소련에 대한 경험은 그의 세대로 하여금 인간은 정말로 불완전하고, 권력의 부패는 그 무엇보다도 엄청난 악을 분출시킬 수 있다는 사실을 상기시켜 주었다"고 지적한다.[47]

그리하여 슐레진저는 "소련의 사태를 통해 인간은 불안, 죄, 부패라는 새로운 차원의 경험"을 얻었다고 지적하며, "20세기 중반의 자유주의는 근본적으로 뉴딜이 보여 준 희망, 소련에 대한 폭로, 그리고 인간에 대한 지식이 깊어 감에 따라 다시 형성되었다"고 주장한다. 그리고 그는 이러한 역사적 교훈을 통해 "전체주의에 대한 무조건적인 거부와 개인의 궁극적인 순수성"을 다시 주장할 수 있게 되었다고

선언한다.[48]

이러한 선언에도 불구하고 슐레진저는 자유주의가 겪은 독특한 경험과 그로부터 생겨난 확고한 믿음은 언제라도 극우와 극좌로부터 공격을 받을 수 있다는 사실을 경고하였다. 그리하여 그는『역동적 중심』에서 공산주의의 도전에 대해 자유주의의 믿음을 보호하려는 것이 첫째 목표였고, 그 다음은 전체주의적 좌파와 전체주의적 우파가 얼마나 자유주의적 가치와 배치되는지를 알리는 것이었다. 다행히도 공산주의에 대한 경험은 과거에 민주적 이념에 대해 확고하지 못했던 태도를 이제 새롭게 강화할 수 있게 해 주었다고 그는 안도한다. 따라서 그는 우파와 좌파 모두로부터 민주주의 이념은 계속 지켜지고, 열정과 원칙을 가지고 그 이념에 대한 믿음은 확산되어야 한다고 주장한다. 그는 역사를 통해 현대 미국 자유주의는 인간의 자유와 행복이 보장되는 사회를 건설할 이념과 지식을 갖추게 되었다고 확신한다. 그는 이제 이 과업은 미국 국민에게 달렸다고 호소한다.

산업화와 역사의 딜레마

전체와 부분들의 잘못된 관계에 바탕을 둔 현대 문명을 구하기 위해 무엇부터 다시 시작할 수 있을 것인가? 문명에 대한 반성을 통해 개인의 분명한 역할과 위치를 다시 회복시키는 것이 아마도 가장 중요한 일일 것이다. 특히 슐레진저는 이러한 불안의 시대에 미국 국민만이 그 시대의 흐름을 제대로 인식하지 못하고 있다고 개탄한다. "미국에는 여전히 국민과 이 시대의 불안 사이에서 완충적인 역할을 하는 요인들이 많다"는 것이다. 다시 말해 세계의 비극이 미국에서는 비현실적인 것처럼 보이고, 미국 국민은 불안에 대해 듣고는 있지만 생활의

부분으로 받아들이고 있지는 않다는 것이다.[49]

그렇다면 인간의 불안은 어디에서 온 것인가? 『역동적 중심』에서 슐레진저는 이 시대에 인간이 겪는 불안의 근원은 그러한 이데올로기를 넘어 더 깊은 역사의 진보 속에 있다고 본다. 예를 들어 제1차 세계대전 이전에 공산주의는 효율적인 면에서는 부족했지만 계몽적이고 도덕적이라는 점에서 지지를 받았던 반면, 자본주의는 물질적 진보를 가져오는 데 커다란 역할을 했지만 원칙상 반(反)계몽적인 것으로 비판을 받았다는 것이다. 그러나 대공황과 제2차 세계대전을 겪은 이후 그 두 이데올로기의 위치는 역전이 된다. 이러한 사실은 이념과 제도보다 인간을 더 깊게 지배하는 거대한 메커니즘이 존재한다는 것을 드러내는 것이다. 슐레진저는 그것을 산업화의 동력에 의해 형성된 현대 문명이라고 보았다. 즉, 그는 인간의 자기실현을 통해 성취한 과학과 기술의 진보는 건설은 물론이고 파괴에서도 엄청나다는 것이다. 다시 말해 이제 인간은 원하던 모든 것을 얻을 수 있게 되었을 뿐만 아니라 놀라울 정도의 엄청난 에너지도 갖게 되었다는 것이다. 그러나 이 진보는 과거와는 다른 시간과 공간의 개념들을 가져왔다. 전에는 상상도 하지 못한 빠른 속도와 축소된 거리는 농업사회에서 형성된 개인에 바탕을 둔 인간관계와 도덕을 더는 받아들여질 수 없는 것으로 만들었다. 산업화가 야기한 가장 치명적인 결과는 세계를 비개인적인 것으로 만들었다는 사실이다. 개인과 개인의 유대에 의해 형성된 과거의 농업사회는 모든 개인을 하나의 전체로 묶어버리는 산업사회로 바뀌고 말았다. 각 부분들이 개별적으로 전체와 의미 있는 관계를 가짐으로써 역동적 전체를 창조하는 것이 아니라 각 부분들이 기계적이고 획일적으로 통합될 때 전체와 부분의 유기적 관계는 무너지고 말았던 것이다. 슐레진저는 이러한 결과로 "산업화는 자유로운 개인을 궁지에 몰아넣고 말았다"고 주장한다.[50]

산업의 발전은 거대 기업을 탄생시켰고, 이 기업의 엄청난 동력은 모든 개인을 하나의 전체 속으로 통합시켰으며, 각 개인의 개성과 인간성은 사라지고 말았다. 이와 같이 기업이 중심에 있는 기계적이고 획일적인 제도는 인간의 자유와 창의적 의지를 불가능하게 만들었을 뿐만 아니라 부정직과 비인간적 상황에 대한 어떠한 책임이나 대안도 가지고 있지 않았다. 그리하여 메커니즘이 주는 안락과 편리 속에서 인간이 갖고 있는 본래의 기능들은 약화되는 대신, 자아는 도취되고 죄의식은 사라지고 말았다. 이러한 상황에 대해 슐레진저는 "산업화란 거대한 새로운 에너지를 방출함과 동시에 인간관계의 불길한 새로운 구조를 만들어 냈다"고 지적한다.[51] 그러나 그가 더욱 심각하게 생각하는 문제는 인간성이 배제된 제도보다는 이러한 제도를 이용하려는 인간에게 있었다.

『역동적 중심』에서 슐레진저는 이와 같은 아이러니한 상황을 잘 분석하고 있다. 즉, 그는 인간의 도덕적 자만과 탐욕은 개인의 역할과 위치가 사라진 제도 속에서 더욱 명확하게 드러났다고 지적한다. 사디즘과 마조히즘은 기계문명 속에서 나타나는 두 가지의 전형적인 인간의 모습이라는 것이다. 즉, 인간은 한편으론 권력에 황홀해하면서도 다른 한편으로는 권력에 복종함으로써 쾌락을 얻는다는 것이다. 이러한 인간의 자만과 권력의 욕구에 대한 통제장치가 사라진 사회와 제도 속에 바로 인간의 죄의식과 불안의 원천이 있다는 것이다.

슐레진저는 이러한 상황을 20세기 중반에 인류가 처한 "역사의 딜레마"라고 선언한다. 또한 그는 이러한 "기본적인 딜레마가 미국과 소련의 갈등에 의해 표면화되었고," 그 어느 국가도 이에 대해 분명한 해결책을 제시하고 있지 못하다고 비판한다. 오히려 이들 국가는 권력과 조직에 대한 인간의 약점을 이용하는 데 성공한 국가라고 지적한다. 그럼에도 그는 어떤 권력도 거부하는 무정부주의를 지향하지도 않았고, 권력의 분산 속에서도 각 개인들이 이상적으로 통합되는 어떤 제도를 꿈꾸지도 않았으며, 소로와 간디가 추구했던 평화주의를 대안으로 보지도 않았다. 더욱이 그는 산업화가 만들어 낸 이러한 딜레마로부터 도피하려 하지도 않았다.

슐레진저는 철저한 현실주의자였다. 그는 현재 인간 앞에 놓여 있는 상황을 받아들임으로써 그 속에서 대안을 찾고자 했다. 이런 의미에서 그는 "인간은 불완전한 대안을 통해서 행동할 수 있다"고 말한다. 그리하여 인간은 자본주의와 공산주의 사이에서 선택을 해야만 했다. 슐레진저는 "이것이 인간 앞에 놓여 있는 피할 수 없는 선택"이라고 주장한다. 그는 이 두 체제도 결국은 산업화의 산물로 생겨난 인간의 자만과 탐욕이 그 중심 부분을 각각 차지하고 있다고 본다. 그럼에도 그는 이 두 체제의 차이를 분명히 구별해야 한다고 주장한다. 즉, 하나는 "자유사회"이고 다른 하나는 "전체주의 사회"라는 것이다. 슐레진저는 서양 역사 전체를 통해 투쟁하여 얻은 "양심의 자유, 표현의 자유, 정치적 자유"는 자유사회에서만이 허용될 수 있음을 강조한다.[52]

슐레진저는 자본주의 체제와 함께하는 자유사회가 불평등을 만들어 내고 있다는 사실을 분명히 인식하고 있으면서도, 자유사회를 선택할 수밖에 없는 이유를 다음과 같이 설명한다. 그래도 본질적으로 "자유사회는 정부에 대한 비판이 허용되고, 여론이 자유롭게 표현되고 있지 않은가?" "국민은 그들이 동의하지 않은 정부를 거부할 수 있고, 헌법의 수단을 통해 자신들의 의지를 분명하게 밝힐 수 있지 않은가?" "행정부의 권력은 물론이고 군중의 폭력과 위협으로부터 독립된 사법부가 있지 않은가?" "관리와 일반인, 부자와 빈자 모두가 공평한 대우를 받고 있지 않은가?" "국가에 대한 의무를 다한 개인의 권리가 유지되고 주장될 수 있지 않은가?" "매일 수고와 노역 속에서 사는 농민과 노동자도 자유롭게 자신의 가족을 부양하며, 어떤 단일정당의 통제나 비밀경찰의 감시로 말미암은 공포로부터 벗어나 있지 않은가?"[53]

슐레진저는 이상에서 열거한 내용들이 자유사회의 본질이라고 설명하면서도, 현재의 자본주의 체제가 이 모든 내용을 만족스럽게 실행하고 있다고 보지는 않는다. 오히려 이러한 내용들을 이행하면서 드러난 "자본주의의 실패가 전체주의라는 적을 만들어 냈다"고 주장한다.[54] 그럼에도 슐레진저는 자유사회에 희망을 걸고 있다. 그가 그러한 선택을 하는 것은 무엇보다도 전체주의 사회 속에는 개인이 서야 할 어떤 자리도 없다고 믿기 때문이다. 그는 "개인의 자유와 경쟁을 체계적으로 제거해 버린 사회가 바로 전체주의 사회"라고 보고 있는 것이다.

우파와 좌파의 실패

『역동적 중심』에서 슐레진저는 역사의 진보에서 우파와 좌파 모두가 실패했다고 선언한다. 그 실패라는 것은 진보의 과정에서 사회가 역동적 중심을 상실했다는 것을 의미한다. 전체와 부분들의 바람직한 결합은 어느 한쪽의 약화나 흡수가 아니라 현실적인 상호작용을 통해 새로운 역동적 전체를 형성하는 것이다. 그러므로 만일 개인의 의미와 역할이 전체와의 자유롭고 구체적인 관계 속에서 상호 역동적인 에너지를 방출하는 것이 아니라 한쪽이 다른 한쪽을 지배하고 흡수한다면, 전체의 의미는 물론이고 각 부분들의 존재는 상실되고 말 것이다. 슐레진저는 이러한 상황에서 인간들은 절망하고, 이 절망의 위기에서 보수주의는 파시즘으로 바뀌며, 진보주의는 공산주의로 전락한다는 사실을 역사적으로 설명한다.

슐레진저는 먼저 전체주의의 등장을 막지 못한 우파의 실패를 지적하며 그 기원과 본질을 추적한다. 그에 따르면 우파란 자유민주주의와 자본주의를 지지하는 세력으로, 미국 역사가 시작되면서 형성된 자유주의 사회로부터 발전했다는 것이다. 따라서 그 제도들은 미국의 지적·종교적·사회적 전통 위에 수립된 것이고, 새로운 중산계급이 자신들의 경제적 이익을 위해 구세계의 경제구조와는 다른 새로운 상업 및 산업의 발전을 이룸으로써 더욱 분명하게 된 것이며, 그들이 권위주의적 정치제도에 대항하여 자연권에 바탕을 둔 자유로운 정치체제를 수립했을 때 더욱 확고하게 되었다는 것이다. 슐레진저는 누구보다도 기업인들이 자유사회의 경제 질서를 수립하는 데 기여하면서 경제적 풍요를 이루었고, 이로 인해 국민은 이들에 대해 정치적 지도력도 기대하였다고 말한다. 그러나 이들 기업인들은 노동의 조건을 개선하려는 조치들을 무시한 것은 물론이고, 노동자와 경쟁력이 없는 다른 기업인들의 희생을 강요하며 경제력을 키워 나갔다는 것이다. 슐레진저는 결과적으로 이들은 막대한 자본을 축적할 있었고, 그 기반 위에 금권정체(金權政體)를 형성하였다고 지적한다. 그는 이 금권정체란 "안정적이고 독립된 사회에서 일어나는 지위의 복잡한 가치 위에 수립된 것이 아니라 순전히 돈의 누적 위에 수립된 소유계급"이라고 비판한다. 무엇보다도 그는 이들이 "자기 자신의 이해관계를 독점적으로 추구하는 데에만 전념함으로써" 사회에 대한 어떤 배려도 하지 않았고, 대립되는 이해관계를 융화시켜 균형을 이루는 어떤 정치적 역할도 하지 못했다고 지적한다.[55]

그리하여 슐레진저는 금권정체를 통해 기업세력은 국민보다는 지배계급을, 사회적 의무보다는 사적인 이익을, 명예보다는 안전을 더 생각하게 되었다고 비판한다. 이들은 약속과 신뢰를 바탕으로 한 금융제도 위에서 내적이든 외적이든 폭력과 변화를 두려워하게 되었다는 것이다. 슐레진저는 이러한 기업세력의 지배가 사회의 부패와 무능은 물론이고, 정치적 에너지의 약화를 초래했다고 본다. 이것은 자본주의의 본래의 정신이 이루고자 했던 것과는 전혀 다른 것이었다. 슐레진저에게 자본주의 정신이란 "경쟁에 대한 열정, 위험 속에서도 느끼는 즐거움, 대담하고도 창조적인 활기"였다.[56] 그에 따르면 이러한 자본주의의 역동주의는 지나치게 안전을 추구한 기업의 합병과 독점으로 말미암아 힘을 잃어버렸다는 것이다. 결국 자본주의 제도는 새로운 경제적 성공을 이루고 충분한 경제적 안정을 성취함과 동시에, 그 자체가 갖고 있던 본래의 정신과 에너지를 스스로 파괴하기 시작했던 것이다. 대기업의 등장은 재산의 소유를 통해 각 개인이 자신의 창조적 에너지를 방출하고 자유계약을 통해 자기 의지를 드러내는 기반을 파괴해 버린 것이다. 더욱이 대량생산과 그에 따라 형성된 새로운 사회조직은 자유로운 개성의 표현을 어렵게 만들었다. 슐레진저는 이러한 "개성의 상실로 소유를 통해 모든 개인의 에너지가 역동적 중심으로 모일 수 있는 가능성은 사라져 버리고 말았다"고 한

탄한다.[57]

이 밖에도 자본주의 체제하에서 역동적 중심을 어렵게 만드는 것은 "자본주의에 대한 지적 반발과 자본주의의 역동성에 대한 지식인들의 신뢰가 무너진 것"이라고 슐레진저는 지적한다. 즉, 자본주의는 본시 지성의 자유가 일어날 수 있는 터전을 만들었고 과학과 기술의 발달에 기여했지만, 합리주의로부터 성장한 비판적 지성은 이것을 인정하지 않았다는 것이다. 그렇지만 이 비판적 지성은 자본주의를 비판하면서도 그것을 대신할 어떤 사회적 권위도 내세우지 못했다. 다른 한편으로 자본주의 또한 이들 비판자들을 억압함으로써 문제를 해결하려 했고, 그들의 비판적 권리를 인정하려 하지도 않았다. 슐레진저는 이 때문에 "자본주의는 경제적 집중을 강화하면서도 사회의 도덕적 유대는 상실하고 말았다"고 개탄한다.[58] 그는 이것이 자유사회를 무기력하게 만든 우파의 책임이라고 주장한다.

그렇다면 좌파의 실패는 어떠한가? 사실 진보주의자들이 각 시대의 여론을 형성하는 데 주도적인 역할을 하기 때문에 항상 현재의 자유사회의 불안과 위기는 우파의 책임이라는 인식이 만연해 있는 것이 사실이다. 물론 위에서 살펴본 것처럼 오랫동안 권력을 장악하였던 보수주의자들은 책임을 면하기 어려울 것이다. 그러나 과연 좌파도 냉철한 비판자로서 자유사회의 문제점들을 구체적이고 철저하게 지적하며 바람직한 대안을 제시했었는지 묻는다면 그 대답은 부정적일 것이다. 슐레진저는 이들의 "이념은 옳았지만, 생각은 너무 혼란스러웠고, 지나치게 감정적이며, 지식은 비어 있고, 슬로건과 상투적인 말 속에서 살았고, 현대 사회가 얼마나 복잡한지를 깨닫지 못했다"고 비판한다.[59] 다시 말해 그들의 주장은 보수주의자들에 비해 지나치게 순진했고 단조로웠다는 것이다. 이런 의미에서 슐레진저는 이들의 주장과 태도는 공산주의자들처럼 확고하거나 강경하지도 않았다고 지적한다. 또한 이들은 잭슨주의자들로부터 뉴딜 개혁자들로 이어지는 실용적인 개혁 전통을 외면한 채 현실 생활의 문제들을 구체적으로 다루지도 않았다는 것이다. 그리고 이들은 호손에서 니버에게로 이어지는 비관적 세계관을 무시함으로써 권력의 속성도 분명하게 이해하지 못했다는 것이다.

슐레진저는 이러한 진보주의자들이 바로 전체주의에 대해 환상을 갖고 소련을 유람(流覽)했던 사람들이라고 지적한다. 그는 자유사회가 여러 문제를 가지고 있고, 그 때문에 역동적 중심을 상실하고 문명을 무기력한 상태로 만들었다 할지라도, 공산주의와 같은 전체주의에 희망을 걸고 환상을 좇아 그곳으로 몰려갔던 진보 진영의 지식인들에 대해 심한 환멸을 느꼈음이 분명하다. 이들은 확실히 역사와 사회의 진보를 믿었던 사람들이었지만 그들의 진보사상은 감정적 차원에 머물며 인간 본성에 대한 깊은 이해를 바탕으로 한 사상으로 발전하지는 못했다. 즉, 계몽사상의 산물로 출발한 진보사상은 19세기를 거치며 과학의 발전과 그에 따르는 부르주아의 만족스러운 생활, 프로테스탄티즘의 주류로 등장한 유니테리언주의, 그로 말미암아 형성된 인간의 본성에 대한 낙관적 태도 등이 결합되어 발전하였다. 슐레진저는 이러한 진보사상의 발전에 “죄와 구속(救贖)이라는 기독교 개념”이 빠지고 말았다고 지적한다. 다시 말해 그들은 인간의 결함이 십자가에 의해서가 아니라 역사 자체의 자비로운 전개에 의해 구속된다고 믿었다는 것이다. 이것은 인간이 관용을 베풀며 완전해질 수 있고, 탐구와 기술을 통해 이 지상에 천국을 세울 수 있으며, 이 지상

의 천국은 하늘의 천국보다 인간에게 훨씬 더 유익한 것이 될 것이라는 환상이었다.[60]

19세기의 물질적 번영과 과학의 발전은 낙관적 진보사상의 역사적 배경이었다. 이러한 배경 아래 인간의 본성에 숨어 있는 어두운 악마적 속성은 모두 묻혀 버렸다. 그리하여 진보에 대해 다윈은 과학적 토대를 제공했고, 스펜서는 철학적 상부구조를 제공했으며, 마르크스조차 그 심리적 가정들을 받아들였다. 그렇지만 "이러한 낙관주의의 태양이 여전히 하늘의 중천에 떠 있는 동안에도 도스토예프스키, 키르케고르, 니체, 소렐, 프로이트와 같은 사상가들은 이미 인간이 타락할 가능성을 예측하고 있었다"고 슐레진저는 지적한다. 그리고 실제로 20세기 들어서 히틀러, 스탈린, 무솔리니와 같은 인물들은 인간의 타락을 현실로 만들었다는 것이다. 역사의 진보에서 나타나는 이러한 아이러니에 대해 슐레진저는 "진보가 진보주의자들을 배신했다"고 선언한다.[61]

그리하여 깊은 고뇌 속에서 슐레진저는 다음과 같은 질문을 던진다. "왜 진보주의는 히틀러에 대해 준비하지 못했는가?" 진보 진영에 속해 있던 그는 이러한 어렵고 난처한 질문과 함께 다음과 같이 과거를 반성한다. "18세기는 단지 논리적으로 살 수 있는 인간의 능력을 과장했었다. 19세기는 인간의 비논리적인 충동에서 나온 것들을 신성시하였다. 그리고 그 결과는 인간의 완전성에 대한 믿음의 확산이었다. 이것은 진보주의가 현실과 만날 수 있는 많은 기회를 빼앗아 버렸다. 18세기의 합리주의와 19세기의 낭만주의의 소산인 진보주의는 인간에 관해 보증되지 않은 낙관주의에 빠져 있었다."[62]

이와 같이 전체주의의 등장을 막지 못한 좌파의 책임을 지적함에 있어서 슐레진저의 논지는 진보주의의 낙관주의에 초점이 맞춰져 있었다. 이들의 낙관적 관점은 사회와 인간은 물론이고 역사와 진보를 이해하는 데에 있어서도 해당되는 문제였다. 즉, 그들은 사회와 인간의 본성을 지나치게 가볍고 단순하게 봄으로써 현실의 복잡함 속에 내재한 다양한 요인들을 간과한 것은 물론이고, 역사가 인간의 결함을 메워 줄 수 있다는 착각과 수사적 주장만으로 진보가 이루어질 수 있다고 믿는 잘못을 저질렀던 것이다. 그리하여 이들은 현대의 정치를 주도해 나갈 능력을 상실하였고, 인간의 감정을 설득하고 통제할 수 없게 되었으며, 지적으로 어떤 대안도 제시할 수 없게 되었던 것이다. 결국 "진보주의는 20세기의 역사적 비극을 예상하지도 못했고, 설명할 수도 없었다"고 슐레진저는 비판한다.[63]

자유사회와 전체주의의 도전

우파와 좌파에 대한 슐레진저의 반성적 성찰은 다시 자유사회로 이어진다. 현대의 공업기술 위에 성립한 자유사회가 중세의 봉건제도로부터 개인들을 해방시켰다면 그 해방의 의미는 무엇인가? 개인들은 자유사회 속에서 진정한 자유를 찾았는가? 슐레진저는 자유사회보다는 오히려 봉건사회의 구조 속에서 개인들은 "전체적인 삶을 살 수 있는" 기회를 누릴 수 있었고, 사회의 보호막 속에서 위안과 든든함을 얻었다고 주장한다.[64] 이러한 슐레진저의 주장은 역사의 진보를 거스르는 반동적인 태도에서 나온 것은 결코 아니었다. 그는 자유사회가 가지지 못한 중요한 한 가지 요소를 과거 속에서 발견했을 뿐이다. 그는 중세의 보호구조가 일부의 개인들을 질곡에 빠뜨렸고, 개인들로부터 해방된 경제적 에너지가 그 구조를 불가피하게 파괴할 수

밖에 없었다는 사실을 잘 인식하면서도, 그것이 현대인의 자유에 절실하게 필요한 요소임을 강조한다.

슐레진저는 "산업사회에서의 자유란 긍정적인 의미보다는 오히려 부정적인 의미를 갖고 있다"고 주장한다. 그 까닭은 현대의 자유사회를 유지하는 산업경제가 개성의 상실을 초래했을 뿐만 아니라 개인들에 대한 보호 장치를 제거하고 말았기 때문이라는 것이다. 그는 자유사회에서 "개인의 자유란 자기 통제와 목적에 대한 깊고도 지속적인 의식이라기보다는 외적 억제로부터의 해방을 의미"하고 있다는 사실을 강조한다. 그리하여 그는 자유사회에서 "인간은 자유롭지 않다"고 지적하며, 단지 "인간은 가석방된 상태"라고 선언한다.[65] 결국 "이러한 자유는 통합보다는 고립을, 성취보다는 좌절을 가져왔다"는 것이다.[66]

슐레진저가 기술한 것처럼, 개인들이 자유사회 속에서 자기실현을 통한 자유와 해방감이 아니라 오히려 불안과 두려움을 느꼈을 때, 그들이 그 자유사회로부터 도피하려 한 곳이 바로 전체주의 체제였다. 다시 말해 자유에 대한 개인들의 두려움이 구체적으로 나타난 것이 20세기의 전체주의 국가였던 것이다. 이 전체주의 국가는 과거의 독재국가와는 본질적으로 달랐다. 독재국가가 전제정치를 통해 국민을 탄압하고 억압하면서도 사회구조는 바꾸지 않았던 반면에, 전체주의 국가는 사회조직을 분쇄하고 모든 독자적인 집단들과 다양한 충성을 해산시켜 하나의 형태 없는 덩어리로 만들었다. 전체주의 국가의 지배력은 무제한적이었다. 이것은 심리적으로 개인들에게 안정감을 주었다. 그 체제는 산업사회의 모순을 해결하는 것처럼 보였고, 기업의 독점과 정치적 결탁을 제거하는 것처럼 느껴졌으며, 권력에 대한 개인들의 열망과 추종을 모두 배출할 수 있는 정치제도로 인식되었다. 슐레진저는 이러한 전체주의의 특징 가운데에서도 가장 중요한 것은 "개인들의 생활에 의미와 목적을 주었던 사회제도"라고 강조한다. 고독과 불안감을 개인들에 안겨주었던 자유사회와는 달리 전체주의는 사회제도를 통해 "통합과 안전 및 소속감을 제공함으로써" 역동적 전체를 형성하는 것처럼 보였던 것이다.[67]

슐레진저는 전체주의 지지자들의 심정을 다음과 같이 소개한다. "전체주의 아래서 각 개인은 소련 체제의 한 부분이 된다. 사회주의자가 된다는 것은 나를 너에게 바치는 것이다. 사회주의는 전체를 위해 개인을 희생시킨다. 나는 개인적으로 고독을 참을 수 없다. 소련은 나의 내적인 자아로부터 고독감을 모두 지워 버렸다. 거기에서는 사회와 국민이 하나가 되는 절대적인 소속감을 느낄 수 있다."[68]

이와 같이 전체주의의 등장은 이성이나 논리로 규명될 수 있는 현상이 아니었다. 그것은 자유사회 내에서 미래에 대한 전망이 불확실해지고, 인간의 돈독한 유대가 깨지고, 제도의 기반이 손상되고, 구성원들이 서로 불신하며 반목하는 상황 속에서 사람들에 호소력을 가지고 있었다. 그리하여 약하고 감상적인 사람들뿐만이 아니라 고도로 지성적인 사람들도 이 새로운 체제로 빨려 들어갔던 것이다. 전자가 기존 사회의 기반이 흔들리는 것을 피부로 느낀 사람들이었다면, 후자는 그것을 지성으로 이해한 사람들이었다.

그렇다면 전체주의 사회의 최종 목표는 무엇인가? 겉으로 드러난 목표는 불안 없는 인간을 만드는 것이었다. 그 목표를 위해 전체주의 사회는 먼저 인간에게 비극적 통찰을 주입시켜 각자의 한계성을 깨닫게 한다. 그런 후 그 체제는 "무자비하고, 단호하고, 외향적이고,

불신과 비하를 개의치 않고, 과오를 인정하지 않고, 당(黨)의 상부에 절대로 복종하는 새로운 인간"을 만들어 냈던 것이다.[69] 슐레진저는 "개인 각자의 개성을 인정하지 않는 이러한 전체주의 인간"은 미국의 개인주의 가치관에 전혀 어울리지 않는다는 것을 강조하였다.

그럼에도 전체주의는 고립과 절망에 빠진 개인들에게 희망을 주는 것처럼 보였다. 그 호소의 밑바닥에는 개인의 공포와 불안을 감싸는 믿음이 있는 것처럼 보였다. 대공황에 직면해 경제적·도덕적 희망을 상실한 사람들에게 그 호소는 설득력이 있는 것처럼 들렸다. 그리하여 민주주의로 시작된 20세기는 민주주의에 대한 전체주의적 반항의 세기가 되었다. 파시즘, 나치즘, 공산주의는 자유경제와 민주주의의 전체적인 개념에 도전하였다. 슐레진저는 무엇보다도 공산주의가 그 밖의 전체주의 체제인 파시즘·나치즘과 결코 다르지 않다는 것을 강조한다. 이 모두는 자유사회의 결함과 실패에서 나왔다는 것이다. 전체주의 체제는 불안한 인간을 전체주의 인간으로 대체하였고, 혁명의 신비를 주창하였으며, 기존의 불평등에 대한 대중의 혐오를 이용하였으며, 정치적 반대와 지적 자유를 억압하는 전권을 당에 위임하였으며, 그 절대 권력을 행사하고 유지하는 데 냉혹한 비밀경찰이 조직·동원되었다는 것이다.

이와 같이 슐레진저는 파시즘과 공산주의는 모두 기존 사회에 대한 혁명적인 불만으로부터 일어났다고 본다. 그리하여 그는 "이 혁명적 충동은 그들 스스로 권력에 설치한 새로운 지배계급의 발 아래서 좌절하고 사라질 것"이라고 선언한다. 그러면서도 그는 이 두 이데올로기의 분명한 차이를 지적한다. 즉, "파시즘이 철저한 허무주의의 솔직한 표현이라면, 공산주의는 지성적 가치를 지닌 틀 속에 존재하는 외면을 가지고 있다"는 것이다. "파시즘의 주장은 마치 몽유병에 걸려 신화를 좇고, 정신이상인 상태에서 희생을 강요하는 것"과 같은 반면, "공산주의는 19세기의 낙관주의, 합리주의, 구체적 역사 탐구에 바탕을 둔 마르크스주의라는 존경할 만한 지적 계보를 가지고 있다"고 슐레진저는 설명한다.[70] 공산주의의 외면에서 풍기는 이러한 지적인 면은 소련에 대해 일부 미국 지식인들이 가졌던 동조적인 태도와 무관하지 않을 것이다. 슐레진저는 마르크스의 전체적인 사상은 민주주의 전통에 동화될 수도 있고, 인간적이고 자유적인 면도 가지고 있다고 보지만, 러시아에서 받아들인 마르크스주의는 극단적이고 비인간적인 형태로 변형되었다고 지적한다. 다시 말해 소련의 공산주의는 마르크스주의에 기반을 두고 있다 할지라도 그 본질은 전체주의와 같은 맥락으로 볼 수 있다는 것이다.

역동적 중심의 회복에 의한 사회통합 추구

좌절과 절망에 빠진 대중에게 전체주의는 호소력을 가질 수 있었다. 그 까닭은 그것이 현대 인간에게 숭배할 대상을 주었고, 증오할 목표를 제시했으며, 안전을 보장하는 것처럼 보이는 집단적 의식(儀式)을 제공했기 때문일 것이다. 슐레진저는 이러한 전체주의의 도전이 자유사회에 커다란 위협이라는 사실을 분명히 인식하면서도 "자유사회의 위기는 내적"이라는 사실을 역시 강조한다.[71] 그는 대중의 좌절과 절망을 자유사회 내부로부터 철저히 규명하고자 했다. 산업화가 지배하는 자유사회에서 대중은 겉으로 모든 것이 연결된 전체 속에 거주하는 존재처럼 보이지만, 사실 그들은 근원적인 뿌리를 상실한 채 전체로부터 소외되어 고독한 존재로서 표류하고 있는 것이다.

『역동적 중심』에서 슐레진저는 미국 문명을 비관적으로 바라본다. 그는 산업화가 이 시대를 풍요롭게 만드는 것처럼 보였지만 미국 국민을 정신적 빈곤과 불안 속으로 몰아넣었다고 지적한다. 인간과 인간, 인간과 사회, 집단과 집단을 이어오던 "개울들은 말라 갈라지고, 사회는 마침내 사막으로 바뀌고 말았다"는 것이다.[72] 산업화가 지배하는 사회에서 질서, 신뢰, 형제애는 이제 찾아볼 수 없게 되었고, 그 결과 사회는 황무지로 변하고 말았다고 슐레진저는 한탄한다. 기술적으로는 진보를 이루었지만, 질서의 복잡한 메커니즘 속에 사는 인간은 개성을 잃고 표류하고 있다는 것이다. 실제로 인간의 삶은 신뢰를 상실하였고, 절망 속에서 도덕과 기준을 상실한 개인들의 자유와 경쟁은 공동체의 기반을 무너뜨리고 말았다. 슐레진저는 개인들을 위한 보호막은 어디에도 없다고 말한다. 그리하여 고통에 빠진 사람들은 이주하고, 충동적인 대중은 자유로부터 전체주의로 도피한 결과 "자유사회에서 중심은 유지될 수 없게 되었다"고 슐레진저는 선언한다.

분명히 자유사회는 위기였다. 20세기에 들어서 자유사회는 수세에 처해 왔고, 불안한 정신 속에 휩싸여 사기는 저하되었다. 파시즘과 공산주의의 공격에 자유사회는 비틀거리고 있었다. 그렇다면 전체주의에 맞서 어떻게 자유사회의 결함을 보충하고 그 중심에 모든 국민을 집결시킬 수 있을 것인가? 슐레진저는 자유사회의 본래 정신은 역동적이었다고 믿는다. 그는 자유사회의 역동적 중심이 회복된다면 그 어떤 문제에 대해서도 국민적 합의를 이룰 수 있다고 생각한다. 이러한 목적을 달성하기 위해 그는 "미국의 민주주의가 살아 있는 감정적 만족을 촉진시켜야만 한다"고 주장한다.[73] 다시 말해 자유사회가 다시 모든 개인들의 역동적 에너지를 불러일으키기 위해서는 추상적이거나 비현실적인 제안이 아니라, 실질적이고 구체적인 대안을 제시해야만 한다는 것이다. 그러나 슐레진저는 민주주의란 "본질상 어느 정도 그 내적인 도덕적 힘을 집중시키기보다는 분산시키기 때문에" 역동적 중심을 이루는 데에는 상당한 어려움이 있음을 토로한다.

이와 같이 슐레진저는 전체주의의 도전에 대해 자유사회를 무조건 옹호하는 것이 아니라, 그에 대한 분명한 한계와 더불어 가능성도 진단하고 있는 것이다. 그리하여 그는 자유란 "투쟁하는 신념"(fighting faith)이 되어야만 한다고 강조하면서도, 민주주의 신념을 실행에 옮기고자 할 때 나타날 수 있는 열광주의를 경계하였다.[74] 무엇보다도 그는 민주주의의 장점은 정치에서는 타협, 설득, 동의라고 할 수 있고, 사회에서는 관용과 다양성을 받아들이는 것이며, 경제에서는 중산계급에 바탕을 두고 있는 것이라고 분명히 밝힌다. 그리하여 전체주의와는 달리 민주주의가 다양성을 수용할 때 독단주의를 막을 수 있고, 인간성에 대한 회의를 통해 영웅 숭배를 막을 수가 있다는 것이다.

그럼에도 오늘날 많은 사람들이 도그마 위에서 살고 죽는 것에 대해 슐레진저는 개탄한다. 불안과 절망에 대해 전체주의 속에서 안전과 만족을 찾으려는 사람들에게 민주주의는 창백한 이념에 불과한 것으로 보일 수 있다. 그렇다면 어떻게 민주주의는 개인의 존엄성과 자유에 대한 그 특징적인 신념을 회복할 수 있을 것인가? 문제는 민주주의 자체에 달려 있었다. 즉, 민주주의 본래의 정신이 회복될 때 "자유사회는 그 도덕적 에너지를 가장 깊은 원천으로부터" 다시 충전할 수 있는 것이다. 슐레진저는 이것이 결코 "강요나 자기 학대"를 통해 이루어질 수 있다고 보지 않는다. 이것은 "고독한 군중 속에 사는 각 개인의 개성을 다시 일깨워" 그들 모두가 자발적으로 참여하는 공동체가 산업의 질서를 주도하도록 하는 것이다.[75] 자유사회의 거주자는 그가 무엇을 반대하고 무엇을 지지하는지를 스스로 분명히 밝혀야만 하는 것이다.

슐레진저는 "전체주의적 질서는 자유와 불안의 문제를 결코 해결하지 못했다"고 지적한다. 그는 "그 질서가 개인들에게 기본적인 안전도," "자기 수행적인 삶을 살 수 있는 세계도," "스스로 맞설 수 있는 기회도" 제공하지 못한 채 단지 그들이 "당과 국가 속으로 도피하도록 했을 뿐"이라고 비판한다. 그는 인간이 전체주의 속에 오래 머물 수 없음을 지적하며, "전체주의는 불안의 뱀을 뭉개 버렸지만 그것을 죽이지는 않았다"고 주장한다. 그리고 그는 "그 불안은 곧 원상복구될 것"이라고 경고한다.[76]

그렇다면 자유사회의 질서는 어떻게 유지되어야 하는가? 전체주의 질서와는 달리 그것은 모든 개인들의 감정, 에너지, 욕구 등에 바탕을 둘 때만이 그 질서는 역동적 중심을 형성할 수 있다. 전체주의는 모든 개인들의 자기실현 위에 수립된 것이 아니라 그들의 개성에 대한 강요와 통제를 통해 이루어지는 것이다. 그러므로 슐레진저는 테러가 전체주의의 본질이라는 사실을 분명히 밝힌다. 또한 그는 모든 미국인이 전체주의의 테러에 맞서서 싸울 것을 촉구한다. 어떤 의미에서 이러한 상황은 미국 국민에게 개인의 존엄과 자유에 바탕을 둔 민주주의 정신을 상기시킬 좋은 기회가 될 수도 있다고 그는 말한다. 이러한 기회를 살리기 위해 그는 "전체주의의 일시적인 효과에 기만당하지 말아야만 한다"고 또한 주장한다. 다시 말해 전체주의에 대한 자유의 투쟁은 개인들의 자발적인 참여로 이루어져야 한다는 것이다. 슐레진저는 "인간은 본능적으로 반(反)전체주의적"이라고 지적하면서도, "한 세대 안에 전체주의의 역동성이 저절로 소진하는 것을 기대할 수 없을 것"이라고 말한다.[77]

따라서 슐레진저는 설득과 대안을 통해 인간의 본능이 민주주의를 향하도록 노력해야 한다고 제안한다. 그는 이것을 위해서 무엇보다 중요한 것은 "민주주의를 강한 신념으로 만드는 것"이라고 주장한다. 그에 따르면 그 신념은 결코 미래를 위해서도 아니고, 은밀하게 이루어지는 것도 아니며, 운동을 통해서 형성되는 것도 아니라는 것이다. 그것은 현재를 위해서, 민주적으로, 모든 개인을 통해 이루어진다는 것이다. 이와 같이 슐레진저는 "전체주의에 반대한 민주주의의 본질적인 힘은 각 개인의 가치에 대한 놀라운 통찰 속에 있다"고 주장한다.[78] 그럼에도 그는 또한 이 개인들에 대한 통찰이 도덕적 자만으로 흐를 때 그것은 추상적이고 빈곤한 상태로 전락할 수도 있다고 경고한다. "그 통찰이 완전한 사회적 차원을 가지고, 개인주의가 자유롭게 공동체 속에서 흘러나올 때만이 민주주의에 내재한 전체주의의 바이러스에 면역될 수 있다"는 것이다.[79]

슐레진저가 바라는 사회의 진보는 하루아침에 모든 것이 해결되어 어떤 이상적인 상태에 도달하는 것이 아니었다. 그는 자유사회의 진보에 대해 다음과 같이 말한다. "사회가 자유롭게 머무는 한 사회는 긴장상태를 유지하고, 모순을 낳고, 투쟁을 일으킨다. 그러나 만일 우리가 모순과 투쟁만이 갈등의 전체적인 의미로 받아들인다면, 우리는 스스로를 배신하는 것이다. 왜냐하면 갈등은 자유를 보증하고, 변화의 수단이 되며, 무엇보다도 발견과 예술, 그리고 사랑의 원천이기 때문이다. 우리는 갈등이 있는 진보와 갈등이 없는 진보 사이에서가 아니라, 갈등과 정체(停滯) 사이에서 선택해야만 한다."

전체주의자들은 갈등을 허용하는 것을 자유사회의 결정적인 약점으로 간주한다. 그러나 슐레진저는 갈등이 오히려 자유사회의 "중심적인 힘"이라는 것을 확신하였다. 사회의 통합은 갈등을 수락할 때 가능한 것이지, 갈등을 거부할 때 이루어지는 것이 아니라는 것이다. 슐레진저는 갈등이 통합으로 이어질 때 그것은 창조적 갈등이 되고, "그 중심은 역동적"이 될 것이며, 그러한 "중심은 지속되어야"만 한다고 주장하였다.[80] 그는 새로운 자유주의의 사명은 이 역동적 "중심을 회복하는 것"이고, "개인과 공동체를 건설적인 통합 속에서 재결합시키는 것"이라고 선언하였다.[81]

미국 지성사에서의 위치와 유산

슐레진저의 정신적 궤적에는 진보와 보수의 흔적이 선명하다. 그는 대체로 젊은 시절에는 진보적 성향을 갖고 적극적으로 개혁적인 입장을 보이다가, 노년에는 보수적 입장으로 돌아서 자신이 앞서 제시했던 사상과 이념을 수호하려는 태도를 보였던 것이다. 이러한 사상의 전환은 오레스티스 A. 브라운슨을 위시하여 라인홀드 니버, 월터 리프먼, 크리스토퍼 래쉬의 경우에서도 비슷하게 나타난다. 이들의 이러한 태도는 여러 가지 측면에서 해석될 수 있다. 먼저 그것은 각 시대에 사회와 인간조건에서 나타나는 변화의 속도가 언제나 사상의 영역보다 훨씬 급격하다는 것을 의미하기도 하지만, 그들의 사상이 처음부터 보수성을 담고 있었다고 볼 수도 있다. 후자의 경우는 그들의 보수적 태도가 수구를 표방한다거나 진보와 변혁에 대해 반동적이라는 의미가 아니라, 그들이 전체와 부분의 조화와 균형을 얼마나 중시했는가를 보여 주는 것이다. 이러한 조화와 균형에 대한 그들의 강조가 인간, 사회, 문명의 통합을 열망하는 사상으로 표현되었던 것이다. 헨리 조지와 윌리엄 그레이엄 섬너 같은 지식인들의 일관된 지적 태도는 슐레진저를 비롯한 그 밖의 사상가들과는 다른 경우로서, 그들이 진보적 사상과 보수적 가치관을 각각 시종일관 유지했지만 사회통합을 지향했다는 점에서는 모두가 같은 지적 전통의 주류 안에서 활동했다고 볼 수 있는 것이다.

20세기 미국 지성사에서 슐레진저는 자유주의 지성을 대표한다. 미국 자유주의의 정신 앞에서 그는 그 어떤 시대의 급류와 문화의 격변 속에서도 흔들리지 않고 자신의 주장과 신념을 지키고자 했다. 그는 좌파와 우파 모두로부터 비판과 존경을 함께 받았다. 지식인으로서 그가 추구한 목표는 미국의 통합이었다. 그는 현재의 통합을 밝혀 줄 어떤 가치와 기준을 과거에서 발견하고자 했던 것이다. 이런 점에서 그는 결코 과거에 대한 이해와 찬미를 주저하지 않았다. 따라서 그의 자유주의는 깊은 보수성도 함께 가지고 있었다. 다시 말해 그는 미래에 대한 희망과 그 역동성은 과거를 바탕으로 가능할 수 있고, 그 중심은 과거에 대한 회고와 반성, 그리고 미래에 대한 전망을 통해 균형을 이룰 수 있다고 보았다.

단순하게 말해서 전통과 역사를 강조하며 기존의 질서를 지키려는 사람을 보수주의자라고 한다면, 자유주의자였던 슐레진저는 만년에 들어 분명히 보수주의자로 바뀌었다고 말할 수 있다. 그러나 변화와 진보를 추구하면서도 그 기반은 지키려 했던 그의 지적 세계는 처음부터 보수성을 띠고 있었다. 어떤 의미에서는 그의 진보적 입장이 바뀐 것이 아니라 소위 포스트모던 시대의 극단적 주장들에 대해 그는 불가피하게 수세적인 입장을 취한 것이다. 그는 개인의 자유와 개성, 사회의 진보를 추구하면서도 "국민적 통합을 깨서는 안 된다"는 확고한 입장을 가지고 있었던 것이다. 그리하여 그는 "다원적 미국 사회가 직면하고 있는 문제는 미국을 결속시키는 유대들, 즉 공통의 이상, 공통의 정치제도, 공통의 언어, 공통의 문화, 공통의 운명을 깨지 않고" 어떻게 다양한 인종들과 그들의 문화를 수용할 것인가의 문제라고 주장한다.[82] 그는 미국 내의 다양한 세력들을 통합시키면서 그들에게 국민적 정체성에 대한 의식을 심어 줄 수 있는 것은 인간의 자유와 인간의 존엄성에 기반을 둔 서양 민주주의의 전통뿐이라고 확신하였다.

이처럼 슐레진저는 다인종적·다문화적 미국 사회의 본질과 문제점을 누구보다도 잘 인식한 지식인이었다. 그의 대안은 전체와 부분의 유기적 결합을 통한 역동적 평형의 추구였다. 그는 평형의 '역동적 중심'을 추구했고, 옹호했으며, 합리화하고자 하였다. 이것이 그가 역사학자이자 지식인으로서 평생 추구한 목표였다. 그는 만년에 미국의 중심을 지키기 위해 모든 지적 열정을 다 바쳤다. 그 이유는 그에게 중심의 해체는 미국의 종말을 의미했기 때문이다.

1 Reinhold Niebuhr, *The Children of Light and the Children of Darkness: A Vindication of Democracy and a Critique of its Traditional Defense* (1944; reprint, New York: Charles Scribner's Sons, 1950), p. 10.

2 Arthur M. Schlesinger, Jr., *The Vital Center: The Politics of Freedom* (Boston: Houghton Mifflin, 1949), p. 248.

3 Arthur M. Schlesinger, Jr., *The Age of Roosevelt: The Crisis of the Old Order, 1919–1933* (Boston: Houghton Mifflin, 1957), p. x.

4 Marcus Cunliffe and Robin W. Winks, eds., *Pastmasters: Some Essays on American Historians* (New York: Harper & Row, 1969), p. 349.

5 Arthur M. Schlesinger, Jr., *Orestes A. Brownson: A Pilgrim's Progress* (Boston: Little, Brown, 1939) 참조.

6 Arthur M. Schlesinger, Jr., *The Age of Roosevelt: The Crisis of the Old Order, 1919–1933* (Boston: Houghton Mifflin, 1957); *The Age of Roosevelt: The Coming of the New Deal* (Boston: Houghton Mifflin, 1958); *The Age of Roosevelt: The Politics of Upheaval* (Boston: Houghton Mifflin, 1960) 참조.

7 Arthur M. Schlesinger, Jr., "The One Against the Many," in *Paths of American Thought*, ed. Arthur M. Schlesinger, Jr. and Morton White (Boston: Houghton Mifflin, 1963), p. 533.

8 *Ibid.*, p. 535.

9 Orestes A. Brownson, *The American Republic: Its Constitution, Tendencies, and Destiny* (New York: P. O'Shea, 1866), p. 287.

10 John Morton Blum, "Tory Democrat: Arthur M. Schlesinger, Jr.," *The Yale Review*, 82 (1994): 82. 여기서 블룸은 자유주의와 미국을 각각 "민주주의"와 "내셔널리즘"으로 표현하였다. 그는 이 두 요소가 슐레진저의 모든 저서에서 상호 관련을 맺으며 결합되어 있다고 지적한다.

11 Arthur M. Schlesinger, Jr., *The Age of Jackson* (1945; reprint, The New American Library, 1962), p. 129.

12 *Ibid.*, p. 6.

13 *Ibid.*, p. 174.

14 *Ibid.*, p. 190.

15 *Ibid.*, pp. 191, 192.

16 Arthur M. Schlesinger, Jr., *The Cycles of American History* (Boston: Houghton Mifflin, 1986), p. 24.

17 *Ibid.*, p. 27.

18 *Ibid.*, pp. 29-30.

19 *Ibid.*, p. 420.

20 *Ibid.*, p. 47.

21 Arthur M. Schlesinger, Jr., *The Vital Center: The Politics of Freedom* (1949; reprint, Boston; Houghton Mifflin, 1962), p. 131.

22 *Ibid.*, p. 132.

23 *Ibid.*, p. 133.

24 *Ibid.*, p. 134.

25 *Ibid.*, p. 146.

26 *Ibid.*, p. 147.

27 *Ibid.*, p. 157.

28 *Ibid.*, p. 157.

29 *Ibid.*, p. 161.

30 *Ibid.*, p. 163.

31 *Ibid.*, p. 165.

32 *Ibid.*, p. 172.

33 Arthur Schlesinger, Jr., *The Cycles of American History*, p. xii.

34 *Ibid.*, p. xii.

35 Arthur M. Schlesinger, Jr., *The Disuniting of America: Reflections on a Multicultural Society* (Knoxville: Whittle Direct Books, 1991), p. 17.

36 *Ibid.*, p. 22.

37 *Ibid.*, p. 80.

38 *Ibid.*, p. 81.

39 Arthur M. Schlesinger, Jr., *The Vital Center*, p. 1.

40 *Ibid.*, p. 250.

41 *Ibid.*, p. 253.

42 *Ibid.*, p. 254.

43 *Ibid.*, p. 254.

44 *Ibid.*, p. ix.

45 *Ibid.*, pp. vii-viii.

46 *Ibid.*, p. viii.

47 *Ibid.*, p. ix.

48 *Ibid.*, p. ix.

49 *Ibid.*, p. 2.

50 *Ibid.*, p. 4.

51 *Ibid.*, p. 5.
52 *Ibid.*, p. 8.
53 *Ibid.*, p. 8.
54 *Ibid.*, p. 9.
55 *Ibid.*, p. 13.
56 *Ibid.*, p. 26.
57 *Ibid.*, p. 26.
58 *Ibid.*, p. 27.
59 *Ibid.*, p. 35.
60 *Ibid.*, p. 38.
61 *Ibid.*, p. 39.
62 *Ibid.*, pp. 39-40.
63 *Ibid.*, p. 40.
64 *Ibid.*, p. 51.
65 *Ibid.*, pp. 51-52.
66 *Ibid.*, p. 52.
67 *Ibid.*, p. 54.
68 *Ibid.*, p. 54.
69 *Ibid.*, p. 56.
70 *Ibid.*, p. 63.
71 *Ibid.*, p. 244.
72 *Ibid.*, p. 243.
73 *Ibid.*, p. 245.
74 *Ibid.*, p. 245.
75 *Ibid.*, p. 246.
76 *Ibid.*, p. 247.
77 *Ibid.*, p. 247.
78 *Ibid.*, p. 248.
79 *Ibid.*, p. 248.
80 *Ibid.*, p. 255.
81 *Ibid.*, p. 256.
82 Arthur M. Schlesinger, Jr., *The Disuniting of America*, p. 82.

8

전통적 가치관에 의한 사회통합 추구

월터 리프먼과 『공공의 철학』(1955)

Walter Lippmann,

Essays in The Public Philosophy (1955)

19세기 전반 오레스티스 A. 브라운슨이 수많은 정치평론을 통해 자신이 살고 있는 시대의 정신을 대변했다면, 저널리스트였던 월터 리프먼(Walter Lippmann)은 20세기 전반에 그런 역할을 했다. 이 두 지식인은 서로 다른 시대를 살면서 서로 다른 사상을 형성했지만, 그들의 지적 여정은 닮은 점이 많았다. 즉, 이들은 모두 청년시절 사회개혁의 기치를 내걸고 사회진보에 헌신했지만, 만년에는 깊은 유기적 보수주의의 정신세계로 들어갔던 것이다.[1] 이러한 이들의 지적 태도와 생활은 심원한 자기성찰의 결과였고, 전체와 부분의 조화와 균형을 강조했던 미국의 지적 전통으로부터 받은 영향이었다.

월터 리프먼은 20세기 초 진보주의 운동과 함께 자신의 지적 생활을 시작한다. 시대의 흐름과 변화에 민감했던 그는 사회진보를 위해 진보주의 운동에 적극적으로 참여하였다. 그러나 그는 단순히 사회개혁을 통해 인간조건이 개선될 수 있다고 보지는 않았다. 인간조건은 사회 속에서 형성되지만 사회 역시 시대의 풍화작용을 피할 수 없다는 사실을 고려할 때 그에게 시대의 의미는 그 어떤 것보다도 중요한 것이었다. 따라서 그의 사상이 시대에 따라 변전(變轉)되었다는 사실은 어쩌면 당연한 것인지도 모른다. 그의 사상적 전환은 변절이라든가 기회주의적 지식인의 행태를 보인 것은 결코 아니었다. 그는 심원한 역사의식과 사회의식을 바탕으로 이념의 역동성을 보여 주었다. 또한 그는 적극적인 사회참여와 정치에 대한 관심 표명을 통해 지식인의 사회적 역할을 다하고자 하였다. 그리하여 그는 20세기의 대표적인 공적 지식인이 되었다.

리프먼은 정치평론가, 칼럼니스트, 편집자, 작가, 뉴스 해설가 등으로 일하며 수천 편의 사설과 칼럼을 썼고, 25권의 저서를 집필하였다. 정치 사상가 겸 논평자로서 그는 자율적이고 자발적으로 20세기 미국 정치와 국제적 사건들을 다루었고, 그것들의 복잡성과 불확실성을 냉철한 논리와 예지적인 통찰력으로 분석하였다. 리프먼의 전기 작가인 로널드 스틸(Ronald Steel)은 그의 생애를 다음과 같이 서술한다. "리프만은 일생 끊임없이 무엇인가를 추구하였다. 이러한 열망으로 그는 한때 사회주의에 빠져들었고, 정치에 깊이 관여했으며, 현실에 대한 회의와 금욕의 초연한 태도로 바뀌었고, 경제적 보수주의 입장에 서게 되고, 냉전을 비판했으며, 공동체에 바탕을 둔 자유주의를 표명하다가, 마지막으로 미국의 제국주의적 야심에 대해 적극적으로 반대하였다."[2]

이처럼 리프먼의 사상은 시대와 역사의 변천에 따라 끊임없이 변했지만, 그 변천을 초월하는 원칙들을 보존하기 위해 언제나 신중하고 조심스럽게 사상을 전개하였다. 이러한 그의 복잡한 사상과 보수주의적 태도에 대해 리처드 H. 로베르(Richard H. Rovere)는 다음과 같이 말한다. "리프먼의 정신은 확고하게 자유주의 전통에 뿌리를 두고 있었지만, 그는 본질적으로 보수적이었다. 그는 생활과 역사 속에서 질서를 좋아했다. 그는 민주적 가치에 대해 회의적이었고 사회 계층구조가 미국보다는 훨씬 분명하게 규정된 사회에서 편안함을 느꼈다."[3]

리프먼은 만년에 자유민주주의에 대한 지지 입장을 밝히며 급진적 사상에 반대했지만, 결코 향수적이거나 반동적인 의미에서 그런 것은 아니었다. 그가 한평생 추구하였던 것은 개인적 에너지의 해방을 국민적 차원으로 가져가는 것이었다. 그는 역사를 통해 개인과 국민의 에너지가 얼마나 무한한 것인지를 깨닫게 되었고, 불완전하지만 그래도 자유민주주의 체제에서 그 에너지의 해방은 가능할 수 있다고 보았다. 그런 의미에서 우리는 그를 보수주의자라로 칭할 수 있을 것이다. 그가 지키려고 했던 것은 결코 어떤 특정 집단이나 개인들의 미래가 아니라 국민 모두의 미래였다. 그에게 역사와 미래는 열려 있고, 무제한적이며, 잠재적으로 진보적인 것이었다. 그는 실질적인 진보의 무한한 에너지는 역사적인 것으로부터 와야만 한다고 믿었다.

1955년에 발표한 『공공의 철학』(*Essays in The Public Philosophy*)은 당시 전체주의의 도전에 대한 지적 응전으로서 리프먼의 사상을 분명히 보여 주는 것이었다. 어떤 의미에서 그가 자신의 진보적 경력에 치명타가 될 수도 있는 그러한 주장을 폈던 것은 미국의 자유주의가 전체주의의 도전에 직면하여 얼마나 급박한 상황에 처해 있었는지를 말해 준다. 그의 보수주의 철학은 당시의 특별한 시대적 배경에서 나왔지만, 그가 제시한 자연법과 보수주의 사상은 오늘날 다양성의 기치 아래 분열과 혼란의 세계로 빠져들고 있는 지성계의 통합에 나침반이 될 수 있을 것이다.

생애와 사상

생애와 사상의 원천

월터 리프먼은 1889년 뉴욕 시에서 야곱 리프먼(Jacob Lippmann)과 데이지 바움(Daisy Baum) 사이에서 태어났다. 독일계 유태인 가계의 배경을 가진 리프먼의 조부인 루이스 리프먼(Louis Lippmann)은 독일 베를린 태생으로 1848년 독일 혁명 이후 미국으로 이주했다. 리프먼의 부친은 사업에 성공한 재력가였고 그의 모친은 유머, 지성, 교양을 겸비한 주부였다. 월터 리프먼은 매년 가족 전체가 유럽으로 여행하며 예술을 감상할 정도로 부유한 가정에서 자랐다. 그는 뉴욕에 있는 사립학교에 다니며 고전문학에 심취했고, 헨리크 입센(Henrik Ibsen), 조지 버나드 쇼(George Bernard Shaw), 허버트 조지 웰스(Herbert George Wells) 등과 같은 당대 사회비평가들과 토머스 하디(Thomas Hardy), 조지 메러디스(George Meredith), 존 골즈워디(John Galsworthy), 조지프 러디어드 키플링(Joseph Rudyard Kipling) 등과 같은 소설가들의 작품을 탐독하였다. 이러한 작가들로부터 리프먼은 세습적인 특권, 구태의연한 관습, 도덕적 폐쇄 등으로부터 해방을 추구하게 되었다.

리프먼은 1906년 업턴 싱클레어(Upton Sinclair)의 『정글』(*The Jungle*)이 발표되던 해에 하버드대학에 입학하였다. 그의 대학 시절은 남북전쟁 이래로 산업화 및 도시화로 거대 도시사회가 등장하며 생겨난 온갖 사회문제가 폭로되며 새로운 합리적·이성적인 사회를 추구하던 진보주의 개혁운동(progressive movement)이 절정에 달했던 시기였다. 싱클레어와 링컨 스테펜즈(Lincoln Steffens)를 위시한 폭로 작가들의 목소리는 대도시의 부패, 모순, 비능률로 점철된 추악한 모습을 들춰내고 있었고, 이러한 사회개혁을 정당화하는 지성계의 논리는 토스테인 베블렌(Thorstein Veblen), 제인 애덤스(Jane Addams), 월터 라우션부시(Walter Rauschenbusch), 윌리엄 제임스, 존 듀이 등과 같이 다양한 사상가들에 의해 체계화되고 정당화되었다.

하버드대학 시절 리프먼은 철학, 문학, 언어 등의 과목을 즐겨 들었다. 철학에서는 조지 산타야나(George Santayana) 교수의 과목을, 문학에서는 어빙 배빗(Irving Babbitt) 교수의 과목을 들었다. 그는 사회에 대한 의식을 갖기 시작하면서 미학에도 관심을 보였고 예이츠(William Butler Yeats), 싱에(John Millington Synge), 던세이니(Lord Dunsany) 등의 시를 읽고 단테(Dante)를 연구하였다. 이 당시 리프먼은 하버드대학 교수인 배럿 웬들(Barrett Wendell)의 최근 저서 『특권계급』(*The Privileged Classes*)을 비판하는 글을 대학 학보에 실었다. 웬들 교수는 영국적 엘리트주의에 젖어 형식과 체면을 중시하는 전형적인 빅토리아형 지식인이었다. 리프먼은 웬들 교수가 고상한 척하며 대중의 취향을 비하한 점에 대해 신랄한 비판을 가하였다. 리프먼의 이 글은 곧 사회정의를 추구하는 학우들에게 알려지게 되었고, 당시 철학자이며 하버드대학 교수였던 윌리엄 제임스와 만나는 계기가 되었다.

이 일이 있은 후 상당한 기간 동안 리프먼과 윌리엄 제임스는 매주마다 차를 마시며 정치, 종교, 윤리 등에 대해 많은 얘기를 나누었다. 그들은 사회개혁과 실험에 대해서도 의견을 나누었고, 리프먼은 윌리엄 제임스로부터 프래그머티즘과 다원적 세계에 대한 철학을 배웠다. 제임스의 철학은 리프먼의 사상적 수원이 되었다. 그의 철학은 인간의 진정한 해방을 추구했고, 모든 독단적 주장과 사회의 구습에 반대했으며, 실험과 다원주의와 행동을 지지하였다. 이러한 입장은 당시까지도 미국 내에서 여전히 유행하고 있던 허버트 스펜서의 경직된 사회적 다윈주의를 대신하는 것이었고, 조시아 로이스(Josiah Royce)의 이상주의와도 다른 것이었다. 윌리엄 제임스의 철학은 창백한 지성주의를 지양하며 이성보다는 인간의 의지를 찬양했고, 논리보다는 현실과 생활을 중시했으며, 추상적 사실보다는 과학, 경험, 구체성, 즉각적인 결과 등을 추구하였다. 무엇보다도 중요한 그의 이념은 진보사상이었다. 그리고 그에게 진보는 결코 완전한 상태에 도달하는 것이 아니었다.

하버드대학 시절 윌리엄 제임스 외에도 리프먼에게 지대한 영향을 미친 교수는 고전주의 휴머니즘의 찬양자인 어빙 배빗이었다. 그는 프랑스문학과 교수로서 물질주의, 과학, 자연주의를 현대의 악으로 비난하였다. 그는 낭만주의를 혐오했는데, 그 까닭은 독선적인 반(反)주지주의와 분별없는 주장, 즉 모든 인간은 내적으로 선하다는 주장이 모든 문화와 도덕적 기준을 저하시켰다고 보기 때문이다. 당시 대부분의 하버드 대학생들은 그의 이러한 입장을 시대착오적으로 보았지만 T. S. 엘리엇(T. S. Eliot)과 리프먼은 예외였다. 리프먼은 처음에 배빗 교수의 보수주의 입장을 좋아하지 않았고, 오히려 장-자크 루소(Jean-Jacques Rousseau)를 찬양하며 인간은 선하고 사회에 의해 타락하게 되었다고 믿었다. 그러나 배빗은 루소와는 달리 서양 문명의 최고의 가치는 탁월한 비전을 가진 인간들에 의해 건설되었다고 보았고, 민주주의 자체가 어떻게 다수의 힘을 억제하는 능력과 관계가 있는지를 보여 주었다. 청년 리프먼은 이러한 배빗의 입장을 공격적이고, 엘리트적이며, 반(反)다수결적인 원칙이라고 간주하여 거부하였으나, 만년에는 배빗의 사상을 받아들이며 오히려 윌리엄 제임스보다는 배빗 쪽으로 기울게 된다.

리프먼이 하버드에서 깊은 영향을 받은 또 다른 사상가는 조지 산타야나였다. 그 대학 철학 교수였던 산타야나는 가톨릭으로서 자유사상가였다. 그는 종교를 도덕에 대한 안내자라기보다는 미적인 관점에서 탐구할 가치가 있는 정신세계로 보았다. 리프먼은 대학 2학년 때(1907) 그의 그리스 철학 개론을 수강했는데, 이 강의에서 산타야나는 19세기의 진보와 도덕 개념에 도전하며 신(新)플라톤주의의 자연주의를 주장하였다. 즉, 그의 자연주의란 인간이 경험하는 모든 것은 자연으로부터 오고, 인간은 하나의 이상적인 목적을 향해 발전시킬 잠재력을 가지고 있다는 전제로부터 출발한다. 따라서 인간 존재의 목적이란 탁월성을 드러내기 위한 투쟁이라는 것이다. 그리고 이 탁월성은 인간 정신의 조화와 아름다움을 통해서만 얻을 수 있다는 것이다. 처음에 리프먼은 산타야나의 난해한 철학을 거부하였지만 곧 그것에 압도당하게 된다. 리프먼은 총 5권으로 된 산타야나의 『이성의 생활』(*The Life of Reason*)에 빠져들었고, 그가 개설한 모든 과목을 들으며 철학에 심취하였다. 3년 만에 학부과정을 마친 리프먼은 4년째 되던 해에 석사과정을 위해 계속 하버드에 머물기로 결정했고, 산타야나 교수의 조교가 되어 그의 철학개론을 강의하였다.

리프먼은 산타야나로부터 분명하면서도 우아하게 글 쓰는 방법뿐만 아니라 인간의 한계와 억제를 강조하는 고전주의적 가치도 배웠다. 리프먼이 로이스의 이상주의로부터 윌리엄 제임스의 실험적 다원주의로 지적 여정의 방향을 바꾼 것도 산타야나의 영향이었다. 그가 가르친 것은 경험을 넘어 현실을 추구하고 세속적인 것들을 초연하여 관조 속에서 영원한 가치를 찾는 것이었다. 본능과 실험을 강조하며 독단적이고 추상적인 지성주의에 반대한 윌리엄 제임스의 사상이 청년 리프먼의 상상력을 사로잡았다면, 이성의 기능은 경험을 저해할 수 있고 과도한 민주주의는 다수의 폭정을 가져올 것이라는 산타야나의 우려는 리프먼의 정신세계에 오랫동안 남아 있었다.

그럼에도 하버드 시절 리프먼은 사상적으로 윌리엄 제임스의 철학에 더 가깝게 다가갔다. 그는 산타야나가 추구한 진실, 즉 인간의 경험으로는 알 수 없는 절대적·도덕적 가치보다는 윌리엄 제임스의 프래그머티즘이 제시하는 도덕적 상대주의와, 진실은 발견되는 것이 아니라 만들어진다는 주장을 더 적극적으로 받아들이게 된다. 이처럼 당시의 리프먼은 윌리엄 제임스를 가장 위대한 사상가로 간주했으나 만년에 들어서는 점점 더 산타야나 쪽으로 기울게 된다.

1908년 부활절 일주일 전 첼시(Chelsea)의 한 변두리 슬럼가에서 화재가 일어나 수천 명의 이재민이 발생한다. 하버드대학은 이재민들을 돕기 위해 자원봉사단을 만들어 파견했는데 리프먼도 여기에 합류한다. 이 일은 리프먼에게 가난한 사람들과의 첫 만남이 되었다. 당시까지 그가 알고 있었던 노동계급은 하나의 추상적인 개념에 불과했다. 그는 숨이 막힐 것 같은 셋방에 모여 사는 사람들을 목격하고 처음으로 가난이 인간의 현실임을 깨닫게 되었다. 그는 학교로 돌아오자마자 책으로 읽었던 사회비평과 실제로 경험했던 지식을 결부시키기 시작했다. 지금까지 그가 알아 왔던 이론과 철학이 다른 의미로 다가왔다. 그때까지 그의 사회적 관심은 감상적이고 문학적인 것이었다. 그는 다시 이것을 사회주의와 연결시키기 시작하였다. 그는 곧 『공산당 선언』과 마르크스의 논문들도 읽었다. 그러나 그는 계급투쟁을 통한 혁명에는 반대했고, 대중을 폭력적인 행동으로 선동하는 것은 더 나은 사회를 가져오는 데 바람직한 방법이 아니라고 보았다. 진보주의 시대의 대부분 지식인들처럼 그도 사회의 전복보다는 개혁을 통한 더 공평하고 더 인간적인 사회를 추구하였다.

이와 같이 리프먼은 혁명이 아니라 개혁을 추구함으로써 영국의 페이비언(Fabian)들 속에서 그가 원하는 것을 발견한다. 이 협회는 1880년대 영국에서 베아트리스 웨브(Beatrice Webb)와 시드니 웨브(Sidney Webb)의 주도하에 만들어진 것으로 허버트 조지 웰스, 조지 버나드 쇼, 그레이엄 왈라스(Graham Wallas) 같은 유명한 지식인들이 포함되어 있었다.[4] 이들은 중용을 설파하고 교육을 강조하였다. 이들은 마르크스를 현대적으로 받아들였으며, 사회 안정을 위협하는 모든 것을 제거하고자 하였다. 이들은 대중이 건설적인 어떤 것을 이룩할 수 있다고 믿지 않았다. 그들은 소수의 지도자들이 핵심이 되어 사회를 이끌어야 한다고 믿었고, 의무에 대해 강한 책임감을 가진 과학자들과 기술자들을 동원하고자 했다. 그들은 이러한 구성원들이 국가에 기꺼이 봉사하며, 대중민주주의의 비효율성과 편견을 뛰어넘을 것이라고 믿었다. 페이비언주의는 리프먼과 같은 지식인들의 공감을 얻었다. 왜냐하면 이것은 사회의 질과 수준을 높이고자 했던 중산계급 개혁자들의 욕구를 충분히 반영한 것이기 때문이었다. 실제로 그것은 국가 장치를 장악하여 새로운 사회를 건설하려는 것이 아니라 가난한 자들을 만족스러운 부르주아로 변형시켜 사회를 개혁하는 것이었다. 이 과정에서 권력은 지적 엘리트가 장악하는 것이었다.

화재 사건과 페이비언주의를 접한 후 리프먼은 하버드에서 사회주의 토론 클럽에서 일하게 되었고, 1908년 3월 그는 8명의 학부생들과 함께 사회주의 클럽을 결성하였다. 여기서 리프먼은 회장으로 선출된다. 리프먼이 경제적인 면에서 특권적인 환경에서 자라났음에도 당시 진보주의 개혁운동의 다양한 세력 가운데 사회주의 진영에 눈을 돌리게 된 것은 그가 천성적으로 갖고 있었던 역사와 시대에 대한 남다른 의식과 정치에 대한 깊은 관심에서 나온 것이었다. 또한 그것은 그가 사회와 정치 구조의 밑바닥까지 철저하게 파악하고자 했던 그의 집념에서 나온 결과였다.

1910년 리프먼은 하버드대학을 떠나 보스턴에 소재한 사회주의 신문인 『보스턴 커먼』(*Boston Common*)지의 기자가 되어 당시 폭로 작가로 잘 알려진 링컨 스테펜즈 밑에서 일했으며, 1912년에는 뉴욕 시의 새로운 사회주의 시장을 돕기도 했다. 이 시기에 그는 또한 이성적으로 이해할 수 없는 수많은 인간의 문제와 국가·사회와 관련된 문제에 접하고 그에 대한 해결책을 찾기 위해 지그문트 프로이트(Sigmund Freud)를 비롯하여 앙리 베르그송(Henri Bergson), 프리드리히 니체(Friedrich Nietzsche), 조르주 소렐(Georges Sorel) 같은 사상가들의 저서를 탐독하였다. 그의 이러한 지적 호기심은 청년기 내내 이어졌는데, 그의 이러한 욕구는 단순히 지식을 위한 지식이 아니라 정치와 사회의 구조와 작용을 이해하기 위한 열망에서 나온 것이었다.

인간적 정치에 의한 사회통합 추구

리프먼은 최초의 저서인 『정치서설』(*A Preface to Politics*, 1913)을 위시하여 수많은 글에서 20세기에 일어난 많은 쟁점들을 다루었지만 주요 관심사는 정치였다. 그 까닭은 그가 정치란 인간 삶의 의미와 질을 결정한다고 믿었기 때문이다. 더 나아가 그는 정치를 "문명의 진보에 결정적인 역할을 하는 국민 에너지의 기반"으로 보았다.[5] 그러므로 당시 그가 관찰한 '공공의 무관심'은 문명의 정체(停滯)를 가져오는 근본적인 시발점이 될 수 있는 것이었다. 이 첫 저작에서 그가 추구한 것은 모든 개인이 참여하는 역동적 정치를 강조함으로써 사회의 통합과 진보를 이루는 것이었다.

정치에 대한 리프먼의 태도는 인간 본성, 특히 인간의 환경에 대한 깊은 인식으로부터 출발한다. 그는 진보주의 개혁자들이 인간의 본성에 대한 분명한 인식을 갖고 있지 못했다고 지적하며, 그로 인해 민주주의는 심각한 내적 위협에 직면하였다고 선언한다. 그는 정치가 인간 본성에 바탕을 둘 때만이 그것은 실용적·실제적이고, 구체적·합리적이며, 인간적이 될 수 있다고 본다. 그에게 정치란 "선인과 악인 간의 싸움"도 아니고 "도덕적 시험장"도 아니며 바로 문명의 진보를 위해 "인간이 만들어 내는 조화"라고 생각하였다. 왜냐하면 그는 정치란 인간의 생활을 위해 인간의 생활 속에서 작동하는 것으로 간주했기 때문이다. 그리하여 그는 생활의 의미와 패턴이 변할 때 정치도 함께 변해야만 한다고 주장하며, 경직된 "기계적 인간들"이 전례만을 고집하며 새로운 어떤 것도 창조하지 못하고 있는 것을 비판하였다. 그 기계적인 사람들은 정부를 마치 "대양이나 언덕처럼 절대적이고 무조건적으로 주어진 어떤 것"으로 간주하고 있다는 것이다. 그 결과 그들은 "일상의 노예"로서 진지하게 선조들을 대하는 것 같지만, 실제로는 "그들의 조부들이 했던 구식의 것"을 모방하고 있으며, 이것은 "인간의 독창성"을 무시하는 행태라고 리프먼은 현실 정치가들을 비판하였다.[6]

리프먼은, 이러한 "기계적 인간"과는 달리 "창조적 인간"은 "모든 사회 조직을 하나의 기능으로 간주하는 사람"이라고 설명한다. 그는 체제나 제도, 기술적 장치 자체는 그 어떤 미덕도 가지고 있지 않고, 사회의 목적에 이바지할 때에만 가치가 있다고 주장한다. 창조적 인간은 "끊임없이 새로운 것을 고안하며 기계적인 것을 적재적소에 배치시킬 수 있는 의식을 가진 사람"이라는 것이다.[7]

리프먼은 이와 같이 "사려가 깊고, 시대에 대한 의식을 가지고 있는 의지에 찬 개인"을 정치철학의 중심에 두었다. 이러한 사람들이 정치와 인간생활을 하나로 결합할 때 정치란 역동적인 실체가 된다는 것이다. 다시 말해 정치란 실질적으로 인간을 위한, 인간에 의한 활동이 되어야 한다는 것이다. 리프먼은 진정한 정치인은 "창조적 정치인"(political creator)으로, 정치에서의 경험으로부터 얻은 지식을 실생활에 적용할 수 있어야 한다고 보았다. 리프먼은 무엇보다도 "창조적 정치인은 기계적인 경향을 따르기보다는 인간의 감정에 충실한 사람"이라고 강조하였다.[8]

리프먼에게 부분과 전체의 관계는 고정되어 있거나 형식적·자동적이고 기계적인 것이 아니다. 그것은 끊임없이 움직이고, 자유롭고, 경험적이며, 창조적인 "살아 있는 조직"과 같은 것이었다. 과거의 정치가 고정된 방식에 묶여서 일상의 틀을 벗어나지 못할 때 정치이론은 "정적이고" 실제 인간의 삶과는 동떨어진 "비현실적인" 실체가 된다는 것이다.[9] 이러한 인식으로부터 그는 새로운 정치적 가치를 추구하였다. 그는 "이 시대가 사고(思考)의 다른 질서"를 요구하고 있다고 선언하며 다음과 같이 말한다. "우리가 지금 당면한 문제들에 대해서 구태의연한 사고방식, 무비판적인 전제, 모호한 어휘, 파벌정치 등으로는 제대로 대처할 수 없다. 우리의 정치적 사고는 이 시대가 요구하는 통찰을 필요로 한다. 여타의 관심들을 쇄신하는 엄청난 역동성이 정치에 이바지할 수 있다. 우리의 주요 관심은 정신의 습관을 융통성 있게 만들어 실제 인간생활에 기여하도록 하는 것이다."[10]

리프먼은 "오늘날 우리는 정치의 부패가 아니라, 정치에서의 통찰력의 결여를 고발해야 한다"고 선언하였다. 이 선언에서 리프먼은 미국인들이 무엇인가를 창조하는 데 그들의 모든 에너지를 쏟아 부을 것을 촉구하였다. 그가 느낀 "과거의 정치적 노력이란 인간을 자유, 정의, 평등과 같은 추상적인 원칙들에 얽어매는 것이었고, 제도들에 대한 개념을 거창한 단어로부터 추론하는 것이었다." 그는 "그러한 과거의 노력은 인간의 본성이 모순적이고 반항적이기 때문에 결코 성공하지 못했다"고 지적하며 "새로운 정치적 노력이란 정치원리와 제도를 인간의 욕구에 맞추고, 그 추진력으로 가능한 한 인간의 생활을 만족스러운 상태에 이르도록 하는 데 있다"고 주장하였다.[11]

리프먼은 정치가 제국의 건설이라든가, 추상적 번영이라기보다는 인간의 구체적인 욕구와 복지에 이바지하는 역할을 해야만 한다고 믿었다. 그리하여 그는 정치의 과제란 그것이 개인적이든, 사회적이든 혹은 국가적이든 간에 인간의 요구로부터 나오는 깊은 원천을 먼저 이해하고, 그러한 요구에 대한 "교양적 만족"(civilized satisfaction)을 발견하는 것이라고 강조한다. 그러므로 그는 먼저 "인간을 정치의 중심"에 둘 것을 촉구하였다.[12]

리프먼은 정치적 도덕성의 기반을 인간성에 둠으로써 정치에 있어서 전체와 부분들의 통합과 균형을 추구하였다. 그에게 전체와 부분들, 부분들과 부분들에 대한 깊은 상호 이해는 "다른 사람들의 내적 생활에 우리를 수용함으로써 경험을 확대하는" 예술과 같은 것이었다.[13] "강한 예술적 전통 없이는 생활과 정치는 판에 박힌 메마른 일상에 빠지기 쉽다"는 것이다. 리프먼은 "하나의 생생한 예술적 전통은 정치의 인간화에 본질적으로 중요한 것"이라고 주장하였다.[14] 그가 인간을 위한, 인간에 의한 정치를 추구했던 것은 모든 개인들이 참여하는 역동적 정치를 통해 미국 사회를 통합하려는 의지를 보여 준 것이다.

과학적 · 민주적 정신에 의한 다원적 사회의 통합 추구

청년 리프먼이 인간 중심적인 정치를 추구했다면 그의 시대는 어떤 문제를 안고 있었는가? 그는 누구보다도 현대가 다원적 세계로 변하고 있다는 사실을 잘 인식하고 있었다. 그는 이러한 인식을 바탕으로 민주주의의 새로운 의미와 정치의 새로운 역할을 추구하였다. 그는 20세기 초 개혁운동이 절정에 달했던 소위 '진보주의 시대'를 긍정적인 시각으로 바라보지는 않았다. 왜냐하면 그는 미국 국민이 새로운 다원적 사회를 이해하는 데 있어서 "그 방법이 잘못되어 있고, 영혼은 분열되어 있으며, 국민 의지는 제대로 반영되지 않아 미국 문명은 위축되고 있다"고 보았기 때문이다.[15]

리프먼은 "민주주의란 단순히 독재군주가 없다는 것 이상의 어떤 것이고, 단순한 자유와 동등한 기회 이상의 어떤 것"이라고 믿었다.[16] 그리하여 그는 다가오는 "투쟁"은 "권위의 해악"보다는 "민주주의의 약점" 때문에 벌어지게 될 것이라고 보았다.[17] 1914년에 출판된 리프먼의 『표류와 제어』(*Drift and Mastery*)는 당시의 불안한 시대상을 진단하고 "진정한 민주주의를 위해 그 깊은 의미를 새롭게 인식하려는 시도"였다.[18] 자신의 시대가 표류하고 있다고 인식한 리프먼은 제어 장치를 모색했던 것이다. 그는 이러한 현대 사회의 조류를 하루아침에 일어난 현상이 아니라 오랜 진화와 역사적 발전의 피할 수 없는 단계로 파악하였다.

리프먼은 현대인이 어떻게 안정감을 상실했고, 어떻게 그의 영혼이 혼란에 빠지게 되었는지를 분명하게 이해하고 있었다. 그는 "어떤 사람도 이러한 상황을 현대 예술가보다 더 신랄하게 느끼지는 못했다"고 지적한다.[19] 상업주의의 소란 속에서 예술가들은 비록 존경을 받지 못할지라도 자신들의 견해를 분명하게 표명하려 했다는 것이다. 리프먼은 현대 예술가가 겪는 세상과의 불화를 설명하며 현대를 이해하려 했다. 예술가는 일시적으로 세인의 관심은 끌지만 그것을 계속 유지할 수는 없는데, 왜냐하면 "세계는 너무 복잡하고 다원화되어서 그가 다루는 주제와 열정이 대중 속에서 하나의 공통 경험으로 받아들여지기 어렵기" 때문이라는 것이다. 그리하여 예술가는 자신의 일을 더 이상 할 수 없다고 느끼게 되고, 예술가가 되는 것을 포기하려 한다는 것이다. 이 순간 그는 자신의 예술을 따르는 열렬한 소수의 집단과 만나게 되고 이들과 함께 예술운동을 벌이게 되는데, 이 운동을 통해 무엇보다도 사회 전체의 "속물적인 현상"을 비난한다는 것이다.[20]

리프먼은 현대 예술가는 마음속으로 자신의 일에 늘 불만을 느끼고, 반란의 태도를 보인다고 말한다. 리프먼에게 이러한 현상은 사회적 위기를 반영하는 것이었다. 그것은 무엇보다도 존재론적 위기였다. 리프먼은 그 위기를 다음과 같이 설명한다. "그 반란은 고전적 권위에 반대하는 것이 아니다. 오늘날에는 강제적 힘을 가진 어떤 권위도 존재하지 않는다. 반란자들은 자신들 내부의 어떤 것에 대해 반란을 일으킨다. 그들은 어떤 해결도 없는 것에 집착하며 영혼 속에서 갈등한다. 그들의 반란은 그들 내면의 불협화음으로 결코 얻지 못할 것을 끊임없이 찾으려는 시도다."[21] 리프먼이 이와 같이 설명하는 것처럼 반란이란 존재론적 위기에서 살아 있음을 확인하는 비명일 수도 있고, 존재의 작은 표현일지도 모른다. 이러한 인간의 상황에 대해 리프먼은 다음과 같이 선언한다. "우리는 권위를 상실하였다. 우리는 질서정연한 세계로부터 해방되었다. 그리고 우리는 표류한다. 중심을 이루던 권위가 사라졌을 때 우리의 영혼이 혼란을 겪고 있다고 말하는 것은 터무니없는 잘못인가?"[22]

이러한 위기는 실제로 미국의 도시 이민자들에게서 가장 극적으로 나타나고 있었다. 리프먼은 미국 국민 전체를 이들의 상황에 비유하여 다음과 같이 말한다. "우리 모두는 정신적으로 이민자들이다. 우리는 모두 산업세계에 살고 있는 이민자들이며, 의지할 어떤 권위도 가지고 있지 않다. 우리는 새로 도착한 뿌리가 없는 국민이며 벼락부자다. 한 국민으로서 우리 모두는 국가와 함께 속물적 근성을 가지고 있고, 영혼을 흩트리고 있다. 현대인은 아직 자신의 세계에 정착하지 못하고 있다."[23]

『표류와 제어』에서 리프먼은 이러한 현대의 위기 상황에 대한 해결책을 모색하였다. 그는 현대인의 표류를 제어하고 극복할 수 있다는 확신을 가지고 있었다. 그는 먼저 그 제어는 세계와 인간에 대한 반성으로부터 출발해야만 한다고 믿었고 그 반성의 결과는 과학의 수용이었다. 이에 대해 그는 다음과 같이 말한다. "우리는 감춰진 것을 의식의 빛으로 끌어내어 기록하고, 그것의 여러 면들을 비교하고, 그것의 역사를 언급하고, 실험하며, 과오에 대해 반성한다. 그리고 우리는 의식적 생활이 더 이상 평범한 무지개 빛깔이 아니라 야수성을 길들이는 강력한 방법이라는 것을 서서히 발견한다."[24]

리프먼이 제어라고 말한 것은 "무의식적인 투쟁을 의식적인 의지로 대체"하는 것이었다. 그에게 문명이란 "분쟁이 있었던 곳에 계획을, 무질서한 성장의 정글 속에 목적을 부여하는" 인간의 끊임없는 노력에 의해 수립된 것이었다.[25] 그는 과학을 통해 인간의 자기의식이 서서히 구체적인 결실로 드러나 하나의 문명으로 발전한다고 보았다. 그는 무엇보다도 과학적 진보의 의식적 통제에 의해 "과학적 정신을 비판할 수 있는 힘"은 "과학적 발견의 진보를 확실시하는 가장 좋은 보증"이라고 강조하였다. 그는 이러한 과학을 "문명의 내적 보고(寶庫)"라 부르며 찬양하였다. 왜냐하면 그는 "과학이 스스로 비판자가 될 때 그것의 미래는 밝을 것"이라고 보기 때문이다.[26]

리프먼에게 과학은 단순히 기계적이고 반(反)인간적인 것이 아니었다. 그는 과학을 통해 인간 욕구에 바탕을 둔 민주주의를 건설할 수 있다고 보았다. 그는 과학을 민주주의와 관련시켜 다음과 같이 설명한다. "절대주의가 무너질 때 과학은 일어난다. 그것은 자치 정신이다. 왜냐하면 왕, 사제, 기존의 신조를 전복시키는 추진력이 자기의식적이 될 때 우리는 그것을 과학이라고 부르기 때문이다." 리프먼은 과학을 다원적 사회에서 "영혼의 갈등을 진정시키는 방법"으로 보았고, 그러한 과학적 정신으로 "현실에 대해 두려워하지 않고 노련하면서도 겸손하게 접근"할 때 사회의 통합을 이룰 수 있다고 보았다. 다시 말해 과학은 "인간 본성의 욕구와 세계가 내포하고 있는 가능성"을 분명하게 인식하는 방식이었다. "과학적 정신은 하나의 사고방식으로, 그것을 통해 민주주의를 훈련할 수 있고, 표류를 벗어날 수도 있으며, 궁극적으로는 자유로운 인간의 상태에 도달할 수도 있다"는

것이다.[27]

그리하여 리프먼은 과학자들은 "공통된 규율"을 가지고 "그들이 어디에 살든지 서로 주고받는 하나의 이해방법"을 따른다고 보았다.[28] 그러므로 과학적·민주적 정신에 기반을 둔 "제어는 불가피하게 협력의 문제인데, 이것은 서로 다른 방식들 속에서 살아가고 있는 다양한 국민이 그들 각자의 특성 속에서 어떤 질서를 발견"해야만 한다는 것을 의미하는 것이다. 리프먼은 이러한 협력적인 공통 규율로서의 과학을 "민주주의의 규율"로 보았고, 이 규율은 다원적 사회의 통합을 이루는 데 이바지할 수 있다고 믿었다.[29]

현대 문명의 역사성과 창조성에 의한 사회통합 추구

정치 저널리스트로서 리프먼은 예민한 감각과 지속적인 인내를 가지고 인간의 사고와 행위를 지배하는 공공의 사건들을 관찰하며, 인간의 정신상태를 진단하였다. 그는 공공의 사건들이 현대 문명으로부터 영향을 받고 있다고 보았다. 그는 현대 문명을 인간 역사의 발전 과정 속에 나타나는 하나의 단계로 이해함으로써 그것이 내포하고 있는 역사성과 창조성 모두를 분명하게 파악하였다. 현대 문명은 과거에 대한 의미뿐만이 아니라 미래를 향한 방향도 보여 준다. 그런 의미에서 그것은 역사적이면서도 미래지향적인 성격을 가지고 있는 것이다. 리프먼은 새로운 전체 속에서 부분이 그 존재론적 권위와 확실성을 회복할 수 있는 새로운 도덕과 기준을 제시하고자 하였다. 그에게 창조적인 것은 역사적이며, 역사적인 것은 창조적인 것이었다. 그는 역사성이란 부분과 부분이 어떤 관계 속에 있으면서 동시에 부분들이 전체와 연결되어 있을 때를 의미한다고 보았다. 그리고 그는 이러한 관계란 시간의 끊임없는 변화 과정 속에 놓여 있다고 인식하였다. 그는 움직이는 것만이 역사적이고 창조적인 것이라고 믿었다.

이와 같이 리프먼은 현대 문명에 내재해 있는 역사성과 창조성을 분명하게 인식했지만, 동시에 그것이 "과거 선조가 이룩한 질서를 와해"시킨다는 사실을 또한 깨달았다.[30] 그는 그러한 현상을 "현대성의 산화작용"(acids of modernity)이라 부르며, 이 작용이 "너무 강력하여 현대인이 어떤 이념으로 새로운 정통을 세운다는 것은 생각할 수도 없는 일"이라고 설명한다.[31] 그 작용으로 인해 부식된 것은 하나님에 대한 경험, 즉 인간의 신앙이었지만, 리프먼은 권위의 구조가 붕괴된 사실에 무엇보다도 깊은 우려를 표명하였다.

리프먼은 미국인이 어떤 국민보다 "과거의 의미 있는 사건들과의 관계를 상실했다"고 보았다. 그는 "미국 문명은 그 어떤 문명보다도 철저하게 도시화되었다"고 지적하면서 현대 도시가 미국인의 경건한 생활을 와해시키는 주범이라고 주장하였다. 그에 의하면 "과거에 미국인은 경건에 의해 자신의 생이 더 큰 계획의 한 부분이고 인간의 한계를 넘어서는 이해할 수 없는 힘에 종속되는 것"을 느꼈다는 것이다.[32] 그러나 현대의 환경 속에서 "경건은 터무니없는 것이 되어 버렸고, 익살의 대상이 되었으며, 경건한 사람은 시골뜨기 혹은 케케묵은 어릿광대"처럼 보인다고 리프먼은 설명한다. 그러나 그는 생활에 경건의 어떤 요소가 없다면 "사물의 외적 질서"를 믿는다는 것은 어렵게 될 것이고, 이것이 바로 권위의 위기를 초래했다고 주장한다.[33]

현대성에 관해 리프먼이 주장하는 내용 가운데 한 가지는 "그것이 단순히 선조들의 중요한 정신을 부인할 뿐만 아니라 그것을 받아들일 수 있는 풍조 자체를 와해시켰다"는 사실이다.[34] 그 결과 현대성은 자아의 분리를 초래했고 현대인의 삶은 그 자신의 독자적인 생을 사는 것이 아니라 마치 하나의 육체 안에서 여러 명의 캐릭터로 이루어진 연극과 같은 삶으로 전락했다는 것이다. 이러한 상황에 대해 리프먼은 "현대인은 독자적인 판단을 할 수 있는 유일한 개성을 상실함으로써 객관적 도덕에 대한 확신도 와해되었다"고 선언한다.[35]

권위가 무너지고 기존의 도덕을 더 이상 받아들일 수 없을 때 인간은 어떤 선택을 해야 할 것인가? 권위의 위기는 바로 인간의 위기였다. 리프먼은 위기에 처한 현대인의 도덕적 선택을 위해 새로운 기반을 모색하였고, 그것을 인간의 경험 속에서 찾았다. 다시 말해 선과 악의 구분은 인간 스스로가 인식하고 결정해야 한다는 것이다. 이에 대해 그는 다음과 같이 말한다. "행복은 미덕의 대가가 될 수 없다. 행복은 미덕의 당연한 결과여야만 한다. 그 말은 미덕이란 강제적인 것이 아니라 개인적 확신과 욕구로부터 나와야만 한다는 것이다." 그리하여 리프먼은 현대의 도덕은 휴머니즘이 될 수밖에 없다고 말한다. "왜냐하면 그는 그것이 초인간적인 것이 아니라 인간 본성에 중심을 둔 것"이라고 보기 때문이다.[36]

그러나 리프먼은 "휴머니즘의 도덕성은 전보다 훨씬 더 커다란 어려움 속에서 산고를 겪고 있다"고 말한다. 인간관계가 극도로 복잡하고 미묘하게 바뀐 현대 도시 사회에서 휴머니즘을 가르치는 사람들은 권위와 확실성의 상실에 직면해야만 했고, 그들은 스스로를 통제할 수 없게 되었다는 사실을 인식해야만 했다는 것이다. 그럼에도 구질서가 가 버리자 사람들은 휴머니즘의 도덕에 호소하였다고 리프먼은 지적한다. 그들은 '현대성의 산화작용'이 단지 현대 문명의 정신 속에서 극복될 수 있다고 보았기 때문이다.[37]

리프먼은 동시대의 사회적·지적·정신적 위기가 현대 문명으로부터 출발했다고 보면서도 그 문명 속에서 해결책을 찾았다. 그리하여 그는 현대 문명을 만들어 낸 전체 과정을 해체하기보다는 오히려 그 속에서 건설적이고 창조적인 정신을 발견하였다. 그는 현대 문명의 깊은 역사성을 인식함으로써 발전적 과정 속에서 창조적 생명력을 발견했던 것이다. 이런 점에 비추어 볼 때 과거를 거부하고 현실과 인간 주체조차도 부인하는 포스트모더니스트들의 입장은 분명히 문제가 있는 것이다. 그들은 무엇보다도 지식인으로서 해야 하는 역할, 즉 사회와 국민을 와해시키는 시대의 산화작용에 대해 어떤 대안도 제시하지 못하기 때문이다. 이들과는 달리 리프먼은 누구보다도 현대 문명에서 분열과 대립의 요소를 분명하게 파악하면서도, 그 문명의 또 다른 잠재력을 통해 조화와 통합의 세계를 추구하였다.

전통적 자유주의 가치관에 의한 사회통합 추구

미국이 주식시장의 붕괴를 시발점으로 대공황이라는 경제적 재난의 긴 터널로 들어갈 당시 리프먼은 "질서 있는 사회를 추구하는 것은 문명의 통합을 위한 인간의 깊은 본능의 르네상스"라고 말했다. 그의 이 말은 "인간의 질서정연한 사회에서 나타나는 좋은 생활은 운명의 무의식적인 작용에 의해 나타나는 것이 아니라," "인간 스스로가 운명의 주체가 되어 그 생활을 영위해야 한다"는 것이다.[38] 미국 역사상 가장 심각한 경제적 위기와 그로 인한 무질서 속에서 리프먼에게 중요했던 것은 "자유의 방법"이었다. 왜냐하면 "현대 국가는 자유의 방법을 포함하여 인간생활의 기준을 국민에게 확실하게 제시하지 않는 한 그 국가는 지속할 수 없다"고 믿었기 때문이다. 또한 그는 이를 위해 "현대 정부는 먼저 국민에게 경제적 안정을 보장하고 진정한 독립국으로서 세계 속에서 영향력을 행사할 때 자체의 법과 질서와 자유를 보존할 수 있다"고 주장하였다.[39]

리프먼이 "자유의 방법"으로서 제시한 것은 "자유 집산주의"(free collectivism)였다. 이것은 사회통제의 방법으로서 자유방임적 자본주의나 공산주의 혹은 파시즘과는 전적으로 달랐다. 미국 국민의 경험과 그들의 특성에 바탕을 둔 리프먼의 "자유 집산주의"는 "생활의 기준과 경제 질서의 운용은 국가가 전체적으로 정해야 하는 의무"라는 인식으로부터 나온 것이었다. 그의 목적은 "공적 활동으로 보상함으로써 사적 행동의 불균형을 시정하는 것"이었다. 다시 말해 그것은 "사적 거래의 복잡한 구조 속에서 바람직하게 작용하고 움직이는 평형을 유지하기 위한" 방법으로서 자본주의 체제 그 자체의 궤도 속에 제한된 것이었다.[40] 그리하여 리프먼은 초기 뉴딜법안은 지지했지만, 그 후 등장한 더 근본적인 뉴딜개혁에는 반대하였다.

무엇보다도 전체주의의 등장은 리프먼의 지적 세계에서 커다란 전기가 된 사건이었다. 왜냐하면 인간은 역사의 주체인 동시에 객체라는 그의 인간관이 전체주의적 사고와 체제를 통해서는 유지될 수 없기 때문이었다. 그리하여 그는 새로운 국제적 상황에 직면하여 오히려 과거의 전통적인 가치관과 제도를 새로운 대안으로 구상하기 시작하였다.

1937년에 출판된 리프먼의 『좋은 사회』(*A Good Society*)는 전통적인 민주적 입헌제도와 경제적 개인주의를 옹호하는 저작이었다. 1930년대에 그는 세계의 독재에 반대하여 자유사회의 전통적인 가치를 추구하였다. 그 시기에 인간의 미래는 파시즘 혹은 공산주의를 지향하는 경향에 의해 좌지우지되는 것처럼 보였다. 이러한 상황에서 리프먼에게 중요한 것은 그와 같은 전체주의적 경향이 바람직한 것인가 아닌가의 문제가 아니라 "그것이 과연 가능한 것인가"의 문제였다.[41] 그는 자신의 인간관을 통해서 볼 때 그와 같은 전체주의 사회질서는 이론적으로 도저히 생각할 수 없는 것이라고 판단하였다. 그는 조금만 주의를 기울여 분석해 보면 그러한 통제 체제는 행정부가 감당할 수 없는 질서이고, 실제로 어떤 의미도 없으며, 기만 술책에 불과한 것이라고 결론을 내렸다. 그리하여 그는 "통제된 사회는 분명히 호전적이고 빈약하다"고 선언하며 다음과 같이 말한다. "만약 그 사회가 호전적이고 빈약하지 않다면, 그것은 통제될 수 없다. 나는 번영에 차고 평화스러운 사회는 자유로워야만 한다고 주장한다. 만약 사회가 자유롭지 않다면, 그 사회는 번창하고 평화를 이룰 수 없다."[42]

이러한 인식으로부터 리프먼은 고전적 자유주의가 많은 부정의와 억압을 지적(知的)으로 정당화시켰다는 사실을 분명하게 알고 있으면서도, 18세기의 위대한 자유주의자들의 사상 속에서 대안을 찾으려고 하였다. 그는 기본적으로 인간진보의 방법은 인간의 에너지를 해방시키는 것이라는 사실을 확신하고 있었다. 그는 집산주의 아래서 개인들이 기계적으로 되거나 그들의 독특한 본질들을 상실하는 것에 대해 우려하였다. 그는 무엇보다도 인간 역사 전체를 통하여 사회의 가장 바람직한 진보는 전체와 부분들의 조화와 균형 속에서 가능하다는 사실을 다시 한 번 깊게 인식하였다. 이 시점에서 그는 그 균형조차도 한계를 가지고 있다는 사실을 새삼 깨달았다. 그리하여 그는 "우리의 세대는 인간 경험을 잘못 이해하였다"고 선언하면서 다음과 같이 자성하였다. "우리는 시대가 만들어 낸 오류를 감싸기 위해 시대의 지혜를 포기하는 현재의 상황을 한탄한다. 인류가 지식과 자연에 대한 지배와 개인의 안전을 통해 진보해 왔던 길은 권위, 독점, 특권의 멍에로부터 점차 해방됨으로써 이루어진 것이다. 인간이 존재를 위해 필요한 최소한의 것을 위해 투쟁하면서 자신을 향상시킬 수 있었던 것은 인간 에너지의 해방을 통해서였다. 그들은 인간에 대한 구속을 제거함으로써 거대 사회의 생활에 적응할 수 있었다."[43]

리프먼에게 인간 존재의 역사적 경험은 역사의 주체이면서도 객체인 인간의 가능성과 한계성이 현실로 드러난 것이었다. 말하자면, 인간 존재는 역사적이기 때문에, 인류는 역사의 진보를 가능하게 했지만 또한 역사의 진보에 의해 제한된다는 것이다. 리프먼은 "상품, 서비스, 이념 등이 세계적 차원으로 교환되고 있는 것은 인간의 마음, 정신, 행위의 거대한 해방에 의한 것"이라고 보았다. 그리고 그는 "작은 원칙들이 거대한 공화국으로 뭉쳤던 것은 이 기운을 돋우고 떠받치는 환경 속"에서였다고 지적하며,[44] 왜 이 "자유의 방법"이 과거에 폐기되었는지에 대해 의아히 여기며 다음과 같이 말한다. "19세기 후반 인간진보의 검증방법은 갑작스레 진부하게 되고, 그럼으로써 인류의 진보는 더 많은 해방을 통해서가 아니라 더 많은 권위에 의해서 이루어진다고 생각한 데에는 어떤 이유가 있는가? 현대 세계의 지적 지도자들이 자유의 방법을 포기한 직후 세계는 격화된 국가경쟁의 시대에 들어갔고, 세계대전으로 비화되었으며, 많은 나라들이 유린되었고 암살, 학살, 처형, 파괴, 내전 등으로 치달았던 것이다."[45]

리프먼의 정치사상은 역사 경험을 통해 검증되어 온 인간성의 한계성과 가능성에 대한 이해로부터 형성되었다. 그에게 역사적인 것이란 좋은 사회를 건설하기 위한 반석이었다. 왜냐하면 그는 역사란 인간의 본질을 설명할 뿐만 아니라 "경험적이고, 실제적이며, 낙관적이고, 건설적인 것"이라고 믿었기 때문이다.[46] 실제로 한 국가의 의미 혹은 지도 원리는 그 긴 역사 속에서 발견될 수 있을 것이다. 예를 들어 미국의 미래는 미국 역사의 유산으로부터 단지 결정될 수 있는데, 그 속에서 미국인의 진정한 욕구, 욕망, 고통, 어려움, 땀, 노동, 즐거움을 발견하는 사람만이 미국의 국가적·사회적 문제들에 바람직한 대안과 해결책을 제시할 수 있을 것이다. 리프먼은 일생 진보사상을 버리지 않았고 좋은 사회를 추구하였다. 그가 생각하는 좋은 사회의 개념은 그리 복잡한 것이 아니다. 그것은 인간의 가능성을 낙관하면서도 인간의 한계를 인식하는 것이었다. 그런 좋은 사회는 신과 같은 능력과 기능을 통해 만들어지는 것이 아니라 인간들의 기능과 그들의 협력에 의해 만들어지는 것이다. 그러므로 이성적 사회만이 통합된 사회가 될 수 있는 것이다.

『공공의 철학』(1955)

월터 리프먼의 『공공의 철학』(*Essays in The Public Philosophy*)은 정치철학적 관점에서 20세기 서양 자유민주주의의 결함과 서양 문명의 몰락을 경고한 예언서와도 같은 저작이다. 리프먼은 서양 근대사의 어느 시점에서 자유민주주의는 잘못된 방향에서 진행하기 시작하여 결국 제1차 세계대전이라는 파국을 겪었지만, 여전히 그 오류는 시정되지 않은 채 또 다른 대(大)파국을 피하지 못하고 이제 긴 문명의 쇠퇴기에 접어들고 있다고 경고한다. 그는 이러한 경고로부터 용기 있는 해결책을 제안한다. 그것이 바로 공공의 철학이자 공민의 의식이었다.

리프먼이 제시한 공공의 철학은 새로운 철학이나 혁신적인 이데올로기가 아니다. 그것은 역사적 산물로, 어떤 의미에선 과거 시대에 속하는 유물로 간주될 수도 있다. 그러나 리프먼은 부분들을 전체와 연결시켜 역동적 하나로 만드는 것은 바로 역사와 공동체라는 사실을 깊게 인식하며, 공공의 철학을 되살리려는 지적 노력을 기울인다. 대중이 역사를 만들지만, 역사는 대중에게 존재의 의미를 주는 것이다. 이런 관점에서 리프먼은 과거의 이념, 이상, 제도, 자유주의 국가의 관습 등을 이해하려고 했다. 그러나 리프먼은 "선거권이 부여된 대중만이 자유의 제도를 가장 철두철미하게 옹호했던 사람들은 아니라"고 주장한다.[47] 그의 이러한 주장은 대중에 의해 좌지우지되는 현대 정부의 무능력을 지적한 것이었다.

리프먼에게 전체는 언제나 살아 있고, 전진하고, 역동적인 가능성과 잠재력을 가지고 있는 것이었다. 이러한 전체에 대한 개념과 더불어 그는 현재를 과거와 미래의 모든 요소까지도 포함하는 전체적이고 역동적이며 유기적인 실체로 보았다. 이런 점에서 그는 전통과 권위에 기반을 둔 공공철학의 부활을 강조하면서도 이미 수립된 과학, 합리주의, 현대 문명을 거부하거나 부인하지 않았던 것이다. 그는 현대 미국의 미래는 미국 국민이 잃어버린 시민사회의 전통과 얼마나 잘 교류할 수 있는지의 여부에 달려 있다고 보았다. 그리하여 그는 현대 미국 사회에서 공공철학은 "전보다도 더 필요한" 가치관이라고 주장하며, 자유로운 국민은 "공적 기준의 타당성에서 신뢰를 다시 수립하고" "정치 도덕을 재개"하기 위한 길을 모색해야만 한다고 촉구하였다.[48]

리프먼의 『공공의 철학』은 인류 문명에 대한 분명한 자각으로부터 나왔다. 그가 이 책을 저술하기 시작한 1938년 당시는 서양 문명과 자유민주주의 체제가 전체주의의 도전에 직면해 혼돈과 위기 속에 처해 있던 시대였다. 『공공의 철학』의 목적은 이 혼돈과 위기의 본질을 규명하여 서양 문명의 미래에 안정과 희망을 제시하는 것이었다. 리프먼은 자신의 저술 동기를 다음과 같이 밝히고 있다. "나는 서양의 여러 자유민주주의 국가들이 20세기의 현실에 대처해 나갈 수 없다는 분명한 사실을 보다 명확하게 인식할 필요가 있다는 생각에 이 책을 쓰기 시작했다."[49]

이처럼 리프먼이 목격한 현실은 비관적이었다. 제1차 세계대전의 폐허와 실패를 경험했음에도 자유민주주의 국가들이 제2차 세계대전을 막지 못한 이유는 어디에 있는 것인가? 리프먼은 그 이유가 외부의 도전에 있다고 보지 않는다. 그는 세계가 제2차 세계대전의 비극으로 다시 빠져 들어가고 있을 당시 자유민주주의 국가들은 심각한 사회적 혼란에 빠져 있다는 사실을 분명히 깨달았다. 그는 그러한 상황이 "적의 음모나 인간적인 조건의 불리함 때문에" 생겨난 것이 아니라고 강조한다. 즉, "그것은 바로 자유민주주의 국가 내부의 어떤 결함" 때문이라는 것이다. 리프먼은 자유민주주의 국가가 외부의 공격에 의해 "지금 부상당해 있는 것이 아니라 심한 질병에 걸려 있다"고 선언하며, 그 사실을 알리려 했던 것이다.[50]

『공공의 철학』에서 리프먼은 저널리스트답게 철저하게 현재 일어나고 있는 사건들을 근간으로 하여 자신의 논지를 발전시켜 나간다. 제1차 세계대전과 제2차 세계대전 사이에 등장한 전체주의는 그가 가장 초점을 맞추어 분석·비판하는 대상이다. 그럼에도 그는 전체주의의 기원을 전체주의 국가들 속에서가 아니라 오히려 자유민주주의 국가의 병폐 속에서 찾으려 했던 것이다. 그리하여 그는 당대의 역사적이고 객관적인 사실로부터 출발하여 서양 사회 내부의 질병을 분명하게 진단했고, 그 해결책을 추상적이고 관념론적인 정치철학에서 찾으려 하였다. 바로 그가 제시한 공공의 철학이라는 해결책은 구체적이고 현상적인 것이 아니라, 시대를 초월하여 서양 역사 전체 속에서 형성된 보이지 않는 인간관계와 인간생활을 영위해 온 도덕이며 원칙이었다.

리프먼의 『공공의 철학』은 1937년에 출간된 그의 저작 『좋은 사회』의 후속편이라고 할 수 있을 정도로 그 책과 같은 맥락과 관점에서 저술되었다. 그가 『좋은 사회』에서 서양 사회의 경제적 실패를 다루었다면, 『공공의 철학』에서는 서양 사회의 정치적 실패를 다룬다. 그가 정치적으로 실패한 국가들로 러시아, 이탈리아, 독일을 비롯하여 전체주의 국가들을 거론하지만 그의 관심은 자유민주주의 국가 자체에 있었다. 다시 말해 그는 진정한 정치 발전에 실패한 전체주의 국가들에 관심을 둔 것이 아니라, 자유민주주의 국가들이 20세기에 일어난 문제들을 해결하지 못함으로써 전체주의 국가들의 등장을 막지 못한 그 책임을 지적하고자 했던 것이다.

『공공의 철학』은 200페이지가 채 안 되는 비교적 얇은 책이다. 원제는 “공공의 철학에 관한 평론들”이나, 여기서는 편의상 ‘공공의 철학’이라고 하였다. 이 책은 두 부분으로 나뉘어 있다. ‘서양의 몰락’이라는 제목 아래에 총 7개의 장으로 구성되어 있는 1부에서는 서양의 자유민주주의가 위기에 처해 있다는 논지를 펴고 있다. 그 위기의 근본적인 원인 중 가장 중요한 것으로 리프먼은 행정부의 통제권 상실을 지적한다. 전쟁의 긴장상태는 무력한 정부에다 민중의 압력이 더하여져 기존 정부의 제도적인 기구가 송두리째 파괴되고 말았다는 것이다. 그 결과 권력은 의회, 유권자 대중, 정당의 영수, 압력 단체의 대표자들, 새로운 대중매체를 장악하고 있는 자들에게로 넘어가게 되면서, 자유민주주의 국가는 혼란과 무질서 속에서 어떤 합리적인 목적을 위해 권력을 사용할 수 없게 되었다는 것이다.[51] 리프먼은 정부의 기능이 마비되고 그 권위가 추락하게 되는 원인들을 2-5장에서 더욱 구체적으로 분석하고 있다. 6장에서는 국정이 마비됨으로써 나타나는 결과란 "전체주의적 반(反)혁명," 즉 "반(反)자유적이고 반(反)민주적인 교리를 주장하는" 세력들이 민주적 제도를 폐기하려 한다는 사실을 강조하고 있다.[52]

2부는 1부와는 달리 대부분 철학적이며 형이상학적인 내용을 다룬다. 2부 첫 장인 8장에서 리프먼은 공공의 철학과 공민정신의 개념을 "합리적 질서의 보편적인 법칙"으로 정의한다. 그것은 자연법에 근간을 둔 미국 혁명의 사상적 배경이었다.[53] 9장에서 리프먼은 이 공공의 철학의 부활을 기대한다. 그는 물질주의로 팽배한 사회에서 눈에 보이지 않는 것을 믿을 수 있는 능력을 강조하며, 재산권도 공민정신에 기초하여 상응적인 권리와 의무라는 논리에 의해 새롭게 정의한다. 10장은 미국의 지적 전통을 통해 흐르는 두 개의 영역을 다룬다. 그것은 정신의 영역과 물질의 영역이다. 이 두 영역은 각기 다른 역할을 가지고 있고, 그것은 자연법에 따른 것이다. 모든 현대인의 곤궁은 이 두 영역의 역할에 대한 혼동에서 비롯된다고 리프먼은 암시한다. 마지막으로 11장에서는 지금까지 고찰한 공민정신의 부활을 재차 강조하며 그것은 하늘의 명령임을 주장한다.

서양의 위기와 대중의 한계에 대한 인식

서양의 몰락에 대한 리프먼의 경고는 서양 역사에 대한 그의 거시적인 관점으로부터 나온 것이었다. 그는 양차 세계대전에서 서양의 자유주의 국가들이 전쟁에는 승리했지만, 전후 평화를 수립하고 질서를 회복하는 데는 실패함으로써 그 승리는 오히려 몰락의 징조를 보여주었다고 주장한다. 그는 그 국가들이 "보다 대규모적이고 광범한 전쟁의 악순환에 빠지고 말았다"고 지적하며, 가장 심각한 문제는 "자유롭고 민주적인 국가로서의 능력을 상실한 점"이라고 주장한다.[54]

이와 같이 리프먼은 서양 자유주의 국가들의 미래에 대해 비관적이다. 그는 무슨 까닭으로 20세기에 진보의 절정기에 도달한 서양 문명이 몰락의 위기에 처하게 되었다고 보고 있는 것인가? 그는 인류의 진보 도상에서 서양 국가는 지도자의 위치를 차지해 온 반면, 후진 국가들은 서양의 기술을 사용하였고, 서양에서 발전한 자유선거를 실시했으며, 서양 문명에서 꽃피운 권리장전을 존중해 왔다고 설명한다. 그리하여 적어도 제1차 세계대전이 끝나기 직전까지는 세계 도처에서 "새로운 정치의 모델은 영국, 프랑스, 미국 등지에서 실시되고 있는 것과 같은 유형의 자유민주주의였다"고 리프먼은 지적한다.[55] 그러나 세계는 서서히 민주주의의 결함에 대해 깨닫기 시작했고, 민주정부에 대한 대안을 모색하기 시작했다는 것이다. 그리고 마침내 무솔리니의 등장으로 서양 자유주의 국가를 필두로 하여 민주주의의 기치를 내세웠던 인류 진보의 전도는 불투명하게 되었다고 리프먼은 설명한다. 제1차 세계대전에서 패배한 국가들이 기존 질서에 반발하며 구세계의 질서가 무너진 것은 말할 것도 없고, 민주국가 내부에서도 근본적인 변화가 일어나고 있었던 것이다.

인류의 눈부신 진보는 인간의 낙관과 자만의 근원이었다. 19세기를 통하여 발전과 팽창을 거듭하던 민주주의 국가들은 "단호한 결단력"을 가진 정부의 필요성과 중요성을 무시하기 시작했다.[56] 이것은 역사적 현상이었다. 19세기 후반 서양 국가들의 상태에 대해 리프먼은 다음과 같이 서술한다. "더욱 민주적으로 자유롭고 인도적으로 되어 가던 여러 정부에는 전쟁, 평화, 치안, 자력, 헌법 질서, 혁명 같은 난처한 문제를 처리해야 할 필요는 거의 없었다. 정부는 오직 사태를 개선하는 일, 즉 더 많은 분야에 걸쳐서 더욱더 좋게 하는 일에만 관여하고 있으면 그것으로 족했다. 생명은 안전했고, 자유도 확보되어 있었으며, 또한 사적인 행복의 추구를 위한 길도 넓게 열려 있었다."[57]

리프먼이 서술한 이러한 낙관적인 시대에 바로 낙관적인 정신이 등장하였다. 그는 이 시대에 "자유주의자들은 마침내 자유롭고 진보적인 사회에서는 될 수 있는 대로 정부권력은 약한 것이 좋다는 생각에 익숙하게 되었다"고 지적한다.[58] 그는 이러한 낙관적 태도의 순진성은 제1차 세계대전과 더불어 분명하게 드러났고, "이른바 진보의 시대는 인간의 대립과 충돌의 조건을 조금도 바꾸지 못했을 뿐만 아니라, 생존과 지배를 위한 폭력적인 투쟁도 완화시키지 못했다"고 지적한다.[59] 문명의 진보는 모든 것을 변화시켰다. 그 변화 가운데 가장 눈에 띄는 것은 과거에는 상상도 할 수 없을 정도의 광대하고 복잡한 거대 사회의 탄생이었다. 그럼에도 정부는 이 새로운 거대하고 다원적인 사회의 통치에 적합한 권한과 기능을 갖추지 못하였다. 오히려 정부는 모든 권위와 권력을 소진하고, 통제능력도 상실하고 말았던 것이다. 이것이 20세기 들어 전개된 인류의 진보와 서양 민주국가들에 대해 내린 리프먼의 진단이다. 그리하여 그는 "민주국가는 합리적인 목적을 위하여 전쟁을 단행할 수 없게 되었을 뿐만 아니라, 정당하게 준수되고 실시될 수 있는 평화마저도 체결할 수 없게 되었다"고 개탄하였다.

이와 같이 리프먼이 말하는 서양 사회의 혼돈과 위기란 서양 민주주의 국가들이 제1차 세계대전을 겪은 이후 또 다른 세계대전과 전체주의의 도전에 대해 무기력한 상태에 빠져 있는 상황을 말한다. 그 무기력의 이유를 그는 만연해 있던 낙관주의와 거대한 다원적 사회의 분열에서 찾았다. 특히 그는 이 상황을 "서양 문명의 위대한 공민정신의 전통이 위기에 처한 것"으로 보았다. 그에게 "이 전통은 서양인들이 수 세기를 걸쳐 투쟁하여 얻은 것이며, 이제 고조되는 야만성의 흐름에 휩쓸려 갈 위험에 처해 있는 것"으로 보였다.[60] 그는 자유민주주의 국가들이 이 위기를 극복하기에 충분한 역량을 가지고 있지 못하다고 보며, 다음과 같이 회의적인 심정을 토로한다. "민주주의 국가들은 이 사활이 걸린 도전을 극복하기 위해 지금 시련에 맞서 정신적으로 무장하여 단합할 수 있을까?" 그러나 이러한 회의적인 물음에도 리프먼은 결코 미래에 대한 희망을 버리지 않는다. 그 이유는 민주주의 국가는 그 어떤 도전과 고난도 극복할 수 있는 역량과 통찰력을 소중한 역사적 자산 속에 간직하고 있다고 믿기 때문이다. 물론 그는 그 극복이 결코 저절로 이루어진다고 보지 않는다. 그는 자유민주주의의 수립은, 오랜 역사적 과정 속에서 성립된 기준, 원칙, 정신 등이 되살아나 자발적인 국민의 의지에 의해 국민적 에너지로 바뀔 때만이 가능하다고 믿었다.

서양 민주주의에 대한 리프먼의 냉철한 반성은 그의 지적 용기와 통찰에서 나온 것이었다. 어떤 의미에서 지식인이 정치인들을 비판하고 꾸짖는 일은 쉬운 일일지도 모른다. 왜냐하면 그들을 비판한다는 것은 곧 그 반대편에 있는 대중의 인기를 얻는다는 것을 의미할 수도 있기 때문이다. 만일 누군가가 민주주의 국가에서 주권자인 대중을 질책한다면 그 사람은 아마도 인류의 진보와 역사의 순리에 반하는 인물로 낙인이 찍히게 될 것이다. 그러므로 감히 대중을 꾸짖는 일은 용기 있는 지식인만이 할 수 있는 일이다. 확실히 리프먼은 용기 있는 지식인이었다. 그는 "정치인들에 대해서는 좋지 않게 생각하면서도 그들을 선출한 투표자에 대해서만은 관대하게 이야기하는 일은 잘못된 것"이라고 가차 없이 지적한다. 즉, "대중 앞에서 국왕이 신성한 울타리로 둘러싸여서는 안 되는 것처럼 대중도 결코 그렇게 돼서는 안 된다"는 것이다.[61]

그리하여 리프먼은 서양 민주주의가 앓고 있는 병의 원인과 증상은 국민 대중과 정부 사이의 관계에서 생긴 기능상의 교란에 있다는 진단을 자신 있게 내릴 수 있었다. 다시 말해 그는 현재의 민주국가가 안고 있는 문제란 민주제도에서 차지하고 있는 대중의 잘못된 위치와 역할에 있다고 보는 것이다. 대중은 스스로 행사할 수 없는 권력을 위해 정부를 선출하고, 선출된 정부는 적절한 권한을 갖고 대중을 통치하는 것이 민주주의의 원칙일 것이다. 그러나 리프먼은 정부가 이러한 권한을 제대로 행사하지 못함으로써 권력을 상실하고, 대신에 대중이 그 권력을 장악하고 있다는 것이다. 그는 단호하게 "대중이란 결코 통치할 능력이 없다"고 선언하였다."[62]

리프먼은 대중이 본래의 역할과 한계를 넘어 권력을 행사하려고 할 때 일어날 수 있는 상황에 대해 다음과 같이 경고한다. "대중의 의견이 정부를 지배하는 곳에서는 권력의 기능이 제대로 작동하지 못하고 일종의 병적인 교란이 일어난다. 그런데 이와 같은 교란은 마침내 통치 능력을 약화시켜 그 기능을 마비시킨다. 이와 같은 헌법 질서의 붕괴가 바로 서양 사회가 직면하고 있는 파국적인 쇠퇴의 원인이기도 하다. 만일 이러한 사태를 저지하여 정상 상태로 역전시킬 수 없게 되는 날이면, 서양 사회는 결코 몰락을 면할 수 없을 것이다."[63]

유기적 국민과 공동체에 의한 통합사회 추구

그렇다면 서양 사회가 몰락을 피할 수 있는 방법은 무엇인가? 리프먼은 통치자와 피치자, 즉 국민 대중과 정부 사이의 본래의 관계를 회복하는 것이 유일한 방법이라고 믿는다. 왜냐하면 그는 "대중과 정부가 각각 가지고 있는 주요한 두 기능의 교란 속에 재난의 씨앗이 놓여 있다"고 보기 때문이다.[64] 민주주의의 미래는 국민 대중과 정부 사이에 긴장과 균형을 얼마나 잘 유지하느냐에 달려 있다는 것이다. 이들의 관계는 사물과 질서의 본질 속에 뿌리를 두고 있는 것이다. 서양의 자유민주주의를 이해함에 있어서 리프먼은 국민과 유권자들의 역할과 위치를 분명하게 구별함으로써 그 진정한 본질이 어떻게 왜곡되어 왔는가를 해명하려고 하였다. 그에 의하면, 국민은 단순히 유권자가 아니라, "그들의 선조와 후손을 잇는 살아 있는 전체 집단"이라는 것이다.[65] 그러므로 유권자로서 국민의 여론이, 역사적 공동체로서 전체 국민을 대신한다고 볼 때 문제가 된다는 것이다. 이것이 현대 민주주의의 결정적인 딜레마라고 리프먼은 지적한다.

리프먼은 유권자들이 반드시 국민을 대표한다고 보지 않는다. 따라서 그는 "선거에서 유권자들이 내놓는 견해를 사회의 중요한 이익에 올바른 판단으로 무조건 받아들일 수 없다"고 주장한다. 그에게 진정한 국민이란 모든 개인들이 하나의 연속적인 흐름을 만들고 끊임없이 변해 가는 그 흐름 속에 함께하는 사람들이다. 더 나아가 그는 에드문드 버크(Edmund Burke)의 말을 인용하여 국민은 "현재 살아 있는 사람들 사이에서" 그리고 그와 더불어 "이미 죽어 버린 사람들과 앞으로 출생할 사람들"과의 유대를 갖고 사는 사람들이라고 설명한다.[66] 따라서 리프먼에게 공동체의 이익이란 어떤 한 시대에 그것을 구성하고 있는 구성원들의 이익, 행복, 안전에 국한되지 않는다. "왜냐하면 한 시대의 공동체를 구성하고 있는 개개인의 행복과 안전은 세대를 통해 면면히 내려오는 모든 공동체의 구성원들에게도 중요하기 때문"이라는 것이다.[67]

정말로 공동체라는 것은 볼 수도 없고 들을 수도 없는 것이다. 리프먼이 규정하는 바처럼, "그렇게도 많은 사람들이 실제로 죽어 갔고, 그렇게도 많은 사람들이 아직도 이 세상에 태어나지 않았다면 그 공동체는 전체로서 존재하는 것은 아니다." 이렇게 공동체가 비실재적인 존재임에도, 리프먼은 다시 버크의 말을 인용하여, "그것은 공기처럼 가볍지만 쇠사슬처럼 강한 유대"를 갖고 "각 개인들을 나라에 결합시킨다"고 말한다. 이것이 "젊은이들은 나라를 위하여 전장에서 죽고 노인들은 자신들이 결코 앉아 보지도 못할 나무를 심는 이유"라고 리프먼은 주장한다.[68]

이와 같이 리프먼은 서양 민주주의 국가를 하나의 실체로 유지시키는 데 있어서 그 어떤 것보다도 공동체의 역할이 중요하다는 사실을 강조하며, 다음과 같이 반문한다. "만일 국민을 서로 결합시키고 있는, 눈에 보이지 않는 초월적인 공동체라는 것이 존재하지 않는다면, 그들은 도대체 무엇 때문에 자손의 일을 근심해야 할까?" 또한 "자손들은 무엇 때문에 그들의 일을 근심하며 그들이 맺은 조약과 계약, 그 공약과 약속에 관한 일을 근심해야 할까?" 리프먼은 "만일 장래에 대한 이와 같은 약속이 없다면 그들은 살아갈 수도, 일을 할 수도 없을 것이며, 사회의 구조는 갈기갈기 찢어져서 마침내 해체되고 말 것"이라고 경고한다.[69]

지금까지 정부와 대중의 잘못된 관계를 지적하기 위해 공동체의 본질과 중요성을 설명한 리프먼은 더욱 구체적으로 민주정치의 병폐를 분석한다. 그는 먼저 민주정치의 기능을 통치의 기능과 대표의 기능으로 구분한다. 그가 지적한 민주정치의 병폐란 바로 이 두 기능이 교란을 일으켜 상호 견제와 균형이라는 역할을 제대로 수행하지 못함으로써 나타나는 현상이라는 것이다. 특히 "행정부의 권력은 의회와 국민 여론의 압력으로 약화되어 거의 무능에 가까운 단계에 이르렀다"는 것이다.[70]

그렇다면 왜 이러한 행정부 약화라는 현상이 일어나게 되었는가? 리프먼은 그 이유 중 하나는 "주로 전쟁과 재건 때문에 생긴 막대한 공공 비용의 지출로 말미암아 그 재정 지출을 의결하는 의회의 권력에 행정부가 의존할 수밖에 없게 되었기" 때문이며, 또 다른 이유는 현대 사회의 거대한 구조 속에서 정부가 국민에 대한 신뢰를 잃음으로써 권위를 상실하였기 때문이라는 것이다.[71] 자유민주주의 국가는 바로 이러한 정치의 본래 기능을 상실함으로써 헌법상의 체제교란에 직면하게 되었고, 이러한 배경에서 전체주의적 반(反)혁명은 가능하게 되었다고 리프먼은 설명한다.

이렇듯 리프먼에게 전체주의의 도전은 근대 자유민주주의 국가의 근본적인 결함을 반영하는 것이고, 그 결함 가운데 가장 심각한 것이 행정 기능의 약화와 마비였다. 그에게 전체주의는 분명히 탈(脫)역사적이고, 교조적이며, 반(反)계몽적이었다. 이것은 다시 말해 역사적이고 민주적이며 계몽적인 자유민주주의가 전체주의의 등장에 대처하지 못했다는 사실을 보여 주는 것이다. 전체주의적 경향에 대한 리프먼의 혐오는 확고하고 강력하다. 그는 "인간이 신과 같이 행동하며 지구상에 천국을 건설하도록 임명될 수 있느냐"고 반문하며 "만일 우리가 그렇게 될 수 있다고 믿는다면" 바로 그 순간 재난이 뒤따를 것이라고 주장한다. 그는 전체주의 지도자들을 "신성한 지식과 사명을 가진 척하는 위선적인 사람들"로 규정한다. 그는 "그들이 자만의 죄에 사로잡혀 있고, 연례적인 유혹에 빠져 있다"고 지적하며, "이것은 자발적인 악이며 이것에 대항하여 시민사회의 전통이 수립되어 왔다는 사실"을 강조한다.[72] 그에게 전체주의 국가와 계급 없는 사회의 건설을 주창하는 파시스트와 공산주의자들의 시도는 바로 인간이 할 수 있는 범위를 넘어서는 것이었다.

리프먼은 이와 같은 전반적인 경향이 최근에 들어 감염된 것은 아니라고 생각한다. 그는 이것이 "인간의 첫째가는 자연적 본성이며, 교양의 바탕이 없는 자아들이 나타내는 경향"이라고 본다. 그러므로 그는 인간의 "첫째가는 본성," 즉 인간의 추진력과 열정을 이용하고 악화시키는 파시스트들과 공산주의자들에 대처하기 위해 인간의 "두 번째이자 더욱 합리적 본성이 그 원시적인 충동을 제어하도록 해야만 한다"고 주장한다. 그리하여 리프먼은 권위에 기반을 두고 전통과 역사로부터 유래하는 '공공의 철학'에 대해 다음과 같은 선언을 한다. "나는 공공의 철학이 있다고 믿는다. 정말로 시민사회의 공공의 철학과 같은 것이 있다. 그것은 발견되거나 만들어지는 것이 아니다. 그것은 알려진다. 그러나 그것은 재생되고 갱신되어야만 한다."[73]

현대 세계에서 공공의 철학과 자연법의 의미

과거의 윤리 기준이 무너진 현대 세계에서 공공의 철학의 의미는 무엇이며, 그것의 부활은 과연 얼마나 실현가능한 것인가? 다원론에 기초를 둔 현대 사회에서 그와 같은 관념적인 철학 혹은 이념은 과연 얼마나 받아들여질 수 있을 것인가? 실질적이고, 자기중심적이며, 이기적인 현대인은 그러한 추상적인 개념에 과연 얼마나 공감을 느낄 것인가? 이러한 문제들에 대해 리프먼의 전망은 밝지 않았다. 그는 누구보다도 현대 세계에서 나타난 물질주의적 가치관, 다원주의, 물질적 개인주의, 반(反)이성주의 등으로 말미암아 얼마나 현대인의 사고와 정신이 피폐해졌는지를 분명하게 인식하고 있었다. 그럼에도 그는 포기하지 않고 물질주의적 가치관이 지배하는 현대 사회를 진단하며 자신의 대안을 제시하고자 하였다.

리프먼은 무엇보다도 먼저 인간의 이념을 강조한다. 그는 이념을 "실체도 에너지도 없는, 공기와 같은 공(空)의 존재"로[74] 정의하며 모든 인간은 물질이 아니라 이념 속에서 생활하며 이념 속에서 존재를 보유해 가고 있다고 설명한다. 그리하여 인간이 물질적인 사회 속에서 영위한다면 획일적이고 기계적인 삶을 사는 것이지만, 이념 속에서 산다면 역동적이고 다양한 삶을 살게 된다는 것이다. 리프먼은 "짧은 기간 내에서도 형형색색의 성격이 형성되며 잃어버려지는가 하면, 여러 가지 성격으로 새로 태어난다"고 삶의 다양성을 설명한다. 즉, "인간의 역사란 인간의 동일한 본성에 의해 구성됨에도 무한한 다양성을 가지고 있는 이유"라는 것이다.[75] 리프먼은 또한 이념의 세계 속에서는 다양성이 허용되면서도 그 다양성이 통합될 수도 있음을 암시한다. 왜냐하면 기본적으로 인간성은 유연하기 때문이라는 것이다. 그것은 잘 적응할 수도 있고 그렇지 않을 수도 있으며, 잘 교육될 수도 있는 반면 그렇지 않을 수도 있다는 것이다. 또한 생활의 전체 구조와 조직을 포함하는 문화유산은 후천적으로 획득되기는 하지만, 그것은 거부당할 수도 있고, 그릇되게 획득될 수도 있으며, 전혀 획득되지 않을 수도 있다는 것이다. 리프먼은 그 이유로 우리가 그것을 가지고 태어나는 것이 아니기 때문이라고 설명한다.

그렇다면 역사적으로 형성된 소중한 자산이 제대로 전달되지 못한다면 그것은 영원히 사라질 수도 있는 것이다. 진보는 결코 하루아침에 이루어지는 것이 아니다. 소중한 자산이 오랜 기간 세대를 통해 전달되어 축적될 때 비로소 문명의 진보는 이루어지는 것이다. 그럼에도 민주국가들에서는 예전에 형성된 가장 자유롭고 민주적인 공민정신의 전통이 거부당하며 사라지고 있는 상황에 대해 리프먼은 개탄하였다. 그에게 그러한 상황은 사회 속에 살면서도 그 사회 속에 뿌리를 두지 못하는 것과 같은 것이었다.

이러한 이유로 리프먼은 인간의 다양성은 물론이고 현대 세계의 다원적 성격을 분명하게 인식함에도 불구하고 모두를 통합할 수 있는 공공의 철학이라는 이념을 제시한 것이다. 공공의 철학이 통합적인 의미를 갖고 있다는 점에서 리프먼은 그것이 다원적 세계와는 배치된다는 사실을 잘 알고 있었다. 그러므로 그는 이 철학이 "판도라의 상자를 여는 것과도 같이 여러 가지 위험한 문제"를 일으킬 수 있다고 토로하였다.[76] 실제로 종교·사상·언론의 자유는 모든 종교, 철학, 윤리, 과학, 학문, 의견, 양심 등의 분야에 있어서 어떤 한 원리의 독점적 위치를 부정함으로써 이루어진 것이었다.

리프먼은 다원적 세계를 잘 인식하면서도 정치, 사회, 지배자와 피지배자의 관계를 초월하여 존재하는 법이 있다는 사실을 믿었고, 그것을 '자연법'이라 지칭했다. 그는 이러한 자연법에 바탕을 둔 공민정신의 전통을 스토아학파에서 발견했다. 그에 의하면 "토마스 아퀴나스(Thomas Aquinas)는 인간의 심성과 성질 속에는 자연법이라는 최고의 법이 내재해 있고, 이 법에 대해서는 국왕이나 입법자라 할지라도 어떤 경우를 막론하고 복종해야 한다"고 주장하였다는 것이다.[77] 또한 1688년의 영국 혁명은 물론이고 1776년 미국 혁명을 일으키는 데 도움을 주었던 존 로크의 『정부론』(*Two Treatises of Government*)도 국가와 정부의 적절한 행위에 대한 이념을 제시하면서 인간의 자연법을 강조했다는 것이다.

리프먼이 말하는 공공의 철학은 바로 자연법에 바탕을 둔 철학이며 공민정신이다. 이것은 미국의 권리장전으로 알려진 수정헌법 제1조에서 제10조까지에 부분적으로 드러나 있지만, 그 깊은 의미와 본질은 역사 문서에 명시된 내용을 훨씬 초월하는 것이었다. 리프먼은 "그것이 여러 세대를 거쳐서 형성되어 온 대(大)사회의 예지"라고 보기 때문에 단일한 문서에 그렇게 간단하게 기록될 수 없다고 설명한다.[78] 그는 "공민정신의 전통은 서양의 여러 국민 속에 침투하여 자유로운 여러 제도와 민주주의의 성장을 촉진시켰다"고 본다.[79] 그리하여 그는 정부조차도 공공의 철학을 초월하는 주권과 소유권을 부여받을 수 없는 것이 자유민주주의의 통칙이 되었다고 강조한다.

그러나 시간이 지남에 따라 이러한 공공의 철학은 받아들여지지 않게 되었는데, 그 이유는 모든 이념과 원리가 사적인 문제로 바뀌게 되었기 때문이라고 리프먼은 설명한다. 즉, 모든 이념이 주관적인 관련성 속에서만 의의를 갖게 되면서, 모든 사실들이 공공의 영역으로부터 배제되었다는 것이다. 또한 인간이란 과연 어떻게 존재하며, 어떻게 행동해야 하며, 사물의 질서 속에서 어떤 태도를 취해야 하며, 올바른 목적을 달성하기 위해 어떤 수단을 사용해야 하는지 등의 문제들이 모두 사적이며 주관적인 것으로 바뀌면서 공공의 책임은 사라지게 되었다는 것이다. 그리하여 리프먼은 서양의 여러 자유민주국가는 사적인 관심사가 모든 것을 지배하는 최초의 거대 사회가 되었다고 주장한다.[80] 이러한 거대 사회에서 자유의 의미는 바뀌었다. 본래 자유는 모든 이성적인 사람들이 하나의 보편적인 질서가 존재한다는 동의 아래에 성립했다. 그러나 이제 "공공의 철학이 사라진 이후 공공의 정신 속에는 엄청난 진공상태가 생겼고, 그것은 채워지지 않은 채 입을 크게 벌리고 있다"고 리프먼은 지적한다.[81]

리프먼은 공공의 정신 혹은 공공의 철학이 추상적이고 관념론적임에도, 그 철학이 존재한다는 것을 굳게 믿고 있다. 그렇기 때문에 그는 공공의 철학이 부활되고 갱신되어야 한다고 주장하는 것이다. 그러나 그는 그 부활이 결코 역사의 반동으로 이루어지는 것에는 반대한다. 다시 말해 그는 그러한 단절이 신(新)고전주의 또는 신(新)중세주의적인 복구에 의해서 또는 봉건주의, 민속무용 및 수공업에로의 어떤 낭만적인 복귀를 통해 회복될 수 있다고는 믿지 않는다. 그는 역사와 현실에 대해 다음과 같이 주장한다. "우리는 근대를 말살할 수 없을 뿐만 아니라, 또한 현재 상태를 만들어 낸 역사를 역전시킬 수도 없다. 지금까지 성취된 과학의 발달, 합리주의와 세속주의의 보급, 산업혁명, 대대로 전해 내려오는 사물의 낡은 질서의 붕괴, 급격한 인구의 증가, 이 모든 것이 전혀 없었던 것처럼 새로 시작할 수는 없는 일이다."[82]

공공의 철학은 근대 과학의 진보와 산업혁명이 일어나기 이전부터 존재해 왔지만, 현대의 진보 사상에 물든 사람들은 이 철학을 더는 받아들이지 않는다. 그럼에도 리프먼은 그 이념이 현대에 적용된다 하더라도 결코 시대착오적인 것은 아니라고 강변한다. 그에게 이 이념은 "합리적 질서의 보편적 법칙"에 속하는 것이었다.[83] 그는 인간의 이성적인 능력은 능히 보편타당성을 가지는 법과 질서의 공통 개념을 만들어 낼 수 있다고 믿었다. 그는 이것만이 방대하고 이질적인 사회를 통치할 수 있는 이념이라고 주장한다. 또한 그는 상대주의적 가치에 의해 지배되는 현대 사회에 이성만이 선악을 구별하는 기준을 제시해 준다고 믿었다. 즉, "방대한 다원론적인 사회는 그 다원적인 잡다한 이익을 초월하는 관습법에 따르는 이론적인 질서가 존재한다"는 것이다. 리프먼은 "적어도 이성적인 인간이라면 누구라도 발견할 수 있는 관습법이 바로 자연법"이라고 설명한다. 다시 말해 자연법이란 "인간의 여러 요구와 본능에 따라서 인류에게 부과된 법"이라는 것이다.[84]

리프먼이 설명하는 것처럼, "대체로 1500년에서부터 1800년에 이르기까지 상당히 번성한 새로운 자연법학파(school of natural law)는 근대의 다원주의, 즉 민족국가의 발생, 교회의 분열, 세계 통상의 개척과 확장, 과학과 세속주의의 진전, 노동의 급진적인 분업화와 전문화 등에 대한 하나의 대응으로 형성된 것이었다."[85] 이제 17세기와 18세기에 유행하던 자연법은 19세기와 20세기를 거치며 쇠퇴하였다. 그러나 리프먼은 점점 다원화되어 여러 파편으로 분열된 사회에 구속력을 갖고 여러 원리를 내포하는 공공의 철학이 합리적 질서의 확고한 준거가 되기를 바라는 것이다.

다원적 세계에서 전통과 역사에 의한 통합사회 추구

리프먼이 진단한 현대는 상실의 시대였다. 대중은 "그들의 선조들이 앞서 습득한 것을 너무나 많이 잊어버렸다"고 그는 한탄한다. 그들은 "법과 질서, 자유와 정의를 정부에 요구하지만," 그들 자신은 원칙과 기준의 상실로 "어떻게 제대로 통치할 것인지에 대한 방법은 습득하지 못했다"고 리프먼은 지적한다. 그는 그 원칙과 기준은 분명히 전통과 역사를 통해서만 전달될 수 있는 것이라고 확신한다.[86]

무엇보다도 리프먼은 "예절의 전통이 이어지지 못하고 단절될 때 사회는 위험에 빠지게 된다"고 말한다. 그는 "만일 그 단절이 회복되지 않는다면 그 사회는 도당 간, 계급 간, 인종 간, 지역 간의 싸움으로 번지게 되며 마침내 붕괴하고야 말 것"이라고 경고한다. "왜냐하면 그러한 연속성이 중단될 때 문화적인 유산이란 전연 전달되지 않기 때문"이며, 그럴 경우 새로운 세대는 생활에 중요한 대부분의 사실들을 시행착오를 통하여 다시 발견하든지, 아니면 다시 습득해야 하기 때문이라는 것이다.[87]

인류의 진정한 진보는 세대를 통한 연속성 속에서 이루어지는 것이지 단절 속에서 이루어지는 것이 아니다. 이에 대해 리프먼은 다음과 같이 말한다. "사람들은 그들의 조상들이 이미 습득한 그 지식을 그대로 배우기 시작함으로써 비로소 조상들이 알고 있던 것 이상의 사실을 알 수가 있다. 그들은 초보적인 실험방법을 모조리 처음부터 다시 배우지 않아도 좋을 때에 더욱 진보된 실험을 할 수 있는 것이다. 하나의 사회가 여러 가지 전통을 유지할 때에만 비로소 진보적으로 될 수 있는 이유가 거기에 있는 것이다."[88] 리프먼은 "전통이란 예술과 과학의 문화를 넘어서 개인들의 사적인 세계를 결합하는 하나의 공적인 세계"라고 믿는다. 이러한 공적인 기억과 사적인 기억의 연속성을 통해 모든 개인은 하나로 결합될 수 있고, 이러한 "결합 속에서 비로소 개개인이 공동체의 구성원이 되는 신비로운 일"이 일어난다는 것이다.[89]

리프먼은 이러한 신비로운 일을 전달하는 것이 바로 공동체의 역사라는 사실을 강조한다. 그 역사의 중심적인 주제인 위대한 선조들의 위대한 행위에서 나타난 고귀한 목적을 통해 비로소 우리가 도대체 어디에 소속되어 있고, 무엇 때문에 살아가는가를 알게 된다는 것이다. 리프먼에게 그 고귀한 목적은 바로 공민의 정신과 예절이었고, 그것은 공공의 철학으로 설명될 수 있는 것이다.

지금까지 리프먼은 공공의 철학의 본질, 기원, 그 의미를 규명했고, 어떻게 하면 그 철학을 다시 부활시킬 수 있을 것인가에 대해 고찰했다. 그렇다면 왜 그가 이 시점에서 공공의 철학을 부활시키려 했는가? 리프먼은 여전히 현 서양 사회와 문명에 대한 신뢰를 간직하고 있다. 하지만 그는 서양 문명의 현 상태에 대해서는 회의적이다. 즉, 그의 신뢰는 "자유로운 제도와 민주주의는 모두 공공의 철학을 신봉한 사람들에 의해서 구상되어 수립되었다"는 믿음에서 온 것이고, 그의 회의는 "근대의 여러 민주국가들이 바로 공공의 철학이 내포하고 있는 주요한 개념, 원리, 교훈 및 일반적인 사고방식을 전적으로 포기했다"고 보는 관점에 기인하는 것이었다.[90] 리프먼은 마지막 장에서 왜

예절이 수호되어야 하는지에 대해 긴박감과 우려감을 가지고 다음과 같이 선언한다. "강력한 반(反)혁명이 일어나고 있는 이 시대에 자유민주주의의 전도는 공공의 철학이 완전히 폐물로 되느냐, 아니면 부활되어 갱신될 수 있느냐의 문제와 밀접한 관계가 있다."[91] 그렇다면 그가 부활시키고자 하는 공공의 철학은 과거의 제도요 도덕인데, 현대에도 그것이 기능을 발휘할 수 있을 것인가? 이 문제에 대해 리프먼의 태도는 긍정적이면서도 당위적이다. 그는 공공의 철학이 국민주권, 재산, 언론의 자유, 교육 등과 같은 중심적인 개념에 적용될 수 있다는 기대를 가지고 있고, 전체주의의 도전에 맞서기 위해서는 당연히 그래야만 한다고 믿고 있는 것이다.

그러나 그에게 딜레마는 공공의 철학을 어떻게 전달·확산시키느냐의 문제였다. 특히 다른 이데올로기와 비교해서 공공의 철학이 공공의 이성을 강조하며 대중의 욕망과 열정을 억제한다는 점에서 대중에게 그 이념의 전달은 결코 쉬운 일이 아님에 틀림이 없다. 그럼에도 리프먼은 "공공의 철학이 부과하는 체제는 비록 까다롭다 하더라도 그 합리적이며 규율 있는 통치의 결과는 반드시 좋게 되리라"는 신념을 포기하지 않았다.[92]

공공의 철학을 전달하고 확산시키는 데 또 다른 어려움으로 리프먼은 그 "개념과 원리가 관념적인 실체의 영역 속에 존재하고 있다"는 사실을 지적한다. 그러므로 대중은 그것을 "감각기관을 통해서는 도저히 경험할 수 없으며, 엄밀하게 말하면 시각이라든가 촉각을 통해서는 전연 상상조차 할 수가 없다"는 것이다. 그러나 리프먼은 "보이지 않고 접촉할 수 없는 이러한 본질과 추상적인 개념이야말로 사람들이 따르고 보전해 나가야 할 것들"이라고 주장한다.[93]

어떤 의미에서 리프먼은 전체주의의 도전만큼 물질주의의 도전을 심각하게 받아들였다. 그는 "현대 세계에 있어서 대부분의 사람들은 실제로 현실성을 가지는 유일한 세계는 물질세계라고 생각하는 실제적 인간들이기 때문에," 과거의 정신적 가치관을 부활시킨다는 것은 그 어떤 과제보다도 어려운 숙제라는 것을 분명하게 인식했던 것이다.[94] 그리하여 리프먼은 "인간은 과연 어떻게 자신의 개인적인 체험을 초월하여 실존 세계의 경험을 통해서는 도저히 입증될 수 없는 이념과 이상을 받아들일 수 있을 것인가"라는 고뇌에 찬 질문을 던진다.[95] 물론 리프먼의 대답은 비관적이다. 그는 현대인은 "신만이 아니라 사적 세계를 넘어서 하나의 공적인 세계가 존재한다는 인식 자체도 모두 포기해 버리고 말았다"고 지적하며, "만일 선한 것, 올바른 것, 진실한 것이 단지 개인 각자가 마음대로 선택하는 것이라면, 그때에 우리들은 예절의 전통 밖에 놓이게 되며," 결국 "우리들은 만인의 만인에 대한 투쟁 상태"에 빠지게 된다고 주장한다.[96] 리프먼의 이러한 메시지는 현대의 물질주의 시대에 다양성이 만들어 낸 분열과 혼란을 경고하는 것이었다. 모두가 지켜야 할 도덕과 원칙이 위기에 처했을 때 인간 사회의 위기는 당연한 것이었다. 모두가 자기의 이익만을 추구하며 만족할 때 인간의 가치로서 자유와 민주주의는 천박한 이념으로 남게 될 것이다.

이러한 정신적 위기 속에서 리프먼이 추구한 것은 인간이 "사적인 자아를 초월하여 공적인 세계"에 관심을 갖도록 일깨우는 것이었다.[97] 그리하여 그는 무엇보다도 철학과 신학의 역할을 강조하며, 이러한 일이 바로 현대의 물질주의 시대에 철학자들이 해야 할 과제라고 제안한다. 그는 만약 이들이 이 시대의 정신적 위기를 간과하여 공공의 철학이 가지는 위대한 전통의 부활을 추구하지 않는다면 서양 사회의 몰락은 피할 수 없을 것이라고 경고한다. 그는 공공의 철학 원리는 "만들어 내거나 선택하는 것이 아니라," "우리들의 욕망을 넘어 합리적인 탐구에 의해 발견되며," "합리적인 토의를 통해 발전되고 적용되어" 예절이 되어야 한다고 주장한다. 만일 이것이 성공하면 "현대 사회의 무질서 상태와 그 점진적인 야만 상태로의 추락, 그 폭력과 폭정에로의 전락을 근심하고 있는 모든 사람들을 재무장시키게 될 것이며," "서로 대립하여 경쟁하고 있는 수없이 많은 사적인 세계 위에 바람직한 공적인 세계가 존재한다는 희망을 다시금 불러일으키게 될 것"이라고 리프먼은 주장한다.[98]

이러한 희망을 제시함에도 공공의 철학의 미래에 대한 리프먼의 전망은 밝지 않았다. 그 까닭은 그가 누구보다도 현대 세계란 공공의 철학의 합법성과 정당성을 얻기가 힘든 곳이라는 사실을 잘 알고 있었기 때문이다. 그렇다면 무엇을 해야 할 것인가? 이에 대해 리프먼은 동양의 철학자인 공자(孔子)의 말을 인용하여 우리는 "천명(天命)"을 기다리는 수밖에 없다고 말한다.[99] 이 말 속에는 현대에 대한 그의 어두운 비관주의가 드리워 있음이 틀림없다.

미국 지성사에서의 위치와 유산

리프먼은 20세기 미국 지성사의 주류에 서서 미국 문명사의 흐름을 예민한 감각으로 관찰하며 비판함으로써 그 문명의 방향을 이끌었던 사상가였다. 라인홀드 니버가 기독교의 영감과 통찰을 갖고 시대의 징조를 보았다면, 리프먼은 이성과 지성의 감각과 예지를 갖고 그런 역할을 했다. 그는 일생 저널리스트로서 지식인의 사회적 책임을 수행했지만, 그의 정신과 학식은 결코 제한된 영역에 머물지 않았다. 그는 앞서 살펴보았던 지식인들과 마찬가지로 창조적인 사상가였다. 그의 지적 창조성은 과거로부터 단절된 혁신을 의미하는 것이 아니라, 현실과 과거 속에 내재한 무한한 힘을 사회통합의 정신적 기반으로 수렴하는 것이었다.

앞에서 다룬 사상가들 가운데 흔히 윌리엄 그레이엄 섬너와 같은 지식인은 보수주의자로, 헨리 조지와 같은 사상가는 진보주의자로 쉽게 분류한다. 그러나 이들을 포함하여 지금까지 다룬 모든 지식인들은 보수와 진보를 넘어 창조적 정신과 지성의 소유자들이었다. 이들에게 창조적이라는 것은 하나의 공백, 어딘지 모르는 곳, 혹은 무(無)로부터 출발하는 것이 아니다. 왜냐하면 그들은 무에서 어떤 것을 창조하는 것은 신의 영역이라고 보았기 때문이다. 인간에게 창조적이라는 것의 의미는 현재의 인간조건을 물질적인 면에서는 물론 도덕적인 면에서 더 나은 상태로 만들기 위해 사회 속에서의 경험을 통해 개인의 재능과 능력을 최대한 발휘하는 것을 말하며, 이러한 창의적인 개인들이 화해와 협력을 통해 통합될 때만이 하나의 새로운 전체가 만들어지는 것이다. 이것이 미국 지식인들이 추구한 통합사회였다.

이와 같이 인간과 사회의 경우에서처럼 국가도 창조적이 되기 위해서는 그 잠재력을 역사적 경험의 기반 위에서 발휘할 수 있어야만 한다. 따라서 지금까지 다루었던 모든 사상가들이 미국의 역사성을 깊이 인식하고 그 잠재력을 드러내려 했다는 점에서 그들은 창조적 사상가들이었다. 리프먼도 분명히 이들과 같이 창조적 지성임에 틀림이 없다. 그는 누구보다도 세속적인 의미에서 세계사의 흐름과 시대의 징조를 꿰뚫어 봄으로써 현대 문명이 함유하고 있는 산성(酸性)이 미국의 가치와 권위의 원천을 부식시키며 권위에 대한 미국 국민의 신념을 무너뜨리고 있다는 사실을 분명하게 인식하였다. 그는 이러한 권위의 위기를 초래한 현대 문명을 회피하거나 거부하기보다는 오히려 그 현대 문명의 창조적·역사적 에너지를 통해 새롭고 더 나은 기준, 더 인간적이고 합리적인 사회를 창조하고자 노력하였다.[100] 그에게 이러한 창조적 사회의 건설을 위해 중요한 것은 모든 개인에게 기회가 주어지는 건강한 사회조직을 유지할 수 있는 원칙과 질서를 수립하는 것이었다. 1969년에 보낸 서한에서 리프먼은 다음과 같이 썼다. "나는 사회란 개선되고 개혁될 수는 있지만 기존 제도의 붕괴를 통해 변형될 수 있다고 보지는 않는다. 그 까닭은 우리 모두가 그 속에서, 그 위에서, 그것을 통해 살아가야만 하기 때문이다."[101] 리프먼은 다른 창조적 사상가들과 마찬가지로 전체와 부분의 통합을 전통과 역사의 유기적 관계 속에서 추구하였다.

오늘날 포스트모던 사상가들은 서양 문명과 관련된 모든 것을 실질적으로 부인하고, 거절하고, 해체하고자 하면서 극단적 사상을 형성하고 있다. 그런 가운데 그들은 사물의 합리적 질서, 인간의 이성적인 기능, 합리적 토론에 의한 인간 문제의 합리적 해결을 거부한다. 이러한 사상적 조류가 지배하는 극단의 시대에 리프먼의 정신세계는 우리가 무엇을 망각하고 있는지, 우리가 무엇을 상실하고 있는지를 일깨워 줄 수 있을 것이다.

1 즉 브라운슨의 『아메리카 공화국』과 리프먼의 『공공의 철학』은 그들이 63세와 66세일 때 각각 출간되었다. 이 두 작가들은 이러한 저작들을 발표한 이후 작고할 때까지 내내 보수주의 입장을 견지하지만, 사회와 국가의 정책에 대한 비판적 태도는 결코 잃지 않았다.

2 Ronald Steel, *Walter Lippmann and the American Century* (Boston: Little, Brown, 1980), p. xvi; Barry D. Riccio, *Walter Lippmann Odyssey of a Liberal* (New Brunswick: Transaction Publishers, 1994); D. Steven Blum, *Walter Lippmann: Cosmopolitanism in the Century of Total War* (Ithaca: Cornell University Press, 1984) 참조.

3 Richard H. Rovere, "Walter Lippmann," *American Scholar*, 44 (1975), pp. 595-596.

4 이들 가운데 왈라스는 1904년 웨이브 부처와의 불화로 협회를 탈퇴한다. 그는 1910년 봄 학기에 하버드에서 정치학 세미나를 열게 되는데, 이때 리프먼이 이 강의를 듣게 되고 이들은 정치와 인간 사회에 대해 서로 많은 의견을 교환하게 된다. 특히 리프먼은 왈라스의 강의로부터 정치의 영역이 얼마나 불합리한 것인지를 깨닫게 되고, 1912년에 출간된 그의 『거대사회』로부터 현대 인간의 삶이 얼마나 복잡한 구조로 얽혀 있는지에 대한 통찰과 영감을 얻게 된다. 왈라스는 서문에 리프먼에게 보내는 편지를 게재하며 이 저작이 하버드에서 열렸던 세미나 내용을 발전시킨 것이라는 사실과 그와 있었던 지적 교류를 밝힌다. Graham Wallas, *The Great Society: A Psychological Analysis* (New York: Macmillan, 1914), p. v.

5 Walter Lippmann, *A Preface to Politics* (1913; reprint, New York: Macmillan, 1933), p. xi.

6 *Ibid.*, pp. 1, 4-5.

7 *Ibid.*, pp. 8-9.

8 *Ibid.*, p. 9.

9 *Ibid.*, p. 23.

10 *Ibid.*, pp. 31-32.

11 *Ibid.*, p. 84.

12 *Ibid.*, p. 106.

13 *Ibid.*, p. 110.

14 *Ibid.*, pp. 112, 113.

15 Walter Lippmann, *Drift and Mastery: An Attempt to Diagnose the Current Unrest* (1914; reprint, Englewood Cliffs: Prentice-Hall, 1961), pp. 15-16.

16 *Ibid.*, p. 16.

17 *Ibid.*, p. 17.

18 *Ibid.*, p. 19.

19 *Ibid.*, p. 110.

20 *Ibid.*, p. 110.

21 *Ibid.*, pp. 110-111.

22 *Ibid.*, pp. 111, 118.

23 *Ibid.*, p. 118.

24 *Ibid.*, p. 148.

25 *Ibid.*, p. 149.

26 *Ibid.*, p. 150.

27 *Ibid.*, p. 151.

28 *Ibid.*, p. 154.

29 *Ibid.*, p. 156.

30 Walter Lippmann, *A Preface to Morals* (1929; reprint, New York: Time, 1964), p. 18.

31 *Ibid.*, p. 19.

32 *Ibid.*, pp. 58, 59.

33 *Ibid.*, p. 59.

34 *Ibid.*, p. 63.

35 *Ibid.*, p. 106.

36 *Ibid.*, p. 128.

37 *Ibid.*, p. 130.

38 Walter Lippmann, *A New Social Order* (New York: John Day, 1933), p. 24.

39 Walter Lippmann, *The Method of Freedom* (New York: Macmillan, 1934), p. 36.

40 *Ibid.*, pp. 45-46, 59.

41 Walter Lippmann, *An Inquiry into the Principles of The Good Society* (Boston: Little, Brown, 1937), p. xi.

42 *Ibid.*, p. xii.

43 *Ibid.*, p. 19.

44 *Ibid.*, p. 20.

45 *Ibid.*, pp. 20-21.

46 Walter Lippmann, *Drift and Mastery*, p. 165.

47 Walter Lippmann, *Essays in The Public Philosophy* (Boston: Little, Brown, 1955), p. 40.

48 *Ibid.*, p. 109.

49 *Ibid.*, pp. 3-4.

50 *Ibid.*, p. 5.

51 *Ibid.*, p. 13.

52 *Ibid.*, p. 58.

53 *Ibid.*, p. 104.

54 *Ibid.*, p. 6.

55 *Ibid.*, p. 6.

56 *Ibid.*, p. 8.

57 *Ibid.*, p. 9.

58 *Ibid.*, p. 9.

59 *Ibid.*, p. 10.

60 *Ibid.*, p. 3.

61 *Ibid.*, p. 14.

62 *Ibid.*, p. 14.

63 *Ibid.*, p. 15.

64 *Ibid.*, p. 14.

65 *Ibid.*, p. 32.

66 *Ibid.*, p. 35.

67 *Ibid.*, p. 35.

68 *Ibid.*, p. 36.

69 *Ibid.*, p. 36.

70 *Ibid.*, p. 55.

71 *Ibid.*, p. 55.

72 *Ibid.*, pp. 84, 85.

73 *Ibid.*, p. 87.

74 *Ibid.*, p. 91.

75 *Ibid.*, p. 95.

76 *Ibid.*, p. 96.

77 *Ibid.*, p. 98.

78 *Ibid.*, pp. 98-99.

79 *Ibid.*, p. 99.

80 *Ibid.*, pp. 99-100.

81 *Ibid.*, p. 100.

82 *Ibid.*, p. 102.

83 *Ibid.*, p. 104.

84 *Ibid.*, pp. 106-107.

85 *Ibid.*, pp. 108-109.

86 *Ibid.*, pp. 135-136.

87 *Ibid.*, p. 136.

88 *Ibid.*, p. 136.

89 *Ibid.*, p. 137.

90 *Ibid.*, p. 160.

91 *Ibid.*, p. 161.

92 *Ibid.*, p. 162.

93 *Ibid.*, p. 162.

94 *Ibid.*, p. 163.

95 *Ibid.*, p. 165.

96 *Ibid.*, p. 176.

97 *Ibid.*, p. 177.

98 *Ibid.*, p. 180.

99 *Ibid.*, p. 181.

100 Roderick Nash, *The Nervous Generation: American Thought, 1917–1930* (Chicago: Rand McNally College Publishing, 1970), pp. 110, 112.

101 John Morton Blum, ed., *Public Philosopher: Selected Letters of Walter Lippmann* (New York: Ticknor & Fields, 1985), pp. 617-618.

9

흑백의 분열과 갈등을 넘어 통합사회 추구

마틴 루서 킹 2세와 『왜 우리는 기다릴 수 없는가』(1964)

Martin Luther King, Jr.,
Why We Can't Wait (1964)

마틴 루서 킹 2세(Martin Luther King, Jr.)는 짧은 생애 동안 현대 미국 역사에서 흑인들이 주도한 공민권운동(civil rights movement)의 방향과 성격에 커다란 영향을 끼친 정신적·실천적 지도자로 잘 알려져 있다. 그의 사상이 형성된 사회적 배경은 바로 그 운동의 진원지인 남부 사회로, 남북전쟁의 결과로 노예제도가 폐지된 이후에도 노예제도와 진배없는 흑백분리차별 제도를 고안하여 사회제도로 정착시켰던 곳이다. 따라서 사상가로서 킹이 직접적으로 추구했던 것은 흑인의 인격적 존엄과 자존(自存)을 위해 인종차별제도 및 사회 부정의와 맞서 싸우는 것이었다.

그러나 킹의 사상은 공민권운동에 제한되지 않았다. 그의 사상은 미국의 지적 전통과 서양 지성사 전체를 통해 흐르는 비판정신, 저항정신, 개혁정신 및 통합정신 속에서 형성·발전되었다. 그의 사상의 위대성은 그가 흑인 사상가로서 당면한 인종차별 문제를 넘어 보편적 인간의 관계와 의미를 전체와 부분, 부분과 부분의 균형과 조화 속에서 이해했다는 점이다. 만약에 그가 흑인 문제를 해결하기 위해 흑인의 경험과 방법에만 의존했다면 그의 사고와 철학은 좁고, 제한적이고, 편향적인 성격을 띠었을 것이다. 그가 미국 사회 속에서 흑인의 정체성을 이해하려는 의식과 정신으로부터 사상가로서의 면모를 갖추기 시작했지만, 그의 통합사상은 흑백의 갈등을 넘어 미국 사회 전체를 이해하려는 차원으로 발전하였고, 인간 본성의 문제를 비롯하여 개인과 신, 개인과 개인, 개인과 사회의 본질적이고 본원적인 관계를 담고 있다.

킹의 이러한 통합사상은 전체와 부분의 조화와 균형을 강조해 왔던 미국의 지적 전통으로부터 나와서 그 전통의 발전에 이바지하였다. 그는 윌리엄 제임스가 말했던 '열린 세계'라는 전체 속에 흑인도 한 부분으로서 정당한 위치를 차지해야 한다고 믿었다. 그러나 그는 부분과 전체의 관계는 결코 자연적으로 주어지는 것이 아니라는 것을 잘 인식하고 있었다. 그는 헨리 데이비드 소로(Henry David Thoreau)가 개인의 양심을 강조하며 "어떤 때든 옳다고 생각하는 것을 행하는 것"이 인간의 권리이자 의무라는 주장[1]을 받아들였고, 그럴 때만이 역사의 진보는 이루어진다고 믿었다. 그는 부분의 자발적이고 역동적인 참여를 통해서만이 부분과 전체의 균형은 이루어질 수 있다고 보았다. 또한 그는 부분의 개별적인 자발성뿐만이 아니라 부분들의 연대도 그 어느 것 못지않게 전체와 부분의 통합을 이루는 데 결정적인 요인이라는 사실을 파악하였다.

킹은 성직자이자 공민권운동의 지도자로서 흑인들이 직면한 많은 시급하고 절박한 현실적인 문제들을 직접적으로 다루어야만 했고, 비폭력 직접운동을 통해 백인들은 물론이고 흑인들도 설득해야만 했으며, 인류 전체의 지지도 끌어내야만 했다. 그런 까닭에 그의 글과 문체는 언제나 간결하고 직설적이며 분명하였다. 또한 그의 사상은 언제나 메시지의 형태로 누구나 쉽게 이해할 수 있고 받아들일 수 있게 제시되었다. 본 장에서 그의 중요한 대표적 원전으로 살펴볼『왜 우리는 기다릴 수 없는가』(*Why We Can't Wait*)도 그러한 형태의 저술이다. 공민권운동이 절정에 달한 시점에서 킹은 흑인 문제를 비롯하여 분열된 미국 사회의 문제를 해결하고자 통합사상을 제창한다. 그가 150여 페이지에 불과한 이 책에서 당면한 모든 상황과 쟁점들을 분석하며 자신의 통합사상을 충분히 설명한다는 것은 쉬운 일이 아니었다. 그럼에도 그는 이 저작에서, 흑백갈등으로 분열된 세계의 비극을 넘어 모두가 함께 자유와 평등을 누리는 약속의 땅에 대한 자신의 열망을 미국의 양심과 도덕에 유감없이 호소하고 있다.

생애와 사상

생애와 사상의 원천

마틴 루서 킹 2세는 1929년 조지아 주 애틀랜타(Atlanta)에서 태어나 남부 침례교회의 근본주의 분위기와 양친의 영향 가운데 성장하였다. 그는 어머니 앨버타 윌리엄스 킹(Alberta Williams King)에 대해 다음과 같이 말한다. "어머니는 나를 무릎에 앉히고 먼저 노예제도에 대해 설명해 주셨고, 이어서 그 제도가 남북전쟁과 함께 어떻게 폐지되었는지에 대해 말하셨다. 계속해서 어머니는 흑인과 백인, 둘로 나뉜 남부의 제도, 백인으로부터 격리된 학교, 레스토랑, 극장, 주택 등의 사회적 조건들에 대해 설명해 주셨다."[2] 킹은 어머니만큼 아버지에게서도 많은 영향을 받았다. 그의 아버지 마틴 루서 킹(Martin Luther King,

Sr.)은 침례교회의 목사로서 흑백의 분리차별제도(Jim Crow System)에 깊은 반항적 정신과 태도를 가지고 있었다. 킹은 이러한 부친의 영향 아래서 정의구현과 사회개혁에 많은 관심을 갖게 되고, 유년기에 형성된 그의 근본주의 신앙은 성년이 되면서 사회참여를 지지하는 자유주의적 사회복음신학(theology of the social gospel)으로 전환된다.

1944년 킹은 열다섯 살의 나이로 모어하우스대학(Morehouse College)에 입학하였다. 이 시기에 킹은 이미 인종차별, 경제적 불평등, 민주주의 등에 대한 자신의 분명한 관점을 가지고 있었다. 전체주의의 도전이 거세었던 당시에 킹은 "외부의 공격으로부터 민주주의를 방어하려면 모든 국민에게 자유로운 기회와 공정한 대우를 보장하려는 노력을 기울여야 한다"고 주장하면서, "오늘날 1천 300만 명의 흑인들은 사문화한 미국헌법 수정조항 13조, 14조, 15조를 현실로 옮기려는 투쟁을 계속하고 있다"고 흑인들의 저항운동을 대변하였다.[3] 대학 시절에 킹은 19세기 미국의 사상가인 소로의 『시민불복종』(*Civil Disobedience*)을 접하게 된다. 킹은 훗날 "사악한 제도에 대한 협력을 거부하라고 한 소로의 주장에 마음속 깊이 감동하여 몇 번이고 되풀이하여 이 책을 읽었다"고 회고한다.[4] 이것이 킹이 비폭력적 저항이론과 학문적으로 접한 최초의 책이었다.

킹은 대학 4학년 때인 1948년에 목사 안수를 받고 펜실베이니아 주에 있는 크로저신학교(Crozer Theological Seminary)에 입학하여 사회문제를 해결하겠다는 일념으로 광범한 지적인 탐구를 시작한다. 그리고 1951년 보스턴대학 신학부(Boston University School of Theology)에 입학하여 1955년 6월에 신학 박사학위를 받았다. 킹은 1954년에 앨라배마 주 몽고메리(Montgomery) 시에 있는 덱스터 침례교회(Dexter Avenue

Baptist Church)의 목사가 되면서부터 공민권운동에 적극적인 역할을 하게 된다. 그 다음 해인 1955년 12월 흑인 여성인 로자 파크스(Rosa Parks)가 흑백분리법에 저항하였고, 그것을 위반한 죄로 체포되면서 흑인의 공민권운동은 몽고메리에서 본격적으로 시작된다. 1년 넘게 지속된 몽고메리 버스 안 타기 운동(Montgomery Bus Boycott)에서 킹은 결정적인 역할을 하게 되고, 새로 구성된 저항단체인 몽고메리 진보연합회의 회장으로 선출되었으며, 2년 후인 1957년에는 남부기독교지도자협의회(Southern Christian Leadership Conference, SCLC) 의장이 된다.

이와 같이 1950년대 중반 몽고메리에서 시작된 공민권운동은 애틀랜타, 올버니, 버밍햄을 거쳐 남부 전역으로 확산되었고, 마침내 1963년 워싱턴에서 대규모 집회와 행진이 이루어지면서 절정에 달하였다. 그 과정에서 남부의 각 지역에서 흑인에 대한 분리차별제도는 하나씩 폐지되었고, 1964년과 1965년에 차례로 국가적인 차원에서 '시민권법령'과 '시민투표권법령'이 각각 제정·공표됨으로써 모든 공공시설에서의 분리차별제도가 법으로 금지되고, 모든 미국인들에게 투표권이 보장되는 결실을 맺게 된다.

킹의 생애는 그가 1968년 암살로 세상을 떠날 때까지 이러한 공민권운동과 함께 했으며, 그의 사상은 이 운동의 정신적 지주로서 운동의 방향과 성격에 결정적인 역할을 하면서도 그 운동의 과정 속에서 발전하였다. 그의 초기 사상은 1958년에 출판된 그의 첫 저작인『자유를 향한 첫걸음』(*Stride Toward Freedom*)에서 잘 나타나며, 여기서 체계화된 비폭력주의 저항사상은 1960년대에 접어들며 통합사상으로 발전하였으며, 1964년 그가 노벨평화상을 받은 이후부터는 빈민운동과 반전운동으로까지 사상의 영역이 확대된다.

킹이 몽고메리 덱스터 교회의 목사로 부임하기까지 그의 전체적인 사상의 윤곽은 이미 확고하게 형성되었다. 그는 소로의 저항정신을 위시하여 월터 라우션부시(Walter Rauschenbush)의 사회복음신학, 칼 마르크스의 혁명사상, 니체의 초인사상, 마하트마 간디(Mahatma Gandhi)의 비폭력사상, 라인홀드 니버의 사회윤리사상, 마르틴 부버(Martin Buber)의 신학사상, 헤겔의 철학사상 등으로부터 깊은 영향을 받으며 자신의 사회철학사상을 수립하였다. 그의 전기 작가인 스티븐 B. 오츠(Stephen B. Oates)의 말처럼, 그는 "거대한 지적인 잠재력을 가진" 사상가였다.[5]

킹의 사상의 원천은 서양 지성사 전체라고 할 수 있지만, 무엇보다도 기독교 정신과 미국의 지적 전통과 깊은 관련이 있었다. 신과 인간, 역사와 문명, 개인과 사회, 인간과 인간의 관계에 대해 그가 강조했던 유기적 관계와 비폭력주의는 통합사상으로 발전하였고, 그것은 미국의 지적 전통을 형성해 온 전체와 부분의 균형과 조화에 대한 인식과 직접적인 연관이 있음을 보여 주었다. 이러한 킹의 통합사상은 구체적이고 실질적인 문제를 다루면서 현실과 사회 속에서 형성되었지만, 다른 한편으론 그의 추상적이고 관념적인 정신이 현실 속에서 가장 분명하고 뚜렷하게 구현된 좋은 예로 볼 수 있다.

킹은 청년기의 지적 순례를 마친 후 곧바로 공민권운동에 뛰어들었고, 1968년 불시에 당한 저격으로 서른아홉이라는 이른 나이에 생을 마감함으로써 다른 미국 사상가들에 비하면 그의 저술은 비교적 적은 편이다. 그가 행한 수많은 연설과 설교는 그의 사상을 이해할 수 있는 중요한 자료이지만, 그가 다룬 주제는 주로 흑인에 대한 인종차별과 성서적 가치관에 집중되어 있고, 이것들이 반복적으로 나타난다. 킹은 공민권운동이 법령 제정으로 일단락된 1965년 이후부터 경제적 불평등 문제를 비롯하여 빈곤과 전쟁의 문제를 본격적으로 다루지만, 그러한 문제들을 사상적으로 체계화하기에는 너무 짧은 생애였다.

킹은 깊은 신앙심을 바탕으로 성서적 관점에서 인간과 사회를 바라보았지만, 그의 사상은 인종차별과 사회 부정의에 대한 저항정신 속에서 형성되었다. 그는 흑인이 인간의 존엄성을 상실한 채 분리되어 차별받고 있는 남부 사회에서 인종차별 실태를 목격하고 경험하였다. 또한 그는 이러한 인종차별과 더불어 자본주의 사회의 잘못된 경제적 구조와 그로 말미암은 만연한 부정의를 분명하게 인식하였다. 따라서 그의 사상은 관념적이고 추상적인 개념과 함께 구체적으로 인간 및 사회의 현실적인 문제를 다루는 사회철학으로 정착하였고, 이론과 실제의 결합 속에서 초월적이면서도 실용적이고, 신학적이면서도 인간적이며, 역사적이면서도 현실적인 성격을 띠었다.

통합사회를 위한 사회복음과 성직자의 역할

킹은 사상가로서 신학과 철학에 깊은 관심을 가지고 있었지만, 그 관심보다 그에게 더 시급하고 절박한 문제는 인종차별이라는 사회의 부정의와 맞서 싸우는 것이었다. 따라서 킹은 이 두 가지 영역을 모두 충족시켜 줄 수 있는 사상적 기반을 찾고자 하였다. 복음이 개인을 구원하는 것이라면 개인을 억압하고 있는 사회에 대해 복음은 어떤 역할을 할 수 있는가? 그리스도의 정신이 불의와 타협하지 않는 것이라면 성직자의 사회적 역할은 무엇이 되어야만 하는가?

킹에게 이러한 물음에 답을 준 것은 진보주의 시대에 침례교 목사로서 개혁운동에 중요한 역할을 했던 월터 라우션부시의 사상이었다. 라우션부시는 산업화와 자본주의가 미국 사회에서 만들어 낸 많은 문제들을 해결하는 데 있어서 기독교의 적극적인 참여와 대응을 주창하였다. 그는 "지식인들이 직면한 가장 절박한 문제는 기독교와 사회위기와의 관계"를 인식하고 종교의 역동적인 힘을 사회문제의 해결에 사용하는 것이라고 믿었다.[6] 그는 "기독교의 본질적인 목적은 하나님의 의지에 따라 모든 인간관계를 복원하고 쇄신시켜 인간 사회를 하나님의 왕국으로 바꾸는 것"이라고 주장하였다.[7] 그는 산업화 시대에 사회질서가 죄로 물들고 개인들이 이 죄의 영향을 받을 때 "현대 세계에서 사회운동은 도덕적·정신적 운동"이 되어야 하며, "사회복음운동은 바로 기독교의 양심"으로서 그러한 역할을 해야만 한다고 믿었던 것이다.[8]

라우션부시의 『기독교와 사회적 위기』(*Christianity and the Social Crisis*)는 킹이 "유년 시절 경험으로부터 마음속에서 이미 싹트고 있었던 사회적 관심을 신학적 기반으로 구체화시키는 데 지울 수 없는 인상을 준" 중요한 지적 영감이었다.[9] 킹은 라우션부시가 주창했던 사회복음이 "전체적인 인간, 즉 영혼과 육신, 정신적 행복과 물질적 행복, 모두를 다루는 것"으로 파악하였고, 그것이 기독교인의 적극적인 사회적 역할을 지지하는 사상이라고 인식하였다. 킹은 "어떤 종교든 인간의 영혼에 깊은 관심을 가지고 있다고 선언하면서도 사회적·경제적 상태에 관심을 표시하지 않는 종교"는 "정신적으로 빈사상태에 빠진 종교"라고 비판하였다.[10] 그의 모든 설교는 영혼의 문제와 육신의 문제를 언제나 함께 다루었다.

킹은 보스턴대학을 졸업하고 북부에서 안락한 삶을 누릴 수도 있었지만, 사회복음사상에 깊은 영향을 받음으로써 성직자로서의 "도덕적 의무"를 지니고 남부의 몽고메리로 내려온다.[11] 이곳은 남부에서도 인종차별이 가장 심한 곳이었다. 그는 이곳에서 사회문제와 흑인 문제는 물론이고 교회가 안고 있는 문제들까지도 구체적이고 체계적으로 다루기 시작한다. 그는 이 모든 시도를 교회를 중심으로 시작하여 이끌어 나갔다. 교회가 사회개혁의 중심이자 선봉이 되었다. 그러나 그는 교회의 적극적인 사회적 역할을 강조하면서도 개인의 구원에 대해 복음이 갖는 중요성을 결코 소홀히 하지 않았다. 그는 종교의 두 가지 역할을 모두 강조하였다. 기본적으로 그는 "종교란 인간의 당면한 관심사와 궁극적인 관심사 모두를 취급하는 것"이라고 믿었다. 그는 "종교가 이러한 기본적 사실을 간과할 때에 그 자체는 영원히 시간 속에 흡수되어 버린 단순한 윤리적 체계로 비하되며, 하나님이란 인간의 상상력에 의해 만들어진 아무 뜻도 없는 일종의 허구로 전락하고 말 것"이라고 우려하였다. 그러면서도 그는"종교가 본래의 자세에 충실하려고 한다면 동시에 인간의 사회조건에 대해서도 관심을 기울이지 않으면 안 된다"고 주장하였다.[12]

복음의 적극적인 사회적 역할을 깨달은 킹은 목사로서 공민권운동을 주도했으며, 그 운동의 정신적 에너지는 물론이고 투쟁의 방법과 방향을 제시하였다. 그는 문명이 진보할 때 자유와 평등이 저절로 이루어지는 것이 아니라고 보았다. 그는 도덕적 진보도 물질적 진보와 마찬가지로 끊임없는 투쟁을 통해 성취될 수 있다고 보았다. 이런 점에서 그는 라우션부시의 사회복음신학에 내재해 있는 낙관론을 비판하였다. 즉, 그가 인간의 본성을 피상적으로 이해함으로써 19세기 사상의 유물이기도 한 "진보의 불가피성"을 받아들였다는 것이다.[13] 킹은 신학적 관점에서 "인간의 진보는 불가피성의 바퀴 위에서 결코 굴러가지 않는다"고 믿으며, "하나님의 동역자로서 기꺼이 헌신한 사람들이 지칠 줄 모르는 노력과 수고를 할 때만이 인간의 진보는 실현될 수 있다"고 보았다. 그는 "만일 인간들이 그렇게 힘들여 수고하지 않는다면 시간은 사회를 침체시키는 근본적인 힘과 결탁해 버리고 말 것"이라고 경고하였다.[14]

킹은 이와 같이 "종교란 지상의 것과 천상의 것, 시간적인 것과 영원한 것에 동시에 관계하며, 단순히 인간을 하나님과 교섭시킬 뿐 아니라 인간과 인간을 연결시키는 시도"도 한다고 보았다. 따라서 그는 복음의 역할도 두 가지로 이해하였다. 즉, 그 한 가지 역할은 인간의 영혼을 변화시켜 그들을 하나님과 연결시키는 것이고, 다른 한 가지는 일단 영혼을 변화시킨 후 그 영혼에 더 좋은 기회가 주어질 수 있도록 인간의 환경을 변화시키는 것이었다. 그는 "어떤 종교든 인간의 영혼에 우선적으로 관심을 가져야만 한다고 말하면서도 인간을 파멸로 몰아가는 빈민굴, 그들을 질식시키는 경제 상태, 그들을 불구로 만드는 사회 상태에 관심을 기울이지 않으려는 종교는 한낱 티끌과 같이 무의미한 종교"라고 주장하였다.[15] 그는 "교회란 국가의 주인도 시녀도 아닌 국가의 양심"이며, "국가의 안내자이자 비판자가 되어야지 결코 국가의 도구가 되어서는 안 된다"는 점을 강조하며, 교회가 다시 "본래의 예언적 열정"을 갖고 "도덕적·영적 권위"를 회복할 것을 촉구하였다.[16]

마르크스주의와 자본주의에 대한 비판적 이해

킹의 사상은 흑백의 분리차별제도에 대한 반항으로부터 출발하여 그 제도를 폐지하려는 투쟁의 과정에서 인간과 신, 인간과 사회, 인간의 자유와 평등이라는 문제들을 차례로 규명하며 발전해 나갔다. 따라서 그의 사상의 기저는 기독교 정신이지만, 그 정신이 지향하고 있는 곳은 사회였다. 즉, 기독교적 관점에서 이 사회와 제도를 어떻게 볼 것인가가 킹의 전체 사상의 실마리였다. 그리하여 킹은 다음과 같은 문제들에 직면해야만 했다. 기독교 원리가 실현될 수 있는 사회제도는 어떻게 변혁되어야 하는 것인가? 현재의 흑백분리 차별제도가 자본주의 제도와 함께 존재하는 것이라면 자본주의를 어떻게 이해해야 하는가? 불평등 문제를 해결하기 위해 공산주의를 택할 것인가, 아니면 자본주의의 틀 안에서 개혁을 할 것인가?

킹은 1949년 크리스마스 휴가 중에 『공산당 선언』(*The Communist Manifesto*)과 『자본론』(*Das Kapital*) 같은 칼 마르크스의 저서들을 탐독하였다. 그가 유년 시절부터 인종차별제도와 함께 가난한 자들이 고통받는 자본주의 제도에 대해 부정적인 시각을 가지고 있었다는 점을 감안하면 당연한 지적 순례의 과정이었다. 그러나 킹은 마르크스의 저서들을 탐독한 후 마르크스주의에 빠지기보다는 오히려 소련의 전체주의 사회와 공산주의 이데올로기를 비판하는 입장에 서게 된다. 킹은 그러한 비판의 과정에서 무엇보다도 자신의 정신세계가 개인과 정신이라는 요소를 떠나서는 존립할 수 없다는 사실을 분명하게 밝힌다.

킹은 먼저 마르크스주의의 유물사관(historical materialism)에 반대하였다. 그 까닭은 그가 "기독교인으로서 이 우주에는 모든 현실적인 것의 바탕과 본질인 하나의 창조적인 인격의 힘"이 있다고 믿었고, 유물론으로는 그 힘의 존재를 설명할 수 없다고 보았기 때문이다.[17] 그는 역사란 궁극적으로 물질에 의해서가 아니라 정신에 의해서 진행된다고 믿었다. 이러한 믿음을 바탕으로 그는 공민권운동의 전체적인 과정도 하나님의 섭리 아래서 이루어지고 있다고 보았으며, 그 운동의 장래에 대한 낙관적인 희망도 신앙의 차원에서 나온 것이었다.

둘째로 킹은 기독교 성직자로서 공산주의의 윤리적 상대주의(ethical relativism)를 받아들일 수 없었다. 그는 공산주의자들이 이 세상의 어떤 불변의 법칙이나 절대적인 도덕을 인정하지 않는다고 보았다. 그 결과 그들은 자신들이 세워 놓은 목적, 즉 계급 없는 사회의 건설을 위해서는 어떤 수단이나 방법도 허용된다는 신념을 가지고 있다는 것이다. 자연의 법칙과 같이 인간에게는 억압적이고 강제적이지 않으면서도 인간이 지켜야 하는 도덕적 질서가 존재하는 것이다. 이 도덕적 질서는 비단 기독교의 교리만을 위한 것은 아니다. 그것은 예를 들어 폭력이나 살인을 거부하는 것과 같은 인간의 기본적인 도리를 말하는 것이다. 따라서 모든 종교인은 물론이고 양심과 양식을 가진 사람이면 이 기본적인 도덕과 윤리를 위배할 수 없는 것이다. 이에 반해 공산주의의 가치는 확실히 상대적이다. 그것은 평등한 사회의 건설을 위해서는 어떤 수단과 방법도 허용될 수 있다는 것이다. 이런 점에서 킹은 "아무리 건설적인 목적이라도 파괴적인 수단을 도덕적으로 정당화할 수는 없다"고 선언하였다. 그는 또한 "목적이란 이미 수단 속에 포함되어 있다"고 주장함으로써 역사와 각 개인의 생이 진행되어 나가는 전 과정은 하나님의 섭리 아래에 있다는 신학적 관점으로부터 공산주의의 상대주의를 비판하였다.[18] 이러한 이유로 그는 공민권운동 내내 비폭력 투쟁을 전개했던 것이다.

셋째로 킹은 공산주의가 갖고 있는 정치적 전체주의(political totalitarianism)에 반대하였다. 킹은 무엇보다도 전체주의 사회가 개인을 국가에 종속시킴으로써 개인의 모든 자유를 박탈한다고 보았다. 실제로 그의 사상의 가장 본질적인 부분은 개인주의였다. 그것은 기독교의 가장 본질적인 교리로서, 역사와 사회는 개인으로부터 출발하고 인간의 역사는 개인의 구원을 위한 역사라는 것이다. 국가와 사회도 개인을 위해 존재하는 것이지, 결코 개인이 그것들을 위해 창조된 것은 아니라는 것이다. 또한 인간의 구원은 사회적 차원이나 민족적 차원이 아니라 개인적인 차원에서 이루어진다는 것이다. 이것은 킹이 미국의 자본주의를 비판하면서도 미국의 건국정신이라고 할 수 있는 독립선언서의 민주적 이념들을 고수하는 이유이기도 하다. 즉, 그 문서에 표현된 '모든 인간은 평등하게 태어났다'는 이념은 궁극적으로 각 개인의 존엄과 평등권을 위한 것이고, '생명과 자유와 행복의 추구'라는 이념도 개인을 위한 것이기 때문이다. 그러나 전체주의 체제에서 개인은 공산주의라는 이데올로기, 즉 완전한 평등사회의 구현이라는 목적에 도달하기 위한 수단으로 전락하고 만다는 것이다. 개인의 자유와 권리는 전체 속에 사라지고 마는 것이다. 그리하여 킹은 "모든 개인은 공산주의 체제 안에서 국가라는 하나의 거대한 바퀴에 붙어 돌아가는 인간성을 상실한 톱니바퀴에 불과한 것"이라고 비판하였다.[19]

그렇다면 무엇이 수많은 대중과 지식인들로 하여금 공산주의로 빠져들게 했는가? 킹은 이 문제에 대해 "공산주의가 표방하는 사회정의에 대한 관심"을 지적하였다. 킹 자신도 이러한 이유 때문에 공산주의에 대한 호감을 가지고 있었다는 사실을 밝히면서, 공산주의는 "허황한 가정(假定)과 사악한 방법을 갖고 있음에도 특권을 빼앗긴 사람들이 빠져 있는 곤궁에 대한 항의로써 성장했다"고 설명한다.[20] 적어도 이론상으로 공산주의는 계급 없는 사회와 사회정의를 강조하며 가난한 자들과 소외받은 자들의 해방을 위한 소리로 들렸다. 킹이 공민권운동을 통해 흑인은 물론이고 가난하고 힘없는 자들의 편에 서서 사회를 개혁하고자 했을 때 공산주의가 내세우는 해방의 기치는 충분히 이해할 수 있는 것이었다. 이것은 달리 말하면 자본주의가 가난한 자들을 위해 어떠한 역할도 하지 못한다는 것을 의미할 수도 있는 것이었다.

그럼에도 킹은 마르크스가 비판하는 차원에서 자본주의를 거부하지는 않았다. 즉, 그는 마르크스가 역사를 생산수단에 의해 프롤레타리아와 부르주아 계급으로 이분하여 보면서 그 사회의 발전 과정도 단순하게 봉건제로부터 자본주의를 거쳐 사회주의로 나아가는 변증법적 과정으로 해석한 것에 반대하였다. 그는 역사와 문명이 마르크스주의가 설명하는 것보다는 훨씬 더 복잡하고 다양하게 진행된다고 보았다. 또한 그는 자본주의를 악과 모순으로 누적되어 점점 커져 가는 부패의 덩어리라고 보기보다는 오히려 그 모순들을 해결할 수 있는 능력과 정신을 가지고 있는 실체로 보았다.

킹이 마르크스주의를 비판한다고 해서 그가 미국의 자본주의를 긍정적으로 받아들인다는 의미는 아니다. 킹이 인종차별에 대해 참을 수 없는 사실은 무엇보다 흑인이 처해 있는 비인간적인 대우와 상태가 풍요로운 사회에서 일어나고 있다는 점이다. 그는 당시 미국이 소련을 비롯한 전체주의 국가로부터 도전을 받고 있는 상황에서 자본주의에 대해 조심스럽게 발언을 해야만 했다. 그럼에도 그는 "오늘날 미국의 자본주의는 각종 사회개선정책을 통하여 빈부 격차를 대폭 좁히긴 했지만 그래도 부의 분배를 개선할 필요성은 여전히 남아 있다"고 지적한다. 또한 그는 "마르크스가 비판한 자본주의적 경제제도의 유일한 토대인 이윤추구라고 하는 동기가 갖고 있는 위험성"은 여전히 미국 사회에 남아 있다고 주장한다. 다시 말해 "자본주의는 끊임없이 사람들로 하여금 인간으로서의 생을 살아가는 것보다 경제적인 생계를 유지하는 데에 더 큰 관심을 쏟게 할 위험성이 있다"는 것이다.[21] 킹은 공산주의가 인간을 국가라는 전체에 종속시켰다면 자본주의는 인간을 물질 만능주의에 빠지게 만들었다고 지적한다.

이와 같이 킹은 "진리는 마르크스주의에서도, 전통적인 자본주의에서도 발견될 수 없다는 사실"을 확신하였다. 그는 이 양자가 부분적인 진리만을 대표하는 데 불과하다고 보았다. 그는 "19세기의 자본주의는 인간의 생활이 사회적이라는 사실을 발견할 수가 없었고, 마르크스주의는 인간의 생활이 개인적이며 인격적이라는 사실을 발견할 수 없었다"고 지적한다.[22] 그는 기나긴 공민권운동으로 1965년까지 모든 분리차별제도가 폐지되고 흑인을 위한 투표권 법령이 획득된 이후에는 투쟁의 방향을 빈민운동으로 돌렸다. 그는 이 새로운 빈민운동에서 자본주의를 비판하면서도 개인의 천부적인 평등과 자유의 이념이 담겨 있는 미국의 건국정신을 견지하였고, 진정한 민주사회의 건설을 목표로 삼았다.

비폭력주의에 의한 흑백의 화해와 상호 인격의 회복

앞에서 지적한 바처럼 킹은 라우션부시의 사회복음사상으로부터 많은 영향을 받았지만 그 사상에서 드러난 인간의 본성과 진보에 대한 지나친 낙관주의 때문에 그것을 비판한 적이 있다. 그렇다면 공민권운동에 대한 혹독한 탄압 속에서도 좌절하지 않고 여전히 자신의 꿈을 잃지 않았던 킹의 입장은 낙관적인 태도가 아닌가? 공민권운동 내내 킹이 주창했던 비폭력 투쟁은 거대한 권력의 구조 앞에서 지나치게 낙관적인 전략이 아닌가?

킹이 인간과 사회에 대해 현실주의적 관점을 가질 수 있었던 것은 라인홀드 니버의『도덕적 인간과 비도덕적 사회』를 읽고 난 후였다. 앞장에서 고찰한 바와 같이 니버는 집단적 인간의 도덕적 능력에 대한 회의적 입장으로부터 흑인들의 투쟁을 비관적으로 보았다. 그 이유는 그가 그 투쟁에 반대해서가 아니라 백인들이 쌓아 놓은 견고한 인종차별의 장벽과 권력에 대한 분명한 인식 때문이었다. 그는 현대사회의 갈등을 조정과 타협만으로 해결할 수 있다는 낙관적인 태도에 반대하며 다음과 같이 물었다. “흑인들과 같이 천대 받는 집단이 그런 방식으로 사회 안에서 충분한 정의를 획득한다는 것이 가능한 일인가?” 니버는 “그들이 제기하는 최소한의 요구도 지배계급인 백인들에게는 어림없는 요구”가 될 것이라고 단언하였다.[23] 니버는 이러한 관점에서 “흑인들이 백인들의 도덕적 의식을 통해 그들이 강제로 만들어 놓은 비천한 사회적·경제적 상태로부터 완전한 해방을 기대한다는 것은 가망 없는 일”이라고 주장하였다.[24]

킹은 인간과 사회에 대한 니버의 이러한 현실주의적 태도로부터 많은 영향을 받았지만, 그가 권력에 대한 투쟁은 권력으로 맞서야 한다며 평화주의 운동에 반대하는 것은 수락할 수 없었다. 킹은 사랑의 힘이 그 어떤 폭력적 방법보다도 강한 힘을 발휘할 수 있다고 보았다. 그는 그 증거로서 인도의 사상가이며 독립운동가였던 간디가 전개했던 비폭력 투쟁에서 통찰을 얻었다. 그는 간디가 벌였던 '사티아그라하'(Satyagraha)라는 비폭력 투쟁운동에 깊은 감동을 받았다. 절제와 반성에 바탕을 둔 일종의 내적 각성으로부터 저항운동을 벌여 나가는 사티아그라하는 "수동적 저항"을 의미하는 것 같지만, 결코 수동적이 아니며 "사랑의 힘," "영혼의 힘," "진리의 힘"을 믿는 정신운동이었다.[25] 간디는 이 운동을 벌이며 다음과 같은 믿음을 가지고 있었다. "수많은 사람들이 여전히 이 세상에 살아 있다는 사실은 이 세계가 무기의 힘이 아니라 진리와 사랑의 힘을 바탕으로 하고 있다는 것을 보여 주는 것이다."[26] 킹 또한 사랑의 강력한 사회적 힘에 대해 다음과 같이 말한다. "나는 오랜 세월에 걸쳐 찾고 있던 사회개혁을 위한 방법을 간디가 강조한 사랑과 비폭력 속에서 비로소 발견했다. 벤섬이나 밀의 공리주의, 마르크스나 레닌의 혁명적 방법, 홉스의 사회계약설, 루소의 자연으로 돌아가라는 낙관주의, 니체의 초인철학 등 이 모든 것으로부터 취할 수 없었던 지적·도덕적 만족을 나는 바로 간디의 비폭력 저항철학 속에서 발견했다."[27]

킹의 사상에서 비폭력주의는 단순히 분리차별제도를 폐지시키고 자유를 쟁취하기 위한 투쟁 방식만은 아니었다. 그것은 전체와 부분, 부분과 부분의 본래적인 관계를 회복시키는 과정으로 채택된 것이었다. 그 속에는 그의 신학사상과 사회철학이 함께 들어 있었다. 그가 말하는 비폭력주의 속에는 인간의 의지뿐만이 아니라 하나님의 은총도 작용할 수 있는 여지를 남겨 두는 것이었다. 그는 역사의 진보가 인간의 투철한 의지에 의해 진행된다고 믿으면서도 그 전체적인 과정은 신의 섭리 안에 있다고 보았다. 또한 그에게 비폭력주의를 바탕으로 하는 공민권운동은 단순히 복수, 투쟁, 승리를 얻기 위한 것이 아니라 각성, 용서, 화해가 함께 이루어지는 과정이었다. 따라서 그는 공민권운동의 전 과정을 통해 무엇보다도 많은 흑인 대중이 이 과정에 참여함으로써 그들이 상실했던 사회와 백인들과의 관계가 회복되기를 원했다. 이런 의미에서 그는 목적만큼이나 과정을 중요시 여겼다. 즉, 역사의 과정을 통해 인간이 추구하는 목적은 물론이고 신의 섭리도 부분적이고 지속적으로 실현되는 것이었다. 이 긴 과정을 통해 인간들은 각성하고 서로를 이해하면서 조금씩 약속의 땅에 다가가는 것이었다. 과정이 무시될 때 인간이 성취한 진보는 피상적이며 물질적이며 일시적인 것에 불과한 것이다. 킹이 추구한 도덕적 진보는 과정을 통해서 모든 인간과 사물이 본래적인 관계를 회복할 때 성취될 수 있는 것이었다.

1954년까지 킹은 비폭력주의를 하나의 사회철학으로 발전시켰다. 그는 "비폭력적 저항은 피압박 민중이 사회정의를 추구함에 있어서 손에 넣을 수 있는 가장 강력한 무기"라고 믿게 되었다. 그는 이론상으로 성립시킨 비폭력의 힘을 공민권운동의 과정 속에서 실제로 다음과 같이 느끼기 시작했다고 말한다. "시간이 지남에 따라 나는 더욱더 비폭력이 갖는 힘을 발견할 수 있었다. 항의운동의 현실적인 경험을 통해 직접 투쟁에 나서면서 비폭력은 단순히 내가 학문적으로 찬성을 표시했던 그 방법 이상의 것이 되었다. 그것은 바로 하나의 생활양식으로까지 되었던 것이다. 내가 비폭력에 관해서 지금까지 학문적으로 미흡하게 여겼던 많은 몫들이 이제 실제 활동의 영역 속에서 해결되었다."[28]

킹의 비폭력주의 사상은 어떤 특정한 목적을 위해 형성된 후 고정되어 움직이지 않는 도그마가 아니라 과정 속에서 그 형태와 의미가 끊임없이 변하는 관점이자 태도였다. 그것은 바뀔 수 있는 것이었다. 이런 의미에서 킹은 "니버가 인간성의 부패를 지나치게 강조할 때" 그 회복의 과정을 무시하는 것으로 봄으로써 그를 비판하였다. 킹은 "인간성에 관한 니버의 비관주의는 신성에 관한 낙관주의와 전혀 조화를 이루지 못하고 있다"고 보았다. 다시 말해 니버는 "인간의 죄라는 병을 진단하는 데에 너무나 급급했기 때문에 신에 의한 은총의 치유라는 힘을 간과해 버렸다"는 것이다.[29]

킹은 이러한 비폭력주의의 신학적·사회철학적 의미가 실현되기 위해서는 전체와 부분, 부분들과 부분들이 인격이라는 매체를 통해 통합되어야만 한다고 보았다. 그는 이러한 이상주의를 누구보다도 보스턴대학의 신학사상가인 에드거 S. 브라이트먼(Edgar S. Brightman)의 인격주의(personalism) 사상으로부터 많은 영향을 받았다. 브라이트먼의 사상은 이 세상에 "실재하는 것은 단지 인격들이고, 우리 세계의 모든 부분들은 단지 인격들 속에서 그리고 인격들을 위해서만이 존재하며, 세계질서의 원천으로서 인격들을 위해 사회를 창조한 하나의 최고의 인격이 있다"고 믿는 철학이다.[30] 이와 같이 모든 실재의 의미는 인격 속에서 발견된다는 인격주의 철학은 킹의 이상주의 사상의 기반이 되었다. 킹은 "유한한 것인 동시에 무한한 인격만이 궁극적인 실재라고 하는 인격주의의 주장"이 자신의 두 가지 신념을 강화시켜 주었다고 밝힌다. 즉, "첫째는 인격신(a personal God)이라고 하는 관념에 대한 형이상학적·철학적 기반을 제공해 주었고, 둘째는 모든 인간의 인격적 권위와 가치에 대하여 형이상학적 기반을 제공해 주었다"는 것이다.[31] 인격신이란 인간으로부터 멀리 떨어져 존재하는 것이 아니라 역사의 과정 속에서 직접적으로 개인들과 접촉하고 관계함으로써 구속의 역사를 완성해 가는 것이다. 이러한 인격신에 대한 킹의 믿음은 비폭력 저항이라는 긴 과정을 통해서 모든 인간들은 신 앞에 회개하게 될 것이고, 무엇보다도 흑인들과 백인들 서로 간에 용서와 화해가 이루어질 수 있을 것이라는 희망을 미국인들에게 줄 수 있었다. 또한 킹은 비폭력 직접운동을 통하여 모든 개인들은 동등한 인격을 갖고 있음으로 충분히 서로에 대한 이해와 용서를 구할 수 있을 것이고, 화해를 통해 "하나의 조화를 이룬 전체"에 도달하게 될 수 있다고 보는 것이다.[32]

통합사상의 철학적 의미

인격주의 철학에 바탕을 둔 킹의 이상주의는 전체와 부분은 물론이고, 부분들과 부분들이 하나의 창조적인 전체를 형성하는 통합에 대한 사상으로 발전한다. 킹은 유대인 철학자 마르틴 부버(Martin Buber)의 말을 빌려, "인종의 분리차별제도는 '인간 대 인간'의 관계를 '인간 대 사물'의 관계로 바꾸어 놓음으로써 인간을 사물의 지위로 격하시켜 버렸다"고 지적하였다. 또한 더 나아가 인간 대 인간의 인격적인 관계가 무너질 때 인격이신 하나님에 대한 인간의 관계도 무너져 버린다고 주장하였다. 이런 관점에서 킹은 인종차별 법은 정치적·경제적·사회적인 측면에서 타락한 것이며, 도덕적으로도 부당한 죄악이라고 믿는다. 그는 폴 틸리히(Paul Tillich)의 말을 인용하여 "분리는 죄"라고 강조하면서, "인종차별은 인간의 비극적 분리, 극심한 소외, 끔

찍한 죄악 등에 대한 존재론적 표현"이라고 주장한다."[33]

통합사상은 이러한 인간과 인간, 인간과 신의 분리된 관계를 다시 회복시키는 사상이다. 그것은 흑인과 백인의 화합만을 의미하는 것은 아니다. 그것은 흑백의 통합을 넘어서 "위엄과 규율이 있는 더 높은 곳"에 도달하는 것이다. 그곳은 모든 개인들의 "물리적 힘과 영혼의 힘이 만나는 숭고하고 높은 곳"이다.[34] 킹은 결코 현실적인 문제에만 몰두하지 않았다. 그가 짧은 생애 동안 공민권운동을 이끌었음에도 사상가로서의 면모를 유지할 수 있었던 것은 현실적인 문제를 더 광범한 우주의 일면으로 보면서 전체와 부분, 부분과 부분의 관계를 깊은 유기적 관점에서 탐구했기 때문이었다. 이러한 관점으로부터 그는 흑인과 백인은 말할 것도 없고 모든 개인들의 운명은 서로 이어져 있다고 보았으며, 모든 개인들의 자유도 불가분의 관계에 있다고 믿었다. 이러한 논리로부터 킹은 미국 사회의 진보를 평가하며 "흑인들의 진보"가 이루어지지 않는다면 그것은 "미국 전체의 진보"가 방해받는 것이라고 주장하였다.[35] 아무리 산업과 경제가 발전한다 할지라도 그것이 모두에게 기회를 주지 않는 발전이라면 그것은 진보가 아니라는 것이다. 다시 말해 흑인이 자유롭지 못하면 백인도 자유롭지 못한 것이며, 가난한 자들이 인간적 삶을 누리지 못하면 부자의 삶도 가치가 없다는 것이다.

킹의 이러한 통합사상은 그의 창조적인 비폭력주의 사회철학에 이미 중요한 자리를 차지하며 형성되고 있었지만, 『자유를 향한 첫걸음』이 출판된 1958년까지는 분명히 나타나지 않았다. 그의 통합사상은 몽고메리 운동을 시발로 분명하게 전개되기 시작한 공민권운동의 긴 과정 중에 발전하였고, 1963년에서야 그 정확한 본질이 드러난다.

그의 사상이 비폭력주의 사회철학에서 통합사상으로 발전한 것은 그의 관조적 탐구와 더불어 자발적인 대중과의 만남을 통한 경험으로부터 이루어진 것이었다. 다시 말해 그의 지성에 이미 자리 잡은 여러 철학적 정신들이 대중의 역동적 정신과 창조적으로 결합되었음을 말하는 것이다. 따라서 그의 통합사상은 정적이면서도 역동적이고, 이론적이면서도 실제적이고, 관념적이면서도 실천적이며, 형이상학적이면서도 프래그머티즘적이고, 역사적이면서도 현실적이었다.

이러한 통합사상을 통해 킹은 인종차별제도가 완전히 철폐된다고 해도 인간관계의 딜레마는 여전히 남게 될 것이라는 사실을 깨닫게 된다. 무엇보다도 그는 "분리철폐와 통합이라는 말이 흔히 바꿔 쓸 수 있는 것처럼 보이지만 그 둘 사이에는 많은 차이가 있다"고 지적하며, "분리철폐는 단지 좋은 사회로 들어가는 첫걸음에 불과하며, 우리의 궁극적인 목적은 통합이 되어야 한다"고 주장한다.[36] 킹은 분리라는 말은 무엇을 금지하는 제도, 즉 흑인이 학교, 공원, 식당, 도서관 등과 같은 곳에서 백인과 똑같이 접근할 수 없도록 하는 제도로서, 분리제도 폐지는 이러한 잘못된 법적·사회적 제도를 제거하는 것이라고 설명한다. 그는 이 제거라는 말은 부정적 성격을 띠며, 피상적이며 제한적이라고 지적한다. 그리하여 그는 분리제도 폐지보다는 "통합이 더 창조적이며, 그 의미가 더 깊고 광범하다"고 주장한다. 통합은 제도적 흑백 분리차별의 철폐를 넘어 정신적으로 모든 개인들과 집단들을 결합시켜 모두가 등등한 기회를 누릴 수 있는 열린 세계의 기반을 형성할 수 있다는 점에서 "국가공동체의 궁극적인 목적"이 되어야 한다는 것이다.[37]

통합이 미국의 궁극적인 목적이 되어야 한다는 킹의 주장은 그것이 보편적인 윤리들을 가지고 모든 인간들을 포용할 수 있다는 것을 의미할 뿐만 아니라 시간적인 차원에서도 과거의 정신과 현재의 정신이 결합되어야 한다는 것을 의미하는 것이다. 그러므로 전체와 부분, 부분들과 부분들은 개별적으로 결합되는 것이 아니라, 그 결합은 시간의 긴 과정 속에서 각 부분들의 자발적인 의지를 통해서만이 이루어질 수 있는 것이다. 그럴 때만이 그 통합은 창조적인 새로운 전체를 이룰 수 있는 것이다.

킹의 통합사상에서 윤리적으로 가장 중요한 것은 개인들 각자가 하나의 인격체로서 신성한 가치를 가지고 있다는 내용이다. 그것은 기독교의 신학적 의미에서 개인 각자가 가지고 있는 '내재적 위엄'을 말하는 것이고, 이것은 또한 '모든 인간은 평등하게 창조되었고', '모든 개인의 생명·자유·행복의 추구권은 보장되어야 한다'는 미국의 독립선언서에 이미 분명하게 나타난 개념이다. 이런 의미에서 킹의 통합사상은 새로운 이념이라기보다는 미국의 정신적 전통으로 다시 돌아가자는 보수주의적 성격을 많이 담고 있는 것이다. 이에 대해 그는 다음과 같이 말한다. "언젠가 남부의 사람들은 인권이 박탈당한 주님의 자녀들이 간이식당에 앉아 있을 때 그들이 실은 아메리칸 드림의 최상의 가치와 유대 기독교 문화의 가장 신성한 가치를 대변하고 있음을 알게 될 것이다. 그들은 헌법과 독립선언서를 제정한 선구자들이 깊이 파놓은 위대한 민주주의의 원천으로 이 나라를 되돌리기 위해 노력하고 있었음을 알게 될 것이다."[38]

킹은 암살되기 한 달 전에 행한 한 연설에서 "우리가 살고 있는 이 세계는 지리적으로 하나"가 되었지만, 실제로는 그렇지 못하다고 지적하며 다음과 같이 말했다. "우리는 형제로 함께 사는 법을 배우지 않으면 함께 멸망해 버릴 것이다. 우리는 하나의 운명에 묶여 상호 의존의 망 속에서 결코 벗어날 수 없다. 한 사람에게 미치는 영향이 곧 모든 사람에게 직접적으로 미치는 영향이 된다." 킹은 이러한 유기적 관점에서 인류가 빈곤과 전쟁이라는 두 가지 문제를 반드시 해결해야 한다고 천명한다. 1965년 시카고 운동을 시발로 킹의 입장은 더욱 구체적이고 현실적이며 보편적인 인류애로 향한다. 킹은 4천만의 미국인들이 가난에 찌들어 살고 있다고 지적하며, 이들이 세계에서 가장 풍요롭고 가장 부유한 미국에서 살고 있다는 사실은 미국의 비극이라고 말한다. 그는 미국이 "이 가난을 제거할 수 있는 기술과 자원을 충분히 갖고 있다"고 지적하며, "선의의 사람들이 그들의 몸과 영혼을 행동으로 옮긴다면" 흑인에 대한 인종차별이 철폐되듯이, 가난한 사람과 부자 사이의 경제적 차이와 그로 인한 사회의 부정의도 사라질 것이라고 주장하였다.[39]

킹이 두 번째로 거론한 문제는 미국의 베트남전 개입이었다. 그는 베트남전에서의 미국의 입장을 다음과 같이 비판한다. "나는 이 전쟁이 인류 역사상 가장 정의롭지 못한 전쟁이라고 확신한다. 베트남전에 참전함으로써 미국은 제네바 협정을 파기하였다. 이 전쟁으로 군수 공장은 호황을 누리고 있고 미국 안에 있는 극우세력들이 득세를 하고 있다. 베트남인들의 민족자결권을 짓밟고 있으며 가난한 자를 억압하는 부패정권을 보호하게 되었다." 이와 같이 미국의 외교정책을 비판함에 있어서 킹의 논조는 직설적이고 절박하였다. 그는 베트남전을 보며 "이것이 인류가 지금 서 있는 현주소"라고 말하며, "만일 인류가 전쟁을 종식시키지 못한다면 전쟁이 인류를 종식시킬 것"이라고 경고하였다. 그는 성서에 등장하는 예언자 아모스처럼 미국과 인류를 향해 신앙과 양심의 소리로 다음과 같이 호소한다. "더 이상 폭력과 비폭력의 선택이 아니다. 비폭력이 아니면 파멸할 수밖에 없는 상황이다. 군비를 축소하지 않고, 핵실험을 자제하지 않고, 유엔을 강화하지 않고, 전 세계의 무장해제를 실현시키지 않는다면 인류의 문명은 한순간에 사라져 버리고 말 것이다."[40]

킹의 통합사상은 이상주의적 경향을 띠면서도 인간의 구체적인 고난과 죄악을 직시하며 인류가 해야 할 도리를 제시한 체계적이고 실제적인 사상이다. 킹은 전 생애를 통해 "인류 역사 전체를 파노라마식으로 볼 수 있는" 통찰을 가지고 "약속의 땅"을 향해 순례의 길을 걸었던 사상가였다.[41] 그의 도덕적 정열과 정신적 동력은 미국의 지적 전통으로부터 나왔고, 그것을 통해 흐르고 있다.

『왜 우리는 기다릴 수 없는가』(1964)

킹의 인간과 사회에 대한 진단은 언제나 인간의 존엄과 가치에 바탕을 두고 있고, 그의 사상은 전체와 부분의 창조적 관계에 초점이 맞춰져 있다. 1964년에 출판된 킹의 『왜 우리는 기다릴 수 없는가』(*Why We Can't Wait*)는 그러한 킹의 견지와 사상이 잘 드러난 저작이다. 이 저작이 나온 해는 흑인 공민권운동이 본격적으로 시작된 지 이미 9년여의 세월이 흐른 시점이다. 그 투쟁의 결실로 많은 분리제도가 폐지되고 흑인에 대한 인식도 달라졌다. 그러나 킹이 바라본 흑인은 여전히 상실과 좌절 속에서 열등의식으로 고통 받는 존재였고, 미국 사회는 여전히 흑인에게는 닫힌 세계였다. 어떻게 이 사회를 열린 세계로 만들 것인가? 미국 사회에서 흑인 각 개인은 천부적으로 타고난 재능을 얼마나 충분히 발휘하면서 살고 있는가? 흑인은 과연 인간으로서 누려야만 하는 존엄과 자유를 얼마나 누리며 살고 있는가? 전체 사회로부터 흑인의 분리가 흑인의 비극적 역사를 있게 했다면 그 분리의 철폐는 전체와 부분의 진정한 통합에 얼마나 이바지했는가? 과연 흑인의 삶에서 전체와 부분의 관계란 무엇인가?

킹은 『왜 우리는 기다릴 수 없는가』에서 이러한 문제들을 흑인들이 처한 구체적인 현실 속에서 다룬다. 그는 이 책에서 어떤 추상적인 관념이나 이론을 통해 자신의 주장을 과장하거나 포장하지 않고, 흑인들이 겪고 있는 고통스러운 삶과 비인도적인 현실을 있는 그대로 설명한다. 그리고 그가 제시한 주장과 논리는 수많은 사람들의 공감을 자아냈고 공민권운동의 지속적이고도 역동적인 정신적 동력이 되었다. 그 이유는 어디에 있는 것인가? 그 까닭은 그의 사상이 이론과 실제를 하나로 다룸으로써 언제나 전체와 부분, 부분과 부분의 조화와 균형을 중시하였고, 흑인의 문제를 어느 한 인종이나 특정 집단의 문제에 국한시킨 것이 아니라 인간 전체의 보편적인 문제로 보았기 때문이었다. 그의 사회철학은 비판과 반항의 정신을 넘어 용서와 화해를 통해 인종적·사회적 통합을 추구하였다.

킹의 통합사상은 전체와 부분의 통합이 한쪽의 단순한 수용으로 이루어지는 것이 아니라 양측의 창조적이고 역동적인 노력과 인내로 이루어지는 것이다. 따라서 그러한 관계는 인위적인 계획과 타협을 통해 이루어지는 것이 아니라 역사적인 사실을 통해 서로의 존재를 인식하고, 사회적인 경험을 통해 서로의 역할을 이해할 때 이루어지는 것이라고 킹은 주장한다. 실제로 그는 흑인이 어떤 희생과 노력으로 미국 역사의 전체 과정에 참여해 왔는가를 설명한다. 그는 흑인들도 백인들과 함께 영국으로부터 미국의 독립을 위해 싸웠고, 오늘날의 수도인 워싱턴을 건설하는 데에 직접 참여하였으며, 노예로서 황무지를 개척하고 면화를 생산하고 농업의 발전을 이룩하는 데에 이바지하였으며, 노동자로서 광산과 도시를 비롯하여 산업의 발전에 누구 못지않게 중요한 역할을 했다고 설명한다. 킹은 그럼에도 이 사회는 여전히 흑인에게 제한된 구역이고, 막혀 있는 세계라고 비판한다. 노예해방이 선언된 지 100주년을 맞이하지만 흑인에게 "자유는 둔탁한 소리를 내며 조롱하듯 공허하게 울리고 있다"는 것이다.[42]

『왜 우리는 기다릴 수 없는가』는 킹의 저작 5권 가운데 세 번째에 해당하는 것으로 첫 번째의 『자유를 향한 첫걸음』과 함께 가장 중요한 저술이라 할 수 있다.[43] 킹의 첫 번째의 저작이 몽고메리 운동을 다루고 있다면, 『왜 우리는 기다릴 수 없는가』는 버밍햄 운동에 초점이 맞춰져 있다. 전자가 공민권운동의 출발 단계였다면 버밍햄 운동은 더욱 광대한 사회의 통합을 위한 도약 단계라고 할 수 있다. 킹은 흑인에 대한 분리차별제도가 폐지된 이후에도 계속해서 투쟁하고 있는 자신과 공민권운동 참여자들에 대한 사회의 비판에 대해 이 운동이 왜 여기서 멈출 수 없는지를 밝히고, 이 운동의 새로운 방향을 제시해야만 한다는 사회적·시대적 요청을 절감하고 이 책을 저술하였다. 그는 이 책에서 몽고메리 운동에서 거둔 승리와 결실에 만족하지 않고, 더 완전한 민주주의와 더 완전한 통합사회를 수립하기 위해 더 많은 민중의 참여를 독려하고자 했다. 킹은 이러한 목적을 위해 1950년대 중반에 시작되어 1963년까지 진행된 흑인의 투쟁을 회고하고 반성하면서, 흑인이 처한 현실을 철저하게 진단하고, 당시까지 진행된 운동에 어떤 문제점이 있었고, 무엇이 더 필요한지를 점검하였다. 그런 후 킹은 늘 그러했듯이 깊은 역사의식을 갖고 이 운동이 여기서부터 이제 어디로 가야 할 것인지를 모색하였다.

킹은 이러한 목적을 위해 먼저 이 운동의 본질을 다시 규정하고자 하였다. 그리하여 그는 이 운동이 흑백 분리라는 인종차별제도의 폐지만을 위한 것이 아니었고, 사회제도 전체를 변혁시키기 위한 혁명이었다고 주장한다. 그는 이 흑인 혁명이 "재능 있는 소수에 의해 조종되는 운동"이 아니라 모든 흑인들이 참여하여 "대규모의 사회적 변혁을 가져올 수 있는 원천"이었다고 주장한다."[44] 그리고 그는 "현재의 이 혁명을 이해하기 위해서는 이 혁명을 만들어 낸 심리적·사회적 상황과 비폭력 직접행동의 철학과 방법을 투쟁의 전면으로 이끈 사건들에 관해 보다 광범위하고 상세하게 알아볼 필요가 있다"고 말한다.[45] 그는 이 혁명을 정당화하기 위해서는 무엇보다도 당시의 현실이 인간의 해방을 필요로 하는 억압과 착취의 상황이었다는 사실을 증명해야만 했다. 따라서 그는 많은 지면을 할애하여 버밍햄의 상황을 상세하게 설명한다.

킹은 이 혁명이 비록 '짐 크로우(Jim Crow) 체제'라는 남부의 인종분리차별에 대한 반항으로부터 출발했지만 결코 남부적인 현상으로만 볼 수 없다고 본다. 분리와 차별은 흑인의 인간성을 파괴했고, 그로 말미암아 흑인이 당하는 경제적 궁핍은 미국 전역으로 퍼져 나갔다는 것이다. 그는 흑인들이 역사적으로 겪었던 고통을 다음과 같이 말한다. "노예해방 이후 100년 동안 흑인들은 자유를 향한 모호한 길을 걸어 왔다. 그들은 어디에도 없는 특이한 조건에 맞게 사는 방법을 터득해야 한다는 것을 알았다. 헌법의 문구는 그들에게 자유를 선언했지만, 그들은 최하층으로밖에 살 수 없었고 또한 피부색이라는 카스트 제도에 의해 속박당하는 이중의 고초를 겪어야만 했다."[46] 그렇다면 이러한 흑인들의 어려운 상황은 혁명에 어떤 당위성을 제공하는가? 킹은 이 문제에 대해 다음과 같이 말한다. "자유를 향한 열망은 결국 드러나게 되는 것이며 그것이 미국의 흑인들에게 일어난 것이다. 안으로는 그들이 자신들에게 자유를 누릴 천부적인 권리가 있다는 사실과, 밖으로는 그들이 그 권리를 쟁취하는 것이 가능하다는 사실을 깨닫게 되었다. 이들은 의식적으로든 무의식적으로든 시대정신에 사로잡혀 있다. 이들은 아프리카, 아시아, 남아메리카, 카리브 해 연안의 유색인종 형제들과 함께 인종적 정의라는 약속의 땅을 향해서 긴박감을 가지고 전진하고 있다."[47]

흑인혁명에서 나타난 통합정신

『왜 우리는 기다릴 수 없는가』에서 킹은 1955년 몽고메리 시에서 시작된 공민권운동이 1963년 마침내 "미국의 제3혁명이라 할 수 있는 흑인혁명"으로 폭발하였다고 선언한다.[48] 그는 1789년의 프랑스 혁명과 1830년대에 영국에서 일어났던 차티스트운동을 상기시키며 이 흑인혁명의 성격, 목표, 당위성 등을 규명하고자 했다. 킹은 만일 공민권운동이 운동의 차원에서 끝나 버린다면 그것은 일부 흑인들이 주도한 도덕운동 정도로 간주되고 말 것이라는 사실을 분명히 인식하고 있었다. 그는 무엇보다도 이 운동에서 거대한 흑인들의 의지와 결단력을 보았다. 그것은 모든 부분들의 역동적 참여로 하나의 새로운 전체를 형성하려는 운동이었다. 이 운동을 킹은 "눌려 있던 사회집단이 정의에 대한 불타는 욕구에 추진력을 얻어 민첩하게 일어나

당당하게 위험을 무릅쓰고 결단력 있게 움직임으로써, 거대한 사회의 안정적인 기반을 강력하게 뒤흔든 봉기"로 간주하였다.[49] 그는 이 운동을 혁명으로 보았던 것이다.

킹이 공민권운동을 혁명으로 간주한 데에는 몇 가지 분명한 이유와 목적이 있었다. 첫째, 그는 혁명은 무엇보다도 자발적인 민중의 의지가 모여 집단적으로 나타날 때 일어날 수 있는 현상으로 보며, 공민권운동에 수많은 흑인들이 자발적으로 참여하고 있음을 강조하고자 하였다. 혁명은 결코 외부적인 충격이나 기존의 참을 수 없는 인간조건만으로 일어날 수 있는 것이 아니었다. 그것은 이러한 외적 충격과 기존의 조건 속에서 내면적인 의식의 각성, 의지의 단련, 의지의 결단 등이 이루어졌을 때 단행될 수 있는 것이다. 킹은 이 모든 현상을 흑인의 공민권운동에서 보았다. 그는 실제로 이와 같은 현상은 미국 역사 어디에서도 찾아볼 수 없었다고 지적하며 다음과 같이 말한다. "미국 역사상 어떤 한 집단이 거리와 광장, 신성불가침한 상점가, 대리석 깔린 정부청사 등을 점령하고서 자신들에 대한 참을 수 없는 압제에 공공연히 항의한 적은 한 번도 없었다."[50] 킹은 흑인들이 300년의 굴욕, 학대, 궁핍을 겪으며 조용히 참고 말없이 고통 받으며 인내심을 가지고 기다리는 존재가 더 이상 아니라는 것을 보여 주고자 했다. 그는 미국 역사에서 흑인들이 해 왔던 능동적 역할을 드러내고자 한 것이다.

둘째, 킹이 공민권운동을 혁명으로 격상시키려 했던 이유는 이 운동이 결코 남부의 일부 지역에 국한된 소규모적인 현상이 아니라 "그 규모가 광대하고 미국의 2천만 흑인 전체와 연관을 맺고 있다"는 사실을 보여 주는 것이었다.[51] 이 사실이 암시하는 또 다른 의미는 흑인의 문제는 단순히 남부의 문제만이 아니라 미국 전체의 문제라는 것이다. 따라서 흑인의 지위향상, 존엄성, 평등권 등을 다시 찾기 위해서는 미국의 제도와 질서를 전체적으로 변혁시킬 수 있는 혁명이 필요했던 것이다. 이러한 목적을 위해서 킹은 흑인혁명의 역사성을 밝힘으로써 이 혁명을 정당화시키고자 하였다. 그의 이 역사적 해명의 출발점은 1963년이었다. 그는 흑인들이 피부색이 검다는 이유 하나만으로 오랜 악습과 질곡 속에서 살다가 마침내 이해에 폭발했다고 설명한다.

어떤 의미에서 사회운동은 사회 속에 만연한 문제를 제기하고, 선언하고, 각성시킴으로써 사회의 제도와 구조를 개선시키는 노력이다. 이에 반해 혁명은 분명한 목표, 의지, 방법을 갖고 사회 전체의 제도와 구조를 변혁시키려는 노력이며 항쟁이다. 만일 사회운동만을 통해서도 흑인들이 추구하는 목표가 성취된다면 굳이 혁명을 논할 필요는 없었을 것이다. 흑인들의 공민권운동은 미국 사회제도의 한 부분인 흑인과 백인의 분리라는 제도와 부당한 인간조건을 폐지시킴으로써 미국의 제도를 개선시키려는 사회운동으로 출발하였다. 그들은 1954년 공립학교의 흑인 학생과 백인 학생의 통합에 대해 대법원이 한 약속을 믿고 기다렸다. 그들은 "구태와 시대에 뒤떨어진 관습을 완화할 필요성에 대해서 호의와 존중을 보여 줌으로써 과거의 무지와 편협함으로부터 벗어나 교육의 기회와 도덕적 자유가 살아 있는 민주주의를 추진해 나가야 한다"고 믿었다.[52] 그러나 현실과 그 권력의 구조는 그들이 생각한 것보다 훨씬 복잡하고 단단했다. 흑인과 백인의 통합에 대한 남부 보수주의 세력의 반발은 거세었고 조직적이었다. 1963년까지 9년 동안 흑인들은 명목상으로만 회자되고 있던 인종차별제도의 폐지에 대해 환멸과 절망을 맛보아야만 했다. 이러한 현실 가운데 양당제도 위에 수립된 정치권력은 인종의 분리와 차별에 대한 해결에 어떤 진정성도 보여 주지 않았다. 그 어떤 기존의 정치세력도 인종차별의 핵심 문제를 해결하려는 의지를 보여 주지 못했다.

킹은 이제 흑인의 문제는 흑인과 백인의 인종적 분리의 문제에만 국한할 수 없다는 사실을 깨달았다. 그는 그것이 거대한 역사적·사회적 과정을 통해 형성된 권력의 구조적 문제라는 사실을 인식하였다. 이런 맥락에서 그는 "남부의 인종차별에 대한 정부의 기본적 접근방식이 주로 투표권을 보호하기 위해 제기된 일련의 소송들에 그쳤다"고 비판하며 이러한 인종차별을 가능하게 했던 거대한 제도와 권력의 구조적 모순에 눈을 돌릴 것을 촉구하였다.[53] 따라서 그는 "남부에서는 흑인에 대한 차별대우가 분명하고 노골적인 형태"로 이루어지고 있는 반면에, 북부에서는 "은밀하고 미묘하게 위장된 형태"로 여전히 차별대우가 행해지고 있다고 지적하며, 어떤 의미에서 "북부의 교묘하고 심리적인 수법은 노골적인 테러와 공공연한 만행으로 흑인을 희생시키는 남부의 추악함에 못지않다"고 주장하였다.[54] 킹은 이러한 사회의 구조적인 모순 속에서 "흑인들은 노예해방 이후 100년 동안 거대한 물질적 풍요의 바다 한가운데서 경제적 불안의 섬에 갇힌 채 살아왔다"는 사실을 강조한다. 다시 말해 "흑인들은 여전히 경제적 사다리의 하단부에 있고," 그들은 인종과 빈곤이라는 "이중적인 차별구조" 속에 살고 있다는 것이다.[55]

킹은 이러한 상황에 처한 흑인들이 혁명을 통해 문제를 해결하려는 것은 도덕적 기준으로 보나 시대적 조류로 보나 정당한 것이라고 주장한다. 실제로 이 시대가 자유민주주의와 공산주의의 대립이라는 냉전의 시대적 배경 속에서 미국이 소련의 전체주의 사회를 비판하며 미국 사회의 자유와 민주주의를 강조하고 있던 마당에 인종차별 철폐에 대한 흑인들의 요구는 당연한 것이었다. 다시 말해 공산주의의 팽창과 위협에 맞서서 자유와 민주주의의 수호를 위해서는 어떤 수단도 불사하겠다고 공언하고 있는 미국의 입장에서 볼 때 흑인들의 주장과 요구는 피할 수 없는 것이었다. 킹은 이에 대해 다음과 같이 개탄하였다. "흑인들은 전 세계에서 일어나는 사건들의 추이를 무시하고 자신이 처한 딜레마에만 관심을 쏟을 만큼 이기적이지 못한 반면에, 외국의 자유는 옹호하면서 2천만 자국민의 자유는 보장하지 못하는 이 나라의 상황은 씁쓸한 아이러니이다."[56]

킹은 또한 분명한 시대의식을 통해 흑인혁명의 정당성을 밝히고자 하였다. 그는 제2차 세계대전 이후 아프리카와 아시아의 여러 나라들이 독립국가로 탄생하고 있는 시점에서 흑인혁명은 당연한 것이라고 주장하였다. 그는 여전히 현실에 안주하고자 하는 흑인들의 수동적인 자세를 질책하면서도, "자신들이 실제로 자유롭지 않았음을 오래전부터 깨닫고 있던 흑인들은, 1963년이 링컨이 노예해방 선언서에 서명한 지 100년이 되는 해라는 것을 깨닫자 무감각한 마비 상태에서 깨어나 격렬하게 돌진했다"고 흑인혁명을 정당화했다.[57]

1963년의 흑인 저항을 혁명으로 바라보는 것은 킹에게 중요한 일이었다. 왜냐하면 그는 분리와 차별의 문제는 단지 제도적 개혁만으로 해결되는 문제가 아니라고 보았기 때문이다. 오랜 세월 흑백분리 차별 제도는 사회 전체와 흑인의 분리를 의미했고, 이제 이 통합은 흑인 자신들의 내적인 개혁에 의해 완성되어야 했기 때문이다. 다시 말해 그 혁명은 흑인의 자발적이고 능동적인 정신과 관련이 있는 문제였다. 이에 대해 킹은 "사람만을 움직이는 사회운동은 단지 폭동일 뿐이며, 사람과 제도를 모두 변화시키는 운동이야말로 진정한 혁명"이라고 주장하였다.[58] 킹은 이 혁명을 통해 미국 제도의 개혁은 물론이고 대중의 정신적 개혁도 일어날 것을 기대하였다. 그는 이에 대해 다음과 같이 서술한다. "엄청난 대중이야말로 한없이 고귀한 운동 속에 살아서 고동치는 심장이었다. 그들은 총 없는 군대였지만 강했다. 그들은 어느 누구도 징집되지 않은 군대였다. 그들은 모든 연령대의 흑인과 백인으로 이루어진 군대였다. 모든 믿음의 추종자들과 모든 계층, 모든 직업, 모든 정당의 구성원들이 단일한 이상 아래 통합될 수 있다는 믿음을 지닌 군대였다. 그들은 싸우는 군대였지만 가장 강력한 무기는 사랑이라는 사실을 결코 잊지 않았다."[59]

킹이 혁명을 통해 추구한 것은 제도적·정신적 개혁을 통한 사회의 진정한 통합이었지, 결코 사회의 전복을 통해 새로운 질서를 구축하고자 한 것은 아니었다. 그는 미국 사회의 제도와 구조를 변혁시키기 위해 새로운 기준을 필요로 하지 않았다. 그는 "미국 헌법의 전문과 미국의 권리장전"과 같은 미국의 건국정신 속에서 그러한 기준과 도덕을 발견하였다. 이런 의미에서 그가 혁명을 추구한 것은 새로운 질서의 수립이라기보다는 과거의 민주주의의 원칙을 복구하려는 시도였다. 특히 그는 "수정헌법 13조, 14조, 15조에서 드러난 민주주의의 정신"과 법적 실효성을 회복시킴으로써 인종 간의 통합과 인종 간의 민주주의를 수립할 수 있다고 보았다.[60]

비폭력 직접행동에 의한 버밍햄의 인종통합 추구

킹이 흑인들의 공민권운동을 흑인혁명으로 보는 이유가 흑인 대중의 자발적인 항거와 그것으로부터 나오는 힘이었다면 그들의 구심점은 무엇이 되어야 했었는가? 분명히 그것은 두 가지 목적을 충족시키는 역할을 해야만 했다. 다시 말해서 그것은 항거를 지속적으로 유지시킬 수 있어야만 할 뿐만 아니라 흑인들 자신들의 의식과 태도를 적극적이고 능동적인 자세로 만들 수 있는 방안이 되어야만 했다. 만일 그들이 비폭력이 아니라 폭력에 의존했다면 그 항거는 한순간에 타올라 폭발했을 것이고, 그로 인한 폭력은 또 다른 폭력을 낳았을 것이다. 또한 그들이 폭력을 통해 사회를 전복시키려 했다면 오랜 분리차별로 인해 가슴속에 쌓여 있던 그들의 분노와 증오는 더 깊은 원한과 적의로 바뀜으로써 사회의 분열은 영원히 해결될 수 없는 상태에 이르게 되었을 것이다.

킹은 1963년에 일어난 흑인들의 저항을 "무혈혁명"이라고 지적하며, 그 혁명의 철학과 방법을 "비폭력 직접행동"(nonviolent direct action)이라고 부른다. 그는 그것이 "미국에서 탄생하지는 않았지만 이 땅에서 그 원천적인 고향을 발견했는데, 그것은 이 땅이 불의에 협력하기를 거부하는 오래되고 고귀한 전통을 갖고 있으며 기독교적인 관용이 선량한 사람들의 가슴속에 새겨져 있기 때문"이라는 사실을 강조한다.[61] 앞에서 킹이 혁명의 원칙과 기준으로 미국의 역사적 사료를 거론했던 바처럼, 그 혁명의 투쟁 방법도 미국의 정신적 전통에 바탕을 두어야 한다는 그의 주장은 흑인혁명의 목표가 결코 미국의 제도와 질서를 거부하는 것이 아니라 화해와 용서를 통해 분열과 갈등을 해소하고 통합에 이르는 것이었다. 그는 비폭력 직접행동을 "강력하고 공정한 무기"라고 설명하며, "그 무기는 누구를 다치게 하지도 해하지도 않으면서 오히려 그것을 사용하는 사람을 고결하게 만드는 역사상 유일한 무기"라고 강조한다. 킹이 그 방법을 채택한 것은 그것이 "상처를 치유하는 칼"이기 때문이었다. 그것은 "정의를 요구하는 흑인들의 함성에 대한 실질적이고 도덕적인 답변"이었다. 그것은 "패배의 전쟁 없이도 승리할 수 있다는 것을 입증해 냈으며, 그럼으로써 1963년에 일어난 흑인혁명의 승리전략이 되었다."[62]

킹은 이 "흑인혁명이 불행의 외적 요인을 공격했을 뿐만 아니라 흑인 자신의 존재까지도 드러냈다"고 주장한다.[63] 이 말은 그가 역사적으로 누적된 이 인종의 문제를 백인들과 그들이 제도화시켜 놓은 권력의 구조를 개혁함으로써 해결할 수 있다고 보는 차원을 넘어서는 것이었다. 분명히 흑인들은 백인들이 만들어 놓은 권력구조의 피해자이지만, 진정한 화해와 통합을 위해서는 흑인들 자신들도 악의 제도에서 오염된 습관과 태도를 스스로 떨쳐내야만 했다. 이와 같이 역사적으로 형성된 전체가 안고 있는 문제점은 부분들 모두가 자기반성과 성찰을 통해서만이 해결될 수 있는 것이었다. 이런 점에서 비폭력 직접행동은 서로를 되돌아보는 방법으로서, 그것은 가해자 상대방에게 반성할 수 있는 시간적 여유를 제공할 뿐만 아니라 피해 당사자에게도 스스로를 단련하며 화해의 정신을 가다듬을 수 있는 기회를 주는 것이었다. 따라서 그것은 한순간에 모든 것을 이루려는 성급함과 백인들의 역사적 과오를 공격하며 그들의 완전한 항복을 요구하는 극단적인 방법이 아니라, 길고도 지속적인 과정을 통해 모두가 참여하여 그들의 잃어버린 본성과 정신을 다시 회복함으로써 통합을 이루는 것이었다.

킹은 이러한 비폭력의 정신과 원칙에 따라 노예해방 이래로 전개된 흑인저항의 역사를 비판적인 관점에서 되돌아본다. 그는 먼저 19세기 말 흑인 지도자였던 부커 T. 워싱턴(Booker T. Washington)에 대해 언급한다. 워싱턴은 당시 산업화의 가치와 의미를 깊이 인식하고 흑인들에게 최선을 다하여 경제적으로 독립할 것을 주창하며 백인들과의 상호 협력을 통해 상호 간의 진보를 꾀하라고 제안을 했다는 것이다. 킹은 이러한 워싱턴의 입장을 수동적인 자세, 즉 "시대가 허락하는 한도 내에서 최선을 다하고 만족하라는 것"이라고 비판하였다. 기본적으로 킹은 자신의 초기 사상에서 워싱턴의 입장을 수용하였지만, 차별과 불평등이라는 사회 전체의 구조와 맞서 있는 이 시점에서는 그의 소극적인 입장을 받아들이기 어렵게 되었던 것이다. 이에 반해 킹은 흑인 지도자로서 워싱턴과 라이벌이기도 했던 듀 보이스(W. E. B. Du Bois)의 강경한 입장은 "워싱턴 철학이 지닌 분명한 체념적 성향을 어느 정도 중화시키는 역할"을 했다고 평가한다. 그러나 킹은 듀 보이스가 엘리트적 관점에서 공민권운동에 접근함으로써 전체 대중의 참여를 간과한 채 지나치게 "재능 있는 10분의 1"(talented tenth)만을 강조했다고 비판한다. 킹은 또한 제1차 세계대전 이후 마르쿠스 가비(Marcus Garvey)가 흑인들이 열등의식을 버리고 스스로의 가치를 회복할 것을 주장했다고 지적하면서도 그의 극단적 입장을 비판하였다. 킹은 가비가 흑인들이 아프리카로 돌아가서 인종적 자부심을 부활시키자고 한 주장은 "흑인들의 마음속에 오랫동안 잠재되어 있던 진실을 건드렸기 때문에 강력한 감정적 반향을 일으켰다"고 지적하면서도, 그의 제안은 현실적으로 실현 가능성이 없는 것으로 결국 실패하고 말았다고 평가한다.[64]

이러한 흑인민권운동의 지도자들이 실패한 자리를 메운 것이 전미유색인지위향상협회(National Association for the Advancement of Colored People, NAACP)였다. 대체로 킹은 이 협회가 반세기 넘게 벌인 법적 투쟁을 높이 평가하였다. 이 협회의 목표는 노예제도 폐지 이후 흑인들을 포함하여 모든 미국인들에게 평등한 시민권과 투표권을 보장하는 수정헌법 14조와 15조를 다시 법적으로 살려내기 위해 투쟁하는 것이었다. 그 이유는 그 법령들이 남부의 여러 주 의회가 제정한 여러 종류의 짐 크로우 법에 의해 무력화되었기 때문이었다. 그리하여 NAACP는 남부에 새로이 구축된 분리차별이라는 억압의 구조를 무너뜨리기 위해 연방법원을 유용한 도구로 활용하는 것을 그 투쟁 방법으로 채택하였다. 논리적으로 볼 때 이 협회가 벌인 법적 투쟁은 정당한 것이고 훌륭한 것이었다. 그 협회는 짐 크로우 법이 평등한 시민권을 무시하는 것은 위헌이라는 사실을 부각시키며, 무력화된 법령들을 되살리려 했던 것이다. 킹은 실제로 이 협회가 현명하고 헌신적인 지도력 아래서 적극적으로 활동하여 많은 승리를 거두었다는 사실을 인정한다. 그는 특히 이 합법적인 투쟁이 교육에 관한 판결, 즉 '브라운 대 교육위원회'(*Brown v. Board of Education of Topeka*)라고 하는 소송에서 승리함으로써 학교의 흑백통합을 가능하게 하는 계기가 되었다는 사실을 예로 든다. 그러나 그 연방법원의 판결이 실제로 실현되는 것은 쉬운 일이 아니었다. 킹은 미국 사회의 현실 속에서 인종차별이라는 장벽은 법적 투쟁만으로 해결될 수 있는 문제가 아니라는 사실을 누구보다도 분명하게 인식하고 있었다. 그는 "시대적 상황에 적합한 방법론 없이는 어떤 혁명도 일어날 수 없다"고 주장하며,[65] 전환기의 시기에 방황하고 혼란스러워 하는 흑인들을 하나의 구심점 아래로 결집시켜 사회변혁을 주도하고자 했다. 그럼에도 그는 이러한 변혁이 분노와 증오에서 나오는 폭력에 의해서가 아니라 인내와 사랑의 정신에 바탕을 둔 비폭력 직접행동으로 이루어져야 한다고 믿었다.

킹은 이러한 비폭력주의가 자신이 고안해 낸 투쟁방법도 아니고 새삼스러운 것도 아니라고 주장한다. 그것은 미국의 오랜 전통 속에 존재해 있던 정신이며, 몽고메리 시에서 벌어졌던 버스 안 타기 운동에서 마을 교회를 중심으로 처음 그 모습을 드러냈다고 설명한다. 킹은 공민권운동에서 흑인 교회가 했던 역할과 그 정신적 구심점을 다음과 같이 설명한다. "기독교적 삶의 진정한 증거가 사회적 복음의 확산에 있다는 흑인 목사들의 인식이 커져 감에 따라, 이들은 흑인의 정의를 위해 투쟁하는 지도자로서의 직위를 받아들였으며 NAACP에서 중요한 역할을 수행하였고 자유운동 전반에 걸쳐 영향력을 미치고 있었다."[66] 킹은 이러한 과정에서 탄생한 "비폭력운동은 법적 호소를 통한 개혁방식을 대체하는 것이 아니라 보완하는 것"이라고 강조하며, "그것은 복수하려는 세력에 가담하지 않으면서도 스스로의 수동성을 제거하는 방법"이라고 주장하였다.[67]

비폭력 직접행동은 많은 민중이 자발적으로 참여할 때 가능한 것으로, 어떤 의미에서 폭력보다 훨씬 더 적극적인 태도로 볼 수 있는 것이다. 폭력은 일시적이고 우발적으로 일어날 수 있는 것에 반해 비폭력 직접행동은 장기적이며 의도적으로 진행되어야 하는 것이다. 폭력이 분노와 증오에 의해 일어날 수 있다면 비폭력 직접행동은 자각과 화해의 정신 속에서만이 실행될 수 있을 것이다. 킹은 그것이 "자신들의 공동체와 조국의 사회적 양심을 움직이고 각성시키기 위해 기꺼이 순교자"로 나설 때 가능한 것이라고 보았다.[68] 그것은 흑인들이 진정한 의지와 용기를 가질 때만이 단행될 수 있는 것이다. 킹은 그것이 "그들로 하여금 적개심을 건설적인 에너지로 변화시키도록 했으며, 스스로를 해방시킬 뿐만 아니라 압제자 또한 그의 죄로부터 해방시키도록 노력했다"고 평가했다.[69] 인간의 존엄성은 개인 스스로가 찾고 지키는 것이라는 사실을 킹은 분명히 인식했던 것이다.

실제로 그렇게도 많은 흑인 대중이 비폭력 직접행동을 받아들였던 이유는 바로 "자신들에게 부여된 광대 같은 자화상과 책임감 없고 체념적이며 자신을 열등하다고 믿는 이 전혀 근거 없는 고정관념"으로부터 스스로 벗어나기 위한 것이었다. 킹은 이 비폭력 직접행동이 의미하는 심원한 효과를 예상하며 다음과 같이 말한다. "이것이 흑인에게 무엇을 의미하는지를 파악하기란 쉽지 않을 수도 있다. 그러나 나는 수천 명의 흑인들이 비폭력을 받아들인 용기와 자제력이 직접 거리 행진에 나서거나 남부의 감옥에 들어가지 않은 수백만 흑인들의 내적 상처를 치료해 주었다고 확신한다."[70] 킹이 주도했던 이러한 비폭력 직접행동은 흑인들과 백인들 사이에서, 없는 자들과 있는 자들 사이에서, 더 나아가 모든 인간들 사이에서 용서와 사랑과 화해를 추구하면서도 불의에 맞서는 투쟁의 정신을 잃지 않고, 도덕적 확신과 자기희생의 가치를 구현하도록 하는 보편적이고도 숭고한 철학사상에 바탕을 둔 것이었다.

버밍햄 옥중서신에 나타난 통합정신

『왜 우리는 기다릴 수 없는가』에서 제5장은 킹이 버밍햄 감옥에 갇혀 있는 동안 작성한 서신의 전문(全文)이다. 이 서신은 그가 당시 버밍햄에서 벌어지고 있던 공민권운동에 대한 자신의 입장을 신문지 여백에 써서 밖으로 내보내어 출판된 것이다. 이 '버밍햄 감옥으로부터의 서신'에서 킹은 자신과 흑인들이 벌이고 있는 공민권운동이 왜 멈출 수 없는 운동이고, 그 투쟁 방법은 어떠해야 하며, 그 최종 목적지는 어디여야 하는가를 상세하게 설명한다. 그는 당면한 여러 문제에 직면하여 분명히 절박한 상황에서 이 서신을 작성했음에도 흑인과 사회의 현상에 대한 깊은 관조적 태도를 잃지 않았다. 또한 그는 이 서신의 많은 부분을 공민권운동에 방해가 되는 여러 요소들을 비판하는 데 할애하면서도 용서와 화해, 통합의 정신을 잃지 않았다.

킹은 자신이 이 서신을 쓰게 된 이유를 먼저 밝힌다. 그는 공민권운동이 시작된 이래로 일반인들이 그 운동을 비판하는 것에 대해서는 일일이 대응하지 않았다. 그러나 당시 앨라배마 주의 프로테스탄트, 가톨릭, 유대교 등의 교단에 각각 속해 있던 8명의 성직자들이 공민권운동을 "현명하지 못하고 시의 적절하지 않은" 것으로 비판하는 글을 신문에 게재한 것에 대해 킹은 답변을 해야만 했다. 그 이유는 그들의 주장과 비판이 "순수한 선의와 진정성"을 가지고 있기 때문이기도 하지만, 무엇보다도 그들의 위치가 양심과 도덕에 바탕을 둔 성직에 있다는 점 때문이었다. 따라서 이들이 공개적으로 제기한 문제에 대답을 하지 않는다면 공민권운동의 도덕성이 의심받을 소지가 크기 때문이었다.[71]

킹과 그의 일행은 버밍햄에서 외부 선동가라는 비판을 받았다. 이 비판에 대해 킹은 자신의 신분을 남부기독교지도자협의회(SCLC) 의장으로 밝히면서, 이 조직의 앨라배마 지부가 비폭력 직접행동에 참여해 줄 것을 요청해 와 이곳 버밍햄에 왔음을 설명한다. 킹은 자신이 초청을 받고, 같은 조직의 유대관계 때문에 이곳에 왔지만, 더욱 본질적인 이유는 "이곳에 불의가 있기 때문"이라고 주장한다.[72] 그는 불의가 있는 곳이면 어디든 달려가는 것이 그리스도인의 가장 중요한 사명이라고 보는데, 그 이유는 "모든 주, 모든 지역이 서로 밀접히 연관되어 있다고 믿기" 때문이다. 다시 말해 "어느 한 곳에 불의가 존재하는 것은 곧 모든 지역의 정의가 위협받고 있다"는 것을 의미한다는 것이다. 그는 인간은 "피할 수 없는 상호관계의 그물에 얽혀 있는 공동운명체"라는 사실을 강조하며, 그 공동체의 통합은 자유와 정의의 이름으로 가능할 수 있다고 보았던 것이다.[73]

킹은 버밍햄에서의 시위에 대한 비판에 대해 그것은 공동체의 통합을 저해하는 것이 아니라 비폭력운동으로서 이곳의 "백인 권력구조가 흑인사회로 하여금 다른 대안을 선택할 수 없게 만들었기 때문에 일어난 운동"이라는 것을 강조한다. 그것을 입증하기 위해 그 운동은 먼저 불의가 존재하는지를 판단하기 위해 필요한 사실들을 수집하는 단계를 밟았고, 그런 후 협상과 자기정화의 단계를 거쳤으며, 마지막으로 직접행동을 시도했다는 것이다.[74] 킹은 이 직접행동을 정당화하기 위해 그렇게 할 수밖에 없었던 상황을 논리적이고 구체적으로 설명한다. 즉, 버밍햄은 미국에서 가장 인종차별이 심한 지역이고, 그 차별과 부당한 대우로 흑인들이 입은 고통과 상처는 이루 말할 수 없고, 이곳의 권력을 장악하고 있는 경제계 지도자들과 협상을 벌여 약속을 받아냈지만, 아무것도 실행에 옮겨지지 않았다는 등의 내용을 자세하게 설명하였다. 이러한 절망적인 상황에서 흑인들의 직접행동은 어쩔 수 없는 선택이었다는 것이다. 그럼에도 킹은 그 운동의 목적이 결코 백인의 권력구조를 전복시키는 것이 아니라 "미국과

이 지역 사회의 양심 앞에 흑인들의 문제를 드러내기 위한 것"이었음을 강조하였다.[75]

킹은 이러한 흑인의 문제가 분명하게 드러날 때 버밍햄 사회에 긴장과 위기감이 일어날 것이라고 보았다. 그는 이러한 사회의 긴장상태가 폭력이 아닌 "건설적이고 비폭력적인" 상황으로 전개된다면 민주주의의 성장을 위해 더없이 좋은 방법이라고 믿었다.[76] 그는 비폭력 직접행동을 통해 사회적 긴장을 조성하는 것은 "사람들을 편견과 인종차별의 깊은 심연에서 벗어나 상호 이해와 형제애라는 웅대한 이상에 이르게 하기 위한" 하나의 방법이라고 보았다.[77] 왜 협상을 거부하려고 하느냐 하는 공민권운동 비판자들의 질책에 대해 킹은 그러한 직접행동을 통해 추구하고자 하는 궁극적인 목적이 바로 협상이었다고 강조한다. 그는 위기감이 고조될 때 시 당국은 협상의 문을 여는 수밖에 없을 것이라고 보았던 것이다. 그는 흑인의 비극적 상황을 해결하는 길은 도덕과 양심을 바탕으로 한 대화와 협상을 통해 서로 화해하는 것이라고 믿었다.

킹이 이끌고 있는 운동에 대해 비판자들이 제기하는 한 가지 근본적인 비판은 왜 기다릴 수 없느냐는 지적이었다. 버밍햄에서 악명 높았던 불 코너(Eugene "Bull" Connor)가 앨버트 바우트웰(Albert Boutwell)에 패배함으로써 새로운 시 정부가 수립되었으니 사태의 추이를 얼마간 지켜보는 것이 좋지 않겠느냐는 것이다. 킹은 이에 대해 "새로운 시 정부가 움직이려면 지난 정부에 못지않은 자극을 주어야 한다"고 현실적인 입장에서 말하면서도, 역사적인 관점에서 흑인의 공민권 획득은 한 가지도 기다려서 된 것이 없고, 모든 것이 법적·비폭력적 압력을 통해 쟁취한 것이라고 주장한다. 그는 이러한 역사적 시각으로부터 사회의 권력구조에 대한 분명한 이해에 도달하게 된다. 그는 "특권을 가진 집단이 자발적으로 자신의 특권을 내놓지 않는 것은 역사적인 사실"이라고 지적하며『도덕적 인간과 비도덕적 사회』에서 보여 준 니버의 통찰, 즉 사회가 도덕적이 될 수 있다고 믿는 순진한 환상에 대한 비판을 상기시킨다. 인간의 이기심을 바탕으로 니버가 사회의 깊은 권력구조를 바라본 것처럼, 킹도 마찬가지 논리로 "개인들은 도덕적인 관점을 통해 자발적으로 불공정한 태도를 포기할 수 있지만" "집단들은 개인보다 더 비도덕적인 경향이 있다"고 지적하며, 백인집단의 권력구조를 간파하였다.[78]

다시 말해 "자유란 억압자들이 자발적으로 베풀어 주는 것이 아니라, 억압받는 자가 요구함으로써 얻어질 수 있다"는 것이다. 이런 이유로 킹은 왜 흑인이 자유를 위해 더는 기다릴 수 없는가를 주장하는 것이다.[79] 이에 대해 그는 다음과 같이 말한다. "우리는 헌법을 통해 하나님이 부여한 권리를 얻기 위해 340년 이상을 기다렸다. 아시아와 아프리카 국가들이 제트기가 나는 속도로 정치적 독립을 향해 달려가고 있지만, 우리는 간이식당 식탁에서 커피 한 잔을 마실 권리를 얻어내는 데 마차 시대의 속도로 가고 있다. 분리라는 고통스러운 경험을 해보지 않은 사람은 기다리라고 말하는 것이 아마도 쉬운 것일지도 모른다."[80]

이와 같이 킹은 백인이 결코 자발적으로 권력과 특권을 포기하지 않는 상황에서 흑인은 더는 앉아서 자유를 기다릴 수 없다고 선언한다. 그는 "인류의 진보는 결코 필연의 수레바퀴 위에서 굴러 가는 것이 아니라"고 주장하며 다음과 같이 말한다. "인류의 진보는 기꺼이 신의 협력자가 되고자 하는 사람들의 지칠 줄 모르는 노력을 통해서 이루어진다. 이런 힘든 노력이 없다면 시간은 사회를 정체시키는 요인이 될 것이다. 우리는 언제라도 옳은 일을 해야 한다는 확신을 가지고 시간을 창조적으로 사용해야 한다. 지금이야말로 민주주의의 약속을 실현해야 할 때이다."[81]

민주주의를 구현함에 있어서 킹의 방법은 비폭력적이며 합리적이었다. 그는 결코 무정부주의적 상황을 기대한다거나 극단적인 방법을 채택하지 않았다. 그는 공민권운동의 직접행동이 법을 어기고 있다는 비판에 대해 "정당한 법을 준수하는 것은 법적·도덕적 의무"라고 주장하면서도 "부당한 법에 복종하지 않는 것 역시 도덕적 의무"라고 강조한다. 그렇다면 어떤 법이 정당하고 어떤 법이 부당한지 어떻게 판단할 수 있을까? 킹은 이 문제에 대해 "정당한 법은 도덕적인 법과 하나님의 법에 일치하는 법"이고 "부당한 법은 영원한 법과 자연법에 바탕을 두지 않는 인간의 법"이라고 답변한다. 그렇다면 무엇이 도덕적인가? 킹은 인간의 인격을 고양시키는 것이 도덕적이고 그 반대로 인격을 타락시키는 것은 부당한 법이라고 설명한다. 노예제도가 폐지된 이래로 제정되기 시작한 소위 '짐 크로우 법'이라는 "모든 분리법령들은 인간의 영혼과 인격을 해치고 왜곡한다는 점에서 부당하다"는 것이다. 다시 말해 그것들은 "차별을 자행하는 자에게는 잘못된 우월감을 심어 주고 차별 받는 자에게는 잘못된 열등감을 심어 준다"는 것이다.[82]

그런 의미에서 분리법은 부당한 법이었다. 분리는 자연의 법칙이 아니다. 자연의 법칙은 모든 것을 통합시킨다. 모든 여울과 개울이 강으로 흘러들어, 다시 바다에서 하나가 되듯이, 자연의 법칙은 통합의 전형을 보여 준다. 모든 생명체는 태어나고 사멸함에 있어서 평등하고, 그 과정이 어떠하든 결과는 분리가 아니라 통합이다. 킹은 이런 자연의 법칙에 비추어 볼 때도 분리법은 부당한 법이라고 보는 것이다. 이러한 관념적인 차원에서 분리법에 대한 부당성을 제시하면서도 킹은 합리적이며 논리적인 설명을 피하려 하지 않는다. 즉, 그는 "부당한 법은 수적으로나 힘에 있어서 다수에 속하는 집단이 소수집단에게 지킬 것을 강요하면서 자신들은 전혀 구속받지 않는 법"이지만, "정당한 법은 다수가 소수에게 지킬 것을 요구하면서 스스로도 자발적으로 지키는 법"이라는 것이다. 또한 "부당한 법은 소수집단에게 투표권을 허용하지 않음으로 그들이 법의 제정 및 개정에 참여할 수 없도록 하는 법"인데, 심지어는 "흑인이 인구의 다수를 차지하는 데도 투표권을 가진 흑인이 단 한 명도 없는 지역들도 있다"는 사실을 킹은 지적한다.[83]

그렇다면 이러한 부당한 법이 산재해 있는 사회에서 무엇을 해야 할 것인가? 킹은 기존의 법을 무조건 무시하라고 선동하지는 않는다. 그는 결코 미국 사회가 무정부상태가 되는 것을 바라지 않았고, 극단을 거부하였다. 그가 제시하는 방법은 "양심에 따라 부당하다고 판단되는 법률을 위반하되" 그 궁극적인 목적은 "지역사회의 양심에 그 법률의 부당성을 호소하는 것"이었다.[84] 이런 점에서 킹은 이 양심을 드러내놓고 반대하는 쿠 클럭스 클랜(KKK)과 같은 과격한 백인 단체보다도 양심 앞에 미온적인 태도를 취하는 사람들을 향해 더욱 비판의 화살을 퍼붓는다. 그는 이들이 양심에 따라 행동하는 것처럼 보이지만, "정의보다는 질서 유지에 전념하는 온건한 백인들"이라고 주장한다. 이들은 흑인들의 공민권운동의 취지에는 공감하지만 직접행동에는 참여할 수 없다는 입장이고, 상황이 호전될 때까지 기다리라고 한다는 것이다. 킹은 이들을 향해 "우리는 사악한 사람들의 완전한 몰이해보다 선량한 사람들의 피상적인 인식에서 한층 더 큰 절망감을 느낀다"고 한탄한다.[85] 그러면서도 킹은 이들이 공민권운동을, "흑인들이 부당한 처지를 수동적으로 받아들였던 상태에서 모든 인간이 존엄성과 가치를 존중하는 상태로 이행하는 과도기에 필연적으로 나타나는 현상"으로 보아 줄 것을 호소한다. 킹은 또한 이러한 과도기는 저절로 오는 것이 아니라 시간을 생산적으로 사용할 때 가능하다고 강조하면서, "이러한 세대를 살고 있는 우리는 악한 사람들의 증오에 찬 언행뿐만 아니라 선한 사람들의 겁에 질린 침묵에 대해서도 회개해야 할 것"이라고 질책을 가했다.[86]

킹은 백인 사회뿐만이 아니라 흑인들의 자기정화를 위해 흑인 사회 내부에 대해서도 강한 질책을 가한다. 그는 두 부류의 흑인 집단을 비판한다. 그가 비판하는 첫 번째 집단은 오랜 세월 억압의 굴레 속에서 자존심과 인간의 존엄에 대한 의식을 상실한 채 기존제도를 순응적으로 받아들이는 흑인들과 이러한 차별적인 제도 속에서 오히려 학문적·경제적 안정을 얻고 만족 속에 살아가고 있는 흑인 중산계급이었다. 두 번째 집단은 증오와 원한을 갖고 폭력을 옹호하는 흑인 민족주의(Black Nationalism) 집단으로 이들 역시 오랜 인종차별제도의 희생자들로서 자신들의 좌절감을 전자의 집단과는 달리 극단적인 형태로 표출하고 있는 맬컴 엑스(Malcolm X)와 그의 추종자들이었다.

킹은 이 양자의 어느 곳에도 속하지 않는다. 그는 자기만족에 빠진 흑인들의 무책임성을 비판하는 동시에 흑인 민족주의자들의 극단적 폭력성과 증오심도 질타했다. 그가 이끄는 비폭력 저항운동의 목적은 백인의 양심을 깨우고, 흑인의 잃어버린 자존감을 다시 일으켜 세우며, 미국의 역사와 사회를 용서와 화해의 자세로 받아들임으로써 진정한 미국의 통합을 이루는 것이었다. 그는 이러한 목적을 달성하기 위해서는 무엇보다도 남부의 백인 교회와 백인 성직자들의 역할을 강조했다. 그는 당시까지 그들이 해 왔던 태도를 신랄하게 비판하면서도 궁극적으로 미국 사회가 통합으로 가기 위해서는 그들이 정의와 양심 편에 서서 공민권운동을 지지할 때 마침내 인종 간의 통합에 바탕을 둔 진정한 민주주의가 이루어질 수 있다고 믿었던 것이다.

그렇다면 이들 백인 교회와 성직자들을 어떻게 행동하는 양심으로 바꿀 것인가? 이 문제에 대해 킹은 오늘날 교회는 인종차별이라는 부정의에 대해 "모호한 태도를 보이며 나약하고 무력한 목소리"만을 내고 있다고 지적하며, 교회가 사회와 역사의 정의를 위해 희생하고 헌신했던 전통적인 교회의 모습을 되찾아야 한다는 점을 역설한다.[87] 진정한 복음은 사회의 불의와 특권을 외면하지 않았다는 것이다. 그러나 킹은 백인 교회가 변화하지 않는다 할지라도 낙담하거나 실망하지 않을 것임을 또한 선언한다. 그 이유는 기존 질서를 옹호하며 그 질서에 순응하는 교회를 벗어나 자유를 위한 투쟁에 많은 사람들이 적극 참여하고 있기 때문이라는 것이다. 킹은 자유를 위해 투쟁하는 이들을 "이 혼란한 시대에 복음의 참된 의미를 전하는 영적 소금"으로 보았다.[88] 그는 자유만이 미국의 모든 차별과 불평등을 위한 투쟁의 정신적 지주가 될 수 있다는 사실을 깨달았다. 그리하여 그는 "미국의 목적은 자유"라고 선언한다. 이 말은 미국은 자유국가로 탄생했고, 자유를 위해 역사가 진행되었으며, 미국인들이 자유의 나라를 약속의 땅으로 믿고 있다는 것이다. 그는 바로 자유라는 깃발 아래에 "미국의 운명과 흑인의 운명은 하나로 묶여 있다"고 주장한다.

다시 말해 자유라는 깃발 아래서 흑인도 백인과 함께 미국의 건설을 위해 노력하고 헌신해 왔다는 것이다. 그는 미국의 인종통합은 이 자유의 개념과 과거의 수고를 바탕으로 이루어 낼 수 있다고 믿는다. 그는 "흑인이 되풀이하고 있는 요구 속에는 미국의 신성한 전통과 하나님의 영원한 뜻이 깃들어 있기 때문에 흑인은 자유를 얻을 것"이라는 신념을 잃지 않았다.[89]

인종통합에 의한 미국 민주주의의 완성

이 책의 마지막 장에서 킹은 공민권운동이 절정에 달했던 시기에 흑인이 처한 생활 조건과 상태를 점검한다. 그는 흑인의 자발적인 투쟁으로 많은 차별적인 법과 제도가 개선되었지만, 여전히 흑인은 열악한 상태에서 살고 있다는 사실을 직시한다. 그는 이 민권운동이 추구하는 목표는 "몇 가지 추상적이고 애매한 권리를 위한 것이 아니라 흑인 자신의 생활여건을 구체적이고 즉각적으로 개선시키기 위한 것"이라는 사실을 밝히고자 하였다.[90] 그러한 목표를 위해 그는 미국 사회와 연방정부에 대해 구체적이고 즉각적인 요구와 개선책을 제시하였고, 흑인이 충분히 그러한 것들을 요구할 만한 권리를 가지고 있다는 사실을 역사적·사회적 이유들을 제시하며 정당화하려고 했다. 그는 실질적으로 인종통합이 이루어져 미국 사회가 모든 개인들에게 공평한 기회의 땅이 되어 오랜 기간 잃어버렸던 기회로 인해 흑인과 백인 사이에 형성된 경제적·사회적 격차가 해소될 때만이 미국의 민주주의는 완성될 수 있다고 믿었다.

킹은 이러한 민주주의의 완성을 위해 미국 사회에 만연한 불평등의 역사적 기원을 고찰하며, 흑인의 생이 얼마나 비참한 상태였던가를 상기시킨다. 그리고 흑인이 그러한 불평등의 원천인 노예제도 속에 살면서도 얼마나 능동적으로 자신들의 인종적 자유를 위해 투쟁했는가를 강조한다. 그는 흑인이 물리적인 속박은 물론 정신적 속박이라는 이중적인 고통을 겪어 왔다는 사실을 언급하면서, 그 역사적 예로서 노예제도가 한참 시행되고 있던 와중에 노예주들이 시행한 노예매매제도의 실태를 고발한다. 즉, 그것은 돈으로 노예를 살 경우 그 노예는 자유인이 될 수 있게 하는 제도였다. 킹은 이 제도 아래서 미국 민주주의의 요람이라 할 수 있는 독립선언서를 기초한 토머스 제퍼슨의 한 하녀가 40년이 넘게 일을 해서 1만 달러를 모으는데, 그 돈으로 19명의 노예를 해방시켰다는 사실을 폭로한다. 물론 그는 양심적인 백인들도 흑인의 자유를 위해 헌신적인 노력을 해왔다는 사실을 지적하지만, 미국 역사에서 실제로 벌어졌던 "인간의 존엄성을 돈과 맞바꾼 그와 같은 어두운 발자취"와 그로 인해 "흑인들의 영혼에 깊이 새겨진 상처"를 상기시키고자 하였다.[91] 이와 같이 미국의 사회와 역사를 인식함에 있어서 킹의 입장은 전에 비해 훨씬 더 비판적으로 바뀌었음이 분명했다.

민주주의를 표방하는 미국은 자유의 나라인가? 이 질문에 대해 킹은 단호하게 아니라고 대답한다. 그는 한 인간이 절반만 살아 있는 것이 불가능하듯이 절반만 자유로운 상태는 자유로운 것이 아니라고 주장한다. 그는 미국의 독립선언서가 '모든 인간은 평등하게 태어났고', 각 개인은 '생명·자유·행복의 추구'에 대한 권리를 가지고 있다는 사실을 천명함에도 흑인은 이러한 권리 가운데 절반 정도만 누려왔다고 말한다. 그의 표현에 의하면 미국은 흑인에게 "자유를 할부로 나눠서 분할지급 계획에 따라 배급"해 왔다는 것이다.[92] 그는 이와 같이 백인만이 자유로운 사회는 절반만 자유로운 나라이며, 따라서 그것은 자유의 나라라고 할 수 없다는 것이다.

그렇다면 민주공화국을 수립한 미국은 자유의 역사를 자랑할 수 없는 것인가? 이에 대해 킹의 입장은 예리하며 비판적이다. 그는 미국의 역사를 타협의 역사로 보았다. 다시 말해 그것은 백인들 사이에서 그들만이 서로 권력을 나누어 행사하기 위해 정치적 타협을 해 왔다는 것이다. 킹은 그 증거로 1776년의 독립선언서, 1820년의 미주리 협정, 1876년의 공화당과 민주당의 대타협, 1896년의 '플레시 대 퍼거슨'(*Plessy v. Ferguson*) 소송 사건 등을 열거하며, 그러한 역사의 이면에는 흑인의 자유를 철저히 배제하며 노예제도와 분리차별제도를 은연중에 유지시키려 했던 백인들의 의도가 있었다는 사실을 지적한다.

실제로 미국은 민주주의를 완성할 수 있는 좋은 기회를 가진 적이 있었다. 그 기회는 남북전쟁에서 노예제도 폐지를 주장했던 북부가 승리했을 때 찾아왔다. 소위 재건 기간 동안 연방정부와 공화당은 승자로서 사회개혁을 주도할 수 있었다. 그러나 그들은 실패했다. 그 이유는 흑인들을 바라보았던 그들의 시각이 지나치게 단순했고, 이상적이었기 때문이었다. 그들은 헌법을 수정하여 평등한 공민권을 흑인을 포함한 모든 미국인에게 법적으로 보장하면 모든 것이 해결되고 미국은 자유와 평등의 나라가 될 것으로 기대했었다. 그들의 이러한 단순하고 이상적인 태도는 흑인이 처한 진정한 문제를 이해하지 못했던 탓이었다. 해방된 흑인이 절실하게 필요로 했던 것은 무엇이었는가? 200년 넘게 노예상태로 살았던 한 인간이 하루아침에 자유롭고 평등한 사회에 편입한다는 것이 가능한 것인가? 경쟁을 제일의 가치로 삼는 자본주의 제도 아래서 그 누구도 이 경쟁을 피할 수 없다면 노예였던 흑인이 백인과 경쟁한다는 것은 과연 타당하고 공평한 일인가? 설상가상으로 이 재건의 국가적 과업은 1877년에 이러한 절박한 문제들을 외면한 채 북부와 남부, 즉 공화당과 민주당 간의 정치적 타협으로 끝나 버렸다. 그것은 적어도 남부에 거주하는 흑인들은 새로운 권력의 구조에 의해 억압될 수 있다는 사실을 암시하는 것이었다. 분리제도는 이러한 새로운 권력구조가 형성되는 와중에 수립된 것으로 흑인들에게 새로운 속박의 굴레를 씌우는 것이었다.

이러한 역사적 전철을 다시는 밟지 않기 위해서 이제 무엇을 해야만 할 것인가? 킹은 구체적인 해결책을 제시한다. "가장 중요한 과제 중의 하나는 국가가 흑인에 대한 태도를 근본적으로 재정립해야 할 뿐만 아니라 흑인이 과거로부터 물려받은 불이익을 어느 정도 보상하는 차원에서 흑인에 대한 국가적인 지원을 마련해야 한다"는 것이다. 다시 말해 그는 "지금 흑인들 스스로가 동등함을 느낄 수 있도록 방안을 마련해 주고 그들이 정당하고 평등한 기반 위에서 경쟁할 수 있는 어떤 특별한 조치"가 취해져야만 그들이 진정으로 미국의 주류사회에 흡수될 수 있다는 것이다. 그는 이러한 제안이 보상 자체라든가 복수의 감정에서 나온 것이 아님을 강조한다. 그것은 단지 흑인의 평균적인 생활을 실제적인 수준으로 향상시키기 위한 "도덕적이고 실질적인 방법"으로서 제안한다는 것이었다. 그리하여 그는 이 나라는 인종적 갈등이라는 새로운 딜레마에 직면하여 "흑인들은 더 이상 무엇을 원하는가?"가 아니라 "어떻게 그들에게 실제적이고 본질적인 자유를 만들어 줄 수 있을까?"를 고민해야 한다고 역설하였다.[93]

킹이 주도한 공민권운동의 목표는 이제 흑인들의 헌법상 권리 회복이라는 차원을 넘어 그들의 구체적인 생활여건을 즉각적으로 개선시키는 것이었다. 이것은 흑백분리차별 제도의 철폐를 넘어 더욱 구체적이고 현실적인 의미의 사회통합을 이루는 것이었다. 무엇보다도 흑인이 자신의 권리를 행사할 수 있는 여건을 갖추기 위해서는 구체적인 방식으로 미국의 경제제도에 동참할 수 있어야 했다. 이 시점에서 킹은 "흑인의 권리에 대한 투쟁은 본질적으로 기회를 얻기 위한 싸움"이라고 인식한 것이다.[94] 그리하여 그는 동등한 기회와 함께 흑인들이 직업을 얻을 수 있도록 준비시켜 줄 실질적이고 실현가능한 방안을 강구하고자 했다.

킹은 구체적인 방안으로 제대군인에 대한 혜택과 같은 것을 제시한다. 즉, 군에 복무한 군인이 국가에 봉사하며 잃어버린 시간을 국가가 보상해 주는 것처럼, 흑인에게도 지난 잃어버린 200여 년을 보상해 줘야 한다는 것이다. 킹은 이러한 보상법을 창조적인 작업이라고 보았다. 그 이유는 그가 그것이 새로운 사회의 통합을 여는 출발이 될 수 있다고 믿었기 때문이다. 이러한 주장과 더불어 그는 백인의 빈곤층도 구제해야 한다고 주장한다. 왜냐하면 그는 그들도 구조적 불평등 속에 처해 있다고 보기 때문이다. 이러한 방안들을 제시하며 킹은 통합의 "새로운 시대에는 풍요 속에서도 모순적으로 존재하는 끈질긴 빈곤을 무너뜨리는 데 사회의 모든 역량을 쏟아야 할 것"이라고 주장하였다.[95]

킹은 이처럼 경제적 평등을 강조하며 흑백의 통합을 넘어 더 넓은 사회 전체의 통합을 열망하면서 다음과 같이 말한다. "우리 경제의 공공 부문과 개인 부문에서 역동적이고도 창조적으로 고용 기회를 확대하는 것이야말로 지구상에서 가장 부자 나라가 꼭 해야 할 가치 있는 일이다. 수백만의 빈곤층이 가난의 감옥에 갇혀 있고, 팽창하는 인구 속에서 빈곤층이 끊임없이 재생산되는 한 이 나라의 풍요는 오히려 부끄러운 것이다." 그리하여 킹은 백인들만을 위한 복지정책이 아니라 미국에 사는 모든 인간에게 돌아가는 "대규모의 사회복지 정책"도 필요하다는 것을 역설하였다. 이러한 새로운 사회구조를 위해 "착취당한 백인과 흑인의 광범위한 군대가 연합하여 너무나 오랫동안 불평등에 기반을 두었던 구체제를 개혁할 것"을 촉구하였다.[96]

킹은 무엇보다도 이러한 목표를 위해 노동조직과 흑인의 민권운동이 함께 힘을 합칠 것을 제안하였다. 실제로 미국노동총연맹산업별조합회의(AFL-CIO) 전국위원회는 워싱턴 행진에 대한 지지를 보류하였다. 킹은 이 사실을 지적하며 "흑인과 노동조직 간의 분열보다 미국의 진보세력을 더 가로막는 것은 없다"고 지적한다.[97] 그는 확실히 공민권운동을 통해 흑인만을 위한 제한된 주장이 아니라 미국인 전체를 위해 "미국인의 생활에 존재하는 병든 부분을 드러내어 새롭고 건강한 치료"가 이루어질 때 그것은 인종 차별의 철폐를 넘어 미국인 전체가 형제애의 개념에 바탕을 둔 진정한 민주주의의 수립에 더 많은 이바지를 할 것이라고 주장하였다.[98] 이러한 의미에서 그는 공민권 혁명의 전체적인 의미를 평가하면서 그 가장 큰 기여는 세계평화의 분야라고 주장한다. 다시 말해 비폭력의 개념은 인종관계 분야에서 변화를 일으킬 수 있는 수단으로써 미국에서 대규모로 확산되었고, "조만간 전 세계의 모든 민족들은 어떤 정치체제에서 살고 있든 상관없이 평화적으로 함께 살아가는 방법"을 이 흑인들의 공민권운동에서 그 전례를 찾을 수 있게 될 것이라고 킹은 전망하였다.[99] 그가 바랐던 꿈은 미국 내에서의 흑인과 백인의 통합에만 국한되지 않았다. 그는 미국을 넘어 더 먼 곳을 바라보았다. 그가 꿈꾸었던 약속의 땅은 모든 인류를 위해 자유와 평등의 강이 흐르는 민주주의의 땅이었다.

미국 지성사에서의 위치와 유산

앞에서 다루었던 미국 사상가들의 사회통합에 대한 비전은 부분들의 자발적인 참여와 상호 협력을 통한 창조적이고 역동적인 전체를 형성하는 것이지만, 그 형성된 전체는 니버가 인식한 것처럼 언제나 권력을 지향한다. 더 나아가 그것은 슐레진저가 우려하는 전체주의의 비극을 초래할 여지도 항시 가지고 있는 것이다. 그렇다면 전체가 지니고 있는 이러한 본질적인 권력의 문제는 어떻게 해결할 것인가? 그 해결을 낙관하는 것은 아니지만, 그럼에도 대안을 찾는다면 그것은 부분들의 상호 성찰과 이해를 통해서만이 가능할 것이다. 따라서 진정한 사회의 통합은 개인들 혹은 집단들의 절제된 행동과 반성적 태도가 요구되며, 이러한 행동과 태도는 하루아침에 이루어지는 것이 아니라 긴 과정 속에서 나타난다. 과정은 그들에게 회복과 수용의 기회를 제공한다.

킹은 이 과정의 의미를 분명히 인식했다. 그는 인종차별의 장벽이 결코 일시에 무너질 것이라고 보지 않았다. 만일 인종차별의 문제가 그렇게 해결된다면, 그것은 또 다른 증오의 담을 서로 간에 쌓는 것이 될 것이다. 킹은 흑백의 갈등을 넘어 미국 사회가 진정으로 통합되기 위해서는 긴 과정을 거쳐야만 된다는 사실을 깨달았고, 이러한 깨달음을 통해 그의 사상은 반항적 흑인 지성사의 지류로부터 더 넓은 미국의 지적 전통의 주류에 합류하게 된다.

킹의 통합사상은 비폭력주의로 요약될 수 있는 초기 사상으로부터 공민권운동의 긴 과정을 통해 발전한 것이다. 킹의 이러한 사상의 발전은 사변과 관조뿐만 아니라 공민권운동이라는 행동과 실천을 통해 이루어진 것이었다. 다른 말로 하면 이것은 자발적으로 운동에 참여한 많은 대중의 정신과 의지가 그의 통합사상에 반영된 것이다. 『왜 우리는 기다릴 수 없는가』에서 킹은 사상의 변화 과정과 외부정신의 수용방식을 분명히 보여 준다. 그가 이 책에서 '운동'이라는 말 대신에 '혁명'이라는 용어를 사용했던 것은 그 운동을 급진적인 방향으로 이끌기 위한 의도가 아니라 비폭력주의 사상을 넘어서 통합사상을 전개하기 위한 목적 때문이었다. 흑인에 주로 초점을 두었던 킹의 초기 역사관과 사회관은 사회에서 소외된 모든 계층의 개인과 집단들을 이해하는 더 넓은 관점으로 바뀐 것이다. 비폭력주의에서 나타난 킹의 용서와 화해의 정신은 더욱 건설적이고 창조적인 통합의 정신으로 확대·발전되었던 것이다.

킹의 통합사상은 20세기 흑인 지성사에서 흑인의 경험과 정신만을 강조하는 흑인 민족주의 사상과는 근본적으로 다르다. 후자의 사상이 듀 보이스, 마르쿠스 가비, 맬컴 엑스 등에 의해 체계화되며 흑인 커뮤니티와 흑인 정신세계만을 강조한 반면, 킹의 사상은 흑인과 백인의 통합된 사회를 염원하며 인종 간의 상호 협력을 지향하였다. 킹의 사상은 급진적이고 혁명적인 성격을 띠는 흑인 민족주의와는 달리 용서와 화해의 기독교 정신에 바탕을 둔 통합사상이었다. 킹은 이전의 미국 지식인들이 다루지 않았던 인종 문제를 지성적인 차원에서 제기했을 뿐만 아니라 그에 대한 자신의 양심을 행동으로 보여 준 용기 있는 지성이었다. 그의 지적 세계는 흑인의 경험 속에서 나온 것이지만 미국의 지적 전통의 영향을 누구보다도 많이 받았다. 그는 인간의 자유와 존엄의 가치에 바탕을 둔 미국의 정신으로부터 민주주의에 대한 미국 국민의 의식을 다시 일깨움으로써 흑백의 분열과 갈등을 넘어 미국 사회의 통합을 추구했던 흑인 사상가였다.

1 Henry David Thoreau, *Civil Disobedience in The Writings of Henry David Thoreau*, Vol. IV (New York: Houghton Mifflin, 1906), p. 358.

2 Martin Luther King, Jr., *Stride Toward Freedom: The Montgomery Story* (New York: Harper & Row, 1958), p. 19.

3 Clayborne Carson, ed., *The Papers of Martin Luther King, Jr.* (Berkely: University of California Press, 1992), p. 110. 이 말은 킹이 1944년 부커 T. 워싱턴 고등학교 시절에 참가했던 한 웅변대회에서 언급했던 말이다.

4 Martin Luther King, Jr., *Stride Toward Freedom*, p. 91.

5 Stephen B. Oates, *Let the Trumpet Sound: A Life of Martin Luther King, Jr.* (New York: Harper & Row, 1982), p. xiii.

6 Walter Rauschenbusch, *Christianity and the Social Crisis* (1907; reprint, New York: Macmillan, 1910), p. xii.

7 *Ibid.*, p. xiii.

8 Walter Rauschenbusch, *A Theology for the Social Gospel* (New York: Abingdon Press, 1917), pp. 4-5.

9 Martin Luther King, Jr., *Stride Toward Freedom*, p. 91.

10 *Ibid.*, p. 91.

11 *Ibid.*, p. 21.

12 *Ibid.*, p. 36.

13 *Ibid.*, p. 91.

14 Martin Luther King, Jr, "Remaining Awake Through a Great Revolution," in *A Testament of Hope: The Essential Writings of Martin Luther King, Jr.*, ed. James M. Washington (New York: Harper Collins, 1986), p. 270.

15 Martin Luther King, Jr., *Stride Toward Freedom*, p. 36.

16 Martin Luther King, Jr., *Strength To Love* (New York: Harper & Row, 1963), p. 57.

17 Martin Luther King, Jr., *Stride Toward Freedom*, p. 92.

18 *Ibid.*, p. 92.

19 *Ibid.*, p. 93.

20 *Ibid.*, p. 93.

21 *Ibid.*, p. 94.

22 *Ibid.*, p. 95.

23 Reinhold Niebuhr, *Moral Man and Immoral Society: A Study in Ethics and Politics* (New York: Charles Scribner's Sons, 1932), p. xvii.

24 *Ibid.*, p. 252.

25 M. K. Gandhi, *Hind Swaraj Or Indian Home Rule* (Madras; India: G. A. Natesan, 1909), p. 74.

26 *Ibid.*, p. 76.

27 Martin Luther King, Jr., *Stride Toward Freedom*, p. 97.

28 *Ibid.*, p. 101.

29 *Ibid.*, p. 100.

30 Edgar Sheffield Brightman, *Religious Values* (New York: Abingdon Press, 1925), p. 167.

31 Martin Luther King, Jr., *Stride From Freedom*, p. 100.

32 *Ibid.*, p. 107.

33 Martin Luther King, Jr., "Letter from Birmingham Jail," in *Why We Can't Wait* (New York: New American Library, 1964), p. 82.

34 Martin Luther King, Jr., "I have a Dream," in *A Testament of Hope*, p. 218.

35 Martin Luther King, Jr., *Why We Can't Wait*, p. 129.

36 Martin Luther King, Jr., "The Ethical Demands for Integration," in *A Testament of Hope*, p. 118.

37 *Ibid.*, p. 118.

38 Martin Luther King, Jr., *Why We Can't Wait*, p. 94.

39 Martin Luther King, Jr., "Remaining Awake Through a Great Revolution," p. 268.

40 *Ibid.*, p. 276.

41 Martin Luther King, Jr., "I See the Promised Land," in *A Testament of Hope*, p. 279.

42 Martin Luther King, Jr., *Why We Can't Wait*, p. xi.

43 이 두 저서 외에 킹의 나머지 저작 3권은 다음과 같다. 킹의 설교모음집으로 1963년에 출판된 *The Strength to Love*와 흑인 파워를 내세우며 폭력적인 방향으로 흐르고 있는 최근의 흑인 투쟁을 비판하기 위해 1967년에 출판된 *Where Do We Go from Here: Chaos or Community*, 그리고 이와 같은 해에 캐나다 방송국이 킹의 설교를 강연 형식으로 방송했던 것을 출판한 *The Trumpet of Conscience*가 있다.

44 Martin Luther King, Jr., *Why We Can't Wait*, p. 131.

45 *Ibid.*, p. 27.

46 *Ibid.*, pp. 32-33.

47 *Ibid.*, pp. 87-88.

48 *Ibid.*, p. 15.
49 *Ibid.*, p. 16.
50 *Ibid.*, p. 16.
51 *Ibid.*, p. 16.
52 *Ibid.*, pp. 18-19.
53 *Ibid.*, p. 20.
54 *Ibid.*, pp. 23, 28.
55 *Ibid.*, p. 23.
56 *Ibid.*, p. 21.
57 *Ibid.*, p. 25.
58 *Ibid.*, p. 117.
59 *Ibid.*, p. 123.
60 *Ibid.*, p. 25.
61 *Ibid.*, p. 25.
62 *Ibid.*, p. 26.
63 *Ibid.*, p. 30.
64 *Ibid.*, p. 33.
65 *Ibid.*, p. 34.
66 *Ibid.*, p. 35.
67 *Ibid.*, p. 36.
68 *Ibid.*, p. 37.
69 *Ibid.*, p. 38.
70 *Ibid.*, p. 40.
71 *Ibid.*, p. 76.
72 *Ibid.*, p. 77.
73 *Ibid.*, p. 77.
74 *Ibid.*, p. 78.
75 *Ibid.*, p. 78.
76 *Ibid.*, p. 79.
77 *Ibid.*, p. 80.
78 *Ibid.*, p. 80.
79 *Ibid.*, p. 80.
80 *Ibid.*, p. 81.
81 *Ibid.*, p. 86.
82 *Ibid.*, p. 82.

83 *Ibid.*, p. 83.

84 *Ibid.*, pp. 83-84.

85 *Ibid.*, pp. 84-85.

86 *Ibid.*, p. 86.

87 *Ibid.*, pp. 91-92.

88 *Ibid.*, p. 92.

89 *Ibid.*, p. 93.

90 *Ibid.*, p. 135.

91 *Ibid.*, p. 127.

92 *Ibid.*, p. 128.

93 *Ibid.*, p. 135.

94 *Ibid.*, p. 136.

95 *Ibid.*, pp. 138-139.

96 *Ibid.*, p. 139.

97 *Ibid.*, p. 142.

98 *Ibid.*, pp. 151-152.

99 *Ibid.*, p. 152.

10

진보에 대한 반성과 민중정신에 의한 사회통합 추구

크리스토퍼 래쉬와 『엘리트의 반란과 민주주의의 배반』(1995)

Christopher Lasch,

The Revolt of the Elites and the Betrayal of Democracy (1995)

오레스티스 A. 브라운슨으로부터 마틴 루서 킹 2세에 이르기까지 각 시대마다 미국의 지식인들은 사회의 통합을 추구하였다. 이것은 그들이 사회보다 개인을 덜 중시했음을 의미하는 것은 결코 아니다. 그들은 통합된 사회에서만이 개인들 각자의 개성이 분명하게 살아날 수 있고, 각자의 개성을 상실하지 않은 채 역동적인 사회의 진보를 이룰 수 있다고 본 것이다. 이런 의미에서 전체와 부분들의 조화와 균형에 대한 믿음과 원칙은 미국의 지적 전통 안에서 활동했던 모든 지식인들이 가졌던 지적 기준이자 좌표였다. 따라서 그들은 전체가 지나치게 강조될 때 부분들의 역할과 의미가 축소되는 것을 염려했는가 하면, 반대로 부분들이 극단적인 독립과 자유를 독단적으로 주장할 때 사회의 중심과 질서가 무너지는 것을 우려하였다.

바로 앞장에서 다룬 킹은 흑백의 분열과 갈등을 해결함으로써 흑인을 포함한 모든 개인들의 자유와 존엄을 강조하면서도, 그가 꿈꾸었던 약속의 땅은 결코 전체의 '위엄과 규율'을 잃지 않는 조화와 균형의 사회였다. 그럼에도 킹의 시대 이후 미국 사회는 극단의 개인주의와 물질주의적 세계관의 팽배로 미국의 기반, 본질, 역사, 전통, 도덕은 위기에 직면했고, 개인의 자립, 창조적 도전, 상호 협력의 정신은 퇴색되고 말았다. 20세기 후반 크리스토퍼 래쉬(Christopher Lasch)는 누구보다도 이 극단의 시대에 나타난 미국 사회의 분열과 대립을 미국의 위기로 받아들였으며, 과거에 미국인들이 보여 주었던 강인한 민중정신의 회복에 의해 미국 사회의 통합을 추구하였다.

래쉬는 오늘날 미국 지성계는 물론이고 일반 국민 사이에서도 널리 알려진 『나르시시즘의 문화』(*The Culture of Narcissism*)를 저술한 사회비평가이자 역사가이며 사상가다. 1979년에 출판된 이 책에서 그는 미국의 도덕적·사회적 퇴락에 대한 불안을 사회비평가의 관점에서 분석하며 다음과 같은 문제들을 제기하였다. 스스로 자신의 운명을 개척하려 했던 미국인의 강인한 정신은 어디로 갔는가? 미지의 세계에 과감하게 도전함으로써 역동적 삶을 기대했던 확신에 찬 개인들은 어디로 갔는가? 이 사회는 과연 개인의 창조적 사고를 꽃피울 수 있는 자유의 땅인가? 이 모든 질문들에 대한 래쉬의 답은 회의적이었다. 미국의 건국이념인 독립선언서에 명기된 개인의 양도할 수 없는 권리 가운데 하나인 '행복의 추구'가 '자기도취'로 전락하여, '타락한 경쟁적 개인주의 문화'를 낳았다는 것이 래쉬의 논지다. 다시 말해 나르시시스트의 빈곤한 내면생활이 1970년대의 정신적 위기를 가져왔고, 그것이 집단적으로 나타난 것이 바로 '나르시시즘의 문화'라는 것이다. 이것은 미국 문화의 원동력이었던 개인주의 정신과 개인을 근원으로 하는 미국 문명이 파탄에 직면해 있다는 메시지이기도 하다.

래쉬 사상의 형성은 제2차 세계대전이 끝난 후 나타난 인간진보에 대한 회의와 깊은 관련이 있다. 그는 미국 문명의 진보를 비판하는 데 앞장섰다. 그러나 그의 사상이 지향하는 바는 인간과 사회의 진보였다. 그에게 진보란 어떤 이데올로기가 아니라 하나의 믿음이며 희망이다. 그는 진보를 믿었고, 진보에 대한 희망을 포기하지 않았다. 그러나 진보에 대해 그는 결코 낙관하지 않았다. 그의 진보사상은 언제나 니버적 태도를 취한다. 즉, 그는 진정한 진보란 개인의 가능성과 한계 속에서 이루어져야 한다고 믿는다. 그에게 개인은 전체 속에서만 가능성을 실현할 수 있고, 그 실현된 현실 속에서 자신의 한계를 볼 수 있는 존재다. 이 전체란 통합된 사회를 말하는 것이다. 만년에 래쉬의 진보사상은 미국의 지적 전통에 뿌리를 둔 통합의 정신으로 발전한다. 사후에 출판된 『엘리트의 반란과 민주주의의 배반』(*The Revolt of the Elites and The Betrayal of Democracy*, 1995)에서 그는 미국 사회의 중심적 역할을 해 온 엘리트의 냉소적이고 비이성적인 태도로 말미암아 미국의 중심과 그 정신이 무너지는 것을 개탄하면서 미국의 전통적인 개인주의 정신을 다시 불러일으키고자 하였다. 1930년대에 니버가 자유주의자들의 낙관에 대해 질타를 가했던 것처럼, 래쉬는 1990년대의 다른 지적 배경에서 미국 문명의 주류를 차지해 왔던 엘리트의 물질적 진보에 대한 도취와 자만을 가차 없이 비판하였다.

래쉬 사상의 출발점은 개인이었고, 그가 평생 한결같이 강조한 것도 전체에 대해 개인이 어떻게 역동적인 부분이 될 수 있느냐의 문제였다. 그에게 현 미국 사회와 산업자본주의는 결코 역동적 개인을 가능하게 하는 곳이 아니었다. 그가 좌파의 길을 걸었던 것도 자본주의의 권력과 구조에 의해 제한된 개인의 상태를, 마르크스주의를 제외하곤 그 어떠한 이론으로도 설명할 수 없었기 때문이었다. 그러나 개인들 스스로가 '허영의 시장'(vanity fair)에 도취되어 있다는 사실을 목격한 후, 그는 이제 마르크스주의로 그들의 문제를 해결할 수 없다는 사실을 깨닫게 되었다. 그리하여 그는 칼라일과 에머슨을 통해 인간의 본질을, 밀턴과 에드워즈를 통해 은총과 감사의 의미를, 19세기 말의 민중주의(populism)를 통해 개인들의 자립정신을 상기시키며 20세기 후반 물질적 진보에 도취된 미국인들을 각성시키고자 하였다.

생애와 사상

생애와 사상의 원천

크리스토퍼 래쉬는 1932년 미국 네브래스카 주 오마하(Omaha) 시에서 태어났다. 그는 1954년 하버드대학을 졸업한 후 콜롬비아대학에 입학하여 1955년 석사학위를 받고, 윌리엄 루천버그(William Leuchtenburg) 교수의 지도하에 1961년 박사학위를 받았다. 콜롬비아대학에 있는 동안 래쉬는 유명한 역사가인 헨리 스틸 커매저(Henry Steel Commager)의 딸인 넬 커매저(Nell Commager)와 결혼하였다. 래쉬는 박사학위를 끝내기 전에 이미 윌리엄즈대학(Williams College)과 루스벨트대학(Roosevelt University)에서 역사를 가르치기 시작했다. 그는 학위를 받은 후 아이오와대학(University of Iowa)과 노스웨스턴대학(Northwestern University)을 거쳐 역사가인 유진 제노베제(Eugene Genovese) 교수의 권유로 1970년 로체스터대학(University of Rochester) 사학과로 자리를 옮겨 1994년 61세의 일기로 작고할 때까지 교수로 봉직하였다.

래쉬가 사상가로 성장하는 데에는 부모의 영향이 가장 컸다. 양친 모두가 네브래스카 출신의 진보주의 지식인들이었다. 아버지 로버트 래쉬(Robert Lasch)는『시카고 선』(*Chicago Sun*),『선 타임즈』(*Sun-Times*),

『포스트 디스패치』(*Post-Dispatch*) 등과 같은 자유주의 신문의 편집인으로 일했다. 래쉬의 어머니 조라 래쉬(Zora Lasch)는 사회사업가로서 평생 일했지만 철학가로서 워싱턴대학을 비롯하여 몇몇 대학에서 논리학을 강의한 적도 있었다. 이러한 부모들의 영향을 래쉬는 다음과 같이 회고한다. "자유주의자로 성장해 온 나는 자유주의에 내재되어 있는 장점을 잘 알고 있었으며, 한때 나는 그것을 정치에서 바라는 최고의 희망으로 보았다."[1]

확실히 래쉬의 사상은 미국의 지적 전통과 미국의 사회적·역사적 배경에 기반을 두고 있었다. 미국 사회의 성격이 급변하고 있던 1950년대에 데이비드 리스먼(David Riesman)의 『고독한 군중』(*The Lonely Crowd*)과 같은 책에서 그는 미국 사회와 개인에 대한 이해를 키워 갈 수 있었다. 그에게 "사회비평가란 시대의 전반적인 흐름을 이해하고 특별한 사건, 정책, 두드러진 형태의 정서 등이 어떻게 사회에 그대로 반영되는가를 보여 주는 것"이었다.[2]

1950년대 초반까지 래쉬는 조지 케넌(George Kennan)과 월터 리프먼(Walter Lippmann)과 같은 자유주의자들이 미국의 외교를 현실주의적 입장에서 비판하는 것에 공감하였다. 그러나 그는 당시 일어났던 U 2기 사건으로 이미 예정된 미국과 소련의 정상회담이 무산되고 냉전 상태가 악화되면서, 자유주의 지식인들이 보여 준 강경한 태도에 실망하였다. 그 이후 그는 냉전의 상황에 영향을 받지 않고, 일관된 역사관을 견지하면서 사회, 정치, 역사를 비판적 관점에서 연구하기 시작하였다.

1950년대 후반은 거대 세력들의 정치적 권력 앞에서 개인의 무력감이 널리 확산되고 있던 시대였다. 이러한 시대에 맞서서 래쉬는 어떤 정치운동이나 정치조직체를 통해서가 아니라 더 많은 서적을 읽으며 시대와 사회를 분석하기 시작했다. 그는 랜돌프 본(Randolph Bourne)으로부터 급진적 사회비판의 전통을 배웠고, 드와이트 맥도날드(Dwight Macdonald)와 윌리엄 A. 윌리엄스(William Appleman Williams)와 같은 좌파 지식인들의 저서를 통해 칼 마르크스와 마르크스주의 전통을 이해하게 되었다.[3] 래쉬의 좌파 사상과 경력은 이렇게 시작된 것이다.

그러나 1960년대 초 래쉬는 마침내 마르크스주의를 넘어서 프로이트적 마르크스주의의 전통에 접하게 된다. 그가 이러한 사상의 경로로 들어선 것은 그러한 전통이 "정치의 깊은 구조"를 파악할 수 있는 통찰을 줄 것으로 믿었기 때문이었다. 그는 프로이트 사상과 마르크스주의를 통해 권력의 역동성을 연구하려 했다. 그러한 연구를 통해 그가 추구한 목적은 "왜 혁명적 희망과 전망을 내세웠던 운동들이 갑작스레 전제정치로 전락하게 되었는지"를 밝혀내는 것이었다.[4] 그리하여 그는 적어도 1970년대 중반까지는 프랑크푸르트학파(Frankfurt School)의 이념을 지향하는 방향으로 나아갔다. 그럼에도 그의 지적 여정은 미국 지성사의 흐름을 결코 크게 벗어나지 않았다. 그는 스스로 자신의 좌파 경력에 대해 다음과 같이 밝힌다. "나는 자신을 정확히 좌파의 일원으로 생각하지 않았다. 나는 어떠한 좌파의 배경이나 경력도 가지고 있지 않았다. 나는 이것에 대해 분명히 알고 있었다. 나는 그와는 아주 다른 전통으로부터 왔다고 느낀다."[5]

래쉬는 실제로 좌파든 우파든 시대와 역사의 흐름을 오도하고 있는 세력에 대해서는 비판을 서슴지 않았다. 그는 어떤 정치운동에도 참가하지 않았다. 그는 지식인의 역할에 대해 다음과 같이 말한다.

"지식인은 특정 정치운동이나 그 반대운동의 조언자로 나설 때 그리고 더욱이 권력에 조언자로 나설 때 지식인의 역할을 제대로 할 수 없다. 조언자로서의 지식인은 권력 쪽에 서건 그 반대편에 서건 간에 결국 유혹의 함정에 빠지게 되므로, 지식인은 이것을 거부해야만 한다. 왜냐하면 지적 순수성은 불가피하게 일종의 정치 참여로 타협하게 되기 때문이다."[6]

1970년대 초 이래로 래쉬의 사상을 흐르는 저류는 '가정'이라는 주제로 바뀐다. 1977년에 『냉혹한 세계 속의 안식처』(*Haven in a Heartless World*)가[7] 출판된 이후 그의 사상은 이전의 좌파적 입장과는 다른 길을 가게 된다. 이 책의 출판에 대해 그는 훗날 다음과 같이 고백한다. "나는 이 책이 좌파에게 어떻게 받아들여지는가를 보고 마침내 내가 다른 길을 얼마나 멀리 걸어 왔던가를 알게 되었다."[8] 그럼에도 이 책은 여전히 마르크스와 프로이트의 이론에 근거를 둔 것이었다. 『냉혹한 세계 속의 안식처』가 출판된 지 2년 후인 1979년에 나온 『나르시시즘의 문화』에서 래쉬의 입장은 더는 좌파에 속해 있지 않다는 사실이 드러났다. 그 이후 출판된 래쉬의 중요한 3권의 저서, 즉 『최소한의 자아』(*The Minimal Self*, 1984), 『진정 유일한 천국』(*The True and Only Heaven*, 1991), 앞에서 언급한 『엘리트의 반란과 민주주의의 배반』(1995)[9] 등은 그의 "지적 행로가 사변과 행동을 바탕으로 하는 더욱 토착적인 미국의 전통"으로 되돌아가고 있음을 보여 주는 것이었다.[10]

현대 자유주의에 대한 비판과 통합사회 추구

래쉬는 앞에서 다룬 슐레진저와 동시대 지식인이었지만 자유주의 지성 안에서 그와는 다른 지적 행로를 걸었다. 슐레진저가 전체주의의 위협에 직면하여 자유주의에 대한 비판과 반성을 통해 체제 내에서 자유주의를 지키려 했다면, 래쉬는 아웃사이더로서 자유주의의 도덕과 가치를 넘어 광범하게 그 대안을 찾았다. 래쉬의 사상은 제2차 세계대전과 냉전, 1950년대의 미국 지성계 등으로부터 많은 영향을 받았다. 특히 미국 학계에서 촉발된 자유주의와 공화주의 간의 논쟁으로부터 래쉬는 더 넓은 시야로 자신만의 문명관을 수립할 수 있었다. 그는 누구보다도 현대 자유주의 지성을 호되게 공격했지만, 궁극적으로는 전체와 부분들의 균형과 조화를 강조하는 미국의 지적 전통 안에서 자유주의의 가치와 이념을 수정·보완하려는 입장을 견지하였다.

래쉬의 사상이 형성되기 시작한 제2차 세계대전 이후의 지적 배경은 미국 사회에 그 전쟁이 미친 영향을 이해함으로써 잘 파악될 수 있다. 그 전쟁은 미국 역사에서 최악의 경제적 재난이었던 대공황을 궁극적으로 종식시키는 결과를 가져온 반면, 정신적으론 철저하게 인간성을 파괴시키며 도덕을 무너뜨렸다. 그리하여 인간이 이룩한 문명과 그 진보는 의문시되기 시작했고, 정신적 혼란은 모두가 겪어야만 하는 현상이었다. 제2차 세계대전은 제1차 세계대전에 비해 더욱더 철저하게 인간이 인간을 살육하고 파괴한 전쟁이었다. 당시까지 믿었던 모든 원칙과 기반이 흔들렸고, 사상의 공황상태는 정신적 폐허를 가져왔다. 이러한 정신사적 배경 속에서 전쟁 이후 나타난 1950년대의 경제적 번영과 물질적 풍요는 미국인들로 하여금 그 어느 때보다 쉽게 소비와 향락에 빠져들게 했다. 이러한 사회풍조 속에서 미국 지성계의 주류는 소련과 그 이데올로기인 공산주의의 도전과 위협을 직시하며 미국의 자유주의와 민주주의의 전통과 가치를 수호하는 차원에서 자유주의적 합의에 동의할 수밖에 없었던 것으로 보인다. 그 밖의 지식인들은 전쟁으로 말미암아 황폐해진 사상의 자리를 무엇으로 채워야 할지 갈피를 잡지 못한 채 여러 방안들에 대한 암중모색을 시도해야만 했다.

지식인들에게 이 시대는 어려운 시대였다. 단순히 진보에 기반을 둔 기존의 사상이 위기에 처한 상황이라면 사상적으로 회복하는 것은 그리 어렵지 않았을지도 모른다. 그러나 그들은 그러한 사상적 도전에 직면하고 있는 그 순간에 소련과 공산주의라는 또 다른 엄청난 도전과 위협에 맞서야 했다. 이러한 상황은 그들에게 이중, 삼중의 과제를 안겨 주는 것이었다. 다시 말해 그들은 과거를 반성하고 진보의 개념을 수정하면서도, 외부로부터의 도전과 위협에 직면해 미국의 전통과 체제를 수호해야만 하는 딜레마에 빠진 것이다. 그리하여 슐레진저와 같은 자유주의 지식인들은 좌파와 우파 모두의 실패를 지적하면서도 공산주의든 나치주의든 전체주의에 대해서는 맞서 싸워야 한다는 결연한 의지를 보여 주며 미국의 체제를 지키는 데 주력했던 것이다.

그러나 이러한 자유주의 지식인들의 고뇌와 입장만을 통해 당시의 복잡한 지적 흐름을 충분히 이해할 수 있는 것은 아니었다. 한 시대의 지적 세계와 문화는 결코 단순하게 흐르지 않는다. 문화비평가였던 라이오넬 트릴링(Lionel Trilling)이 지적한 바처럼, 어떤 의미에서 "문화란 흐름도 아니고, 합류도 아니며, 그 존재의 형태는 투쟁이며, 적어도 논쟁"[11]일지도 모른다. 1950년대에 미국 지성사의 강 수면 아래에는 주류와 역류를 비롯해 끊임없이 생성되는 조류들이 서로 부딪치며 소용돌이 치고 있었다. 1955년에 출간된 루이스 하르츠(Louis

Hartz)의 『미국에서의 자유주의 전통』(*The Liberal Tradition in America*)과 리처드 호프스태터(Richard Hofstadter)의 『개혁의 시대』(*The Age of Reform*)는 바로 그 복잡한 시대의 지적 흐름의 한 단면을 잘 보여 준다. 이 두 저서는 같은 해에 출판되었지만 전혀 다른 관점에서 미국 문화와 역사를 이해하고 있다.

하르츠의 논지는 "미국에서의 자유주의의 전통"은 처음부터 "봉건제도의 부재"와 "자유주의 개념의 등장"으로 가능했다는 것이다.[12] 미국의 지적 전통이 형성되는 과정을 너무 낙관적이고 단순하게 보면서, 그는 미국의 자유주의란 처음부터 봉건제도가 없었기에 미국에서 자연스럽게 생겨난 전통이며, 광활한 대지와 풍부한 자원을 비롯하여 여러 가지 좋은 환경과 조건을 바탕으로 쉽게 발전할 수 있었다는 것이다. 또한 봉건제도가 없었기에 그것을 무너뜨리려는 어떤 급진적인 혁명이나 그 혁명에 대한 반동도 없이, 미국 역사는 대체로 갈등이라기보다는 합의에 의해 진행되어 왔다는 것이다. 이것이 소위 1950년대의 합의사학(合意史學)이었다. 이러한 주장은 부분적으로는 타당하며, 특히 1950년대 초반의 전체주의와의 대립 속에서 이해할 때 수긍이 갈 수도 있는 것이다. 하지만 하르츠가 말하는 미국의 자유주의나 그에 따른 미국의 정치적 전통은 그가 설명하는 것처럼 그렇게 단순한 몇 가지 사실들로 해명될 수 있는 실체는 결코 아니었다. 특히 자유주의 전통으로부터 하르츠가 강조한 로크적 개인주의와 재산권의 옹호는 학자들 사이에서 논쟁의 주제가 되어 왔다. 최근까지 보수주의자들은 하르츠의 그러한 주장을 전체주의적 위협에 직면한 미국 사회에 합의를 이끌어낼 수 있는 좋은 수단으로 보아 지지해 왔다. 반면에 그와는 다른 맥락에서 급진주의자들은 하르츠의 논지를 옹호하는 경향이 있어 왔는데, 그 이유는 그것이 바로 소유욕이 강한 개인주의에 근간을 둔 미국 자본주의의 착취를 해명하는 단서가 된다고 보았기 때문이다. 그리하여 하르츠의 논지에 대한 반론으로 나온 버나드 베일린(Bernard Bailyn), 고든 우드(Gordon Wood), 포코크(J. G. A. Pocock) 같은 학자들의 노력으로 밝혀진 공화주의는 당시까지 간과해 온 또 다른 미국의 정신을 이해하는 열쇠를 제공해 주는 것이었다.[13]

하르츠가 외부의 도전으로부터 미국의 전통과 가치를 지키려 했다면, 호프스태터는 내부의 문제점을 지적하며 미국적인 것을 회복시키고자 했다. 하르츠가 전체주의에 대항하여 미국 국민의 정신적 합의를 추구하였다면, 호프스태터는 미국 내부의 전체주의적 위험성을 지적하며 그 합의가 오히려 진정한 미국적인 것을 손상시키고 있다고 보았다. 왜냐하면 그는 그러한 순응적 태도가 오히려 미국의 창조적이며 역동적이고 진취적인 미국의 정신을 무디게 만들고 있다고 보았기 때문이다. 그리하여 호프스태터는 매카시즘(McCarthyism)과 같은 1950년대의 불관용과 경직의 근원을 20세기 미국의 개혁사(改革史)에서 중요한 자리를 차지하는 진보주의 전통에서 찾았다. 그에게 "미국 민주주의의 전통은 농촌과 작은 시골 마을에서 형성되었고, 그 중심 사상은 시골의 정서 속에서 수립되었다." 다시 말해 그가 추구하는 민주주의는 바로 풀뿌리 민주주의였다. 그는 미국의 정치개혁의 "목적은 사회민주주의나 사회평등이 아니라 더 커다란 기회"를 추구하는 것이라고 믿었다.[14] 그러나 그가 진보주의 운동을 무차별로 비판한 것은 아니었다. 그는 그 운동의 중심에 있었던 양키의 정신과 프로테스탄트의 가치를 철저하게 분석하며 그들의 경직성을 지적하였다. 그는 진보주의가 사악하거나 나빠서가 아니라, "진보주의자들이 가능하지 않은 기준을 세웠다"는 점에서 그 운동을 비판하였다.[15] 이러한 관점에서 그는 또한 1950년대의 미국 자유주의를 누구보다도 신랄하게 질타하였다. 그는 "오늘날 미국의 정치생활에서 역동적 힘은 뉴딜을 가능하게 만들었던 자유주의자들로부터 더는 나오지 않는다"고 선언하였다.[16] 그는 1950년대의 자유주의자들을 "사이비 보수주의자들"(pseudo-conservatives)이라고 불렀다. 그 이유는 "그들이 지난 20년 동안 권력의 덫에 빠져" "풍요의 현실에 만족하며 야심찬 새로운 프로그램보다는 과거에 이룩해 놓은 업적들을 단지 지키려 하고 있기" 때문이라는 것이다.[17]

래쉬는 그 누구보다도 호프스태터의 영향을 많이 받았다. 이들의 관계에 대해 로체스터대학에서 래쉬와 함께 오랫동안 가르쳤던 로버트 B. 웨스트부룩(Robert B. Westbrook)은 다음과 같이 말한다. "래쉬는 현대 미국 사회와 문화에서 지식인의 역할에 관한 문제를 포함하여, 호프스태터가 가졌던 관심사 가운데 많은 부분을 함께했다."[18] 래쉬는 미국의 정신적 기원이 하르츠가 지적한 로크적 자유주의보다는 공화주의의 시민적 미덕과 더 많은 관련이 있음을 인식하며, 호프스태터의 비판적 정신을 통해 20세기의 자유주의자들의 공과를 다시 평가하고자 했다. 또한 그는 자유주의자들의 추진력이 진보에 대한 신념으로부터 나왔다고 봄으로써 진보사상의 본질에 대한 고찰도 본격적으로 시도하기 시작했다.

1962년에 출판된 래쉬의 첫 번째 저서인 『미국의 자유주의자들과 러시아 혁명』(*The American Liberals and the Russian Revolution*)은 미국 자유주의의 근본적인 결함과 빈곤을 지적한다. 래쉬는 적어도 이 책을 낼 때만 해도 호프스태터와 같은 맥락에서 자유주의를 비판했다. 래쉬에게 당시까지 자유주의자들이 추구해 온 진보는 진정으로 개인의 자기실현을 위한 것이라기보다는 이상적인 사회와 국가에 대한 낙관적인 전망으로부터 나온 정치적 개혁이었다. 그에게 그러한 태도는 "소련에서의 공산주의 못지않게 언제나 자유주의의 승리에 모든 것을 거는 메시아적인 신조"로 보였다. 그는 그러한 자유주의 속에서 자유주의가 진정으로 추구해야 할 관용과 화합보다는 경직과 분열을 보았다. 이러한 주장에서 래쉬는 공산주의의 도전에 화해보다는 강경한 봉쇄로 일관하는 냉전 자유주의자들과 더는 함께할 수 없음을 깨달았다. 그는 미국 자유주의자들에 대해 다음과 같이 언급한다. "세계의 반이 적에 의해 지배되는 그런 세계에 사는 의미를 흑인, 유대인, 프랑스의 레지스탕스는 알 수 있을지도 모르지만, 18세기 계몽사상의 자애로운 가정에서 자라난 미국인들이 안다는 것은 쉽지 않을 것이다."[19]

이와 같이 래쉬는 1960년대까지 사회진보와 이상적인 국가 건설에 대해 낙관적인 태도를 보인 자유주의를 비판하였다. 이러한 맥락에서 그는 1966년에 출판된 『미국의 새로운 급진주의』(*The New Radicalism in America*)에서 진보주의로 알려진 개혁운동을 비판했다. 왜냐하면 그에게 그 운동은 피상적이며 낙관적인 정치운동이었기 때문이었다. 그리하여 그는 진보주의 운동에서 주류를 차지하고 있던 개혁자들과는 아주 다른 흐름을 발견하고 그곳에 속한 지식인들을 "새로운 급진주의자"(new radicals)라고 불렀다. 그에 의하면 "진보주의 운동은 순수하게 정치적 운동이었던 것에 반해, 새로운 급진주의자들은 교육·문화의 개혁과 성(性) 문제 등에 더 많은 관심이 있었다"는 것이다.[20] 그가 추구했던 것은 정치개혁이 아니라 문화·교육과 같이 개인생활의 질을 근본적으로 향상시키는 것이었다. 그는 그러한 향상된 생활의 기반 속에서 모든 개인들이 자립하고 협력할 때 사회의 통합과 진정한 진보가 이룩될 수 있다고 믿었다.

나르시시즘의 문화와 전통적 개인주의 정신의 위기

래쉬는 이와 같이 20세기 전반 미국 사회를 주도했던 자유주의자들이 개인의 조건과 상태를 간과한 채 사회와 국가의 진보에 집중하며 이상적인 전망을 내놓았던 사실을 비판하였다. 하지만 1970년대에 들어서 그가 진단한 진보의 상태는 전혀 달랐다. 그는 전 시대의 이상주의를 뒤로한 채 오히려 개인들이 지나치게 물질적 진보로 인해 안락함과 편안함에 빠져 있는 상태를 관찰함으로써 미국 문화의 위기를 인식하게 되었다. 이제 전체와 부분들 간의 불균형은 이전 세기에 오레스티스 A. 브라운슨이 개탄했던 개인들 간의 과도한 경쟁 때문에 나타난 현상일 뿐만 아니라 그들의 자아도취적 태도와 삶의 방식으로 말미암아 개인들 스스로가 자립적이고 창의적인 정신을 상실한 결과인 것이다. 래쉬는 이러한 현상이 사회진보의 결과라는 사실을 인식하고는 깊은 절망감을 느꼈다. 오랜 세월 사회의 진보를 위해 개인들이 진력을 다해 달성한 문화와 사회가 오히려 인간이 갈망하고 예상했던 것과는 전혀 다른 결과를 낳았던 것이다. 래쉬는 이제 진보의 문제점이 개인들에게 있음을 발견하였다.

그렇다면 진정한 진보란 무엇인가? 이 문제는 래쉬가 일생 탐구했던 문제였다. 그는 이 문제의 단서를 토머스 칼라일의 영웅주의에서 나타난 개인의 본질에서 발견한다. 래쉬에 따르면 영웅은 "덕성과 재능"(virtues and gifts)으로 나타나지만 칼라일의 영웅주의에는 "은총"(graces)이라는 개념이 함께 고려되는데, 만일 이 후자의 개념이 없다면 영웅은 천박한 권위주의적 지도자로 전락하고 만다는 것이다.[21] 다시 말해 개인의 덕성과 재능은 더 높은 가치와 이상에 의해 제한되어야 한다는 것이다. 그리하여 래쉬가 이상으로 하는 미국 문명의 바람직한 진보란 로크적 자유주의, 고전적 공화주의, 청교도주의 등의 기반 위에서 개인의 모든 재능이 완전하게 실현되는 것이었다. 이것은 전체와 부분들의 균형과 조화 위에 수립되는 통합사회를 말하는 것이다.

1970년대에 래쉬의 눈에 비친 미국의 진보는 어느 시대보다도 퇴락의 빛이 역력했다. 이 시대에 일어난 베트남에서의 패배, 경제적 침체, 천연자원의 고갈, 지도자에 대한 불신 등으로 미국 사회에는 절망의 분위기가 팽배했다. 1979년에 출판된 『나르시시즘의 문화』는 이 우울한 시대의 산물이었다. 래쉬는 먼저 미국의 제도에 근본적인 문제가 있음을 다음과 같이 진단한다. "부르주아 사회는 건설적으로 축적된 지식을 다 써버린 듯 보인다. 부르주아 사회는 그것을 압도하려는 시도에 대항할 어떤 힘도 의지도 상실하였다." 래쉬는 "부르주아의 정치이론이었던 자유주의는 지금 일어나고 있는 현상을 설명하고 대처할 능력을 오래전에 상실"하였고, "정치적으로 파산한 자유주의는 지적으로도 파산했다"고 선언한다. 더 나아가 그는 "서구 문명 자체가 현재의 위기를 극복할 도덕적 자원을 만들어 내지 못할지도 모른다"는 비관적인 전망을 내놓았다.[22]

래쉬는 『나르시시즘의 문화』에서 현대 사회가 직면하고 있는 위기의 근원을 찾기 위해 자본주의하에서 형성된 경제학, 사회학, 심리학,

인문학 등의 문제점들을 차례로 지적하면서도, 궁극적으로는 이러한 제도를 통해 형성된 개인의 현 상태를 진단하고자 하였다. 미국인에 대해 그가 내린 진단은 나르시시즘의 상태, 다시 말해 그것은 자아도취에 빠진 인간의 상태였다. 그렇다면 무엇이 현재의 미국인을 자아도취에 빠지게 했는가? 자아도취의 상태는 어떤 것이며, 그 결과는 무엇인가? 그리고 자아도취로부터 깨어나는 방법은 무엇인가? 래쉬는 이러한 문제들을 철저하게 규명하지만, 그의 전망은 시종일관 어둡고 비관적이다.

래쉬는 현대인들의 자아도취 상태를 가져온 가장 결정적인 요인은 과학의 진보를 비롯한 물질적 진보였다고 지적한다. 그들 자신이 이러한 겉만 화려한 세계에 안주하면서, "고도의 정신적 각성에 도달"했다고 믿는 자아도취에 빠지게 되었다는 것이다.[23] 이러한 자아도취 상태에서 인간은 역사적 시간에 대한 의식을 상실함으로써 순간적인 만족과 쾌락에 빠지고, 결국 내적 공허감에 직면한다는 것이 현대인의 상태에 대한 래쉬의 진단이었다. 그에게 이러한 1970년대의 정신적 위기는 바로 미국 문명의 위기이기도 했다.

래쉬가 문명의 위기라고 진단한 기준은 과거였다. 즉, 그는 본래의 미국 문화는 "경쟁적 개인주의의 문화"였다고 믿는다. 여기서 본래의 개인주의란 모든 개인이 근검과 절약을 생활신조로 최선을 다해 노동하여 개개인의 잠재력과 진정한 자아를 드러내며 행복을 추구하는 것이었다. 다시 말해 그것은 자립과 자기실현이라는 두 가지 요소에 뿌리를 둔 것이었다. 그러나 래쉬는 이러한 본래의 개인주의가 타락함으로써 "경쟁의 논리는 만인에 대한 만인의 투쟁이라는 극단으로까지 몰고 갔고, 행복의 추구는 자아도취의 상태에 이르게 되었다"

는 것이다. 또한 래쉬는 이러한 나르시시스트들이 과거의 억압적 상태에서 스스로 해방되었음을 보여 주며 문화혁명을 일으켰지만, 그것은 문명이 사멸할 때 나타나는 최악의 특징들을 여실히 보여주었다고 비판한다.[24] 그들은 죄악감이 아닌 불안감에 시달리고, 과거의 관습으로부터 해방되었지만 자기 존재의 정체성마저 의심하고, 성에 대한 금기로부터 해방되었지만 성적 안정감을 찾지 못하고, 경쟁을 거부하며 협동을 강조하면서도 반사회적 충동을 가지고 있고, 탐욕스러운 자본주의를 비판하면서도 항상 즉각적인 만족을 요구하고, 그리하여 영원히 채워지지 않는 욕망 속에서 살고 있다는 것이다.

래쉬는 나르시시스트들의 문제점 가운데 가장 심각한 것으로 현재에 안주함으로써 과거의 역사와 문화를 평가 절하하며 무시하는 태도를 꼽는다. 과거가 없다면 어디에서 삶의 기준을 찾을 것인가? 과거의 경험을 무시한다면 어떻게 현실을 통제할 것인가? 현실의 통제가 없으면 어떻게 바람직한 미래로 나아가는 길을 찾을 수 있을 것인가? 래쉬에게 과거는 현재를 사는 데 쓸모없는 장애물이 아니라 "미래를 대처하는 데 필요한 자원을 이끌어내는 정치적·심리적 보고(寶庫)였다." 래쉬는 "겉으로 진보적이고 낙관적으로 보이면서도 과거를 부정하는 것은 미래를 직면하지 못하는 사회의 절망을 보여 주는 것"이라고 주장하였다.[25]

이상에서 보는 바와 같이 1970년대에 드러난 래쉬의 사상은 19세기 후반 산업화와 도시화로 말미암아 분열된 미국 사회를 전통적인 개인주의 가치관에 의해 통합시키려 했던 윌리엄 그레이엄 섬너의 보수주의 사상을 연상케 한다. 그것은 대표적인 진보주의자였던 래쉬의 사상이 시대와 상황에 따라서는 보수주의 정신과도 함께할 수 있다는 것을 말하는 것이며, 또 다른 의미에서는 그의 진보사상이 본질적으로 보수적 요소를 내포하고 있었다고 볼 수도 있는 것이다. 앞서서 다룬 모든 사상가들이 전체와 부분들의 균형과 조화를 강조하는 미국의 지적 전통 속에서 활동하는 한, 그들은 유기적 관계 속에서 시간과 공간을 초월하여 언제라도 지적·정신적 교류를 가질 수 있었다.

문명의 진보에 대한 성찰과 통합사회 추구

1990년대로 접어들면서 래쉬는 미국 문명의 이상과 현실 사이에서 고뇌하였다. 그 이유는 단순히 미국 정치와 사회가 기능을 제대로 하지 못하고, 부패와 범죄가 만연하고, 대외정책에 대해 나라가 분열하고, 계급의 갈등이 극심했기 때문만은 아니었다. 그 본질적인 이유는 그가 미국 문명의 근본적인 동력이 꺼져 가고, 그 기반을 지탱할 힘이 더는 남아 있지 않다고 진단한 데 있다. 아이러니하게도 그런 상태에 도달하게 된 근본적인 이유는 바로 역동적인 진보사상 때문이었다. 그럼에도 그는 진보에 대한 신념을 포기하지 않았고, 오히려 미국 지성사에서 진보사상이 차지하는 위치를 규명하며, 그 복잡한 본질과 구조를 이해하는 데 심혈을 기울였다. 그 결과 그는 10년 만에 스스로 "가장 미국적인 책"이라고 밝힌『진정 유일한 천국』을 1991년에 출판하였다.[26]

이 책에서 래쉬는 과거와 현재의 세계에 대한 깊은 관조 속에서 미국 문명과 진보를 성찰하고 있다. 겉으로 보기엔 지성사 혹은 정치철학에 관한 책으로 보이지만, 그 내면으로 더 깊이 들어가면 미국 역사가들에게서는 좀처럼 찾아보기 힘든 미국 문명에 대한 역사철학적 접근을 시도한 책이라 할 수 있다. 미국 정신의 수원은 어디서부터 시작되어, 어떤 경로로 흘러 왔으며, 어디로 흘러가는가? 래쉬는 이러한 질문을 통해 정신사의 강을 흐르게 한 동력은 무엇이고, 그 동력에 의해 미국의 진정한 가치는 어떻게 성취되었으며, 동시에 성취된 그 가치가 자신이 살고 있는 시대에 어떻게 문명의 위기를 가져왔는지 밝히려고 하였다.

현대 미국 문명사를 이해하는 데에 있어서 래쉬는 진보에 대한 믿음을 그 정신적 배아(胚芽)이자 근원적인 힘으로 보았다. 그는 이 책을 "재난으로 가득 찬 20세기에도 진보에 대한 신념이 지속되는 이유가 무엇일까?"[27]라는 물음으로 시작한다. 래쉬에게 진보에 대한 신념은 바로 미국 문명을 흘러가게 했던 동력이었고, 그 발원에 대한 탐구는 미국의 의미와 정체성을 찾는 것이었다. 그는 먼저 미국 문명의 수원은 서구 지성사에서 출발했다고 보면서 유럽, 특히 영국의 지적 흐름을 탐구하는 데 많은 열정을 쏟았다.

그 결과 래쉬는 미국 문명의 원동력을 더 광범하고 깊은 차원에서 이해할 수 있게 된다. 그는 존 로크와 애덤 스미스 같은 사상가들이 제시한 자유주의와 개인주의 정신이 인간의 욕망과 수요를 충족시킴으로써 미국 문명의 찬란한 물질적 진보를 가능하게 했다고 보면서도, 그 사심(私心)을 넘어 공동체를 지키고 개선·발전시키려는 헌신과 책임 및 의무가 이 문명을 이끌어 왔다고 보는 것이다. 래쉬는 이 후자의 정신과 동력에 더 많은 가치를 둘 뿐만 아니라 그 본질을 더 깊이 파악하고자 하였다. 래쉬는 이것이 자유주의와 함께 미국 문명의 두 축을 이루는 공화주의라고 믿지만, 공화주의의 진정한 의미는 청교도주의와 같은 종교정신과 함께 이해될 때만이 분명하게 파악될 수 있다고 주장한다. 왜냐하면 그는 그것이 소유욕에 집착한 인간의 욕망은 물론이고, 공공의 선에 헌신하는 공민의 가치를 넘어 더 높은 곳을 향해 있다고 믿기 때문이다. 그는 그것을 "우주의 창조주로부터 오는 용기, 역동성, 생명력"으로 설명하려 하였다.[28]

래쉬는 존 밀턴과 조너선 에드워즈 같은 사상가들을 재조명하며 그들의 저작들은 신에 대한 깊은 경외감을 보여 줌으로써 인간의 존재를 새롭게 인식시켜 주었다고 주장하였다. 그는 특히 미국 철학의 선구자였던 신학자 에드워즈가 "감사란 더 높은 곳에 존재하는 권력에 대한 인간의 의존을 인식하는 것"으로 이해했다는 사실을 강조한다. 에드워즈에게 "은총의 망각은 미덕과 정반대되는 원죄의 본질인데, 다시 말해 인간에 대한 한계를 인정하기를 거부하며 신과 같은 지식과 능력을 성취하기를 바라는 것과 같은 것"이었다고 래쉬는 설명한다.[29]

이와 같이 프로테스탄티즘의 정신적 유산은, 인간의 진보가 모든 것을 약속하는 것처럼 보였던 시대에 칼라일과 에머슨을 통해 인간은 결코 자신의 운명을 통제하지 못한다는 사실을 일깨워 주었다고 래쉬는 주장한다. 그는 칼라일과 에머슨에 대해 다음과 같이 말한다. "이들은 칼뱅 없는 칼뱅주의자들이었다. 이들은 인간의 쾌락만을 위해 만들어지지 않은 세계에 대해 감사하는 마음을 수락할 때 저 경이와 미덕에 의해 인간의 운명은 정복될 수 있다고 믿었다."[30] 정말로 "진보를 추구하는 정치경제학자들은 욕망을 부추기며 부를 해방시키기를 바랐지만, 에머슨과 칼라일은 과도한 욕망은 응보를 받는다는 전통적인 지혜를 분명히 했다"는 것이다. 그들은 무엇보다도 부분이 다른 부분과의 관계를 넘어 전체 속에 있을 때만 부분이 전체의 의미를 담게 된다는 사실을 인정하였던 것이다. 다시 말해 개인이 물질적 진보 속에서 얻는 안락과 편안은 어느 정도의 만족감과 행복으로 제한되지만, 개인의 생이 물질을 초월하여 진정으로 전체를 향할 때 그 개인의 역동성과 창의성은 우리의 상상을 뛰어넘는 어떤 모습으로 나타난다는 것이다. 그것은 남북전쟁 이후 그 전쟁으로 말미암은 인간성의 파멸, 곧이어 만연하게 된 다윈주의의 물질주의적 사고, 산업화의 확대와 지배 등이 사상의 폐허를 가져왔던 상황에서, 인간의 존재가 위기에 처해 있음을 인식하며 윌리엄 제임스가 추구했던 것이었다. 제임스가 "정신적 고갈이 종교적 열광, 미신, 불관용보다도 현대 세계에 더 큰 위험"이라고 보았을 때 그 역시 에머슨과 칼라일과 같은 정신세계 속에 있었던 것이다.[31]

래쉬는 이러한 사상가들이야말로 물질적 진보의 한계에 대해 분명한 인식을 갖고 자신들의 세계를 이해한 사람들이었다고 설명한다. 래쉬는 오늘날 이들의 사상이 실현될 수 있는 가능성을 19세기 말 민중운동에서 나타난 소부르주아의 정신세계와 삶 속에서 찾았다. 왜냐하면 래쉬에게 이들 민중은 비록 "질투, 분개, 굴종"(envy, resentment, servility)의 결함을 가지고 있다 할지라도 물질적 진보를 거부하고, 모든 것은 대가를 지불해야 한다는 소박한 도덕적 현실주의를 받아들이며, 인간과 진보의 한계에 대해 수긍하는 사람들이기 때문이다. 래쉬가 이들에게 희망을 거는 이유는 적어도 이들은 오늘날 진보가 만든 휘황찬란한 불빛을 "진정 유일한 천국"(true and only heaven)으로 보지 않기 때문이다.[32]

20세기의 강을 힘들게 건너온 좌파와 우파 모두는 이제 "그들의 모든 능력을 소진하였고," "예기치 않게 다시 등장한 우파"도 어떤 "도덕적 질서"도 회복시키지 못한 채 가야 할 방향을 잃고 혼돈에 빠짐으로써, 인간은 "표류로 인한 좌절감"에 빠지게 되었다고 래쉬는 선언하였다.[33] 그럼에도 그는 결코 프랜시스 후쿠야마(Francis Fukuyama)가 선언했던 '역사의 종말'(end of history)과 같은 비역사적 태도를 받아들이지는 않았다. 또한 후쿠야마의 자유민주주의에 대한 낙관적인 관점은 더더욱 받아들일 수 없었다.[34] 오히려 래쉬는 "전체주의의 적을 패배시킨 자유주의는 내부로부터 무너지고 있다"고 경고하였다.[35] 기술과 자본의 진보를 즐기며 이곳이 바로 "진정 유일한 천국"이라고 믿으며, 더는 어떤 곳을 찾아 나아갈 필요가 없다고 주장하는 사람들에게 래쉬는 냉정하게 "우리는 새로운 한계의 시대에 접어들었다"고 선언하였다.[36] 그리하여 그는 이 시대의 경제발전뿐만이 아니라 자연과 사회에 대한 전반적인 인간 통제의 한계를 지적하였다. 그는 또한 역사를 이해함에 있어서 역사의 종말과 같은 인식태도는, 자유민주주의 국가들이 여전히 해결해야 될 산적한 문제를 가지고 있음에도, 근본적인 변화를 꺼려하는 사람들과 자아도취 상태에 빠져드는 사람들을 돕는 결과를 가져올 것이 틀림없다고 주장하였다. 결국 "자유주의 국가들의 안정성은 하나의 환상"에 불과하며, 통합된 사회에 도달하는 것은 아직도 요원한 일이라는 것이 진보와 현대 세계의 상태에 대해 래쉬가 내린 진단이었다.[37]

래쉬가 현대 미국 지성사의 주류에 반항하며 이질적인 지적 전통에 얼마간 의지했다 해도, 그의 진보사상은 결코 도그마에 빠져들지 않았고 이데올로기적으로 전락하지도 않았다. 그의 진보사상은 개인, 사회, 역사, 국가, 우주가 하나의 유기체로 그 모든 부분들이 서로 조화와 균형을 이루는 상태를 지향했다. 그 전체와 부분들의 관계에 내재한 신성함과 신비함을 지적하며 래쉬가 "문화 없는 사회란 아무것도 신성할 것이 없는 사회"라고 한탄했을 때[38] 그는 바로 저 거대한 유기적 관계의 연결고리가 끊어지고 있음을 암시하는 것이었다.

포스트모던 지성과 미국 지성계의 분열

래쉬는 미국 사회의 분열은 그 어떤 분야에서보다도 지성계에서 심각한 양상으로 나타났다고 본다. 그는 지성계 내의 불화를 "1960년대 이래로 미국 사회 전체를 지적 격랑 속으로 몰아넣은 문화전쟁"으로 보며, 여기에 연루된 엘리트의 냉소적인 자세와 그로 말미암은 지성계의 상호 불신을 개탄하였다.[39]

래쉬는 지성계를 분열시킨 장본인이 바로 포스트모던 지성이라고 지적한다. 그렇다면 대표적인 포스트모던 지성은 누구인가? 래쉬는 먼저 로티 계열의 좌파 지식인들을 지목한다. 래쉬에 의하면 이들은 어떤 기반과 본질에서 나오는 권력과 지식이 이 세계를 지배하고 있다고 보면서, 이 구조가 붕괴되어야만 인간적인 사회가 건설될 수 있다고 믿는 지식인들이었다. 이들은 권력과 지식의 지배구조 속에서 "대체로 유럽 중심주의 세계관을 갖고 있는 백인 남성들이 자신들의 이념, 규범, 역사해석 등을 다른 모든 사람들에게 강요"해 왔다는 것이다. 그리하여 이들 포스트모던 지식인들은 "서구 역사와 사상 전반을 통해 형성된 보편적이고 선험적인 진리를 억압과 통제의 논리로 간주하며, 그 논리를 유지하도록 만든 전체적인 기반을 해체하려고 한다"고 래쉬는 질책한다.[40]

래쉬는 이러한 새로운 급진사상이 지적 세계의 공동체를 위태롭게 하였고, 그로 말미암아 미국의 중심은 역동성을 상실했으며, 근본적인 가치와 도덕에 대한 광범한 동의가 무너졌다고 주장한다. 그리하여 보수적인 지식인들이 서양 문화에 대한 포스트모던 지성의 이러한 일률적인 매도에 대해 심하게 반발하면서 미국의 전체적인 사회분열은 가속되었다는 것이다. 래쉬는 데카르트(René Descartes) 철학 이래로 확실성을 추구해 온 서양 철학의 전통은 분명히 잘못된 방향으로 전개되었다고 지적하며, 보수주의자들의 입장을 먼저 비판적인 관점에서 설명한다. 다시 말해 그 지적 전통은 인간의 실제적인 삶의 문제를 도외시한 채 추상적이고 형이상학적인 문제에만 집착해 왔다는 것이다. 그 결과 철학자들은 불변하는 절대적인 것을 추구하면서 경험적이고 우발적인 것을 멸시하는 입장을 취했고, 실용적인 활동은 본질적으로 천박한 일로 간주해 왔다는 것이다. 래쉬는 서양 철학자들의 세계관에서 나타난 이원론(즉 앎과 행위, 이론과 현실, 정신과 육체의 분리)은 분명히 잘못된 것임을 지적한다. 그렇지만 이렇게 지적하면서도 그는 포스트모던 지성을 비판하는 보수주의자들의 입장에 공감한다. 즉, 그는 그러한 보수주의자들이 기반과 본질에 대해 강한 믿음을 가지고 있는 것은 타당하다는 입장이다. 왜냐하면 그는 보수주의자들이 믿는 기반이 바로 도덕과 문화적 상대주의에 대한 유일한 방어책이 될 수 있다고 보기 때문이다. 그는 "지식이 불변의 기초 위에 서지 않는다면 인간은 제멋대로 생각하게 된다"고 지적하며, 다음과 같은 예이츠(William Butler Yeats)의 시구를 상기시킨다. 자명한 원칙들이 권위를 상실할 때 "사물은 해체되고, 중심은 흔들리며, 무질서는 세계에 팽배하게 된다."[41]

래쉬는 이러한 포스트모던 지성과 그와 같은 맥락에 속하는 다문화주의의 비이성적이고 독선적인 태도는 민주적 토론을 위축시키며,

민주주의의 기반을 위기에 빠뜨렸다고 주장한다. 그는 다문화주의자들이 강조하는 "다양성은 그것이 의미하는 바와 정반대의 것을 의미하게 되었다"고 꼬집으며, "실제로 다양성은 새로운 교조주의를 정당화하는 수단으로 바뀜으로써 대립적인 소수인종들에게 합리적 토론을 부정하는 일련의 신념체계를 제공했다"고 비판하였다. 그는 이와 같이 "일부 국민을 인종적으로 폐쇄된 고립지대로 억지로 격리시키는 것"은 그 어떤 것보다도 사회의 분열을 초래한 요인이었다고 개탄하였다.[42]

20세기 말 미국은 국적, 인종, 계급, 성(性) 등과 관련된 문제들에 의해 깊게 갈라졌다. 이러한 분열의 요인들을 초월하여, 각 개인들의 차이와 공통점을 모두 존중하는 시민문화를 만들어 낼 수 있는 길은 무엇인가? 다문화주의자들이 인간문화의 다양성을 강조하는 새로운 교육과정을 추구하고, 모든 집단이 대등한 상호작용을 통해 바람직한 시민문화를 만들 수 있다는 공언에 대해 래쉬는 회의적이다. 그는 다문화주의로 인해 "각 집단은 각자의 도그마 뒤에 스스로 차단벽을 쳤다"고 지적하며, 지성계의 분열과 관련하여 다문화주의의 경직성과 편협성을 비판하였다.[43]

포스트모더니스트와 다문화주의자는 인간의 연대를 성취하기 위해 우리가 현 단계에서 새롭게 출발하고, 지금 우리가 살고 있는 방식을 따를 것을 촉구한다. 왜냐하면 그들은 역사적으로 형성된 가치와 도덕은 언제나 지배계급의 정당화와 합리화를 위한 논리에 불과하며, 그 논리는 정신이라든가 본질과 같은 요소를 제시하여, 이러한 요소를 인식할 수 있는 사람이나 집단만이 역사의 주체이자 창조자로 간주되어 왔다고 믿기 때문이다. 다시 말해 그들은 역사적인 것은 언제나 엘리트에 의해 지배되어 하나의 지배 논리가 생산되고 강화·재생산되는 현실이라고 보는 것이다. 그리하여 현실, 즉 리얼리티는 역사적으로 형성된 것이므로 모두를 위한 가치와 도덕을 대변하는 기반이 아니라 엘리트만을 위한 장이라는 것이다.

최근 미국 지성계에서는 이러한 포스트모더니즘과 다문화주의의 논리에 바탕을 둔 좌파를 총칭하여 '문화좌파'(cultural left)라 한다. 이들의 목표는 리얼리티와 본질주의에 반대하는 것이다. 미국 사회에 관한한 '문화좌파'는 현재의 미국을 있게 한 거의 모든 것을 공격한다. 그리하여 그들은 미국의 전통과 가치를 형성하는 모든 것, 즉 개인주의, 신앙, 자본주의, 과학주의, 합리주의, 민주주의 등을 해체하려 하는 것이다. 이러한 그들의 주장과 목표는 모든 형태의 권위에 저항함으로써 자신들만의 새로운 정체성의 수립을 주장하고 있는 것이다. 그 결과 국민 간의 상호 몰이해로 총체적인 담론은 분열되었고, 사회 내의 극단적인 도덕적 상대주의로 사회 전체의 도덕과 윤리는 표류하고 있는 것이다.

『엘리트의 반란과 민주주의의 배반』(1995)

어느 시대, 어느 곳에서든 사회가 하나로 완전히 통합된다는 것은 불가능한 일일 것이다. 전체주의 사회라면 그것이 가능할 것처럼 보이지만 그것도 사실 일시적인 것에 불과하며, 어느 사회건 이견과 갈등으로 분열한다. 만일 그 사회가 여러 민족과 인종, 여러 종교로 혼합된 나라라면 그 분열은 어느 사회보다도 심각할 것이다. 미국 사회는 처음부터 여러 인종과 문화가 함께 출발했다고 해도 과언이 아니다. 따라서 어떻게 다양한 개인들이 각자의 개성을 충분히 발휘하면서도 공동체 전체의 선을 위해 협력할 수 있게 할 것인가가 사회적 지식인들이 씨름해야만 했던 어려운 과제였다. 그들은 사회가 폭넓고 유연하게 많은 다양한 개인들을 포용하면서 사회의 진보를 이룩하는 것을 이상으로 삼았다.

공적 지식인으로서 래쉬가 미국 사회에 마지막으로 던졌던 메시지는 포스트모던 시대의 극단과 분열에 대한 질타와 그로 말미암아 나타날 수 있는 국가적 재앙에 대한 경고였다. 그는 극단의 이념과 주장들이 미국 정신의 근원이 되는 지적 전통과 유산을 위태롭게 하고 있고, 그 분열의 상황은 전통을 보존할 수 있는 틀을 허물고 있다고 보았던 것이다. 약속의 땅에 대한 믿음을 지녔던 수많은 미국인들이 헌신하여 이룩한 미국 문명이 오늘날에 와서 그렇게 허탄하게 무너지고 만다는 것은 진보사상을 지적 동력으로 믿고 일생을 살았던 래쉬에게는 있을 수 없는 일이었다.

래쉬의 『엘리트의 반란과 민주주의의 배반』(*The Revolt of the Elites and The Betrayal of Democracy*)은 그가 작고한 다음 해인 1995년에 그의 딸인 엘리자베스(Elisabeth)의 도움으로 출간되었다. 이 저작에서 래쉬는 미국 사회를 주도적으로 이끌어 왔던 지배계층과 그들의 개인주의 정신이 잘못된 방향으로 가고 있고, 그 때문에 미국 사회는 분열과 위기에 처하게 되었다는 강한 메시지를 전한다. 『진정 유일한 천국』에서 래쉬가 했던 많은 주장들은 『엘리트의 반란과 민주주의의 배반』에서 반복되고 있다. 전자가 진보의 잘못된 방향에 대해 지식인들과 학자들을 향한 학문적 탄원이라면, 후자는 미국 사회가 엄청난 물질적 진보를 이루었지만 그로 말미암아 오히려 "영혼의 어두운 밤"을 지나고 있는 미국인들을 각성시키려는 것이었다.[44] 그가 사회적 지식인으로서 다하고자 했던 책임은 이 시대에 나타나고 있는 저 어두운 징조를 알리는 것이었다.

래쉬는 현재의 미국 문명과 그 진보의 상태를 비관적으로 바라본다. 그는 지금까지 미국 민주주의의 발전에 주도적인 역할을 담당해 왔던 엘리트가 본래의 정신과 의지를 상실하고 있다고 본 것이다. 그에게 이러한 상황을 진단하는 것은 고통스러운 일이었다. 왜냐하면 그것은 미국 문명의 동력이라 할 수 있는 민주주의의 배반으로도 볼 수 있기 때문이다. 이에 대해 래쉬는 다음과 같이 선언한다. "한때 서양 문화의 전통과 사회질서를 위협한 것은 바로 대중의 반란이었다. 그러나 우리의 시대에 그에 대한 위협은 대중이 아닌 사회의 최정상에 있는 자들이다."[45] 이러한 래쉬의 선언은 미국 문명의 진보에 대해 근본적인 회의를 제기하는 것이고, 그 진보에 근거한 모든 기반들이 흔들릴 수 있다는 사실을 경고하는 것이다.

래쉬는 미국 현대사에서 미국인들이 걸었던 진보의 노정은 잘못된 것이었고, 마침내 도착한 곳은 "허영의 시장"이 지배하는 세계라고 선언한다.[46] 그들은 이곳을 진보의 종착역으로 착각하여 더 나아가기를 주저하고, 극단적인 주장과 요구만을 제시함으로써 사회를 분열과 갈등으로 몰아가고 있다고 래쉬는 지적한다. 그렇다면 공적 지식인으로서 그는 무엇을 해야 할 것인가? 극단적 개인주의로 인한 전체와 부분들의 불화, 또한 부분들과 부분들의 분열과 갈등을 어떻게 해결할 것인가? 사회의 통합을 위한 새로운 기준을 어디에서 찾을 것인가? 이러한 문제들을 해결하고자 래쉬는 『엘리트의 반란과 민주주의의 배반』을 저술하였다. 그리하여 그는 이 저작에서 양심적인 소신으로 이 시대와 문명을 예리한 통찰로 진단하고, 잘못된 경향을 주저 없이 질책하며, 미래에 대해 우울한 전망을 하면서도 희망을 제시하고자 하였다.

래쉬는 먼저 사회의 분열을 심화시키고 있는 주요 원인들을 철저하게 분석하며, 그가 소위 현재 미국의 엘리트라고 지칭하는 집단의 본질, 성격, 사회에서의 위치 등을 분명하게 파악하고자 한다. 그에게 이들은 미국의 진보를 이끌어 왔던 지도적인 사람들일 뿐만 아니라 오늘날 잘못 가고 있는 진보의 방향에 책임이 있는 사람들이었다. 그는 포스트모던 계열의 학자들을 비롯하여 시장의 지배와 세계화의 경향 속에서 새로운 부를 누리는 사람들에 이르기까지 다양한 엘리트 계층을 지적한다.

래쉬는 포스트모더니즘과 다문화주의의 은밀한 결합이 미국 사회의 통합과 사회문제의 합리적 논의에 얼마나 장애가 되고 있는지를 추적한다. 그에 의하면 이러한 장애로 생긴 미국의 분열 상황은 국민간에 기본적인 의사소통을 불가능하게 할 정도라는 것이다. 다시 말해 사회의 분열을 넘어 민주적 대화 자체가 불가능하다는 것이다. 래쉬는 이 분열과 혼란의 중심에 포스트모던 의식을 가진 학자들이 있다고 본다. 그는 그들이 제기하는 개념 논쟁은 민주주의라는 말 자체를 혼란스러운 상태에 빠뜨렸고, 그들이 추구하는 이상은 미국의 건국이념과는 전혀 궤를 달리하는 것이라고 개탄하였다.

그러나 래쉬는 희망을 포기하지 않는다. 그의 대안은 미국인의 진정한 개성을 되찾고, 민주사상의 전통을 회복하며, 다시 건국이념으로 돌아가는 것이었다. 그는 역사 속에서 자신의 대안에 가장 부합하는 모델로서 민중주의 사상을 발굴하였다. 그는 이 사상 속에서 진정한 개성을 추구하는 미국인들을 보았다. 래쉬에게 본래의 개성은 놀랍고 경이로우며 신비롭기까지 한 것이다. 그가 민중주의자들에게서 대안을 찾은 이유는 민중주의자들은 상호 의존이 아니라 진정한 자립을 추구했기 때문이었다. 그는 그들이 자립을 민주주의의 정수이자 결코 멈추지 않는 덕성으로 간주했다고 주장한다. 그들은 자립정신을 약화시키고 개인들의 자율적 책임감을 감퇴시키는 모든 것에 항거했다는 것이다. 래쉬는 이러한 민중주의의 전통을, 마틴 루서 킹의 정신에서도 발견한다. 그는 킹이 흑인들의 사회적 책임, 근면, 절제, 자기성취의 덕성을 찬양하며, "흑인 개개인을 활기차고 자부심을 가진 시민으로 변혁시킴으로써, 그들이 스스로 헌법적 권리를 수호하는 과정에서 새로운 존엄성을 획득하도록 촉구"했다고 주장한다.[47]

래쉬는 이러한 활기 찬 개인이 바로 미국의 건국이념을 떠받쳐 왔다고 강조한다. 그는 하르츠의 논제에서 추론할 수 있는 소유욕이 강한 개인주의는 진정한 건국이념을 설명해 주지 못한다고 본다. 오히려 그는 고전적 공화주의가 강조하는 시민의 덕성을 포함하여 프로테스탄트의 자기 반성적 정신이 가장 중요한 동력이었음을 재삼 강조한다. 현재의 미국 문명에서 깊은 배신감을 느낀 그에게 중요한 것은 "민주주의가 살아남을 수 있을 것인가"가 아니라 "민주주의가 살아남을 가치가 있는가"였다. 그는 민주주의가 관용에 제한되는 어떤 것이 아니라 그것보다는 훨씬 더 활기 찬 윤리를 필요로 한다고 보면서 "관용은 아름다운 것이지만 그것은 단지 민주주의의 출발점이지 최종 목적지는 아니라"고 말하며 미국 민주주의가 갖고 있는 본래의 정신을 회복시키려 했다.[48]

엘리트의 반란과 사회의 분열

1990년대 초 미국 사회는 갈등과 분열로 역사상 최악의 혼란 상태에 빠져 있다고 래쉬는 진단한다. 그 분열과 혼란의 근원은 무엇인가? 이데올로기적인 것인가, 아니면 문화적인 것인가? 래쉬는 먼저 최근 정치적 논쟁에는 미국 국민이 실질적으로 필요로 하고 해결되기를 절실하게 바라는 문제들, 즉 제조업의 쇠퇴로 인한 실업의 증가, 중산층의 축소, 빈곤층의 확대, 범죄율의 증가, 마약 밀매의 성행, 도시의 쇠락 같은 문제들이 전혀 다루어지고 있지 않다고 주장한다. 그렇다면 이 미국 사회를 주도하고 있는 사람들은 누구이며, 누가 이러한 분열과 혼란에 책임이 있는 것인가? 래쉬는 그들이 바로 현대의 엘리트라고 지목한다. 그는 이들 엘리트가 사회적 쟁점들을 주도해 왔으면서도, 실질적으로 미국 대중이 직면하고 있는 어려움을 외면함으로써 "대중과의 공감대를 상실해 버렸다"고 비판한다.[49] 그는 현재 미국의 기득권 계층이 다른 사회계층으로부터 얼마나 심각하게 유리되어 있는가를 지적하며, 이들이 오늘날처럼 그 주변으로부터 위험스러울 정도로 격리된 적은 없었다고 주장한다.

래쉬는 역사가답게 이러한 계층들 간의 갈등과 분열을 역사에 비춰 봄으로써 그 문제의 본질은 물론이고 심각성을 이해하려 한다. 이러한 취지에서 그는 19세기의 부유층을 언급하며, "그들은 사유재산의 신성(神聖)을 주장했지만 동시에 재산권이 절대적이지도 않고 무조건적이지도 않다는 원칙에 의해 제약을 받았다"고 주장한다. 그들은 부를 시민적 의무가 수반되는 것으로 받아들였다는 것이다. 그리하여 그들이 행한 수많은 자선사업은 "이웃의 삶과 뒤따라오는 차세대의 삶을 연결시켜 주었다"는 것이다.[50] 오늘날 미국 사회는 어떠한

가? 구시대의 부유층이 지녔던 그러한 시민적 책임윤리의 쇠퇴는 바로 오늘날 미국 사회가 분열하게 된 원인 가운데 하나라고 래쉬는 주장한다.

이와 더불어 래쉬는 사회 분열의 또 다른 원인으로 “자본의 이동성과 글로벌 시장의 등장”을 꼽고 있다. 세계화의 흐름을 주도하는 엘리트는 “그들 선조들에 비해 훨씬 더 세계주의적이며, 이주를 기꺼이 받아들이는 기질을 가졌다”고 그는 설명한다.[51] 이러한 새로운 환경에서 중요한 것은 기회에 대한 새로운 개념이라는 것이다. 19세기에 기회라는 개념은 한 장소에서 각 개인이 자기실현을 위해 최선을 다하는 것을 말하지만, 지금은 빈번한 이주로 인해 그 전통적인 개념이 유지될 수 없게 되었다는 것이다. 이것은 미국의 전통적인 민주주의 이념이 부식하고 있음을 의미한다고 볼 수도 있다. 다시 말해 “이제는 민주주의라는 개념에서 누구나 가질 수 있는 조건의 평등이라는 의미가 사라졌다”고 볼 수 있는 것이다.[52] 그렇다면 그 결과는 무엇인가? 래쉬는 이러한 이주현상으로 인한 가장 중요한 결과는 가정(家庭)의 붕괴라고 지적한다. 이주의 결과로 이들 엘리트는 가정을 귀찮은 친척이나 이웃이 모이는 장소 정도로 생각할 뿐만 아니라 “후진적이고,” “반동적이고,” “억압적이고,” “독선적이며,” “지루한” 실체로 간주하게 되었다는 것이다.[53] 래쉬는 이것을 “미국의 중심에 대한 새로운 엘리트의 반란”으로 보았다. 그는 전통적으로 미국의 중심을 차지해 왔던 가정적 가치관에 배치되는 이들의 행동과 생활방식을 지적하며 과연 이들을 미국인이라 부를 수 있을 것인지 의문을 제기한다. 그는 그들의 가치체계 어디에도 미국을 사랑하는 정신은 찾아볼 수 없다고 개탄한다. 여기에 더하여 그는 이들의 취향까지도 이국적인 문화에 빠져 있다고 지적하며, 국가에 대한 어떠한 의무감도 느끼지 못하는 "이들의 세계관은 선조들이 가졌던 민주주의에 대한 열망"을 뒷전으로 하고 있다고 비판한다.[54]

래쉬가 미국 문명을 포함하여 20세기 서양 문명 속에서 가장 심각한 문제점으로 느끼고 있는 것은 사회질서와 문화의 전통이 위협을 받고 있다는 사실이다. 그는 그 책임이 누구보다도 엘리트에게 있다고 보았다. 과거에 질서와 전통을 앞장서 지켰던 엘리트 계층이 이제는 오히려 그에 대해 반대 입장에 서 있다는 것이다. 이 "엘리트의 반란"은 1920년대에 스페인 사상가 호세 오르테가 이 가세트(José Ortega y Gasset)가 지적했던 대중의 반란에서 나타난 문제점들이 역으로 나타난 것이라 할 수 있다. 오르테가 이 가세트는 제1차 세계대전 이후 유럽의 사회가 해체되는 것을 목격하며 『대중의 반란』(*The Revolt of the Masses*)이라는 책을 저술하였다. 공산주의 혁명이 승리하고 파시즘이 등장하고 있던 시대에 그가 바라 본 대중이란, 사회와 문화의 엘리트에 반항하며, "시민의 의무라는 관점에서 아무 도움도 안 되고, 그것이 의미하는 바가 무엇인지도 모른 채, 위대한 역사적 책임에 대해 어떤 의식도 가지고 있지 못한" 세력이었다. 오르테가 이 가세트는 이들 대중을 다음과 같이 묘사한다. "그들은 문명의 취약성이나 역사의 비극적 속성에 대해 아무런 이해도 하지 못한 채 내일은 세계가 더욱 부유하고 풍족하고 완벽할 것이라는 확신 속에서 아무런 생각 없이 즉흥적으로 살고 있다. 그들은 자신들의 복지에만 관심이 있고, 무한한 가능성과 완전한 자유를 기대하고 있다."[55]

오르테가 이 가세트가 서양 문화의 위기를 대중정치의 지배에 따른 결과로 해석했다면, 래쉬는 현재의 미국 문명에 위기를 가져온 것은 바로 엘리트의 지배라고 보았다.[56] 래쉬는 오르테가 이 가세트가 지적한 대중의 문제점을 이제 미국 사회의 엘리트 속에서 보았던 것이다. 그 엘리트란 브로커, 은행가, 부동산 프로모터, 엔지니어, 각종 컨설턴트, 시스템 분석가, 과학자, 의사, 홍보전문가, 출판인, 편집인, 광고회사 중역, 예술감독, 영화제작자, 엔터테이너, 언론인, 텔레비전 프로듀서, 예술가, 작가, 대학교수 등이었다. 래쉬에게 그들은 "돈과 정보의 국제적 이동을 지배하고, 자선재단과 고등교육기구를 관장하며, 문화적 생산기구들을 관리하고, 대중토론의 조건을 결정하는 자들이었다."[57]

이들 엘리트에 대한 래쉬의 비판은 날카롭고 혹독하다. 그는 이들을 다음과 같이 비판한다. "그들은 선조에 대한 감사함이나 대대로 내려오는 사회에 대한 책임감이라든가 의무감을 전혀 느끼지 않는다. 그들은 스스로를 오로지 자신들의 노력을 통해 모든 특권을 획득한 자수성가한 엘리트로 생각한다."[58] 래쉬는 이들이 문화공동체에 대한 어떤 의식도 가지고 있지 않을 때 과연 누가 과거와 현재를 이을 것인지 절망적으로 묻는다. 그는 이러한 상황을 역사의 단절로 보며, 미래에 대한 희망도 사라지는 것으로 받아들였다. 그는 역사와 문화를 이해하기 위해 과거로 돌아가 무엇인가를 찾으려 하는데, 그것은 과거에 대한 단순한 향수가 아니라 미국 정신의 본래 모습을 현재와 연결시키고자 하기 때문이다. 그는 전통적인 엘리트가 가졌던 시민의 책임윤리가 쇠퇴하면서 이미 이웃과 이웃, 과거와 현재의 연결고리는 끊어져 버리고 말았다고 주장한다.

공동체 의식과 민중정신에 의한 통합사회 추구

래쉬는 진보를 추구하는 전형적인 자유주의자이면서도 진보에 대한 철저한 비판자였다. 그는 진보를 비판하지만 진보 자체를 거부하지는 않는다. 그는 진보의 잘못된 방향, 잘못된 발전 과정, 잘못된 현 상태를 진단함으로써 바람직한 진보를 이룰 수 있는 방안을 모색하였다. 그리하여 그는『엘리트의 반란과 민주주의의 배반』에서 자신이 말하는 소위 엘리트가 주도해 온 진보의 노정을 분석·비판하는 동시에 그와는 다른 길을 걸어 왔던 집단 속에서 진보의 진정한 모습을 찾고자 했다. 그는 잃어버린 미국의 정신, 즉 미국 본래의 민주주의 정신을 진보의 주류 밖에서 찾으려 했던 것이다.

래쉬는 이러한 미국의 정신을 두 가지 전통 속에서 찾는다. 하나는 민중주의 전통으로 그것은 "18세기와 19세기 초에 시민의식의 필수적 기초로 널리 간주된 소규모 자영농을 지키려 했던 정신"에 뿌리를 둔 것이며, 다른 하나는 공동체의 전통으로 그것은 "민속, 관습, 편견, 마음의 습관 등과 같이 일상적인 생활 속에서 형성되어 모두가 함께 공통으로 갖고 있는 생활양식으로 사회적 유대"에 바탕을 둔 것이다.[59] 래쉬는 이 두 가지 전통 모두가 계몽사상에 대해 어느 정도 거리를 두고 있고 진보의 주류로부터 벗어나 있다는 공통점이 있음을 상기시킨다. 이 반(反)계몽적이고 반(反)진보적인 성격 속에서 래쉬는 현재의 진보와는 다른 가치와 정신을 발견할 수 있었다. 그러나 문제가 되는 것은 그가 누구보다도 신랄한 공격을 해 왔던 포스트모던 계열의 학자들도 계몽사상을 문제시하며 반진보적 입장을 취하고 있다는 사실이다. 그럼에도 그는 계몽사상에 대한 자신의 비판적 입장을 분명히 밝힌다. 그는 "계몽사상의 보편적 이상은 이제 보편적인 의혹의 대상이 되고 있다"고 지적하며 그 사상은 "계급, 국적, 종교, 인종 등의 특수성을 초월하는 가치체계로서 더는 어떤 확신도 주지 못하고 있다"고 주장한다. 또한 그는 "계몽사상의 이성과 윤리는 날이 갈수록 권력의 방패막이로 비쳐지고 있으며, 세계가 이성에 의해 지배될 수 있을 것이라는 전망은 18세기 이후 그 어느 때보다도 가능성이 희박해 보인다"고 말한다.[60] 이러한 래쉬의 반계몽적 입장은 다음 절에서 다루게 될 포스트모던 계열의 학자들의 입장과 같은 것으로 보이지만, 양측이 추구하는 목적은 본질적으로 다른 것이었다.

래쉬에게 계몽사상의 쇠퇴는 바로 자유주의의 쇠퇴를 의미하였다. 왜냐하면 계몽사상의 낙관적 태도는 정치적으로 자유주의를 통해서 가장 잘 드러났기 때문이다. 래쉬는 자유주의 이데올로기를 발전시킨 두 가지 특징을 지적한다. 한 가지는 "진보사상에 대한 전념"이고 다른 한 가지는 "자유주의 국가는 시민의 덕행 없이도 잘해 나갈 수 있다는 신념"이다. 이 두 가지 관념은 자본주의에 대한 낙관적인 믿음을 가능하게 했다. 즉, 자본주의를 통해서 모든 개인들은 부자들이 누리는 편안과 행복을 함께 누릴 수 있다는 생각이었다. 따라서 인간은 스스로 자신의 개인적인 일에만 열중하고, 정부는 오직 그 자체의 일에만 신경을 쓰면서 정부의 필요성을 줄이는 자유방임적 자본주의가 발전하게 되었다는 것이다. 다시 말해 "물질적 풍요의 축복을 받은 사회는 일반 시민들의 정치에 대한 적극적인 참여 없이도 잘 돌아갈 수 있다고 믿는 낙관주의는 바로 진보사상"과 직결되는 것이었다.[61]

래쉬는 이러한 자유방임적 자본주의란 "이론적으로는 그럴듯해 보일지라도 사악한 개인들의 토대 위에 서 있는 선량한 사회"로서,

결국 모순으로 나타났고 결코 일관되게 유지되지 않았다고 주장한다. 자유주의 사회의 중심을 차지하는 시장은 "약삭빠르고, 계산에 뛰어나며, 명석한 두뇌를 가진 개인들"에 의해 지배되었고, 가족의 본래의 개념과 구조는 더 이상 유지될 수 없게 되었다는 것이다. 그리하여 래쉬는 "자유주의자들은 사치를 질타하고 시민정신을 함양시켰던 옛 공화주의의 가치관과 관념을 포기하게 되었고, 개인들에게 사적 이익을 공공의 선에 종속시킬 것을 호소할 수 있는 어떤 근거도 가질 수 없게 되었다"고 지적한다.[62] 공화주의의 시민적 덕행이 사라지고 자본주의가 더욱더 즉각적인 만족과 주기적인 경기변동에 좌지우지됨으로써 가족의 도덕적 기반은 무참하게 소멸되어 갔고, 자본주의의 발전으로 인해 가족에 근간을 둔 경제적 기반도 무너지게 되었으며, 가족은 시장의 지배에 대한 균형추의 역할을 하는 대신에 시장의 영향으로 붕괴되었다고 래쉬는 개탄한다. 이것이 래쉬가 설명하는 가족에 기반을 둔 19세기 농민들이 직면했던 현실이었고, 1890년대에 민중주의로 폭발했던 농민저항의 배경이었다.

래쉬는 20세기 자유주의의 발전 과정도 면밀히 고찰하면서 그 잘못된 방향을 두 가지 면에서 지적한다. 하나는 시장 지향적인 면이고, 다른 하나는 국가 지향적인 면이다. 단순하게 생각한다면 시장이란 자유주의에서 가장 중요시하는 개인의 이익에 최선의 장소가 될 수 있고 개인주의의 가치가 구현되는 장으로 보일 수도 있을 것이다. 그러나 래쉬는 시장이 지배하는 세계에서 개인의 존재는 사라지고 개인 자신을 대변할 수 있는 능력을 갖추는 것조차 어렵게 되었다고 한탄한다. 개인의 자립과 자기실현을 뒷받침해 줄 수 있는 모든 제도와 장치는 시장에 의해 잠식되었다는 것이다. 래쉬는 철저하게 시장의 복잡한 메커니즘을 분석한다. 그는 "시장이란 교활하게도 그 스스로 보편화하는 경향이 있다"고 지적하며 다음과 같이 주장한다. "시장은 자신과 반대되는 원칙에 따라 움직이는 학교와 대학, 신문과 잡지, 자선단체, 가족 등과 같은 제도들과 쉽사리 공존하지 않는다. 시장은 그 모든 것을 흡수해 버리는 경향이 있다. 시장은 자신이 인정하는 유일한 조건에서 스스로의 정당성을 입증하기 위하여 모든 행위에 거의 저항할 수 없는 압력을 가한다."[63]

이러한 시장의 독점적인 지배에 대해 자유주의자들도 충분히 인식하였고, 결국 그들이 할 수 있는 일은 시장의 범위를 억제하려는 시도로 국가에 도움을 요청하는 것이었다. 그러나 래쉬는 "이 해결책은 때때로 그 질병보다 더 나쁜 것으로 입증되었다"고 주장한다. 그는 국가에 의한 사회통제 체제는 개인의 "신뢰를 약화시키고, 개인 각자가 자신의 행위에 대해 책임을 지는 의지를 잠식하며, 또한 권위에 대한 존경을 파괴하고, 결과적으로 자멸적인 것이 되어 버린다"고 비판한다. 또한 그는 가족과 더 넓은 세계를 연결하는 역할을 담당했던 이웃관계도 시장은 물론 이러한 진보적 사회공학에 의해 파괴된다고 주장한다.[64] 그는 이웃정신이란 자연스런 사회적 신뢰를 바탕으로 이루어지는 것으로 보았다. 따라서 그는 이것이 인위적으로 이루어질 때 자유주의자들이 그토록 중시했던 바로 그 개인의 사생활도 소멸될 수 있다는 사실을 경고하는 것이다. 그는 시장만큼이나 국가도 문화의 하부구조에 파괴적인 영향을 미친다고 보았다.

그렇다면 이러한 진보의 과정에서 개인의 자립을 중시하는 미국의 전통적인 민주주의 정신은 어디에 있었는가? 래쉬는 앞서 언급한 "민중주의와 공동체를 지지하는 사상들이 시장과 복지국가 모두를 거부하며 제3의 길을 추구한다"고 보며, 이들 두 사상에서 미국 민주주의의 정신을 발견하고, 그 사상들의 본질, 성격, 차이점 등을 면밀히 분석한다. 어떤 의미에서 이 두 사상의 위치는 좌파와 우파 어디에도 속하지 않은 것처럼 보인다. 왜냐하면 이들은 자유 시장을 반대한다는 관점에서 보면 좌파로 분류되지만, 동시에 복지국가에 대한 비판이라는 점에서 보면 우파로도 비쳐지기 때문이다.[65] 이러한 중립적인 면은 양당 제도로 분할된 기존의 권력구조를 타파할 수 있는 대안이 될 수도 있고, 이데올로기적인 구호가 아닌 신선한 사고방식을 제시함으로써 일반대중에게 호소력을 가질 수도 있는 것이었다. 래쉬에게 이 신선한 사고방식이란 "도덕적 의무를 국가나 시장에서 찾는 것이 아니라 상식, 보통의 감정, 일상생활 등에서 찾는 것이었다." 래쉬는 이것이 그 어떤 것보다도 시민사회를 강화할 수 있는 방안이 될 수 있을 것이라고 보았다.[66]

그러나 래쉬는 공동체 의식보다는 민중주의에서 더 분명하고 전형적인 미국 민주주의의 정신을 발견한다. 그 이유는 공동체 의식이 사회관계를 동정적으로 바라보는 것이라면 "민중주의는 그것을 존경의 원칙으로 바라보기" 때문이라는 것이다. 래쉬는 동정에 바탕을 둔 사상은 듣기는 좋을지 몰라도 개인의 자립과 독립심을 약화시키고 타인에 대한 의존성을 조장하는 것으로 본다. 이런 점에서 그는 민중주의를 더 선호하는데, 그 이유는 존경의 원칙을 따른다는 것은 그 존경의 대상이 스스로 자립하고, 공정하게 공적인 원칙을 준수하면서, 스스로에 대해 책임을 지는 사람들이기 때문이라는 것이다.[67] 래쉬가 찾는 미국 민주주의의 정신은 바로 민중주의 속에 있었다. 그것은 항상 순종의 정치와 연민의 정치 두 가지 모두를 거부하는 진정한 민주주의의 목소리라는 것이다.

래쉬는 "공동체 의식을 가진 사람들이 사회적 신뢰의 붕괴를 아쉬워한다"고 지적하면서도, "민주주의에서 신뢰는 상호 존중에 기반을 두어야 한다는 것을 그들은 인식하지 못하고 있다"고 비판한다. 또한 그는 "그들이 권리란 책임과 균형을 이루어야 한다고 주장"하지만, "개개인들의 책임보다는 공동체 전체의 책임"에 더 관심이 많다고 지적한다.[68] 그가 되살리려고 하는 민주주의 정신은 민중주의와 공동체 의식 모두에 바탕을 두고 있다. 그러나 그는 그것들의 다른 점은 강조의 차이뿐이라고 지적하면서도 공동체 의식보다는 민중주의의 중요성을 더욱 강조하는데, 그 이유는 '지나친 관용'과 의존으로 민주주의의 활력을 잃어버린 이 시대의 각성을 위해 민중주의가 더 필요하다고 진단했기 때문이다. 여기서 지나친 관용이란 극단적인 개인주의로서, 이것은 전체 사회의 통합을 무시하며 사회의 갈등과 분열에는 아랑곳하지 않은 채 각자의 인종적 집단의 이익과 정체성만을 주장하는 것을 말한다. 래쉬는 이러한 입장을 펴는 소위 다문화주의자들은 "하나의 사회라는 관념을 버리고 여러 색깔의 종족들의 집합체로 그것을 대체하자"고까지 주장하고 있으며, "실제로 그들은 종족주의가 다인종·다문화적 사회에서 뿌리내릴 수 있는 유일한 공동체의 형태"로 믿고 있다고 개탄한다.[69]

민중주의에서 찾아낸 민주주의 정신을 실현시키기 위해 래쉬는 과거 이데올로기의 정치가 얼마나 우리의 세계관을 왜곡시켰는가를 반성하면서 앞으로의 "국민철학은 개인적 결정권보다는 공동체에 더 많은 비중을 두어야 하고," "권리보다는 의무를 더욱 강조해야 한다"고 주장한다.[70] 또한 그는 "성과 인종의 정치로 말미암아 빚어지고 있는 분열현상을 극복할 것"을 주문하며, "진정한 분열의 문제란 계급 분열"이라는 사실을 일깨우려고 하였다. 그는 어떠한 형태의 공동체도 현저한 불평등을 해소하지 않고는 바람직한 형태가 될 수 없다고 믿는다. 그는 일반국민과 엘리트 간의 격차가 줄어들 때만이 미국의 전통적인 민주주의 정신은 구현될 수 있다고 본 것이다.

인문학의 위기와 도덕의 붕괴

래쉬는 엘리트 집단 가운데 누구보다도 다문화주의를 주창하는 지식인들이 현 미국 사회의 분열에 책임이 있다고 믿는다. 그리하여 그는 심혈을 기울여 소위 다문화주의자들이 일으킨 문화전쟁이 얼마나 미국을 잘못 이끌어가고 있는가를 해명하려고 하였다. 그는 이들이 대학 안에서 엘리트의 반란을 일으킨 장본인들이라고 주장한다. 그는 이들의 주장과 논쟁이 "보통 사람들의 일상적인 관심사와는 동떨어진" 것으로, 그들이 다양성에 대해 논쟁하는 동안 대학은 오히려 더욱 귀족화됨으로써 인문학 교육이 부유층의 전유물로 전락해 버렸다고 말한다. 그리하여 전문직업대학으로 밀려난 많은 학생들은 "경영학, 회계학, 체육교육, 홍보, 그 밖의 다른 실용학문 등을 공부하며, 작문과 독서에는 거의 주의를 기울이지 않고, 역사, 철학, 문학 등은 아예 접해 보지도 못한 채 졸업을 한다"는 것이다. 래쉬는 "이 학생들이 세계의 문화를 익힐 수 있는 유일한 기회는 사회학 개론과 일반 생물학과 같은 필수과정을 통해서"라고 지적한다.[71] 심지어는 "문화를 민주화한다는 핑계로 교과과목을 영화, 사진, 평범한 일반 서적 등을 중심으로 재구성해야 한다고 하는" 상황에까지 이르렀다는 것이다.[72] 이것이 인문학의 위기이며, 이 위기는 필연적으로 문화적 위기를 가져왔고, 더 나아가 도덕의 붕괴와 도덕의 표류로 이어지고 있다는 것이다.

래쉬는 이러한 인문학의 위기를 다문화주의자들의 입장과 관련시켜 다음과 같이 설명한다. "인문학 분야에서 현재 활발하게 진행되고 있는 토론을 주도하는 사람들의 주장은 옳은 것이지만, 그들이 타자에 관한 교육을 인문과학 연구의 주요 역할로 강조하는 것은 고려해 볼 필요가 있다. 그들이 시도하는 인문학의 개혁은 정반대의 결과를 가져올 수 있다. 그들은 다원론(多元論)을 내세워 고전 저술들에 저장되어 있는 귀중한 경험들 중 많은 것을 서구 백인 남성들의 문화로 일축하는데, 이것은 학생들이 제한된 시야 밖을 경험할 수 있는 기회를 박탈하는 것이다."[73]

이러한 설명에서 래쉬가 주장하고자 하는 것은 다문화주의자들의 경직성이다. 즉, 그들은 타자의 경험을 강조하며 일반 학생들로 하여금 억압받아 온 집단과 그들이 처한 상황을 인식하고 받아들일 것을 강요하면서도, 그들 쪽에서 보면 타자의 경험이라 할 수 있는 "서양 백인 남성들의 저술에 들어 있는" 내용은 배울 필요가 없다고 주장한다는 것이다. 래쉬가 보기에 이것은 "관용을 가장한 음흉한 이중적 기준"으로서, "모든 인간들이 오랜 투쟁을 통해 성취한 승리의 결실인 세계 문화"를 거부하는 것이었다. 이러한 상황에 대해 보수주의자들은 소수민족들이 서양 문명과 사상을 이해하고 받아들일 능력이 없다는 식으로 매도하는데, 이것은 특정 보수주의자들의 완고함과 배타주의에서 나오는 것으로 볼 수 있다고 래쉬는 설명하면서도 실은 그 배타적인 태도가 "경멸보다는 두려움에서 나오는 것"이라고 지적한다.[74]

래쉬 역시 현 상황을 두려워한다. 그는 사회가 이러한 문화적·도덕적 갈등과 위기에 직면해 있음에도 미국 지성계가 자신들의 주장만을 내세우며 분열해 있는 실정에 대해 깊은 우려를 표한다. 그에 따르면 "진보주의자들과 보수주의자들은 이른바 유럽 중심주의적 교과과정의 수정, 인종적 다양성과 민감성을 촉진하기 위한 정책, 후기구조주의의 이론적 함축성 등에 관해 토론하지만 사회의 근본적인 이슈는 소홀히 하고 있다"는 것이다. 래쉬는 이 분열의 상황 역시 인문학의 위기를 초래한 결정적인 요인으로 간주하며 "인문과학의 민주화라는 미국 교육의 역사적 사명"이 위기에 처해 있다고 선언한다.[75]

현 미국 지성계에 대한 래쉬의 입장은 진보와 보수 진영 모두를 비판하고 있지만, 그의 중심적인 비판의 대상은 소위 그가 말하는 대학의 사이비 급진주의자들이다. 그는 이들이 진정으로 사회의 진보를 위해 인간과 사회의 문제를 다루는 데 전념하는 것이 아니라 "외부의 비판으로부터 자신들의 특권을 방어하는 데에만 급급하고," "반대편 학자들과의 토론을 거부하며 자신들의 주장만을 내세우며," "폭넓은 독자층과 대화하기를 포기"해 왔다는 것이다. 또한 그들은 "자신들만이 알아들을 수 있는 전문용어를 사용하며 그것이 전복(顚覆)의 언어라고 옹호하면서, 일상적인 말은 억압의 도구로 일축해 버린다"는 것이다.[76]

다양성을 말하는 이들 급진주의자들은 정말로 사회의 다양한 세력들이 처해 있는 절박한 문제와 고통을 대변하고 있는 것인가? 이에 대해 래쉬는 "이들이 대학을 벗어나서는 별 다른 역할을 하지 못한다"고 꼬집는다. 오히려 "일반 대중은 윌리엄 베닛(William Bennett), 앨런 블룸(Alan Bloom), 린 체니(Lynne Cheney)와 같은 보수주의자들에게 귀를 기울이는데, 이는 그들이 교육체제가 해체되고 있다는 광범한 인식에 대한 해답을 찾으려 하며, 또 그에 따른 위기에 대해 무엇인가 중요한 일을 할 수 있을 것으로 보이기 때문"이라는 것이다.[77]

래쉬가 대학의 사이비 급진주의자들을 지목하여 공격하는 것은 그가 현재 감지하는 도덕의 붕괴와 표류 때문이다. 누가 그리고 무엇이 도덕을 무너뜨렸는가? 래쉬는 다문화주의가 그 문제에 책임이 있다고 본다. 그는 "도덕적 붕괴로 말미암아 우리의 자녀들이 올바른 가치관을 갖지 못한 채 자라나고 있는" 이 상황에 대해 다문화주의자들은 고뇌해야 한다고 압박을 가한다. 그는 "많은 젊은이들이 도덕적으로 표류하고 있다"고 개탄한다. 그에 따르면 "그들은 사회와 관련된 윤리적 요구를 자신들의 개인적 자유에 대한 침해로 증오하고," "자신들의 개인적 권리에는 독자적인 가치를 창출할 권리가 포함되어 있는 것으로 생각하면서도," "그들은 자신들이 하고 싶은 대로 할 권리라는 것 외에는 실제로 이것이 무엇을 의미하는지 설명하지 못하고 있다"는 것이다. 그리하여 젊은이들은 "가치라는 개념이 도덕적 의무의 원칙을 함축하고 있다는 사실을 이해하지 못하고," 사회에 대해 어떤 책임도 느끼지 못하고 있다고 래쉬는 개탄한다.[78]

래쉬는 교육의 장에서 벌어지는 분열과 갈등 외에도 도덕적 상대주의와 세속적 휴머니즘에 근거하여 엘리트가 일으킨 도덕의 붕괴와 표류를 심각한 문제로 받아들이고 있다. 그는 미국의 정신과 종교가 공격을 받음으로써 겸손과 침묵의 미덕이 사라졌고, 금기로 되어 있는 모든 것이 공공연히 거론되고 인습적인 모든 것이 타파됨으로써 인간의 수치심은 사라지고 말았다고 지적한다. 그렇다면 수치심 없는 사회란 어떤 상태일까? 그러한 상태는 바람직한 것인가? 이 문제에 대해 래쉬의 대답은 단호하게 부정적이다. 그는 "오늘날 우리의 문화에서 더 숨길 무엇이 있으며, 또 다른 충격에서 새로이 발굴해 낼 무엇이 남아 있는 것인가"라고 반문하며 수치심 없는 사회에 들어선 것을 개탄한다. 그는 "개인생활에 관한 내밀한 폭로는 물론이고 이제 더는 우리에게 충격을 줄 수 있는 것은 없다"고 지적하며, "대중매체들은 괴이하기 짝이 없는 도착행위와 더할 수 없이 저속한 취향들을 장황히 늘어놓기를 서슴지 않는다"고 질타한다.[79] 그리하여 그는 예레미야와 같은 정신으로 미국 사회와 지성계에 "우리는 수치심을 둘러싸고 이른바 '침묵의 음모'를 어떻게 벗겨낼 수 있는가를 묻는 대신에, 오늘날처럼 수치심이 없는 사회에서 왜 그처럼 침묵의 음모가 많은 관심을 끌고 있는지를 물어야 한다"고 선언한다.[80]

래쉬는 모든 도덕의 경계가 무너지고 모든 죄의식이 사라질 때 사회와 문화는 뻔뻔하고 천박하고 불순한 상태에 빠진다고 경고한다. 그에 따르면 "우리가 고귀함과 호사스러움, 교양적 취미와 속물적 근성, 겸손과 가식의 차이를 가릴 수 없게 되면 관용이란 뻔뻔스럽고 냉소적인 단념의 상태에 빠지고 만다"는 것이다. 깊은 고뇌 속에 래쉬는 "수치심을 모르는 냉소주의는 이제 우리 문화의 전체 기조를 이루고 있다"고 한탄한다.[81] 모든 권위와 존경이 사라진 시대에 그는 미국 국민이 "세대를 초월한 도덕적 지혜를 회복하여" 진보의 바른 여정에 들어서기를 염원하며, 다음과 같은 메시지를 던진다. "우리는 왜 수치심과 호기심이 항상 인간의 마음에서 그토록 밀접하게 결합되어 있는지, 왜 수치심이 경외와 존경을 불러일으키는지, 왜 그것이 다른 무엇보다도 인간사에서 더는 파고들 수 없는 마지막 남은 신비에 대해 거론하는지"를 알 수 있어야 한다.[82]

진보의 허영과 어두운 영혼의 밤

미국은 어디로 가고 있는가? 미국 국민이 도달하고자 염원하는 곳이 자유와 평등의 넓은 바다라면 지금 그들은 어느 지점을 지나고 있는가? 과연 미국 문명의 강은 그들이 진정으로 추구하는 진보를 향해 옳은 방향으로 가고 있는 것인가? 이러한 문제들이 래쉬가 미국 문명을 철학적으로 관조했던 내용들이다. 미국 문명을 바라보는 래쉬의 관점은 비관적이다. 무엇보다도 현재의 진보의 흐름에 대해 그는 회의적이다. 그 이유는 미국 국민이 "단기적 이익에 집착하여 장기적 문제들에 대해 무관심하고 있기" 때문이라는 것이다. 다시 말해 그들은 진보의 결과로 눈앞에 펼쳐진 화려한 허영의 잔치에 빠져 있다는 것이다. 래쉬는 "당장의 만족을 위한 탐욕이 미국 사회 전반에 걸쳐 팽배해 있다"고 지적한다. 프런티어의 멀고 거친 광야를 자립심으로 극복하며 공동체에 대한 의무와 사명감으로 미국 문명을 수립한 미국 국민이 이제 보편적으로 외치는 "자아실현과 자아존중"은 "시민적 의무감을 형성할 수 없는 사회의 징후들일 뿐"이라고 래쉬는 개탄한다.[83]

래쉬는 역사와 사회를 통해 형성된 미국 정신의 실체가 그 본연의 모습을 서서히 드러내는 것에 대해 다음과 같이 말한다. "20세기가 끝나가는 시점에서 개개인의 이기심을 사회의 일반 의지에 종속시키지 않으려는 경향은 바로 아메리카니즘의 핵심이 드러나고 있는 것이 아닌가 하는 불안감이 엄습하고 있다." 또한 그는 "과거에 미국 사회의 노동윤리를 지탱해 주었고 자아도취를 억제해 주었던 내부적 제약들이 사라진" 이 시점에서 과연 민주사회의 운명은 어떻게 될 것인지에 대한 질문을 하지 않을 수 없다고 토로한다.[84]

무엇이 문제인가? 왜 공손함, 근면, 자제와 같은 한때 민주주의의 불가결한 요소로 간주되었던 개인적 행동의 기준들이 전면적으로 무너지게 되었는가? 래쉬는 많은 요인들 가운데서 먼저 "종교의 점진적인 퇴화"를 지적한다.[85] 그는 전반적으로 종교는 대중적 토론에서 밀려났다고 말하면서 특히 엘리트의 종교에 대한 태도를 문제 삼는다. 그들이 만드는 비평문화를 살펴보면 종교에 대한 회의를 넘어 신성모독의 수준에까지 도달했다는 것이다. 사회의 모든 것이 철저하게 세속화될 때 그 문화는 어떤 상태에 도달할 것인가? 래쉬는 "세속화로 인해 남겨진 종교적 공백이 죄악에 관한 관념을 질병의 개념으로 대체하는 방임적인 문화로 채워지게 되었다"고 주장한다.[86] 한 사회가 도덕, 윤리, 죄 등과 같은 문제는 아예 없는 것으로 간주하고 단지 질병만이 인간의 고통과 관련이 있는 것으로 치부할 때 그 사회는 인간의 어떤 행동이나 표현도 허용하게 될 것이다. 그리고 단지 질병을 치유하는 치료적 방법에만 관심을 집중시키게 될 것이다. 따라서 방임적 문화는 치료적 문화의 유행을 가져왔고, 치료적 문화는 방임적 문화를 강화시켰던 것이다.

모든 것이 찰나적이고 모든 것이 치료에 의해 해결된다면 영속적이고 영원한 진리에 대한 고귀한 염원과 소망은 사라질 것이다. 그 결과 인간들에게 종교는 환상이 되고 환상에는 어떠한 미래도 없다고 그들은 믿게 될 것이다. 그리하여 내면적인 삶을 깊이 응시하는 개인의 내적 성찰은 금지와 제한의 경계를 넘어 욕망을 분출함으로써 해방감을 즐기는 태도로 바뀌게 될 것이다. 허용과 관용은 질병의 치료와 더불어 인간 정신의 자유를 실현시키는 방편이 될 것이다. 래쉬는 이러한 치료에 의존하는 세계관과 문화는 하루아침에 일어난 일이 아니라 프로이트를 위시하여 정신분석의 긴 역사를 통해 발전해 왔다고 설명한다. 그리하여 마침내 인간은 치료에 의존하는 세계관을 사회적·정치적 용도로 쓰게 되었는데, 예를 들어 "그것은 빈곤과 실업으로부터 인간들이 느끼는 도덕적 실패의 중압감을 해소시켜 주기도 했다"는 것이다. 말하자면 그 세계관에 따르면 대중은 빈곤을 진취성의 결핍으로 돌릴 필요가 없고, 잘못은 개인이 아니라 체제에 있으며, 공공 구호에 의존하는 것은 수치가 아니며, 조직화 시대에 자립은 속임수이자 기만이라는 것"을 당당하게 말할 수 있게 되었다는 것이다.[87] 래쉬는 "20세기 후반 치료의 개념과 용어가 미국 문화에 너무 깊게 침투함으로써" 전통적인 개인의 의지력, 개인의 자율성, 개인의 책임성이 퇴색하는 것에 깊은 우려를 표명하였다.[88]

그렇다면 래쉬에게 문화는 무엇인가? 그는 필립 리프(Philip Rieff)의 관점을 인용하여 "모든 문화의 정수는 그것의 금제(禁制)에 있다"고 주장한다. 다시 말해 "문화는 일련의 도덕적 요구"라는 것이다. 이런 점에서 래쉬는 오늘날의 미국을 "문화가 상실된 사회"로 보는 것이다. 다시 말해 "미국은 아무것도 신성한 것이 없는 사회, 따라서 아무것도 금지되지 않은 사회"라는 것이다.[89] 그는 문화를 단순한 생활방식으로 보는 것에 반대한다. 그는 문화란 어느 정도 우주에 관한 관념에 기초하고, 궁극적으로는 우리에게 무엇을 하지 말아야 하는가를 말해 주는 종교적 관념을 바탕으로 하고 있다고 믿는다. 그는 이 시대의 문화적 위기는 "관용을 최고의 덕성으로 간주하고 사랑을 방임과 혼동하는 사람들의 책임"이라고 지적한다.[90] 모든 대중적 표현의 충동이 허용된다면 사회는 어떤 상태에 이를 것인가? "최종적 진리라는 근본개념의 기초를 이루고 있는 신성한 거리"가 사라지면 어떤 사회가 도래할 것인가? 래쉬는 그것은 도덕적 무정부의 상태가 될 것이라고 진단한다. 다시 말해 모든 표현이 똑같이 허용될 수 있다면 아무것도 진리가 아니라는 것이다.[91]

세속화된 사회와 문화의 상태를 진단한 래쉬는 시야를 좁혀 세속화된 인간의 영혼을 또한 고찰한다. 그 이유는 그가 사회의 진보란 궁극적으로 진정한 인간의 개성이 만개할 수 있는 상태에 도달하는 것을 의미하기 때문이다. 그는 개인이 예술가의 기질과 같이 자기 자신에게 책임을 지고, 자기 자신의 상상력을 통해 스스로를 창조해 내는 단계에 이르는 것을 열망하였다. 그렇다면 개성의 그 경이로운 본질은 어떻게 실현될 수 있는가? 모든 것이 허용되고 모든 것이 드러날 때 과연 개인의 개성은 만개할 것인가? 거대한 역사이론이나 마르크스주의를 포함한 형이상학적 장광설에 대한 환멸에서 출발한 포스트모던 의식이 인간 개성의 실현을 도울 것인가? 혹은 중산층 문화에 대한 탐미적 반란으로부터 개인의 자유는 실현될 것인가?

현대 세계에 접어들면서 비판적 지성을 갖춘 지식인들은 마침내 어떤 환상도 없이, 어떤 형이상학적 확실성도 갖지 않은 채 살아가야만 한다는 사실을 깨닫기 시작했다. 세상에 홀로 맞서야 하는 그들의 신념과 행동에는 어느 정도 영웅적 기질도 드러났다. 그리하여 그들은 시민적·가족적·종교적 의무로부터 벗어나 자기중심적 세계관을 제시하였고, 그것은 그들이 일반대중보다 우월하다는 사실을 보여 주는 것이었다. 그들의 그러한 세계관은 관습과 부르주아의 근엄성, 어리석음, 추악함 등에 대해 반항하는 것으로 사람들의 인정도 받았다. 그러나 진보의 대가는 컸다. 비판적 이성의 진보가 초래한 각성은 과거에 대한 향수를 불러일으켰을 뿐만 아니라 모든 권위와 도덕에 대한 도전을 서슴없이 감행하도록 인간을 부추김으로써 우주가

신의 섭리가 아니라 우연에 의해 지배된다든지, 삶이 더 높은 목적을 결코 가지고 있지 않다든지, 인생은 순간을 즐겨야 한다는 등의 세속주의로 빠져들게 되었다. 래쉬는 이러한 각성된 인간들의 세속주의를 다시 각성시키고자 하였다. 그는 조너선 에드워즈의 절대적 신앙을 통해 이 세계에는 절대적인 진리가 있음을 강조한다. 에드워즈에 따르면 신에 대한 감사와 사랑은 어떤 조건에서 생기는 미덕과 같은 것이 아니라 그렇게 하는 것이 절대적인 것이기 때문에 해야만 한다는 것이다. 그럼에도 현대 인간들은 비판적 이성의 진보를 통해 성취한 현재의 세속적 문화 속에서 이곳이 진보의 종착역으로 착각하고 있다고 래쉬는 지적한다. 정말로 이곳이 그들이 추구한 진보의 끝인가? 이에 대해 래쉬는 "전체 세계는 캄캄한 영혼의 밤을 지나고 있을 뿐"이라고 탄식한다. 그렇다면 이러한 인간들의 착각은 어디에서 유래한 것인가? 래쉬에 따르면 그것은 인간들이 자연에 대한 과학적 통제력을 통해 그들 스스로가 모든것을 지배할 수 있다는, 즉 "지배력에 대한 환상"(illusion of mastery)에서 유래되었다는 것이다.[92]

미국 지성사에서의 위치와 유산

현대 미국 지성계에서 좌파 사상가로 잘 알려졌던 래쉬의 후기 사상은 전기에 비해서 확실히 진보적이거나 독창적이지는 않았던 것처럼 보인다. 그 까닭은 그가 극단과 분열의 시대에 사회적 지식인으로서 과거의 가치와 정신의 회복을 통해 사회를 통합시켜야 한다는 분명한 소임을 깨달았기 때문이다. 그가 한평생 진보적 정신 속에서 사회적 책임을 다하고자 했지만, 극단적 이념들로 말미암아 야기된 지적·도덕적 위기에 직면했을 때 그는 보수적 입장으로 선회할 수밖에 없었던 것이다. 그 결과 그의 사상은 브라운슨에서 출발하여 킹에 이르는 모든 진보와 보수의 현대 정신 및 지성과 만나게 된다. 이러한 정신적 만남과 교류는 지적 전통의 흐름 속에서 가능했다. 그 전통을 흐르는 균형과 조화의 정신은 그들 모두가 간직했던 사상과 행동의 지침이었다. 그러므로 이들은 인간과 사회를 서로 다른 시각으로 바라보면서도 사회의 분열과 대립 앞에서는 한 목소리를 낼 수 있었던 것이다. 특히 래쉬와 슐레진저는 동시대를 살면서 전혀 다른 지적 궤적을 가지고 있었지만, 비이성적 포스트모더니즘과 다문화주의의 극단적 철학으로 야기된 국가적 위기 앞에서는 지적 동지가 될 수 있었다. 두 지식인 모두가 전체에 대해 부분들의 창조적 역할을 강조했지만, 부분들의 원칙 없는 자기행동과 주장에 대해서는 오히려 전체의 존재를 되새기려 했던 것이다.

1994년 2월 15일자 『뉴욕 타임스』에 실린 크리스토퍼 래쉬의 부고(訃告)에서 윌리엄 그림스(William Grimes)는 래쉬를 "산업자본주의와 그것이 미국 정치, 사회구조, 사고방식, 개인의 심리 등에 끼친 영향에 대해 좌파적 분석을 했던" 사상가로 평가한다.[93] 래쉬가 작고하는 날까지 자본주의 제도를 예리한 통찰로 비판했다는 점에서 그 평가는 옳다고 할 것이다. 그러나 미국 지성사에서 그의 위치는 어떤 단순한 정치적 범주 속에 한정시킬 수 없다. 그의 사상은 서양 현대 정신사 속에서 자유로운 지성으로 발전했다. 그의 사상이 중서부 진보주의라는 미국의 지적 전통으로부터 출발했다 할지라도, 그는 마르크스, 프로이트, 아도르노를 위시한 프랑크푸르트학파의 사상을 서슴없이 받아들였고, 영국의 토머스 칼라일과 같은 서구의 지적 전통에 속한 사상도 폭넓게 수용하였다. 그는 언제나 시대의 변화를 놓치지 않았고, 새로운 문제들과 씨름했으며, 새로운 사회를 꿈꾸었다. 그는 사회와 문화의 흐름 속에서 인간의 상태를 한 순간도 놓치지 않고 주시하며 영혼의 상실을 지적하면서, 그 상실의 원인으로 미국 문명의 진보를 지적하였다. 그는 인간과 사회의 한계를 분명하게 인식하면서도 희망을 버리지 않았다. 그의 사상은 '문명의 비극을 넘어' 희망을 찾고자 하는 점에서 니버적이었다. 그는 문명을 거부하면서도 문명 속에서 구원의 길을 찾고자 했다.

이처럼 래쉬는 현대 사상가들 가운데 누구보다 인간과 문명의 진보를 비판하면서도 진보에 대한 믿음을 잃지 않았고, 오히려 그 믿음 위에서 새로운 인간의 길을 모색하였다. 그의 진보에 대한 믿음은 그의 자유주의 사상의 핵심이었다. 만일 래쉬의 후기 사상에서 그 어떤 변형을 본다면 그것은 래쉬 사상의 본질이 바뀐 것이 아니라 현대 지성사의 잘못된 표류 때문일 것이다. 결국 그의 지적 여정의 흐름은 전체와 부분의 균형과 조화를 강조했던 에드워즈, 에머슨, 브라운슨, 헨리 조지, 섬너, 윌리엄 제임스, 듀이, 니버, 슐레진저, 리프먼, 킹 등이 이루었던 지성사의 강과 합류하게 된다.

1 Casey Blake and Christopher Phelps, "History as Social Criticism: Conversations with Christopher Lasch," *Journal of American History*, 80 (1994), p. 1311.

2 *Ibid.*, p. 1313.

3 *Ibid.*, p. 1314.

4 *Ibid.*, p. 1321.

5 *Ibid.*, p. 1323.

6 *Ibid.*, pp. 1323-1324.

7 Christopher Lasch, *Haven in a Heartless World: The Family Besieged* (New York: Basic Books, 1977).

8 Casey Blake and Christopher Phelps, "History as Social Criticism," p. 1328.

9 Christopher Lasch, *The Minimal Self: Psychic Survival in Troubled Times* (New York: W. W. Norton, 1984); *The True and Only Heaven: Progress and Its Critics* (New York: W. W. Norton, 1991); and *The Revolt of the Elites and the Betrayal of Democracy* (New York: W. W. Norton, 1995) 참조. *The Revolt of the Elites*는 사후에 출판된 것이다.

10 Casey Blake and Christopher Phelps, "History as Social Criticism," p. 1328.

11 Lionel Trilling, *The Liberal Imagination: Essays On Literature and Society* (New York: The Viking Press, 1950), p. 9.

12 Louis Hartz, *The Liberal Tradition in America: An Interpretation of American Political Thought since the Revolution* (New York: Harcourt, Brace, 1955), p. 20.

13 1950년대에 루이 하르츠와 대니얼 부어스틴은 미국 자유주의의 전통을 강조하며 지난 한 세대의 지배적인 역사서술 태도였던 경제적 해석에 도전했다. 이에 대해 베일린은 "미국 혁명의 이데올로기적 기원"을 논하면서 그 기원이 존 로크의 사상과 깊은 관련이 있는 자유주의라기보다는 고전 고대의 공화주의에 있다고 지적하면서 자유주의와 공화주의의 논쟁을 촉발시켰다.

14 Richard Hofstadter, *The Age of Reform: From Bryan to F.D.R.* (New York: Vintage Books, 1955), pp. 7, 10.

15 *Ibid.*, p. 16.

16 Richard Hofstadter, "The Pseudo Conservatives," in *The New American Right*, ed. Daniel Bell (New York: Criterion Books, 1955), p. 33.

17 *Ibid.*, pp. 33, 34.

18 Robert B. Westbrook, "In Retrospect: Christopher Lasch, The New

Radicalism, and the Vocation of Intellectuals," *Reviews in American History*, 23 (1995), p. 177.

19 Christopher Lasch, *The American Liberals and the Russian Revolution* (New York: Columbia University Press, 1962), p. xvi.

20 Christopher Lasch, *The New Radicalism in America, 1889—1963: The Intellectual as a Social Type* (New York: Knopf, 1965), p. xv.

21 Christopher Lasch, *The True and Only Heaven: Progress and Its Critics* (New York: W. W. Norton, 1991), p. 234.

22 Christopher Lasch, *The Culture of Narcissism: American Life in an Age of Diminishing Expectations* (1979; rprint, New York: W. W. Norton, 1991), pp. xiii, xiv.

23 *Ibid*., p. 235.

24 *Ibid*., p. xv.

25 *Ibid*., p. xviii.

26 Casey Blake and Christopher Phelps, "History as Social Criticism," p. 1329.

27 Christopher Lasch, *The True and Only Heaven*, p. 13.

28 *Ibid*., p. 15.

29 *Ibid*., p. 15.

30 *Ibid*., p. 15.

31 *Ibid*., p. 16.

32 *Ibid*., p. 17.

33 *Ibid*., pp. 21-22.

34 Francis Fukuyama, *The End of History and the Last Man* (New York: Avon Books, 1992), p. xi.

35 Christopher Lasch, "The Age of Limits," in *History and the Idea of Progress*, ed. Arthur M. Melzer, Jerry Weinberger, and M. Richard Zinman (Ithaca: Cornell University Press, 1995), p. 228.

36 *Ibid*., p. 230.

37 *Ibid*., p. 240.

38 *Ibid*., p. 238.

39 Christopher Lasch, *The Revolt of the Elites and the Betrayal of Democracy* (New York: W. W. Norton, 1995), p. 20.

40 *Ibid*., p. 12.

41 *Ibid*., p. 13.

42 *Ibid*., p. 17.

43 *Ibid.*, p. 17.

44 Christopher Lasch, *The Revolt of the Elites and the Betrayal of Democracy*, p. 195.

45 *Ibid.*, p. 25.

46 John Bunyan, *The Pilgrim's Progress* (1678, reprint, New York: P. F. Collier & Son, 1909), p. 93.

47 Christopher Lasch, *The Revolt of the Elites and the Betrayal of Democracy*, p. 83.

48 *Ibid.*, p. 89.

49 *Ibid.*, p. 3.

50 *Ibid.*, p. 4.

51 *Ibid.*, p. 5.

52 *Ibid.*, p. 5.

53 *Ibid.*, pp. 5-6.

54 *Ibid.*, p. 6.

55 *Ibid.*, p. 26.

56 *Ibid.*, pp. 3, 25.

57 *Ibid.*, pp. 25-26.

58 *Ibid.*, pp. 39, 40.

59 *Ibid.*, pp. 92-93.

60 *Ibid.*, p. 93.

61 *Ibid.*, pp. 93-94.

62 *Ibid.*, p. 95.

63 *Ibid.*, pp. 97-98.

64 *Ibid.*, p. 98.

65 *Ibid.*, p. 101.

66 *Ibid.*, p. 101.

67 *Ibid.*, p. 106.

68 *Ibid.*, p. 106.

69 *Ibid.*, p. 110.

70 *Ibid.*, p. 113.

71 *Ibid.*, pp. 176-177.

72 *Ibid.*, p. 184.

73 *Ibid.*, p. 185.

74 *Ibid.*, p. 185.

75 *Ibid.*, p. 177.

76 *Ibid.*, pp. 177-178.

77 *Ibid.*, p. 179.

78 *Ibid.*, p. 180.

79 *Ibid.*, p. 198.

80 *Ibid.*, p. 198.

81 *Ibid.*, pp. 204, 205.

82 *Ibid.*, p. 212.

83 *Ibid.*, p. 213.

84 *Ibid.*, p. 214.

85 *Ibid.*, p. 215.

86 *Ibid.*, p. 216.

87 *Ibid.*, p. 218.

88 *Ibid.*, p. 219.

89 *Ibid.*, p. 222.

90 *Ibid.*, p. 222.

91 *Ibid.*, p. 223.

92 *Ibid.*, p. 246.

93 William Grimes, "Christopher Lasch is dead at 61; wrote about America's Malaise," *New York Times* (Feb 15, 1994), p. A19.

에필로그

지금까지 남북전쟁 이후 전개된 미국 지성사에서 각 시대의 대표적 지식인들이 남긴 여러 원전을 분석함으로써 그들의 지적 유산인 통합사상을 고찰하였다. 이러한 고찰을 통해 사상이란 외부와 차단되고 단절된 채 고립 상태로 존재하는 것이 아니라 면면히 흐르며 여러 요소들과 만나는 하나의 강(江)과 같다는 사실을 강조하였다. 또한 필자는 이러한 연속성 속에서 각 시대의 원전과 저자, 원전과 다른 원전, 각 저자의 사상과 지적 전통 전체와 어떤 관련이 있는지를 규명하였다. 한 국가의 지적 전통은 여러 갈래로부터 유래되는 정신세계의 지류들이 합류하여 흘러가는 기반이자 동력이다. 따라서 지적 전통이 강하게 작용하면 할수록 서로 다른 성격의 정신들은 공통의 목표를 향해 서로 융합되어 흐르지만, 그 작용이 약하면 약할수록 분열과 대립으로 표류하게 된다. 이러한 패턴은 그 반대의 경우도 해당된다. 즉, 국가와 사회가 분열될수록 사회의 통합에 대한 열망은 커지고, 그러한 의식과 정신은 통합사상으로 구체화되어 나타나는 것이다. 미국 현대 지성사에서 통합사상은 바로 그런 경우였다.

지금까지 다룬 10명의 지식인들이 발전시킨 통합사상은 인간과 사회의 분열과 대립에 대한 지적 대응으로 나타난 것이었다. 그들의 사상은 서로 다른 원천과 배경에서 형성되었고 그들에게 맡겨진 지적 과제도, 정치와 국가를 이해하는 관점도 서로 달랐다. 그럼에도 그들이 공통으로 지향하였던 것은 인간과 사회의 통합이었다. 그들 모두는 미국의 지적 전통을 이루는 전체와 부분의 조화와 균형을 지적·도덕적 기반으로 보았다. 그러므로 그들은 그 '조화와 균형'을 점검하기 위해 언제나 사회의 내면과 인간의 상태를 예리한 눈으로 주시하였다. 그들이 사회와 문명의 상태를 진단하면서 느꼈던 위기란 '조화'가 깨지고 '균형'을 잃는 것을 말한다. 정도의 차이는 있었지만 조화와 균형이 사라진 극단과 분열의 각 시대에 맞서 미국 지식인들이 추구했던 정신은 통합을 지향하는 것이었다.

이와 같이 통합사상은 시대나 상황의 산물이면서도 지적 전통을 기반으로 형성되었다고 말할 수 있다. 그러나 이러한 시대·상황·지적 전통 등이 사상의 형성에 대해 모든 것을 설명하는 것은 아니다. 이러한 설명은 피상적일 뿐, 사상의 존재방식은 이러한 설명보다 훨씬 더 신비롭다. 사상의 형성과 발전, 확산과 결합, 또다시 새로운 사상의 탄생, 이 모든 것은 복잡하고 신비한 과정 속에 있다. 지금까지의 연구에서 그 몇 가지 예를 들면 다음과 같다. 제1장의 브라운슨 사상은 미국의 지적 전통 속에 잠시 동면하였다가 제7장에서 다룬 슐레진저의 자유주의 정신을 통해 그 모습을 드러내지만, 다시 제10장에서 다루었던 래쉬의 보수주의의 심연으로 들어간다. 제2장에서 다룬 헨리 조지의 개혁주의 정신은 제5장의 존 듀이를 비롯하여 현대 미국의 진보주의 사상의 원천이 되지만, 그것은 또한 영국의 페이비언 사회주의자들의 정신세계로 들어가 짧은 기간 동안 그것과 융화되어 영국 지성계에 지대한 영향을 끼친 다음, 이들을 통해 다시 제8장의 리프먼 사상으로 유입된다. 깊은 역사성과 사회성을 강조하며 전통과 제도의 가치에 뿌리를 두고 있는 섬너의 보수주의 사상(제3장)은 20세기 전체를 통해 급진적인 사상의 조류가 휩쓸고 갈 때마다 미국의 존재의 기반을 지탱해 주었고, 윌리엄 제임스의 광대한 사상(제4장)은 이 기반을 더욱 역동적으로 움직이게 만들었다. 한편 킹의 사상(9장)은 제6장의 니버 사상에서 '비도덕적 사회의 의미'를 깨달았는가 하면, 윌리엄 제임스의 사상으로부터도 많은 영향을 받았다. 특히 제임스의 사상은 화이트헤드의 과정 철학과 유기체 철학을 경유하여 킹에게로 유입되기도 했다. 또한 킹은 19세기 중반에 형성된 소로의 저항정신과 간디의 사상으로부터 영향을 받았는데, 소로의 사상이 간디에게도 영향을 미쳤다는 것은 잘 알려진 사실이다. 그렇다면 간디에게 유입된 소로의 사상이 비폭력저항이라는 정신으로 다시 태어나 킹의 역동적 정신세계로 유입되었다고도 볼 수 있을 것이다.

이러한 예에서 보는 바와 같이 사상은 직접적으로 혹은 간접적으로, 뜻밖의 경로를 통해 확산되고 결합되어, 재형성된다. 이러한 사례들은 수없이 많고, 이것들에 의해 사상의 존재방식을 일괄하여 하나의 논리적이고 합리적인 양식으로 분류할 수도 있을 것이다. 그러나 그러한 작업은 오히려 사상의 양태를 왜곡하고 오판할 가능성이 높고, 그 본질을 훼손하기가 쉽다. 따라서 이러한 사례들은 사상의 본질과 존재의 양식이 얼마나 복잡하며 신비스러운가를 이해하는 정도면 족할 것이다. 우리는 그 복잡성과 신비성을 해체함으로써 함부로 사상을 재단하고 판단하며, 특히 사상과 사상의 관계를 분리시키는 오류를 범하지 말아야 할 것이다. 모든 생물체와 마찬가지로, 사상도 홀로 존재할 수 없다. 하나의 사상과 관련된 요소들은 셀 수도 없이 많다. 이 말은 하나의 사상은 수없이 많은 요인들과 요소들에 의해, 또한 인간들의 시행착오를 통해 이루어진다는 것을 의미한다.

이렇게 형성된 사상들 간의 교류는 시대와 공간을 초월하여 이루어진다. 지적 전통의 전체적인 흐름 속에서 그 교류가 정확하게 어떻게 이루어지는가는 미스터리다. 이 교류는 반드시 원전을 통해서만 이루어지는 것도 아니다. 사상들의 존재방식은 서로 간에 복잡하게 얽혀 있고, 서로 함께 작용한다. 따라서 사상은 결코 홀로 존재하지 않는다는 것은 분명하다. 인간들이 사회 속에서 유기적으로 연관되어 존재하는 것과 같이 사상들도 지적 전통 속에서 그렇게 존재하는 것이다.

우리는 한 국가 혹은 한 시대의 지적 생활 전체에서 일어나는 일을 겉으로 드러나는 것들에 의해 판단할 수 없다. 그 내면에서 일어나는 일을 우리는 정확히 알 수 없다. 브라운슨의 후기 사상에서 나타난 보수주의 정신이 윌리엄 제임스의 프래그머티즘과 결합된다는 것은 생각할 수도 없는 일이지만, 우리는 이 두 정신이 훗날 슐레진저의 사상으로 수용되어 통합되는 것을 보았다. 그 두 개의 사상이 당대에 교류할 가능성은 거의 없는 것처럼 보였지만 얼마간의 시간이 지난 후 보수와 진보의 통합으로 나타났다는 것은 사상들의 교류가 시간과 공간을 초월한다는 사실을 입증하는 것이다. 그렇다고 슐레진저의 사상이 앞선 두 사상보다 더 큰 정신적 수용력을 가지고 있음을 의미하는 것은 아니다. 모든 사상은 동등한 자격으로 동등하게 만난다. 이들 간의 상호작용에는 시대적 상황과 사회적 배경이 얼마간 촉매 역할을 했을 것이다. 그러나 그것들의 분명한 만남, 결합, 통합의 과정은 알 수 없다. 이러한 신비로운 사상의 존재양식을 고려한다면 우리는 진보와 보수의 사상적인 대립으로부터 생겨난 어두운 터널에 갇혀 있을 것이 아니라, 저 역동적인 사상의 경이로움을 느끼며 화해와 통합의 밝은 출구로 나아가야 할 것이다.

참고문헌

Bell, Daniel, ed. *The New American Right*. New York: Criterion Books, 1955.

Blake, Casey, and Christopher Phelps. "History as Social Criticism: Conversations with Christopher Lasch," *Journal of American History*, 80 (1994): 1310-1332.

Bloom, Allan. *The Closing of the American Mind*. New York: Touchstone, 1987.

Blum, D. Steven. *Walter Lippmann: Cosmopolitanism in the Century of Total War*. Ithaca: Cornell University Press, 1984.

Blum, John Morton, ed. *Public Philosopher: Selected Letters of Walter Lippmann*. New York: Ticknor & Fields, 1985.

Boller, Paul F., Jr. *American Thought in Transition: The Impact of Evolutionary naturalism, 1865-1900*. Chicago: Rand McNally, 1969.

Boydston, Jo Ann, ed. *The Later Works of John Dewey, 1925-1953*. 17 vols. Carbondale: Southern Illinois University Press, 1981.

Brightman, Edgar Sheffield. *Religious Values*. New York: Abingdon Press, 1925.

Brownson, Henry F., ed. *The Works of Oresteas A. Brownson*. 20 vols. Detroit: Thorndike Nourse, 1882-1887.

Brownson, Orestes A. *The American Republic: Its Constitution, Tendencies, and Destiny*. New York: P. O'Shea, 1866.

Buber, Martin. *I And Thou*, trans. Walter Kaufmann. New York: Charles Scribner's Sons, 1970.

Buckle, Henry Thomas. *History of Civilization in England*. New York: D. Appleton, 1883.

Bunyan, John. *The Pilgrim's Progress*. 1678; reprint, New York: P. F. Collier & Son, 1909.

Carey, Patrick W., ed. *The Early Works of Orestes A. Brownson: The Universalit Years, 1826-29*. Milwaukee: Marquette University Press, 2000.

Carson, Clayborne, ed. *The Papers of Martin Luther King, Jr.* Berkeley: University of California Press, 1992.

Chrystal, William G. *Young Reinhold Niebuhr: His Early Writings, 1911-1931*. New York: The Pilgrim Press, 1977.

Commager, Henry Steele. *The American Mind. An Interpretation of American Thought and Character since the 1880's*. New Haven: Yale University Press, 1950.

Conkin, Paul K. *Puritans and Pragmatists: Eight Eminent American Thinkers*. New York: Dodd, Mead, 1968.

Cotkin, George. *Reluctant Modernism: American Thought and Culture, 1880-1900*. Lanham, Maryland: Rowman & Littlefield, 1992.

_____. *William James: Public Philosopher*. 1989; reprint, Chicago: University of Illinois Press, 1994.

Cunliffe, Marcus, and Robin W. Winks, eds. *Pastmasters: Some Essays on American Historians*. New York: Harper & Row, 1969.

Curti, Merle. *The Growth of American Thought*. 3rd ed. New York: Harper & Row, 1964.

Curtis, Bruce. *William Graham Sumner*. Boston: Twayne Publishers, 1981.

Dewey, John. *The School and Society and The Child and the Curriculum*. 1915; reprint, Chicago: The University of Chicago Press, 1956.

_____. *Democracy and Education*. 1916; reprint, New York: Free Press, 1944.

_____. *Human Nature and Conduct: An Introduction to Social Psychology*. New York: Henry Holt, 1922.

_____. *Experience and Nature*. 1925; reprint, New York: Dover Publications, 1958.

_____. *The Public and its Problems*. 1927; reprint, Athens, Ohio: Swallow Press, 1954.

_____. *The Quest for Certainty: A Study of the Relation of Knowledge and Action*. New York: Balch, 1929.

_____. *A Common Faith*. New Haven: Yale University Press, 1934.

_____. *Experience and Education*. 1938; 6th pr. New York: Collier Books, 1973.

_____. *Freedom and Culture*. New York: G.P. Putnam's Sons, 1939.

_____. *The Early Works, 1882-1898*. 5 vols. Carbondale: Southern Illinois University Press, 1967.

Diggins, John Patrick. *The Bard of Savagery: Thorstein Veblen and Modern Social Theory*. New York: Seabury, 1978.

_____. "The Oyster and the Pearl: The Problem of Contextualism in Intellectual History." *History and Theory*, 23 (1984): 151-169.

_____. "From Pragmatism to Natural Law: Walter Lippmann's Quest for the Foundations of Legitimacy." *Political Theory*, 19 (1991): 519-538.

_____. *The Rise and Fall of the American Left*. New York: W.W. Norton, 1992.

_____. *The Promise of Pragmatism: Modernism and the Crisis of Knowledge and Authority*. Chicago: University of Chicago Press, 1994.

Dove, Patrick Edward. *The Theory of Human Progression*. 1850, reprint, New York: Isaac H. Blanchard, 1910.

Dykhuizen, George. *The Life and Mind of John Dewey*. Carbondale: Southern Illinois University Press, 1973.

Edwards, Jonathan. *Scientific and Philosophical Writings*. Ed. Wallace E. Anderson. New Haven: Yale University Press, 1980.

Forcey, Charles. *The Crossroads of Liberalism: Croly, Weyl, Lippmann and the Progressive Era, 1900-1925*. New York: Oxford University Press, 1961.

Fox, Richard Wightman. *Reinhold Niebuhr: A Biography*. New York: Pantheon Books, 1985.

_____. "Lasching Liberalism." *Christian Century* (Mar. 11, 1992): 277-282.

Fredrickson, George M. *The Inner Civil War. Northern Intellectuals and the Crisis of the Union*. New York: Harper & Row, 1965.

Fukuyama, Francis. *The End of History and the Last Man*. New York: Avon Books, 1992.

Gandhi, M. K. *Hind Swaraj Or Indian Home Rule*. Madras; India: G. A. Natesan, 1909.

Geiger, George R. *The Philosophy of Henry George*. New York: Macmillan, 1933.

George, Henry. *Progress and Poverty: An Inquiry Into the Cause of Industrial*

Depression and of Increase of Want with Increase of Wealth. 1879; reprint, New York: D. Appleton, 1881.

_____. *Our Land and Our policy* (1871), reprinted in *The Complete Works of Henry George*. New York: Doubleday Page, 1904.

_____. *Social Problem* (1883), reprinted in *The Complete Works of Henry George*. New York: Doubleday Page, 1904.

_____. *A Perplexed Philosopher: Being an examination of Mr. Herbert Spencer's various utterances on the land question, with some incidental reference to his synthetic philosophy* (1892), reprinted in *The Complete Works of Henry George*. New York: Doubleday Page, 1904.

_____. *The Science of Political Economy*, in *The Complete Works of Henry George*. New York: Doubleday Page, 1904.

George, Henry, Jr. *The Life of Henry George*. New York: Doubleday and McClure, 1900.

Harris, Adrienne, and Edward Shorter. "Besieging Lasch." *Theory and Society*, 6 (1978): 279-292.

Hartz, Louis. *The Liberal Tradition in America: An Interpretation of American Political Thought since the Revolution*. New York: Harcourt, Brace, 1955.

Harvard Tercentenary Conference of Arts and Sciences, ed. *Authority and the Individual*. Cambridge: Harvard University Press, 1937.

Haskell, Thomas L. *The Emergence of Professional Social Science: The American Social Science Association and the Nineteenth-Century Crisis of Authority*. Chicago: University of Illinois Press, 1977.

Hobbes, Thomas. *Leviathan*. 1651; reprint, London: Cambridge University Press, 1904.

Hofstadter, Richard. *Social Darwinism in American Thought*. 1944; reprint, Boston: Beacon Press, 1955.

_____. *The American Political Tradition and the Men Who Made It*. New York: Knopf, 1948.

_____. *The Age of Reform: From Bryan to F.D.R.* New York: Knopf, 1955.

_____. *Anti-Intellectualism in American Life*. New York: Knopf, 1963.

Hollinger, David A. "Perry Miller and Philosophical History." *History and*

Theory, 7 (1968): 189-202.

_____. "The Problem of Pragmatism in American History." *Journal of American History*, 67 (1980): 88-107.

Hollinger, David A., and Charles Capper, eds. *The American Intellectual Tradition: A Sourcebook Volume II: 1865 to the Present*. 3rd ed. New York: Oxford University Press, 1997.

Holmes, Stephen. *The Anatomy of Antiliberalism*. Cambridge: Harvard University Press, 1993.

Hooker, Richard. *Of the Laws of Ecclesiastical Polity*. 1888; reprint, New York: St. Martin's Press, 1975.

Hurd, John Codman. *The Law of Freedom and Bondage in the United States*. Boston: Little, Brown, 1858.

James, William. "Remarks on Spencer's Definition of Mind as Correspondence." *The Journal of Speculative Philosophy*, 12 (1878): 1-18.

_____. "Brute and Human Intellect." *The Journal of Speculative Philosophy*, 12 (1878): 236-276.

_____. *The Principles of Psychology*. New York: Dover Publications, 1890.

_____. *The Writings of William James*. Ed. John J. McDermott. Chicago: University of Chicago Press, 1977.

_____. *The Varieties of Religious Experience: A Study in Human Nature*. New York: Macmillian, 1961.

_____. *Pragmatism: A New Name for Some Old Ways of Thinking*. New York: Longmans Green, 1908.

Kegley, Charles W., ed. *Reinhold Niebuhr: His Religious, Social and Political Thought*. New York: Macmillan, 1956.

Keller, Albert Galloway, ed. *The Challenge of Facts and Other Essays*. New Haven: Yale University Press, 1914.

_____, and Maurice R. Davie, eds. *Essays of William Graham Sumner*. 2 vols. 1934; reprint, New Haven: Yale University Press, 1940.

Kimball, Roger. "The Disaffected Populist: Christopher Lasch on Progress." *New Criterion* (Mar. 1991): 9-16.

King, Martin Luther King, Jr. *Stride Toward Freedom: The Montgomery Story*.

New York: Harper & Row, 1958.

______. *Why We Can't Wait*. New York: New American Library, 1964.

______. *Strength To Love*. New York: Harper & Row, 1963.

Kirk, Russell. *The Conservative Mind from Burk to Santayana*. Chicago: Henry Regnery, 1953.

Kloppenberg, James. *Uncertain Victory: Social Democracy and Progressivism in European and American Thought, 1870-1920*. New York: Oxford University Press, 1986.

______. "Pragmatism: An Old name for Some New Ways of Thinking?" *Journal of American History*, 83 (1996): 100-138.

Lasch, Christopher. *The American Liberals and the Russian Revolution*. New York: Columbia University Press, 1962.

______. *The New Radicalism in American, 1889-1963: The Intellectual as a Social Type*. New York: Knopf, 1965.

______. *Haven in a Heartless World: The Family Besieged*. New York: Basic Books, 1977.

______. *The Culture of Narcissism: American Life in an Age of Diminishing Expectations*. 1979; reprint, New York: W.W. Norton, 1991.

______. "Lewis Mumford and the Myth of the Machine." *Salmagundi*, 49 (summer 1980): 4-28.

______. *The Minimal Self: Psychic Survival in Troubled Times*. New York: W. W. Norton, 1984.

______. *The True and Only Heaven: Progress and Its Critics*. New York: W. W. Norton, 1991.

______. *The Revolt of the Elites and the Betrayal of Democracy*. New York: W. W. Norton, 1995.

Lippmann, Walter. *A Preface to Politics*. 1913; reprint, New York: Macmillan, 1933.

______. *Drift and Mastery: An Attempt to Diagnose the Current Unrest*. 1914; reprint, Englewood Cliffs: Prentice-Hall, 1961.

______. *A Preface to Morals*. 1929; reprint, New York: Time, 1964.

______. *A New Social Order*. New York: John Day, 1933.

_____. *The Method of Freedom*. New York: Macmillan, 1934.

_____. *An Inquiry into the Principles of The Good Society*. Boston: Little, Brown, 1937.

_____. *Essays in The Public Philosophy*. Boston: Little, Brown, 1955.

Marcell, David W. *Progress and Pragmatism: James, Dewey, Beard, and the American Idea of Progress*. Westport; Connecticut: Greenwood Press, 1974.

Martineau, Harriet. *Illustrations of Political Economy*. London: Charles Fox, 1832.

May, Henry F. *Protestant Churches and Industrial America*. New York: Harper, 1949.

McDermott, John J., ed. *The Writings of William James*. Chicago: University of Chicago Press, 1977.

Melzer, Arthur M., Jerry Weinberger, and M. Richard Zinman, eds. *History and the Idea of Progress*. Ithaca: Cornell University Press, 1995.

Menand, Louis. *The Metaphysical Club: A Story of Ideas in America*. New York: Farrar, Straus and Giroux, 2001.

Miller, Perry. *The New England Mind: The Seventeenth Century*. 1939; reprint, Boston: Beacon Press, 1961.

_____. *The Transcendentalists: An Anthology*. Cambridge: Harvard University Press, 1950.

_____. *Errand into the Wilderness*. Cambridge: The Belknap Press of Harvard University Press, 1956.

Nash, Roderick. *The Nervous Generation: American Thought, 1917-1930*. Chicago: Rand McNally College Publishing, 1970.

Nicklason, Fred. "Henry George: Social Gospeller." *American Quarterly*, 22 (1970): 649-664.

Niebuhr, Reinhold. *Does Civilization Need Religion?: A Study in the Social Resources and Limitations of Religion in Modern Life*. 1927; reprint, New York: Macmillan, 1941.

_____. *Moral Man and Immoral Society: A Study in Ethics and Politics*. New York: Charles Scribner's Sons, 1932.

_____. *An Interpretation of Christian Ethics*. 1934; reprint, New York: Living Age Books, 1959.

_____. *Reflections on the End of an Era*. New York: Charles Scribner's Sons, 1934.

_____. *Beyond Tragedy, Essays on the Christian Interpretation of History*. New York: Charles Scribner's Sons, 1937.

_____. *The Nature and Destiny of Man: A Christian Interpretation*. 2 vols. New York: Charles Scribner's Sons, 1943.

_____. *The Children of Light and the Children of Darkness: A Vindication of Democracy and a Critique of its Traditional Defense*. 1944; reprint, New York: Charles Scribner's Sons, 1950.

_____. *Discerning the Signs of the Times: Sermons for Today and Tomorrow*. New York: Charles Scribner's Sons, 1946.

_____. *Faith and History: A Comparison of Christian and Modern Views of History*. New York: Charles Scribner's Sons, 1949.

_____. *The Irony of American History*. New York: Charles Scribner's Sons, 1952.

_____. *Christian Realism and Political Problems*. New York: Charles Scribner's Sons, 1953.

_____. *The Self and the Dramas of History*. New York: Charles Scribner's Sons, 1955.

_____. *Pious and Secular America*. New York: Charles Scribner's Sons, 1958.

_____. *Man's Nature and His Communities: Essays on the Dynamics and Enigmas of Man's Personal and Social Existence*. New York: Charles Scribner's Sons, 1965.

Nye, Russel B. *This Almost Chosen People: Essays in The History of American Ideas*. East Lansing: Michigan State University Press, 1966.

Oates, Stephen B. *Let the Trumpet Sound: A Life of Martin Luther King, Jr.* New York: Harper & Row, 1982.

Paine, Thomas. *Common Sense*. 1776; reprint, Girard: Kansa, Haldeman-Julius, 1920.

_____. *Agrarian Justice*, reprinted in *The Pioneers of Land Reform: Thomas Spence, William Ogilvie, Thomas Paine by M. Beer*. London: G. Bell and

Sons, 1920.

Parrington, Vernon Louis. *Main Currents in American Thought*. New York: Harcourt, Brace, 1927.

Pells, Richard H. *Radical Visions and American Dreams: Culture and Social Thought in the Depression Years*. New York: Harper & Row, 1973.

_____. *The Liberal Mind in a Conservative Age: American Intellectuals in the 1940s and 1950s*. New York: Harper & Row, 1985.

Perry, Ralph Barton. *The Thought and Character of William James*. 2 vols. London: Oxford University Press, 1935.

Putnam, Ruth Anna, ed. *The Cambridge Companion to William James*. New York: Cambridge University Press, 1997.

Rauschenbusch, Walter. *Christianity and the Social Crisis*. 1907; reprint, New York: Macmillan, 1910.

_____. *Christianizing the Social Order*. New York: Macmillan, 1912.

_____. *A Theology for the Social Gospel*. New York: Abingdon Press, 1917.

Riccio, Barry D. *Walter Lippmann Odyssey of a Liberal*. New Brunswick: Transaction Publishers, 1994.

Riesman, David, Reuel Denney, and Nathan Glazer. *The Lonely Crowd; A Study of the Changing American Character*. New Haven: Yale University Press, 1950.

Robertson, D. B., ed. *Love and Justice: Selections from the Shorter Writings of Reinhold Niebuhr*. 1957; reprint, Philadelphia: Westminster Press, 1976.

Rorty, Richard, ed. *The Linguistic Turn: Recent Essays in Philosophical Method*. Chicago: University of Chicago Press, 1967.

_____. *Philosophy and the Mirror of Nature*. New Jersey: Princeton University Press, 1979.

_____. *Consequences of Pragmatism: Essays 1972-1980*. Minneapolis: University of Minnesota Press, 1982.

_____. "Postmodern Bourgeois Liberalism." *Journal of Philosophy*, 80 (1983): 583-589.

_____. *Contingency, Irony, and Solidarity*. Cambridge: Cambridge University Press, 1989.

_____. *Objectivity, Relativism, and Truth*. Cambridge: Cambridge University Press, 1991.

Ross, Dorothy. *The Origins of American Social Science*. New York: Cambridge University Press, 1991.

Roth, Robert J. *John Dewey and Self-Realization*. Englewood Cliffs, N.J.: Prentice-Hall, 1962.

Rovere, Richard H. "Walter Lippmann." *American Scholar*, 44 (1975): 585-603.

Shaw, G. Bernard, ed. *Fabian Essays in Socialism*. London: The Fabian Society, 1889.

Schlesinger, Arthur M., Jr. *Orestes A. Brownson: A Pilgrim's Progress*. Boston: Little, Brown, 1939.

_____. *The Age of Jackson*. 1945; reprint, The New American Library, 1962.

_____. *The Vital Center: The Politics of Freedom*. Boston: Houghton Mifflin, 1949.

_____. *The Age of Roosevelt: The Crisis of the Old Order, 1919-1933*. Boston: Houghton Mifflin, 1957.

_____. *The Age of Roosevelt: The Coming of the New Deal*. Boston: Houghton Mifflin, 1958.

_____. *The Age of Roosevelt: The Politics of Upheaval*. Boston: Houghton Mifflin, 1960.

_____. *The Cycles of American History*. Boston: Houghton Mifflin, 1986.

_____. *The Disuniting of America: Reflections on a Multicultural Society*. Knoxville: Whittle Direct Books, 1991.

_____, and Morton White, eds. *Paths of American Thought*. Boston: Houghton Mifflin, 1963.

Schilpp, Paul Arthur, and Lewis Edwin Hahn, eds. *The Philosophy of John Dewey*. La Salle, Illinois: Open Court, 1989.

Smith, Adam. *An Inquiry into the Nature and Causes of the Wealth of Nations*. 5th ed. Dublin: William Porter, 1793.

Spencer, Herbert. *The Principles of Psychology*. 1855; reprint, London: Williams and Norgate, 1870.

Steel, Ronald. *Walter Lippmann and the American Century*. Boston: Little,

Brown, 1980.

Stettner, Edward A. *Shaping Modern Liberalism: Herbert Croly and Progressive Thought*. Lawrence: University Press of Kansas, 1993.

Stone, Ronald H., ed. *Faith and Politics: A Commentary on Religious, Social and Political Thought in a Technological Age*. New York: George Braziller, 1968.

Sumner, William Graham. *What Social Classes Owe to Each Other*. 1883; 5th pt. Caldwell, Idaho: Caxton Printers, 1966.

______. *Folkways: A Study of the Sociological Importance of Usages, Manners, Customs, Mores, and Morals*. Boston: Ginn, 1906.

______, and Albert Galloway Keller. *The Science of Society*. 4 vols. 1927; reprint, New Haven: Yale University Press, 1932.

Thoreau, Henry David. *Civil Disobedience in The Writings of Henry David Thoreau*, Vol. IV. New York: Houghton Mifflin, 1906.

Tillich, Paul. *Systematic Theology*. 2 vols. Chicago: The University of Chicago Press, 1951.

______. *Dynamics of Faith*. New York: Harper Torch Books, 1957.

Trilling, Lionel. *The Liberal Imagination: Essays On Literature and Society*. New York: The Viking Press, 1950.

Wallas, Graham. *The Great Society: A Psychological Analysis*. New York: Macmillan, 1914.

Washington, James M., ed. A *Testament of Hope: The Essential Writings of Martin Luther King, Jr.* New York: Harper Collins, 1986.

Wells, David A. *Robinson Crusoe's Money Or The Remarkable Financial Fortunes and Misfortunes of a Remote Island Community*. New York: Harper and Brothers, 1876.

West, Cornel. *The American Evasion of Philosophy: A Genealogy of Pragmatism*. Madison: University of Wisconsin Press, 1989.

______. *Keeping Faith: Philosophy and Race in America*. New York: Routledge, 1993.

______. *Prophetic Reflections: Notes on Race and Power in America*. Monroe, Maine: Common Courage Press, 1993.

Westbrook, Robert B. *John Dewey and American Democracy*. Ithaca: Cornell University Press, 1991.

______. "In Retrospect: Christopher Lasch, The New Radicalism, and the Vocation of Intellectuals." *Reviews in American History*, 23 (1995): 176-191.

White, Morton. *Social Thought in America: The Revolt Against Formalism*. New York: Viking, 1947; Beacon paperback.

Whitehead, Alfred North. *Modes of Thought*. New York: Macmillan, 1938.

Wright, Benjamin F. *The Five Public Philosophies of Walter Lippmann*. Austin: University of Texas Press, 1973.

Wright, Chauncey. *Philosophical Discussions*. Ed. Charles E. Norton. New York: Henry Holt, 1877.

찾아보기

[ㄱ]

가톨릭 18, 39, 40, 43, 431
가톨릭주의 31
간디, 마하트마(Gandhi, Mahatma) 486, 497
감상적 자유주의자 387
강경한 경험주의자 195
개성 55, 56, 80, 104, 153, 200, 206, 212, 214, 252, 254, 255, 317, 319, 329, 393, 444, 571
개성의 상실 404, 409
개인의 권리와 책임 285
개인의 능동적 실현 280
개인의 다양성 279
개인의 도덕 357
개인의 자기실현 289
개인주의 11, 18, 36, 88, 112, 121, 140, 142, 148, 181, 190, 274, 276, 289, 411, 493, 545, 563
개인주의적 민주주의 52, 53
『개혁의 시대』(*The Age of Reform*) 554
개혁적 다원주의 111
개혁적 자유주의 330
개혁정신 7, 81, 84, 234, 241, 380, 481
갱신(renewal) 267, 269
건국이념 546, 573, 574
결정론 223
경건 309, 327, 443
경쟁논리 228
경제적 개인주의 446
경제적 불평등 484, 487
경직된 보수주의 131
경험 222, 248, 282-284, 287, 288, 374, 375
경험적 과정 259
경험적 자연주의 250, 256
경험주의 195, 196, 214, 225, 232, 286
경험철학 247, 261
계급결정론 381
계급적 특권 341
계급투쟁 26, 27, 75, 341
계몽사상 142, 280, 296, 406, 579,

580
계몽사상가 275, 276
고전경제학파 142
고전적 공화주의 559
고전적 자유주의 447
고전주의 휴머니즘 430
공공의 무관심 435
공공의 철학 10, 450, 452, 461, 462, 464-469, 471
『공공의 철학』(*Essays in The Public Philosophy*) 10, 427, 449, 451, 452
공동체 321, 322, 426, 450, 458, 459
공동체 의식 579, 583, 584
공리주의 497
공민권운동 359, 481, 483, 485-487, 489, 492, 493, 498, 501, 505, 506, 509-511, 515, 519, 521, 523, 525, 527-529, 532, 536
공민정신 453, 456, 464
『공산당 선언』 27, 432, 491
공산주의 9, 247, 322, 351, 352, 383, 387, 388, 394, 396, 398, 399, 403, 446, 492-495, 513
공통 경험 248-253, 259, 263, 315, 439
공통 규율 442
공화주의 552, 563
과학적 지성 288, 296
관념주의 214, 232
관습 87, 135, 138, 139, 146, 150, 174, 255, 288, 299, 511, 593
관습법 466
관용 225, 288, 378, 384, 406, 414, 515, 574, 584, 589, 591, 592
교양적 만족(civilized satisfaction) 437
교육 9, 242, 245, 258, 266-268, 270-274, 276, 280, 329, 433, 511
교육개혁 246, 271
교조주의 314
교회 489, 490, 528
『교회조직법』(*Of the Laws of Ecclesiastical Polity*) 127
국가 42, 132, 260, 277, 325, 340
국가 간의 도덕 340
국가공동체 341
국가의 이기심 342
국가주의 276
『국부론』(*An Inquiry into the Nature and Causes of the Wealth of Nations*) 141
권력 의지 336, 344
권리와 의무의 평형 158, 159
권위 242, 252, 443
권위의 위기 145, 443, 444
균형 80, 190, 418, 425, 458
극단적인 개인주의 584
금권정체(金權政體) 403, 404
급진적 민주주의자(radical democrat) 384

급진주의 26, 143
기계화 218, 282, 353
기독교 84, 232, 245, 308, 310, 311, 314, 316, 319, 324, 330, 492, 503
『기독교와 사회적 위기』(*Christianity and the Social Crisis*) 488
기독교 정신 334, 491
기술문명 329, 340, 347

[ㄴ]

『나르시시즘의 문화』(*The Culture of Narcissism*) 546, 551, 559
나치즘 381, 411
낙관적 진보사상 407
낙관적 진화론 83
낙관주의 271, 305, 321, 323, 332, 346, 349, 397, 407, 456, 497, 499
낙관주의적 자유주의자 348
남북전쟁 3, 6, 7, 18, 34, 39, 41, 54, 60, 71, 74, 88, 89, 132, 144, 170, 179, 180, 184, 272, 305, 481, 531
낭만주의 180, 353
내관적 관찰 198
내셔널리즘 420
내재적 위엄 503
네오프래그머티즘 232
노동 95-97, 162
노동계급 432
노동운동 93
노동의 분업 141
노동자 76, 348
노예제도 531
노예제도 폐지 18, 481
농업주의 269
뉴딜개혁 373
니버, 라인홀드(Niebuhr, Reinhold) 9, 306, 315, 317-350, 352-359, 369, 471, 486, 496, 524, 535

[ㄷ]

다문화주의 1, 359, 390, 573, 585, 588, 595
다문화주의자 568, 569, 584-586
다수결의 원칙 36, 37
다수로 이루어진 하나(*E Pluribus Unum*) 392
다양성 217, 287, 382, 414, 427, 463, 569
다원론(多元論) 462, 586
다원성 216
다원적 사회 441
다원적 사회의 분열 456
다원주의 429, 462
다윈, 찰스(Darwin, Charles) 41, 81, 82, 91, 92, 105, 107, 121, 131, 170-172, 187, 407

다윈주의 180, 184, 200, 201, 210, 227, 242, 245
단일세(single tax) 100
대공황 375, 380, 399, 411, 445, 552
대기업의 등장 140, 404
대량생산 404
대빗, 마이클(Davitt, Michael) 76
대중 450, 457, 460, 502
대중민주주의 157, 433
대표성 이론 294
도덕적 개인주의 286
도덕적 경직성 285
도덕적 냉소주의 347, 350
도덕적 비극 222
도덕적 사회 351
도덕적 상대주의 432, 570
도덕적 이상주의 310, 344
『도덕적 인간과 비도덕적 사회』(*Moral Man and Immoral Society*) 9, 306, 311, 316, 328, 330-332, 345, 346, 349, 359, 496, 524
도덕주의자 354, 355
도브, 패트릭 에드워드(Dove, Patrick Edward) 79
도시화 214, 265, 269, 287, 305, 330, 428
듀이, 존(Dewey, John) 5, 8, 69, 241-255, 257-264, 266-273, 276-278, 280, 282-287, 289-295, 305, 330, 352, 429

[ㄹ]

라우션부시, 월터(Rauschenbush, Walter) 111, 330, 429, 486, 488, 496
래쉬, 크리스토퍼(Lasch, Christopher) 3, 11, 61, 546-552, 556, 558, 559, 561-568, 571-582, 584-596
로크, 존(Locke, John) 563
로크적 개인주의 554
로크적 자유주의 559
로티, 리처드(Rorty, Richard) 4, 232, 233, 241, 260, 295
루스벨트, 시어도어(Roosevelt, Theodore) 77
루스벨트, 프랭클린(Roosevelt, Franklin D.) 373, 380, 385, 386, 389, 396
룩셈부르크, 로자(Luxemburg, Rosa) 384
리바이어던 85-87
리프먼, 월터(Lippmann, Walter) 10, 375, 425, 426, 428, 429, 431-443, 445, 447, 449-451, 453-457, 459, 460, 462-465, 467-473, 549

[ㅁ]

마르크스, 칼(Marx, Karl) 83, 433,

486, 491, 494
마르크스주의 84, 112, 314, 315, 381, 412, 491, 547, 550
마르크스주의자 84
마조히즘 400
망각된 인간(Forgotten Man) 154, 155, 156, 159
매카시즘(McCarthyism) 555
맬서스, 토머스(Malthus, Thomas) 95
맬서스 이론(Malthusian theory) 91
맬컴 엑스(Malcolm X) 527,536
메마른 보수주의(barren conservatism) 131
메타설화 324
몽고메리 운동 507
무저항주의자 344
무정부주의 401
문명의 연속성 290
문명의 진보 85, 290, 291, 329, 330, 333, 455
문화의 자유 263
문화적 상대주의 568
문화적 위기 585, 592
문화적 지배 294
문화전쟁 585
문화좌파(cultural left) 320, 570
문화혁명 561
물질적 개인주의 462
물질적 진보 90, 94, 97, 98, 109, 265, 560
물질주의 82, 181, 185, 430
물질주의적 세계관 11
미국사회과학회(American Social Science Association) 143
『미국에서의 자유주의 전통』(*The Liberal Tradition in America*) 554
미국의 민주주의 385
미국 정신 294, 388, 590
미적인 자질 251
민습 135, 137, 138
『민습』(*Folkways*) 134
민족결정론 381
민주적 좌파(democratic left) 384
민주정신 242
민주정치의 병폐 460
민주주의 19, 36-39, 51, 54, 139, 156, 160, 242, 261, 262, 264, 266-270, 272, 274, 277, 281, 292, 296, 320, 321, 323, 345, 350, 371, 377, 379, 414, 420, 432, 435, 438, 441, 456, 457, 470, 503, 528, 552, 573, 585
『민주주의와 교육』(*Democracy and Education*) 8, 242, 246, 265-268, 278, 281, 293
민주주의의 역동성 378
민중정신 11, 579
민중주의 573, 581, 583, 584
민중주의자 574
믿음의 의지 191
밀러, 페리(Miller, Perry) 372

[ㅂ]

반(反)본질주의 철학 232
반(反)이성주의 462
반(反)형이상학 232
발전론적 관점 140
배빗, 어빙(Babbitt, Irving) 429-431
버클, 헨리 토머스(Buckle, Henry Thomas) 127
범세계주의 275, 276
보수주의 10, 11, 30, 32, 81, 121-123, 138, 143, 148, 166, 241, 373, 380, 403, 426, 427, 430
보수주의자 405, 418, 568
보편교육의 원칙 345
보편적 공동체 332
『보호무역인가 자유무역인가?』(*Protection or Free Trade?*) 77
본질주의(essentialism) 5, 570
부르주아 384, 406, 433, 494
부르주아 개인주의 314
부르주아 민주주의 321
부버, 마르틴(Buber, Martin) 486, 500
분리차별제도 497, 531
불평등 84, 89, 401
브라운슨, 오레스티스 A.(Brownson, Orestes A.) 3, 6, 17, 19-61, 69, 111, 170, 171, 305, 372, 425, 545, 558, 595
비공산주의 좌파 385
비관주의 333, 372
비폭력 저항 10, 500
비폭력주의 486, 496-499, 536
비폭력주의 사회철학 502
비폭력주의 저항사상 485
비폭력 직접운동 482, 500
비폭력 투쟁 493, 496, 497
빈민운동 495

[ㅅ]

사디즘 400
사변철학 81
사티아그라하(Satyagraha) 497
사회개혁 24, 82, 113, 114, 122, 278, 311, 425, 429, 489
사회개혁운동 26, 88
『사회계급들 간의 상호 협력』(*What Social Classes Owe to Each Other*) 7, 122, 146, 148, 150, 151, 154, 155, 160, 163
사회계약설 497
사회과학 144, 145
사회민주주의자 384
사회복음사상 496
사회복음신학 486, 489
사회복음운동 111, 330, 488
사회윤리사상 486

사회적 개인 246
사회적 경험 288
사회적 다원주의 91, 111, 122, 147
사회적 자아 259
사회적 통제 357
사회적 협력 164
사회정의 333, 350, 353
사회주의 112, 132, 316, 410, 432, 434
사회주의운동 93
사회철학 89, 104, 111, 487, 497, 498
사회통합 3, 7, 11, 170, 274, 305, 375, 383, 442, 472
산업사회 150, 180, 244, 399
산업의 발달 90
산업자본주의 7, 88, 89, 140-143, 172, 265, 547
산업화 70, 81, 91, 140, 170-172, 214, 218, 265, 269, 272, 282, 283, 287, 305, 330, 370, 399, 400, 412, 413, 428, 488
상실된 개인(lost individual) 255
생시몽(Saint-Simon) 24
생시몽주의 35
생(生)의 갱신 267
섬너, 윌리엄 그레이엄(Sumner, William Graham) 3, 7, 121-130, 132-139, 142-172, 179, 241, 418
세계화 576
세속주의 327
소로, 헨리 데이비드(Thoreau, Henry David) 17, 31, 482, 484
소시민 351
소유 본능 336
쇼, 조지 버나드(Shaw, George Bernard) 114, 428
순수 민주주의 52
순종의 정치 583
순환이론 381
슐레진저 2세, 아서 M.(Schlesinger, Jr., Arthur M.) 9, 17, 369, 371-388, 390-417, 419, 535, 551, 595
스미스, 애덤(Smith, Adam) 88, 141, 563
스토아학파 464
스펜서, 허버트(Spencer, Herbert) 82, 86, 91, 92, 105, 111, 147, 188, 198, 200, 220, 226, 227, 291, 407
스펜서주의 107
스펜스, 토머스(Spence, Thomas) 79
습관 205, 207-209, 258
시대의식 513
시대정신 509
시민권법령 485
시민사회 450, 461
시민의 자유 159
시민투표권법령 485
신경지배감성(feeling of innervation) 222
신(新)플라톤주의 431

신화 313
실업 90, 384, 575
심리학 202, 204, 205, 214, 219
『심리학 원리』(*The Principles of Psychology*) 8, 181, 184, 189, 197, 200-203, 220, 244

[ㅇ]

『아메리카 공화국』(*The American Republic*) 6, 7, 17-19, 34, 40-43, 54, 58-61, 111
아메리카니즘 590
아이젠하워, 드와이트(Eisenhower, Dwight D.) 373
애덤스, 제인(Addams, Jane) 246
에드워즈, 조너선(Edwards, Jonathan) 2, 33, 233, 564, 594
에머슨, 랠프 왈도(Emerson, Ralph Waldo) 17, 33, 61
엘리트 547, 570, 573, 575, 577, 578, 585, 591
『엘리트의 반란과 민주주의의 배반』(*The Revolt of the Elites and The Betrayal of Democracy*) 11, 547, 570-572, 579
역동성 152, 202, 314, 370, 378, 379, 418, 436, 565
역동적 개인 547
역동적 정신 502
역동적 정치 435, 438
역동적 중심 3, 376, 389, 404, 406, 414, 415
『역동적 중심』(*The Vital Center*) 9, 370, 372, 381, 393-399, 402, 413
역동적 통합 359
역동적 평형 419
역사 313, 318, 324-327, 374, 378, 448, 450, 530
역사성 442, 472
역사의 진보 448
역사주의 260
역사주의자 260
연민의 정치 583
연속성 243, 260, 267, 467
연합주의 203
연합주의자 200, 210, 227
열광주의자 353
열린 세계 8, 180, 375, 392, 482
영웅주의 558, 559
영토 민주주의(territorial democracy) 52, 54
오길비, 윌리엄(Ogilvie, William) 79
온건한 경험주의자 195
『왜 우리는 기다릴 수 없는가』(*Why We Can't Wait*) 10, 483, 505-507, 509, 520, 536
우연성 242
우파 314, 398, 402, 403, 405, 565,

583
웨일랜드, 프랜시스(Wayland, Francis) 126
웰즈, 데이비드 A. (Wells, David A.) 141
유기적 보수주의 425
유기적 인간관 29
유기적 통합 179, 315
유니버설리즘(universalism) 22, 23
유니테리언주의(unitarianism) 24, 406
유럽 중심주의 587
유물론 84
유물사관 491
유심론 199, 202
유심론자 200, 213
윤리적 상대주의 492
윤리적 패러독스 342
의사소통 248, 249, 272, 573
의지 220, 221
이데올로기 374
이상적인 사회 352
이상주의 41, 185, 499, 500
이상주의적 형이상학 245
이성 313, 314, 335, 336, 358, 430, 432
이원론 210, 267, 278, 279, 281, 568
인간성 30, 54, 275, 276, 324, 387, 463, 499
인간의 위기 444
인간의 자율성 157
인간의 진보와 토지 79
인간 정신 207, 219, 220, 230, 320
인간주의 326
인간 중심적인 정치 438
『인간진보론』(*The Theory of Human Progression*) 79
인간진보의 법칙 91, 92
인격신(a personal God) 499, 500
인격주의(personalism) 499, 500
『인구론』(*An Essay on the Principle of Population*) 95
인도주의 26
인문학의 위기 585, 586
인식론적 위기 1, 282
인종차별 481, 487, 494, 504, 513, 523, 528
인종차별제도 502, 508
인종통합 529
임금법칙 96

[ㅈ]

자기실현 264, 357, 409, 560, 576
자립정신 289, 574
자본 95-97, 160-164
자본주의 36, 84, 89, 96, 112, 121, 140, 166, 168, 228, 316, 334, 376, 379, 403-405, 487, 488, 491, 580,

581
자본주의의 모순 315
자아도취 560, 566
자연권 83
자연도태 81, 107, 147
자연법 79, 142, 427, 462, 464, 466
자연법학파(school of natural law) 466
자연의 법칙 86, 121, 140, 142, 152
자연주의 81, 121, 133, 140, 147, 150-152, 156, 159, 160, 163, 166, 180, 259, 430, 431
자연철학 276
자유 39, 156, 285, 384, 409, 414, 465, 529
『자유를 향한 첫걸음』(*Stride Toward Freedom*) 485, 501
자유민주주의 296, 375, 376, 378, 386, 394, 403, 427, 451-453, 458, 461, 513
자유방임적 자본주의 289, 446, 580
자유방임주의 경제사상 88
자유사회 9, 369, 401, 405, 408-410, 413, 414, 417
자유시장 381
자유와 평등 489
자유의 방법 445, 448
자유의지 32, 33, 219, 223
자유의지론 33
자유의지적 결정론 196
자유주의 256, 332, 359, 371, 376, 377, 383, 388, 390, 394, 395, 418, 426, 427, 552, 557
자유주의자 9, 328, 329, 331, 332, 336, 349, 374, 389, 396, 397, 455, 547, 556, 582
자유주의적 프로테스탄티즘 338
자유주의 정치사상 88, 375
자유주의 프로테스탄티즘 306
자유 집산주의(free collectivism) 446
잭슨, 앤드류(Jackson, Andrew) 386
잭슨 민주주의 378, 379
잭슨주의자 406
적자생존 81, 107, 147
전쟁 355, 487, 504
전제정치(專制政治) 383
전체주의 314, 322, 369, 375, 381, 383, 389, 391, 393, 403, 406, 408-411, 414, 416, 427, 446, 447, 451, 452, 461, 535, 553, 555
전체주의적 우파 398
전체주의적 좌파 398
전통적 자유주의 가치관 445
절대적 신앙 594
절대주의자 353
점진주의 384
정부 35, 45-48, 50, 455, 458, 460
정치경제학 89, 111, 121, 141, 143
『정치경제학 원리』(*Elements of Political Economy*) 126

정치적 개인주의 284
정치적 도덕성 437
정치적 전체주의 493
제임스, 윌리엄(James, William) 5, 8, 179-183, 185-187, 189-225, 227-231, 233, 241, 244, 294, 375, 390, 392, 429, 432, 482, 565
제퍼슨, 토머스(Jefferson, Thomas) 88, 182
제퍼슨 민주주의 52, 53, 357, 379
조지, 헨리(George, Henry) 3, 7, 69-87, 89-113, 122, 170, 171, 179, 418
조직신학 311
조화 80, 418, 425
종교 24, 192, 200, 258, 264, 313, 314, 338, 490, 591
종교개혁 284
종교적 윤리 337
종교적 이상주의 342, 343
『종의 기원』(*On the Origin of Species*) 41, 147, 187
좌파 383, 386, 390, 402, 405, 550
중도의 철학 195
중산계급 316, 345, 349-353
지대법칙 96
지배계급 312, 346, 569
지성주의 430
지적 엘리트 433
직관주의 41
진보 30, 32, 33, 84, 94, 98, 109, 133, 190, 209, 269, 359, 374, 430, 431, 455, 463, 547, 557, 559
『진보와 빈곤』(*Progress and Poverty*) 7, 70, 74-77, 83, 88-90, 92, 94, 96, 102, 106, 111-114
진보주의 11, 246, 403, 408, 433, 556, 595
진보주의 개혁운동 330, 332, 428, 434
진보주의자 349, 389, 405, 406
진화론 81, 82, 91, 140, 163, 170, 172, 188, 211, 212, 219
진화론적 결정론 83
진화론적 경험주의 225
진화론적 자연주의 81, 134
짐 크로우(Jim Crow) 체제 508

[ㅊ]

차티스트운동 509
참정권 346
창조성 442, 565
창조적 사회 473
창조적 인간 435
창조적 정신 262
창조적 정치인 436
창조적 지성 296
채닝, 윌리엄 엘러리(Channing, William Ellery) 24

책임윤리 578
청교도적 조합주의 20
청교도주의 244, 296, 559
초월주의 41, 140, 170, 180, 183, 243, 244, 296
초인철학 497

[ㅋ]

칼라일, 토머스(Carlyle, Thomas) 26, 548, 558, 559, 564-566
칼뱅주의 20, 21
칼뱅주의자 564
커티스, 브루스(Curtis, Bruce) 122
케넌, 조지 F.(Kennan, George F.) 359, 549
콩스탕, 뱅자맹(Constant, Benjamin) 24
크롤리, 허버트(Croly, Herbert) 375
킹 2세, 마틴 루서(King, Jr., Martin Luther) 2, 10, 359, 481, 483-495, 499-503, 505, 506, 509, 510, 512, 514-516, 518-522, 524-528, 530-536, 545, 574

[ㅌ]

터너, 프레더릭 잭슨(Turner, Frederick Jackson) 180
토지 83, 96, 97, 162
토지개혁 80, 99, 179
토지개혁사상 78, 79
토지에 대한 단일세 79
토지의 독점 78
『토지정의』(*Agrarian Justice*) 79
토지제도 89
통일성 219
통합사상 10, 38, 88, 102, 180, 482, 483, 485, 500-503, 505, 506, 536
통합사회 11, 458, 487, 559, 579
통합에 의한 진보 59
통합정신 2, 4, 5, 61, 242, 372, 381, 382, 509, 520
투쟁 438
투표권 485, 512, 526
특권계급 138, 339, 345
틸리히, 폴(Tillich, Paul) 500

[ㅍ]

파시즘 9, 403, 411, 446
퍼스, 찰스(Peirce, Charles) 179, 244, 294
페이비언(Fabian) 433
페이비언(Fabian) 사회주의 114
페이비언주의 433
페인, 토머스(Paine, Thomas) 39, 79

평등 속의 통합 86
평등권 29
평등주의 168, 385
평화주의 401, 497
평화주의자 344
포스트모더니즘 1, 3, 61, 390, 573, 595
포스트모더니스트 260, 445, 569
폭력 344, 350
풀뿌리 민주주의 555
풍습 292
풍요 속의 빈곤 83
프랑크푸르트학파 550, 595
프래그머티스트 360
프래그머티즘 4, 8, 111, 179-181, 183, 185, 221, 231, 232, 237, 241, 244, 267, 294, 296, 350, 360, 389, 429, 432, 502, 604
프로이트적 마르크스주의 550
프로테스탄트 555, 574
프로테스탄티즘 18, 31, 33, 34, 36, 406, 564
프롤레타리아 315, 345, 347-351, 353, 494

[ㅎ]

하딩, 워런 G.(Harding, Warren G.) 380
합리적 이상주의 342
합리주의 195, 196, 450
해체주의 390
행복의 추구 546
허무주의 333
허무주의 학파 333
허영의 시장(vanity fair) 547, 572
헌법 질서의 붕괴 458
현대성 443
현대성의 산화작용(acids of modernity) 443, 444
현실주의자 355, 360, 374, 401
형이상학 133, 202, 229
호손, 너대니얼(Hawthorne, Nathaniel) 372, 375, 387
호프스태터, 리처드(Hofstadter, Richard) 182, 554-557
홀린저, 데이비드(Hollinger, David A.) 231
홉스, 토머스(Hobbes, Thomas) 85, 497
화이트헤드, 알프레드 N.(Whitehead, Alfred North) 230
후커, 리처드(Hooker, Richard) 127
휴머니즘 444
흑백갈등 483
흑백분리차별 제도 513, 533
흑인 민족주의(Black Nationalism) 527, 536
흑인혁명 515

저자 소개

이형대(李炯大)

미국 오하이오대학교(Ohio University) 대학원 사학과 졸업(철학박사-미국 지성사 전공)
(현) 미국 메릴랜드대학(University of Maryland University College, Asia) 부교수(미국 역사)

저술

The American Intellectual Tradition and Multiculturalism (Seoul, American Studies Institute Seoul National University, 2004)

『미국지성사』(신서원, 1999, 역서)

「미국사 서술에서 "포스트모던적" 연구의 문제점과 "문화적 좌파"에 대한 비판」, 『서양사론』 57(한국서양사학회, 1998)

"Concepts of Democracy and Elitism in American Intellectual History," 『미국학』 33 (서울대학교 미국학연구소, 2010) 외 다수